MARTIN BURKHARDT
Konstanz im 18. Jahrhundert

Konstanzer Geschichts- und Rechtsquellen

Neue Folge der Konstanzer Stadtrechtsquellen

Herausgegeben vom
Stadtarchiv Konstanz
XXXVI

1997
JAN THORBECKE VERLAG SIGMARINGEN

MARTIN BURKHARDT

Konstanz im 18. Jahrhundert

Materielle Lebensbedingungen einer landstädtischen Bevölkerung am Ende der vorindustriellen Gesellschaft

1997
JAN THORBECKE VERLAG SIGMARINGEN

Die Deutsche Bibliothek – CIP-Einheitsaufnahme

Burkhardt, Martin:
Konstanz im 18. Jahrhundert:
Materielle Lebensbedingungen einer landstädtischen
Bevölkerung am Ende der vorindustriellen Gesellschaft. –
Thorbecke, 1997
(Konstanzer Geschichts- und Rechtsquellen; 36
zugl. D 93
ISBN 3-7995-6836-0)

NE: GT

Dieses Buch ist aus säurefreiem Papier hergestellt und entspricht den Frankfurter Forderungen zur Verwendung alterungsbeständiger Papiere für die Buchherstellung

Satz: Hauptamt der Stadt Konstanz (Pf.)
Filme: Fa. Multimedia, Konstanz
Druck: Druckerei Konstanz GmbH, Konstanz
Printed in Germany · ISBN 3-7995-6836-0

Ich danke ...

Professor Franz Quarthal, der das Zustandekommen dieser Dissertation erst ermöglicht und über die lange Zeit hin geduldig betreut hat; ihm und Professor Dieter Mertens, deren wiederholte Gutachten mir schließlich ein Stipendium der Landesgraduiertenförderung eingetragen haben; den Teilnehmerinnen und Teilnehmern am »Kolloquium für Doktoranden und Fortgeschrittene« bei Herrn Quarthal in Tübingen und später in Stuttgart für die vielfältigen Anregungen, die ich von ihnen erhalten habe; Peter von Aichberger für seine unschätzbare Unterstützung in allen Computer- und -programmangelegenheiten sowie für das Erörtern wirtschaftswissenschaftlicher Probleme; Matthias Jentzsch für seine fachkundige Beratung in medizinischen und medizingeschichtlichen Fragen; Professor Hermann Burkhardt, Ingrid Kriesten, Paul Krüger und Kirsten Walter für die kritische Lektüre des Werkes und ihre Verbesserungsvorschläge, Kirsten überdies für ihre Begleitung auf dem ersten Abschnitt dieser wissenschaftlichen Wegstrecke; den Mitarbeiterinnen und Mitarbeitern des Stadtarchivs Konstanz und des Generallandesarchivs Karlsruhe sowie diverser Bibliotheken für die Beratung und das Herbeitragen so manchen Aktenstücks und vieler Bücher.

Sie alle haben mir zum Gelingen dieser Arbeit einen Teil ihrer Zeit geopfert, wofür ich ihnen hier liebe Grüße und einen herzlichen Dank zurücksende.

Die vorliegende Untersuchung wurde von der Fakultät 8 für Geschichts-, Sozial- und Wirtschaftswissenschaften der Universität Stuttgart als Doktorarbeit angenommen. Die mündliche Doktorprüfung fand am 4. Juli 1994 ab 13 Uhr im Historischen Institut der Universität Stuttgart statt. Dem Prüfungsausschuß saß der Dekan, Herr Professor Hans Wieland vor; als Hauptberichter amtierte Herr Professor Dr. Franz Quarthal, als Mitberichter Professor Dr. Norbert Conrads. Mein Dank gilt den genannten drei Angehörigen des Prüfungsausschusses für die angenehme Prüfungsatmosphäre an diesem – wie sich alle Beteiligten vielleicht erinnern werden - heißesten Tag des Jahres, Herrn Professor Conrads überdies für die Zweitkorrektur und sein interessiertes, anregendes Gutachten.

Großen Dank schulde ich schließlich allen, die zum Druck des Werkes beigetragen haben; an erster Stelle dem Leiter des Konstanzer Stadtarchivs, Herrn Professor Dr. Helmut Maurer, der die Arbeit in diese Reihe aufgenommen und die Finanzierung der Druckkosten ermöglicht hat. Herrn Pfeiffer vom Hauptamt der Stadt Konstanz sei gedankt für seine Mühen mit dem Komponieren verschiedener Software für den Drucksatz. Abermals zu Dank verpflichtet hat mich Peter von Aichberger durch seine Unterstützung beim Aufbereiten der Grafiken.

Die Entstehungsgeschichte dieser Studie hat mir erneut gezeigt, daß erfolgreiche wissenschaftliche Arbeit nur im fruchtbaren Zusammenwirken verschiedener Kräfte gelingen kann.

Heidenheim, im Juli 1997

Martin Burkhardt

Inhaltsverzeichnis

Zusammenfassung der Ergebnisse

Konstanz bietet im späten 18. Jahrhundert das Erscheinungsbild einer gewöhnlichen, im überregionalen Vergleich keineswegs ärmlichen Landstadt am Ende der vorindustriellen Epoche.

Die Einwohnerzahl in den Jahrzehnten vor 1785 und nach 1799 weist Konstanz als kleine deutsche Kleinstadt aus. Sie stieg, glättet man die heftigen Schwünge, zwischen 1763 und 1806 langsamer an, als die deutsche Bevölkerung sich im selben Zeitraum vermehrte. Gleichzeitig gewann der Erwerb des Stadtbürgerrechts im Laufe des 18. Jahrhunderts zunehmend an Attraktivität. Zu dieser »Qualitätssteigerung« der Einwohnerschaft trugen offenbar zwei einander verstärkende Faktoren bei: Zum einen bemühten sich Magistrat und Landesregierung, mittels administrativer Maßnahmen Wohlhabende zur Ansiedlung zu bewegen, Arme abzuschrecken, und die Verwaltung erzielte auf diesem Feld offenbar gewisse Erfolge. Zum anderen wählten vergleichsweise zahlungskräftige Emigranten aus Genf und Frankreich sowie die Landesregierung zwischen 1785 und 1799 Konstanz zum Aufenthaltsort; der darauf rasch einsetzende horrende Mietzins- und erhebliche Viktualienpreisanstieg stieß minder Bemittelte ab.

Die geringe Wohndichte - in Konstanz stand jeder Person im dritten Viertel des 18. Jahrhunderts etwa doppelt so viel Wohnraum zur Verfügung wie andernorts üblich - ließ die auswandernden Westschweizer, flüchtigen Franzosen und Angehörigen der Landesregierung aus dem kriegsbedrohten Freiburg problemlos Unterkunft finden. Lediglich einige verfallende Bausubstanz mußte hergerichtet werden.

Der breite Wohlstand, den die plötzliche Immigration den Konstanzerinnen und Konstanzern eintrug, erwies sich jedoch in zweifacher Hinsicht als prekär: Die im Ganzen gesehen vermögenden neuen Mitbewohner waren von politischen Turbulenzen nach Konstanz verschlagen worden; sie zogen, sobald die Emigrationsgründe beseitigt waren, ebenso rasch wieder ab, wie sie gekommen waren. Die finanziellen Gewinne für die Stadt und ihre eingesessenen Bewohner wurden durch die Kriegskosten namentlich der Jahre 1799 bis 1801 vollständig wieder abgeschöpft.

Auch abgesehen von aller Migration hellt die distanzierte Analyse verschiedener Wirtschaftsfaktoren das von traditionsbewußten Konstanzer Zeitgenossen allzu düster gemalte Bild einigermaßen auf. Das Beispiel des Buchmarkts belegt die Stellung der Stadt als regionales Handels- und Gewerbezentrum. Der Klerus umfaßte einen vergleichsweise hohen Bevölkerungsanteil; geistliche Institutionen und Personen besaßen rund ein Viertel aller Immobilien und Häuser im Konstanzer Gerichtsbezirk. Zusammen mit kirchlichen Beamten und einigen weiteren Grund- oder Kapitalrentnern lebte also eine nicht gewöhnliche Menge reiner Konsumenten, Auftraggeber und Leistungsempfänger in der Stadt.

Auch in den Konstanzer Bürgerhäusern trug am Ende des 18. Jahrhunderts, im Ganzen betrachtet und ungeachtet seiner Verteilung, ein erhebliches Kapitalvermögen die üblichen fünf Prozent „Interessen" ein. Die Auswertung von 1248 Nachlaßinventaren aus den zwanzig Jahren 1786 bis 1805 ergab fast 400 000 Gulden Überschuß an Aktiva gegenüber den Passiva, bei einem Verhältnis von annähernd zwei zu eins; und in diese Bilanz sind die festliegenden Sachwerte noch nicht einbezogen.

Bei aller verbreiteten Armut muß Konstanz relativ zum Umland Lebensperspektiven geboten, Attraktivität auf die Bewohnerinnen und Bewohner der ländlichen Umgebung ausgestrahlt haben. In der zweiten Hälfte des 18. Jahrhunderts kehrte, auch ohne die Immigration aus der Schweiz, Frankreich und Freiburg, ein stetiger Zufluß von Zuwanderern die biologisch negative Bevölkerungsbilanz in einen klaren sozialen Bevölkerungsanstieg um. Die Stadtbewohnerschaft kann demnach materiell nicht schlechter gestellt gewesen sein als die Landbevölkerung, die im deutschen Südwesten gegen Ende des 18. Jahrhunderts zu höchstens einem Drittel von der Nahrungsmittelproduktion allein leben konnte[1)].

Die Auswertung verschiedener serieller Quellen mittels elektronischer Datenverarbeitung erwies sich als heuristisch ergiebige Zugangsmöglichkeit zu den Lebensverhältnissen im 18. Jahrhundert. Die Verarbeitung massenhafter gleichförmiger Daten erschloß historische Quellenbestände, die ohne Computernutzung höchstens rudimentär zu verwerten und damit in ihrer Fülle der Forschung weitgehend verschlossen geblieben waren. Differenzierte sozial- und wirtschaftsgeschichtliche Fragestellungen ließen aus den zwei Jahrhunderte alten Datenkolonnen ein Geflecht von Befunden hervortreten, die sich wechselseitig begründen und zu einem plausiblen Gesamtbild ergänzen. Die umfangreiche, repräsentative Datenerfassung klärte Lebens-Verhältnisse im doppelten Wortsinn: Befriedigend zuverlässig konnten unter mehreren Blickwinkeln Relationen herausgearbeitet werden, welcher Bevölkerungsanteil in Konstanz unter welchen Bedingungen lebte.

Der gewählte numerisch-statistische Ansatz kann und sollte weiter verfolgt werden.

Ihre Lebensverhältnisse lieferten die Mehrheit der Menschen im 18. Jahrhundert dauernd einer beherrschenden materiellen Dürftigkeit respektive Armut aus.

Das relative Besitzgefälle mag den heutigen Gegebenheiten in Mitteleuropa nahegekommen sein; absolut gesehen bewegte sich jedoch materielle Habe auf einem quantitativ wesentlich tieferen, und damit auch qualitativ niedrigeren Niveau. Die präsentierten Konstanzer Ergebnisse verweisen auf den äußersten oberen Rand des unterschiedlichen Ausmaßes von Armut, das die einschlägige sozialhistorische Forschung bis dato vorgegeben hat. Im späten 18. Jahrhundert lebten zwei Drittel der Bevölkerung nach zeitgenössischer, drei Viertel nach moderner industriekapitalistischer Meßlatte ständig auf der und jenseits der Bedürftigkeitsschwelle, konnten also ihre elementaren menschlichen Grundbedürfnisse mit eigenen Mitteln nicht zureichend erwirtschaften. Je nach Konjunktur und Preisniveau diktierten weniger, meistens mehr Mangel und Elend den Alltag zweier von drei Zeitgenossen Josefs II., Mozarts und Kants. Die materiellen Zustände, die der Terminus »Pauperisierung breiter Massen« bezeichnet, setzten in Mitteleuropa spätestens mit der Hungerkrise 1770/72 ein[2)].

Die bestimmende Armut und Dürftigkeit unterwarf alle möglichen Lebensbereiche dem Zweck der Besitzwahrung.

[1)] Wolfgang von Hippel, Wirtschafts- und Sozialgeschichte 1800 bis 1918, in: Hansmartin Schwarzmaier (Hg.), Handbuch der Baden-Württembergischen Geschichte Bd. 3, S. 484; Friedrich-Wilhelm Henning, Das vorindustrielle Deutschland 800 bis 1800, Paderborn / München / Wien / Zürich [4]1985, S. 287f; Hans-Ulrich Wehler, Deutsche Gesellschaftsgeschichte. Erster Band. Vom Feudalismus des Alten Reiches bis zur defensiven Modernisierung der Reformära 1700-1815, München 1987, S. 76f.

[2)] Wilhelm Abel, Massenarmut und Hungerkrisen im vorindustriellen Europa, Hamburg und Berlin 1974, S. 13: Der Begriff Pauperismus bezeichne Zustände des 19. Jhs.; „Armut als Massenerscheinung tauchte in den Ländern des Abendlandes (...) bereits im 16. Jahrhundert auf."

Die Beibringung stellte das wichtigste Kriterium für Eheverbindungen dar.

Gewerbetreibende und ihre politischen Vertreter erkannten in »fremden« Produzenten kaum eine Chance durch Wandel, sondern argwöhnten ruinöse Konkurrenz.

Kompakte, flexible Haushaltsgemeinschaften repräsentierten die – inwieweit bewußte oder unreflektierte, sei dahingestellt – Intention, die Menge der wenig produktiven, dabei viel konsumierenden Mitglieder klein zu halten; konkreter ausgedrückt, möglichst wenige Kinder und Alte mit durchzuschleppen[3]. Aus der Notwendigkeit zum Erwerb heraus ergänzten, wenn überhaupt, dann viel eher Arbeitskräfte als Bluts- oder Affinitätsverwandte die Eltern-Kinder-Kernfamilie. Wie in Mitteleuropa üblich, kam die idealtypische Dreigenerationen-Großfamilie mit Gesinde auch in Konstanz nur als seltene Ausnahme in einem von 250 Fällen vor. Die Konstanzer Haushalte umfaßten im Mittel 3,75 Mitglieder; der Zweipersonenhaushalt stellte absolut die häufigste Größe dar. Klein- und Rumpffamilien bildeten im 18. Jahrhundert den normalen Haushaltstyp.

Zur gesellschaftlichen Geburtenkontrolle wurden nachweislich verschiedene Instrumente bedient: Zunächst blieb die Konnubialquote beschränkt - nur knapp zwei Drittel der in den Konstanzer Sterbeprotokollen erfaßten Erwachsenen waren wenigstens irgendwann in ihrem Leben, lediglich ein gutes Viertel aktuell im Berichtsjahr 1774 einer Datenaufnahme verheiratet[4]. Das späte Erstheiratsalter von etwas unter 30 Altersjahren schränkte die weibliche Fertilitätsphase gesellschaftlich auf rund 15 Jahre ein. Der Empfängnisabstand betrug in Konstanz etwa eineinhalb Jahre.

Ferner wirkte sich demographisch die extrem hohe Säuglings- und Kindersterblichkeit aus. Schließlich blieb in Konstanz rund eine von vier Ehen überhaupt kinderlos, ob wegen natürlicher Ursachen oder aufgrund aktiver Empfängnisverhütung, bleibe hier offen.

Materieller Besitz selbst richtete sich fast ausnahmslos direkt entlang dem Zwang zu Besitzwahrung und Lebensunterhalt aus. Auch hier mögen sich die Relationen im Verlauf der letzten beiden Jahrhunderte nicht wesentlich gewandelt haben; doch waren Güter, die der Bequemlichkeit, Freizeitgestaltung, ästhetischen Kultur dienten, im 18. Jahrhundert bei den Untertanen erheblich schwächer verbreitet als in modernen Staatsbürgerhaushalten.

»Nichtnützlicher« Besitz fand sich nur marginal vor. Allein das physisch Notwendige besaß allgemeinen Wert. Die letzten abgetragenen Kleider, fadenscheinige Bettwäsche und ramponiertes Küchengerät fanden, sofern noch brauchbar und von einer der zahlreichen Wäscherinnen gesäubert, Käufer, die bei Versteigerungen beachtliche Preise zahlten. 230 Bücher aus dem Nachlaß der Bürgermeisterswitwe Monika Leinerin dagegen wurden für nicht ganz zwei Kreuzer das Stück en gros verramscht. Die Konstanzer Wohnräume waren, wenn nicht ärmlich, dann einfach, rationell und schmuckarm eingerichtet. Auch wohlhabende Bürgerhaushalte verzichteten weitgehend auf Repräsentation und Zierde innerhalb der eigenen vier Wände zugunsten von Wert- und Kapitalanlagen. Vor dieser dürftigen bis bescheidenen Ku-

[3]) Vgl. Willi A. Boelcke, Sozialgeschichte Baden-Württembergs 1800-1989, Stuttgart 1989, S. 19: Im 19. Jh. „Bestrebungen und Tendenzen (...), Einwohnerstand und Nachkommenschaft möglichst in den Grenzen des vorhandenen Nahrungsspielraumes zu halten."

[4]) Den krassen Unterschied erklärt die Erwägung, daß alle Kinder, wohl auch einige ledige Mägde, Gesellen und dergleichen, dann ein großer Teil des Klerus in den Sterbeprotokollen 1786-1805 nicht, im Seelenbeschrieb 1774 sehr wohl vertreten sind.

lisse sticht die Bedeutung der außen und vor allem innen mit »nichtnützlichem« Prunk reich ornamentierten Gotteshäuser für die Anziehungskraft der katholischen Volksfrömmigkeit um so strahlender heraus.

Taglöhner beiderlei Geschlechts, die keine nennenswerten Produktionsmittel besaßen und sich mit wechselnden, häufig diskontinuierlichen körperlichen Dienstleistungen erhielten, dürfen nicht als gesellschaftliche Randgruppe eingeschätzt werden. Ihre Zahl kam in den Städten jener der Handwerker gleich.

Eine erhöhte männliche Säuglingsmortalität, verstärkt durch die Zuwanderung junger Frauen von außerhalb, führte zu einer auffälligen weiblichen Überrepräsentanz in Konstanz. Die Stadtbevölkerung setzte sich im letzten Drittel des 18. Jahrhunderts im Verhältnis 56 Frauen und Mädchen zu 44 Männer und Jungen zusammen. Unter den Erwachsenen hielten die Frauen ein noch deutlicheres Übergewicht von rund 59 zu 41 Männern. Dieser demographische Befund begründet einige soziale Phänomene: Frauen führten rund ein Viertel aller Konstanzer Haushalte. Ein hoher Anteil weiblicher, eigenständig Erwerbstätiger hatte sich bereits in die Palette der traditionellen altständischen Professionen gedrängt; mit grob einem Drittel der Arbeiterschaft lag der Frauenanteil in den Konstanzer Protoindustriebetrieben des späten 18. Jahrhunderts noch höher. Zahlreiche allein und in Zwei- oder Dreipersonenverbänden lebende, häufig alte Frauen trugen stark zur Menge und Bedeutung »unvollständiger« Haushalte bei. Nicht ausschließlich, aber überwiegend war auch die Armut weiblich.

Materielle Not determinierte auch die Lebensspanne. Sie wirkte vornehmlich zu Beginn des Lebens und im Alter: Das Sterben vor dem Erreichen des elften Lebensjahres machte in Konstanz ein starkes Halbteil der Mortalität insgesamt aus; womit dort die Säuglings- und Kindersterblichkeit bereits gegen Ende des 18. Jahrhunderts ihren Höhepunkt erreicht haben dürfte und nicht, wie für andere Orte vielfach festgestellt, erst auf das dritte Viertel des 19. Jahrhunderts zu datieren ist. Unter den Erwachsenen lebten Wohlhabende durchschnittlich fünf Jahre länger als Arme, starben aber offenbar an denselben Krankheiten.

Rund ein Achtel der Konstanzer Einwohnerschaft und damit nur ein Bruchteil derer, die objektiv fremde Unterhaltshilfe nötig gehabt hätten, wurde gegen Ende des 18. Jahrhunderts von öffentlichen Einrichtungen unterstützt oder gar versorgt. Mit etwa einem dreiviertel Gulden am Tag lebte man in Konstanz nach heutigen Menschenrechtsmaßstäben saturiert - doch keineswegs luxuriös. Das knapp kalkulierte, gerade eben zum physischen Überleben hinreichende Minimum für Nahrung, Kleidung und Wohnen kostete einen Erwachsenen außerhalb von Hochteuerungszeiten in den 1760er und 1770er Jahren acht bis zwölf Kreuzer, in den 1780er und 1790er Jahren zwölf bis 15 Kreuzer täglich. An dieser Existenzgrenze gemessen, genügten die in der Konstanzer offenen Armenfürsorge ausbezahlten Beträge überwiegend nicht, ein auch nur karges Leben damit zu bestreiten. Beihilfe überwog deutlich die Vollunterstützung. In Relation sowohl zu sozialstaatlichen Standards, als auch zur zeitgenössischen Armenfürsorge in anderen Städten, vor allem aber zum allfälligen Bedarf muß Konstanz der Charakter einer »Wohlfahrtstadt« abgesprochen werden.

Erzählende Quellen mit ihrem unwesentlich variierten Lamento über das Wohlleben arbeitsscheuer Armer, die aus öffentlichen Kassen reichlich verteilte Gaben vornehmlich vertränken, türmen in ihrer Vielzahl und Einstimmigkeit eine scheinbar erdrückende Beweislast auf. Nüchterne Zahlen zum tatsächlichen Umfang und Ausmaß institutioneller Armenfürsorge stutzen jedoch die Aussagekraft solcher Quellenbelege auf den - gewiß interessanten - Aspekt, daß die protestantische Arbeitsethik gegen Ende des 18. Jahrhunderts auch im katholischen Südwesten wachsenden Anklang als Erklärungsmodell für die gesellschaftlichen Zustände fand. Der »Wohlfahrtstadttopos« ist gewiß auch als etwas hilfloser Reflex auf die augenscheinlich zunehmende Armut zu verstehen.

Das Konstanzer Spital nahm im späten 18. Jahrhundert, gemessen an der Bevölkerungszahl, ebenso viele hilfebedürftige, »bresthafte« und kranke Alte auf wie von den öffentlichen Fürsorgeanstalten des Sozialstaats Deutschland 200 Jahre später versorgt werden. Von einem Wertewandel in der Gesellschaft bezüglich der Betreuung ihrer verlebten, »unprofitablen« Mitglieder kann von den Zahlen her gesehen nicht die Rede sein.

Die materielle Dürftigkeit schlug sich bemerkenswert wenig in der allgemeinen Verfügung über die Kulturtechniken Lesen und Schreiben nieder. Rund drei Viertel der verheirateten Konstanzerinnen und Konstanzer zwischen 50 und 80 Jahren vermochten Ende des 18. Jahrhunderts wenigstens ihren Namen zu schreiben. Die Hälfte aller verheirateten älteren Erwachsenen signierte derart, daß man sie als alphabetisiert klassifizieren kann. Einschneidende Verbesserungen im österreichischen Normalschulwesen in den 1770er Jahren werden bis um das Jahr 1800 die Alphabetisierungsquote bei allen über Zehnjährigen deutlich angehoben haben. Ein dicker Trennungsstrich ist freilich zwischen Schreib- und Lesefähigkeit einerseits und dem tatsächlichen Bildungsverhalten andererseits, etwa in Form einer Beteiligung am literarischen Diskurs, zu ziehen.

Da die Bedeutung des originär städtischen Schulwesens in Konstanz seit dem Anfall an Österreich stetig abgesackt war, bereichert dieser Befund die Umbewertung staatlicher und sogar kirchlicher Obrigkeit zu partiell progressiven gesellschaftlichen Kräften des 18. Jahrhunderts. Noch heute von der - berechtigten, vor allem aber erfolgreichen - »bürgerlichen« Absolutismuskritik getönte einschlägige Urteile sollten mit gewachsenem Abstand modifiziert werden.

Wie zwei Drittel der Menschen im 18. Jahrhundert derartigem Mangel standhalten konnten, verlangt aus heutiger Warte dringend nach einer Erklärung. Die aus der Distanz zweier von umwälzendem Wandel geprägter Jahrhunderte unvorstellbar harten Bedingungen müssen die einen zum Festhalten an der erreichten Existenz gezwungen und die anderen angetrieben haben, ihre Lage zu verbessern.

Die Lebensbedingungen im 18. Jahrhundert verlangten den Menschen erhebliche soziale und ökonomische Anpassungsleistungen ab, die den Standard moderner industriekapitalistischer Flexibilitätsanforderungen mindestens erreichten.

Diverse Unwägbarkeiten in allen Lebensbereichen forderten dauernde Krisenbewältigung, erlaubten hingegen nur sehr gebrochen antizipierende Entwürfe.

Alle wurden von Gesund- und Krankheit vollkommen unkalkulierbar betroffen. Für medizinische Laien wirkten im Bereich der inneren Medizin irrationale Kräfte; Fachleute wähnten sich subjektiv vielleicht, doch waren sie tatsächlich nicht ansatzweise im Bilde. Bei jedem Fall stellte sich die Frage nach der Ausheilung von Krankheiten oder Verletzungen, dem „Aufkommen". Häufig blieben chronische Leiden.

Überhaupt nicht vorhersehbar war, ob Neugeborene das erste Lebensjahr überstanden, ob eine Epidemie sie ums Leben brachte oder nicht. Von sieben einem Ehepaar geborenen

Kindern konnten alle sieben sterben, alle das Erwachsenenalter erreichen und alle Varianten dazwischen eintreten.

Häufig starb die Mutter mit dem Säugling. Die Mehrzahl der Ehefrauen mußte unter nicht geringem Risiko ab ihrem 25. oder 30. Lebensjahr bis in der Regel einige Jahre jenseits der vierzig alle anderthalb Jahre gebären; jede siebzehnte Frau insgesamt, jede zehnte aktuelle oder gewesene Ehefrau in Konstanz starb an Schwangerschafts- oder Geburtsfolgen.

Die genannten biologischen Unwägbarkeiten verhinderten jede nur einigermaßen zuverlässige Familienplanung.

Die für Konstanz nachgewiesene starke räumliche Mobilität widerspricht den bezüglich des 18. Jahrhunderts gehegten Erwartungen einer - abgesehen von Krieg, Handwerksgesellen und Vaganten - im Kern statischen Gesellschaft. In der Hälfte aller Konstanzer Wohnungen hatte binnen sechs bis sieben Jahren der Haushalt gewechselt. Nicht nur alleinstehende Frauen, Gelegenheitsarbeiter, Studenten und »rastlose« Künstler - die 60 verschiedenen Wohnungen Ludwig van Beethovens in Wien weist jeder bessere Reiseführer nach[5] -, sondern grundsätzlich Professionisten aller Branchen zogen häufig um; gleichwohl hoben sich die Konstanzer Ackerbürger, auch Handwerker, vor dem Hintergrund des allgemeinen Wohnraumwechsels als relativ seßhaft ab. Spärlicher materieller Besitz, insbesondere an Möbelstücken, und die normalerweise geringe Zahl der Haushaltsangehörigen ermöglichten es, ohne großen Aufwand kostengünstig innerhalb der Stadt eine andere Wohnung zu beziehen. Das »Ganze Haus« stellte weder von der Struktur, noch von der Dauer her den Regelfall vor.

Ungeachtet regelmäßiger Binnenumzüge wechselte das Korpus der städtischen Einwohnerschaft in Zu- und Abfluß von und nach außerhalb der Stadt ständig. Das Beispiel der vermeintlich stabilen ratsfähigen Konstanzer Oberschicht führt anhaltendes Abwandern und Aussterben von Familien bei gleichzeitiger Regeneration durch stetigen Zuzug von außen vor. Kein einziges Geschlecht aus reichsstädtischer Zeit, ganze vier notable Familien aus den ersten hundert Jahren im Status einer österreichischen Landstadt spielten gegen Ende des 18. Jahrhunderts noch eine Rolle im öffentlichen Leben der Stadt. Gestützt auf einen ähnlichen Befund zum raschen Wechsel von Hausbesitz kann die Aussage vom permanenten Durchlauf plausibel auf die Gesamtbewohnerschaft übertragen werden.

Die räumliche korrespondierte mit gewerblicher Mobilität. Das bekannte anpassungswillige Wechseln in andere Branchen und das Ausüben mehrerer Professionen nebeneinander stellten auch in Konstanz gängiges Anpassungsverhalten dar.

Der unstetige Geldwert mit seinen kurzen und heftigen Frequenzen bei gleichzeitigem langfristigem Verfall forderte im 18. Jahrhundert in besonderem Maße ein flexibles Repertoire wirtschaftlicher Verhaltensweisen; dies nicht nur von Kaufleuten, sondern von allen am Arbeits- und Warenmarkt beteiligten Menschen.

Mit Tabelle 29 kann die auf der Basis eines eingeschränkten Warenkorbs für Konstanz errechnete Inflationsrate durch alle Pentaden zwischen 1700/04 und 1820/24 verfolgt werden. Die im Verlauf des 18. Jahrhunderts von Jahr zu Jahr zunehmend stärker schwankenden Preise vor allem für Nahrungsmittel verhinderten im Grunde die auch nur mittelfristige Kal-

[5]) Z.B. Grieben, Reiseführer Wien und Umgebung, München [9]1981, S. 98; die sechzig Wohnungen bezog Beethoven in einer Spanne von 35 Jahren.

kulierbarkeit von Betrieben jeder Größenordnung und Branche. Das ausführlich dargelegte Beispiel der Hauswirtschaft in der Konstanzer Rheinmühle demonstriert, wie ungewiß es für einen Meister abzusehen war, ob ihn die Arbeitskraft seiner Magd oder seines Knechts im folgenden Jahr das Anderthalbfache, das Doppelte oder nur zwei Drittel kosten würde. Die erdrückende Dominanz von Einzelmeistern und Kleinstbetrieben in der vorindustriellen Wirtschaft dürfte nicht zuletzt auf dieser Unmöglichkeit, die Kosten für den Faktor Arbeit abschätzen zu können, beruhen. Alle personalreicheren Wirtschaftseinheiten in Konstanz hingen entweder als Institutionen der Stadt abgesichert an deren Kassen, so etwa neben der Rheinmühle die Stadtziegelhütte und der Werkhof, oder sie wälzten mittels freier und verlegter Lohnarbeit das Arbeitskostenrisiko auf die Beschäftigten ab - so die Entrepreneurs der Genfer Kolonie.

Die schleichende, säkulare Inflation verlangte einen geringen, aber stetigen Zuwachs des Nominaleinkommens und damit ein auf die Dauer expansives ökonomisches Verhalten. Hergebrachte, über Generationen bewährte Wirtschaftsweisen führten zumindest verarbeitende Gewerbler, Händler und Dienste Anbietende langfristig in die Armut. Stillstand bedeutete schon vor der Industrialisierung für jede Art von Betriebswirtschaft Rückschritt. Prominente Verlierer speziell dieser Facette des gesellschaftlichen Anpassungsdrucks stellten die Zünfte dar, deren starre Werte und Normen einer menschenfreundlichen Intention entsprangen, der ökonomischen Entwicklung jedoch früher als später dann Edikten zum Opfer fielen.

Der Abschnitt über die Bedeutung der Beibringung zeigt, wie mühsam und wie gefährdet es gewesen sein muß, den Realwert von Besitz in einer Haushaltsgemeinschaft auch nur zusammenzuhalten, geschweige denn zu vermehren.

Ein wirtschaftlich berechenbares Leben erlaubten die Verhältnisse allenfalls der Stifts- und Ordensgeistlichkeit, den wenigen Rentiers sowie den Staats- und Kirchenbeamten in Konstanz. Ansonsten war keinem Professionisten ein gemächliches Dasein vergönnt: Es gab Kaufleute, die binnen weniger Jahre substantielle Verluste schreiben mußten; die Krautgartenfelder der Konstanzer Ackerbürger waren in der Regel hoch hypothekenbelastet; mit einer Erwerbstätigkeit in Handwerk und Handel, Dienstleistung und sogar im mittleren bis subalternen öffentlichen Dienst ging ohnehin die ganze Bandbreite vom ratswürdigen Wohlstand bis zur nackten Existenznot einher. Zur ökonomischen Gliederung in Gesellschaftsschichten ist demnach das isolierte Kriterium der Profession wertlos.

Speziell in Konstanz beschleunigte die calvinistisch-kapitalistische Komponente den allgemeinen gesellschaftlichen Wandel, als ab 1785 mit der Ansiedlung der Genfer Kolonie zwei Zeitalter in der Stadt aufeinanderprallten. Zwischen 1792 und 1799 hielt sich der Immigrantenanteil fast ununterbrochen auf 20 bis 25 Prozent der Bevölkerung, kurzzeitig bestand ein Drittel der Bewohnerschaft aus Flüchtlingen.

Für die eingesessenen Einwohner der Stadt kamen diese „Fremden" aus einem anderen Kulturkreis: Alle sprachen eine andere Sprache, einige kultivierten eine andersartige Konfession, Bourgeois aus Genf und Lyon praktizierten ungewohnte Wirtschaftsweisen und Lebensformen, adlige Offiziere der Emigrantencorps suchten ihr recht unbürgerliches feudales Gehabe zu konservieren. Obwohl einzelne Vermögen in die Stadt brachten und aufs Ganze gesehen mit ihren Fabriken das Gewerbe ankurbelten, als Konsumenten und Mieter Konstanzer Hausbesitzer und Gewerbetreibende verdienen ließen, besaß der überwiegende Teil dieser Flüchtlinge wenig mehr als die Existenz. Die eingesessene Konstanzer Bevölkerung nahm sie dennoch alles in allem freundlich auf.

Beim Aufzählen der Anpassungsleistungen darf die administrative Ebene nicht vergessen werden. Seit der Mitte des 18. Jahrhunderts steigerte der Staatsapparat seine Anforderungen an die Untertanen rapide, und zwar gleichwohl in finanzieller wie in verwaltungstechnischer Hinsicht. Rekruten zu liefern, Privates vermittels Steuerkataster, Seelenbeschreibung, Sterbeprotokoll und Nachlaßinventar zu offenbaren mag die Betroffenen kaum weniger verdrossen haben als Arrha, Erbschaftssteuer, Normalschulbeitrag und Gebühren für Stempelpapier zu entrichten sie belastete.

Nach dem aktuellen Stand der wirtschaftsgeschichtlichen Forschung bedingte das europäische Bevölkerungswachstum die Verschlechterung der Lebensverhältnisse für Arbeitskräfte, also den Großteil der Bevölkerung. Am augenfälligsten stellt sich diese Tendenz im Steigen der Nahrungsmittelpreise bei gleichzeitiger Stagnation der Löhne und Gewerbeeinkommen dar[6]. Es muß sich hierbei jedoch um keine lineare gesellschaftliche Gesetzmäßigkeit handeln: Mehr Konsumenten reißen sich nicht nur um stagnierende Ressourcen, sie bieten auch als potentielle Kunden erhöhte Absatzchancen für Produkte aller Art[7]. Daher führte das stetige Bevölkerungswachstum in Deutschland nach dem Dreißigjährigen Krieg nicht allgemein und grundsätzlich zur **Verschlechterung** der wirtschaftlichen Verhältnisse; es bedingte treffender eine **Verschärfung der Leistungsanforderungen**, die namentlich Arbeitskräfte und Warenproduzenten am Markt zu erbringen hatten - und der freilich immer mehr erlagen.

Gleichwohl mündeten das Bevölkerungswachstum und seine Konsequenzen in keiner Katastrophe, etwa der Art, wie sie bisweilen popularisierend den Theorien des Thomas Robert Malthus zugeschrieben wird. Die Mehrzahl der Menschen hielt dem Druck stand, erbrachte mehr oder minder hinreichend die geforderten Anpassungsleistungen.

Stellt man die „Tendenzen des gesellschaftlichen und kulturellen Wandels", welche die „Geburt der modernen deutschen Gesellschaft im 18. Jahrhundert" einleiteten[8], vom Kopf auf die Füße, so lautet die Essenz der in dieser Arbeit präsentierten Überlegungen: »Bürgerlich« genanntes zweckrationales Denken und Handeln entsprang nicht der „philosophisch geistige[n] Bewegung" namens Aufklärung[9]. Umgekehrt, die materiellen Lebensbedingungen - im 18. Jahrhundert also, zusammengefaßt: der verschärfte Zwang zur Anpassung an immer rascheren, vorzüglich ökonomischen Wandel angesichts des potentiellen Absturzes in die Masse der Elenden, aber auch der Möglichkeit zum gesellschaftlichen Aufstieg - zwangen die Menschen, ihr öffentliches und geschäftliches Handeln ganz alltäglich am Nutzen auszurichten. Nur wer bereits auf der Ebene des lokalen Marktes und des eigenen Haushalts den Richt-

[6]) Wolfgang Sannwald, Spital und Wirtschaft. Untersuchungen zur Wirtschafts- und Sozialgeschichte des Dreißigjährigen Krieges in Südwestdeutschland, Dissertation Tübingen 1991, S. 1f.

[7]) Hans-Joachim Franzen, Die Entstehung der bürgerlichen Gesellschaft und industriekapitalistische Modernisierung im europäischen Vergleich - ein Weg oder viele?, in: Helga Grebing, Der »deutsche Sonderweg« in Europa 1806-1945. Eine Kritik, Stuttgart / Berlin / Köln / Mainz 1986, S. 61f; v.a. die Definition „Industrialisierung bedeutet: gesellschaftlicher Wandel **auf der Grundlage wirtschaftlichen Wachstums** bei fortwährender technologischer Erneuerung" (Hervorhebung von mir) und Punkt 4, S. 62.

[8]) Wolfgang Ruppert, Bürgerlicher Wandel. Die Geburt der modernen deutschen Gesellschaft im 18. Jahrhundert, Frankfurt/Main 1984 (Erstausgabe 1981), Untertitel und Überschrift S. 191.

[9]) Ebd., passim; Zusammenfassung und Zitat in Punkt 5, S. 194.

linien zielgerichteter pragmatischer Vernunft folgte, konnte seinen Lebensunterhalt sichern, seine gesellschaftliche Stellung wenigstens halten.

Die betroffenen, handelnden Subjekte mochten sich nicht unbedingt Rechenschaft über ihr so skizziertes Verhalten abgelegt haben. Aus der längst praktizierten Anwendung heraus reflektierten nämlich kluge Köpfe über die geistigen Grundlagen dieser europäischen Weise zu wirtschaften, dehnten sie aus auf den weiteren kulturellen, auf den staatstheoretischen und theologischen Bereich, hoben sie auf eine philosophische Ebene und gaben dieser bewußten Geisteshaltung den Namen »Aufklärung«.

Kapitel 1: Theoretische und methodische Grundlagen

1.1 Zum Forschungsstand

Die wirtschafts- und sozialgeschichtliche Erforschung Deutschlands im 18. Jahrhundert erscheint vergleichsweise lückenhaft. Das Spätmittelalter, das 16. und 17. Jahrhundert bis zum Dreißigjährigen Krieg, dann wieder das 19. Jahrhundert mit den Stichworten Industrialisierung und Pauperismus wurde diesbezüglich ausgiebiger bearbeitet. Nähert sich die Zunft jedoch dem 18. Jahrhundert, so rücken Absolutismus, Aufklärung und der den sogenannten modernen Staat konstituierende neue Beamtentypus, daneben noch der Aufstieg des Bildungsbürgertums in den Mittelpunkt des Interesses.

Trotz zahlreicher fundierter Lokalstudien, die der Wirtschafts-, Sozial- und Geistesgeschichte wichtige Erkenntnisse eingetragen haben, existieren auf der statistisch-sozialwissenschaftlichen Karte Deutschlands im 18. Jahrhundert noch weiße Flecken. Insbesondere bedürfen die historiographisch schwierig zu erschließenden Lebensverhältnisse der vielen Armen, die daher noch immer recht stumm und gesichtslos erscheinen, der Klärung. Nicht von ungefähr beginnt Hans-Ulrich Wehler die folgende Feststellung mit einem einschränkenden Modaladverb: „Wahrscheinlich wurde jedoch die Mehrheit in den allermeisten Städten von den plebejischen Unterschichten der Tagelöhner, Dienstboten, Armen usw. gestellt. Sie sind lange Zeit in einer Dunkelzone des historischen Interesses geblieben, obwohl sie für das Leben der Städte nicht minder charakteristisch waren als etwa die zünftigen Handwerker“[1].

Ihrem Gegenstand und der vergleichsweise zugänglichen Quellenüberlieferung entsprechend hat die wirtschaftsgeschichtliche Forschung in Deutschland schon früh aus der Auswertung von Lohnreihen, Preislisten, Kontorbüchern und dergleichen ein Bild des ökonomischen Teils der Lebensverhältnisse entworfen. Berechtigterweise schloß sich an die grundlegenden Arbeiten von Moritz John Elsas[2] und Wilhelm Abel[3] das Verlangen an, dieses für die großen Handelsstädte ermittelte Bild um die Verhältnisse im provinziellen Hinterland zu ergänzen[4].

Die statistische Auswertung von Material aus Kirchenbüchern gehört mittlerweile schon zum geschichtswissenschaftlichen Standardrepertoire[5].

Vormundschafts-, Beibringens- und Nachlaßinventare sind ebenfalls seit der Möglichkeit des EDV-Einsatzes ab den 1980er Jahren in den Kernbereich des wissenschaftlichen Interesses gerückt[6]. Schon vorher wurden zielgerichtet Einzelaspekte aus den Inventuren

[1]) Wehler, Gesellschaftsgeschichte I, S. 182.

[2]) Umrisse einer Geschichte der Preise und Löhne in Deutschland vom ausgehenden Mittelalter bis zum Beginn des Neunzehnten Jahrhunderts, 2 Bände, Leiden 1936 und 1949.

[3]) Diverse Studien Abels zur Agrarwirtschaft reichen vom Hochmittelalter bis ins 19. Jahrhundert, z.B. in: H. Aubin / W. Zorn (Hg.), Handbuch der deutschen Wirtschafts- und Sozialgeschichte Bd. 1, Stuttgart 1971. In dieser Arbeit wegen der ausführlichen Bearbeitung des späten 18. Jhs.: Massenarmut ... in Europa.

[4]) Sannwald, Spital und Wirtschaft, S. 2 und 9.

[5]) Arthur Erwin Imhof (Hg.), Historische Demographie als Sozialgeschichte. Gießen und Umgebung vom 17. zum 19. Jahrhundert, Teil 1, Darmstadt und Marburg 1975, mit zahlreichen methodischen Reflexionen und Fallbeispielen.

[6]) Ausführlich zur Quelle, ihren Möglichkeiten und Grenzen, sowie weitere Literatur in: Ad van der Woude und Anton Schuurman (Hg.), Probate Inventories, Wageningen 1980, darin v.a. die Beiträge von Anton Schuurman,

gepickt, sehr verdienstvoll bleibt nach wie vor die Frage nach der Verbreitung von Bücherbesitz[7]. An den jeweils gleichen Dingen und Bedürfnissen orientiert, gleichen die verschiedenen Inventartypen in diversen europäischen Ländern einander in Aufbau und Inhalt; der springende Punkt stellt sich stets bei der Frage nach der Repräsentativität heraus[8]. Obligatorisch vorgeschrieben war die Aufnahme eines Nachlaßinventars für jeden Erwachsenen nur in Württemberg zwischen 1555 und 1900, in Schweden und Finnland ab 1734, in Salzburg und anscheinend in Wien bis 1803 - und in Konstanz ab 1786[9].

Mindestens ebenso reichhaltige Möglichkeiten zur heuristischen Ausbeutung wie die Inventuren und Teilungen bieten die sogenannten „Seelenbeschreibungen" oder „Seelenbücher". Meines Wissens wurde dieser Quellentyp lediglich von Michael Mitterauer[10] seiner Ergiebigkeit entsprechend genutzt, obwohl er sich etwa als Vorlauf zu William H. Hubbards Art der Familiengeschichtsschreibung[11] geradezu aufdrängt.

Diese Arbeit verwendet noch eine Handvoll anderer Arten serieller Quellen wie Quartierlisten, Almosenverzeichnisse und Hausbesitzkataster. Ähnliche finden sich gewiß in allen Archiven mit reichhaltigem Bestand. Sie versprechen für die Zukunft ergiebiges Forschen, da die historiographische Hinwendung zu Preisreihen, Kirchenbüchern, Inventuren und Seelenbeschreibungen alles andere als eine Sackgasse der Erkenntnismöglichkeit geöffnet hat.

Wegen der Vielfalt der in dieser Arbeit berührten Unterdisziplinen Wirtschafts-, Sozial-, Familien-, Demographie- Bildungs- und Medizingeschichte kann der jeweilige Forschungsstand an dieser Stelle nicht behandelt werden. Die einschlägige Literatur steht mit den aktuellen Standardwerken im Hauptteil der Arbeit an der jeweils betreffenden Stelle.

Die Konstanzer Stadtgeschichtsschreibung stempelte überwiegend das 18. zum bedeutungslosen Säkulum, womit es im Effekt ein unbekanntes blieb. Dies tritt besonders eindrucksvoll in einbändigen Darstellungen hervor. Josua Eiselein wies der Stadtgeschichtsforschung und -schreibung 1851 eine Richtung, der sie für länger als ein Jahrhundert fast ohne Abstecher beiseite folgte: „Wir beschränken uns darauf, über Vorkommnisse in Konstanz

Probate Inventories: Research Issues, Problems and Results (S. 19ff); Micheline Baulant, Typologie des inventaires après décès (S. 33-42); Klaus Roth, Zur Auswertung von Nachlaßinventaren (S. 43-51); Peter Borscheid, Familie - Wirtschaft - Gesellschaft. Materialien zu einer Sozialgeschichte der Familie in Deutschland (S. 83-95); Uwe Meiners / Ruth-E. Mohrmann / Klaus Roth, Inventare als Quellen im Projekt »Diffusion städtisch-bürgerlicher Kultur vom 17. bis zum 20. Jahrhundert« (S. 97-114); Johannes A. Faber, Inhabitants of Amsterdam and their Posessions, 1701-1710 (S. 149-155). Speziell zu den württembergischen Inventuren und Teilungen mit umfangreicher Literaturliste: Gerhard Faix, Inventuren und Teilungen im Stadtarchiv Tübingen. Ein Arbeitsbericht, mschr. Tübingen 1986 (im Landeskundeinstitut der Universität erhältlich).

7) Schuurman, Probate Inventories, S. 19: „Usually inventories have been used to clarify certain points rather than to analyse their contents fully." Bücherbesitz: Faix, Inventuren und Teilungen, Bibliographie S. 3-5. Franz Quarthal, Leseverhalten und Lesefähigkeit in Schwaben vom 16. bis zum 19. Jahrhundert, in: Die alte Stadt 2-3, 1989, S. 345. Petra Schad, Dissertation in Bearbeitung zu Buchbesitz und Leseverhalten in Wildberg 1740-1799, erscheint voraussichtlich 1995/6 in Stuttgart.

8) Wie Anm. 6: Baulant S. 35, Punkt 4, S. 42; Roth S. 45f; Meiners / Mohrmann / Roth S. 98-100, 102, 106 Punkt b).

9) Faix, Inventuren und Teilungen, S. 17f; Baulant, Typologie des inventaires après décès, S. 35. Konstanz: Kap. 6.1.1.

10) Zuerst in seinem Beitrag: Zur Familienstruktur in ländlichen Gebieten Österreichs im 17. Jahrhundert, in: Heimold Helczmanovszki (Hg.), Beiträge zur Bevölkerungs- und Sozialgeschichte Österreichs, München 1973, zur Quelle S. 172f.

11) Familiengeschichte. Materialien zur deutschen Familie seit dem Ende des 18. Jahrhunderts, München 1983.

nach dem Verluste seiner Reichsfreiheit und Selbständigkeit nur noch einige Notizen folgen zu lassen, um diese Schrift nicht mit Erzählungen zu vergrößern, welche der historischen Bedeutung fast gänzlich entbehren.“ Zwischen der Schwedenbelagerung 1633 und dem Heckerzug 1848 fand in Konstanz demnach allenfalls »Niedergang« und die »gescheiterte« Ansiedlung einer Genfer Fabrikantenkolonie statt[12]).

Zu Teilbereichen der Konstanzer Geschichte im 18. Jahrhundert wurde bereits geforscht. Hervorzuheben sind die Arbeiten von Hermann Baier[13]), dessen wirtschaftsgeschichtlicher Aufsatz alle relevanten Namen in einer Fülle von Beispielen enthält; von Ernst Seeholzer[14]), der die Ereignisgeschichte der Genfer Kolonie aus den deutschen Archiven mit ausführlichen Quellenauszügen dokumentiert hat; von Arnulf Moser[15]), der die französische Emigrationsgeschichte für Konstanz erschöpfend behandelt; Hermann Schmids[16]) grundlegender Aufsatz zu den letzten Jahren der Konstanzer Bettelordenskonvente; Karsten Kühnes[17]) sehr ergiebige und anschauliche Beschreibung der Strafrechtspraxis in Konstanz; von Judit Ungvary[18]), deren Darstellung rund um die Theatergastspiele in Konstanz im späten 18. Jahrhundert einen interessanten, sonst wenig beachteten Aspekt städtischen Alltagslebens beleuchtet; von Thomas Warndorf[19]), dessen Schulgeschichte durch die Jahrhunderte freilich für das 18. Jahrhundert noch Forschungsmöglichkeiten offenläßt; Alexander Klein[20]) hat die obrigkeitliche Armutspolitik und die einschlägigen Anstalten in Konstanz ausführlich dargestellt.

[12]) Josua Eiselein, Geschichte und Beschreibung der Stadt Konstanz und ihrer nächsten Umgebung, Konstanz 1851: insgesamt 245 Seiten Text, Kap. 7 „Städtische Notizen aus der Zeit nach der Reformation“ S. 168-173, darin ca. 23 Zeilen zum 18. Jh.; Zitat S. 168.- Wolfgang Martens, Geschichte der Stadt Konstanz, Konstanz 1911: S. 1-283 über die Zeit bis 1548, S. 284-300 „Konstanz als Landstadt“, S. 301-312 „unter badischer Herrschaft“; zum 18. Jh.: S. 31: 25 Zeilen über die Dominikanerinsel an Macaire bis Inselhotel 1875, S. 286: 23 Zeilen zu Josef II. 1777, S. 296-299: 3 Seiten + 1 Zeile zum 18. Jh. bis 1806.- Albert von Hofmann, Historische Stadtbilder. I. Die Stadt Konstanz, Stuttgart / Berlin 1922, Inhaltsverzeichnis: Auf Kap. 3c) „Die Stellung der Stadt im Dreißigjährigen Kriege“ folgt Kap. 4 „Konstanz im 19. Jahrhundert - Wessenberg - Ausblick“; in 3c) 11 Zeilen über die Eventualität eines Beitritts zur Eidgenossenschaft 1798, 1805, 1810 und 1815, Kap. 4 beginnt mit dem Reichsdeputationshauptschluß, das 18. Jahrhundert fand demnach in Konstanz gar nicht statt.- Otto Feger, Kleine Geschichte der Stadt Konstanz, Konstanz 1957: S. 9-159 über die Zeit bis 1548, S. 160-162 „unter österreichischer Herrschaft“, S. 162-164 „Kulturelles Leben“, S. 164-167 „Konstanz wird badisch“ als Geschichte des 18. Jhs. bis 1806.- Helmut Maurer (Konstanzer Stadtgeschichte im Überblick, Sigmaringen 1979) zog in Ergänzung zu Otto Feger (Konstanz. Aus der Vergangenheit einer alten Stadt, Konstanz o.J. (1947) und ders. 1957) für die Zeit vor 1806 lange Entwicklungslinien und legte einen Schwerpunkt auf die Geschichte des 19. und der ersten Hälfte des 20. Jhs.; zum 18. Jh.: S. 23f und 28f zusammen ca. 1½ bis 2 Seiten.- Ein Reiseführer setzt in seiner immerhin 62seitigen populären Darstellung der Konstanzer Geschichte und Sehenswürdigkeiten zum folgenden, beinahe komisch anmutenden und daher um so bezeichnenderen Epochensprung an: „1548 erfolgt die Rekatholisierung, die Geistlichen des Münsters kehren zurück. [Bedeutungsträchtiger Absatz] Allerdings neigt sich ihre Zeit ebenfalls bald dem Ende zu. 1785 ordnet der österreichische Kaiser Joseph II. (...) die Aufhebung der Klöster an, das Zeitalter des modernen Staates beginnt.“ (Gertraud Gaßner, Rainald Schwarz-Gaßner, RadReiseBuch. Rund um den Bodensee. Von Lindau nach Konstanz, München 1990, S. 393.)

[13]) Zur Wirtschaftsgeschichte der Stadt Konstanz im 18. Jahrhundert, in: Basler Zeitschrift für Geschichte und Altertumskunde, hg. von der Historischen und Antiquarischen Gesellschaft zu Basel, 35. Band, Basel 1936, S. 491-543.

[14]) Die Genfer Kolonie in Konstanz, in: SVG Bodensee 53, 1924, S. 175-300.

[15]) Die französische Emigrantenkolonie in Konstanz während der Revolution (1792-1799), Sigmaringen 1975.

[16]) Die Säkularisation der Klöster in Konstanz und Umgebung, in: SVG Bodensee 96, 1978, S. 69-124.

[17]) Das Kriminalverfahren und der Strafvollzug in der Stadt Konstanz im 18. Jahrhundert, Sigmaringen 1979.

[18]) Wandertruppen in Konstanz, Konstanz 1980.

[19]) Schulen in Konstanz. Ihre Entstehung und Entwicklung im Wandel der Stadtgeschichte, Konstanz 1986.

[20]) Armenfürsorge und Bettelbekämpfung in Vorderösterreich 1753-1806. Unter besonderer Berücksichtigung der

Die alten Benutzerkärtchen in zahlreichen Konvoluten des Bestands 209 im Generallandesarchiv Karlsruhe belegen Karl Bucheggers über Jahre dauerndes fleißiges Durcharbeiten enormer Aktenberge; leider geriet deren Verarbeitung schlicht schlampig und wenig zuverlässig. Daher ist seine Verfassungs- und Verwaltungsgeschichte[21] leider nur sehr bedingt „brauchbar"[22]. Ich habe gewiß nicht Bucheggers Aktenstudium zwecks griffelspitzerischer Rechthaberei nachverfolgt; aber wann immer sich zufällig eine Vergleichsgelegenheit ergab, stieß seine mangelhafte Darstellung auf.

Abgesehen davon, daß Buchegger mit Fundnachweisen geizt, sind die diversen Konstanzer Verfassungsreformen, vor allem die unterschiedlichen Rechtsorgane und Institutionen alles andere als übersichtlich beschrieben. Häufig gibt er Informationen, die er gesammelt haben mußte, unvollständig wieder, stellt damit Zusammenhänge schief bis falsch dar, modernisiert Zitate bisweilen hart an der Grenze zur Sinnentstellung. Auch sollte jeder Benutzer sich klar darüber sein, welche erstaunlichen, da nämlich sachlich nur durch das Unterschlagen widersprechender Akten und ähnliche historiographische Todsünden begründbare Sympathien Buchegger den Konstanzer Stadthauptleuten im allgemeinen und Franz v. Blanc im besonderen entgegenbringt. Auf den Antipathiepol verbannt er Bürgermeister Leonhard Lehry und den bürgerlichen Stadtmagistrat, von den reichhaltig vorhandenen und von Buchegger durchgesehenen Akten genausowenig gedeckt[23].

Derlei Urteile in einer wissenschaftlichen Untersuchung, die abschnittweise sogar grundlegende Instrumente der historistischen Quellenkritik vermissen läßt, werfen ein nicht eben schmeichelhaftes Licht auf eine in bedingungsloser Obrigkeitshörigkeit erstarrte deutsche Geisteselite in der spätwilhelminischen Epoche.

Es tut mir leid, einem Kollegen, der nicht mehr erwidern kann, solch harsche Kritik entgegenzuwerfen. Doch sollte, wer strittige Behauptungen absichern will, im eigenen Interesse neben Bucheggers Arbeit noch andere Belege hinzuziehen.

1.2 Intentionen dieser Arbeit

Die Verfügbarkeit neuer Methoden fordert eine wissenschaftliche Neubearbeitung von bereits Bekanntem. Konkret ermöglicht der popularisierte Einsatz der elektronischen Informationsverarbeitung das Verwerten von historischen Datenmengen, die vorher von Einzelpersonen in absehbarer Zeit nicht zu bewältigen waren. Die hier vorgelegte umfassende und gleichzeitig detaillierte Aufbereitung zum Beispiel des »Seelenbeschriebs« 1774 verlangt für jeden der 950 Haushalte das Ausfüllen von potentiell über hundert Datenfeldern; sie sprengt damit die Kapazität von Karteikarte und Taschenrechner. Mittels dieser technisch neuen

Städte Freiburg und Konstanz, München und Freiburg 1994; ders., Die vorderösterreichische Kinder- und Waisenfürsorge in der zweiten Hälfte des 18. Jahrhunderts, in: ZGO 142/1994, S. 183-197.

21) Die Verfassung und Verwaltung der Stadt Konstanz im 18. Jahrhundert unter Berücksichtigung der Tätigkeit des Stadthauptmanns Franz von Blanc, Berlin 1912.

22) Schmid, Säkularisation 1978, S. 70, Anm. 3.

23) Beispiele sind bei Martin Burkhardt, Konstanz im 18. Jahrhundert, in: ders. / Wolfgang Dobras / Wolfgang Zimmermann, Konstanz in der frühen Neuzeit. Reformation, Verlust der Reichsfreiheit, Österreichische Zeit [im folgenden mit „Stadtgeschichte III" abgekürzt], S. 440-442 und 445f ausführlich dargestellt.

Methode sollen umfängliche, bislang unbearbeitete Aktenbestände ausgebeutet und daraus Erkenntnisse gewonnen werden, die das Wissen über die Lebensverhältnisse im 18. Jahrhundert erweitern.

Vor jedem Vergleich mit den Verhältnissen an anderen Orten und zu anderen Zeiten steht die Absicherung der eigenen Resultate. Man kann Entwicklungen erst zuverlässig nachzeichnen, wenn die Fixpunkte feststehen.

Das zweite Ziel dieser Arbeit besteht also darin, zunächst eine feste Grundlage zu schaffen für die spätere Beurteilung, welche Lebensverhältnisse die Industrialisierung des 19. Jahrhunderts in Deutschland tatsächlich verändert hat. Bereits voreingenommen, will ich den erstaunlich zahlreichen, für das Selbstverständnis der heutigen Gesellschaft mehr oder minder politisch brisanten, noch immer im Umlauf befindlichen Geschichtslegenden bezüglich der Lebensverhältnisse vor der Industrialisierung meine Befunde entgegenhalten. Es geht darum, die hier bereits engagierte Forschungs- und darstellende Literatur in Themen wie Großfamilie im »Ganzen Haus«, Schichtung der Gesellschaft, altständische wirtschaftliche Beharrung und soziale Immobilität und dergleichen zu stützen und um weitere Aspekte zu bereichern. Zum Beispiel erscheint es mir aufschlußreich, Abels vom Großhandel und Marktgeschehen her erschlossenen Befund, der Pauperismus als Erscheinung reiche bis ins 16. Jahrhundert zurück[24)], vom Blick auf die Verbraucher, ihren Besitz und ihre Lebensgewohnheiten her zu beurteilen. Auf dieser Grundlage kann man diskutieren, inwieweit die neuartige, industriell genannte Produktionsweise auf dem Agrar- und Gewerbesektor Elend und Massenarmut verschärfte oder milderte.

Nicht zuletzt schließt diese Arbeit zusammen mit meinem Beitrag im dritten Band der Konstanzer Stadtgeschichte[25)] eine bislang erst mit der Untersuchung einzelner Aspekte gefüllte Lücke für die Zeit von der Mitte des 18. Jahrhunderts bis 1806.

1.3 Untersuchungsgegenstände, Methodik und Darstellung

Der vorliegenden Arbeit liegen serielle Quellen zugrunde, die sich auszeichnen durch Unpersönlichkeit, Schematismus und geringe Intentionalität: Die Autoren verfolgten mit den diversen Listen lediglich einen obrigkeitlich befohlenen Zweck, brachten darin kein persönliches Interesse zum Ausdruck; man kann kurzum annehmen, daß die Urheber ihre Kenntnis der Realität nach bestem Wissen niederschrieben. Die Quellenkritik muß damit im wesentlichen juristischen und technischen Fragen nachgehen, etwa wer gezählt wurde, der Stringenz von Wertangaben in Gulden verschiedener Autoren zu verschiedenen Zeiten, dem Verhältnis zwischen Bezeichnung und Gegenstand und dergleichen.

Die Untersuchung ist als eine Art Experiment angelegt, wie viele Informationen aus einer intensiven Auswertung gleichartiger Datenmassen herauszuholen sind. Sie wird auch die Grenzen solcher EDV-gestützten Forschung erweisen. Einige der folgenden Abschnitte mögen den Eindruck erwecken, das Material sei bis auf den Grund abgeweidet worden - doch

[24)] Abel, Massenarmut ... in Europa, S. 13.
[25)] Burkhardt in Stadtgeschichte III, S. 313-449.

bleiben immer noch viele Seitenpfade, die interessante Erkenntnisse versprechen, unbeschritten. Mit solch ergiebigen Quellen wie den verarbeiteten angelegte Datenbanken werfen Resultate in unvermutetem Ausmaß ab. Der Informationsreichtum der Quellen legte auch nahe, sie für verschiedene historiographische Einzeldisziplinen demographisch, familien-, wirtschafts-, sozial-, bildungs- und medizingeschichtlich auszubeuten.

Den zeitlichen Rahmen dieser Arbeit bildet nach vorne der Wechsel in der staatlichen Zugehörigkeit Konstanz' von Österreich zu Baden, der als eine seiner zahlreichen Auswirkungen mit dem »Ende des alten Reiches« zusammenfiel. Für die ersten Jahrzehnte der badischen Zeit in Konstanz liegt eine auf umfangreiches statistisches Material gebettete wirtschafts- und sozialgeschichtliche Studie vor[26]. Nach rückwärts diktieren die Quellenfunde je nach Untersuchungsgegenstand eine ausgefranste zeitliche Scheidelinie, meist um die 1760er bis 1770er Jahre.

Die Dissertation beschränkt sich also auf einen vergleichsweise - Historiker sind gehalten, Entwicklungen vorzuführen – sehr kurzen Zeitraum. Er ist von der hervorragenden Überlieferung numerischen Materials, das mit dem Eintritt ins statistische Zeitalter ab dem letzten Drittel des 18. Jahrhunderts angelegt wurde, vorgegeben. Für die Zeit davor fehlen einfach die entsprechenden Quellen, die Vergleiche akzeptabel erlaubt hätten. Bezeichnend zum Beispiel ist der grundlegende Qualitätsunterschied zwischen der Konstanzer Seelenbeschreibung für das Jahr 1768 und der für 1774: Die erste erfaßt große, aber doch nur Teile der Konstanzer Bevölkerung; Vergleiche können hier nur mittels allerlei abwägender Hilfskonstruktionen auf den Weg gebracht werden. 1774 dagegen ist im Grunde jede Einwohnerin und jeder Einwohner der Stadt im heutigen Sinne genannt und mit seiner Stellung und Tätigkeit innerhalb der Konstanzer Gesellschaft beschrieben[27].

Das späte 18. Jahrhundert markiert für die Qualität, damit für die Nutzbarkeit aller möglicher Typen serieller Quellen, die ja häufig keineswegs neu in die Geschichte traten, einen Sprung auf eine höhere Ebene. Der ganze Aufsatz »Statistik« von Walter G. Rödel[28] breitet die Mühseligkeit des Ansinnens aus, mit vorstatistischen seriellen Quellen halbwegs annehmbare Zahlenangaben zur Gesamtbevölkerung zu bekommen. Man vollziehe zum weiteren Beispiel Franz Mathis'[29] Schwierigkeiten mit Musterungs- und Steuerlisten aus dem 17. Jahrhundert nach: Bei allem Erkenntniswert muß ihm der reiche und der arme Bevölkerungsteil zwangsläufig unter den Tisch fallen. Ähnliches gilt für die Inventuren und Teilungen. Aussagen sind, so simpel dies klingen mag, eben nur zur Besitzstruktur der Inventarisierten möglich. In Konstanz erlaubt die Quelle erst ab 1786 die befriedigend komplette Erfassung aller Verstorbenen, und sei es nur durch die bescheidene, für die Untersuchung aber entscheidende Aussage »besaß nichts«. Selbst die Konstanzer Kirchenbücher wurden erst 1784 von der josefinischen Verwaltungsbürokratie auf Gleichförmigkeit getrimmt.

»Materielle Lebensverhältnisse« bleiben, auch wenn sie zeitlich und lokal beschränkt wer-

[26]) Heinz Krümmer, Die Wirtschafts- und Sozialstruktur von Konstanz in der Zeit von 1806 bis 1850, Sigmaringen 1973.

[27]) Quellenbeschreibung Kap. 3.2.1, 8.1.1 und 8.1.2.

[28]) »Statistik« in vorstatistischer Zeit. Möglichkeiten und Probleme der Erforschung frühneuzeitlicher Populationen, in: Kurt Andermann, Hermann Ehmer (Hg.), Bevölkerungsstatistik an der Wende vom Mittelalter zur Neuzeit. Quellen und methodische Probleme im überregionalen Vergleich, Sigmaringen 1990, S. 9-25.

[29]) Zur Bevölkerungsstruktur österreichischer Städte im 17. Jahrhundert, Wien 1977.

den, ein extrem weit gefaßter Untersuchungsgegenstand. Daraus ergibt sich das Manko, daß einzelne Teile, die zum Beispiel die Inflationsrate oder die Umzugshäufigkeit behandeln, im Rahmen einer Dissertation nicht erschöpfend ausgeführt werden können. Gerade zu diesen beiden Themenbereichen mangelt es freilich an vergleichbaren Forschungen.

Doch bildeten die materiellen Bedingungen des täglichen Lebens in der historischen Realität eine Einheit. Entsprechend stehen die dargestellten Ergebnisse auch in einem Geflecht von Zusammenhängen zueinander[30]. Anstatt in die Tiefe der Zeit zu steigen, versuche ich, Breite und Komplexität der Lebensbedingungen offenzulegen.

Die lokal und zeitlich eng begrenzte Arbeitsweise erlaubt wissenschaftlich haltbare und gleichzeitig uneingeschränkte Aussagen: In Konstanz *besaßen* in den 1770er Jahren drei Viertel der Einwohner das Stadtbürgerrecht. Betont sei, daß ich keiner lokalen Einzigartigkeit das Wort rede, da eine solche sich in der Beliebigkeit verlöre. Im Gegenteil, das Spannungsverhältnis zwischen räumlicher Besonderheit und historischer Allgemeinerkenntnis bereichert letztere. Jeder Ort reflektiert jederzeit, indem er an ihr teil hat, die Universalhistorie.

Die möglicherweise eklektizistisch anmutende Sammlung verschiedenen Materials wirkt, wenn man die Einzelteile aufeinander bezieht, erkenntnisfördernd. Zunächst beantwortet das Abgleichen der Quellen die elementare Frage nach der Repräsentativität; zum Beispiel zeigen die Mängel einer Liste ansässiger Professionisten aus dem Jahr 1778, wie komplett die vier Jahre ältere »Seelenbeschreibung« ausgeführt ist. Zum weiteren Beispiel können Frauen und Männer, die in einer Liste als Empfänger städtischer Stiftungsgelder vertreten sind, anhand der Nachlaßakten daraufhin überprüft werden, ob sie zu Recht Almosen von der öffentlichen Hand erhielten.

Der erste Teil des Programms »materielle Lebensverhältnisse« versteht sich als Antipode zu »ideell«, meint also, weit gefaßt, meßbare Sachverhalte, die sich in wenigstens zwei Prozentangaben mit der Summe Hundert ausdrücken lassen. Von der Untersuchung zunächst ausgeschlossen bleiben demnach wertende zeitgenössische Selbsteinschätzungen der eigenen Lebensbedingungen. Von den Betroffenen selbst geäußerte Interpretationen ihrer Umwelt dienen allenfalls, wie in der Auseinandersetzung mit dem »Wohlfahrtstadttopos«, als opponierende Stimmen von advocati diaboli, um an ihnen die Substanz meiner gewonnenen materialistischen Befunde auszumessen.

»Verhältnisse« bedeuten hier Gegebenheiten, die im Kern der Interpretation enthoben sind; das heißt Gründe, Schlußfolgerungen und Auswirkungen können ausgelegt werden, nicht aber das Faktum selbst. Zum Beispiel lebten nach den Aufzeichnungen des städtischen Beamten Johann Peter Bollinger Ende 1774 in Konstanz genau zwölf Prozent aller Kinder zwischen zwölf und 20 Jahren außerhalb des elterlichen Haushalts, in Lehre, Dienst, Spital und beim Militär. Soweit die Gegebenheit; abgewogen werden können nun die Zuverlässigkeit der Aufnahme, das Gewicht dieser Aussage bezüglich der Verhältnisse andernorts, Rückschlüsse auf die wirtschaftliche Situation und Auswirkungen auf die Haushaltsstrukturen in Konstanz. An der Intention dieser Arbeit vorbei ginge hingegen die Frage, ob die betreffenden Eltern und Kinder betrübt waren wegen der Trennung oder glücklich über die den eigenen Haushalt entlastende externe Versorgung.

30) Siehe die Zusammenfassung der Ergebnisse.

Offen definiert, reichen »materielle Lebensverhältnisse« von den biologischen Determinanten menschlichen Lebens über die unterschiedlichen Möglichkeiten, die körperlichen Grundbedürfnisse Nahrung, Kleidung, Wohnen, Gesundheit zu befriedigen und sich Kulturtechniken und Bildung anzueignen, bis hin zur Organisation von Arbeit und Erwerb und den kodifizierten wie informellen Regeln des Zusammenlebens in der Gemeinschaft.

Die »landstädtische Bevölkerung« im Titel verweist auf den Anspruch, die Lebensbedingungen der kompletten Einwohnerschaft von Konstanz auszuleuchten, alle ihre Teile gleichermaßen zu erfassen und die einzelnen Schichten in Beziehung zueinander zu setzen.

Die Angabe »vor der Industrialisierung« sollte wörtlich, im Sinne von »unmittelbar vor« verstanden werden; in Jahreszahlen ausgedrückt heißt das: von der Mitte des 18. Jahrhunderts bis 1806. Abgesehen davon, daß die ersten Anfänge der Industrialisierung in Konstanz auf 1785 datiert werden können, muß Vorsicht walten lassen, wer die Verhältnisse der Frühneuzeit in einen Topf werfen will. Je nach Einzelfall verkennt man bei allen Gemeinsamkeiten leicht spezifische Besonderheiten des späten 18. Jahrhunderts, angefangen mit simplen Sachverhalten wie der Kaufkraft des Guldens bis zur Bevölkerungsdichte und den Beziehungen des Staates zu seinen Untertanen.

»Materielle Lebensverhältnisse« bedeutet nicht »Alltag«. Diese Untersuchung zielt auf Strukturen, die sich aus den vorgefundenen Lebensbedingungen für die zunächst einmal gesamte Mikrogesellschaft Konstanz entnehmen lassen, und nicht auf die Lebensgestaltung einzelner Menschen, Gruppen oder Schichten.

Dabei betont die Arbeit das passive Element in der Geschichte. Die *betroffenen* Menschen werden hier vermutlich stärker, als sie es waren, als leidende Objekte der vorhandenen Verhältnisse dargestellt.

Doch trägt diese Untersuchung insofern wieder zu einer Alltagsgeschichte bei, als sie Besitz, Zusammenleben, Wirtschaften, Krankheiten und dergleichen Dinge behandelt, die jeden Menschen alltäglich angingen, und zwar in so selbstverständlicher Weise, daß sie in der Regel des Aufzeichnens für unwürdig erachtet wurden.

Leicht abgewandelt lautet der Kern von Fernand Braudels methodischen Überlegungen zur „Bedeutung der Zahl“: Die Grundlage für das „Studium der Dinge – Nahrungsmittel, Behausung, Kleidung, Luxusartikel, Werkzeuge, Zahlungsmittel, dörflicher oder städtischer Rahmen, kurzum all dessen, wovon der Mensch Gebrauch macht“[31)], bilden zuverlässige Angaben darüber, wer in welchem Maße von diesen Dingen Gebrauch machen konnte.

Zählen und Messen schafft Sicherheit. Zahlen, Maße und Gewichte spannen einen Kontinuitätsbogen zwischen einer häufig verwirrend andersartigen Vergangenheit und der Gegenwart, sie erleichtern die Vergleichbarkeit von ungleichzeitigen Lebensbedingungen.

Gehörig aufbereitet und erläutert erschließen Zahlen auch Qualität. Sie können qualitative Aussagen stützen, erschüttern, widerlegen und modifizieren, sie können zweifelhafte Behauptungen so oder so klären, können unbestimmte Mengenangaben konkretisieren - »70 Prozent« sagt mehr als »viele« - und pauschale oder zusammengefaßte Urteile differenzieren. Die Zahlen ermöglichen in dieser Arbeit überdies einen zumindest mittelbaren Einblick in die Lebensbedingungen jener unspektakulären Bevölkerungsmehrheit, die selbst keine Quellen

[31)] Fernand Braudel, Sozialgeschichte des 15.-18. Jahrhunderts, 1. Teil: Der Alltag, München 1985, S. 21.

zurückgelassen hat, die in Gerichtsprotokollen und ähnlichen Akten teilweise behandelt wird, über die ansonsten wenig überliefert ist.

Die Gedanken- und Vorstellungswelt von Menschen in der postindustriellen Gesellschaft wird zu einem wesentlichen Teil von Zahlen gebildet. Angefangen mit Kontaktannoncen, wo sich Leute mehr oder minder mittels Lebensalter in Jahren, Körpergröße in Zentimetern, Gewicht in Kilogramm, unter Umständen noch monatliches Einkommen in DM definieren, über die Welt der Wirtschaft mit ihren Marktanteilen und Erwerbslosenquoten in Prozent, Umsatzeinbußen in Stück, der Gewinnsteigerung vor Steuern in DM und dem Aktienkursanstieg in Indexpunkten bis hin zum popularisierten Gebrauch wissenschaftlicher Meßwerte in Nachrichtenquellen aller Art, die Auskünfte übermitteln zur Anzahl der Krankenhausbetten je Einwohner, Tagestiefsttemperatur in Celsius, Erdbebenstärke in logarithmischen Stufen auf der nach oben offenen Richterskala, zum Fettgehalt in der Trockenmasse Käse und zum Grenzwert der radioaktiven Gesundheitsgefährdung in Curie oder Bequerel, die Liste ließe sich mühelos fortsetzen - eine Menge Qualitäten des alltäglichen öffentlichen Lebens werden heute zu Vergleichszwecken in der Zwillingsform Zahlenwert mit Einheit wiedergegeben. Numerische und qualitative Informationen müssen kein Gegensatzpaar bilden. Per se sind Zahlen so wenig trocken wie verbale Auskünfte lebendig.

Ein schönes Beispiel für die Einseitigkeit erzählender Quellen, welche die Realität aus Sicht ihrer Schreiber und damit zweifelhaft, parteiisch, und letztlich unzutreffend wiedergeben, stellt der Topos dar, Konstanz sei von lauter arbeitsscheuen und wohllebenden Armen bevölkert gewesen. Seine Urheber finden sich in der Stadtverwaltung, der Stiftsgeistlichkeit und unter protestantischen Reiseschriftstellern. Eine Korrektur dieses schrägen Bildes ermöglichen erst »trockene« - schöner gesagt: nüchterne - Prozentwerte auf der Basis mühsam zu verarbeitender Zahlenkolonnen.

Zahlenwerte gehören unabdingbar zur wissenschaftlichen Beschreibung von Gegenständen. Dabei darf jedoch nicht die Gefahr außer acht gelassen werden, daß Zahlen gerne für naturwissenschaftlich wahr und objektiv gehalten werden und sich doch, spätestens sobald sie den Bereich der Naturgesetze verlassen haben, mühelos intentionalen Qualitätsangaben als Masken aufsetzen lassen.

Gerade in der Geschichtswissenschaft darf man den Erkenntniswert von Zahlen nicht überschätzen. Die Abkunft aller in dieser Arbeit ermittelten statistischen Werte ist nicht mathematisch, sondern liegt in den subjektiven intellektuellen Leistungen potentiell irrender, urteilender, mäßig ausgebildeter und häufig genug unterschiedlicher Verwaltungskräfte einer Kleinstadt vor zwei Jahrhunderten begründet.

Selbst eine Prozentgenauigkeit von, wenn gewünscht, mehreren Stellen hinter dem Komma berechtigt nicht zu dem Schluß, damit sei historische Realität exakter eingefangen als etwa in einer emotional durchtränkten Supplik. Die Tabellen und Schaubilder sind deshalb bewußt einfach gehalten. Subtile Kniffe, welche die Hilfswissenschaft Statistik anzubieten hat, brächten in diesem Fall unter historiographischer Perspektive geringen Erkenntnisgewinn.

Eine Anordnung von absoluten, Prozent- und Durchschnittszahlen spricht nur holperig für sich selbst. Ich halte es daher für die Pflicht dessen, der eine Tabelle vorstellt und sie als ihr Urheber selbst am besten kennt, sie auch ausführlich zu kommentieren und zu bewerten.

Wilhelm Abel didaktisiert explizit seine numerischen Ergebnisse, indem er sie in visuell eingängige Schaubilder transponiert[32]. Norbert Ohler gründet seine Einführung in „Quantitative Methoden für Historiker" auf Defizite bezüglich mathematischer Handreichungen und Kenntnisse unter Historikern. Am Verständnis der Leserschaft orientiert, führt er „auch elementare Rechenoperationen" vor und wiederholt methodische Schritte[33]). Hans-Ulrich Wehler fordert, „mehr Rücksicht auf den fachfernen Leser zu nehmen", als Historiker selbst den Transfer von der theoretischen, wissenschaftlich abgesicherten Analyse hin zur verständlichen Ausdrucksweise zu leisten[34].

Damit diese Arbeit auch als Materialsammlung weiter verwertet werden kann, schien es angemessen, im Unterschied zu Abels Darstellung die Zahlen weitgehend zu erhalten. Unter der Zielvorgabe eingängiger Präsentation erläutern Lesebeispiele den Gebrauch der Tabellen und Schaubilder. Zusammenfassungen heben am Schluß der Kapitel die wichtigsten Aussagen heraus. Wann immer passend, sind einzelne in Worten ausgeführte Beispiele aus den seriellen Quellen illustrierend eingeschoben. Geschulten Sozialwissenschaftlern mögen solche Wiederholungen mit anderen darstellerischen Mitteln als tautologisches Geschwätz aufstoßen. Sie wollen gnädig darüber hinlesen. Die gewählte Form mindert hier schließlich keineswegs das inhaltliche Niveau. Im übrigen schätze ich die Zukunft der Zunft so ein, daß der »Historiker als Sozialwissenschaftler«, der schon zeitig die Proseminare Statistik I und II erfolgreich absolviert hat, eine Ausnahme bleiben und der »Historiker als Geschichtenerzähler« wieder stärkeres Gewicht erlangen wird[35]. Die didaktisierte Präsentation abstrakter Sachverhalte setzt wohl so bald keinen Staub an.

In jeder wissenschaftlichen Arbeit determiniert die Erwartungshaltung die Ergebnisse. Um diesem Problem mit intellektueller Redlichkeit zu begegnen, muß die Argumentation die Auseinandersetzung mit externen Belegen und Auffassungen suchen und widersprechende Aspekte berücksichtigen - was auch reibungslos gelingt, sofern anerkannt wird, daß historische Gegebenheiten und Prozesse von Menschen gemacht sind und somit Brüche, Ungleichzeitigkeiten und Ungereimtheiten enthalten. Die intersubjektive Überprüfbarkeit verlangt weiter, den Weg zur Erkenntnis ausführlich nachzuweisen, selbst wenn dies langweilen sollte.

Statistische Werte haben wenig Wert, wenn niemand nachvollziehen kann, wie sie zustandekamen. Die in dieser Arbeit gebotene Transparenz der Aufnahmekriterien erhöht nicht nur die Plausibilität von statistischen Tabellen, sondern ermöglicht im Grunde erst deren weitere Verwendung. Sie erlaubt der Leserin und dem Leser, die Ergebnisse nachzuvollziehen und gegebenenfalls anders als dargelegt einzuschätzen. Sie bietet nebenbei einen teilweise detaillierten Einblick in die Arbeit der Konstanzer Stadtverwaltung im späten 18. Jahrhundert.

Hinsichtlich der Unterscheidung verschiedener Stufen des materiellen Mangels erschien es mir unpraktikabel, die Gewährung institutioneller Fürsorgebeiträge zum zuverlässigen Kriterium dafür zu erheben, wer ganz elend existieren mußte und damit als „bedürftig", wer

[32]) Massenarmut ... in Europa, S. 15.

[33]) München 1980, S. 7. Seine Ankündigungen löst Ohler auch ein.

[34]) Geschichtswissenschaft heute, in: Jürgen Habermas (Hg.), Stichworte zur »geistigen Situation der Zeit« Bd. 2, Frankfurt/Main 1979, S. 752.

[35]) Vgl. Ralph Jessens Bericht über den 29. Historikertag „Die demokratische Revolution in Osteuropa und ihre Auswirkungen auf das Geschichtsbild der Gegenwart", v.a. die rechte Spalte, in: Frankfurter Rundschau vom 2. Okt. 1992, S. 11.

dagegen nicht ganz so bedürftig als „arm" in die sozialgeschichtliche Forschung eingeht[36]. Diesbezügliche Conclusa von Magistraten hingen zu sehr an Zufällen und Willkür.

Das im Stadtarchiv Konstanz überlieferte Datenmaterial erlaubte es, Kriterien der modernen Sozialstatistik anzuwenden. Solch anachronistisches Vorgehen befördert die intersubjektive Vergleichbarkeit von ökonomisch fundamentierten Schichtmodellen unterschiedlicher zeit- und örtlicher Provenzienz.

Zur Frage eines in dieser Arbeit nicht berücksichtigten, womöglich erheblichen Unterschiedes zwischen Vermögens- und Einkommensarmut sei die vorderösterreichische Verwaltung zur Kronzeugin berufen. Neben der Vorgabe, angebliche Müßiggänger aus Passion zu disziplinieren, konstatierte die Freiburger „Bettelordnung und Abschiebung liederlichen Gesindels", daß alte, „presthafte" und kranke Personen nur mit der Unterstützung aus öffentlichen Mitteln überleben konnten und erkannte an, daß die Verhältnisse „Arme" hervorbrachten, „welchen ihr täglicher Verdienst nicht hinreichet, sich und die Ihrige daraus zu ernähren"[37]. Gemäß Nachrichten aus Konstanz zwang solcher „Verdienst" üblicherweise vor aller externen Unterstützung dazu, eventuell vorhandene Geld- und Sachwerte zu verzehren. Der besitzlose Arbeiter, dessen Einkommen gerade so, doch immerhin zureichte, seine Arbeitskraft zu reproduzieren, dürfte nicht nur als gedankliches, sondern auch als reales gesellschaftlich bedeutendes Phänomen dem 19. und 20. Jahrhundert zuzuordnen sein.

Um die Zahl der Fußnoten nicht extrem ausufern zu lassen, sind die Fundstellen zum Abschluß von Sinneinheiten en bloc nachgewiesen. Die Datumsangaben zu archivalischen Quellen schienen mir die einzige Gewähr dafür zu bieten, die in der Regel chronologisch sortierten Schriftstücke in den meist umfänglichen Konvoluten wiederzufinden.

36) Diese Scheidung ist bei Ralf Reiter, Städtische Armenfürsorge im Übergang vom 18. zum 19. Jahrhundert. Sozial-, wirtschafts- und verwaltungsgeschichtliche Untersuchungen zur Sozialpolitik der Stadt Ravensburg und ihrer Einrichtungen 1755 - 1845, Diss. Konstanz 1989, explizit hergeleitet S. 253, passim angewandt.

37) Joseph Petzek (Hg.), Systematisch-chronologische Sammlung aller jener Gesetze, und allerhöchsten Verordnungen, die (...) für die vord. östr. Lande erlassen worden sind (...), Freiburg im Breisgau 1792 bis 1796, I. Abt., II. Band (1792), XVII. Rubrik, Nr. 375, vom 27. Nov. 1781, §§ 3-5.

Kapitel 2: Raum und Zeit. Ein Abriß der Konstanzer Geschichte im 18. Jahrhundert

2.1 Grundzüge der Konstanzer Geschichte im 18. Jahrhundert

Drei Grundkräfte, die sich in der Realität gegenseitig durchdrangen, nur analytisch auseinanderzuhalten sind, bestimmten die Geschichte der vorderösterreichischen Landstadt Konstanz im 18. Jahrhundert.

2.1.1 Wirtschaft

Die Wurzeln der wirtschaftlichen Depression, die in der ersten Hälfte des 18. Jahrhunderts allfällig bemerkbar wirkte, waren verzweigt und reichten weit zurück.

Gegen Anfang des 17. Jahrhunderts betrafen wirtschaftliche Krisenerscheinungen ganz Europa[1]. In Deutschland kappte der Dreißigjährige Krieg traditionelle Handelsströme. Im unzerstörten Konstanz dezimierten Pestepidemien die Bevölkerung vor allem in den Jahren 1611 und 1634/35 [2]. Das europäische Handels- und Gewerbezentrum verlagerte sich im Verlauf der frühen Neuzeit von der Achse Norditalien - Oberdeutschland in Regionen, die an den Überseehandel angeschlossen waren, also vornehmlich nach Flandern, die Vereinigten Niederlande und England. Vermutlich führte die eigenstaatliche Loslösung der Eidgenossenschaft vom Reich die ganze Region Oberschwaben und die nördlichen Bodenseegebiete in eine wirtschaftliche Randlage. Vergleichbare, teilweise reichsunmittelbar gebliebene Städte der Umgebung stagnierten ebenso wie Konstanz[3]. Die südlich benachbarten Schweizer Städte wandelten sich möglicherweise im Zeichen des Verteilungskampfes am Markt von Handelspartnern Konstanz' zur harten Konkurrenz[4]. Weitere Faktoren, wie die Verlegung der Konstanzer Messe nach Zurzach[5], entzogen der Stadt Geschäftsleute und Einnahmen.

Unter das Verdikt mitgeschleppter legendärer Geschichtsballast dürfte dagegen die Auffassung fallen, Konstanz sei durch die Rekatholisierung ab 1548 seiner fähigsten Kaufleute durch deren Vertreibung beziehungsweise Abzug beraubt worden und deshalb wirtschaftlich abgesunken. Diesen Gemeinplatz begründeten, mindestens zementierten - häufig protestantische - Reiseschriftsteller im späten 18. Jahrhundert mit Äußerungen wie „(...) daß man Hus ungerechterweise verdammte, und daß seine Mörder den Verfall der Stadt hauptsächlich verursacht haben“, oder noch deutlicher: „La population actuelle est de six à sept mille âmes; elle

[1]) Wehler, Gesellschaftsgeschichte I, S. 54.

[2]) Wolfgang Zimmmermann, Konstanz in den Jahren von 1548-1733, in Stadtgeschichte III, S. 271-274, 287. Helmut Maurer, Konstanz als vorderösterreichische Stadt, in: Hans Maier / Volker Press (Hg.), Vorderösterreich in der frühen Neuzeit, Sigmaringen 1989, S. 251f.

[3]) Burkhardt in Stadtgeschichte III, S. 314.

[4]) Vgl. die Auseinandersetzungen und Boykotte wegen Zöllen und Stapelrechten: Zimmermann S. 285, 287 und Burkhardt S. 345, jeweils in Stadtgeschichte III.

[5]) Topographische Nachrichten über die Stadt Constanz mit einem derselben neuerlich verliehenen Großherzoglich Badischen Privilegium, Carlsruhe 1813, S. 6; Otto Erich Deutsch (Hg.), Bericht des Grafen Karl von Zinzendorf über seine handelspolitische Studienreise durch die Schweiz 1764, in: ZGO Band 30, Heidelberg 1915, S. 198; vgl. Baier, Wirtschaftsgeschichte, S. 503f.

était, dit-on, de quarante-huit mille quand Charles-Quint supprima ses privilèges et occasionna l'émigration des habitants en Suisse"[6]. Baden vereinnahmte zu Beginn des 19. Jahrhunderts mitsamt der Stadt zugleich deren historische Legenden und haderte, „die unselige Religionsspaltungen, wovon die Unterwerfung der Stadt unter den österreichischen Scepter eine Folge war, bewirkten endlich die Auswanderung der vermöglichsten Wechsel- und Handlungshäuser in die Schweiz."[7]

Die protestantischen Flüchtlinge des Oktobers 1548 schienen jedoch eher der städtischen Geistes- als der Finanzelite angehört zu haben[8]. Die Auswanderer hinterließen zum Ärger des österreichischen Besatzungsoffiziers Nikolaus v. Pollweil häufig mehr Schulden als Vermögen. In der zweiten Hälfte des 16. Jahrhunderts gewannen die zahlreichen Konstanzer Kaufleute in einer vom ansässigen Leinwandgroßhandel getragenen wirtschaftlichen Blütezeit Vermögen. Durch die Truppenversorgung gehörte das unversehrte Konstanz zu den Kriegsgewinnlern im Dreißigjährigen Krieg, der absolute Höhepunkt in der Geschichte des Warenumschlags im Kaufhaus datiert auf 1636. Erst um die Zeit des Dreißigjährigen Krieges ließ der Konstanzer Fernhandel mit Leinwand und anderen Waren nach. Die Kaufherren zogen mit Ausnahme der Leiner „vor dem Krieg aus der Stadt" ab, betrieben in der Schweiz weiter erfolgreich den Textilgroßhandel. Erst ab der Mitte des 17. Jahrhunderts begann die Regionalisierung der Konstanzer Ökonomie; die folgenden hundert Jahre prägten zunehmend Ackerbürger, Krämer, Taglöhner beiderlei Geschlechts und Handwerker das wirtschaftliche Gesicht der Stadt. Doch so vollständig, wie vielfach beklagt, starb der Konstanzer Kaufmannsstand im 17. und 18. Jahrhundert nicht ab, und er kam in der ersten Hälfte des 19. Jahrhunderts stark auf[9].

Verglichen mit anderen Orten Südwestdeutschlands wanderte aus Konstanz im 18. Jahrhundert fast niemand aus[10]. Die wirtschaftliche Situation der Stadt kann schon von diesem Indiz her nicht so außergewöhnlich trostlos gewesen sein, wie sie von Zeitgenossen und Stadthistorikern gezeichnet wurde - was auch diese Arbeit belegen wird.

[6]) Christoph Meiners 1782 in: Otto Feger (Hg.), Konstanz im Spiegel der Zeiten, Konstanz 1952, S. 138; P.T. Lambert, Mémoires de famille de l'abbé Lambert sur la Révolution et l'Emigration 1791-1799, ed. G. de Beauséjour, Paris 1894, S. 189. Weitere Belege von Reiseschriftstellern des 18. Jhs. in Feger, Spiegel der Zeiten, S. 130, 144, 150.
[7]) Topographische Nachrichten (1813), S. 6. Argumentation aufgenommen von Anonym, Souvenirs de voyages, Fribourg o.J. [ab 1832], S. 4: „dépeuplée plus tard par le fanatisme religieux de la partie industrielle de ses habitants, qui chercha un asyle en Suisse". Für das 20. Jh. Bruno Leiner, Aus dem Kulturleben der Stadt, in: Stadtrat Konstanz (Hg.), Unser Konstanz. Ein Heimatbuch, Konstanz o.J. [1950], S. 45f: „Es wird ihr die Reichsfreiheit genommen. Als eine bedeutungslose, verarmte vorderösterreichische Stadt führt sie von nun an ein kümmerliches Dasein ohne Gesicht und ohne Bedeutung. (...) Erst im 18. Jahrhundert tritt eine Änderung ein."
[8]) Wolgang Dobras, Konstanz zur Zeit der Reformation, in: Stadtgeschichte III, S. 145f.
[9]) Zimmermann in Stadtgeschichte III, S. 149, 171-173, 285f, 287. Bereits 1950 Werner Schenkendorf, 2000 Jahre Konstanzer Geschichte, in: Stadtrat Konstanz (Hg.), Unser Konstanz, S. 23: „(...) die *seit dem 30jährigen Kriege* immer mehr verarmte und entvölkerte Stadt" (Hervorhebung von mir). Zum vernichtenden Urteil der Stadthistoriker im 19. Jh. und dessen Haltlosigkeit bezüglich der österreichischen Epoche: Otto Feger, Konstanz als österreichische Stadt, in: Friedrich Metz (Hg.), Vorderösterreich. Eine geschichtliche Landeskunde, Freiburg i.Br. [2]1967, S. 642-644. Stellenwert der Kaufmannschaft im 18. und 19. Jh.: Kap. 3.3.5; Kap. 10.3 und andere nach Professionen aufgegliederte Tabellen; Boelcke, Sozialgeschichte, S. 106.
[10]) Kommission für Geschichtliche Landeskunde in Baden-Württemberg (Hg.), Historischer Atlas von Baden-Württemberg, Karte XII.5: Auswanderung im 18. Jahrhundert.

Konstanz mag in der frühen Neuzeit wirtschaftlich und im öffentlichen Ansehen im Vergleich mit anderen südwestdeutschen Städten *relativ*, das heißt aus großer Höhe herab[11)], am tiefsten gesunken sein. Jedenfalls behauptete Konstanz auch im 18. Jahrhundert, von allen Niedergangsberichterstattern unangefochten, seine Stellung als bedeutendste Stadt am Bodensee, als „»heimliche Hauptstadt« des Thurgaus“[12)], als zweite Metropole Vorderösterreichs.

Dessen ungeachtet äußerte sich unter den Gebildeten in der Stadt Traditions- als Niedergangsbewußtsein. „Ihr Glanz ist dahin wie ihre Herrlichkeit“ klagte Philipp Eberlin 1788, und jeder konnte unschwer entschlüsseln, daß er damit nicht allein auf die „ehemals so volkreiche, prächtige und blühende Städte“ Asiens zielte[13)].

1733 mußte der hundertste Jahrestag der erfolgreich überstandenen schwedischen Belagerung herhalten, um das ramponierte bürgerliche Selbstbewußtsein aufzupolieren mit einer pompösen Jubelfeier und einer Jubiläumsschrift des Stadtsyndikus Dr. Johann Friderich Speth, in der er die Ereignisse von 1633 harmonisierte und heroisierend überhöhte[14)].

Selbstbewußtere Töne schlug der Publizist Johann Michael Armbruster 1795 an, indem er verkündete, die „eigentliche Geschichte der Stadt“ Konstanz sei von Gabriel Bucelin, Speth und Philipp Eberlin nicht angemessen, das hieße in „einer Darstellung mit Geist und Leben“ gewürdigt worden. Der zweite Band seines Vorhabens, so annoncierte Armbruster, werde „die an wichtigen, freylich zum Theil unglücklichen Begebenheiten so reiche Epoche“ seit dem Konzil schildern. Offenbar fanden der Stadthistoriker in spe und der „Hochfürstl. Bischöfl. Hofbuchdrucker und Buchhändler“ Martin Wagner nicht genügend Subskribenten, die an dem auf einen happigen Verkaufspreis von einem Gulden und 45 Kreuzern je Band kalkulierten Werk Interesse anmeldeten. Es wurde nie veröffentlicht[15)].

2.1.2 Administration

Die österreichische Staatsbürokratie strebte ab 1748 danach, auf alle Untertanen gleichermaßen zuzugreifen.

Die vielen Rats-, Verfassungs- und administrativen Reformen, die seit 1748 über Konstanz ergingen, stehen für das Bemühen der absolutistischen Bürokratie, ihren Untertanen

[11)] Helmut Maurer, Konstanz im Mittelalter II. Vom Konzil bis zum Beginn des 16. Jahrhunderts, Konstanz 1989 [im folgenden als „Stadtgeschichte II“ abgekürzt], S. 111: Aus dem Schaubild zur Vermögensverteilung im 15. Jh. ragen die Konstanzer Bürger, verglichen mit denen aus Schwäbisch Hall und v.a. Eßlingen, als reich heraus.

[12)] Maurer, vorderösterreichische Stadt, S. 244.

[13)] Philipp Eberlin, Versuch einer pragmatischen Geschichte der Stadt Konstanz am Bodensee, Konstanz 1788, S. 4.

[14)] Zimmermann in Stadtgeschichte III, S. 311f.

[15)] Flugschrift ddo. Konstanz, 24. März 1795, als Beilage im Anhang von: StAKN A I 28b, Franz Xaver Leiner, Geschichtliche Miszellen der Stadt Konstanz (Kopie, Original im Familienbesitz). Genannte Stadtgeschichten: Gabriel Bucelin, Constantia Rhenana, sacra & profana (...), Frankfurt/Main 1667; Johann Friedrich Speth, Dreytheilige Beschreibung der (...) Stadt Constantz, Konstanz 1733 (vollständiger Titel abgedruckt bei Zimmermann in Stadtgeschichte III, S. 310); Eberlin, pragmatische Geschichte (1788). Weitere Literatur zu Armbruster bei Maurer, vorderösterreichische Stadt, S. 261, Anm. 120 und bei Ungvary, Wandertruppen, S. 19, Anm. 10.- StAKN A I 28a, Franz Xaver Leiner, Geschichtliche Miszellen der Stadt Konstanz, abgeschrieben und ab 1798 fortgesetzt von Ferdinand Bickel und anderen, Kopie (Original im Stadtarchiv Freiburg/Br., Hs. 229), S. 116: Speths Werk hatte 1739 noch 20 xr gekostet, auch Bücherpreise unterlagen der säkularen Geldentwertung (vgl. Kap. 5.1.4).

aufzuhelfen. Diese Bemühungen mochten dilettantisch, zwangsbeglückend, Erhöhung von Steuerleistung und Staatsmacht intendierend, im einzelnen eher fruchtlos als wirkungsvoll gewesen sein; jedenfalls widerlegen sie die Behauptung, die österreichische Herrschaft habe sich nicht um die Stadt gekümmert[16)].

Die janusköpfige staatliche Industriepolitik hemmte und verhinderte zunächst ebenso viel, wie sie beförderte. Bis in die 1770er Jahre erschien es den zuständigen Behörden wichtiger, daß ein in Konstanz niederlassungswilliger Geschäftsmann katholisch, als daß er seriös war. Gleichzeitig stellten die öffentlichen Hände in Stadt und Regierung zweifelhaften Projektemachern und simplen Schwindlern enorme Summen zur Verfügung[17)]. Doch darf man solche Irrtümer und auch später noch eingeschobene bürokratische Hürden, wie etwa den extremen Protektionismus Innerösterreichs in Gestalt der hohen Zölle auf Uhren, die in Konstanz fabriziert wurden, nicht mit der Elle nationalstaatlicher Freihandelsprinzipien messen[18)].

Insgesamt brachte die österreichische Wirtschaftspolitik, zu der auch diverse Maßnahmen zur Rechtseinheit und Verweltlichung klerikaler gesellschaftlicher Bereiche gehörten[19)], Konstanz Gewinn.

Das Konfliktpotential zwischen der ehemaligen Reichsstadt und der österreichischen Herrschaft brach ab dem Moment auf, als letztere erstmals seit der Mitte des 16. Jahrhunderts tatsächlich wieder in der Stadt zu regieren begann, indem sie Aufsehen und Ablehnung erregende landesherrschaftliche Untersuchungskommissionen dorthin entsandte. Die Bürgerschaft gab dabei den renitenten Partner[20)] nicht immer zu Unrecht ab; mußte sie doch wiederholt, jeweils anläßlich militärischer Besetzung 1744, 1796, und 1799 bis 1801 feststellen, daß die Stadthauptleute, die Verkörperung Österreichs am Ort, Konstanz in der Krise im Stich zu lassen pflegten. Das bürgerliche Stadtregiment blieb zur Bewältigung dieser Krisen jedes Mal auf sich selbst gestellt[21)].

Starke Reste der Reichsstadtautonomie hatten sich, gefördert von der geographisch-politischen Insellage, in Justiz und Verwaltung gehalten[22)]. Die Aufteilung der Allmende 1800 [23)] belegt, daß die juristisch geschulte Gerichts- und Verwaltungsbehörde in Konstanz fähig und willens war, selbständig zu regieren. Im Magistrat lebte noch reichsstädtisches Selbstbewußtsein, wie unter anderem der zwischen Rat Dominik Beutter und Stadthauptmann Graf v. Fugger 1789 ausgefochtene Strauß zeigt[24)].

[16)] Kaspar Riesbeck 1783, als „Anonymus“ in Feger, Spiegel der Zeiten, S. 144. Zur Identifikation des Anonymus: Julia Cramer, Konstanz in Reisebeschreibungen des 18. und frühen 19. Jahrhunderts, ZuLa mschr. Tübingen 1991, S. 63.

[17)] Burkhardt in Stadtgeschichte III, S. 344; S. 386 (Pompejo).

[18)] Ebd., S. 384.

[19)] Vgl. Wolfram Fischer, Das Verhältnis von Staat und Wirtschaft in Deutschland am Beginn der Industrialisierung, in: Braun u.a. (Hg.), Industrielle Revolution, Köln 1976, v.a. S. 291-294.

[20)] Maurer, vorderösterreichische Stadt, S. 262.

[21)] Burkhardt in Stadtgeschichte III, S. 318-321, 440-442, 445f.

[22)] Maurer, vorderösterreichische Stadt, S. 245; Kühne, Kriminalverfahren und Strafvollzug, S. 15, 18f, 24, 118f u.a.; Buchegger, Verfassung und Verwaltung, S. 13-18, 31f, 87ff u.a.; Armin Ruppert, Die Verfassung und Verwaltung der Stadt Konstanz im 19. Jahrhundert beim Übergang von der österreichischen zur badischen Herrschaft, Diss. jur., Freiburg i.Br. 1960, S. 100-104.

[23)] Siehe Schluß von Kap. 6.6; Burkhardt in Stadtgeschichte III, S. 437. Boelcke, Sozialgeschichte, S. 60: Widerstand gegen die Allmendeverteilung.

[24)] Burkhardt in Stadtgeschichte III, S. 438f.

Die Stadthauptleute, auch die Vorgänger Franz v. Blancs, bemühten sich emsig um Peuplierung und förderten die Ökonomie in Konstanz. Viele Konflikte mit dem bürgerlichen Stadtregiment entzündeten sich an der unglücklichen und, da er ab 1770 [25] quasi den Oberamtmann in einer Stadt ohne Oberamt darstellte, im Grunde auch überflüssigen Stellung des Stadthauptmanns zwischen den beiden Stühlen Landesregierung und Stadtverwaltung.

Nur zwei Familien, die Leiner mit drei und die Wech mit zwei Mitgliedern, stellten in Konstanz im 18. Jahrhundert mehr als einmal den Bürgermeister oder Stadtvogt. Insgesamt führten 17 bürgerliche Familien mit 20 Personen die Stadt durch das 18. Jahrhundert; deren durchschnittliche Amtszeit betrug 10,7 Jahre, nach Abzug der jeweils drei Extremwerte neun Jahre pro Amtsträger.

Tabelle 1: Die Konstanzer Bürgermeister und Stadtvögte im 18. Jahrhundert[26]

Name	Bürgermeister	Stadtvogt	Amtsjahre
Burkhart, J.Ch.:	1800-03. (kommissarisch)		3½
Eichenlaub, J.J.v.:	1732,34,36,38, 40,42,44.	1733,35,37,39,41 43,45-63 (½J.).	32
Friederich, D.:	1803-05.	—	2½
Gasser, J.K.:	1708,10,11.	1709.	4
Guldinast, I.v.:	1689,91,93,95,97, 99, 1701,03,05,07, 09,12.	1690,92,94,96,98, 1700,02,04,06,08, 10,11,13,14,15.	27
Kühne, I.A.:	1724,26.	1723,25,27(½J.).	4½
Lehry, L.:	1786-1800.	—	14
Leiner, J.J. a)	1716,17,19.	1718,20.	5
Leiner, J.J. b)	1737.	1738.	2
Leiner, J.K.:	1769-86.	—	18
Merhart, J.U.:	1728,30.	1727 (½J.),29,31.	4½
Rolle, J.Ch.:	1739,41,43,45-63.	1740,42,44.	21½
Schertlin, J.:	1769-86.		18
Schwarzach, J.F.v.:	1713,14,15,18, 20 (½J.).	1712,16,17,19.	8½
Streng, P.A.v.:	1763-66.	1767-69.	6½
Waibel, J.Ch.:	1720 (½J.),21.	1722.	2½
Wech, J.G.:	1690,92,94,96,98, 1700,02,04,06.99,	1689,91,93,95,97, 1701,03,05,07.	19
Wech v.Schroffen, J.K.:	1731,33,35.	1730,32,34,36.	7
Welz, J.J.:	1722,23,25,27,29.	1724,26,28.	8
Zimmermann, C.:	1767,68. (kommiss.)	1763 (½J.),64,65,66.	5½

[25]) Franz Quarthal, Zur Geschichte der Verwaltung der österreichischen Vorlande, in: ders. und Georg Wieland, Die Behördenorganisation Vorderösterreichs von 1753 bis 1805 und die Beamten in Verwaltung, Justiz und Unterrichtswesen, Bühl/Baden 1977, S. 54, 76; A. Ruppert, Verfassung und Verwaltung, S. 11f; Buchegger, Verfassung und Verwaltung, S. 63-74.

[26]) Maurer, Stadtgeschichte im Überblick, S. 90; Otto Leiner, Die Mitglieder des Konstanzer Rates von 1550 bis 1800, in: SVG Bodensee 27, 1898, S. 148-160. StAKN A I 25: Ders. 1899, dass. handschriftlich mit Wappen.- Stadtvögte wegen des bis 1745 alternierenden Tauschs mit den Bürgermeistern gleichberechtigt aufgenommen. Es fehlt der Stadtvogt von 1721. Josef II. schaffte dieses Amt mit der Ratsreform 1786 ab.

Diese Berechnungen stützen den Befund vom raschen Wechsel in der Konstanzer Ehrbarkeit durch das Aussterben eingesessener Familien und den Zuzug Auswärtiger, die rasch in den Kreis der Honoratioren aufgenommen wurden. Die für die Zeit vom Spätmittelalter bis zum Ende des Alten Reiches festgestellte zählebige oligarchische Tradition in süddeutschen Reichsstädten, wo wenige Geschlechter über Jahrhunderte hin öffentliche Führungspositionen besetzten[27)], war demnach in der Landstadt Konstanz im 18. Jahrhundert längst gebrochen. Unter dem personalen Aspekt kann keine „Verkrustung“ des Stadtregiments konstatiert werden.

Auch in Konstanz manifestierte sich der unter Maria Theresia begonnene Kampf Josefs II. und seiner Beamten um die Säkularisierung des öffentlichen Lebens, um die Nivellierung kirchlicher und anderer Vorrechte, um die Beschränkung der katholischen Kirche auf Glaubensdinge[28)].

Das Beispiel des Bildungswesens in Konstanz führt die Kluft zwischen Anspruch und Umsetzung besonders deutlich vor; es demonstriert Erfolge in winzigen Schritten und zugleich die Schranken, die einem absolutistischen Fürsten in seinen Gestaltungsmöglichkeiten gesetzt waren - weshalb die Epoche auch ganz richtig nicht »Absolutus« heißt.

In Konstanz - und vermutlich auch andernorts - konnte die österreichische Bildungspolitik die klerikale Dominanz im Bildungswesen lockern, wenngleich nicht brechen. Auch nach Aufhebung des Jesuitenordens blieben Jesuiten Lehrer des Konstanzer „josefinische[n]“ Lyzeums, ergänzt von Geistlichen anderer Orden. Der Mädchenelementarunterricht rettete die Dominikanerinnen des Klosters Zoffingen über die Säkularisation. Geeignetes Lehrpersonal, Räumlichkeiten, finanzielle Ausstattung, kurz: die materiellen Voraussetzungen, aufgeklärte Zielvorgaben vor Ort durchsetzen zu können, fehlten. In Konstanz war die Bürokratie gar gezwungen, die jesuitische Kontinuität der höheren Schule aufrechtzuerhalten, um die Stiftungsgüter verstaatlichen zu können[29)].

In Konstanz tritt einem der andauernde Streit zwischen Stadtverwaltung und Landesregierung einerseits, Domkapitel und Fürstbischof andererseits auf der konkreten Erscheinungsebene in den Akten als kleinliches Gezerre und Gezänk entgegen. Dabei ging es darum, zugunsten des Staats Linie in eine zerhackte Rechtsordnung zu bringen, die sechs Jahrhunderte nach dem letzten großen Lehnsprozeß noch die Bezeichnung »feudal« verdiente. Die folgenden Belege aus der Konstanzer Verwaltungspraxis berühren die Aussagekraft der hier behandelten Quellen.

Aus den verwickelten und strittigen Verhältnissen des öffentlichen Rechts im geographischen Stadtgebiet treten für die zweite Hälfte des 18. Jahrhunderts zwei nicht in jedem Einzelfall gültige, doch im allgemeinen als Richtschnur brauchbare rote Leitfäden hervor: Die Geistlichen des Domkapitels und der beiden Kollegiatstifte St. Stephan und St. Johann sowie der Reichsabtei Petershausen genossen mitsamt ihren unmittelbaren Haushaltsangehörigen den

27) Erich Maschke, Die Familie in der deutschen Stadt des späten Mittelalters, Heidelberg 1980, S. 69ff; v. Hippel in Handbuch Bd. 3, S. 487.

28) Johannes Kunisch, Absolutismus. Europäische Geschichte Vom Westfälischen Frieden bis zur Krise des Ancien Régime, Göttingen 1986, S. 33-36. Zur Exemption vor und nach der Kriminalgerichtsordnung 1788: Kühne, Kriminalverfahren und Strafvollzug, S. 25.

29) Franz Xaver Lender, Beiträge zur Geschichte der Studien und des wissenschaftlichen Unterrichts in hiesiger Stadt, Constanz 1834, S. 5f; Burkhardt in Stadtgeschichte III, S. 361f, 363-369.

Exemptionsstatus. Die sechs Bettelordenskonvente und alle übrigen, etwa die französischen Exilkleriker - sofern sie nicht, wie die Bischöfe aus Frankreich, in Haushalten von Domherren eximiert lebten - dann Bürger, Beisassen und tolerierte »Fremde«, die in Häusern des Stiftsklerus wohnten, wurden zunehmend fester der landesherrlich-städtischen Gerichtshoheit unterworfen.

Der Steuerregulierungs-Kommissar Lorenz Michael Hauk trat sein Amt in Konstanz Mitte Juli 1778 mit der Anweisung an, auch alle geistlichen Häuser seien zu numerieren und zu „fatiren", in steuerlichen Anschlag zu bringen[30]. Eine Woche darauf verwahrte sich die Kanzlei des Domkapitels beim Stadthauptmann dagegen, „daß von allerhöchsten Orth Euer Wohlgebohrn aufgetragene Commission die Absicht habe, ein neües Steurcatastrum beÿ der Stadt Kostanz [!] zu errichten, und zu dem Ende alle steürbare Grundstücke, und Häuser" einschließlich solcher, die „von uhrältesten Zeiten hero" dem Domkapitel gehörten, in besagten Kataster zu übernehmen.

Stadthauptmann Franz Karl v. Damiani hielt dagegen, das Erstellen eines aktualisierten Peräquationssteuerkatasters täte der Exemption geistlicher Häuser keinerlei Abbruch, schriebe sie im Gegenteil fest. Diesem Argument konnten die Domherren nichts abgewinnen; jegliche durchlaufende Numerierung egalisiere, womöglich erwüchsen daraus für ihren Status nachteilige „Ausdeitungen" und Folgen[31].

Darauf wurden die Häuser des Konstanzer Klerus als gesonderter Gebäudebestand berücksichtigt und nicht wertgeschätzt[32]. Die Klöster der Mendikantenkonvente schlossen die aparte Liste ab: „Dise 6 Klöster geben, mit Ausschlus deren Kapuziner, Schuz und Schirmgeld, und weil die Klosterfrauen beÿde Klöster in dem Stadtbahn Güter besizen, so geben sie auch nur aber ab disen die Steüer."[33] Hauk und Damiani schlossen das „Vermögens, und Steürfassionsgeschäft" Ende Juli ab, obwohl „einige Geistliche, die doch bürgerliche Häuser, und Grundstüke besizen, nicht fatieret haben."[34]

„Damit aber die Gott gefällige Gleichheit unter denen Contribuenten hergestellet werden möge", forderte die Landesregierung im Januar 1784 die Erstellung eines erneuten Steuerkatasters für Konstanz. Stadthauptmann v. Damiani fragte im März zurück, wie er mit den Gebäuden und Gärten der ansässigen Dominikaner, Augustiner und Minoriten im Stadtbann verfahren solle, die dafür noch nie Steuern gezahlt, wohl aber jährlich Rekognitionen an die Stadtkasse geleistet hätten.

Die Regierung und Kammer verlangte Einsicht in die einschlägigen Verträge zwischen Stadt und Geistlichkeit.

Ein Memoriale vermutlich aus dem Konstanzer Steueramt breitete daraufhin ganz praktische Probleme aus: Das Verfahren mit den domkapitularischen Liegenschaften im Stadt-

[30]) GLA 209/1221, „Comissional-Operationsplan" Hauks ddo. Konstanz, 13. Juni 1778.

[31]) GLA 209/815, 20., 22. und 23. Juni 1778. Die Schreibweise „Kostanz" verfuhr nach der Aussprache: „Costnitz, so im ganzen Lande Coschtanz ausgesprochen wird": Johann Georg Keyßler 1729, Neueste Reisen durch Deutschland (...), zit. n. Cramer, Reisebeschreibungen, S. 47.

[32]) Siehe Kap. 3.2.2 a) und c).

[33]) GLA 209/1221, „Specification deren Nämmen so dermaligen Bürgern auch Insässen, und Stadtverwanten an steürbahren Häusser, Scheüren, und s.v. Stahlungen, alß würkliche Inhabere in Besiz haben (...)" vom 23. Juni 1778, zweiter Teil ab Haus 769, im Konvolut weiter hinten.

[34]) Ebd., Schreiben vom 30. Juli 1778.

bann beruhe auf einem Vertrag aus dem Jahr 1579. Seither hätte sich vieles verändert. Von einigen Häusern zahle die Geistlichkeit gar keine Steuern mehr, „ohne zu wissen warumb"; mehrere Gebäude seien mittlerweile „in bürgerliche Hände gerathen"; umgekehrt hatten Kleriker Bürgerhäuser erworben; teilweise stünden an den 1579 bezeichneten Plätzen nun ganz andere Häuser oder Höfe; einige Steuern hätten sich in der Zwischenzeit in Grundzinse gewandelt, dasselbe umgekehrt. Alles in allem sei dringend eine „Renovation" geboten, der Status der Steuerbarkeit jedes Hauses in der Stadt neu zu fixieren.

Die Landesregierung wies Damiani Ende April 1784 an, eine solche „Renovation" zu veranlassen[35].

Nun schlichen domkapitularische Kanzlei und Stadt um den heißen Brei, wer zuerst eine Liste steuerpflichtiger und eximierter geistlicher Häuser zur Prüfung vorzulegen habe; keine Seite wollte sich durch voreiliges Veröffentlichen von Informationen eine Blöße geben, und beide taktierten nach dem Motto »was wißt ihr, das wir haben?« beziehungsweise »was habt ihr, das wir noch nicht wissen?« Im Sommer konferierten Vertreter der Stadtverwaltung und der Geistlichkeit. Sowohl das Steueramt, als auch die verschiedenen geistlichen Institutionen legten Verzeichnisse geistlicher Liegenschaften in Konstanz mit Anmerkungen zur Art der Abgabenpflichtigkeit oder -befreiung vor. Am Ende blieben trotz mancher Klärung strittige Steuerverhältnisse[36].

Im Sommer diesen Jahres 1784 erhielt Stadthauptmann v. Damiani aus Wien via Freiburg den »allerhöchsten Auftrag«, ein Gutachten einzusenden, was es mit der angeblichen Reichsunmittelbarkeit von Bischof und Domkapitel, respektive von deren Grund und Boden, auf Stadt Konstanzischem Territorium auf sich habe. Damiani delegierte die Aufgabe an den Rat weiter mit der interessanten Begründung, die Stadthauptmannschaft verfüge nicht über die erforderlichen Urkunden und Akten.

In der Quintessenz stritt dieses umfängliche, je nach Schreiber gut 150 oder 202 Seiten starke Rechtsgutachten vom September 1784 die Reichsfreiheit der Häuser von Bischof, Domkapitel und Nebenstiften im Konstanzer Stadtbann ab. Damiani fügte dem laut Amtsbürgermeister Johann Konrad Leiner „gründlich-, wohlbelegten-, ausführlich- und rechtsbeständigen Bericht" einige eigene Anmerkungen bei und gab ihn am 10. Oktober nach Freiburg auf den Weg. Vor allem klagte der Stadthauptmann über den „höchst schädlichen Einfluß dieser die landesfürstlich- allerhöchste Gesätze nicht beobachtenden" Geistlichkeit auf Konstanz. Gleichwohl stimme er mit Bürgermeister und Rat darin überein, daß ein eventueller Abzug des Domkapitels aus der Stadt „dem Nahrungsstande der daselbstigen Bürger einen großen Abbruch machen würde". Die Chorherren von St. Stephan und St. Johann hingegen könnten seinethalben auswandern[37].

35) GLA 209/1222, Schreiben vom 8. Jan. 1784, 11. März, 22. März, „Pro Memoria" o. Verf. [vermutlich Steueramt] o. Dat. [wohl Apr.], 29. April 1784.

36) Ebd.: Domkapitel am 27. Mai 1784; Antwort der Stadt am 1.Juni; Konferenz mit Petershausen am 23. Juni; Kanzlei der Komturei Mainau an die Regierung und Kammer am 10. Aug.; Liegenschaftslisten der domkapitul. Kanzlei und der Stifte St. Stephan und St.Johann jew. vom 14. Aug 1784; dass. vom Reichsstift Petershausen o. Dat. [Aug. 1784].

37) GLA 209/875, Gutachten eines ansonsten nicht aufgefallenen, offenbar auswärtigen Juristen „F.M. v. Goldegg", o.O., o. Dat. [Sept. 1784]; Begleitschreiben Leiners an Damiani vom 18. Sept., Damianis an die Regierung und Kammer vom 10. Okt. 1784.

Im Oktober 1786 sandte Stadthauptmann v. Damiani ein selbst recherchiertes, historisch hergeleitetes Gutachten zur juristischen Würdigung des ansässigen Kapuzinerkonvents an die vorländische Konskriptionskommission nach Freiburg. Das erste Klostergebäude im Paradies hätten die Kapuziner 1647 wegen einer befürchteten abermaligen Belagerung durch schwedische Truppen verkauft. Ihr zweites in der Kreuzlinger Vorstadt gebautes Kloster hätten die Brüder 1694 aufgrund der „tiefen Situation, und Feüchtigkeit“ aufgegeben und wären in das dritte gezogen, zu welchem Zweck sie sechs Bürgerhäuser an der unteren Marktstätte südlich des Kornhauses „um ein billigen Preiß“ gekauft und dort ein neues Klostergebäude errichten lassen hätten. Damiani resümierte, dieses dritte Kapuzinerkloster stünde nicht auf einem dem Domkapitel eigenen Platz, gehöre mithin „zur vorderösterreichischen Provinz“, die Kapuzinerbrüder seien folglich Untertanen und als solche bei Volkszählungen zu behandeln.

Auf heftige Proteste Fürstbischof Maximilian v. Rodts ließ die Landesregierung den Kapuzinerkonvent bei der Einwohnerbeschreibung offenbar unbehelligt[38)]. Dennoch fügten die Konstanzer Kanzleischreiber dieses wie alle anderen Bettelordensklöster in den Quartierlisten 1786 bis 1793 mit eigenen Nummern in die Reihe der gezählten und numerierten städtischen Häuser ein[39)].

Zum stückweisen staatlichen Abbau der Klosterautonomie in den Vorlanden[40)] gehört auch ein Erlaß, die hauseigenen Kerker abzuschaffen. Im April 1783 inspizierte Stadthauptmann Franz Karl v. Damiani auf Anordnung der Landesregierung die Konstanzer Mendikantenklöster; vorhandene Verliese hatte er zum Gebrauch als Kerkerzellen unbrauchbar zu machen, eventuell einsitzende Gefangene zu befreien und zu versorgen. Anfang Mai meldete Damiani Vollzug. Die tatsächlich bei den Dominikanerinnen von St. Peter und Zoffingen und bei den Kapuzinern noch „vorgefundenen derleÿ Behältnisse“ seien, wie er sich vergewissert habe, in den letzten Wochen der „Zernichtung“ anheimgefallen[41)].

Wiederholte Vorstöße der weltlichen Obrigkeit richteten sich gegen Ende des 18. Jahrhunderts auf den Punkt, ob die rechtliche Immunität von Bischof, Domkapitel samt Kollegiatstiften und Klöstern in Konstanz sich auf Gebäude und Grundstücke, oder bloß auf angehörige Personen erstreckte[42)]. In Fragen der Nachlaßinventur konnte die Stadt Erfolge erzielen, wie unter anderem Urkunden belegen, in denen der Magistrat versicherte, vorgenommene Inventuren nach dem Tod von Bürgern und Beisassen in exempten Häusern, in einem Fall des Stifts St. Johann, würden die Rechte der betroffenen geistlichen Institution nicht beeinträchtigen[43)]. Von Geistlichen bewohnte exempte Häuser wurden in den Quartierlisten ab 1786 zwar ohne Nummer, doch an ihrem Platz in der Reihe eingefügt. Gebäude, die

38) GLA 209/562, zwei Schreiben ddo. Konstanz, 9. Okt. 1786, eines ddo. Meersburg, 25. Okt. 1786.

39) StAKN A V 3-9, Quartierrodel 1786-93, Häuser Nr. 22 (St. Peter, von Dominikanern bewohnt), 99 (Zoffingen mit Normalschule für Mädchen), 144 (Franziskaner), 433 (Augustiner), 713 (Kapuziner; außer der Reihe, müßte im 3. Quartier gezählt worden sein).

40) Schmid, Säkularisation 1978.

41) GLA 209/1350, 4. April und 4. Mai 1783.

42) Vgl. Buchegger, Verfassung und Verwaltung, Darstellung der öffentlichen Rechtslage in Konstanz um 1750 auf den S. 35-38.

43) GLA, Repertorium Urkunden, „Specialia Konstanz Stadt 1533-1803“, 14. Jan. und 1. Sept. 1792.

der Stiftsgeistlichkeit eigen waren, erhielten, sofern Laien darin lebten, wie die Mendikantenklöster eigene Nummern, ihre Bewohner wurden in den Steuerkataster aufgenommen[44].

Ansonsten blieben die Angehörigen des Domkapitels und der beiden Kollegiatstifte, desgleichen deren Beamte ohne Bürgerrecht, bis 1805/06 von jeder Art Volkszählung ausgenommen. Ebenso bewahrte die Geistlichkeit, anders als der Adel, seine strafrechtliche Exemption über die Kriminalgerichtsordnung von 1788 hinweg bis zum Ende der österreichischen Herrschaft[45].

2.1.3 Politik

Die großpolitischen Stürme in Europa wirbelten auch im ohnedies wenig beschaulichen Konstanz vieles durcheinander. 1785/86 bündelten sich mehrere zukunftsweisende Entwicklungslinien in der Stadt.

Stadthauptmann Franz Karl v. Damiani und die Landesregierung in Freiburg nutzten im Zusammenspiel und mit Unterstützung der Wiener Hofkammer die revolutionären Ereignisse in Genf, um auswanderungswillige Genfer Fabrikanten in die Stadt zu ziehen.

Um das Schlagwort vom Aufeinandertreffen zweier Welten in Konstanz ab 1785 zu begründen, müssen einige Bemerkungen zur Genfer Geschichte in der zweiten Hälfte des 18. Jahrhunderts vorausgeschickt werden.

Die Besitzer des Genfer Bürgerrechts, etwa ein Viertel der Bevölkerung, schieden sich in zwei gegnerische Parteien: Die „représentants" traten für den „droit de représentation" ein, also für die Stärke des Verfassungsorgans „Conseil Général", das alle Personen mit Bürgerrecht politisch repräsentierte. Das Diktum „Le Conseil Général est le seul souverain de l'état" der Représentants muß jedoch als Forderung verstanden werden, denn die von ihnen mit der Kampfbezeichnung „les négatifs" belegten „Aristokraten", die sich selbst „les constitutionnaires" nannten, hielten die Mehrheiten in den tatsächlich entscheidenden Gremien[46]. Die Macht im Stadtstaat vertrieb in den 1760er Jahren Jean-Jacques Rousseau aus Genf, ließ den „Emile" und den „Contrat Social" öffentlich verbrennen[47].

Nicht ursprünglich zusammengehörig, entwickelte sich ab den 1760er Jahren parallel zur politischen Bewegung der Représentants das Streben der sogenannten „natifs", die politisch völlig und wirtschaftlich weitgehend rechtlos gehalten wurden, doch in der Stadt geboren waren, nach ökonomischer Freiheit und billigem Bürgerrechtserwerb. Die gesellschaftliche Basis der Natifs bildeten vor allem Facharbeiter, die in den Fabriken oder für die Verlage der Genfer Uhren- und Textilindustrie beschäftigt waren. Ihre Köpfe, gebildete Leute, wurden von Voltaire in Fernay empfangen[48]. Zahlreiche „cercles politiques" entwickelten sich aus

[44]) StAKN A V 3-9; mit Zusatz des Eigentümers, z.B. »gehört dem Stift St. Johann« oder »gehört Domkapitular Frh. v. Ulm«.

[45]) Kühne, Kriminalverfahren und Strafvollzug, S. 25, Bsp. S. 38.

[46]) Josef Feldmann, Die Genfer Emigranten von 1782/83. Ihre Koloniegründungen und ihre politischen und wirtschaftlichen Leistungen während der Revolutionsepoche, Dissertation Zürich 1952, S. 8f, 14. 1782 zählte Genf 24 000 Einwohner, darunter 6000 Inhaber des Bürgerrechts, von denen 1500 im Conseil Général stimmberechtigt waren (ebd. S. 15).

[47]) Ebd., S. 5.

[48]) Ebd., S. 15.

unpolitischen geselligen Zusammenkünften zu Kristallisationskernen der politischen Willensbildung und Aktion[49]; ihre Ähnlichkeit mit den späteren societés populaires, dann Jakobinerklubs in Frankreich tritt deutlich hervor.

Im Lauf der 1770er Jahre verband sich die Mehrheit der organisierten Natifs mit den Représentants, nachdem diese aus hitzigen internen Auseinandersetzungen heraus den programmatischen Kern „L'égalité politique est la source unique de la prospérité de Genève" entwickelt hatten[50].

Mögen die Ereignisse in Genf um 1782 als Vorwegnahme der Französischen Revolution gewertet werden oder als Kämpfe um den Erhalt beziehungsweise Umsturz spezifisch Genfer Gegebenheiten[51] - jedenfalls könnten sie zur exemplarischen Illustration jedem marxistischen Lehrbuch dienen, und zwar im Kapitel »Das Wirtschaftsbürgertum formiert sich als Klasse, verbündet sich mit dem vierten Stand, fordert die seiner ökonomischen Bedeutung angemessene Beteiligung an der politischen Macht und drängt auf das Abstreifen aller möglicher feudalrechtlicher Fesseln«[52].

Einem erfolgreichen bewaffneten Aufstand der Natifs im April 1782, dem sich die Représentants anzuschließen gezwungen sahen, folgte die bürgerlich-revolutionäre Neuordnung des Genfer Stadtregiments. Die Reaktion ließ nicht lange auf sich warten. Im Frühsommer übergaben die Repräsentanten der neuen Regierung Genf kampflos der aufgezogenen französisch-savoyardisch-bernischen Belagerungsarmee[53].

Die exponierten Figuren des Umsturzes, deren Namen auf einer Konskriptionsliste festgehalten waren, flüchteten per Boot über den See. Sie hinterließen eine „Dernière déclaration des Genevois:

Ayant fait les plus sérieux réflexions sur l'inutilité de leur résistance, sur l'affreuse catastrophe qu'elle entraînerait pour la ville, et voulant épargner l'éffusion du sang de tant d'hommes vertueux qui succomberaient sous les ruines de leur patrie, ils se sont déterminés, non à se soumettre, mais à ceder aux conditions qui leur sont imposées par les contraintes quelques dures qu'elles soient. En même temps, ils déclarent que ne pouvant plus envisager comme leur patrie une ville dont les meilleurs citoyens sont forcés de s'éloigner, une ville occupée par des troupes étrangères, dont les loix cesseront d'être l'effet de la volonté libre de ces citoyens (...) ils iront chercher sous un autre ciel une terre où ils puissent respirer l'air de la liberté."[54]

Die letzte Ankündigung entsprang keineswegs dem Pathos schwärmerischer Weltverbesserer, sondern war, wie die folgenden Ereignisse zeigen sollten, politisches Programm mit breiter Basis im Genfer Fabrikanten- und Finanzbürgertum sowie unter deren Arbeiterschaft.

Josef Feldmann interpretiert den folgenden Abzug der ökonomischen Elite aus Genf, die Auflösung einer erklecklichen Anzahl von Aktiengesellschaften, die Kapitalflucht und die Gründung von Genfer Kolonien auf irischem Boden in Waterford, in Brüssel und schließlich

[49]) Ebd., S. 19ff.
[50]) Ebd., S. 15f.
[51]) Ebd., S. 171.
[52]) Vgl. die Darstellung der Interessengegensätze zwischen Représentants, Negatifs und Natifs vor dem 10. April 1782 und die Umsetzung der demokratischen Forderungen danach: ebd., S. 8-27, 30.
[53]) Ebd., Revolution S. 28-30, Reaktion S. 31-34.
[54]) Zit. n. ebd., S. 34f.

in Konstanz als politisches Kampfmittel, um die Revision der reaktionären Maßnahmen nach der Okkupation durch auswärtige Mächte zu erzwingen[55]. Demnach müßte allen genannten Gründen für die Remigration der meisten Genfer Kolonisten zu Konstanz[56] der Hauptgrund vorangestellt werden, daß die Möglichkeit zur Rückkehr von Anfang an nicht nur erwünscht, sondern sogar intendiertes Ziel des Exodus gewesen war.

So sehr sich die einheimische Konstanzer Bevölkerung und die Genfer Immigranten in sprachlicher, religiöser, kultureller und ökonomischer Hinsicht voneinander unterschieden, kann einschließlich vieler nachvollziehbarer, sehr konkreter wirtschaftlicher Interessenkonflikte keine generelle Abneigung, erst recht kein Haß seitens der Eingesessenen gegen die Kolonisten konstatiert werden[57].

Im Sommer 1785 besuchten die Genfer Odier und Bidermann von der bereits etablierten Brüsseler Kolonie ihre Geschäftsfreunde und Gesinnungsgenossen in Konstanz. Als Beleg dafür, „daß die Kolonisten von den Einheimischen immer etwas unfreundlich angesehen wurden" liest Feldmann die folgende Passage aus einem Brief, in dem François Roman den genannten Besuch bewertet:

„Monsieur Odier a vu cette ville avec des yeux de prévention. Malheureusement nous n'avons pu être que très peu avec ces deux Messieurs qui ne restèrent ici qu'une demie journée. Ce que vous me dites de l'aversion prétendue qu'ils vous ont rapportée que les Constantins portent aux Genevois, nous a tous extrêmement surpris (...) Il faut que ces Messieurs aient eu bien de sagacité pour le decouvrir dans quelques heures."[58]

Der letzte Satz wird jedoch ironisch gemeint, dürfte auch recht klar so aufzufassen sein. Uhrenfabrikant Roman teilte als Kenner vor Ort den düsteren Eindruck seiner Brüsseler Mitemigranten durchaus nicht, erwartete also von Behörden und Bevölkerung in Konstanz keinen ernstzunehmenden Widerstand gegen die Aufnahme seiner Geschäfte.

Die Ansiedlung der Genfer Kolonie gab der josefinischen Klosterpolitik einen neuen Schub. Die Dominikaner mußten ihr Domizil auf der Insel räumen. Der Nonnenkonvent St. Peter wurde zwar als einziger in österreichischer Zeit tatsächlich aufgelöst, doch lebten alle fünf anderen Bettelordensgemeinschaften in den Jahren nach 1785 unter dem Damoklesschwert, aufgehoben zu werden und ihre Gebäude an Genfer oder Lyoner Fabrikanten oder an die Stadt verschachert zu sehen. Die Provinzialverwaltung nahm die vorländischen Klostervermögen unter Kuratel, setzte die Konstanzer Konvente mit Novizenaufnahmeverboten auf den »Aussterbeetat« und bereitete damit den Boden für die Verstaatlichung geistlichen Besitzes, dessen Früchte Baden ab 1806 einfahren konnte[59].

Fast gleichzeitig wurde der ehrenamtliche Stadtmagistrat reichsstädtischer Prägung abgelöst von einer besoldeten, juristisch ausgebildeten Gerichts- und Verwaltungsbehörde[60].

Die stadtgeschichtlich verbreitete Einschätzung, der „Versuch, durch die Ansiedlung von Genfer Industriellen dem Konstanzer Wirtschaftsleben neue Impulse zu geben, scheiterte

[55]) Ebd., S. 38. Gegenrevolutionäre Maßnahmen, z.B. das sogenannte „l'Edit noir" ebd., S. 36f.
[56]) Burkhardt in Stadtgeschichte III, S. 391.
[57]) Ebd., S. 388-390.
[58]) Zit n. Feldmann, Genfer Emigranten von 1782/83, S. 64.
[59]) Novizenverbot: Martens, Geschichte, S. 296: 1785 den Dominikanern und Augustinern, 1786 den Franziskanerminoriten, 1788 den Kapuzinern auferlegt; Klosterpolitik in Konstanz: Burkhardt, Stadtgeschichte III, S. 392-396.
[60]) Ebd., S. 377-379.

rasch und hinterließ kaum tiefere Spuren"[61], hängt die Latte der Ansprüche unangemessen hoch. Die Industrialisierung brach sich zu jener Zeit nirgends in Deutschland übermächtig Bahn[62].

Die Genfer Kolonie etablierte die industrielle Produktionsweise dauerhaft in Konstanz. Jacques Louis Macaire de Lor, Ami Melly, François Roman, Amedé Roux, Johann Ludwig Reichardt, Alexander Vogel, Peter Hirn, Etienne Marc L'Hoste, Johann Georg Schlumberger und andere führten eine stattliche Anzahl von Unternehmen, deren Arbeitsorganisation und Produktionsvolumen den Rahmen der Handwerkswirtschaft sprengten. 1794 richteten weitere Industrielle aus Lyon nach damaligen Maßstäben Großbetriebe in Konstanz ein[63]. Von diesen Unternehmen bestanden drei noch anfangs der badischen Landesherrschaft, zwei noch in der zweiten Hälfte des 19. Jahrhunderts[64], was keineswegs enttäuschend wenige sind angesichts der prekären Tragfähigkeit und kurzen Dauer protoindustrieller Manufakturen und Verlage[65]. Die Associés Johann Georg Schlumberger und Simpert Lauber legten mit ihrer 1793 gegründeten Baumwolldruckerei in der „Schneckenburg" westlich von Petershausen am Rhein - welche ab 1812 von den Brüdern Herosé aus Aarau weiterbetrieben wurde - den Grundstein des heutigen Konstanzer Industriegebiets.

Zwei Welten, besser: historische Epochen trafen in Konstanz 1785 aufeinander. Die oben gegebene Darstellung der Ereignisse in Genf veranschaulicht, welche Klasse von Leuten sich in diesen Jahren in der Stadt niederließ.

Die Zuwanderer bildeten ein buntes, großenteils für die eingesessene Einwohnerschaft neuartiges Gemisch. Im Schutz des Privilegs für die Genfer Kolonie siedelten sich aus der französisch- und der deutschsprachigen Schweiz reformierte Manufakturisten und Verleger, auch Kleinhändler, an. Die Fabrikanten zogen Protoindustriearbeiter und -arbeiterinnen aus allen möglichen Gegenden der Schweiz, Frankreichs und aus dem Reich nach Konstanz. Teilweise brachten sie ihre Belegschaft aus Genf mit, darunter aus politischen Motiven emigrierte Facharbeiter, die über die kurzlebige Genfer Kolonie Waterford in Irland nach Konstanz fanden[66]. Das Gemisch bereicherten ab 1792 noch französische Emigranten aller Schattierungen; es kamen nicht nur vertriebene Bischöfe und kleine Landpfarrer, sondern auch Lyoner Bourgeois in Konstanz zusammen, welche den Umsturz von 1789 in Frankreich mitgetragen hatten und erst nach der Eroberung und Verwüstung Lyons durch die Sansculotten-Miliz im Oktober 1793 geflüchtet waren[67].

[61]) Schenkendorf, 2000 Jahre, S. 23. Desgleichen: ders.,Regsam und strebsam. Ein Streifzug durch das Konstanzer Wirtschaftsleben, in: Stadtrat Konstanz (Hg.) Unser Konstanz, Konstanz o.J. [1950], S. 72; Feger, Vergangenheit einer alten Stadt, S. 147; Seeholzer, Genfer Kolonie, S. 296; „gescheitert", doch „positive Folgen": Maurer, vorderösterreichische Stadt, S. 259.

[62]) Wehler, Gesellschaftsgeschichte I, v.a. S. 99 Punkt 3, 101f, 107 Punkt 4, 118f.

[63]) Burkhardt in Stadtgeschichte III, S. 381-388, 418f.

[64]) Die Indiennedruckereien Macaire und Herosé sowie die Türkischgarnfabrik Gille, Bonafont & Sulzberger, 1806 nur noch Sulzberger, bis 1840 aufgegeben: Krümmer, Wirtschafts- und Sozialstruktur, S. 66f; Johann Marmor, Die genfer Kolonie in Konstanz, in: SVG Bodensee, Heft 1, 1869, S. 112; GLA 209/441, Frage/Antwort 65 (hier noch Hirn & Vogel genannt, deren Konkursverfahren von 1805 bis Ende 1807 dauerte: Marmor, genfer Kolonie, S. 114).

[65]) Wehler, Gesellschaftsgeschichte I, S. 107, 110-112.

[66]) Feldmann, Genfer Emigranten von 1782/83, S. 39, 65.

[67]) Moser, französische Emigrantenkolonie, S. 41, 43.

Mit diesen Immigranten zogen zwangsläufig Weltoffenheit, religiöse und ethnische Toleranz, kapitalistisches Gewinnstreben, bürgerlich demokratisches Politikverständnis sowie eine Perspektive für den Lebensunterhalt der vielen Erwerbslosen und Professionisten ohne hinreichendes Einkommen in Konstanz ein.

Um die »alte Welt« nicht unverdient zu diffamieren, sei betont: der Weg in die „krisengeschüttelte Modernität", auf dem „das Balancieren am Abgrund eher der Regelfall war und das Austarieren der Widersprüche eher nur im Ausnahmefall gelang"[68] barg für die Zeitgenossen mehr Risiken und Brüche als Verheißung. Nicht von ungefähr entstand in der ersten Hälfte des 19. Jahrhunderts die facettenreiche und wirkungsmächtige Legende von der »guten alten Zeit«. Die Definition von Fortschritt als »Veränderungen, die dem Ziel dienen, allen Menschen die Befriedigung der Grundbedürfnisse Nahrung, Kleidung, Wohnen, Gesundheit und Bildung zu ermöglichen« zugrundelelegt, war das zünftige Prinzip der »Nahrung« in seinem Kern fortschrittlich: Es suchte die Verantwortung jedes Einzelnen für die Gemeinschaft einschließlich ihrer schwachen Mitglieder zu zementieren. Es war lediglich durch die gewandelten demographischen und wirtschaftlichen Gegebenheiten seit dem Mittelalter unbrauchbar geworden und verfiel in restaurative Abwehrversuche[69].

Im Gegensatz zur Revolution von 1848/49 machte sich in den Jahren nach 1789 keinerlei Umsturzpotential in Konstanz bemerkbar. Es gibt keine Nachrichten über Konstanzer Jakobiner[70].

Die nach Auffassung der Stadtobrigkeit einzige potentiell gefährliche Gruppe waren die Arbeiter der Genfer Kolonie. Zwar habe man keinen Grund zur Klage über die Kolonisten, doch könnte „der Geist der Unruhe" überborden, zumal diesen Menschen selbst „ihr mütterliches Land der Freÿheit, nicht freÿ genug gewesen" sei[71]. Doch schoben Bürgermeister Leonhard Lehry und die Räte Güllmann, Dreyer und Valliere diese Befürchtungen allem Anschein nach nur vor, um dem Hofkriegsrat zu Wien gründereicher die gewünschte Garnison zweier Kompanien des Regiments Bender abhandeln zu können.

»Keine Garnison« diente anscheinend bei anderen Anlässen auch als Ausrede. Im Februar 1786 ließ Stadthauptmann Franz Karl v. Damiani im Rat eine Beschwerde referieren; der Magistrat habe zwar, so Damiani, „ein Verbott publiziren und anschlagen lassen, daß das Masquenlaufen auf der Gassen verbotten seÿn solle, nun laufen ohnerachtet dessen der Menge nach herum, und seÿen schon 2mal Händel entstanden, man möchte dann Mittel und Wege verschaffen, womit dieses Verbot in seine Erfüllung komme, ansonsten die Authoritaet des Magistrats selbsten hierunter leide." Die Ratsherren verspürten offenbar wenig Neigung, das „Masquenlaufen" zur Fastnachtszeit zu unterbinden, sie concludierten: „Seÿe dem gnädigen Herrn die Vorstellung zu machen, daß, da kein Militair hier seÿe, solches schwerlich zu erzihlen seÿn werde." Damiani fügte dem Protokoll an dieser Stelle eine eigenhändige „Nota" bei, wonach in den Städten Radolfzell, Stockach, Ehingen und so weiter ebenfalls keine Garnison

[68]) Detlev Peukert, Die Weimarer Republik. Krisenjahre der klassischen Moderne, Frankfurt/Main 1987, S. 10.

[69]) Boelcke, Sozialgeschichte, S. 63; Rudolf Vierhaus, Deutschland im Zeitalter des Absolutismus, Göttingen ²1984, S. 37f, 73f; Wehler, Gesellschaftsgeschichte I, S. 190-193.

[70]) Jedenfalls konnte der Autor dieses bei seinen umfangreichen Recherchen keine finden.

[71]) GLA 209/1112: Eingabe des Magistrats via Agenten der Stadt in Wien, v. Bressler, vom 11. Mai 1787; Schreiben der Landesregierung an Sthm. Damiani vom 21. Juni 1787.

liege, die dortigen Stadträte jedoch in der Lage gewesen seien, diesbezügliche Verordnungen aus Wien und Freiburg zu vollziehen. Der Konstanzer Magistrat demonstriere demnach Renitenz oder Unfähigkeit[72)].

Die Aussage des royalistischen Artillerieleutnants de Coneau von 1799 über „Konstanzer Pöbel und die Arbeiter der Kattunfabrik, meist Genfer und republikanische Parteigänger"[73)] stellt kein ernstzunehmendes Zeugnis dar. Dem wohlgeborenen Zwanzigjährigen trat, dem Stil seiner Auslassungen nach zu urteilen, schnell der Schaum vor den Aristokratenmund, wenn er des »Pöbels« nur ansichtig wurde.

Die Gründe für den Mangel an Konstanzer Jakobinern liegen auf der Hand. Österreich stellte trotz aller Konflikte letztlich keine Obrigkeit dar, welche die Konstanzer Einwohnerschaft moralisch, administrativ oder wirtschaftspolitisch gedrückt hätte. Die „Regierung ist gegen uns gelinde: wir zahlen der Abgaben wenige, genießen hingegen der bürgerlichen Freyheiten viele, so viele, als man schwerlich in irgend einer Monarchie genießen wird" beschieden Bürgermeister Leonhard Lehry und die Magistratsräte dem französischen General Oudinot im April 1799 auf dessen Avancen, die Stadt möge der Helvetischen Republik beitreten[74)].

Die Verbindung zwischen Bürgerschaft und Geistlichkeit in Konstanz war gewiß enger und vielfältiger geknüpft, als es in dieser Arbeit, die stets die juristische Trennung betont, erscheint.

Eine Bewegung hätte also höchstens von den Stadtarmen ausgehen können, aber die wurden zum ersten offenbar in einem nicht überall geübten Ausmaß versorgt; zweitens fehlte den Armen der geistige und moralische Legitimationsschub, da das schmale Konstanzer Bildungsbürgertum, wie im rechtsrheinischen Deutschland üblich, seiner Obrigkeit keineswegs feindlich gegenüberstand[75)].

Die Revolutionsflüchtlinge aus Frankreich brachten Geld in die Stadt, von dem breite Bevölkerungskreise profitierten - nämlich alle, die nur irgendwelche Waren, Dienstleistungen oder Wohnraum anzubieten hatten. Die französischen Republiktruppen hingegen plünderten sie aus[76)].

Die Konstanzer waren nach 1548 gute Österreicher geworden, wie unter anderem der Handstreich gegen die kleine badische Garnison im Juni 1809 belegt, der nur mit Unterstützung aus der Bevölkerung so perfekt gelang[77)].

Die diversen Kriege ab 1796 wirkten ruinös auf Konstanz, brachen den gerade begonnenen wirtschaftliche Aufschwung jäh ab. Der Schaden für die Konstanzerinnen und Konstanzer entsprang dabei weniger den eigentlichen Kampfhandlungen, als vielmehr den gewöhnlichen Kriegserscheinungen Krankheit und Ausplünderung. Die Besetzung Konstanz' von

[72)] StAKN B I, Ratsprotokolle „Oeconomica (...)", 21. Feb. 1786.

[73)] Zit.n. Feger, Spiegel der Zeiten, S. 185.

[74)] StAKN A I 28b, F.X. Leiner, Miszellen, gedrucktes Doppelblatt im Anhang, 13. April 1799. Vgl. Burkhardt in Stadtgeschichte III, S. 430.- Stadthauptmann v. Blanc hielt sich zu dieser Zeit außerhalb der Stadt auf, vermutlich in Günzburg.

[75)] Walter Grab, Ein Volk muß seine Freiheit selbst erobern. Zur Geschichte der deutschen Jakobiner, Frankfurt/Main, Olten, Wien 1984, S. 42, 49-51.

[76)] Burkhardt in Stadtgeschichte III, S. 413-415, 418f, 426-428, 434f.

[77)] Ausführlich geschildert in: Joseph Laible, Geschichte der Stadt Konstanz, Konstanz 1896, S. 165.

August bis Oktober 1796 kostete das Steueramt, die milden Stiftungen und die Bürgerschaft mehr als 80 000 Gulden; die Besatzungszeit von März bis Mai 1799, dann von Oktober 1799 bis 1. Mai 1801 verschlang gar über 300 000 Gulden[78]. Für die abgepreßten Kontributionen mußte, wie auch in anderen Städten üblich, zu großen Teilen die Spitalstiftung herhalten; deren Vermögen wurde so von 426 164 Gulden 1784 auf 114 013 Gulden 1806 geviertelt[79]. Trotz des Rückgriffs auf die gewaltigen Ressourcen des Spitalamts schonten die bürgerlichen Krisenverwalter keineswegs das städtische Vermögen: „Da zu Bestreitung deren immer fortdaurenden französischen Contributionen etc. man vieles Geldes benöthiget ware", hielt der kommissarische Säckelamtmann, also der städtische Kämmerer Ferdinand Bickel 1799 fest, „so wurde beschloßen folgende städtische Realitäten an den Meistbiethenden zu verkaufen". Eine Liste von sechs Gebäuden und einem Garten folgt, darunter das Zunfthaus „zum Beken", das Haus der Fischerzunft und das ehemalige Stadtkommandantenhaus in der St. Paulsgasse, die ein Genfer und sechs Konstanzer Bürger für zusammen 22 110 Gulden erwarben[80]. Zur Abzahlung der Kredite, mit denen die rasch ausgeblutete Stadtkasse Einquartierungskosten, Kontributionen und dergleichen bestritt, mußten die Bürger ab 1796 auf Jahre hinaus den anderthalbfachen Satz der „bisher üblichen Eidessteür" leisten[81].

2.2 Maße und Gewichte der vorderösterreichischen Stadt Konstanz

In Konstanz wurden bis zum Übergang an Baden 1806 eigene Längen- und Hohlmaße sowie Gewichte verwendet[82].

Zwei Handbücher rechneten die Maße und Gewichte der zu Beginn des 19. Jahrhunderts Baden zugeschlagenen Gebiete in die „neuen allgemeinen" badischen um, die sich ihrerseits am französischen metrischen Maß ausrichteten[83]. Auf dieser Grundlage erfolgt die Umrechnung der alten Konstanzer Maße und Gewichte in zwei Schritten: zunächst auf die neuen badischen Maße und Gewichte übertragen, werden diese dann in metrisch-dezimale umgesetzt.

[78]) GLA 65/305, »Beutterchronik«, S. 438-442: „Rechnung über alle Ausgaben und erlittenen Verlust während der Anwesenheit der feindlich-französich [!] republickkanischen Truppen von 2ten August bis 6ten 8ber [Oktober] 1796": 80 595 fl 43 xr; ebd., S. 417: genaue Besatzungszeiten 1796-1805. Baier, Wirtschaftsgeschichte, S. 541 zit. Sthm v. Blanc 1803: Abrechnung der Besatzungskosten 1799-1801 ergab 304 118 fl ohne private Kriegsschäden, z.B. Einquartierungen; GLA 209/1152, Blanc am 8. Aug. 1801: „weit über 300 000 fl". Vgl. Burkhardt in Stadtgeschichte III, S. 424-428, 430-438.

[79]) StAKN A I 28a, Leiner/Bickel, S. 265; GLA 209/441, Frage/Antwort 75: Spitalamt + Spitalarmen-Kinderamt. Unter anderen Spitalvermögen um 1800 ragt das Konstanzer immer noch mit Abstand heraus, siehe Kap. 7.1, Anm. 3. Zum Aufbau und Erhalt des Spitalvermögens einiges bei Philipp Ruppert, Konstanzer Geschichtliche Beiträge. Drittes Heft, Konstanz 1892, S. 4ff, v.a. 7f.

[80]) StAKN A I 28b, F.X. Leiner, Miszellen, S. 345 von Bickels Hand. Unter den Käufern Ratssekretär Leiner, Kaminfeger Georg Hannemann, Maurermeister Wilhelm Gagg, Zimmermeister Benedikt Milz und Bäckermeister Störk, was die Verdienstmöglichkeiten im Konstanzer Gewerbe ab 1785 unterstreicht. Zum Säckelamt A. Ruppert, Verfassung und Verwaltung, S. 29f.

[81]) GLA 65/305, »Beutterchronik«, S. 441. Zur Eidsteuer siehe Kap. 3.3.5.

[82]) GLA 209/441, Frage und Antwort 46.

[83]) Tabellen zur Verwandlung der alten Maase und Gewichte des Großherzogthums Baden in die neuen allgemeinen Badischen, 1. und 2. Band, Karlsruhe 1812; Tabellen zur Umrechnung der im Großherzogthum Baden bestandenen Feldmaaße in das Metermaaß, bearbeitet von I. Löser, Karlsruhe 1871.

Die Übertragung von Getreidehohlmaßen in Gewichtsangaben erbringt für unsere Zwecke hinreichend genaue Richtwerte, sie bietet aber keine naturwissenschaftlich exakten Zahlenreihen. Aus Hohlmaßen errechnete Getreidegewichte differieren kurzfristig mit der Qualität der Ernte, längerfristig durch die Züchtung der Getreidesorten und unterliegen wohl auch regionalen Schwankungen[84)].

2.2.1 Hohlmaße

2.2.1 a) Umrechnung der neuen badischen Maße und Gewichte in metrische französische[85)]

3 ltr = 2 neue bad. Meßlein (Feststoffe) bzw. Maß (Flüssigkeit);
300 ltr = 2 neue bad. Malter (Feststoffe) bzw. Ohm (Flüssigkeit).

2.2.1 b) Getreidemaße

Für „rauhe Frucht", also „ungegerbt", unausgehülst, mit den Spelzen[86)], galt für das Konstanzer Maß vor 1806 das Verhältnis:

1 altes Konstanzer Malter = 3,215787 neue badische Malter[87)].

Daraus ergibt sich:

1 altes Konstanzer Malter rauhe Frucht				=	**482,368 Liter**
1 Malter	= 16 Viertel	= 64 Vierlinge	= 256 Meßlein	=	482,37 Liter
	1 Viertel	= 4 Vierlinge	= 16 Meßlein	=	30,15 Liter
		1 Vierling	= 4 Meßlein	=	7,54 Liter
			1 Meßlein	=	1,88 Liter

Die in dieser Arbeit verwendeten zeitgenössischen Angaben zu Getreidemengen meinten mit ziemlicher Sicherheit „glatte Frucht", also ausgedroschenes Getreide ohne Spelzbesatz[88)]. Das in Konstanz vor 1806 gültige Maß wurde Anfang des 19. Jahrhunderts umgerechnet in das Verhältnis:

1 altes Konstanzer Malter = 1,51072 neue badische Malter[89)].
Daraus ergibt sich:

1 altes Konstanzer Malter glatte Frucht				=	**226,608 Liter**
1 Malter	= 8 Viertel	= 32 Vierlinge	= 128 Meßlein	=	226,61 Liter
	1 Viertel	= 4 Vierlinge	= 16 Meßlein	=	28,33 Liter
		1 Vierling	= 4 Meßlein	=	7,08 Liter
			1 Meßlein	=	1,77 Liter

84) Siehe Franz Quarthal, Zur Wirtschaftsgeschichte der österreichischen Städte am oberen Neckar, in ders. (Hg.), Zwischen Schwarzwald und Schwäbischer Alb. Das Land am oberen Neckar, Sigmaringen 1984 S. 408, Anm. 64.
85) Maase und Gewichte 1812, Einleitung, Tab. A, S. XXXVII.
86) Vgl. dazu Jacob und Wilhelm Grimm, Deutsches Wörterbuch, Leipzig 1854ff: Stichwörter „gerben" in Bd. 4.1.2, Spalte 3589; „glatt" in Bd. 4.1.4, Spalte 7717f; „fese" in Bd. 3, Spalte 1554f; „kern" in Bd. 5, Spalte 594f.
87) Umrechnung in neue badische und Unterteilung des alten Konstanzer Malters: Maase und Gewichte 1812, 1. Abteilung, Tab. 1, Getreidemaße Konstanz.
88) Grimm, Deutsches Wörterbuch, wie Anm. 86.
89) Maase und Gewichte, wie Anm. 87.

2.2.1 c) Übertragung der Hohlmaße in Gewichtsangaben

Tabelle 2: Umrechnung von Hohlmaßen in Gewichte verschiedener Getreidesorten[90)]

1 Liter ...	... entsprach in Gramm 1867 bis 1872			... entspricht in Gramm 1992		
	Minimum	Maximum	im Mittel	im Mittel	von ...	bis
Kernen	700	755	**720**	-	-	-
				Dinkel:		
Winterdinkel	405	440	**420**	**440**	410	470
Hafer	440	475	**460**	**485**	430	540
Winterweizen	715	755	**730**	Weizen:		
Sommerweizen	685	725	**700**	**760**	710	810
Winterroggen	685	715	**700**	Roggen:		
Sommerroggen	655	680	**665**	**740**	690	790
Wintergerste	570	630	**610**	Gerste:		
Sommergerste	645	660	**655**	**660**	620	700

Vor allem die Dinkelmasse liegt sehr nahe an den Werten des 19. Jahrhunderts; auch beim Hafergewicht liegen die Ergebnisse aus der zweiten Hälfte des 19. Jahrhunderts voll in der heutigen Varianzbreite. Die Sortenreinheit und der Ertrag je Korn wurden also seither nur mäßig gesteigert; die Steigerung muß nicht unbedingt stärker ausgefallen sein zwischen dem Ende des 18. Jahrhunderts und den Jahren 1867 bis 1872, in denen das Zeitalter des Kunstdüngers gerade erst angebrochen war[91)]. Die Umrechnungsergebnisse aus dem Königreich Württemberg sind demnach gut geeignet, um einen Eindruck vom Gewicht eines Konstanzer Malters aus dem 18. Jahrhundert wiederzugeben.

Nach den hier gewonnenen Erkenntnissen entsprach
1 altes Konstanzer **Malter Kernen** glatte Frucht ca. **163 Kilogramm**,
1 altes Konstanzer **Malter Hafer** glatte Frucht ca. **104 Kilogramm**.

2.2.1 d) Flüssigkeitsmaße

Das in Konstanz vor 1806 gültige Maß - die Einheit zur Messung von Flüssigkeiten - wurde im neuen Großherzogtum auf 0,80267 neue badische Maß umgerechnet. 1 alter Konstanzer Eimer entsprach 0,2569 neuen badischen Ohm[92)]. Zieht man die in 2.2.1 a) referierte Umrechnung in das metrische System hinzu, so ergibt

[90)] Württembergische Jahrbücher für Statistik und Landeskunde, Jg. 1872, Stuttgart 1874, S. 29. Die Angaben in Zollpfund zu 500 g dort sind hier gerundet in Gramm angegeben. Grundlage für die von mir ermittelten Durchschnittswerte waren Angaben zu den Ernten der sechs Jahre 1867 bis 1872. Wolfgang Trapp, Kleines Handbuch der Maße, Zahlen, Gewichte und der Zeitrechnung, Stuttgart 1992, Tab. 8.3-1a), S. 258. Die angegebene Varianz stammt von Trapp, der Mittelwert von mir.
[91)] Reinhard Rürup, Deutschland im 19. Jahrhundert 1815-1871, Göttingen 1984, S. 53.
[92)] Umrechnung in neue badische und Unterteilung der alten Konstanzer Flüssigkeitsmaße in Einheiten: Maase und Gewichte 1812, 1. Abteilung, Tab. 10, Flüssigkeitsmaße Konstanz.

1 altes Konstanzer Maß				=	**1,204 Liter**
1 Fuder	= 30 Eimer	= 960 Maß	= 3840 Schoppen	=	1156 Liter
	1 Eimer	= 32 Maß	= 128 Schoppen	=	38,5 Liter
		1 Maß	= 4 Schoppen	=	1,2 Liter
			1 Schoppen	=	0,3 Liter

Im vorderösterreichischen Konstanz galt das Wirtsmaß acht Neuntel des Handelsmaßes; 1 Wirtsmaß enthielt demnach 1,07 Liter[93)].

2.2.2 Gewichte

Bei der Einführung des metrischen Systems legte Baden das Verhältnis 1 Kilogramm gleich 2 neue badische Pfund fest[94)].

2.2.2 a) Schwergewicht

Das „Schwergewicht", also ein Pfund zu 40 Lot, war die in Konstanz gegen Ende des 18. Jahrhunderts wohl üblicherweise gebrauchte und entsprechend in dieser Arbeit angesetzte Gewichtseinheit[95)].
1 Konstanzer schweres Pfund vor 1806 entspricht 1,151512 neuen badischen, das sind aktuelle metrische Pfund[96)]; **das alte Konstanzer schwere Pfund wog also genau 575,756 Gramm.**

Es ergibt sich für Schwergewicht die Abstufung:

1 Zentner	= 100 Pfund	= 400 Vierlinge	= 4000 Lot	= 57,58 Kilogramm
	1 Pfund	= 4 Vierlinge	= 40 Lot	= 575,76 Gramm
		1 Vierling	= 10 Lot	= 143,94 Gramm
			1 Lot	= 14,39 Gramm

2.2.2 b) Leichtgewicht

In Konstanz enthielt vor 1806 ein Pfund „Leichtgewicht" 32 Lot.

1 Konstanzer leichtes Pfund wurde mit 0,92121 neuen badischen gleich aktuellen Pfund angesetzt[97)]. **Ein altes Konstanzer Pfund Leichtgewicht wog also 460,605 Gramm;** die weiteren Einheiten sind so nach Verhältnis wie beim Schwergewicht zu berechnen.

93) Ebd., 1. Abteilung, S. 21; siehe auch ebd., S. 22, Anm. 4.
94) Maase und Gewichte 1812, Einleitung, Tab. A, S. XXXVII.
95) Siehe auch Krümmer, Wirtschafts- und Sozialstruktur, S. 108, Anm. 306.
96) Maase und Gewichte 1812, 1. Abteilung, Tab. 17.
97) Ebd., Tab. 16.

2.2.3 Längenmaße[98)]

Die Länge einer in Konstanz vor 1806 gültigen Rute betrug 1,2148 neue badische Ruten; 1 neue badische Rute wurde auf 3 Meter festgelegt. Folglich maß

1 alte Konstanzer Rute genau 3,6444 Meter und war
1 alter Konstanzer Fuß genau 30,37 Zentimeter lang.

1 Rute	= 2 Klafter	= 12 Fuß	= 144 Zoll	= 364,4 Zentimeter
	1 Klafter	= 6 Fuß	= 72 Zoll	= 182,2 Zentimeter
		1 Fuß	= 12 Zoll	= 30,37 Zentimeter
			1 Zoll	= 2,53 Zentimeter

2.2.4 Flächenmaße

Umrechnung der neuen badischen Flächenmaße in metrische französische[99)]:

badisch neu		französisch
1 Morgen	=	36 Are
1 Viertel	=	9 Are
1 qRute	=	9 Zentiare
1 qFuß	=	1/11 Zentiar

1 altes Konstanzer Jauchert maß 0,944473 neue badische Morgen[100)].
1 altes Konstanzer Jauchert umfing demnach genau 34,001028 ar oder 3400,1028m^2.

Vor 1806 galt in Konstanz das Flächenmaß[101)]:

1 Jcht	= 4 Vtl	= 256 qRt	= 1024 qKl	= 36864 qFuß	= 3400 m^2
	1 Vtl	= 64 qRt	= 256 qKl	= 9216 qFuß	= 850 m^2
		1 qRt	= 4 qKl	= 144 qFuß	= 13,28 m^2
			1 qKl	= 36 qFuß	= 3,32 m^2
				1 qFuß	= 0,09 m^2
					= 922 cm^2

[98)] Maase und Gewichte 1812, Band 2, Tabelle 18, Längenmaße Konstanz; Löser, Umrechnung der Feldmaaße, S. 304.
[99)] Maase und Gewichte 1812, Teil „Reductionstabellen", Tab. 197a.
[100)] Ebd., Tab. 151, Flächenmaße Konstanz; Löser, Umrechnung der Feldmaaße, Tab. 15 und 16. Ebd., Anm. 4, S. 304f: 1 qRute konnte auch 100 qFuß gelten, dann entsprach die qRute nicht 13,28 qm, sondern nur 9,22 qm, so daß in beiden Fällen 1 Jcht auf genau 34 ar kam. Löser berechnet das Jauchert auf 3400,07731 m^2. Umrechnung Jauchert/qRuten auch in StAKN A I 28a, Leiner/Bickel, S. 134.
[101)] Viertel entspricht hier Vierling, Quadratfuß ist Qu.-schuh.

Kapitel 3: Die Bezugsgröße. Einwohnerzahlen im letzten Drittel des 18. Jahrhunderts

Franz Mathis betont die Notwendigkeit, sozialgeschichtliche Untersuchungen einer Stadt mit einer zumindest annähernden Gesamtbevölkerungszahl zu beginnen. Hans-Ulrich Wehler beruft sich in dieser Frage unter anderem auf Karl Marx, der in der Bevölkerungsentwicklung die entscheidende Voraussetzung gesellschaftlicher Prozesse und Veränderungen erkannte[1]. Die folgenden ausführlich diskutierten Ergebnisse zur Entwicklung der Konstanzer Einwohnerzahl bieten zum einen, für sich betrachtet, eine Art Indikator für die vor allem wohl wirtschaftlich bedingte Anziehungskraft dieser Stadt am Ende des 18. Jahrhunderts; sie dienen zum anderen als Basis, auf der weiterreichende qualitative Erkenntnisse, zum Beispiel zur Handwerkerdichte, aufbauen müssen.

Die Überlieferung bietet ab dem letzten Drittel des 18. Jahrhunderts Quellen, die genutzt werden sollten, um die Konstanzer Einwohnerzahl erstmals nach heutigen Maßstäben genau festzustellen. Für die Zeit davor müssen müssen Historiker sich in der Regel mit Schätzungen und hochgerechneten Zahlen begnügen. Die Konstanzer Volkszählung von 1610 wirft ein seltenes Schlaglicht auf eine alle Stände und Schichten umfassende Zahl von 5446 Stadtbewohnern, zu denen noch „an die 450" Schüler des Jesuitengymnasiums kamen[2].

Zeitgenössische Angaben zur Einwohnerzahl im 18. Jahrhundert variieren mit der Quelle. Durchreisende pflegten stark zu übertreiben; aus ihren Angaben wird nicht nur die offensichtlich auffallende geringe Bevölkerungsdichte deutlich, ihre Berichte spiegeln auch das stadtbürgerliche Selbstverständnis vom rapiden Verfall Konstanz' seit dem Verlust der Reichsfreiheit wider[3].

Der Lizentiat Philipp Eberlin bemühte sich als erster in einem Druckwerk um wissenschaftliche Genauigkeit, indem er die „Konscriptionstabelle" von 1787 heranzog, also die komprimierte Version des Seelenbeschriebs aus diesem Jahr. Um so unverständlicher ist Eberlins Angabe von 6700 Einwohnern, die hohe Weltgeistlichkeit nicht mitgezählt[4]. Es muß sich um einen Satzfehler handeln, wie bereits Philipp Röder im „Lexikon von Schwaben", zweite Auflage von 1800, bemerkte, der Eberlin als Quelle benutzte; bezüglich der Einwohnermenge folgte Röder seiner Quelle daher nicht, sondern nannte 4620 Seelen einschließlich exempter Geistlichkeit und Genfer Kolonie. Diese Angabe dürfte der Realität 1787 recht nahe gekommen sein[5].

[1]) Mathis, Bevölkerungsstruktur österreichischer Städte, S. 19; Wehler, Gesellschaftsgeschichte I, S. 68.
[2]) Zimmermann in Stadtgeschichte III, S. 244.
[3]) Garampi 1761 in Feger, Spiegel der Zeiten, S. 114: „nicht mehr als 4-5000" Einwohner; Kaspar Riesbeck 1783, als „Anonymus" in ebd., S. 143: „kaum 6000 Einwohner" („Anonymus": Cramer, Reisebeschreibungen, S. 63); Sander 1781 in Feger, Spiegel der Zeiten, S. 130: „Es werden kaum 7000 Menschen darin sein, und die Stadt könnte 30 000 haben"; Lambert 1794/95 in Mémoires, Zitat in Kap. 2.1.1: 6-7000, 1548 „dit-on" 48 000 Einwohner; Topographische Nachrichten (1813), S. 6: „In den ältesten Zeiten zählte die Stadt zwischen 30 und 40 Tausend Seelen."
[4]) Eberlin, pragmatische Geschichte, S. 59.
[5]) [Philipp Röder], Geographisches Statistisch-Topographisches Lexikon von Schwaben (...), 1. Band, 2. Auflage Ulm 1800, Spalte 1168: „Eberlin in seiner Beschreibung der Stadt Konstanz sagt: daß nach den Konskriptionstabel-

Die „Neue Kronik der Kais. Kön. V. Oestr. Stadt Konstanz am Bodensee. Zweyte vermehrte Auflage. Konstanz, zu haben bey Joh. Gerard Lüdolf, Stadtbuchdrucker“[6] nutzte offenkundig die alten Druckstöcke der Eberlinschen »Pragmatischen Geschichte« und wiederholte so den Fehler. Der folgende achtzigseitige, originäre „Anhang zur neuen Kronik der Stadt Konstanz“ enthält zwar Kurzweiliges zum Beispiel über die „Cultur der Gegend“, über „Thiere, die sich in dem See, und um denselben herum aufhalten“, auch über „Die französische Besazung in Konstanz“, doch keine Korrektur der falschen Einwohnerzahl 6700.

Der Konstanzer Großrat, Tannenamtmann und Stadt-Archivregistrator Franz Xaver Leiner zog in seinen handschriftlichen und einige Male kopierten „Geschichtliche[n] Miszellen der Stadt Konstanz“[7] einige Ergebnisse von Volkszählungen heran. Auf Leiners vergleichsweise zuverlässige Angaben berufen sich denn auch Konstanzer Stadthistoriker dieses Jahrhunderts[8]. Theodor Humperts Aufsatz zum Konstanzer Seelenbeschrieb von 1774 scheint dagegen zum Beleg für die Gesamtbevölkerung im 18. Jahrhundert nicht benutzt worden zu sein[9].

Stadtarchivar Philipp Ruppert stutzte 1890 die überzogenen Angaben zur Einwohnerzahl in der Konzilszeit - am oberen Rand kursierten „40 000“ - zurecht. Auch sein Amtsvorgänger Johann Marmor, der mit solchen Phantasiezahlen schon „ordentlich aufgeräumt“ habe, liege noch zu hoch. Ruppert erschloß für das 15. Jahrhundert aus 1400 bis 2000 Steuerzahlern eine Gesamteinwohnerschaft von „5000 bis 6500 höchstens“. Unter der Annahme, das Verhältnis zwischen Steuerzahlern und Nichtsteuerzahlern verhalte sich im 15. Jahrhundert eben so, wie mittels Rupperts Kriterien für die Seelenbeschreibung 1774 errechnet, nämlich rund eins zu anderthalb, lebten zu Beginn des 15. Jahrhunderts etwa 3500 bis 4000, in der Jahrhundertmitte rund 5000 Menschen im geographischen Stadtbezirk[10].

Die von Arnulf Moser und Karsten Kühne genannten Einwohnerzahlen[11] beruhen auf summarischen Seelenbeschreibungstabellen, liegen daher mindestens um die Bewohner der geistlich-exempten Häuser, teilweise auch die des Spitals zu niedrig.

len von 1787, 6700 Menschen in Konstanz gezählt worden seien, welches aber ein Drukfehler, und aus der Bürgerzahl erweislich genug ist.“

[6]) So das Titelblatt. Konstanz 1798.

[7]) StAKN, A I 28b, Fotokopie, Original im Besitz der Familie Leiner, Konstanz; Abschriften: zweimal von Ferdinand Bickel, eine davon ab 1798 fortgesetzt von Bickel und anderen, Fotokopie unter A I 28a im StAKN, Original im StAFR, Hs. 229; die bloße Abschrift Bickels original im StAKN; eine lückenhafte Abschrift bzw. ein ausführliches Exzerpt in GLA 209/1305.

[8]) Maurer, vorderösterreichische Stadt, S. 257, 259 (Anm. 111), 260, 261; Cramer, Reisebeschreibungen, S. 42 zitiert Maurer, Überblick; vgl. auch Baier, Wirtschaftsgeschichte, S. 495 Anm. 1, ohne Quellenangabe.

[9]) Theodor Humpert, Der Konstanzer »Seelenbeschrieb« von 1774, in: Heimatkundliche Mitteilungen des Bodenseegeschichtsvereins Nr. 19, 1955, S. 15-23.

[10]) Ph. Ruppert, Beiträge Heft 2, S. 50f. Rupperts Kriterien für Steuerzahler auf den Seelenbeschrieb 1774 übertragen, ergibt: ca. 1300 Kinder unter 24 Jahren, ca. 100 Ehefrauen ohne Vermögen, ca. 400 sonstige Hh.sangehörige ohne Vermögen, ca. 180 Menschen in Spital und Seelhaus, ca. 340 Geistliche mit Angehörigen; zusammen ca. 2320 Nicht-Steuerzahler, bleiben 1576 Steuerzahler, Summe 3896 Einwohner/innen. Ders., Beiträge Heft 3 (1892), S. 217: „Konstanz, das nie über 5000 Einwohner zählte“.

[11]) Moser, französische Emigrantenkolonie, S. 13; Kühne, Kriminalverfahren und Strafvollzug S. 1.

3.1 Seelenbeschriebe und andere zeitgenössische Statistiken aus Konstanz

Seit 1754 forderte die vorderösterreichische Landesregierung von ihren Unterbehörden, erste flächendeckende, aber noch rudimentäre Volkszählungen durchzuführen. Eine „Familienconscription" sollte die Zahl der Häuser, die Namen der Haushaltsvorstände und deren Profession enthalten. Breit aufgefächert folgt in den Ausführungsbestimmungen die Reihe der Ausnahmen: Pfarreien, Schulen, herrschaftliche Gebäude wie Meierhöfe, Mühlen, Glashütten und dergleichen, weiter die Häuser höherer Staatsdiener und Judenhäuser waren unberührt zu lassen[12)].

1762 gewann die Provinzialvolkszählung eine neue Qualität, indem die Landesregierung am 22. Mai ein „neues Schema" von „Seelen-Conscriptions-Tabellen" zur weiteren Bearbeitung versandte[13)]. Die Konstanzer Stadtverwaltung entledigte sich ihrer Seelenbeschreibungspflicht zunächst, durchaus im Sinne der Regierung, mittels Exzerpten aus den Kirchenbüchern. Die Konstanzer Pfarrer übermittelten der Stadtkanzlei in der Folge auf je einem Zettel - diese Kennzeichnung trifft - die Zahl der in ihrer Pfarrei von Anfang November 1761 bis Ende Oktober 1762 Getauften, Eheschließungen und Todesfälle, abschließend die „summa parochianorum" oder sie formulierten anders, wie viele „communicantes in paschate numerati fuerunt"[14)].

1763 schickte die Landesregierung ihren Unterbehörden ein vorgedrucktes „Formulare zur Herrschafften, Gütter, Städten, Märckten, Dorfschafften, Häuser, Klöster, dann Familien, Seelen und Zugviehs-Beschreibung"[15)]. Damit hatten die Seelenbeschreibungstabellen ihre bis zum Ende der Provinz Vorderösterreich kaum mehr variierte Form erhalten.

Aus diesem Jahr 1763 ist auch die erste Konstanzer Seelenbeschreibungstabelle überliefert[16)]. Fortan mußten Konstanzer Kanzleibeamte jährlich eine Volkszählungstabelle zum Gebrauch der Provinzialregierung ausarbeiten[17)].

Den allgemeinen Rahmen bildet das in dieser Zeit erwachende Interesse der aufgeklärten Obrigkeit an statistischem Material[18)]. Die konkrete Intention der Staatsbürokraten zielte auf „die verläßliche Erhebung der Population"[19)], insbesondere unter militärischem Aspekt. Die Obrigkeit wollte die Zahl der rekrutierfähigen Männer abschätzen können und auch die Menge der im Kriegsfall requirierbaren Pferde und Zugochsen wissen[20)]. In den Seelentabellen ab

[12)] StAKN C I 48, gedruckter Erlaß des Regierungspräsidenten v. Summeraw vom 20. März 1754; Ausdruck „Familienconscription" aus einem Schreiben der Landesregierung, ebd., vom 28. Dez. 1762.
Zur Quelle „status animarum" überhaupt und deren Entwicklung in der Habsburger Monarchie: Christel Durdik, Bevölkerungs- und Sozialstatistik in Österreich im 18. und 19. Jahrhundert, in: Heimold Helczmanovszki (Hg.), Beiträge zur Bevölkerungs- und Sozialgeschichte Österreichs, München 1973.

[13)] StAKN C I 48, Information entnommen aus einem gedruckten Erlaß v. Summeraws vom 5. Jan. 1764.

[14)] Ebd., v. Summeraw an Sthm., Bgm., Stadtvogt und Rat ddo. FR, 29. Sept. 1762; Zitate aus den Mitteilungen der Pfarrer von St. Jodok und St. Johann.

[15)] Ebd.; zur Datierung diente die Formel „in letzt abgeruckt 1763ten Jahr".

[16)] Ebd., zusammengefaltetes Blatt am Ende des Faszikels ohne Jahreszahl; die Leiner/Bickelchronik (StAKN A I 28a) referiert S. 133 übereinstimmende Häuser- und Personenzahlen für das Jahr 1763.

[17)] StAKN C I 48: 1754 ff; GLA 209/1306: 1768 ff.

[18)] Kunisch, Absolutismus, S. 35.

[19)] GLA 209/ 561, Kopie eines Schreibens der Konskriptionsmitoberdirektion ddo. Freiburg, 8. Mai 1786.

[20)] Unter dem Aspekt Zugvieh interessierten daher in keinem Seelenbeschrieb Kühe, Kälber oder anderes Vieh; auch Durdik, S. 228f.

etwa 1789 erscheinen die Konstanzer Frauen und Mädchen nach differenzierten Angaben zu Stand und Alter der männlichen Einwohner nur noch als ein der Vollständigkeit halber angehängtes Addendum, als Summe unter der Formulierung „hinzu das weibliche Geschlecht"[21].

1787 führte Oberleutnant v. Houltgen vom vorderösterreichischen Regiment Bender eine Klage, die seine genaue Kenntnis der aktuellen Konstanzer Volkszählung verrät: „Es wird jedermann auffallend vorkommen, wann man in Betracht nimmt, daß in der Stadt Konstanz, alwo sich 3696 Seelen befinden, worunter sowohl praesent als absent 96 zu anderen Staatsnothdürften angemerkt worden, sich nur zwei Individuen bei Aushebung der Rekruten zu Completirung des dritten Battaillons (...) sollen vorgefunden haben."[22] Mit „Staatsnothdürften" meinte der Offizier Kriegsdienste.

Im März 1789 sandte die Landesregierung dem Konstanzer Magistrat ein Formular zur Erfassung aller „zu Staatsnothdürften anwendbaren Individuen". Einzusetzen war neben den Namen der potentiellen Rekruten ihr Alter, ihre Körpergröße nach den Kategorien „klein", „mittelmäßig" und „groß", die Information, ob die Eltern noch lebten und der Aufenthaltsort des Soldaten in spe der Regierung. Schließlich sollten Konstanzer Amtsträger abschätzen, ob die Kandidaten sich eher als „Militarfuhrknechte", als „Packknechte" oder „zum Feuergewehr" eigneten; letzteres wäre in der Regel am Gardemaß von fünf Schuh drei Zoll an aufwärts abzulesen, nach Konstanzer Maß knapp 1,60 Meter.

Derselbe Brief enthielt auch ein Formular zur Fernmusterung von Pferden. Der Magistrat hatte alle fünf- bis zehnjährigen Pferde in der Stadt mittels Geschlecht, Höhe und Farbe zu beschreiben und die jeweiligen Besitzer mit Ort und Hausnummer anzuzeigen[23].

Um 1795 brachte eine ähnliche Pferdemusterung das Ergebnis, daß das vorderösterreichische Militärkommando auf 135 Pferde aus Konstanz im Alter von fünf bis 20 Jahren zurückgreifen konnte. Sie gehörten 59 Besitzern, darunter vielen Genfer Kolonisten und französischen Emigranten. Die Rösser der Eximierten blieben ungezählt[24].

Im März 1789 referierte Rat Güllmann vor dem Magistrat über die jüngsten Erkenntnisse zur „Stadt Konstanzische[n] Population". Unter anderem nannte er 55 „in anderen Staatsnothdürften", das hieß wohl wieder zum Kriegsdienst, verwendungsfähige Konstanzer[25].

Seit 1765 war der Kanzleiakzessist, spätestens 1774 zum Ratsprokurator beförderte Johann Peter Bollinger für die Beschreibung der Konstanzer Seelen zuständig. 1781 löste ihn Kanzlist Franz Anton Rosenlächer ab. Nach den Kriegswirren der späten 1790er Jahre übernahm, noch während der französischen Besatzungszeit, Kanzleiakzessist Josef Anton Graz diese Aufgabe[26].

[21]) StAKN C I 48, Tabellen 1789 ff. Von Durdik, Bevölkerungs- und Sozialstatistik, S. 228 mit dem ab 1770 veränderten, nun militärischen Charakter der Zählungen erklärt.

[22]) GLA 209/ 1306, ddo. Luxemburg, 10. Dez. 1787; ein ähnliches Schreiben, ebd., aus Freiburg vom 12. Feb. 1789 bezieht sich auf die Erfassung der Kriegsdienstfähigen in den „Compagniewerbbezirken". In der Stadt Konstanz durfte erst seit dem Bayerischen Erbfolgekrieg 1778 rekrutiert werden, siehe Burkhardt in Stadtgeschichte III, S. 357, außerdem GLA 209/441, Antwort 40 und Maurer, vorderösterreichische Stadt, S. 262.

[23]) GLA 209/1306, Schreiben ddo. Freiburg, 6. März 1789.

[24]) Ebd., „Verzeichniss dern sich in der K.K.V.Ö.n Stadt Konstanz exclusive der in exemten Häusern dereinst vorgefundenen Pferden", o. Dat., o. Verf. [ca. 1794 - Mitte 1796].

[25]) Ebd., 13. März 1789.

[26]) StAKN C I 48, Begleitschreiben Bollingers zur Tabelle für 1765 vom 20. Juni 1766; GLA 209/1306: v.a. Schreiben vom 3. Jan. 1771; Tabelle „Seelenbeschreibung in der Kaÿ. König. V.Ö.en Stadt Konstanz pro Anno 1781" in

Die Kanzleibeamten mußten Jahr für Jahr sämtliche Häuser in der Stadt abklappern und die Bewohner nach den verlangten Informationen ausfragen[27]. Die erhaltenen Angaben trugen sie in eine lange Liste ein. Den zahlreichen mit Bleistift oder Tinte zugesetzten Korrekturen in den beiden überlieferten Seelenbeschreibungslisten nach zu urteilen[28], unterzog sich zumindest Bollinger nicht jedes Jahr der Mühe einer neuen Liste, sondern brachte die alte Fassung auf den aktuellen Stand.

Auf der Grundlage dieser ausführlichen Listen erstellten die städtischen Beamten Zusammenfassungen in tabellarischer Form, die an den Magistrat gingen und von der Landesregierung nach Wien weitergereicht wurden.

Johann Peter Bollingers „Seelen-Beschreibungs-Tabella (...) pro anno 1773“ [29] weist die typische Form auf. Sie enthält auf einem etwa 75 auf 39 cm umfassenden Blatt fünf Hauptrubriken. In der ersten gab Bollinger vor, die „Anzahl deren Familien“ zu nennen; doch enthalten die vorgesehenen Spalten keine Einträge. Man erfährt lediglich, daß es sechs „Klöster exclusive des [Jesuiten-] Collegii“, 816 Häuser und drei Jahrmärkte gab. Die zweite Rubrik gibt eine „Seelenbeschreibung nach dem Unterschied des Standes“, sie nennt, unter Weglassen großer Teile der Bevölkerung, vor allem fehlen Frauen und Kinder, die Summe 1668. Die dritte Rubrik, „nacht dem Unterschied des Alters“, führt zur „Summa 3469 inclusive der geistl. Persohnen“. In der vierten Hauptrubrik berechnete Bollinger im Vergleich zur vorigen Zählung, wie viele Männer und Frauen zugezogen und abgewandert waren, wie viele Eheschließungen, Geburten und Todesfälle es im Kalenderjahr 1773 gegeben hatte. Die fünfte Rubrik wies 107 Pferde und 45 Ochsen nach.

Diese Quellenbeschreibung soll vor allem eines verdeutlichen: Konstanzer Volkszählungstabellen aus dem 18. Jahrhundert sind gewiß sehr aufschlußreich, doch hängen vor allem ihre Summen von den Kriterien des Kanzlisten ab, der darin wohl dem Verlangen der Regierung nachkam. Selbst in der dritten Sparte, in der man die vollständige Bevölkerungszahl erwarten dürfte, fehlen mindestens 400 Menschen[30], und es ist nirgends ersichtlich, welche das sein könnten. Man darf also Ergebnisse aus Seelenbeschriebstabellen auf keinen Fall mit der Gesamtbevölkerung gleichsetzen.

Besonders gehäuft in den Anfangsjahren der statistischen Erhebungen in Konstanz rügte die Landesstelle notorisch unzuverlässige Angaben, widersprüchliche Summen, Additionsfehler, vor allem die unpünktliche Ablieferung. Den Klagen aus Freiburg nach zu schließen, langten die wenigsten Volkszählungstabellen wie gefordert bis zum 15. Januar des darauffol-

Rosenlächers Handschrift; Rosenlächer an den Magistrat, o. Dat. [vermutl. Ende 1781 / Anfang 1782]; Beschwerdeschreiben der vö. Kameralbuchhaltung vom 19. Sept. 1782, das einen Bruch zwischen den Tabellen für 1780 und 1781 anhand diverser Ungereimtheiten beklagt, Grund wohl Wechsel des Verantwortlichen; Auftrag des Magistrats an Graz vom 4. Nov. 1800.- Der Schreiber der ersten Seelenb.-tabelle von 1763 konnte nicht identifiziert werden.

27) Ebd., Magistratsrat Dominik Beutter am 4. Nov. 1800: „Die körperliche Beschaffenheit des Rosenlächers ist bekant, welche ihm ohnmöglich macht dieses Geschäft pünctlich vorzunemmen, und von Haus zu Haus zu gehen.“

28) Siehe unten, Beschreibung des Beschriebs 1768. Dankenswerterweise, und sicher nicht zufällig, heben sich die Zusätze auch in der Liste für 1774 optisch von der Erstfassung deutlich ab.

29) GLA 209/1306, o. Verf., Handschrift Bollingers.

30) Vgl. Kap. 3.2.3, Zusammenfassung: Eine Bevölkerungszunahme 1773 auf ’74 von 427 Personen wäre nicht zu begründen.

genden Jahres bei der Regierung und Kammer an. Verspätungen von mehreren, bis zu zehn Monaten waren üblich[31].

Im November 1803 erinnerte Stadthauptmann Franz von Blanc den Magistrat an seine jährlichen statistischen Verpflichtungen. Die Landesregierung zu Günzburg verlangte demnach 1. eine Populationstabelle, die bekannte komprimierte Fassung der Seelenbeschriebe; 2. eine Trau-, Geburts- und Sterbetabelle; 3. eine Zugviehtabelle; 4. eine Viehseuchentabelle; 5. eine Ein- und Auswanderungstabelle; 6. eine Pockentabelle; 7. eine „Fechsungstabelle", die Aufschlüsse über den Anbau auf Konstanzer Feldern, die Erträge pro Jauchert und dergleichen geben sollte; 8. einen Beschrieb der Viehherden; 9. einen Jahresbericht betreffs Baum- und Heckenpflanzung; 10. einen Bericht betreffs der Kultivierung von Ödland; 11. ein Verzeichnis in der Stadt lebender Adliger; 12. ein Verzeichnis „frommer" Hinterlassenschaften; 13. Abrechnungen der Kirchen- und Kapellenvermögen, der bürgerlichen milden Stiftungen, der aufgehobenen Bruderschaften; 14. einen „Personalstandsausweis" der Klöster; 15. Rechnungsauszüge zur Finanzlage der Stadtklöster; 16. Auszüge aus den Abrechnungen aller städtischen Ämter[32].

Emsig sammelte die Landesregierung noch Zahlen und Daten, als bereits die Existenz der Provinz Vorderösterreich zur Disposition stand. Unter dem 23. August 1805 wies die schwäbisch-österreichische Landesstelle den Magistrat an, jährlich eine Bienenzuchttabelle zu erstellen und auf jeden Fall einen eventuellen Rückgang der Bienenzucht in Konstanz mit Informationen über „die lokalen Hindernisse" zu kommentieren sowie Maßnahmen zu deren Beseitigung vorzuschlagen[33].

Solches vorher nicht gekannte Interesse des Staats an Privatangelegenheiten seiner Untertanen ließ die Konstanzer nicht unbeteiligt. Einige versuchten, sich zu entziehen.

Der bürgerliche Repräsentant Christoph Engelhart und Kanzleiakzessist Graz konnten den an zwei Tagen im Juli 1796 vorgenommenen „Beschrieb, und die Schatzung des samtlichen in der Stadt befindlichen Hornviehes" nicht auftragsgemäß abschließen: Bonifaz Harrer versteckte noch ein „Stück" im Stall, das er partout nicht schätzen lassen wollte. Bierbrauer Georg Bauer hielt seine Stalltür vor den Zählern ganz verschlossen. Der Paradieser Ackerbürger Josef Ludwig hatte am Stichtag morgens früh sein Vieh in die Schweiz getrieben. Einige Bürger zeigten sich ungehalten darüber, daß die Kommission sechs Rinder Altrat Leiners, zwei des Wirts Sulger und vier im Besitz eines Herrn Louis zu erfassen vergessen habe, und sie fragten giftig an, „warum man auch die nicht aufschreiben und schätzen täte"[34].

[31]) StAKN C I 48, passim; die Anmahnungen und Rügen betrafen Unterbehörden in der ganzen Provinz. Beispiele: Gedruckte Klage v. Summeraws ddo. FR, 29. Sept. 1762: „(...) aus denen eingesendeten Seelenbeschreibungen (...) wahrgenommen, daß hiebey mit der erforderlichen Verläßlichkeit nicht allenthalben vorgegangen: auch die verschiedenen Eintheil- und Absönderungen nicht gehörig beobachtet worden seyen"; ebd., v. Summeraw an Sthm., Bgm., Vogt und Rat von Konstanz ddo. FR, 28. Dez. 1762: „Nachdem die Familienbeschreibung bereits widerholter Dingen erinnerter Massen von Hof aus nachdrucksam betriben wird (...) für das lezte Mahl zu Einstellung" der geforderten Listen gemäß Formular „einen endlichen terminum von 14 Tagen praesignieret haben.". Fortsetzung dieser zahlreichen von der Landesregierung nach Konstanz geschickten Rügen und Mahnungen in: GLA 209/1306, passim, z.B. Schreiben aus Freiburg vom 3. Jan. und 5. Feb. 1771, 24. März und 15. Juni 1773, 15. Apr. 1774, 19. Sept. 1782, 5. Aug. 1783, 27. Mai 1787.

[32]) GLA 209/1306, Blanc am 25. Nov. 1803.

[33]) Ebd., unter dem angegebenen Datum.

[34]) Ebd., Bericht Engelharts an den Magistrat vom 26. Juli 1796 und Nachtrag Engelharts unter demselben Datum. Herr „Louis" ist vielleicht identisch mit dem Indiennedruckereibesitzer Jacques Louis Macaire de Lor.

3.2 Die Einwohnerzahl Konstanz' Ende 1774

3.2.1 Die Basis. Der „Seelenbeschrieb" von 1774

Zu den Seelenbeschrieben von 1768 und 1774 sind die zugrundegelegten ausführlichen Konzeptlisten Johann Peter Bollingers überliefert. Für die anderen Jahre liegen nur tabellarische Zusammenfassungen, die meisten in der Handschrift Bollingers und seines Nachfolgers Rosenlächer vor. Deren Zahlen können nur mittelbar zur Feststellung der Gesamtbevölkerung verwendet werden.

Im Konzept des Jahres 1768 fehlen die Eximierten. Zur österreichischen, fürstbischöflichen und domkapitularischen Beamtenschaft findet sich lediglich die Existenz der Haushalte, ohne weitere Angaben. Die Geistlichen des Domkapitels und der beiden Nebenstifter tauchen überhaupt nicht auf.

Die ausführlichsten Daten liefert die „Beschreibung / Derer / In der Kaÿs. König. V/ Öen Statt Constantz / Befündlichen vernünfft= und unvernünfftigen / Seelen. Pro Anno 1774."

Ratsprokurator Bollinger unterteilte diese Liste in die Rubriken „Haussvatter | Alter | Mutter | Alter | Kinder | Alter | Gesellen | Lehrjung | Knecht | Alter | Mägd | Alter | Pferd | Ochsen"[35]. Die Gehilfen- u. Gesindespalten zerfallen noch in „frembd" und „hiesig". In die Spalte „Haussvatter" nahm er außer Vor- und Zunamen noch Informationen zum Haus auf, und zwar Nummer, Namen und Besitzverhältnisse. Ferner stehen dort die Erwerbstätigkeit sowie eventuelle Titel und Ehrenämter des Haushaltsvorstands. Ehefrauen sind mit ihrem Geburtsnamen versehen. Standen ledige Frauen oder Witwen dem Haushalt vor, so trug Bollinger sie dessen ungeachtet in die Rubrik „Mutter" ein und ordnete ihnen in der Regel ebenfalls eine Erwerbstätigkeit zu, zum Beispiel „Ernähret sich mit s.v. Hoosen schwärzen"[36]. Hinter den Namen vieler Kinder hielt er deren Tätigkeit, etwa den Besuch der Normalschule, des Lyzeums oder eine ausgeübte Profession, fest. Auch vermerkte er bei einigen Kindern, daß sie verheiratet waren oder aus anderen Gründen außerhalb des elterlichen Haushalts lebten. Zu allen genannten Personen können weitere Informationen verzeichnet stehen, etwa der Art, daß die Stellung einer Frau in der Rubrik „Mägd" durch den Zusatz „soror" konkretisiert wird oder daß ein Familienvater „von hier schon im circa 10. Jahr flüchtig" sei[37].

Aus der einfachen Addition der Namen auf der Liste resultiert eine zu hohe Bevölkerungszahl[38]. Bereits sechs Haushaltsvorstände müssen abgezogen werden, drei davon lebten außerhalb Konstanz' und drei im Spital. Auch einige Frauen, vor allem 373 Kinder fallen aus der Zählung: Manche führten als Geistliche einen eigenen Haushalt oder lebten im Kloster. Viele waren verheiratet, und zwar außerhalb wie in Konstanz selbst; im letzteren Fall steht ihr Name einmal als Kind und ein anderes Mal als „Mutter" oder „Haussvatter" in Bollingers Konzept. Einige Kinder wurden in einem anderen Haushalt als Lehrjunge, Magd oder Knecht geführt. Wenige junge Männer standen im Militärdienst. Einer saß im Zuchthaus. Sieben studierten an einer auswärtigen Universität, meist in Freiburg.

[35]) StAKN A V 2, Seelenbeschrieb 1774.

[36]) Ebd., Haus 583, Katharina Kolbin. Kürzel: »salva venia«, »mit Verlaub«.

[37]) Ebd.: „soror" Maria Anna, Haus 788; Jakob Eichelenberger, Haus 670, flüchtig.

[38]) Humpert, »Seelenbeschrieb« 1774, S. 16: „Die Einwohnerzahl betrug etwa 4300, rund 400 Geistliche und Klo-

Johann Peter Bollingers Liste für das Jahr 1774 beschreibt 3724 in Konstanz lebende „Seelen“, einschließlich 166 Menschen, die im städtischen Spital an der Marktstätte lebten. Er scheint lediglich die Mönche, Nonnen und Angestellten der sechs Konstanzer Bettelordensklöster und die Bewohner der Benediktinerabtei Petershausen ausgelassen zu haben.

3.2.2 Vollständigkeitsprüfung und Ergänzung fehlender Einwohner aus anderen Quellen

a) Der städtischen Gerichtsbarkeit unterworfene Einwohner

Der „Comissional-Operationsplan“ des vorderösterreichischen Rechnungsrevisors Lorenz Michael Hauk vom 13. Juni 1778 verlangte die Numerierung sämtlicher Konstanzer Häuser und eine Liste ihrer Besitzer. Dies sei zum einen als Grundlage für die gewünschte Aufnahme in die Breisgauer „Feuersozietät“, zum anderen wegen der geplanten neuen „Regulirung der Steuer nothwendig“, da „beÿ der Stadt Konstanz eine neue Peraequation gleichwie in den übrigen Vorlanden vorgenohmen worden, anstatt der bisher gewöhnlichen Eÿdsteüer, eingeführt werden solle.“ Auch die geistlichen Häuser seien in den Kataster aufzunehmen, da eine Exemption laut allerhöchster Resolution vom 18. Dezember 1770 nicht gestattet werde.

Alle Steuerpflichtigen sollten sodann vor der Peräquationskommission erscheinen und den Wert ihres immobilen und mobilen Besitzes angeben. Die Hausbesitzer hatten den Anfang zu machen; sie wurden einzeln vor die Kommission, bestehend aus Rechnungsrevisor Hauk, Stadthauptmann v. Damiani und einem Protokollanten, geladen. Am 26. Juni bemängelte Revisor Hauk, die „Fatirung“ dauere zu lange, da täglich nur 30 Steuerpflichtige vorberufen würden. Ab sofort hätten die „Fassionssessionen“ täglich um sieben Uhr zu beginnen und bis zur Befragung von 30 Besitzern zu dauern; auf den Nachmittag, zwischen drei und sieben Uhr, seien weitere 24 „Fatenten zu bestellen“[39].

Franz Xaver Leiner notierte zu diesem neuartigen Vorgang, der die bislang praktizierte städtische Autonomie bei der Steuererhebung durchbrach, emotionslos: „Im Julio wurde allhier wieder eine Commission in der Person des H. Stadthauptmanns v. Damiani, des ö.en Rechnungsrevisoris Hauk, und einem Actuario niedergesetzt, beÿ welcher alle Bürger ihr Vermögen specifice fatiren mußten, da vorhin schon alle Gebäude numerirt worden. Die Unkosten pr. 527 fl mußten abermal vom Steuramt bezalt werden.“[40]

Den Repräsentanten Vorderösterreichs schlug jedoch heftiger Unmut entgegen, als sie im Namen des Staates in private Konstanzer Kassen und Rechnungsbücher blicken wollten. Der Kommissionsvorsitzende Lorenz Michael Hauk wies am 3. Juli den Stadthauptmann zurecht: Damiani möge sich von dieser Vermögenserhebung nicht absentieren, sondern die Bedingungen schaffen für einen reibungslosen Ablauf, da „ich denn nicht hier seÿn kann, mich mit ein oder anderen gegen eine unnütze oder vielmehr schädliche Klüglereÿ einzulassen“[41].

sterinsassen eingerechnet.“ Humperts rund 400 zu viel Gezählte stehen zwar im Seelenbeschrieb verzeichnet, lebten jedoch nicht im betreffenden Haushalt.

[39]) GLA 209/1221: „Comissional-Operationsplan“ vom 13. Juni, „Nota“ Hauks vom 26. Juni 1778. Zur üblichen „Eidsteuer“ Kap. 3.3.5.

[40]) StAKN A I 28a, Leiner/Bickel, S. 250.

[41]) GLA 209/1221, Hauk an Damiani ddo. Konstanz, 3. Juli 1778.

Die Empörung in Konstanz spiegelt sich auch in einem Schreiben des Regierungs- und Kammerpräsidenten Freiherrn v. Ulm vom 14. Juli wider: „Was hiernach die Gährung unter der Burgerschaft anlanget, haben der Herr Stadthauptmann und Revisor Hauck, um den Magistrat als die Bürgerschaft aus aller Besorgnis zu ziehen, derselben in diesseitigem Nahmen zu bedeüten, daß es beÿ diesem Geschäfte hauptsächlich, und einzig um die Erhebung des wahren Vermögenstandes von einem jeden, und am Ende um Regulirung der Steüer nach einer Gott wohlgefälligen Gleichheit folglich in der That um ihr eigenes Beste zu thun seÿ“[42].

Dank dessen, daß eine Magistratsabordnung zur Vermögens-"Fassion“ beigeordnet wurde[43], konnte die Bürgerschaft nach der Meinung Damianis und Hauks bis zum Abschluß des Vermögenskatasters „vollkommen beruhigt“ werden[44].

Im Auftrag der Kommission schloß der ehemalige Seilermeister, nunmehrige Kanzlist Franz Anton Rosenlächer am 23. Juni 1778 eine „Specification deren Nämmen so dermaligen Bürgern auch Insässen, und Stadtverwanten an steürbahren Haüsser, Scheüren, und s.v. Stahlungen, alß würkliche Inhabere in Besiz haben, solche auch nach pflichtmäßiger Schazung angeschlagen worden“ ab[45].

Die Liste enthält auf 35 Seiten in jeder der 16 bis 25 Zeilen eine Hausnummer; den Vor- und Nachnamen des Inhabers, eventuell mit Anrede „Herr“ oder „Jgfr.“, manchmal ordnete Rosenlächer die Immobilie der „Wittib“ oder den „Erben“ eines Bürgers oder Beisassen zu; die Zahl der Häuser, der Scheunen, der Stallungen in Rubriken; am Ende, offensichtlich als Rubrik vorgemerkt und später ausgefüllt, den Wert der Immobilien in Gulden und Kreuzern. Die Kreuzerspalte ist nirgends ausgefüllt. Die Reihenfolge ist nach Hausnummern, nicht nach Besitzern ausgerichtet, so firmiert zum Beispiel Rat Bidermann als Besitzer der Häuser Nr. 9 und Nr. 490 an zwei voneinander getrennten Stellen der Liste. Wenige Häuser waren zwischen zwei Besitzern geteilt. Ab und an erscheinen Zusatzinformationen wie „samt Garten“ oder die Feststellung, daß die Hausnummern 744 und 745 zusammen ein Gebäude darstellten.

Eine Numerierung der Konstanzer Häuser fand bis 1778 offenbar nur in den Listen der Kanzleischreiber statt. Sowohl Johann Peter Bollingers Seelenbeschriebe von 1768 und 1774 - die sich in dieser Hinsicht bereits untereinander unterscheiden -, als auch Rosenlächers »Hausbesitzerbeschreibung«, als auch eine vermutlich ebenfalls 1778 entstandene Professionistenliste[46] folgten jeweils eigenen Hausnummern. Letztere Liste gab die Reihenfolge der Häuser „nach der Bekäntniss [-steuer-] Tabell“ an, womit der Autor impliziert, daß mehrere Hausnummernsysteme vorlagen, an die er sich halten konnte. Nach unseren Erkenntnissen gab es deren mindestens drei.

1778 wurden die von der Peräquationskommission benutzten Nummern an die Häuser gemalt, die Vorstädte Stadelhofen, Paradies und Petershausen administrativ zu einem vierten

42) Ebd., Schreiben an Sthm. Damiani und Hauk ddo. Freiburg, 14. Juli 1778.

43) Ebd., Hauk am 3. Juli 1778; „Pro Memoria“ o. Verf., o. Dat., [ca. Anfang Juli 1778], siehe dazu Kap. 6.2.1.

44) Ebd., Erfolgsbericht Damianis und Hauks an die Landesregierung, 30. Juli 1778.

45) Ebd., 23. Juni 1778. Verfasser Rosenlächer aufgrund der Handschrift identifiziert. Seilermeister: Kap. 9.1.3 a).

46) Ebd.: Liste der „Professionisten, Handtwerckhsleith, Kauffleithe, Apotecker etc.“, ohne Datum, ohne Verfasser; den Namen nach zwischen 1774 und 1786, vermutlich mit der Tätigkeit der Peräquationskommission 1778 entstanden; der Handschrift nach verfaßt im Raiteamt, vielleicht von -amtmann Kajetan Frener, eher vom Raiteamtsschreiber (Josef Waibel: Seelenbeschrieb 1774, Haus 632).

Quartier zusammengeworfen. Bei der Neuordnung der Quartiere im Jahr 1786 schließlich einigte man sich auch auf eine einheitliche neue Numerierung; doch blieben die alten Hausnummern zumindest teilweise noch auf den Fassaden, bis sie 1788 auf Magistratsbeschluß abgewaschen werden mußten[47].

Trotz dieser Nummern- und Häuserverwirrung können der Seelenbeschrieb von 1774 und die Hausbesitzerliste von 1778 abgeglichen werden. Bollinger und Rosenlächer folgten bei ihrer Arbeit offensichtlich nachvollziehbar immer wieder denselben Straßenzügen; die Reihenfolge der Hausbesitzer läuft, zwar oft unterbrochen, doch über viele Abschnitte hinweg parallel. Somit lassen sich dazwischen eingestreute differierende Namen als neue Besitzer dem selben Haus zuordnen.

Die Zahl der Wohn- und Zunfthäuser in Konstanz betrug 1774 nach Kanzleiakzessist Bollingers Beschreibung insgesamt 816, dazu war je eines „abgebrochen" und „eingefallen". 1778 listete Kanzlist Rosenlächer insgesamt 806 Wohnhäuser auf, wozu noch einige bewohnte Stadttürme und Gartenhäuschen sowie die Rheinmühle kommen. 1774 sind acht Häuser und deren Besitzer genannt, zu denen kein Pendant in der Beschreibung von 1778 zu identifizieren war; das entspricht einem Prozent des Wohnhäuserbestandes. Umgekehrt konnten neun Häuser von 1778 nicht den Angaben im vier Jahre älteren Seelenbeschrieb zugeordnet werden, wobei in drei Fällen der Hausbesitzer 1774 an anderer Stelle aufgeführt schien.

Beide Listen sind demnach so vollständig, wie man es besser in einer Landstadt des 18. Jahrhunderts nicht verlangen kann. Die acht beziehungsweise neun Häuser und deren Besitzer, die nicht zur Deckung zu bringen waren, können getrost mit Zuzug und Abzug, mit Abriß und Neubau begründet werden. Johann Peter Bollinger führte 1774 nach allem, was zu ermitteln ist, die Konstanzer Privathäuser komplett auf. Entsprechend wird er auch sämtliche privaten Haushalte und alle darin lebenden Menschen erfaßt haben.

b) Weltlich-exempte Haushalte

Die österreichische Beamtenschaft war 1774 mit den Haushalten des Stadthauptmanns, Stadtkommandanten, Vizestadthauptmanns und k.k. Rentmeisters vollständig vertreten[48].

Auch die weltliche Beamtenschaft des Fürstbischofs und des Domkapitels scheint komplett aufgelistet[49].

Von den Militärangehörigen nahm Bollinger nur die Haushalte einiger Offiziere und Unteroffiziere auf, die, wie zum Beispiel General Graf v. Wolfegg, Kommandierender der schwäbischen Kreistruppen, ihren festen Wohnsitz in Konstanz hatten. Zur Zeit von Bollingers Datenerfassung im Herbst und Winter 1774 auf 1775 waren die drei Zunfthäuser Rosgarten, Thurgau und Fischerhaus, die seit der Normalschulreform zu anderen Zwecken verwendbare Neuschule in der Neugasse sowie je ein dem Chorherrn v. Meerhard und dem domkapitularischen Syndikus Matt gehöriges Gebäude „als quasi Caserne mit Militari belegt". Es handelte sich um zwei Kompanien des zu den schwäbischen Kreistruppen zählenden für-

[47]) Burkhardt in Stadtgeschichte III, S. 371. Rosenlächers »Hausbesitzerbeschreibung« (die Kurzbezeichnung ist nicht authentisch) faßte die drei Vorstädte zu einem Quartier zusammen. Vgl. auch zur Numerierung 1778: StAKN A I 28a, Leiner/Bickel, S. 250.

[48]) StAKN A V 2, Seelenbeschrieb 1774, Häuser 172, 170, 218, 215.

[49]) Siehe Kap. 10.2.

stenbergischen Infanterieregiments, die im Juli in Konstanz angekommen waren und dort überwinterten[50].

Das Regiment Bender war und blieb in Freiburg stationiert. Hartnäckige Bemühungen der Stadtverwaltung, Garnison nach Konstanz zu bekommen, blieben in österreichischer Zeit erfolglos[51]. Daher bleiben die Soldaten ohne ständige Wohnung in Konstanz für die Gesamteinwohnerzahl unberücksichtigt; auch die Kanzlisten verfuhren nach dem Prinzip „exceptis militari"[52].

c) Geistlich-exempte Haushalte

Die dem Domkapitel, den beiden Nebenstiften St. Stephan und St. Johann sowie den Konstanzer Pfarreien angehörige Weltgeistlichkeit ist in Johann Peter Bollingers Konzept zum Seelenbeschrieb von 1774 mit 62 Haushalten, darin 208 Personen lebten, vertreten. Die Vollständigkeit dieser Angaben muß überprüft werden.

Nach Franz Xaver Leiner lebten Ende 1775 in Konstanz 320 „Weltgeistliche"[53]. Selbst wenn man diese Zahl mit Einschluß der Haushaltsangehörigen begreift, übertrifft sie den Befund für 1774 um 112 Personen. Mit „Weltgeistlichen" wird Leiner daher, wie auch Philipp Eberlin, die Bewohner exempter weltgeistlicher Häuser gemeint haben: „Die Häuser, welche an das hohe Domkapitel, und den Nebenstiftern St. Stephan, und St. Johann angehörig, sind auf 90. derselben berechnet, welche nicht in die obige Zahl [von 717 Wohnhäusern] eingerechnet worden. In diesen geistlichen und befreyten Wohnungen befinden sich ungefähr 300 Menschen."[54]

Kanzlist Rosenlächer hatte im »Hausbesitzerbeschrieb« 1778 alle Immobilienbesitzer notiert, deren Steuerpflicht gegen die Stadt feststand oder zumindest strittig war. Gemäß Kommissar Hauks Befehl vom 13. Juni 1778 ergänzte ein nicht identifizierter Schreiber auf einer gesonderten Liste die „Inhaber derer ohnsteürbahren, und exempten Haüsser, als wie folgt"[55]: Die Beschreibung der Häuser besteht in der besitzenden geistlichen Institution in Verbindung mit ihrer Funktion oder dem Haushaltsvorstand, manchmal ergänzt durch den Hausnamen; sie lautet zum Beispiel „Haus zu St. Johann" oder „Messmerhaus des Domstifts" oder „sog. Ackherthor, allwo Tit. H. Oberamtmann von Kreüzlingen wohnet". Die jeweilige Zahl der Häuser, Scheunen und Ställe folgt in Rubriken. Nirgends ist, obwohl als Spalte vorgesehen, eine Wertangabe eingetragen. Eine Verbindung der beiden Verzeichnisse wird nur durch den Aufbau und die Numerierung deutlich: Rosenlächers Liste endet mit Immobilie 768, die der exempten Häuser beginnt mit Nummer 769.

Die folgende Aufstellung folgt zwangsläufig den Quellen und vermischt damit die Kategorien von geistlichen Plan- und tatsächlich besetzten Stellen. Entsprechend hilft die Zahl

[50]) StAKN A V 2, Seelenbeschrieb 1774: Wolfegg Haus 329; Quasikasernen Häuser 78, 167, 490 (Zünfte); 108, 119, 217 (Zitat); StAKN A I 28a, Leiner/Bickel, S. 227; Erich Blankenhorn, Führer durch das Historische Museum Schloß Rastatt Bd. 2, Rastatt 1961, S. 142f.

[51]) Siehe Kap. 10.2.

[52]) GLA 209/1306, Rosenlächers Seelenbeschreibungs-Tabelle für 1781.

[53]) StAKN A I 28a, Leiner/Bickel, S. 235f.

[54]) Eberlin, pragmatische Geschichte, S. 59.

[55]) GLA 209/1221, ohne Datum, ohne Verfasser. Die Liste ist auch im Konvolut von ihrem ersten Teil räumlich getrennt.

Tabelle 3: Häuser der Konstanzer Geistlichkeit 1774 bis 1784 [56/57]

1774	1778	1784
12 Domkapitulare 19 Domkapläne 1 Dompfarrer 3 Dommesner 20 Häuser von Laien bewohnt, u.a. einige Beamte 4 Häuser leer	12 Domherrenhöfe 24 Kaplaneihäuser 1 Pfarrhof 6 Mesnerhäuser 13 sonstige Häuser (+ vermutlich weitere drei)	11 Domherren 18 Kapläne 1 Dompfarrer 3 Mesnerhäuser 7 steuerbefreite + 18 besteuerte sonstige Häuser. Auch lt. Steueramt 58 Häuser gesamt
Summe = 59 Häuser	**Summe = 56 (59) Häuser**	**Summe = 58 Häuser**
6 Kanoniker 6 Kapläne 1 Pfarrer 1 Mesner 3 Häuser von Laien bewohnt 1 Haus leer	5 Kanonikathäuser 6 Kaplaneihäuser 1 Pfarrhof 2 Beneficiathäuser 1 Mesnerhaus 3 sonstige Häuser	6 besetzte Kanonikathäuser + 1 „vazirend" 6 besetzte + 2 „vazirend"-e Beneficiathäuser 2 Pfarrhäuser 1 Mesnerhaus 1 Pfleghaus (Steueramt:14 Hs.)
Summe = 18 Häuser	**Summe = 18 Häuser**	**Summe = 19/14 Hs.**
6 Kanoniker 4 Kapläne 1 Mesner 1 Stiftspfleger 6 Häuser von Pedell, Dommesner, Laien, Exjesuiten bewohnt	7 Kanonikathäuser 3 Kaplaneihäuser 1 Pfarrhof 1 Mesnerhaus 1 Pfleghaus 2 Beneficiathäuser 3 sonstige Häuser	7 besetzte + 4 unbesetzte Kanonikathäuser 1 Mesnerhaus 6 Beneficiathäuser 1 Haus aus Gant erworben
Summe = 18 Häuser	**Summe = 18 Häuser**	**Summe = 15 Häuser**

ANDERE: (Anzahl der Häuser)	1774	1778	1784
Bischof	3	3	2
Weltgeistl. Privatbesitz	9	9	1
R.-abtei Petershausen[58)]	9	8	7
Pfarrei St. Paul	5	4	4
Pfarrei St. Jodok	1	-	-
Stadtkloster St. Peter[58)]	3	4/3	-
Stadtkloster Zoffingen[58)]	1	1	-
Kloster Kreuzlingen	1	2	2
Kloster Salem (= Hof)	1	1	1
Fr.-Kloster Münsterlingen	1	1	1
Kommende Mainau (= Hof)	1	1	-
Summe:	**35**	**33**	**18**
Summe aller geistlichen Häuser:	**130**	**128**	**110**

56/57) 1774: StAKN A V 2, Seelenbeschrieb. 1778: GLA 209/1221, »Hausbesitzerbeschrieb« vom 23. Juni. 1784: GLA 209/1222, Verzeichnis sämtlicher geistlich-exempter Liegenschaften im städtischen Gerichtsbezirk, o. Dat., o. Verf. [Konstanzer Steueramt, vermutlich April 1784]; diese auf Befehl des Stadthauptmanns ans Steueramt vom 24. Jan. 1784: die weltgeistlichen Besitzer „mögen in Corporibus, oder in einzlen bestehen". Liste der „Hochdomkapitularische[n] Kanzlei" vom 14. Aug. 1784; Liste vom Stift St. Stephan, 14. Aug. 1784; Liste vom Stift St. Johann,

von 24 Kaplaneihäusern des Domkapitels 1778 nicht sonderlich bei der Ermittlung der praktizierenden Kapläne in Konstanz.

Zu synoptischen Zwecken bietet sich die Darstellung in Tabellenform an.

Der Pfarrer von St. Jodok, auch St. Joß genannt, saß nur auf einer halben Stelle, die andere hatte er in Kreuzlingen inne. Der Frühmesser von St. Jodok, einer Außenstelle des Klosters Kreuzlingen, dem in Vorzeiten das Dorf Stadelhofen gehört hatte, war zugleich Kaplan von St. Paul[59]. Möglicherweise erklärt sich mit diesen komplizierten Zuordnungen das 1774 gegenüber 1778 und 1784 fehlende Haus des Klosters Kreuzlingen.

Die Synopse der Angaben für 1774 und 1778 konnte nur insgesamt drei geistliche Häuser nicht zuordnen: Im Seelenbeschrieb fehlt das Muntpratsche Beneficiathaus, in der Hausbesitzerliste taucht ein Haus der Reichsabtei Petershausen und eines von St. Jodok oder St. Paul nicht auf.

Die Konstanzer Kapläne und die Pfarrer sind im Seelenbeschrieb 1774 vollständig erfaßt. Außer den Liegenschaften von Salem, Mainau, Kreuzlingen, Petershausen und Münsterlingen, deren Laienbewohner beschrieben sind, besaßen keine weiteren auswärtigen Herrschaften 1806 Grundbesitz im Stadtbann[60]. 1774 wird es sich nicht anders verhalten haben.

Das ausführliche Seelenbeschreibungskonzept für das Jahr 1774 vereinigt Angaben zu Hausbesitzern mit solchen zur Profession und Funktion der Hausbewohner. Sogar die Konstanzer Stiftsgeistlichen scheinen in diesem außergewöhnlichen städtischen Dokument komplett vertreten, ihre Haushaltsstrukturen von einem bürgerlichen Subalternbeamten durchleuchtet worden zu sein. Es bietet im Vergleich zu anderen Quellen die vollständigsten Informationen, obwohl auch bei den Listen aus den Jahren 1778 und 1784 ein massives Interesse der Stadtverwaltung und Landesregierung nach Vollständigkeit unterstellt werden kann.

Weitere Nachrichten bestätigen den Befund, Johann Peter Bollinger habe in seiner Seelenbeschreibungsliste 1774 keine weltgeistlichen Haushalte ausgelassen. Ein exemptes, etwa dem Domkapitel zugehöriges Haus mußte nicht unbedingt einen geistlichen Haushalt beherbergen, durchaus konnte eine eingesessene Bürgers- oder Beisassenfamilie darin wohnen[61].

Um wieder auf Franz Xaver Leiners und Philipp Eberlins 320 beziehungsweise 300 Weltgeistliche in 90 Häusern zurückzukommen: Beide müssen die Häuser des Domkapitels und der beiden Nebenstifter als exempt gezählt haben, auch wenn sie von Laien bewohnt waren. Sie werteten nicht zu Unrecht so, wie der bis 1806 erfolgreiche Widerstand des Domkapitels gegen die Versuche der Landesherrschaft, seinem Grundbesitz in Konstanz die Exterritoria-

14. Aug. 1784; Liste der Reichsabtei Petershausen ohne Dat. [Aug. 1784]. Die Listen beinhalten jeweils die Liegenschaften im Besitz der Institutionen, der angeschlossenen milden Stiftungen sowie den Privatbesitz ihrer Anhehörigen; sie beziehen sich auf den Konstanzer Stadtgerichtsbezirk.

[58]) Jeweils ohne eigentliche Konventsgebäude. Ein Haus von St. Peter gehört eventuell zum Klosterkomplex.

[59]) GLA 209/441: Antwort des Magistrats auf die Fragen 4 und 7.

[60]) Ebd., Antwort des Magistrats auf Frage 52.

[61]) Blainville (nach Cramer, Reisebeschreibungen, S. 73) berichtete 1705 von 24 Domherren; zählte vermutlich die Nebenstifte mit. Nach Mitteilung von Herrn Markus Bauer, Tübingen, dessen Dissertation als Band XXXVI in dieser Reihe erschienen ist, waren im 18. Jh. mindestens 99 Häuser im Besitz der Geistlichkeit, vor allem des Domkapitels und der beiden Nebenstifter oder ihrer Angehörigen, einige davon an Laien vermietet. Diese Angabe korrespondiert auch mit den Quartierrodeln von 1786 und 1790 (StAKN A V 3-9), in denen 19 bzw. 25 geistliche Häuser als an Laien vermietet nachgewiesen sind.

lität zu nehmen, zeigt[62]. Mit dieser Erklärung kann auch die Lücke zwischen den 130 geistlichen Häusern aus Tabelle 3 und den 90 weltgeistlichen Häusern bei Leiner und Eberlin geschlossen werden: Beide Chronisten bezogen sich wohl auf die 95 Wohnhäuser im Besitz von Domkapitel, St. Stephan und St. Johann, von denen noch einige leerstanden.

Nur gut die Hälfte der Häuser in geistlichem Besitz waren auch von Geistlichen oder wenigstens von weltlichen Beamten des hohen Klerus bewohnt. Leerstehende, „vazirend"e, an Laien vermietete Kanonikat-, Kaplanei- und andere Häuser zeugen davon, daß Domkapitel und Nebenstifter im 18. Jahrhundert ihre Konstanzer Pfründen nicht mehr vollständig besetzten, sie nicht besetzen zu können schienen. Ergänzend kann von Domherren berichtet werden, die den geringsten Teil des Jahres in Konstanz weilten[63].

d) Die Bettelordensklöster

Ratsprokurator Bollingers Volkszählungsliste für 1774 überging die Konstanzer Stadtklöster. Die Zahl der Konventualen und ihrer Bediensteten muß aus anderen Quellen erschlossen werden.

Tabelle 4 a): Bewohner der Konstanzer Klosterkonvente nach den Seelenbeschreibungstabellen[64]

1767	128 „Geistliche in Clöster" einschließlich SJ	48 „Closterfrauen"
1768	134 Männer einschließlich SJ	48 Frauen
1773	106 „Religiosen exclus. der Exjesuiten"	42 „Closterfrauen in 2 Kloster"
1775	083 Männer	39 Frauen

Eine Seuche könnte den Rückgang zwischen 1773 und 1775 erklären. Die Zahl der Spitalbewohner fiel 1773/74 um 30 Personen[65].

Tab. 4 b): Bewohner der Konstanzer Bettelordensklöster im letzten Viertel des 18. Jhs., Männer[66]

Konvent/Jahr	1777	1786	1787	1788	1805	[hochgerechnet auf 1774:]
Dominikaner	26				(5)	[28]
Minoriten			17	17	(9)	[18]
Augustiner		(12)	17		(5)	[18]
Kapuziner				18	(11)	[19]
						[Summe wie 1775 = 83]

[62]) Siehe Kap. 2.1.

[63]) Pfründenbesetzung: siehe Tab. 3; nach Mitteilung von Markus Bauer (wie Anm. 61) traf dies auf jeden Fall für das Beneficiatstift St. Johann zu. Siehe auch Burkhardt in Stadtgeschichte Bd. III, S. 348f. Abwesenheit: GLA 209/1147, Korrespondenz Sthm. v. Blancs mit verschiedenen Domherren im Sommer und Herbst 1792; Augustin Calmet 1748 nach Feger, Spiegel der Zeiten, S. 110 über die Domherren: „Die Mehrzahl von ihnen wohnt während des ganzen Jahres in Konstanz."

[64]) StAKN C I 48, Seelenb.-Tab. f. 1767/68; GLA 209/1306 für 1773; StAKN A I 28a, Leiner/Bickel, S. 236.

[65]) GLA 209/1306: „Arme im Spithall - - - 196"; StAKN A V 2, Seelenbeschrieb 1774: 166 „Köpfe".

[66]) GLA 209/518: Von Guardian Placidus Beutter am 5. Apr. 1788 erstellte Liste enthält die Namen von 13 Priestern und 4 Laienbrüdern. GLA 200,614, ohne Datum [ca. Juni 1787]: „Dermaliges Kloster-Personale" der Augustiner: 1 Prior, 11 Priester, 3 Laienbrüder, 2 „Domestiquen"; 2 Ministranten, die im Kloster nicht wohnten, nur aßen; insgesamt also 17 Bewohner. Schmids Befund von 12 Augustinern 1786 beschränkte sich vermutlich auf die patres. GLA 209/518: Von Guardian Elichdus o. Datum [Apr. 1788] erstellte Liste enthält die Namen von 17 Priestern und Laienbrüdern und einem 70jährigen Klosterknecht. Schmid, Säkularisation 1978, S. 72, 76, 81, 87. 1805: GLA 209/441, Antwort 4: Dom. 1 pater + 4 fratres, Min. 5 patres + 4 fratres, Aug. 5 patres, Kap. 9 patres + 2 fratres.

Tabelle 4 c): Bewohnerinnen der beiden Konstanzer Dominikanerinnenklöster im letzten Viertel des 18. Jahrhunderts[67]

Konvent/Jahr	1780	1782	[hochgerechnet auf 1774:]
St. Peter	20		[21]
Zoffingen		17	[18]
			[Summe wie 1775 = 39]

Wegen des den Konstanzer Mendikantenklöstern auferlegten Novizenaufnahmeverbotes[68] erscheint diese Addition rückwärts plausibel. Der Konstanzer Jesuitenkonvent wurde 1773 aufgelöst, die verbliebenen Exjesuiten sind im Seelenbeschrieb in ihren jeweiligen Wohnungen verzeichnet.

e) Die Reichsabtei Petershausen

Das Reichskloster Petershausen bildete zusammen mit der Konstanzer Stiftsgeistlichkeit bis zur Säkularisation 1802/03 [69] eine unumstößliche exterritoriale Bastion.

In einem rechtshistorisch gesehen anachronistischen Vorgriff enthält diese Bevölkerungsberechnung neben der rechtsrheinischen Reichsabtei Haushalte des Domkapitels und der Chorherrenstifte, die trotz Anfechtungen letztlich anerkanntermaßen dem Hochstift Konstanz zugehörten.

Ein solches Vorgehen entspricht jedoch der modernen Vorstellung von Gesamtbevölkerung in einem nicht juristisch, sondern geographisch, in diesem Fall mittels Wall, Graben und Mauer von der Umgebung geschiedenen und durch gemeinsame Tore zugänglichen Raum. Vielfältigen wirtschaftlichen, sozialen, politischen und kulturellen Gemeinsamkeiten sei der Vorzug eingeräumt gegenüber der reichsrechtlichen Trennung, die gerade noch das 18. Jahrhundert überstand.

Selbst den Zeitgenossen erschien die Vorstellung nicht allzu abwegig, die Bewohner der Abtei Petershausen könnten zur Konstanzer Bevölkerung gerechnet werden; Kanzlist Franz Anton Rosenlächer wies seit 1781 eigens darauf hin, das „Reichsgotteshauß Petershausen" sei bei der Seelenbeschreibung ausgenommen[70].

Der päpstliche Gesandte Giuseppe Garampi berichtete 1761 von ungefähr 30 Mönchen in der Benediktinerabtei. Das Gesinde ist vermutlich noch zu addieren. 1802/03 lebten 29 patres und zwei fratres im Petershausener Kloster. Der Konvent kündigte im Herbst 1802 unter dem Eindruck der badischen Besitznahme an, fürderhin „nur noch ein 13köpfiges Dienstpersonal" beschäftigen zu wollen[71].

Daraus kann man folgern, daß 1774 in der Benediktinerabtei wenigstens 20 Personen Personal arbeiteten und daß die Bewohnerkopfzahl in diesem Jahr um 50 betrug.

[67]) Schmid, Säkularisation 1978, S. 91, 94.

[68]) Ebd., S. 73, 88, 104; StAKN A I 28a, Leiner/Bickel, S. 225.

[69]) Schmid, Säkularisation 1978, S. 71, 97.

[70]) StAKN C I 48 und GLA 209/1306, Seelenb.-tabellen für 1781 ff.

[71]) Garampi in Feger, Spiegel der Zeiten, S. 115; Hermann Schmid, Die Säkularisation der Klöster in Baden 1802-1811, Überlingen 1980, S. 59; ders., Säkularisation 1978, S. 104.

3.2.3 Zusammenfassung. Die Einwohnerzahl Konstanz' im Jahr 1774

Die beschriebenen 3724 „Seelen" umfassen komplett alle Bevölkerungsgruppen mit Ausnahme der 122 in den Konstanzer Bettelordenskonventen und der etwa 50 im Reichsstift Petershausen lebenden Menschen. Die Gesamtbevölkerung in Konstanz betrug gegen Ende des Jahres 1774 also 3896 Personen. Diese Einwohnerzahl ist, nach allem, was ermittelt werden konnte, bis auf die Zehnerstelle genau.

3.3 Die Entwicklung der Konstanzer Einwohnerzahl 1763 bis 1806

3.3.1 Probleme bei der Ermittlung einer exakten Bevölkerungsentwicklung für das letzte Drittel des 18. Jahrhunderts

Die Vergleichbarkeit von statistischen Angaben steht und fällt mit exakt übereinstimmenden Kriterien, aus denen die Zahlen resultieren. Die vorgefundenen Angaben zur Konstanzer Bevölkerung lassen leider keine solche Übereinstimmung erkennen. Man muß mit mehreren wirksamen Variablen rechnen: Außer der tatsächlichen Gesamtbevölkerung konkurrieren unterschiedliche Additionskriterien verschiedener Stadtbeamter in unterschiedlichen Quellen.

Den Berechnungen zur Gesamtbevölkerung liegen zum ersten die beiden Seelenbeschreibungslisten für 1768 und 1774 zugrunde, von denen nur die letztere eine genaue Bestimmung der Gesamtbevölkerung erlaubt; zum zweiten basieren sie auf diversen, zur Weitergabe an die Landesregierung bestimmten Seelenbeschreibungstabellen von vier Kanzleibeamten; auf zwei Berichten des Magistratsrats und „Conskriptionscommissarius" Güllmann, die sich auf eine Art polizeiliches Melderegister stützten; auf drei Berechnungen und Gesamtsummen Ratsprokurator Bollingers, die er auf einigen in den Akten erhaltenen Sudelpapieren festhielt; schließlich auf fünf unterschiedlich erschöpfenden Angaben zum Bevölkerungsstand, die Archivregistrator Franz Xaver Leiner hinterließ[72].

Johann Peter Bollinger subsumierte 1775 bis 1778 alle Männer und Frauen mit Ausnahme „derer Weltpriesteren, Religiosen, Klosterfrauen, Spithälleren"[73]. Franz Anton Rosenlächers Ergebnisse verstanden sich von 1781 an „inclusive deren Weltgeisteren, 4 Mendicanten und 2 Frauen Klosteren; exceptis Militari, Reichsgotteshauß Petershausen, Domstift, dann deren unverburgerten Beamten und Bediensteten mit ihren Haußgenossen."[74]

Trotz dieser eindeutig scheinenden Zählregeln passen die Angaben zur Gesamtbevölkerung aus den verschiedenen Quellen selten logisch zusammen.

Den ersten großen Unsicherheitsfaktor stellen die Additionsfehler und anderen Ungereimtheiten dar, von denen es in den summarischen Zusammenfassungen wimmelt. Das notwendige Nachrechnen der Angaben erweist, daß ein geschätztes Viertel aller Summen, die aus zehn bis zwanzig Summanden zusammengesetzt und in der Größenordnung bei 3000 bis 4000 angesiedelt sind, ein falsches Ergebnis angibt. Die vorderösterreichische Kameralbuch-

[72]) StAKN A V 1/2: Seelenbeschriebe 1768/1774; StAKN C I 48; GLA 209/1306; StAKN A I 28a, Leiner/Bickel, S. 133, 217, 235f, 241, 275.
[73]) GLA 209/1306, Vergleichsrechnung auf einem Konzeptblatt, betitelt „Seelenbeschreibungstabella der Kaÿs. König. V.Ö.en Statt Costanz pro Anno 1776".
[74]) Ebd., „Seelenbeschreibung (...) pro Anno 1781".

haltung bemängelte im September 1782 unter anderem, der Tabelle für 1780 seien 1563 in Konstanz lebende Männer zu entnehmen gewesen, der Beschrieb „pro 1781“ verwende als Vergleichszahl aus dem vergangenen Jahr 1579 Männer. Ebenso seien als Summe der weiblichen Bevölkerung unvermittelt neun mehr eingetragen; woraus sich den Beamten der Landesregierung ein „unglaublicher Zuwachs hervorthut“[75].

Nur unregelmäßig wird expliziert, ob die „Particulardienstbotten“, die Spitalbewohner, die Adligen, die „Honeratiores“, also landesfürstliche, landschaftliche, städtische und herrschaftliche Beamte[76], dann der nicht reichsunmittelbare Klerus, also die Mendikantenkonvente, die Exjesuiten und einige pensionierte Pfarrer, in den einzelnen Summen aufgehen. Kurz gesagt, bleibt unergründlich, in welchen Jahren die „Seelenbeschreibung nach dem Unterschied des Standes“ und die „nach dem Unterschied des Alters“ einander entsprechen, überschneiden oder ausschließen – alle drei Varianten schienen zwischen 1763 und 1806 in Übung gewesen zu sein.

Ferner werfen die Quellen die Frage auf, inwiefern abwesende Konstanzer mitgezählt wurden oder nicht. Bollingers summarische Gesamtbevölkerungszahl für 1774 enthält 77 Personen mehr, als es seine eigene Liste zu ermitteln erlaubte; vermutlich zählte er die Abwesenden mit. Auch 1789 umschloß die „Summe der ganzen Population“ acht Menschen, die „innert Land absent“, 46, die „ausser Land absent“ waren und 44, die sich „unwissend wo?“ aufhielten[77]. Die im letzten Abschnitt dieses Kapitels zusammengefaßte Entwicklung der Gesamtbevölkerung zieht daher, sofern in der Quelle nicht anders angegeben, 77 bis 98 außerhalb Konstanz' Lebende ab.

Ein klarer Bruch klafft zwischen den Tabellen für 1778 und 1780/81, der ziemlich sicher aus dem Wechsel des für die Seelenbeschriebe Verantwortlichen von Bollinger zu Rosenlächer resultiert. Doch außer der Feststellung, daß die Gesamtbevölkerung binnen zweier Jahre nicht um 267 Personen geschrumpft sein kann - in der Konsequenz läge die Einwohnerzahl einschließlich der Genfer Kolonie 1789 um etwa 100 Köpfe niedriger als 1774 - gibt es trotz intensiver Nachforschungen keinen erkennbaren Ansatz zur Auflösung dieses Widerspruchs.

Unzweifelhaft ziehen sich nur zwei Konstanten durch alle zusammenfassenden Seelenstatistiken.

Die Genfer Kolonie und die französischen Emigranten sind immer gesondert genannt, ihre Personenzahlen stets deutlich von der »eingesessenen« Bevölkerung abgegrenzt.

Die Geistlichkeit des Domkapitels, der angeschlossenen Stifte St. Stephan und St. Johann, der Reichsabtei Petershausen, weiter deren „unverburgerte“ Beamte und Dienstpersonal mit eigenem Haushalt, jeweils mitsamt allen Haushaltsmitgliedern, sind in keiner amtlichen Seelenbeschreibungstabelle vertreten. Dieser streng eximierte Bevölkerungsteil taucht allenfalls auf Bollingers Sudelpapier und in einigen Mitteilungen Franz Xaver Leiners auf. Seine Kopfzahl kann anhand der Seelenbeschriebliste für 1774 und ergänzend mittels einer

[75]) Ebd., ddo. Freiburg, 19. Sept. 1782.

[76]) Z.B. in StAKN C I 48, Tabelle Rosenlächers für 1795.

[77]) GLA 209/1306, Bericht Güllmanns an den Magistrat, 13. März 1789. In der „Tabelle über den wirklichen Erfund des Volkes“ in der badischen Stadt Konstanz vom 1. Sept. 1806 (StAKN C I 48) sind die 110 „Unterthanen außer Lands“ erstmals klar von der „Ganze[n] Anzahl des Volks“ geschieden.

deckungsgleichen Berechnung vom Anfang des Jahres 1787 auf 290 „exempte Seelen" festgelegt werden[78].

Gleichfalls nach einigermaßen konstanten Kriterien zusammengestellt erscheint die Unterscheidung nach dem Geschlecht, stets in Verbindung mit Altersstufen zumindest der männlichen Bewohner. Erst seit 1773 enthalten diese Spalten auch das von auswärts zugewanderte Gesinde und Dienstpersonal, die „Particular"-Dienstboten, was das unrealistische Übergewicht der Männer für die ersten Jahre erklärt. Ungefähr dürfte damit die Anzahl der gerichtsverwandten Bürger, Beisassen, in der Stadt Tolerierten, ihrer Frauen und Kinder wiedergegeben sein.

Wegen der genannten Einschränkungen kann die folgende Tabelle nur als Darstellung einer ungefähren Entwicklung verstanden werden. Wohlgemerkt ergibt die Summe aus Männern und Frauen plus 290 Eximierten keinesfalls die Gesamtbevölkerung.

Tabelle 5: Bürger, Beisassen und Tolerierte von 1763 bis zum Eintreffen der Genfer Kolonie[79]

Ende des Jahres	Summe männlich	Summe weiblich	"Personen" zusammen	Veränderung	Bemerkungen
1763			3231 *)		*) mit Gesinde
1767	(1407)	(1376)	3131 *)	- 100	*) Summe jeweils
1768	(1403)	(1366)	3104 *)	- 27	*) mit Gesinde
1773	1432	1815	3247	+ 143	
1774	1473	1895	3368	+ 121	
1775	1468	1883	3351	-17	
1776	1520	1871	3391	+ 40	
1777	1537	1882	3419	+ 28	
1778	1551	1876	3427	+8	
1780	1563	1871	3434	+7	Tabelle von 1780
1780	1579	1880	3459	+ 32	Vergl.-zahlen '81
1781	1539	1966	3505	+ 71	oder: + 46
1785			3400	- 105	Ohne Genfer Kolonie
1786	(1467)	(1915)	3382	- 18	Ohne Genfer Kolonie
1788	1446	1868	3314	- 68	Ohne Genfer Kolonie
1789			3196	- 118	Ohne Genfer Kolonie

Die Bevölkerungssprünge von 1773 auf 1774 und von 1780 auf 1781 lassen sich mit einer völlig neuen Erhebung statt der Aktualisierung der alten Liste erklären. Der Wechsel des Zählers von 1780 auf 1781 erbrachte zudem die Anwendung neuer Kategorien.

Höchst erstaunlich wirkt der Befund einer offenbar vor dem und parallel zum Zuzug der Genfer Kolonie retardierenden »eingesessenen« weltlichen Bevölkerung. Deren Rücklauf belegt Franz Anton Rosenlächers Seelenbeschreibungstabelle für 1789 explizit, indem er als „Summe der ganzen Populazion" 208 Personen „weniger" als im Jahr zuvor eintrug. Nach der

[78]) StAKN C I 48, loses Blatt ohne Datum [Anfang 1787] zwischen den gefalteten Tabellen am Ende des Faszikels.
[79]) StAKN C I 48: Seelenb.-tabellen 1763, 1767, 1768, 1789; Einzelblatt mit den Konskriptionszahlen Rat Güllmanns für 1786. GLA 209/1306: 1773, 1775 bis 1778, 1780/81 als Tabellen oder -fragmente; 1780/81 auch im Schreiben ddo. FR, 19. Sept. 1782, 1788: Bericht Güllmanns unter dem 13. März 1789. StAKN A I 28a, Leiner/Bickel, S. 133, 217, 235f, 241, 275 für 1768, 1771, 1775, 1776, 1785.

Korrektur eines Subtraktions- und eines Übertragungsfehlers betrug der tatsächliche Rückgang 118 Personen. Im selben Zeitraum blieb die Angehörigenzahl der Genfer Kolonie stabil. Eine plausible Erklärung bieten die rapide steigenden Mieten, die einen Teil der „unbehaußten Unterthanen", anders bezeichnet, der „Familien" „ohne aignen Rauch", aus der Stadt vertrieben[80].

3.3.2 Die Personenzahlen der Genfer Kolonie

Tab. 6: Personenstand der Genfer Kolonie 1785 - 1806 [81]

Zeitangabe	Personenzahl
23. Okt. 1785	119
Ende 1785	133
Ende 1785	142
Ende 1786	254
vor 1788	270
11. Mai 1787	400
9. März 1788	563
Anfang 1789	403
13. März 1789	399
24. Juni 1790	408
1793	170
31. März 1794	219
15. Jan. 1795	213
ca. Aug. 1795	um 187 (139 Pers. + 9 Fam.)
[Ende] 1795	154
[Ende] 1796	154
31. Jan. 1797	156
31. Okt. 1797	161
15. Juni 1798	140
5. Jan. 1802	107 davon 32 aus Genf
Ende 1806	105 Reformierte

Im Sommer 1785 siedelten die ersten Emigranten aus Genf an den Bodensee um. Ende September 1787 erklärten die drei Geschäftsführer der Uhrenfabrik, Roman, Melly & Roux, die Immigration von Genfern nach Konstanz vermindere sich zusehends, ihr Ende sei abzusehen[82].

Die politischen Umwälzungen in Genf hoben die Gründe zur Emigration auf und gestatteten den Flüchtlingen bald die Rückkehr. Im Frühjahr 1789 schuf eine „den Ausgewanderten günstige neueste Konstituzion zu Genf" dort neue Verhältnisse[83]; ab Februar 1790 durften die Ausgewanderten ihre in Genf gehabten Ämter wieder besetzen; 1792 wählte die Genfer Bevölkerung nach französischem Vorbild einen Konvent und richtete Wohlfahrtsausschüsse ein.

Die kontraktgemäße, dennoch wohl allenthalben überraschende Auflösung der Aktiengesellschaft Roman, Melly & Roux ab Juli 1795 führte zu einem weiteren Abwanderungsschub während dieses Jahres. Der Magistrat berichtete im November 1795 an die Landesregierung, Vater und Sohn Roman seien bereits mit ihren jeweiligen Familien und mit „Sak und Pak" nach Genf remigriert. Ami Melly sei am 9. November nach Wien abgereist und

[80]) StAKN C I 48, Zitate aus Seelenbeschreibungstabellen 1768 und 1789; Mieten siehe Kap. 3.3.6.

[81]) GLA 209/518, Sthm. Fugger an die Regierung, 30. Mai 1788: Genfer Kolonie umfasse 106 Familien, 563 Köpfe; dasselbe Verhältnis für Aug. 1795 angenommen; GLA 209/519: ca. Aug. 1795 (vgl. dazu Anm. 87). GLA 209/1112: 11. Mai 1787. GLA 209/1151: 31. März 1794/ 15.Jan.1795/ 15. Juni 1798. 209/1306: 13. März 1789. GLA 313/2809: Ende 1806. StAKN A V: Fremdenrodel 1802. StAKN A I 28b, Leiner, Miszellen, S. 344, Bickels Hand: 16.Juni 1798. StAKN A I 28a, Leiner/Bickel, S. 275, 281f: Ende 1785/ 1789/ Juni 1790. StAKN C I 48, Einzelblatt von Anfang 1787: Ende 1785/ Ende 1786. Eberlin, pragmatische Geschichte S. 58: vor 1788. Seeholzer, Genfer Kolonie, S. 213, 246, 258, 267, 283f, 294: 23. Okt. 1785 [Summe nicht 122]/ 9. März 1788/ Anfang 1789/ 24.Juni 1790/ 1793/ 1795/ 1796.

[82]) GLA 209/518: 28. Sept. 1787, sprachlich adaptiert abgedruckt in Seeholzer, Genfer Kolonie, S. 218-226, hier S. 221. Für diesen ganzen Abschnitt zur Genfer Kolonie: Burkhardt in Stadtgeschichte III, S. 380-392.

[83]) GLA 209/519, Reg. und Kammer referierte unter dem 28. Mai 1789 einen Bericht des Nellenburgischen Oberamtsrats v. Kraft. Ebd., Schreiben der Fabrikdirektion Melly, Roman & Roux an die Reg. u. Kammer ddo. 19. Juni

Amedé Roux bemühe sich darum, eine Handelsvertretung der Schweizer Kantone in Konstanz aufbauen zu können. Die Gesellschaft beschäftige nur noch zehn bis zwölf „ouvriers"[84].

Der Gemeindeälteste der „Eglise Reformie de Constance", bis 1795 Ami Melly, verantwortete die jährlichen Personenstandszählungen. Der Magistrat beklagte hierbei Betrug, da „selbst die jüngsten Roßbuben als Kolonisten" aufgeführt würden, wie auch Arbeiter aus den benachbarten Thurgauer Dörfern dazuzählten, die abends nach Hause gingen[85].

Der erste „Etat de la Colonie Genevoise à Constance" vom Oktober 1785 scheint außer dem Deutschschweizer Johann Ludwig Reichardt, vielleicht noch seinen „associés" Luyo und Droll, nur Auswanderer aus Genf selbst aufzulisten[86].

Auch eine „Notte de membres de la Colonie qui sont encore ici" aus dem Jahr 1795 [87] wies nur drei Arbeiter der Zifferblatt- und Emaillefabrik L'Hoste, nämlich Konstantin Fornaro, Albert und Frey, als „de Constance" aus. Der Kunstmaler Wendelin Moosbrugger war erst im selben Jahr aus Vorarlberg zugezogen und verdiente sein erstes Geld in Konstanz als „peintre en miniature", Initialenmaler, für die Kolonie. Die überwiegende Mehrzahl der weiteren etwa 175 Kolonisten weist durch ihre Zunamen die Westschweizer Herkunft nach.

Ein auf französisch verfaßtes Personenverzeichnis der großen Fabrikantenfamilie Macaire vom Oktober 1788 enthält, den Namen nach zu schließen, fünf bis sechs eingesessene Konstanzerinnen und zwei bis drei Konstanzer. Weitere deutsche Namen verweisen auf Zuwanderer aus Schwaben und der Schweiz, lassen Pendler aus dem Thurgau als gut möglich erscheinen[88]. Einschließlich der ziemlich sicher aus dem Konstanzer Spital angeworbenen 16 Lehrmädchen und Lehrjungen stellten Einheimische fast die Hälfte der Belegschaft bei Macaire.

Die Führer der Genfer Kolonisten zu Konstanz waren selbstredend daran interessiert, die Personalstärke und damit das ökonomische Gewicht der Kolonie als möglichst gravierend herauszustreichen, um damit letztlich die Privilegien zu legitimieren. Magistrat und Zünfte hingegen suchten aus ebenso naheliegenden Gründen die Zahl der Nutznießer der Privilegien einzudämmen. So differierten unbestreitbar die Auffassungen darüber, wer der Kolonie angehörte: Die bürgerliche Stadtverwaltung - die Stadthauptleute standen im Zweifelsfall auf Seiten der Genfer - definierte die Zugehörigkeit eng, wollte nur die Fabrikanten und ihre direkt

1789: „Unser schwankendes Etablissement (...) man von Genève aus seit der letzten Revolution alles mögliche thut, um es wieder dahin zu bringen."

84) Ebd., Magistratsbericht vom 17. Nov. 1795. Auflösung: Annonce im „Volksfreund" 17.Juli 1795 und „Augsburger Ordinari Postzeitung" 23. Juli 1795; Seeholzer, Genfer Kolonie, S. 285f.

85) Ebd., S. 248; Burkhardt in Stadtgeschichte III, S. 391.

86) Seeholzer, Genfer Kolonie, S. 213.

87) GLA 209/519, Datum „Le 18 Aoust 1785", was nicht stimmen kann: Pfarrer J.J. Tissot amtierte nach Seeholzer S. 283 von 1792 bis 1796; sehr wahrscheinlich kurz nach dem Auflösungs-Avertissement der Uhrenfabrik (= Juli 1795) aufgenommen und im Zusammenhang mit dem Streit um die Ausweisung der Genfer Uhrmacher verwendet: GLA 209/519 und Seeholzer, Genfer Kolonie, S. 285-287.

88) GLA 209/518, Liste vom 20. Okt. 1788, darin Konstanzer Familiennamen: Catherine und Elizabeth Orber bzw. Orper [= vermutlich Horber], Walbourg und Josephine Pomberguer [= verm. Bomberger], Catherine Nunnemacher [= verm. Nonnenmacher], Elizabeth Moser; Jacob Pentz [= verm. Benz], Jean Brenner, (ohne Vornamen) Lang. Weitere: Sthein, Frederich Einsidler, Frederich Propst, Jacques Calmann, Jacques Lindemann, Höker, Muller, Jean Hermscher, Chris. Haggedorn, Marianne und Catherine Prixine [wohl Brixin].

aus Genf mitgebrachten Arbeiter gelten lassen. Dagegen sahen die Genfer Entrepreneurs in der Herkunft ihrer mit Mühe und Kosten angeworbenen oder angelernten Arbeiterschaft[89] kein Hindernis für deren Einstufung als Angehörige der Kolonie.

Es ist möglich, daß einzelne Einwohner doppelt gezählt wurden, im Seelenbeschrieb und zur Kolonie. Doch dürften solche Doppelnennungen, wenn überhaupt, selten vorgekommen sein. Alle Angehörigen der Kolonie mußten unter militärischem Aspekt schon deshalb gesondert konskribiert werden, da sie von der Rekrutierung befreit waren[90]. Die Zählungen tragen den Charakter einer Addition der verschiedenen in Konstanz lebenden Herkunftsgruppen, wobei Überschneidungen wohl ausgeschlossen waren[91]. Stets fielen die Koloniemitglieder in den Akten der Stadtverwaltung unter die Rubrik „Fremde", allen zweckoptimistischen Beteuerungen Stadthauptmann Franz v. Blancs zum Trotz, der sie „als einheimische Innwohner hiesiger Stadt zu betrachten" bat[92].

3.3.3 Die Personenzahlen der französischen Emigrantenkolonie

Eine große Menge französischer Flüchtlinge suchte aus verschiedenen Ursachen in Konstanz Zuflucht. Die Stadt lag an der Grenze zur emigrantenreichen Schweiz. Konstanz bot genügend Platz und offenbar vergleichsweise günstige Preise. Die österreichische Regierung bemühte sich, den Flüchtlingsstrom in wenige vorderösterreichische Städte zu kanalisieren, neben Konstanz handelte es sich um Villingen, Ehingen und Rottenburg.

Aus der scharfen Überwachung seitens der Behörden resultierten häufige Zählungen mit zuverlässigen Angaben. Ab November 1792 sammelte der Konstanzer Polizeiinspektor Johannes Scheidenhuber in unregelmäßigen Abständen Namen, Geburtsort und -provinz, Beruf beziehungsweise gesellschaftliche Stellung, falls vorhanden, die Zahl der Kinder und „Domestiquen" aller französischen Emigranten, sowie die Nummer des Hauses, in dem sie in Konstanz lebten. Scheidenhuber suchte zu diesem Geschäft eine Wohnung nach der anderen auf, in der französische Emigranten logierten, und trug ihre Angaben nach den Anfangsbuchstaben des Nachnamens sortiert in Kladden ein, deren er immer dickere benötigte[93].

Die große Fluktuation könnte bewirkt haben, daß Scheidenhubers Zählung ihre Aktualität einbüßte, bis er von der ersten bis zur letzten alle Konstanzer Emigrantenherbergen aufgesucht hatte. Doch unterstützte die polizeiliche Meldepflicht die Arbeit des Polizeiinspektors.

[89]) Vgl. Burkhardt in Stadtgeschichte III, S. 388: Verteilungskämpfe um Facharbeiter; Roman & Co. in Seeholzer, Genfer Kolonie, S. 256: „die nötigen Arbeiter (...), die sie [die Fabrikdirektion] mit so großer Mühe und Kosten versammelt hat".

[90]) GLA 209/561: v. Gleichenstein ddo. Freiburg, 8. Mai 1786; Eberlin, pragmatische Geschichte, Beilage D, Punkt 4, S. 124.

[91]) Z.B. Bericht Rat Güllmanns vom 13. März 1789 in GLA 209/1306.

[92]) StAKN A I 28a, Leiner/Bickel, S. 354, 364; StAKN A I 28b, Leiner, Miszellen, Anhang: „Summarium über die mit Ende Octobris 1797 in Konstanz sich aufgehaltenen fremden Personen"; Blanc in GLA 209/1152, 24. Sept. 1797.

[93]) Über die französische Emigrantenkolonie allgemein: Burkhardt in Stadtgeschichte III, S. 412-424; Zählungslisten in GLA 209/1151; zur Zählungsweise vgl. Friedrich Christian Laukhard, Leben und Schicksale, von ihm selbst beschrieben, 5 Teile in 6 Bänden, Halle 1792 und Leipzig 1796-1802, hier Teil 3, 1796, S. 61f. Zahlreiche Parallelen zur Konstanzer weist die Emigrantengeschichte in der Markgrafschaft Baden auf: Sabine Diezinger, Französische Emigranten und Flüchtlinge in der Markgrafschaft Baden 1789-1800, in: Volker Rödel (Hg.), Die Französische Revolution und die Oberrheinlande (1789-1798), Sigmaringen 1991, S. 275-284.

Im Juni 1788 wurde sie, auch unter dem Eindruck des Zuzugs fremder Arbeitskräfte, die in Fabriken der Genfer Kolonie Beschäftigung suchten und fanden, erstmals erlassen. In der gedruckten neuen Polizeiordnung vom 11. August 1792 gebot die Stadtverwaltung den Hausbesitzern - gewiß nicht unbeeindruckt von der wachsenden Immigration aus Frankreich - „bey Strafe von drey Reichsthalern" noch einmal eindringlich, „dem Polizey-Inspektor alle Personen seiner eigenen sowohl, als der dort wohnenden anderen Familien, oder einzelnen Miethleute mit Tauf- und Zunamen, Geschlecht, Alter, Religion, Gewerbe oder sonstigen Ernährungsart schriftlich namhaft [zu] machen, und in der Folge auch jede Aenderung, die sich von Zeit zu Zeit auf was immer für eine Art in dem Personal-Stande seines Hauses ergiebt, binnen 3 Tagen" auf der Hauptwache schriftlich anzuzeigen. Freilich schien auch diese Verordnung nicht allzu rigoros durchgesetzt worden zu sein, wie eine Anzeige des Kanzlisten Josef v. Loob wegen Nichtanmeldens von Emigranten belegt, die nur darum erfolgte, weil sie ihm persönliche Vorteile versprach[94)].

Insgesamt können die Emigrantenzahlen als hinreichend zuverlässig akzeptiert werden.

Laibles leider nicht belegte Angabe für das Jahr 1798, der Spitzenwert in der Konstanzer Emigrationsgeschichte, muß sich auf den Beginn des Jahres beziehen, als die junge Helvetische Republik auf Druck aus Frankreich hin ihre Emigrantenmassen auswies[95)]. Es muß ungeklärt bleiben, ob Laibles 2159 Personen noch die Genfer Kolonie enthielten. Doch könnte diese Flüchtlingszahl zumindest für einige Wochen gut erreicht oder gar übertroffen worden sein. Zwischen 1796 und 1799 versuchten nämlich Bürgermeister und Magistrat, zu der Zeit das souveräne Stadtregiment, mittels Erteilen und Verweigern der Aufenthaltserlaubnis den Anteil mittelloser Emigranten zu drücken; worauf sich der Anteil illegaler Flüchtlinge erhöhte, die vor allem in den Vorstädten und in Weinberghütten auf der Schwabenseite unterschlüpften und sich dort vor einer Registrierung in den Listen des Polizeiinspektors hüteten[96)].

Abgesehen von den Emigrationsgründen in Frankreich bestimmten vornehmlich folgende Ereignisse die Entwicklung dieser Zahlen: Französische Revolutionstruppen besetzten Konstanz am 2. August 1796 und blieben bis 6. Oktober; die Anfang 1798 gegründete Helvetische Republik wies die dort massenhaft versammelten Emigranten aus; im Frühjahr 1799 besetzten Republiktruppen abermals Konstanz, zogen am 20. Mai wieder ab, erstürmten die Stadt in der Nacht vom 7. auf den 8. Oktober 1799 und blieben für die nächsten eineinhalb Jahre Besatzungsmacht. Als der letzte Offizier der französischen Republik Konstanz im Mai 1801 verließ, war die Geschichte der Massenemigration aus Frankreich beendet[98)].

Im Vergleich zu anderen Orten nahm die Konstanzer Bevölkerung auch diejenigen französischen Emigranten freundlich auf, an denen sie wenig verdiente[99)].

[94)] Meldepflicht: GLA 209/1306, 25. Juni 1788. Polizeiordnung 1792: StAKN Q III 36 und GLA 209/1149; zit. aus § 34, S. 26. Von Loob siehe Burkhardt in Stadtgeschichte III, S. 420.

[95)] Laible, S. 156; Moser, französische Emigrantenkolonie, S. 60-62.

[96)] Burkhardt in Stadtgeschichte III, S. 423; souveränes Stadtregiment: ebd., „Stadthauptmann Franz von Blanc und die Krise der Jahre 1796 bis 1800", S. 440-447.

[98)] Burkhardt in Stadtgeschichte III, S. 424-428, 430-435; Moser, französische Emigrantenkolonie, S. 10.

[99)] Ebd., S. 82. Vgl. Diezinger, Französische Emigranten in Baden, S. 277, 279, 284.

Tabelle 7: Französische Emigranten in Konstanz 1792 bis 1804 [97]

Datum	Gesamt-zahl	Geistliche m + w	Laien (ohne »SG«)			»Sondergruppen«				
			Männer	Frauen Kinder	Gesinde	Pruntrut	Bourbon	Condé	Dumouriez	Lyon
Juli 1792	"muß...eine kleine Emigrantenkolonie...bestanden haben."									
Nov. 1792	**835**	287	263	→285←		-	-	-	-	-
Anf. 1793	**614**	205	→	→409←	←	-	-	-	-	-
30.Sep.93	**525**	173	117	116	119	-	-	(ja)	-	-
Ende 1793	**676**	191	→	→485←	←	-	-	-	(ja)	-
31.Jan.94	**635**	191	134	146	119	(ja)	-	45	(ja)	-
31.Aug.94	**881**	k.A.	k.A.	k.A.	k.A.	(ja)	-	(ja)	(ja)	(ja)
7.Nov.'94	**1125**	253	269	356	192	(55 „Offiziere")				(ja)
15.Jan.95	**985**	267	124	159	96	59	-	106	71	103
30.Nov.95	**1045**	250	307*	304*	131	(53 „Offiziere")				(ja)
Dez. 1795	?	243	k.A.	k.A.	k.A.	15	-	(ja)	70	68
Juli 1796	**1200**	(Schätzung Leiners, keine näheren Angaben)								
2.Aug.'96	**[0]**									
1796	**333**	61	104	84	84	←	←	←	←	←
31.Dez.96	**285**	62	→	→223←	←					
Jan. 1797	**310**	61	→	→249←	←					
31.Jan.97	**635**	66	90	87	77	-	28	k.A.	71	70
31.Sep.97	**743**	134	→	→335←	←	-	33	100	70	71
Okt. 1797	**825**	202	→	→349←	←	-	33	100	70	71
31.Okt.97	**1036**	219	167	95	81	-	33	300	70	71
1798	**2159**	563	943	402	251	-	←	←	←	←
15.Jun.98	**1773**	504	486	247	165	-	38	203	67	63
30.Jun.98	**1732**	496	748	276	212	-	←	←	←	←
Sept.1798	**2500**	500	(zweifelhafte Pauschalschätzung Blancs)							
Ende 1798	**(1352)**	(Hochrechnung aus dem Seelenbeschrieb 1798)								
27.März99	**[0]**									
Juni 1799	**150**	(keine näheren Angaben in Blancs Bericht)								
Okt. 1799	**um 25**	(Kranke im französischen Spital bei Abbé Leriche)								
3.Aug.'01	**98**	(keine näheren Angaben in Blancs Bericht)								
5.Jan.'02	**71**									
4.Juni'04	**5**	2	1	-	-	-	-	2	-	-

Kürzel: → verweist auf zusammengefaßte Angaben.
»SG« „Sondergruppen"; jew. mit Familie und Dienstboten dort aufgeführt.
* „Männer und Söhne" bzw. Frauen und Mädchen.

97) StAKN C I 48: Seelenb.-tabelle 1798; StAKN A V: Fremdenrodel 1802. GLA 209/1151: 30.Sept.1793/ 31.Jan.1794 / 15.Jan.1795/ Dez. 1795 / 31.Jan.1797 / 31.Okt.1797 / 15.Juni 1798 / 30.Juni 1798 (abzüglich 140 Genfern). GLA 209/1152: 3.Aug.1801/ 4.Juni 1804. StAKN A I 28a, Leiner/Bickel S. 290, 294, 301; 354, 364: Anfg.1793 / Ende 1793 / 31.Aug.1794 / 7.Nov.1794 / Juli 1796 / [Nov.] 1797/ 31.Okt.1797 [Kategoriefehler: laut ebd. S.354 und StAKN A I 28b, Leiner, Miszellen nicht: frz. Emigr., sondern „Fremde" mit Genfern]/ 16.Juni 1798 [wieder: alle „Fremden", vgl. ebd. S. 364 und GLA 209/1151, Tabelle 15. Juni 1798]. Laible 1896, S. 156: [Anfang] 1798, Höhepunkt Emigration aus d. Helvet. Republ., vgl. Moser S. 60f. Moser, französ. Emigrantenkolonie, S. 19,20,24,39,56f,59,65,67,75: Juli 1792/Nov. 1792/7.Nov.1794/30.Nov.1795/Dez.1795/31.Dez.1796/Jan.1797/ 31.Sept.1797/ Okt.1797/ Sept.1798/ Juni 1799/ Okt.1799.

3.3.4 Die Einwohnerzahl beim Übergang an Baden 1806

Die letzte unter österreichischer Herrschaft durchgeführte Volkszählung ergab eine Bevölkerung von 4337 Personen, die Bewohner der dem Domkapitel und den beiden Nebenstiftern gehörigen Häuser nicht gerechnet[100]).

Die neue Landesherrschaft bemühte sich sogleich um Auskunft, wie viele Untertanen Baden mit dem Friedensschluß von Preßburg hinzugewonnen habe.

Aus diesem Interesse resultierten wenigstens drei Volkszählungstabellen aus dem Jahr 1806, alle drei verkündeten eine andere Einwohnerzahl. Für zwei von ihnen zeichnete die „Kurfürst. Baden. Stadtkanzleÿ" zu Konstanz verantwortlich[101]).

Der großherzoglich badische Obervogt Josef v. Chrismar schickte Anfang 1807 eine „Tabelle über den wirklichen Erfund des Volkes zu Ende des Jahrs 1806 in der Stadt Constanz am Bodensee" nach Karlsruhe. 3415 Personen standen in neun Altersrubriken, danach führte er 769 „Fremde im Lande befindliche Personen" auf, nannte schließlich als „Ganze Anzahl des Volks" 4419 Einwohner. Wie in den österreichischen Volkszählungstabellen bleiben auch hier die Zuordnungskriterien diffus. Die Lücke von 235 Menschen, 71 Männern und 164 Frauen, wird nicht geschlossen. Es könnte sich um die Spitalbewohner gehandelt haben.

Die in der Einwohnerzahl enthaltenen 105 Reformierten belegen, daß die Genfer Kolonie noch bemerkenswert stark vertreten war und sich allmählich in Konstanz integrierte[102]).

3.3.5 Bürgeraufnahmen

Das erbliche Konstanzer Bürgerrecht brachte die Eintrittsberechtigung in Handel und Gewerbe und den Anspruch, notfalls im Spital versorgt zu werden. Als Gegenleistung waren die bürgerlichen Haushalte bis mindestens zum Jahr 1806 zur Zahlung der sogenannten „Eidsteuer" verpflichtet: „Wie das beÿ der Stadt Konstanz, so lange solche immer existiret, in Hinsichte auf die bürgerlichen Abgaaben, bis auf gegenwärtigen Zeitpunkt keine andere, als

[100]) GLA 209/441, Frage und Antwort 30, Datum 8. Feb. 1806, referierte die Ergebnisse des letzten Seelenbeschriebs, vermutlich für das Jahr 1804.

[101]) StAKN C I 48: handschriftliches „Summarisches Verzeichnüs der'n in der Kurfürst. Badenschen Stadt Konstanz nach der neüsten Zählung vorfindigen Seelen", 12. Juli 1806; ausgefüllter Vordruck „Tabelle über den wirklichen Erfund des Volkes zu Ende des Jahrs 1805/1806 in dem gesammten Kurbadischen obern Fürstenthum am Bodensee.", 1. Sept. 1806. Topographische Nachrichten (1813) nennen S. 3 (vielleicht wegen der differierenden Volkszählungsangaben) vorsichtige „zwischen vier und fünftausend meistens katholischer Einwohner".

[102]) GLA 313/2809, Tabelle vom 10. März 1807. Auch in Krümmer, Wirtschafts- und Sozialstruktur, S. 17 und 34: die Zahl der Frauen mit Altersangabe zwischen 51 und 60 Jahren betrug 179, nicht 188, die Summe »weiblich« macht damit 1895, die Gesamtzahl 3415 aus. Die Differenz zwischen „3424", korrekt 3415, und der Gesamtbevölkerung 4419 erklärt Krümmer damit, daß die erste Gruppe „Offenbar (...) nur diejenigen erfaßt, die in Konstanz wirklich fest ansässig waren." Die Gruppe „Fremde" bestand neben den 235 Nichtidentifizierten (vielleicht Spitalbewohnern) aus Dienstpersonal, Gesellen, Lehrjungen, drei Soldaten und 117 „Für sich lebende[n]", vermutlich zugewanderten Rentiers und dem Rest der französischen Emigrantenkolonie, einschließlich dem kläglichen Rest des zugehörigen Gesindes. Die Gesellen blieben für einige Monate, Dienstpersonal und Lehrjungen für einige Jahre, die Rentiers für den Rest ihres Lebens in Konstanz und können getrost als genauso „wirklich fest ansässig" gezählt werden wie die anderen Einwohner.- Von solchen Kleinigkeiten abgesehen, liefert Krümmers anregende Studie ausführliche Quellenverwertung, die in der Regel plausible Schlußfolgerungen stützt.

die sogenannte Eÿdessteür in Übung gewesen; in Folge diser ein ieder Bürger, sowohl von seinen unbeweglichen Gütern, als Häuser, Reeben, Äker, Wisen etc. als auch denen bewöglichen, und Geräthschaften, in Goldt, Silber, Wein, Vässer, Kapitalien etc. bestehendt, iedoch über Abzug seiner etwaigen Schulden, und also von dem reinen Vermögensstande, von 100 fl - 16 xr 2 pf folglichen von 1000 fl - 2 fl 46 xr 2 pf den Kreüzer zu 3 schweren Pfennig (...) gerechnet, jährlichen zu entrichten, nach aufhabenden Eÿde verpflichtet, und zu bezahlen schuldig". Der Steuersatz betrug also im Jahr den dreihundertsechtzigsten Teil oder 0,278 Prozent des von jedem bürgerlichen Steuerpflichtigen selbst geschätzten Gesamtvermögens, von dem er außer den Schulden auch den Hausrat und die Lebensmittelvorräte abziehen durfte[103].

Eidsteuer zahlten neben den männlichen bürgerlichen Haushaltsvorständen auch Bürgerwitwen mit eigenem Haushalt, „vermögende Bürgertöchter, welche ihr Eigentum selbst verwalteten" und Vormünder minderjähriger Halb- oder Vollwaisen von Stadtbürgern. Eine »Armensteuer«, auf Nettovermögen wie oben aufgezählt von höchstens 73 Gulden, betrug auf dem Papier zwölf Kreuzer im Jahr; so hätte beispielsweise eine Witwe mit 20 Gulden Vermögen den hundertsten und damit einen überproportionierten Bruchteil ihres Vermögens abliefern müssen. Derlei Forderungen werden in der Praxis erlassen worden sein.

Beisassen waren zur Zahlung von zwei Gulden „Schutzgeld" jährlich verpflichtet[104].

In der Regel hatte jeder Neubürger eine einmalige Aufnahmegebühr zu entrichten. Die tatsächlich verlangten Gebühren variierten im 18. Jahrhundert stark[105]. Nicht wenige erhielten das Bürgerrecht „gratis" oder „in Gnaden"; solche kostenlosen Gnadenerweise konnte die Stadtverwaltung auch wieder rückgängig machen, wie im Fall der Maria Bayerin aus der Herrschaft Salem, der das im Jahr zuvor unentgeltlich verliehene Bürgerrecht am 8. März 1796 „wegen ihrer schlechten Aufführung" wieder entzogen wurde[106]. Ein gebräuchlicher Normalsatz ist schwer auszumachen, zumal für Familien ermäßigte Gebühren anfielen. Genfer Kolonisten konnten sich für 140 Gulden pro „Familie, sie bestehe aus Vater und Mutter und mehr und gar keinen Kindern"[107] ins Bürgerrecht einkaufen.

1797 verdoppelte der Magistrat die „bis anhero" gültige Bürgerrechtsgebühr von 100 Gulden für Männer und 80 Gulden für Frauen auf 200 beziehungsweise 150 Gulden[108]. 1778 bezahlte zum Beispiel der dompropsteiische Oberamtmann Simpert Lauber 106 Gulden und sieben Kreuzer, wobei die sechs Gulden sieben Kreuzer eine Art Feuerwehrabgabe darstellten. Die Spanne zwischen der kostenlosen Verleihung und der „gewöhnliche[n] Gebühr" ist

[103]) GLA 209/1220, „Pro Memoria" des Steueramts KN, 28. Jan. 1785; A. Ruppert, Verfassung und Verwaltung, S. 56. Heinrich Poinsignon, Kurze Münzgeschichte von Constanz in Verbindung mit der der benachbarten Städte, Gebiete und Länder, Constanz 1870, S. 24: In Konstanz rechnete man bis 1800 mit den „alten schweren Pfennigen", 3 zu 1 xr, ab 1800 mit den „leichten" Pfennigen, 4 zu 1 xr.

[104]) A. Ruppert, Verfassung und Verwaltung, S. 56. Steuerprüfung seit 1801: ebd., S. 57

[105]) StAKN A IV 20 und 21: Bürgerbücher der Stadt Konstanz 1727-1778 und 1779-1819. Zu den unterschiedlichen Bürgeraufnahmegebühren bzw. Erlassen derselben auch A. Ruppert, Verfassung und Verwaltung, S. 53f.

[106]) StAKN A IV 21; alphabetisch-chronologisch geordnet.

[107]) Regierungsreskript über die Bürgeraufnahme der Genfer in Konstanz vom 18. Juli 1785, abgedruckt in: Eberlin, pragmatische Geschichte, S. 128-131.

[108]) StAKN A I 28a, Leiner/Bickel, S. 354f.

mit zahlreichen unterschiedlichen Beträgen angefüllt, deren Höhe ab und zu mit dem Zusatz „moderirte Gebühr“ vermittelt wird. Ab etwa der Jahrhundertwende schienen bürgeraufnahmewillige Fremde das verlangte Vermögen zunehmend tatsächlich nachweisen zu müssen[109]. Damit trug die Stadt wohl den durch hohe Kriegskosten geplünderten öffentlichen Kassen Rechnung.

Zuzüge von außerhalb überwogen bei den Bürgeraufnahmen; häufig folgten Niederlassungswillige ihren bereits etablierten stadtbürgerlichen Verwandten nach. Nicht selten verbesserten bereits längere Zeit in der Stadt ansässige Beisassen, Dienstmägde oder dergleichen ihren Rechtsstatus[110].

Schaubild 8 faßt alle Fälle von Aufnahme in das Konstanzer Bürgerrecht zusammen. Dabei wird nicht zwischen niederlassungswilligen Neubürgern und Eingesessenen, die ihre rechtliche Qualität erhöhten, differenziert; desgleichen sind Einzelpersonen und Familien egalitär berücksichtigt.

Bei der Entwicklung der Bürgeraufnahmen mischen sich spezifisch Konstanzische Gegebenheiten mit dem Faktor der allgemeinen wirtschaftlichen Lage.

Für den ersten Impuls sorgte ab 1748 die Regierung mit ihrer Peuplierungs- und Reformpolitik. Deren Kunde drang offenbar über die Alpen und belebte wieder eine unterbrochene Tradition aus der zweiten Hälfte des 16. Jahrhunderts, in der bereits fünf savoyardische Leinwandhändler samt Familien nach Konstanz übergesiedelt waren[111]. Nun lockte Maria Theresias Förderung der vorländischen Ökonomie zwischen Anfang 1748 und Ende 1774 die Kaufleute Josef Gentill, Franz Salesius Salliet, Rudolf Michon mit Frau, Franz „Dsissiordwi“ - die Schreibweise dieses Namens in den Konstanzer Akten variiert höchst abwechslungsreich, gegen Ende des Jahrhunderts setzte sich langsam „Dujourdhui“ durch -, Peter Depery, Peter Delisle, Claudie Boissier sowie Rudolfs unverheiratete Schwester Anna Maria Michon aus Savoyen an den Bodensee[112]. Bis auf Claudie Boissier gelang den Savoyarden bald die ökonomische und gesellschaftliche Integration in die Konstanzer Führungsschicht. Boissier alleine, der zum Zeitpunkt seiner Bürgeraufnahme 1774 noch 2000 Gulden Vermögen vorgewiesen oder zu besitzen vorgegeben hatte, beantragte bereits elf Jahre darauf die Aufnahme ins Konstanzer Bürgerspital, welche ihm allerdings verweigert wurde[113].

Ein weiterer Schub erfolgte in den 1760er Jahren, als die allgemeine wirtschaftliche Lage den Erwerb des Bürgerrechts begünstigte, dazu einige Geschäftsleute von auswärts mehr

[109]) Ebd.: bis 1797 600 fl bei Männern, 400 fl bei Frauen, ab dann 800 bzw. 600 fl; Lauber in StAKN A IV 20, Bürgerbuch.

[110]) Genaue Anteile sind schwer nachzuweisen, da auch bei lange Zeit in der Stadt Wohnenden der Herkunftsort genannt wird. Grob geschätzt lebte ein Viertel der Neubürger bereits in der Stadt.

[111]) Zimmermann in Stadtgeschichte III, S. 171; Maurer, vorderösterreichische Stadt, S. 251.

[112]) StAKN A IV 20, Bürgerbuch 1727-78: Gentill 6. Feb. 1748; Salliet 14. April 1753; Rudolf, A.M. Michon, Dujourdhui 22. Sept. 1755; Depery 4. April 1759, Delisle, Boissier 13. Dez. 1774. Wirtschafts- und Peuplierungspolitik: Burkhardt in Stadtgeschichte III, S. 327ff.

[113]) StAKN B I, Ratsprotokolle „Oeconomica, Politica“ etc., 17. Jan. und 21. Feb. 1786. Integration: GLA 209/1221, Professionistenliste o.Dat. [1778]: Delisle, Depery, Dujourdhui, Salliet Textilkaufleute; Otto Leiner, Ratsmitglieder, S. 157: Salliet 1773-1786 innerer Rat; StAKN I III, 24. Mai 1798: Vermögen Salliets netto fast 5700 fl; Quarthal, Behördenorganisation, S. 448: Andreas Doujourdhui Lehrkraft am Josefinischen Lyzeum; StAKN A I 28a, Leiner/Bickel, S. 303: Handelsmann Dujourdhui 1796 Mitkommandant der Konstanzer Miliz; usw.

oder minder florierende Betriebe in Konstanz gründeten[114]. Diese Zuzugsbewegung brach mit der heftigen Wirtschaftskrise 1770/71 ab.

Ihren Jahrhundertgipfel erreichte die Bürgeraufnahme in den Jahren 1786/90, als die Ansiedlung der Genfer bourgeois - für die Betroffenen unbemerkt - ein neues Zeitalter einleitete. Die Immigranten aus Genf selbst trugen, wohlgemerkt, fast nichts zu dieser Steigerung bei, da sie fürchteten, mit dem Erwerb des Konstanzer Stadtbürgerrechts ihre Privilegien zu verlieren[115].

In den folgenden 15 Jahren hielt sich die Neuaufnahme von Bürgern auf hohem Niveau, ging zu Beginn der badischen Herrschaft leicht zurück.

Schaubild 8: Bürgeraufnahmen 1731-1810 in Pentaden[116]

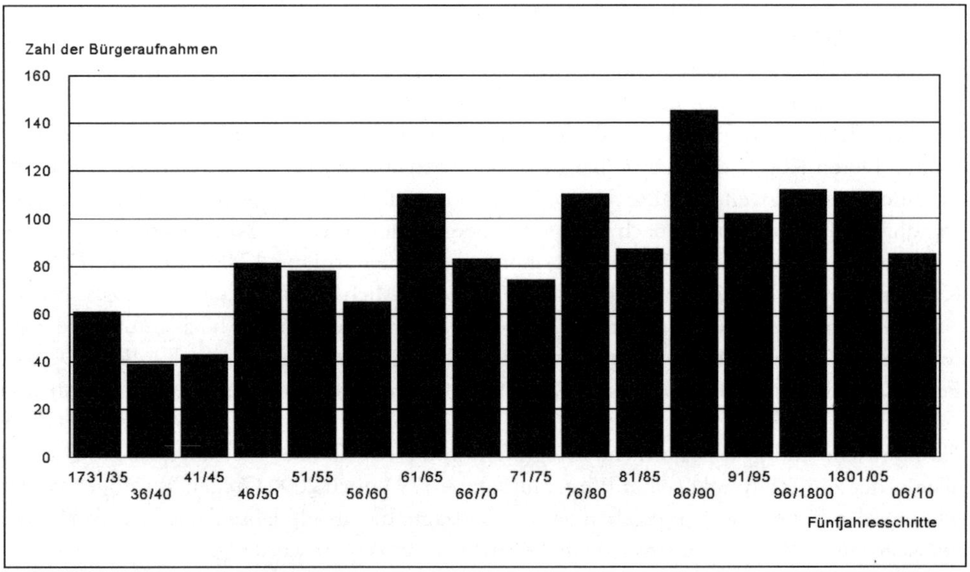

Insgesamt gewann das Konstanzer Bürgerrecht im Lauf des 18. Jahrhunderts langfristig und kontinuierlich an Attraktivität.

Ab dem Jahr 1761 verzeichneten die Bürgerbücher in jeder Dekade doppelt so viele Bürgeraufnahmen wie 1731/40.

[114]) Burkhardt in Stadtgeschichte III, S. 344f.
[115]) GLA 209/518, Sthm. Fugger an die Landesregierung, 9. Juni 1788; Stellungnahme des Magistrats vom 29. März 1789, paraphrasiert in Seeholzer, Genfer Kolonie, S. 231.
[116]) Bürgerbücher wie Anm. 105.

In Relation zur Gesamtbevölkerung erlangten in den Jahren zwischen 1761 und 1770 zusammen rund sieben Prozent das Konstanzer Bürgerrecht. Setzt man den Bürgeranteil an der Gesamteinwohnerschaft in Konstanz auf etwa zwei Drittel an, so kamen in der Dekade 1761/70 rund zehn Prozent Bürger neu hinzu - freilich gingen gleichzeitig andere ab.

3.3.6 Zusammenfassung: Die Bevölkerungsentwicklung in Konstanz im letzten Drittel des 18. Jahrhunderts

Die einzige zuverlässige Bevölkerungszahl entspringt dem ausführlichen Seelenbeschrieb für das Jahr 1774. Alle anderen nachfolgend dargestellten Angaben zur Gesamteinwohnerschaft enthalten zeitgenössische Fehler und Ungereimtheiten, beruhen auf historiographischen Schlußfolgerungen und Annahmen; die einen sind mehr, andere weniger, alle zusammen jedoch zu ungeklärt, um sie redlicherweise von dem Makel des »ungefähr« befreien zu können. Erst die Fülle der Angaben hebt ihre Wiedergabe auf ein heuristisch befriedigendes Niveau: Die Masse kompensiert ein Stück weit die Ungenauigkeit ihrer Einzelteile und macht es möglich, Entwicklungen aufzuzeigen.

In den letzten 43 österreichischen Jahren entwickelten sich Konstanz' Einwohnerzahlen unstetig. Nach den rapiden Zuwächsen und ebenso plötzlich erfolgenden Abwanderungswellen blieb unter dem Strich eine Zunahme von rund 620 Personen, einem Sechstel der Einwohnerzahl von 1763. Rechnerisch stieg die Bevölkerungszahl zwischen 1763 und 1806 um 14,4 Personen pro Jahr, was einer jährlichen Steigerung von 3,5 Promille nach der Wachstumsformel entspricht[117]. Die Bevölkerung in Deutschland wuchs zwischen 1750 und 1800 von 16 bis 18 Millionen auf 23 bis 24 Millionen[118], woraus sich eine Steigerung in der Spannbreite von jährlich fünf bis acht Promille ableiten läßt.

Die Konstanzer Einwohnerschaft nahm demnach in der zweiten Hälfte des 18. Jahrhunderts nur halb so stark zu wie die Bevölkerungszahl Deutschlands.

Einem leichten Rückgang der Konstanzer »Seelenzahl« zwischen 1763 und 1768 folgte eine stetige Steigerung bis 1781. In dieser Zeit erreichte die Stadt erstmals seit dem 17. Jahrhundert wieder eine Bewohnerstärke von über 4000.

Die Ansiedlung der Genfer ließ die Bevölkerungszahl um weniger als die Angehörigen der Kolonie selbst steigen, was vermutlich mit den rapide steigenden Mietzinsen zusammenhing, die den vorher üblichen Zuzug mittelloser Arbeitssuchender von außerhalb verhinderten. Andererseits verzeichneten die Bürgerbücher in den Jahren 1786/90 eine erhöhte Nachfrage nach dem Konstanzer Bürgerrecht.

Der zwischen 1789 und 1794 festgestellte Bevölkerungsschub dürfte vollständig der vorderösterreichischen Landesregierung zuzuschreiben sein, die Ende Oktober 1792 in Konstanz eintraf: „Das samtl. Personale bestunde in 90 Köpfen, ohne die Frauen, Kinder, und Dienstbotten."[119]

[117]) Ohler, Quantitative Methoden, S. 167f. Nach den Pestjahren 1611 und 1635 betrug der jährliche Zuzug nach Konstanz 20 bis 50 Personen: Zimmermann in Stadtgeschichte III, S. 287. Die Zuwanderung betrug in KN 1763-1806 im Mittel 30 Personen im Jahr, davon wurde ca. die Hälfte durch den innerstädtischen Sterbeüberschuß aufgezehrt: Kap. 4.3.

[118]) Wehler, Gesellschaftsgeschichte I, S. 69f.

[119]) StAKN A I 28a, Leiner/Bickel, S. 287.

Schaubild 9: Gesamtbevölkerung Konstanz' 1763-1806 [120)]

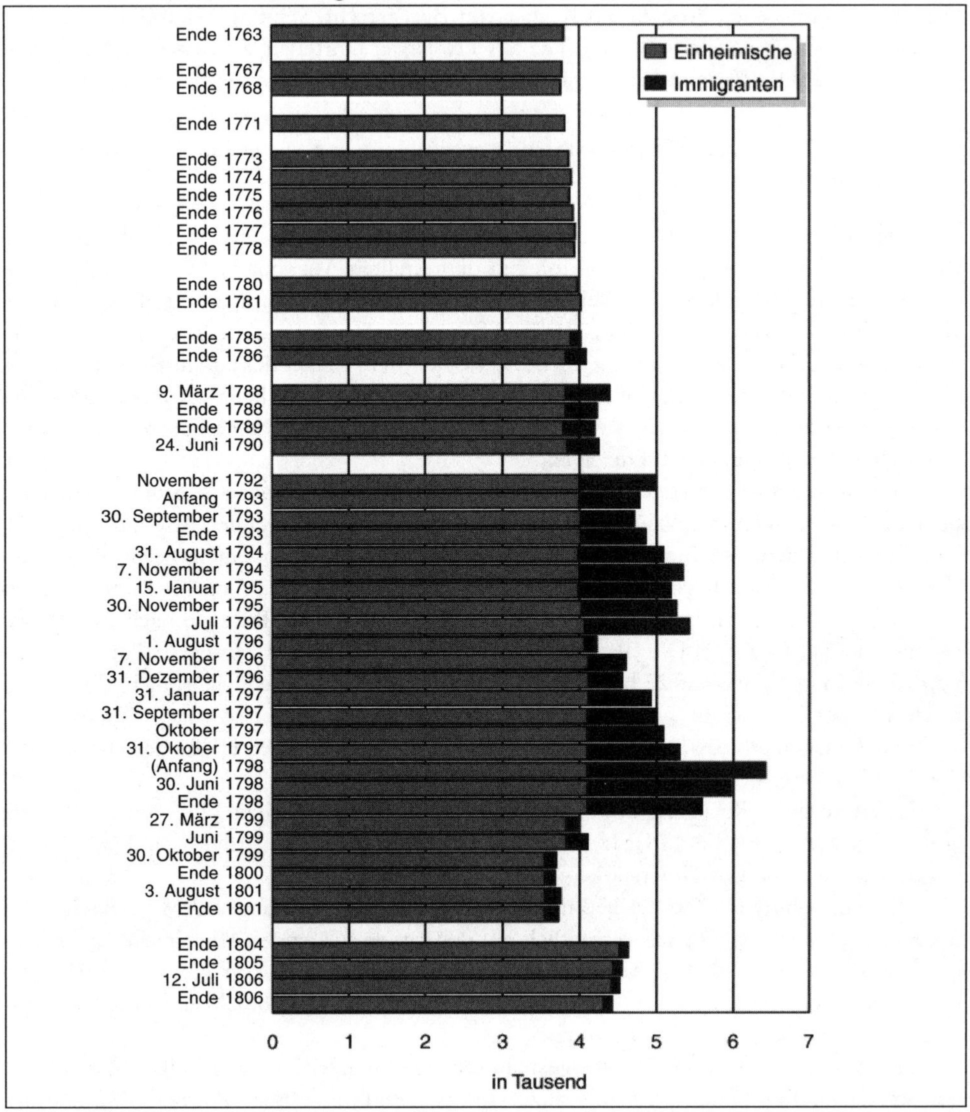

120) »Eingesessene«: StAKN A V 1/2: Seelenbeschriebe 1768/1774; StAKN C I 48: Seelenb.-tabellen 1763/1767/1768/1786/1789/1795/1797/1799/1801, Einzelblatt von Anfg. 1787: Summe der Konskriptionsliste Rat Güllmanns Ende 1786, Zahl der Exempten; GLA 209/1306: 1773/1775/1776/1777/1778/1780/1781 als Tabellen oder -fragmente, 1780/81 auch im Schreiben ddo. FR, 19. Sept. 1782, 1788 unter dem 13. März 1789; StAKN A I 28a, Leiner/Bickel, S. 133, 217, 235f, 241, 275: 1763/1771/1775/1776/1785. Hier nicht aufgenommen zusätzlich Soldaten 1795: StAKN C I 48, Seelenb.-tabelle 30. Nov. 1795: „dann circa 800 Mann von dem König. Großbrittan.en Regiment Royal Etranger, und ca. 50 K.K. Kortonisten" [*Cordon*isten zur Bewachung der Grenze]. Zahlen und Belege zu den Immigranten Kap. 3.3.2 und 3.3.3.

Zwischen Ende 1792 und Anfang 1799 sorgten die Flüchtlinge aus Frankreich für wechselnde, jedenfalls hohe Zuwachsraten. Zwei Mal ragte die Zahl der in Konstanz Lebenden nachgewiesenermaßen deutlich über 6000 hinaus. Die Stadt erreichte oder übertraf gar damit für einige Monate den Stand aus ihrer Blütezeit im 15. Jahrhundert[121)].

Der glimpflich verlaufene Aufenthalt französischer Republiktruppen im Frühjahr 1799, die blutige Eroberung im Oktober desselben Jahres und die Besatzung bis Anfang 1801 vertrieben nicht nur fast alle französischen Emigranten, die Landesregierung und die Stiftsgeistlichkeit mitsamt ihren Angehörigen, sondern auch so manchen »Eingesessenen« aus der Stadt[122)].

Tab. 10:Emigrantenanteil an der Konstanzer Gesamtbevölkerung 1785-1806 [123)]

Zeitangabe	Emigrantenanteil	Zeitangabe	Emigrantenanteil
Ende 1785	**3** %	Jan. 1797	**10** %
Ende 1786	**6** %	31. Jan. 1797	**16** %
		31.Sept. 1797	**18** %
9. März 1788	**13** %	Okt. 1797	**19** %
Ende 1788	**9** %	31. Okt. 1797	**23** %
Ende 1789	**10** %	30. Nov. 1797	**18** %
24. Juni 1790	**10** %	[Anfang] 1798	**36** %
		15. Juni 1798	**32** %
Nov. 1792	**21** %	30. Juni 1798	**31** %
Anfang 1793	**17** %	Ende 1798	**25** %
30.Sept. 1793	**15** %	27. März 1799	**4** %
Ende 1793	**18** %	Juni 1799	**7** %
Jan./März '94	**18** %	30. Okt. 1799	**4** %
31. Aug. 1794	**22** %	Ende 1800	**4** %
7. Nov. 1794	**25** %	3. Aug. 1801	**6** %
15. Jan. 1795	**23** %	Ende 1801/Anf. 1802	**5** %
Nov./Ende '95	**23** %		
Juli 1796	**25** %	Ende 1804	**2** %
Aug. 1796	**4** %	Ende 1805	**2** %
7. Nov. 1796	**11** %	12. Juli 1806	**2** %
31. Dez. 1796	**10** %	Ende 1806	**2** %

Nach dem Ende der Besatzungszeit erfolgte ein erstaunlicher Bevölkerungsanstieg bis 1804, der über die bloße Rückkehr der Geflüchteten hinaus von weiteren Zuwanderungen bedingt sein muß. Die vier Zählungen aus den Jahren 1805 und 1806 stimmen aber in ihren Gesamtsummen so überzeugend überein, daß man sie für zuverlässig akzeptieren kann.

Die Emigranten aus Genf und Frankreich stellten zwischen 1792 und Anfang 1799 einen beständigen, nur kurz unterbrochenen Anteil von einem Fünftel bis einem Viertel der Konstanzer Gesamtbevölkerung. Kurzfristig stieg die Quote der Französischsprachigen auf über ein Drittel.

Die vielen Zuwanderer ließen die Wohnungsmieten explodieren, freilich von einem sehr niedrigen Niveau aus. Christoph Meiners hatte 1782 festgestellt, den „Verfall der Stadt kann man schon allein aus den niedrigen Preisen und der Miete der Häuser schließen." Für acht bis zehn Gul-

121) Maurer, Stadtgeschichte II, S. 108f; Baier, Wirtschaftsgeschichte, S. 491.

122) Burkhardt in Stadtgeschichte III, S. 430-435. Belege für die Flucht Konstanzer Gewerbetreibender in das von kaiserlichen Truppen gehaltene Gebiet in StAKN I III, Nachlaßakten; z.B. Sterbeprotokoll Xaver Böttlin, 30. April 1800: Zinngießer Nepomuk Vogler konnte nicht zum Vormund der minderjährigen Kinder bestellt werden: „Dieser seÿe zwar wirklich über Rhein, da aber auch das beträchtlichste vom Vermögen, nemlich Silber und Kapitalbriefe über Rhein in Sicherheit gebracht worden, so könne auch die Inventur bis nach eröfneter comunication mit Schwaben und folglich auch der Rükumft des Voglers nicht vorgenommen werden."

123) Anteil der Genfer Kolonie plus der französischen Emigrantenkolonie an der Konstanzer Gesamtbevölkerung, auf ganze Prozent gerundet.

den im Jahr miete man „ansehnliche Häuser“ und für 50 bis 60 Gulden bekomme man „die besten Quartiere“[124].

Stadthauptmann Vicari berichtete der Landesregierung im Januar 1788: „Seit der Ansiedlung der Genfer Kollonie sind die Miethzinse so gestiegen, daß für ein Stockwerck von 5 bis 6 Zimmer nach dem Unterschied der Lage, und der darin stehenden Bequemlichkeit 80 - 110 bis 150 fl bezahlt werden“. Der Perückenmacher Johann Michael Waibel plane, sein solides, innen jedoch architektonisch schlecht eingeteiltes Haus, am Domplatz zwischen zwei Domherrenhäusern gelegen, auszubauen und das dreistöckige Gebäude für 275 bis 330 Gulden Jahreszins an Genfer Kolonisten zu vermieten[125].

Nachdem Ende 1792 über 800 französische Emigranten und die Landesregierung in Konstanz eingezogen waren, kostete eine mit Küche, den notwendigen Möbeln und Bettzeug ausgestattete Vier- bis Fünfzimmerwohnung um 69 Gulden im Monat, 825 Gulden im Jahr. Der dompropsteiische Oberamtmann, mehr noch rührige Unternehmer Simpert Lauber strich für einen Neubau gegenüber der Dompropstei 132 Gulden im Monat ein, also 1584 Gulden im Jahr. Dieselbe Summe, die nach Christoph Meiners 1782 noch zum Anmieten der „besten Quartiere“ genügt hatte, reichte laut Franz Xaver Leiner zehn Jahre später nicht mehr hin, um eine Stallung zum Unterstellen von zwei bis vier Pferden zu bezahlen[126].

Den extremsten Mietpreis bezahlte mit 500 Gulden im Quartal die emigrierte „Mme la comtesse de Pont“ 1795 für das Haus des verstorbenen Stadtarztes Dr. Braunegger. Allerdings konnte die Gräfin höchste Ansprüche stellen wie auch bezahlen, denn sie war bereits 1789 geflohen und hatte daher ihre gesamte bewegliche Habe außer Landes schaffen können. Sie galt in Konstanz als „la plus riche des émigrées“, ihr „train de maison se composait de deux femmes de chambre, un cuisinier, un cocher et une femme de peine.“[127]

Die möglichen Mieteinnahmen für ein Stockwerk ausfüllende möblierte Vier- bis Sechszimmerwohnungen stiegen demnach in den Jahren 1782 - 1788 - 1792 im Verhältnis 1 - 3 - 15. Gut ausgestattete Häuser in bester Wohnlage konnten ihren Besitzern in den Jahren 1782 - 1788 - 1792 - 1795 wachsende Einnahmen in der Größenordnung 1 - 6 - 30 - 40 eintragen[128].

Die Mietzinse für billige Absteigen mögen in dieser Zeit vielleicht nicht im selben Ausmaß in die Höhe geschnellt sein, zumal Leiner und Lambert vermutlich die spektakulärsten Auswüchse als berichtenswert herausstellten. In jedem Fall dürften auch die Besitzer bescheidener Kammern ihre Mietforderungen kräftig angezogen haben; das Wohnen in Konstanz wurde damit für viele, die sich von Gelegenheitsarbeit und Bettel ernährten, unbezahlbar.

Bis 1813 war jeglicher „Spekulationsgeist“ auf dem Immobilienmarkt vertrieben, Beobachter konnten wieder die „wohlfeilen Kaufs- und Miethpreise“ registrieren[129]. Das ohnehin reichliche Angebot an Wohnraum war bereits 1787 weiter gewachsen, als die Spitalstiftung

[124]) Zit. n. Feger, Spiegel der Zeiten, S. 139.

[125]) GLA 209/518, 27. Jan. 1788, 25-30 Louisdors, einer zu 11 fl. Umrechnung auch bei Poinsignon, Münzgeschichte, S. 23f: 1 neuer Louisdor ab 1760 = 10 fl, ab 1764 = 11 fl.

[126]) StAKN A I 28a, Leiner/Bickel, S. 288: 6 Louisdors; Umrechnung nach GLA 209/1152, „Tableau de la Dépense (...)“ von 1795, 1 Louis = 25 Livres de France, 1 Livre = 27½ xr = 0,4583 fl => 1 Louisdor = knapp 11½ fl; Stall für 5½ fl im Monat.

[127]) Lambert, Mémoires, S. 162, 206. Die „femme de peine“ war zum Verrichten körperlich anstrengender Arbeiten angestellt.

[128]) Weiteres zum Konstanzer »Wirtschaftswunder« in Kap. 10.6.

[129]) Topographische Nachrichten (1813), S. 5.

den größten Teil ihres städtischen Hausbesitzes - wegen des hohen Aufwands für die Selbstbewirtschaftung - verkauft und verpachtet, die Einnahmen daraus unter anderem bei Frankfurter Bankhäusern angelegt hatte[130]. Die Gebäude der säkularisierten Stifte und Klöster vermehrten ab 1803 dann keineswegs den städtischen oder staatlichen, sondern auf längere Sicht ausschließlich den Privatbesitz in Konstanz[131].

Konstanz war im 18. Jahrhundert niemals von Menschen überfüllt. Alle Immigranten, alle Regierungsbeamten fanden genügend Wohnraum. Wenige reisende Berichterstatter vor 1785 versäumten es, in wechselnden Worten darauf hinzuweisen, wie „entvölkert und tot" die Stadt wäre und daß sie vier- bis achtmal so viele Einwohner verkraften könnte oder in Vorzeiten beherbergt hätte[132]. Die Belegungsdichte der Konstanzer Häuser erreichte in den Monaten der höchsten Einwohnerzahlen des 18. Jahrhunderts gerade eben mitteleuropäisches Normalmaß[133].

[130]) Ph. Ruppert, Beiträge Heft 3, S. 12.

[131]) Verzeichniß der ständigen Einwohner der Stadt Konstanz. Nebst einem Anhange, enthaltend das Verzeichniß der Gebäude, Konstanz 1872, S. 35-48, daraus errechnet: 1039 Gebäude mit eigener Nummer, davon 74 abgebrochen, bleiben 965; davon 896 = 92,8 % Privatbesitz, 35 = 3,6 % staatlich, 20 = 2,1 % städtisch, 12 = 1,2 % Stiftungsbesitz, 2 = 0,2 % Kirchenbesitz.

[132]) Feger, Spiegel der Zeiten, diverse Berichte, zitiert: Zapf 1781, S. 129; Sander 1781, Zitat oben, Anm. 3; Lambert, Mémoires, Zitat in Kap. 2.1.1 (»on dit« 48 000 Einwohner, als Karl V. die Privilegien aufhob). Vgl. Burkhardt in Stadtgeschichte III, S. 373: „Die Rede vom Gras in den Gassen" und Sthm. Blanc zit. ebd. S. 414.

[133]) Siehe Kap. 8.3.

Kapitel 4: Demographie. Eckdaten zum Leben und Sterben in Konstanz

Grundlage dieses Kapitels bilden die Einträge in den Konstanzer Kirchenbüchern und Sterbeprotokollen zwischen 1786 und 1805 [1].

Im Februar 1784 erging ein Erlaß Josefs II., demzufolge die Pfarrer ihre Trauungs-, Geburts- und Sterberegister fortan nach einheitlicher Vorgabe zu führen hatten, mit der Intention, sie als Fundus statistischer Auswertungen zu nutzen[2]. Flankierend expedierte in Konstanz Stadtkanzlist Rosenlächer Ende April den praktizierenden Herren Medicis ein Dekret, wonach sie den zuständigen Pfarrern die Todesursache jedes Verstorbenen mitzuteilen verpflichtet wurden[3].

Die Pfarrer der Stadt-, der St. Jodok- und der St. Paul-Pfarrei gestalteten ihre Kirchenbücher seit dem Sommer 1784 gemäß dem allerhöchst befohlenen Muster. Die Verantwortlichen der Münster-, St. Johann-, Spital- und der Pfarrei Petershausen verfuhren in ihren kirchlichen »Hauptbüchern« wie gehabt. Dennoch übermittelten alle sieben katholischen Konstanzer Pfarreien, ab 1786 auch die reformierte Gemeinde, der Stadtkanzlei jährlich je eine rubrizierte Liste, aus der die Zahl der Geburten, Eheschließungen und Todesfälle zwischen Anfang November und Ende Oktober jeden Jahres hervorging. Diese Basisdaten schlüsselten die Tabellen weiter auf, etwa nach der Konfession, nach dem Anteil der unehelich Geborenen, nach Altersstufen und Todesursachen-Gruppen der Gestorbenen[4].

Selbstredend wurde auch diese neue Melde- und Registraturpflicht anfangs eher stockend erfüllt. Um die Jahreswende 1785/86 nahte der Termin, da die Totenregister einzureichen waren, und „nun seÿen die Hh. Pfarrer in Verlegenheit, weilen die Medici ihnen die Krankheiten nicht angeben.“[5]

Erst ab 1784 sind die Kirchenregister der Konstanzer Pfarreien einigermaßen einheitlich verfaßt und damit einer demographischen Auswertung überhaupt zugänglich. Stellvertretend für die Hemmnisse einer langfristigen statistischen Aufbereitung der Konstanzer Kirchenbücher in ihrer Gesamtheit seien zwei Beispiele genannt: Dom- und St. Johannpfarrer vermerkten in ihren Totenbüchern noch bis ins 19. Jahrhundert hinein Todesursachen nur sporadisch, und zwar vorzugsweise in Fällen, in denen eine Apoplexie die letzte Ölung verhindert hatte. Im Totenbuch der Pfarrei St. Paul sind vor 1785 keine Kinder eingetragen, wobei offenbar die Erstkommunion den Einschnitt zur Beendigung der Kindphase markierte[6].

Dafür bieten die Kirchenbücher den Vorteil, daß sie keine Exemptions-, nicht einmal Konfessionsschranken kannten. Bemerkenswert zahlreiche Reformierte, auch vereinzelte Lutheraner vor allem in den Registern der Stadtpfarrei St. Stephan und der Pfarrei Pe-

[1] Kirchenbücher: Originale im Diözesanarchiv Freiburg, verfilmt im StAKN; Sterbeprotokolle: StAKN I III.
[2] StAKN C I 197, 20. Feb. 1784.
[3] Ebd., 30. Apr. 1784.
[4] Ebd., passim, Listen lückenhaft und nur bis ca. 1795 halbwegs vollständig erhalten. St. Stephan war gleichzeitig bürgerliche Stadtpfarrei.
[5] StAKN B I, Ratsprotokolle „Oeconomica“ etc., 10. Jan. 1786.
[6] Vgl. die Jahressumme 1795 im Sterberegister von St. Jodok, StAKN, Mikrofilmrolle 25; Totenbuch St. Paul auf Rolle 24.

tershausen wurden gewiß nicht zufällig oder versehentlich unter die Namen der katholischen Pfarrkinder gemischt. Nebenbei verdarben diese Protestanten in den katholischen Konstanzer Kirchenbüchern ab 1785 ein wenig jene stolz berichtete Rate von nur einem illegitimen Kind unter 130 in der Eglise Reformie zwischen 1785 und 1801 Getauften[7].

Bei den zur demographischen Auswertung herangezogenen Angaben aus den Sterbeprotokollen und Nachlaßinventaren fehlen die Angehörigen des Domkapitels und der Reichsabtei Petershausen, also die Domherren, die Chorherren der beiden Kollegiatstifter St. Stephan und St. Johann, deren Kapläne, die - wenigen - Kirchenbeamten ohne Stadtbürgerrecht und die Petershausener Mönche, jeweils mit ihren Haushaltsmitgliedern. Das Ableben von Angehörigen der sechs Konstanzer Bettelordenskonvente, von Genfer Kolonisten und französischen Emigranten protokollierte ein Stadtkanzlist im Sterbezimmer ebenso wie das Ableben von Adligen in der Stadt und zweier Bürgermeister. Der tödliche Schlaganfall des Staatsdieners Franz Karl v. Damiani wurde allerdings auf Landesregierungsebene behandelt[8].

4.1 Das Verhältnis der Geschlechter in Konstanz

Die zwischen 1786 und 1805 aufgenommenen Sterbeprotokolle erfaßten 512 Männer und 736 Frauen, was einem Verhältnis von 100 zu 144 entspricht[9].

Die Seelenbeschreibungsliste für 1768 weist für die erfaßten rund drei Viertel der Konstanzer Bevölkerung ein Verhältnis von 100 männlichen zu 120 weiblichen Bewohnern auf. Die ausführliche Beschreibung der 1774 in Konstanz lebenden »Seelen« erlaubt eine Geschlechtsbestimmung bei 95 Prozent der Einwohnerschaft; diese 19 Zwanzigstel weisen dieselbe Geschlechterproportion auf wie für 1768 ermittelt[10]. Im wesentlichen fehlt 1774 nur die Geschlechtsangabe der 166 Spitalbewohner. Überträgt man das Verhältnis von 39 Prozent männlichen zu 61 Prozent weiblichen Toten aus dem Sterbebuch der Spitalpfarrei zwischen 1786 und 1795[11] auf das Verhältnis der im Spital Lebenden, so ergibt sich für 1774 aus der kompletten Bewohnerzahl in Konstanz eine Relation von 100 Männern und Jungen zu 122 Frauen und Mädchen.

Die auf Verlangen der Landesregierung erstellten Seelenbeschreibungstabellen erfaßten üblicherweise um 85 Prozent der Gesamtbevölkerung, gemäß ihres militärpolitischen Aspekts nach dem Geschlecht und in Altersstufen unterschieden. Wie in landesherrschaftlichen Erhebungen üblich, fehlen die Haushalte des Domkapitels, der beiden Nebenstifter und die Abtei Petershausen. Aus diesen für die Jahre 1773 bis 1789 erstellten Tabellen ist eine Geschlechterproportion von 119 bis 128 weiblichen zu 100 männlichen Personen ersichtlich[12]. In den

[7] Jakob Friedrich Mono, Evangelische Kirche in Konstanz 1518-1970, Konstanz 1970, S. 99. „Constance" bzw. „Constantia" wurde als erstes Kind der Genfer Kolonie im März 1786 geboren: StAKN C I 197, „Registre de Baptêmes de l'Eglise Protestante de Constance" und StAKN A I 28a, Leiner/Bickel, S. 276.

[8] StAKN I III unter dem 10. Okt. 1787: Sterbeprotokoll und Nachlaßinventar fehlen.

[9] StAKN I III.

[10] StAKN A V 1 (1768); A V 2 (1774).

[11] StAKN, Mikrofilmrolle 25. N gesamt = 151 Todesfälle. Vermutlich noch höherer Frauenanteil, siehe Anm. 16.

[12] GLA 209/1306; StAKN C I 48; Leiner/Bickel S. 236. Jeweils 100 Personen männlich zu: 127 (1773), 128 (1774 lt. Prokurator Bollinger), 128 (1775), 123 (1776), 122 (1777), 121 (1778), 119 (1780), 128 (1781, neuer Seelenbeschreiber Rosenlächer), 128 (1786, ohne Genfer), 129 / 126 (1788, ohne / mit Genfer Kolonie), 125 (1789, mit Genfern) Personen weiblich.

Jahren der französischen Immigration 1792 bis 1799 zeigen die Anteile der männlichen und weiblichen Bevölkerung wegen der unregelmäßigen Zu- und Abwanderungswellen ein divergentes Bild; insgesamt kehrte sich die Relation offenbar zugunsten eines leichten männlichen Übergewichts um. Für 1801 ergibt sich wieder das alte Verhältnis von 100 männlichen zu 126 weiblichen Bewohnern. Zur Zeit des Wechsels der Landesherrschaft bestand die Relation 100 Männer zu 116 bis 117 Frauen[13].

Das einzige aus dem Rahmen fallende Geschlechterverhältnis von 100 zu 144 ergab sich aus den Sterbeprotokollen. Die Erklärung liefert die überhöhte männliche Säuglings- und Kindersterblichkeit[14]. Eine Stichprobe aus den Totenregistern der katholischen Pfarreien zeigt für alle 1786 bis 1795 erwachsen Gestorbenen die Relation 100 Männer zu 141 Frauen an. Ohne die Jahre 1794/95 mit der Pockenepidemie, der Mädchen wie Jungen gleichermaßen zum Opfer fielen, stiege dieses Übergewicht an Frauen gar auf 100 zu 149.

Auch die Sterbeprotokolle behandeln in der Regel den Tod Volljähriger.

In den letzten drei bis vier Jahrzehnten der österreichischen Zeit betrug das Verhältnis der Geschlechter in Konstanz ungefähr 100 Einwohner zu 120 bis 125 Einwohnerinnen. Der erwachsene Bevölkerungsteil wies einen noch gravierenderen Frauenüberschuß auf.

4.2 Der Altersaufbau der Konstanzer Bevölkerung 1774

Aufgrund fehlender Angaben zum Alter oder zum Geschlecht können 53 Haushaltsvorstände, fünf Ehefrauen, 14 Kinder, 187 »sonstige« Haushaltsangehörige - der Stiftsgeistlichkeit überwiegend -, 172 Bewohner der sieben Klöster und 161 Spitalbewohner, zusammen 592 Personen oder 15,2 Prozent der Gesamtbevölkerung, zum Aufbau eines Altersbaumes nicht verwertet werden. Unter diesen Fehlenden bestehen Übergewichte von ungefähr 90 Prozent Erwachsenen und um 55 Prozent Männern.

Könnte man die fehlenden 15 Prozent der Bevölkerung einbeziehen, so verschöben sich die Männer-Balken ab der dritten Altersstufe um je ein bis zwei Prozent nach oben; was der Aussage jedoch keinen Abbruch tut.

Schaubild 11: Prozentuale Verteilung der Geschlechter 1774, nach Altersstufen[15])

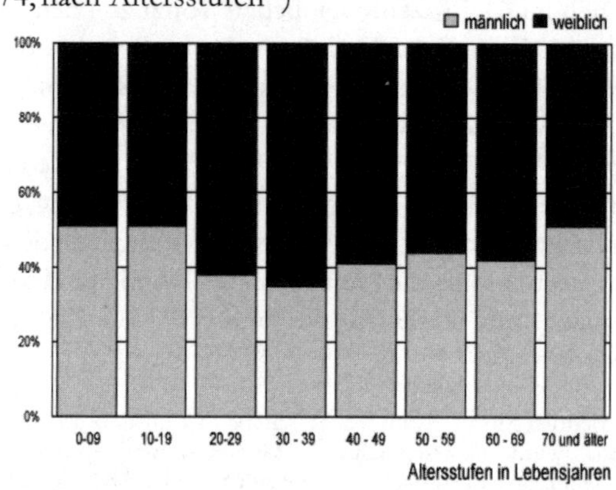

Der dargestellte leichte Männerüberschuß in der Altersgruppe »70 Jahre und älter« könn-

[13]) Tabellen 1794-1806 in StAKN C I 48; 1806 in GLA 313/2809 und in Krümmer, Wirtschafts- und Sozialstruktur, S. 17, 34. 1804-06 je 100 männlich zu 110, 98½, 117, 116 weiblich; die beiden letzteren Zahlen dürften etwa den korrekten Stand wiedergeben.

[14]) Kap. 4.4, v.a. 4.4.2.

[15]) Grundlage: StAKN A V 2, Seelenbeschrieb 1774. N = 3304 Pers.

te trügen: Einmal ist die statistische Basis mit zusammen 41 Personen sehr klein; zum anderen könnte sich hier das Fehlen der Spitalbewohner auswirken, unter denen die Frauen eine deutliche Mehrheit hielten[16].

Im Heiratsalter, demographisch ausgedrückt in der zentralen Fertilitätsphase zwischen dem 21. und 40. Lebensjahr konnten sich rein rechnerisch 100 Männer eine Ehepartnerin unter 176 Frauen auswählen.

Schaubild 12: Konstanzer Altersbaum 1774[17]

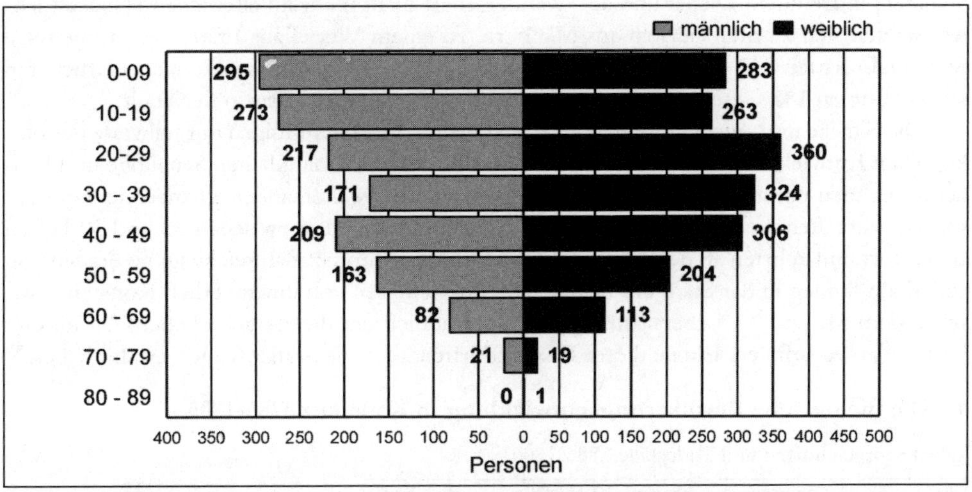

Der Altersaufbau in Konstanz sieht recht »unbiologisch« aus, vor allem seine weibliche Hälfte[18]. Da die in diesem Schaubild fehlenden 15 Prozent der Bevölkerung fast ausschließlich von Erwachsenen gestellt werden, muß man sich die Balken der mittleren und höheren Jahrgänge noch etwas weiter nach außen gespreizt vorstellen, um die komplette Altersstruktur dargestellt zu finden.

Der Altersbaum belegt eine erhebliche Zu- und Abwanderung in Konstanz. Die Gruppe der 20- bis unter 30jährigen 1774 entspricht biologisch etwa der Altersgruppe 51 bis 60 aus dem Jahr 1806 [19].

	Männer	Frauen
20- bis 29jährige 1774:	217	360
51- bis 60jährige 1806:	143	179
Abgang in Prozent:	- 34 %	- 50 %

[16] Siehe oben: Relation Verstorbener Spitalpfarrei = 61 % weibl. zu 39 % männl. StAKN I III, Sterbeprotokolle 1786-1805: 75 Spitalpfründerinnen (71 %) und 31 -pfründer (29 %).

[17] Wie Anm. 15.

[18] Vgl. Arthur Erwin Imhof, Die gewonnenen Jahre. Von der Zunahme unserer Lebensspanne seit dreihundert Jahren ODER von der Notwendigkeit einer neuen Einstellung zu Leben und Sterben, München 1981, Schaubilder S. 182 und 185.

[19] GLA 313/2809, „Tabelle über den wirklichen Erfund des Volkes zu Ende des Jahrs 1806 in der Stadt Constanz am Bodensee" vom 10. März 1807: Altersgruppe 51-60: 179 (!) w. Insgesamt 3415 Personen = 77,3 % der Gesamtbevölkerung nach Altersstufen unterteilt; selbst wenn man hier auf 85 % hochaddiert, um für beide Jahre denselben Bevölkerungsanteil zur Basis zu erhalten, bleibt eine kaum minder tiefe Lücke.

Den Rückgang bei den Männern mag man noch zu einem guten Teil der natürlichen Bevölkerungsverminderung in einem Zeitraum von 32 Jahren zuschreiben - wiewohl sich die individuelle Zusammensetzung der beiden adäquaten Gruppen gewiß durch Zu- und Abwanderung verändert hatte. Dagegen erscheint es äußerst unwahrscheinlich, daß die Hälfte junger Frauen im Verlauf eines solchen vitalen Lebensabschnitts weggestorben sein soll. Nur rund ein Sechstel der Frauen starb mit 20 bis 59 Jahren[20)].

Die im Seelenbeschrieb 1774 aufgeführten 197 unverheirateten Kinder, die als Geistliche, Soldaten, in fremdem Dienst und auf Wanderschaft nicht mehr im elterlichen Haushalt lebten, setzten sich zu drei Vierteln aus Männern, zu einem Viertel aus Frauen zusammen. Im selben Jahr hatten 292 »fremde« Mägde in Konstanz Dienst genommen, hingegen arbeiteten nur zusammen 185 Gesellen, Lehrjungen und Knechte von auswärts in der Stadt.

Die Knicke und Ausbuchtungen im Konstanzer Altersbaum folgen nur teilweise der biologischen Entwicklung. Den durch die Übersterblichkeit der männlichen Säuglinge und Kinder gegebenen natürlichen Frauenüberhang verstärkten zwei einander ergänzende, konträre soziale Verhaltensweisen: Die gebürtigen Konstanzer im Alter zwischen 20 und 39 Jahren zogen fort und kehrten ab dem 41. Lebensjahr teilweise zurück. Zahlreiche junge Frauen von außerhalb fanden in der Stadt ein Dienstverhältnis, ein Teil von ihnen verließ Konstanz zwischen dem 51. und 70. Lebensjahr wieder[21)]; vermutlich um die restliche Lebenszeit im Geburtsort zu verbringen. Einige dieser Frauen dürften auch die Spitalpfrund gewählt haben.

4.3 Die biologische Bevölkerungsentwicklung in Konstanz 1786-1805

Tabelle 13: Geburten und Todesfälle 1786-1806[22)]

Jahr	Geburten Zahl	(davon illegitim)	Todesfälle Zahl	Biol. Bevölkerungsbilanz
1786	123	(4)	162	- 39
1787	130	(8)	149	- 19
1788	139	(9)	136	+ 3
1789	158	(12)	120	+ 38
1790	157	(10)	149	+ 8
1791	161	(17)	153	+ 8
1792	181	(22)	173	+ 8
1793	163	(13)	165	- 2
1794	199	(20)	265	- 66
1795	184	(14)	234	- 50
1786-95	**1595**	**(129)**	**1706**	**- 111**
1796	173	(15)	215	- 42
1797	170	(15)	184	- 14
1798	209	(21)	192	+ 17
1799	164	(19)	252	- 88
1800	145	(10)	224	- 79
1801	146	(15)	134	+ 12
1802	152	(10)	171	- 19
1803	144	(8)	115	+ 29
1804	124	(10)	130	- 6
1805	126	(8)	148	- 22
1796-1805	**1553**	**(131)**	**1765**	**- 212**
1786-1805	**3148**	**(260)**	**3471**	**- 323**

20) Kap. 4.4, Schaub. 16: Der Anteil im Alter zwischen 20 und unter 60 Jahren gestorbener Frauen machte in einer Spanne von 32 Jahren etwa 16-18 % aller weiblichen Todesfälle aus.

21) Vgl. die Altersgliederung des Gesindes, Stadt Salzburg 1794: 55 % waren jünger als 30 Jahre, 75 % jünger als 40 Jahre, 89 % jünger als 50 Jahre: Mitterauer, vorindustrielle Familienformen, Tab. 10, S. 153.

22) Ohne Eglise Protestante. StAKN, Kirchenbücher der 7 katholischen Pfarreien Münster, St. Stephan, St. Johann, St. Paul, St. Jodok, Spital und Petershausen: Mikrofilmrollen 1, 10, 11, 20, 24, 25.

Die realen Schwankungen ausgeklammert, wuchs die Konstanzer Einwohnerschaft zwischen 1763 und 1806 im Mittel jährlich um 14 Personen[23]; bei einem gleichzeitigen Sterbeüberschuß von durchschnittlich 16 Menschen ergibt sich daraus ein mittlerer Zuwanderungsgewinn von 30 Personen pro Jahr, was knapp einem Prozent der Gesamtbevölkerung entspricht.

Der Anteil unehelich geborener Kinder in Konstanz in den Jahren 1786-1805 betrug 8,26 Prozent. Die Illegitimitätsquote wies die übliche leicht ansteigende Tendenz auf, von 8,08 in der ersten Dekade auf 8,43 Prozent in der zweiten[24]. Sie lag im europäischen Vergleich mitten im Rahmen des üblichen, was freilich wegen der regionalen Unterschiede wenig besagt. Verglichen mit der außerordentlich niedrigen Illegitimitätsrate in der Schweiz[25] lag der Anteil unehelicher Kinder in Konstanz hoch. Verglichen mit anderen deutschen Orten entsprach die Konstanzer Illegitimitätsquote genau deren Mittelwert. Verglichen mit England und Schweden stellten die unehelich Geborenen in Konstanz einen etwas höheren, verglichen mit französischen Städten einen deutlich geringeren Anteil[26].

Angesichts des Übergewichts von Frauen im gebärfähigen Alter - in der Altersgruppe 20 bis unter 40 Jahre entfielen 1774 und wohl im ganzen letzten Drittel des 18. Jahrhunderts sieben Frauen auf vier Männer - kann die Illegitimitätsquote in Konstanz als niedrig bewertet werden. Der ehrende Nachruf „pudicissima virgo" in manchen Totenregistereinträgen traf auf die Mehrzahl der ledigen Konstanzerinnen zu.

Jedes zehnte Kind in der Bundesrepublik Deutschland kam und kommt nichtehelich zur Welt[27]; im Grunde hat sich die Proportion gegenüber Konstanz und Deutschland im späten 18. Jahrhundert nicht verändert.

Die aus den Kirchenbüchern gewonnenen Zahlen für den untersuchten Zeitraum stimmen weitgehend mit den von Franz Xaver Leiner summarisch registrierten Geburts- und Sterbefällen überein[28]. Kleine Abweichungen resultieren daraus, daß die Pfarrer sich zuweilen verzählten oder Zwillingsgeburten und -todesfälle bei ihrer Addition nur einfach berücksichtigten[29]. Lediglich Leiners Angaben zur Pfarrei St. Paul liegen unerklärlich häufig und weit

23) Kap. 3.3.6.

24) Renate Caroline Adler, Demographie und Familiengeschichte der beiden Schwarzwalddörfer Aach und Schönmünzach im Kreis Freudenstadt. Rückwirkungen der beginnenden Industrialisierung auf die ländliche Sozialstruktur, St. Katharinen 1991 (Diss. Tübingen 1990), S. 124; Mitterauer, Ledige Mütter. Zur Geschichte illegitimer Geburten in Europa, S. 23-30.

25) Adler, Demographie und Familiengeschichte, S. 124.

26) Jeweils 1780 bzw. 1781 bis 1799 bzw. 1800: Arthur Erwin Imhof, Historische Demographie, S. 124, 536f: Gießen Stadt (3,6 %), Frankfurt/Main (ca. 9,6 %), Husum (ca. 4,8 %), Luzern, Basel, Neuchâtel, Urnerland, Lille, Angers, Schweden, England; Adler, Demographie und Familiengeschichte, S. 125: Aach und Schönmünzach im Nordschwarzwald (7,4 % und 15,6 %); Otto Konrad Roller, Die Einwohnerschaft der Stadt Durlach im 18. Jahrhundert in ihren wirtschaftlichen und kulturgeschichtlichen Verhältnissen dargestellt aus ihren Stammtafeln, Karlsruhe 1907, Tabellenanhang S. 44ff (8,9 %). Streng wissenschaftlich ist die Ermittlung des einfachen Durchschnitts wegen der unterschiedlichen Größenordnungen unzulässig; doch sei diese Auswahl als repräsentativ gesetzt.

27) Statistisches Bundesamt (Hg.), Statistisches Jahrbuch 1991 für das vereinigte Deutschland, Wiesbaden 1991, Tab. 3.22.2, S. 75: 9,73 % (Jahr 1950), 10,22 % (Jahr 1989).

28) StAKN A I 28a, Leiner/Bickel, S. 217, 220, 241, 249, 259, 269, 275; 279, 282, 284, 290, 293, 296, 300, 353f; StAKN A I 28b, Leiner, Miszellen, S. 344-346. 1777, 1781 und ab 1790 nach den kath. Pfarreien aufgeschlüsselt.

29) Beispiele: StAKN, Rolle 25, Geburtsbuch St. Jodok 1784-1813, Abschluß 1786: „Dieses Jahr sind getauft worden von männlicher Seite 9 von weiblicher Seite 14 [soweit korrekt] zusammen 25." Ebd., „Sterbregister", am 3. Okt. 1789 gestorbene Zwillinge als 1 Todesfall verbucht.

abseits der aus der Quelle gezogenen Zahlen; im Ganzen gleichen sich diese Differenzen halbwegs aus.

Archivregistrator Leiners Auszüge aus den statistischen Berichten der Pfarreien einer Anzahl von Jahren vor 1786 bestätigen den Befund der negativen biologischen Bevölkerungsbilanz in Konstanz.

Tabelle 14: Geburten u. Todesfälle 1771-1785[30]

Jahr	Geburten Zahl	Todesfälle Zahl	Biol. Bevölkerungsbilanz
1771	109	80	+ 29
1772	117	190	- 73
1776	142	106	+ 36
1777	161	229	- 68
1781	148	123	+ 25
1784	84	87	- 3
1785	99	125	- 26
Summe	860	940	- 80

Der Sterbefallüberschuß zwischen 1770 und 1806 belegt, daß die Konstanzer Bevölkerungsentwicklung insgesamt und ihre rein biologische Komponente entgegengesetzt zueinander verliefen. In Konstanz starben mehr Menschen, als Kinder auf die Welt kamen, zugleich stieg die Einwohnerzahl. Die Stadt strahlte demnach Anziehungskraft aus, sie kann als »Einwanderungsstadt« bezeichnet werden, noch bevor die Emigranten aus Genf und Frankreich kamen.

Die Gießener Kirchenbücher überliefern für den Zeitraum 1781 bis 1800 einen „Überschuß“ von zusammen 20 Todesfällen[31]. Nun gilt Gießen als „recht wohnliche Residenz- und Universitätsstadt“. Andere Städte erhielten wegen ihrer wesentlich höheren „urban penalty“ das demographische Charakteristikum „Städtegräber“ zugemessen. Die stetige Zuwanderung junger Leute pflegte diese Verluste auszugleichen[32].

Im letzten Jahrzehnt des 18. Jahrhunderts lagen die Sterbezahlen im ähnlich wie Konstanz 1796 und 1800 vom Krieg heimgesuchten Würzburg um rund ein Fünftel über den Geburtenziffern[33].

Der knapp zehnprozentige Sterbeüberschuß in Konstanz zwischen 1770 und 1806 bildet demnach einen Mittelwert zwischen den beiden Extremen Würzburg und Gießen.

Das Bevölkerungswachstum des späten 18. Jahrhunderts fand auf dem Land statt[34]. In

[30] Wie Anm. 28 bis S. 275.

[31] Imhof, Historische Demographie, Tab. 1.10, S. 124: 2192 Geburten, 2212 Todesfälle; 1701-1800 Geburtenüberschuß von 1075.

[32] Imhof, gewonnene Jahre, S. 93, 95; Jörg Vögele, Sanitäre Reformen und der Sterblichkeitsrückgang in deutschen Städten, 1877-1913, in: VSWG, 80. Band, 1993, Heft 3, S. 345f.

[33] Ebd. S. 93-95, v.a. Fig. 15, Teil 6.

[34] Wehler, Gesellschaftsgeschichte I, S. 69; Henning, Das vorindustrielle Deutschland, S. 288.

Konstanz nahm der Schottenfriedhof, ab 1785 einzige Begräbnisstätte[35], einen Teil des Bevölkerungsüberschusses aus den umliegenden Dörfern auf.

Die Genfer Kolonie gestaltete die natürliche Bevölkerungsbilanz in Konstanz etwas freundlicher. 1786 bis 1791 verzeichneten die Pfarrer Jesaies Casc und Pierre Bourrit 61 Taufen und nur 30 Begräbnisse in ihrer reformierten Pfarrei[36].

Schaubild 15: Geburten- und Sterbeüberschuß 1786-1805[37]

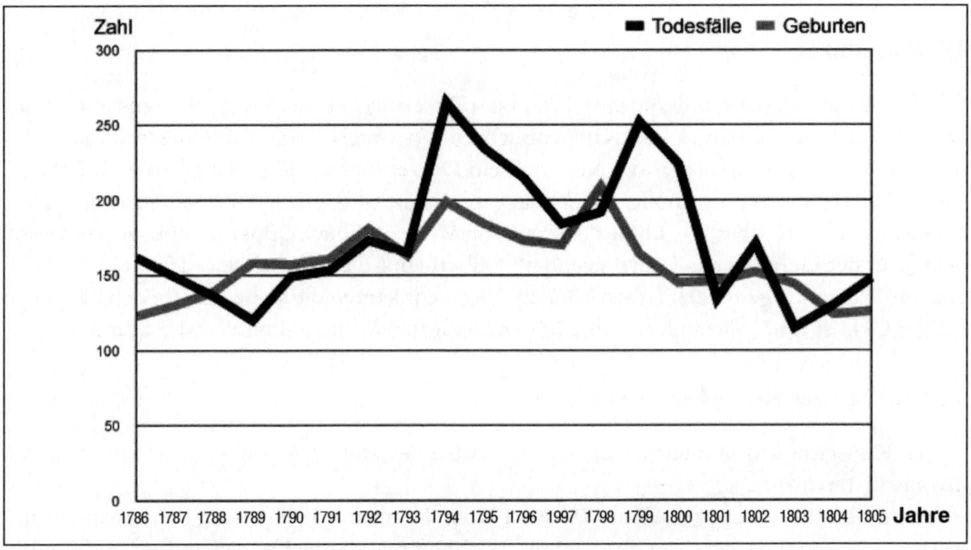

Die Geburtenkurve verläuft in gleichmäßigen Schwüngen. Zwischen 1792 und 1799 hob sie sich mit den Säuglingen der französischen Emigrantinnen über den sonst üblichen Wert von rund 150 Neugeborenen im Jahr.

Keinerlei Faktoren hätten eine plötzliche Vermehrung der Geburten bewirken können; anders die Todesrate, die mit den Anfällen akuter Infektionskrankheiten und mit dem Eindringen Krieg, Hunger und Krankheiten mit sich führender Soldaten hektisch in die Höhe sprang, mit dem Abzug des Militärs und dem Ende der Epidemie ebenso tief wieder fiel. Auf dem Schaubild sind die Kindsblatternepidemie der Jahre 1794/95 und der Sturm auf Konstanz im Oktober 1799 mit anschließender Besatzungszeit[38] deutlich am Sterbeüberschuß zu erkennen.

Die Sterblichkeit der Kinder zwischen dem zweiten und zehnten Lebensjahr ließ diese Kurve heftiger ausschlagen als die regelmäßigere Säuglings- und Erwachsenensterblichkeit.

Die Pocken werden die Sterberate in Konstanz 1794/95 zum letzten Mal merklich in die Höhe getrieben haben. Stadtarzt Maximilian Karg führte bereits 1801 die Kuhpockenimp-

[35] StAKN A I 28a, Leiner/Bickel, S. 270, 276.
[36] StAKN C I 197, „Registre de Baptêmes de l'Eglise Protestante de Constance".
[37] StAKN, Kirchenbücher ohne Eglise Protestante, wie Anm. 22.
[38] Burkhardt in Stadtgeschichte III, S. 432-435.

fung ein. Kinder armer Eltern, die das Honorar nicht aufbringen konnten, impfte Karg kostenfrei. Nach anfänglichem Mißtrauen konnte der Stadtarzt dem Magistrat im Dezember 1804 berichten, er habe bis dato die „Vaccination" an 405 Konstanzer Kindern erfolgreich durchgeführt. Die Risikogruppe in der Stadt dürfte damit komplett geschützt gewesen sein[39]. Der deutliche und endgültige Rückgang der Kindersterblichkeit - nicht: der Säuglingsmortalität - in Deutschland ab etwa 1815 [40] rührte gewiß auch von der Verbreitung der Pockenschutzimpfung her.

4.4 Mortalität

Totgeburten kamen in Konstanz 1786 bis 1795 entweder nicht vor - was unwahrscheinlich ist - oder sie wurden in den Kirchenbüchern nicht registriert - mit einer Ausnahme[41] - oder die Pfarrer verschwiegen sie. Nur rund ein Dutzend unter 1702 Angaben zum Lebensalter jedoch läßt durch Formulierungen wie „ab obstetrice baptizata" beziehungsweise „ (...) baptizatus repente obiit", „filiolus" beziehungsweise „filiola", „post acceptum baptisum" oder „mit der Geburth das Leben geendet"[42] überhaupt die Möglichkeit offen, es hätte sich um eine Totgeburt gehandelt haben können. Vielleicht kamen die so beschriebenen Säuglinge bei der Geburt um. Alle anderen aber lebten wenigstens einige Minuten oder Stunden.

4.4.1 Konstanzer Sterbealter im Vergleich

In Konstanz wurde mehr und jünger gestorben als anderswo. Dies betraf vor allem die männliche Bevölkerung.

Unter 100 Geborenen starben 1786 bis 1795 in Konstanz 35 im ersten Lebensjahr, weitere 19 vor Vollendung des 10. Lebensjahres. Nicht einmal die Hälfte der in diesem Zeitraum Verstorbenen, nämlich nur 43,8 Prozent, hatte das Erwachsenenalter von über 20 Jahren erreicht. Selbst wenn man die Kleinkinder, die 1794/95 an den Kindsblattern starben, den Lebenden zurechnet, so überstanden immer noch 48 von hundert Neugeborenen die erste Lebensdekade nicht. Erst wenn ein Konstanzer Kind seinen elften Geburtstag erlebte, konnten die Eltern es als durchgebracht ansehen.

Die ungeheuer großzügige Vergeudung menschlichen Lebens bei der biologischen Reproduktion traf Konstanz noch härter als andere Orte.

Das dreifache Gefälle der Säuglingssterblichkeit in Deutschland im 18. und 19. Jahrhundert, von Süden nach Norden, von der Stadt auf das Land und von katholischen zu protestantischen Territorien[43] vereinigt für Konstanz alle drei ungünstigen Gegebenheiten. Entsprechend fiel die Säuglings- und Kindersterblichkeit extrem hoch aus. In Fulda erreichte die

[39] GLA 209/1083, passim (schmales Faszikel). Boelcke, Sozialgeschichte, S. 43: Einführung durch Edward Jenner 1796, in Reichsstädten ab 1801, in Baden seit 1806, in Württemberg 1818.

[40] Adler, Demographie und Familiengeschichte, S. 272f.- »Säuglingssterblichkeit« bezeichnet hier und folgend die Mortalität im 1. Lebensjahr, »Kindersterblichkeit« bezieht sich auf das 2. bis einschließlich 10. Lebensjahr.

[41] Pfarrei St. Jodok, 28. Jan. 1795: StAKN, Mikrofilmrolle 25.

[42] Diese und ähnliche Formulierungen in den Sterbe- und Totenbüchern 1786-1795 (wie Anm. 22), passim.

[43] Adler, Demographie und Familiengeschichte, S. 264; Vögele, Sanitäre Reformen, S. 363: Zusammenhang zwischen Ortsgröße und Säuglingsmortalität „entgegen der älteren Forschungsmeinung" abgestritten.

Mortalität am Ende des 18. Jahrhunderts im ersten Lebensjahr 27,8 Prozent, in den ersten zehn Jahren 48,4 Prozent. In Durlach starben 49,6 Prozent der Neugeborenen in der ersten Lebensdekade. In norddeutschen Dörfern dagegen überstieg die Mortalitätsrate im ersten Lebensjahr keine 20 Prozent, in Stadt und Kanton Luzern lag sie bei einem Fünftel bis einem Viertel der Geburten. Die gleiche niedrige Rate wurde für zwei Dörfer im Nordschwarzwald festgestellt. Der geographischen und konfessionellen Lage entsprechend, reichte die Säug-

Schaubild 16: Sterbealter 1786-1795 nach Geschlechtern[44]

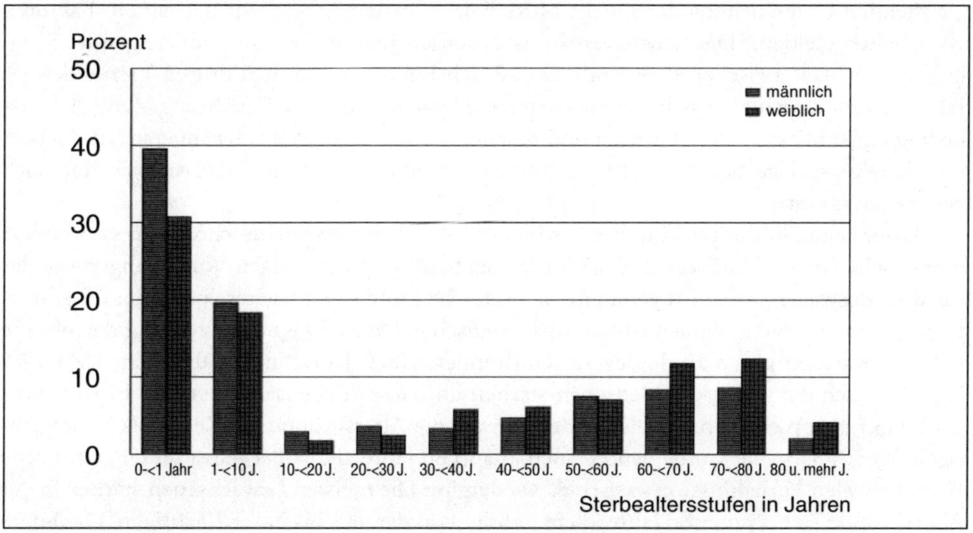

lingssterblichkeit in Nenzingen im Hegau mit 33,2 beinahe an die Konstanzer Quote heran. Lediglich im Bayerischen schienen mehr Kinder als in Konstanz im ersten Jahr gestorben zu sein[45].

Die Säuglingssterblichkeit in Konstanz lag im Zeitabschnitt 1863/69 mit 33,4 Prozent[46] etwas niedriger als 1786/85 mit 35,0 Prozent. Auch die Säuglingsmortalität in Durlach könnte zwischen den letzten beiden Jahrzehnten des 18. Jahrhunderts und 1863/69 leicht zurückgegangen sein, vielleicht auf dem gleichen Niveau stagniert haben[47]. Einen deutlichen Rückgang der Säuglingssterblichkeit verzeichnete Schweden, wo die Quote pro 1000 Einwohner

[44] StAKN, verfilmte Kirchenbücher. N = 816 männl. + 883 weibl.

[45] Imhof, Historische Demographie, S. 594f: Fulda 1762-1812; Roller, Durlach, aufgrund der Zahlen im Tab.-anhang S. 46ff, 74ff: 1781-1800 = 49,6 %, im ganzen 18. Jh. 46,9 %; Adler, Demographie und Familiengeschichte: Aach und Schönmünzach 1776-1815 (23,9 %) bzw. 1750-1815 (20,8 %) S. 262f, Vergleichszahlen S. 264f.

[46] Paul Steinki, Karl Pristl, Gerhard Gröner, Die Säuglingssterblichkeit in Baden-Württemberg, in: Statistisches Landesamt Ba.-Wü. (Hg.), Jahrbücher für Statistik und Landeskunde, 34. Jg. 1989, Stuttgart 1990, Tab. 2, S. 19.

[47] Ebd.: 1863/69 = 29,4 %. Nach Roller, Durlach, Tab.-anhang S. 46ff und 74ff: Mortalität bis zum 10. Lebensjahr 1781-1800 = 49,6 %, davon abgeleitet die Säuglingssterblichkeit: im Verhältnis wie in Konstanz (64,8 % aller Todesfälle in der 1. Dekade starben im 1. Jahr) ergäbe sie 32 %, im Verhältnis wie in Fulda (57,4 % dito, nach Imhof, Historische Demographie S. 594f) ergäbe sie 28,5 % für Durlach.

von knapp über 200 in den Jahren 1781 bis 1800 recht kontinuierlich bis in die zweite Hälfte des 20. Jahrhunderts absank und 1861/70 einen Wert von rund 140 erreichte[48].

Das gegenteilige Ergebnis entsprang Untersuchungen in zwei Dörfern im Nordschwarzwald, in je vier Dörfern auf der Schwäbischen Alb und im Gäu, in 14 Dörfern aus verschiedenen Regionen Deutschlands, in Württemberg, Bayern, Sachsen und Preußen, wo die Säuglingssterblichkeit „nicht etwa im 17. oder 18. Jahrhundert ihre höchsten Werte erreichte, sondern in der Mitte bzw. erst in der zweiten Hälfte des 19. Jahrhunderts"[49].

Eine detaillierte Erklärung für diese differierenden Befunde muß einer aufwendigen vergleichenden Untersuchung der für die Mortalität im ersten Lebensjahr relevanten Faktoren vorbehalten bleiben. Die Lebensverhältnisse werden sich in Gebieten mit steigender Säuglingssterblichkeit zwischen dem Ende des 18. Jahrhunderts und dem dritten Viertel des 19. Jahrhunderts verschlechtert haben; wogegen die hygienischen, die Ernährungs- und Arbeitsbedingungen in Schweden, Durlach und Konstanz einer gesunden Schwangerschaft, Geburt und Säuglingspflege bereits im 18. Jahrhundert so abträglich waren, daß sie sich nur noch verbessern konnten.

Wohl keine, in der populären wie wissenschaftlichen Geschichtsschreibung verwendete numerische Größe führt so auffällig zu falschen Schlüssen und irrigen Vorstellungen wie das für vorindustrielle Zeiten oft genannte menschliche Durchschnittsalter von 25 bis 30 Jahren. Dabei stimmen solche Zahlen streng mathematisch gesehen. In Konstanz betrug die mittlere Lebenserwartung gegen Ende des 18. Jahrhunderts 26,6 Jahre; in Württemberg 1861 27,9 Jahre[50]. Doch die wenigsten Menschen starben um dieses Lebensalter herum. In Konstanz entfiel nur knapp ein Zehntel aller Todesfälle auf die Altersgruppe der Zehn- bis Vierzigjährigen. Wer 20 Jahre alt wurde, wurde auch knapp 60 Jahre alt, wobei selbst dieser statistische Wert die realen Verhältnisse etwas schief wiedergibt: Die meisten Erwachsenen starben in der Altersgruppe 70 bis unter 80 Jahre, dicht gefolgt von den 60- bis unter 70jährigen. Das angesichts dieser Verteilung niedrige Durchschnittsalter von Erwachsenen rührt daher, daß der Tod zwischen dem 21. und 60. Lebensjahr in vier Altersdekaden möglich war, wogegen der 90. Geburtstag eine Grenze bildete, die fast niemand überschritt.

Bezüglich der Mortalität hat sich in den vergangenen zweihundert Jahren im Grunde nur die Säuglings- und Kindersterblichkeit wesentlich verändert: 0,9 Prozent der männlichen und 0,6 Prozent der weiblichen Todesfälle entfielen 1989 in der Bundesrepublik Deutschland auf das erste Lebensjahr[51]. Man beachte das noch heutzutage gegebene hohe relative Gefälle, was die kulturunabhängige, biologisch determinierte schwächere Konstitution des männlichen Geschlechts erweist.

Des weiteren rückte die Spitze der Sterblichkeit vom späten 18. bis zum späten 20. Jahrhundert weiter nach oben, bei den Männern lag sie 1989 zwischen dem 75. und 80. Lebensjahr, bei den Frauen zwischen dem 81. und 85. Lebensjahr.

48) Imhof, gewonnene Jahre, S. 88, wo zwar eine andere Berechnungsweise angewandt ist, doch die Relationen unter der Voraussetzung einer gleichen Geburtenquote übertragbar sind - und die Geburtenzahlen dürften 1781/1800 bis 1861/70 nicht zurückgegangen sein, siehe Adler, Historische Demographie, S. 79-81.

49) Adler, Historische Demographie, S. 265, 278.

50) Nicht klärend kommentiert: Boelcke, Sozialgeschichte, S. 158.

Die Mortalität in den mittleren Altersklassen dagegen fiel nicht sonderlich ab: 1989 starben in der Bundesrepublik von allen mindestens Zehnjährigen knapp 21 Prozent der Männer und 8,5 Prozent der Frauen, zusammen 14,2 Prozent zwischen ihrem elften und 60. Lebensjahr. In Konstanz betrugen die Quoten 1786 bis 1795 nach derselben Rechnung 22 Prozent für die Männer und 23 Prozent für die Frauen. Das verringerte Mortalitätsrisiko bei der Fortpflanzung erweist sich hier wie bei der Säuglingssterblichkeit als einziger veränderungswirksamer Faktor.

4.4.2 Die geschlechtsspezifische Ungleichheit vor dem Tod

Wie in Schaubild 16 ersichtlich, betraf die höhere männliche Mortalität in Konstanz nicht nur Säuglinge und Kinder; auch den erwachsenen Frauen schien die Natur eine robustere Konstitution verliehen zu haben als den Konstanzer Männern. Ab dem 21. Lebensjahr verstarben die Konstanzerinnen im Mittel zweieinhalb Jahre später als die Konstanzer. In allen vier Altersstufen von der Geburt bis zum 30. Lebensjahr starben teilweise erheblich mehr männliche als weibliche Einwohner. Die absoluten Zahlen verdeutlichen die Divergenz: Von 100 geborenen Jungen starben 59 vor dem elften und 62 vor dem zwanzigsten Geburtstag; von 100 geborenen Mädchen überlebten 49 die ersten zehn und 51 die ersten zwanzig Jahre nicht.

Im zweiten und dritten Lebensjahrzehnt starb ein um 70 Prozent beziehungsweise 50 Prozent höherer Anteil junger Männer als junger Frauen. Erst in der vierten und fünften Lebensdekade wuchs die Frauensterblichkeit über die der Männer hinaus, wobei ein großer Teil der weiblichen Übersterblichkeit zwischen 30 und 50 Jahren vom Tod im Kindbett herrührte.

Die auch nach Abzug der im Wochenbett verstorbenen Frauen noch leicht erhöhte weibliche Mortalität im vierten und fünften Lebensjahrzehnt verweist vielleicht auf weitere Todesfälle infolge Schwangerschaft und Geburt, deren Ursache entweder nicht erkannt oder in der Quelle nicht explizit so benannt wurde. Hinter den Begriffen „Auszehrung“ und „hitziges Fieber“ könnte sich diese Todesursache verbergen. Für diese Vermutung spricht die im sechsten Lebensjahrzehnt wieder hinter der männlichen zurückbleibende Anteil weiblicher Mortalität, als das Gebären nicht mehr als Todesursache in Frage kam.

Ab dem 61. Lebensjahr wiesen die verstorbenen Frauen eine erheblich höhere Quote auf als die Männer, wobei sich die »Schere« mit jeder der drei letzten Lebensdekaden weiter öffnete. Aufgrund der Mortalität in jüngeren Jahren waren einfach mehr Frauen als Männer zum Sterben übrig geblieben.

[51)] Statistisches Jahrbuch 1991, Tab. 3.30, S. 86: „Gestorbene nach Altersgruppen und Familienstand sowie Sterbeziffern“ 1989.

Tabelle 17: Durchschnittliche Lebenserwartung in Konstanz im 18. Jahrhundert, nach Geschlechtern[52)]

Erreichte Lebensaltersstufe	Weitere mittlere Lebensspanne in Jahren		Höhere weibliche Lebenserwartung in Jahren
	Männer	Frauen	
Mit der Geburt:	22,7	30,2	+ 7,5
Vollendetes 1. Lebensjahr:	36,5	42,5	+ 6,0
Vollendetes 10. Lebensjahr:	43,8	47,9	+ 4,1
Vollendetes 20. Lebensjahr:	36,8	39,4	+ 2,6
Vollendetes 30. Lebensjahr:	30,2	31,1	+ 0,9
Vollendetes 40. Lebensjahr:	23,0	24,7	+ 1,7
Vollendetes 50. Lebensjahr:	16,2	18,2	+ 2,0
Vollendetes 60. Lebensjahr:	10,7	11,6	+ 0,9
Vollendetes 70. Lebensjahr:	5,6	6,6	+ 1,0
Vollendetes 80. Lebensjahr:	4,0	4,2	+ 0,2

Von einer hohen Differenz bei der Geburt ausgehend, näherten sich die geschlechtsspezifischen Lebenserwartungen einander an. Sie drifteten nach der Phase der höchsten Kindbettsterblichkeit im vierten Lebensjahrzehnt wieder leicht auseinander, bis sie in den höheren Altersstufen wieder aufeinander zuliefen.

Ein Vergleich zeigt eine recht genaue Übereinstimmung hinsichtlich der Lebenserwartung Konstanzer und Nürtinger Frauen.

Tabelle 18: Lebenserwartung in Nürtingen 1771-1800 [53)]

„Durchschnittliche weitere Lebenserwartung" in Jahren	Männer	Frauen
„im Alter von 40 Jahren":	ca. 26	ca. 24½
„(...) 50 Jahren":	ca. 19	ca. 18
„(...) 60 Jahren":	ca. 12	ca. 11
„(...) 70 Jahren":	ca. 7½	ca. 7

Den Konstanzer 40jährigen Männern blieb dagegen eine um zwölf Prozent kürzere Lebensspanne als ihren Geschlechtsgenossen in Nürtingen, bei den 50jährigen lag die Lebenserwartung in Konstanz um 15 Prozent, bei den 60jährigen um elf Prozent und bei den 70jährigen um rund 25 Prozent niedriger als in Nürtingen.

Auch die geschlechtsspezifische Lebenserwartung zeigt kein überregional einheitliches Bild. In den Schwarzwalddörfern Aach und Schönmünzach lebten die im 18. und Anfang des 19. Jahrhunderts geborenen Männer duchweg ein Jahr bis fünf Jahre länger als die Frauen. Eine um zwei Jahre höhere männliche Lebenserwartung ergab auch eine Untersuchung von vier Gäudörfern vom Ende des 16. bis zum Anfang des 19. Jahrhunderts[54)].

52) Berechnungsbasis: Sterbealter 1786-1795, wie Anm. 22.
53) Peter Borscheid, Geschichte des Alters. Vom Spätmittelalter zum 18. Jahrhundert, München 1989 (Erstausgabe Münster 1987), S. 206.
54) Adler, Demographie und Familiengeschichte, S. 275f.

Den tendenziell gleichen Befund, wie für Konstanz ermittelt, stellen die Zahlen zur geschlechtsspezifischen Lebenserwartung 1780 bis 1809 in der oberhessischen Region Schwalm vor[55]. Sie zeigen eine deutliche männliche „Übersterblichkeit" für Neugeborene an, dann eine etwas reduzierte männliche „Übersterblichkeit" ab dem zweiten Lebensjahr. Wegen des bevorstehenden Kindbettrisikos fiel die weibliche Lebenserwartung bei allen 15jährigen unter die männliche; nach dem Ende des gebärfähigen Alters wurden die über 50jährigen Frauen wieder älter als ihre Männer.

Die pauschale Behauptung, neugeborene Mädchen seien im frühneuzeitlichen Europa eher verstoßen und nachlässiger ernährt worden, daher häufiger verstorben als männliche Säuglinge[56], läßt sich angesichts der mittlerweile vorliegenden quantifizierenden Untersuchungen für das 18. Jahrhundert nicht halten.

In Durlach kehrte die höhere Sterberate von Jungen bis zum 10. Lebensjahr den männlichen Geburtenüberschuß um: Waren im ganzen 18. Jahrhundert auf 1036 männliche 1000 weibliche Säuglinge zur Welt gekommen, so verblieben nach den ersten zehn Jahren auf 1000 Mädchen noch 971 Jungen[57].

Zitierte Maßgaben wie „Ist es ein Mädchen, so setze es aus"[58] können wohl eher als verbaler Reflex auf eine extrem überhöhte männliche Säuglingsmortalität interpretiert werden, als daß sie geeignet wären, ein angebliches massenhaftes Mädchenmorden nachzuweisen.

4.4.3 Die Bedeutung der Kindbettsterblichkeit in Konstanz 1786-1805

Für Orte, in denen erwachsene Frauen weniger Lebenszeit zu erwarten hatten als Männer, wurde diese Tatsache mit dem häufigen Tod im Kindbett begründet, zu der eine „in der Regel größere Arbeitsbelastung der Frauen", vor allem in der Landwirtschaft, getreten sei[59]. Für die Stadt Konstanz könnte man annehmen, daß die Arbeitsbelastung sich etwa gleich verteilte, bei den Frauen aber Schwangerschaft und Geburt zusätzlich an der Lebenskraft zehrten.

Die Kindbettsterblichkeit wirkte sich in Konstanz bemerkenswerterweise so aus, daß 318 zwischen 1786 und 1805 verstorbene Frauen, die entweder Kinder zur Welt gebracht hatten oder im Wochenbett verschieden waren, mit 58½ Jahren genau das Durchschnittsalter der im selben Zeitraum verstorbenen Männer erreichten. 366 kinderlose und auch nicht infolge einer Geburt gestorbene erwachsene Frauen wurden indes im Mittel 61,7 Jahre alt, also über drei Jahre älter als die Männer und ihre Geschlechtsgenossinnen, die geboren hatten[60].

Unterteilt man die 1786 bis 1805 in Konstanz verstorbenen Frauen in Ehefrauen und Witwen einerseits, Ledige andererseits, so ergeben sich folgende Altersstufen des Ablebens:

[55] Imhof, gewonnene Jahre, Fig. 10, S. 80.
[56] Erna M. Johansen, Betrogene Kinder. Eine Sozialgeschichte der Kindheit, Frankfurt/Main 1978, S. 54f.
[57] Eigene Berechnungen aufgrund der Zahlen in Roller, Durlach, Tab.-anhang S. 46ff, 74ff: 13091 Geburten, 6136 bis zum 10. Lebensjahr gestorben, davon 137/140 ohne Geschlechtsangabe; Imhof, gewonnene Jahre, Fig. 10, S. 80: Deutlich höhere Lebenserwartung weiblicher Säuglinge ab 1690; zum Kindsmord vgl. Adler, Demographie und Familiengeschichte, S. 269f, 272.
[58] Johansen, Betrogene Kinder, S. 54.
[59] Adler, Demographie und Familiengeschichte, S. 273f; Imhof, gewonnene Jahre, S. 150ff.
[60] StAKN I III, Sterbeprotokolle und Nachlaßinventare.

Schaubild 19: Verteilung der Sterbealter erwachsener Frauen nach dem Familienstand[61)]

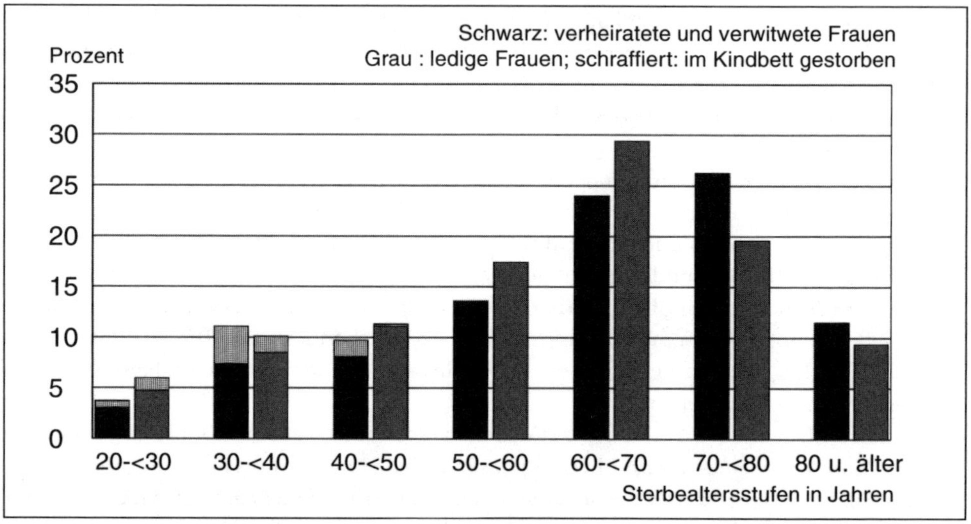

Allen, die potentiell Schwangerschaften ausgesetzt gewesen waren, sind hier die nach zölibatärer Lebensführung verstorbenen Frauen gegenübergestellt. Ledige Mütter mögen aus der Gruppe der ledig, kinderlos und nicht im Kindbett verschiedenen Frauen nicht völlig, dürften aber weitgehend ausgeschlossen sein.

Das Balkendiagramm veranschaulicht die um drei beziehungsweise zwei Jahre höhere Lebenserwartung verheirateter und verehelicht gewesener Frauen gegenüber den ledig verstorbenen, selbst wenn man aus letzterer Gruppe die »gefallenen« Frauen absondert. In allen Altersstufen vom 21. bis zum 70. Lebensjahr starben je anteilig mehr Frauen, die zölibatär gelebt hatten als jene, die in ihrem Leben in den Stand der Ehe getreten waren. Einzige Ausnahme bildet das vierte Lebensjahrzehnt mit seiner höchsten Mortalität unter den Wöchnerinnen. Die beiden letzten Lebensaltersdekaden ab 70 Jahren bauten den Vorsprung der Ehefrauen und Witwen zur Summe 100 Prozent hin ab.

Der Tod im Kindbett verkürzte selbstverständlich auch in Konstanz die statistische weibliche Lebensspanne. Doch erreichten die Konstanzer Mütter trotz Schwangerschaften die männliche Lebenserwartung, und das Risiko einer verheirateten Frau, an den Folgen einer Geburt zu sterben, wurde offenbar von ökonomischen Faktoren mehr als kompensiert: Die Höhe ihres Besitzes zeichnete im Ehe- und Witwenstand gestorbene Frauen weit vor ledig verschiedenen aus[62)].

[61)] Grundlage: StAKN I III. Ab dem 21. Lebensjahr. N verheiratet + verwitwet = 433, N ledig = 248 je mit Altersangabe.

[62)] Kap. 6.3.3 b); Durchschnittsvermögen jew. Frauen ab 40 Jahren mit Alters- Familienstands- und Vermögensangabe: ledige 220 fl (N = 196), verheiratete + verwitwete 1439 fl (N = 345).

4.4.4 Die soziale Ungleichheit vor dem Tod

Erwachsene Konstanzer und Konstanzerinnen mit einem Gesamtvermögen von über 3000 Gulden lebten im Mittel fünf Jahre länger als die „Unbemittelten"[63], deren Besitz keine 300 Gulden wert war.

Schaubild 20: Verteilung der Sterbealter Erwachsener 1786-1805 nach dem hinterlassenen Vermögen[64]

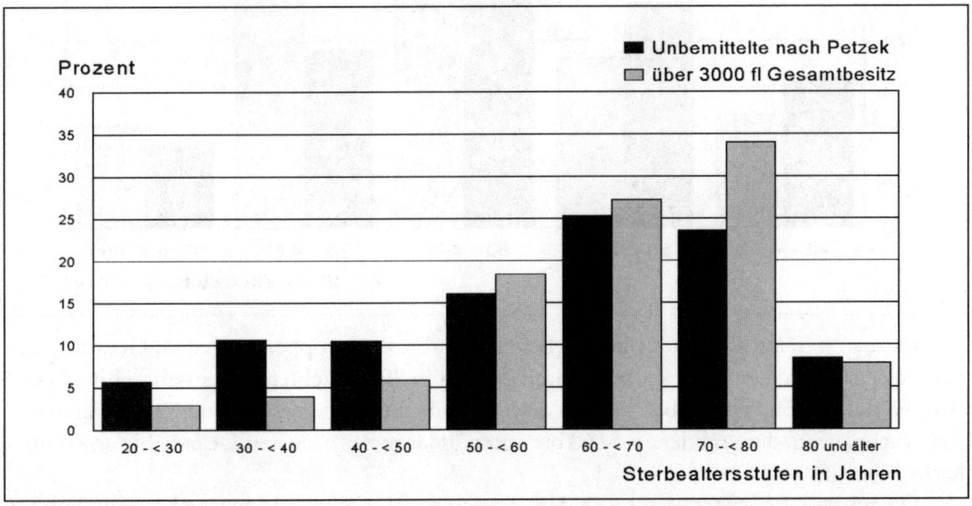

Die Sterbealterskurve der „Unbemittelten" verläuft deutlich flacher als die der Vermögenden. Der Tod ereilte die Armen demnach regelmäßiger in allen Altersstufen als die Reichen. Besonders klar zutage tritt die ökonomische Ungleichkeit vor dem Tod in den ersten drei aufgezeichneten Altersdekaden von 20 bis unter 50 Jahren sowie in der Gruppe der im 71. bis 80. Lebensjahr Verstorbenen: Vor Erreichen des 51. Lebensjahres starben anteilig doppelt so viele Mittellose wie Wohlhabende. Ihren Höhepunkt erreichte die Sterbehäufigkeit der Konstanzer „Unbemittelten" zwischen dem 61. und dem 70. Lebensjahr, während das häufigste Todesalter der Begüterten statistisch gesehen in der nachfolgenden Dekade lag.

Eheleute, Witwen und Witwer starben später als Ledige. Um ein verzerrtes Bild zu vermeiden, sind in das folgende Schaubild nur Personen aufgenommen, die das 41. Lebensjahr erreicht und damit in der Regel das Erstheiratsalter durchlebt hatten.

[63] Petzek, Sammlung Bd. 3 (1792), I. Abteilung, XXXII. Rubrik, Nr. 576, S. 587, ddo. Wien 26. Aug. 1775; Kap. 6.3.3 a).

[64] Ab dem 21. Lebensjahr. StAKN I III, Sterbeprotokolle und Nachlaßinventare. N = 716 bzw. 103 Personen.

Schaubild 21: Verteilung der Sterbealter ab dem 41. Lebensjahr 1786-1805, nach dem Familienstand[65)]

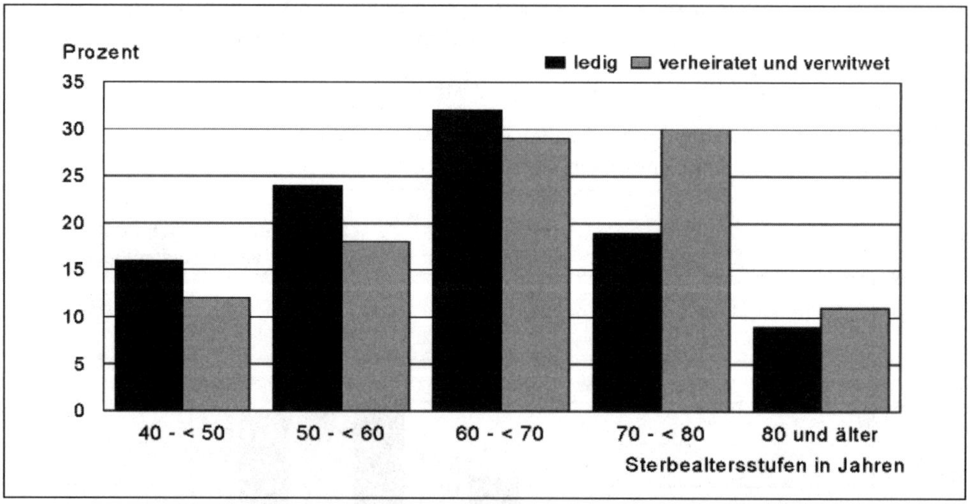

Es zeigt sich ein ähnliches Bild wie bei den Sterbealtersgruppen nach dem Gesamtbesitz. Ledige erreichten den Höhepunkt der Sterblichkeit in ihrem siebten Lebensjahrzehnt, danach fällt die Balkenhöhe rasch ab. Dagegen erscheint für die Verheirateten und Verwitweten eine Art Hochplateau, das von der Stufe 60 bis unter 70 Jahre zur nächsten Dekade hin sogar noch leicht ansteigt.

Die mittlere Lebenserwartung ab dem erreichten 41. Lebensjahr betrug bei ledig Verstorbenen in Konstanz gegen Ende des 18. Jahrhunderts weitere 22,1 Jahre, bei verheiratet oder verwitwet Gestorbenen weitere 25,3 Jahre.

Zwei unterschiedliche Faktoren dürften diesen Befund begründen. Zum einen folgte der Familienstand in Konstanz offensichtlich sozialen Auswahlmechanismen: Kurz gesagt, fanden nur diejenigen Ehepartner, die Besitz oder wenigstens ein Vermögensäquivalent anbieten konnten[66)]. Zum anderen erhöhte die Versorgungsgemeinschaft Ehe anscheinend die Chancen, die materiellen Lebensgrundlagen erhalten oder sogar vermehren zu können.

4.5 Todesursachen

Ab August 1784 mußten die Konstanzer Mediziner den zuständigen Pfarrern die Todesursachen aller verstorbenen Pfarrkinder übermitteln[67)]. Diagnosen von medizinischen Laien dürften diese Untersuchung also nicht berühren.

Als Hauptproblem bei der Identifizierung von Konstanzer Krankheiten des späten 18. Jahrhunderts bleibt, daß die Herren Medici und Chirurgi ihrem Wissen entsprechend anders über die Gegenstände ihres Fachs redeten und schrieben als heutige Mediziner. Vorindu-

[65)] Datengrundlage wie Anm. 64. N verh. + verw. = 652, led. = 300.
[66)] Kap. 6.15.
[67)] StAKN C I 197, 30. Apr. 1784; s. o., Kapitelanfang.

strielle Krankheitsnamen sind aus der Säftelehre gebildet und überwiegend an Symptomen orientiert; die moderne Schulmedizin verwendet Begriffe, die sie von den Krankheitsursachen ableitet - sofern diese bekannt sind[68]. Neben der verbreiteten nosographischen, den Krankheitsverlauf beschreibenden medizinischen Terminologie finden sich im 18. Jahrhundert durchaus auch ätiologische, Ursachen benennende Krankheitsnamen. Insgesamt muß mindestens die Hälfte der Übersetzungen in heute geläufige Krankheitsraster mit dem Zusatz »vermutlich« versehen werden.

„Gichter"[69] waren in Konstanz die weitaus häufigste Todesursache. Überwiegend Säuglinge und Kleinkinder starben daran. Dieses schwer faßliche Leiden hat sich im schwäbischen Sprachraum als Ausdruck des Unwillens erhalten: »Da krieg ich doch die Gichter" oder ähnlich lauten die Formulierungen[70]. Das Krankheitsbild zeigte Fieberdelirien, Krämpfe, Muskelzittern und Zuckungen, worauf auch die lateinische und französische Bezeichnung „convulsiones" beziehungsweise „convulsions" verweisen[71]. Die Todesursache „Gichter" wurde in Konstanz häufig zusammen mit Auszehrung und Husten, seltener kombiniert mit Masern, Kindsblattern und dem Präfix „Kiefer-" oder „Zähne-" genannt. Die spezifischen Merkmale von „stillen" und „schreÿigen" Gichtern liegen auf der Hand. Die Listen der Pfarrei St. Paul führen 1786 bis 1789 häufig unter dem Begriff „Auszehrung", was in den anderen Pfarreien und später auch in St. Paul wieder „Gichter" hieß.

Bei den wenigen Erwachsenen, die an den Gichtern starben, handelte es sich in der Regel um Frauen. Zusätze wie „in Kindsnöthen an Gichteren" oder „an Muttergichtern" lassen vermuten, daß die Todesursache Gichter in Konstanz bei zwischen dem 20. und 45. Lebensjahr gestorbenen Frauen der Kategorie »Kindbett« zugehört.

Vom heutigen medizinischen Kenntnisstand kommen drei Ursachen für den Tod durch „Gichter" in Frage.

Zum einen konnten Vergiftungen, Mangelernährung, Infektionen und andere Belastungen während der Schwangerschaft dem heranwachsenden Embryonen Nerven- und Hirnschäden zufügen. Noch heute bekannte Beispiele dafür stellen die Erkrankung einer werdenden Mutter an Röteln oder Alkohol- und Nikotinmißbrauch während der Schwangerschaft dar.

Zum anderen kann Sauerstoffmangel des Säuglings im Verlauf einer langen und schwierigen Geburt oder durch Drosseln mit der Nabelschnur zu dauerhaften zerebralen Ausfällen führen.

Zum dritten leiden noch heute bis zu fünf Prozent der Neugeborenen in den ersten

[68] Vgl. Imhof, Historische Demographie, S. 560f.

[69] Zitierte Krankheitsnamen in diesem Abschnitt aus: Kirchenbücher der 7 katholischen Konstanzer Pfarreien zwischen 1786 und 1795, Originale im Diözesanarchiv Freiburg, verfilmt im StAKN; StAKN I III, Sterbeprotokolle und Nachlaßinventare 1786-1805.

[70] Vom Autoren dieses im Raum Heilbronn und in Stuttgart gehört.

[71] Lateinisch im Totenbuch der Spitalpfarrei, StAKN, Mikrofilmrolle 25; Französisch im „Registre de Baptêmes", StAKN C I 197. Max Höfler, Deutsches Krankheitsnamen-Buch, München 1899, Nachdruck Hildesheim / New York 1970, S. 189f; Grimm, Deutsches Wörterbuch Bd. 7 (1949), Sp. 7278f; Johann Heinrich Zedler, Grosses vollständiges Universal Lexicon aller Wissenschafften und Künste (...), 64 Bände und 4 Supplementbände, Leipzig und Halle 1732-1752: *Gichter* in Bd. 10, Sp. 1439 verweist auf Bd. 6, Sp. 1179, *convulsiones*; weiteres in Bd. 15, Sp. 1739-1746 unter *Krampf*.

beiden Lebensjahren an Fieberkrämpfen, hervorgerufen durch Infektionen. Allerdings stirbt in Industrieländern niemand mehr hieran[72].

Plausiblerweise konnten diese drei Faktoren einander unter den Lebensbedingungen des 18. Jahrhunderts potenzieren. Kümmerlich entwickelte Säuglinge trugen bei der Geburt verstärkt Schäden davon und waren später mit der Abwehr von Krankheitserregern rettungslos überfordert.

Die genannten Ursachen scheinen für die hohe vorindustrielle Kindersterblichkeit wirksamer gewesen zu sein als das Versäumnis von Arztbesuchen oder eventuell differierende Stillzeiträume, zumal zur Säuglingsernährung zuverlässige flächendeckende Nachweise nur schwer erhältlich sind. In den süddeutschen Großstädten Nürnberg und München sei „das Stillen der Säuglinge keine verbreitete Praxis gewesen“; mit solchen „Ernährungspraktiken“ die übermäßigen Werte der Säuglingssterblichkeit zu begründen, könnte Ursache mit Wirkung vertauschen: Weil ohnehin so viele Säuglinge starben, lohnte sich womöglich das kräftezehrende Stillen nicht.

Zeigte ein Säugling erst die Symptome der Gichter, dann war in der Tat individuell „nichts“ mehr „zu machen“. Zur Ausrottung dieser Todesursache bedurfte es freilich viel weniger einer regionalen Angleichung »guter« „Stillgewohnheiten“, als vielmehr der grundlegenden Verbesserung der allgemeinen materiellen Lebensbedingungen, nicht zuletzt der „Ernährungspraktiken“ aller Schwangeren - was sich klar zeigte, als eben solche Verbesserungen im späten 19. Jahrhundert auch die Säuglingsmortalität rapide fallen ließen[73].

„Auszehrung“, auch in diversen deutschen und griechisch-lateinischen Variationen benutzt wie zehrende Krankheit, Zehrfieber, Abzehrung und dergleichen, dann Febris hectica, Atrophia und Marasmus, bedeutet nichts anderes als Kräfteverfall und Abmagerung. Auszehrung deutet auf vielerlei Ursachen hin, von denen die meisten, ungeachtet der unscharfen Bezeichnung, bereits im 18. Jahrhundert bekannt waren[74]: Lungentuberkulose; Altersschwäche, gelehrt ausgedrückt Marasmus senilis; Fieber, aus moderner Sicht also eine Infektion, vorzüglich des Magen-/Darmbereichs, worauf der Kranke nicht mehr normal essen oder die

[72] F.J. Schulte und J. Spranger, Lehrbuch der Kinderheilkunde, 27. Aufl. Stuttgart / Jena / New York 1992, S. 768f; Boelcke, Sozialgeschichte, S. 157: Gichter aufgrund „notorischem Vitamin-C- und -D-Mangel“; Hans Harald Bräutigam, Eine schwere Geburt, in: Die Zeit, 24. März 1995, S. 49: „(...) zeigen sich in den ersten Lebenstagen lang anhaltende Krämpfe oder gar Lähmungen, so ist die Ursache klar: Es besteht ein durch den Geburtsvorgang erworbener sogenannter aufgepfropfter hypoxischer Schaden.“

[73] Steinki / Pristl / Gröner, Säuglingssterblichkeit, S. 20f; Adler, Demographie und Familiengeschichte, S. 266f; Vögele, Sanitäre Reformen, S. 350, 363, referiert die »Stillgewohnheiten-Theorie« von Prinzing (Kindersterblichkeit, in Jbb. f. Nationalökonomie und Statistik, III. Folge, 17, 1899, S. 577-635) und Knodel / Kintner (Breastfeeding, in Demography 14, 1977, S. 391-407), resümiert dann: „Da aber die Säuglingssterblichkeit in allen Städten mit mehr als 15 000 Einwohnern ab Mitte der 1880er Jahre zu sinken begann und die Streuung der Werte in den einzelnen Städten zurückging, können die gestiegenen Überlebenschancen der Säuglinge nicht allein auf eventuell verbesserte Ernährungspraktiken [= Stillen] zurückgeführt werden. (...) scheinen die Ursachen [für die Säuglingssterblichkeit und deren Rückgang] im Bereich sozio-ökonomischer Bedingungen zu liegen“; Boelcke, Sozialgeschichte, S. 157: „Vordergründig wurde in einigen Gegenden die höhere Kindersterblichkeit mit der schädlichen Beschaffenheit der Muttermilch, in anderen mit dem Nichtstillen der Säuglinge (...) in ursächlichen Zusammenhang gebracht“, doch sei für die hohe [Säuglings- und] Kindersterblichkeit „primär die Verelendung großer Bevölkerungsteile verantwortlich zu machen“.

[74] Höfler, Krankheitsnamen, S. 139, 145, 325, 847f; Grimm, Deutsches Wörterbuch Bd. 1 (1854), Sp. 1024 und Bd. 31 (1956), Sp. 472; J.S. Ersch und J.G. Gruber, Allgemeine Encyclopädie der Wissenschaften und Künste in alphabetischer Folge, Hier: 6. Teil, Leipzig 1821, S. 475f.

Nährstoffe nicht mehr hinreichend aufnehmen konnte; von Würmern befallene Verdauungsorgane; Nahrungsmangel; „ferner Schmuz, dumpfe, feuchte Wohnung, und Armuth mit ihrem scheußlichen Gefolge", wie ein Enzyklopädist 1821 recht treffend bemerkte[75]. Aus heutiger Warte tritt noch nach innen wachsender Krebs zu den möglichen Ursachen.

Die Transposition Lungentuberkulose trifft ziemlich sicher zu bei den Krankheitsnamen „Lungensucht", „Blutsturz", „Lungenfäule", „Lungenkrankheit" und „Dörrsucht"; letzteren Begriff buchstabierten die verschiedenen Pfarrer von St. Stephan, St. Paul und St. Jodok einheitlich „Thörsucht", was darauf hindeuten könnte, daß sie ihre Kenntnis der Todesursachen aus derselben Quelle schöpften. Keinem Zweifel unterliegen die Einträge „Phtisis pulmon[alis]", Lungenschwindsucht, in der Spitalpfarrei[76].

Dagegen verweist „Lungenseuche" vielleicht, „Lungenfieber" gewiß auf Lungenentzündung. Lungenentzündung ist häufig nicht Ursache, sondern Folge einer Erkrankung: Von Viren ausgelöst, kann sie jeden befallen; Bakterien dagegen breiten sich in der Lunge bereits Angeschlagener, Kranker und Bettlägeriger aus[77].

Die Reihe der Lungenkrankheiten beschließt der „Lungenbrand", wissenschaftlich Gangraena pulmonalis, ein „brand.[iger] Zerfall d.[es] Lungengewebes, mit jauchigen, fauligen Zersetzungsvorgängen". Lungenbrand beginnt mit mangelnder Durchblutung von Lungengewebe, worauf Zellpartien absterben und sich Erreger dort einnisten[78].

„Schlagfluß" bezeichnete die Apoplexie, den Schlaganfall durch verstopfte Blutgefäße im Gehirn. Selten mag es sich um einen Herzinfarkt gehandelt haben, auf den eher der Begriff „Stechen" zutraf, sofern das Stechen in der Herzgegend angesiedelt war. Ansonsten dürfte Stechen auf eine Lungen- oder Rippenfellentzündung hindeuten[79].

„Wassersucht", in den Sterberegistern der Spitalpfarrei „Hydropisis", wird wie Brust- und Herzwassersucht als chronisches Herz- oder Lungenleiden beschrieben, bei dem sich „wässerige Ansammlungen unter der Haut oder in den Leibeshöhlen ausbilden", sich auch im Herzbeutel angesammelt hätten. Atembeschwerden folgten. Nun erscheinen Wasseransammlungen im Herzbeutel unwahrscheinlich; in der Brust hingegen als gut möglich. Vermutlich handelte es sich um Ödeme in Beinen, Bauch oder Lunge; als Ursache kommt neben anderen möglichen eine Herzinsuffizienz in Frage, etwa infolge einer Entzündung der rechten Herzklappen[80].

„Faules" oder „hitziges Gallenfieber" erhielt in Konstanz zahlreiche variierte Namen: „faules" oder „hitziges Fieber", „hitzige Krankheit", „Gallenfieber", lateinisch „Febris ardens" und „Febris putrida bilosa", seltener „Nerven"-, „Schleim"- oder „bösartiges Fieber", allesamt Synonyme für Typhus. Auch die Cholera kommt als Übersetzung in Frage, einmal wegen der Namensverwandtschaft mit dem Gallenfieber und weiter wegen des ähnlichen

75) Ebd., S. 475.

76) Höfler, Krankheitsnamen, S. 124, 319, 710. Die Totenbücher der Münster-, Petershausener und St. Johann-Pfarrei enthalten keine Todesursachen; das bis November 1799 vom Konstanzer Franziskanerkonvent geführte Totenbuch der Spitalpfarrei führt die Todesursachen lateinisch.

77) Höfler, Krankheitsnamen, S. 642, 142.

78) Ebd., S. 68.

79) Schlagfluß: Zedler, Universallexikon Bd. 1 (1732), Sp. 905; Höfler, Krankheitsnamen, S. 573. Stechen: ebd., S. 678.

80) Ebd., S. 718 (Zitat); Grimm, Deutsches Wörterbuch Bd. 13 (1922), Sp. 2525.

Krankheitsverlaufs. Beide Krankheiten führen zu lebensbedrohlichem Flüssigkeitsverlust, worauf die zeitgenössische Namenskomponente »hitzig« beziehungsweise »ardens« verweist; beide verursachen heftige Durchfälle, was sich in »faul« und »putridus« niederschlug. Typhus als Salmonellen-, Cholera als bakterielle Infektion resultieren beide unmittelbar aus unhygienischen Ernährungs-, insbesondere Trinkwasserverhältnissen[81].

„Stekkathar", in diversen orthographischen Variationen zu finden, bezeichnete einen erstickenden Katarrh, was der lateinische Terminus „Catharro suffocativo" [obiit] deutlicher als im Deutschen ausdrückte. Aufgrund einer Infektion - oder Allergie oder eines Unfalls, was hier zu vernachlässigen ist – kann die Schleimhaut oberhalb des Kehlkopfs rasch anschwellen. Unter ungünstigen Umständen ist der Bereich binnen einer Stunde vollständig zugeschwollen, der Kehldeckel nicht mehr zu öffnen, und der Erstickungstod tritt ein[82].

„Durchschlacht", heutzutage als »Ausschlag« bekannt, bezog sich auf krankhafte Hautflecken, „besonders die kinderblattern"[83]. Die Symptome könnten auch auf andere Kinderkrankheiten hinweisen, etwa Scharlach oder Masern. Letztere wurden auch „Rotsucht" genannt[84].

Bei der ausschließlich Kleinkinder treffenden „englischen Krankheit" handelte es sich um Rachitis, ein vor allem im Winter auftretender, von fehlender Ultraviolettstrahlung herrührender Vitamin-D-Mangel, der die Knochen erweicht[85].

Den Konstanzer Medizinern stand ein Repertoire differenzierter Krankheitsbilder für Erwachsene zur Verfügung. Die beiden tödlichsten Krankheiten betrafen fast ausschließlich Säuglinge und Kleinkinder, deren Sterben sich uniform wiederholte.

Je älter die Menschen in Konstanz starben, desto vielfältiger gliederten sich ihre Todesursachen auf. Allein die infektiösen Durchfallerkrankungen Typhus, Dysenterie und vermutlich Cholera verursachten in allen Altersgruppen ab dem zweiten Lebensjahr ein Zehntel bis ein Fünftel aller Sterbefälle. Ansonsten verschoben sich die Schwerpunkte.

Im ersten Jahr überwogen die Gichter, die vier Fünftel der verstorbenen Säuglinge ums Leben brachten; ein Zehntel starb an der Geburt und ihren Folgen.

Zwischen dem zweiten und dem zehnten Lebensjahr verzeichneten die Pfarrer noch für 30 Prozent aller Todesfälle die Gichter; nur die Kindsblattern mit 40 Prozent forderten mehr Opfer. Lediglich vier Prozent in dieser Altersgruppe erlagen hingegen den Masern oder einer ähnlichen Kinderkrankheit.

Vom elften bis zum 45. Lebensjahr taucht die Lungentuberkulose an der Spitze der Todesursachen auf, die vermutlich knapp 40 Prozent ins Grab brachte. Jeder achte der – in dieser Altersgruppe relativ wenigen – Verstorbenen insgesamt, also rund ein Viertel der Frauen zwischen zehn und 44 Jahren, blieb im Kindbett. Insgesamt starben in Konstanz so-

[81] Höfler, Krankheitsnamen, S. 139-143.
[82] Ebd., S. 261.
[83] Grimm, Deutsches Wörterbuch Bd. 2 (1860), Sp. 1667; Höfler, Krankheitsnamen, S. 570.
[84] Ebd., S. 714.
[85] Ebd., S. 312.
[86] StAKN, Kirchenbücher der 7 katholischen Pfarreien Münster, St. Stephan, St. Johann, St. Paul, St. Jodok, Spital, Petershausen, Mikrofilmrollen 1, 10, 11, 20, 24, 25. StAKN C I 197, „Registre de Baptêmes [und Todesfälle] de l'Eglise Protestante de Constance" für 1786-1791. N = 1702 Todesfälle. „Windwassersucht" = Tympanites, Darmverschluß mit Aufblähungen: Höfler, Krankheitsnamen, S. 719; „Fäulnuss" = Karies? : Ebd., S. 123; „Grieß": Ebd.,

Tabelle 22: Todesursachen in Konstanz 1786-1795, nach der zeitgenössischen Terminologie[86)]

Todesursache	Personen	Anteil
Gichter:	458	34,1 %
Kindsblattern:	143	10,7 %
Auszehrung:	121	9,0 %
Schlagfluß:	99	7,4 %
(Brust-/Herz-) Wassersucht:	86	6,4 %
Hitziges Gallenfieber u.dgl.:	82	6,1 %
Lungenfäule, -sucht u.dgl.:	59	4,4 %
„mit der Geburth das Leben geendet":	40	3,0 %
Steckkatarrh:	39	2,9 %
Ruhr:	32	2,4 %
„Alters halber" u.dgl.:	32	2,4 %
Kindbett:	26	1,9 %
Krebs u.dgl.:	18	1,3 %
Verstopfung, Kolik u.dgl.:	17	1,3 %
Unfall, Unfallfolgen:	15	1,1 %
„von Geburt schwach" u.dgl.:	12	0,9 %
Lungenentzündung:	12	0,9 %
Rotsucht:	8	0,6 %
Wundbrand u.dgl.:	6	0,4 %
Lungenbrand:	5	0,4 %
Englische Krankheit:	5	0,4 %
Gliedersucht u.dgl.:	4	0,3 %
Diarrhöe:	2	0,1 %
Gelbsucht:	2	
Katarrhfieber [Influenza]:	2	
Nervenschwächung, Epilepsia:	2	
Schleimschlag, Asthma:	2	
Windwassersucht [Tympanites]:	2	
Zahnfieber:	2	
Brustenge [Angina pectoris]:	1	
Fäulnis [Karies?]:	1	
Febris triduara [Malaria]:	1	
Grieß [Blasen-/Nieren-/Gallensteine]:	1	
Husten:	1	
Stechfieber [Lungen-/Rippenfellentzü.]	1	
Suizid[87)]:	1	
Totschlag:	1	
„vis frigoris" [erfroren]:	1	
Mit bestimmbarer Todesursache:	1342	100 %
Totgeburt:	1	
Todesursache unbestimmbar[88)]:	8	
Keine Angabe einer Todesursache:	351	

wohl nach den Kirchenbüchern 1786 bis 1795 als auch nach den Sterbeprotokollen 1786 bis 1805 knapp sechs Prozent aller erwachsenen Frauen an Entbindungsfolgen[89)]. Etwas über vier Prozent kamen in dieser Altersgruppe bei einem Unglücksfall zu Tode, wobei Stürze erst an zweiter Stelle des Unfalltodes standen. Insgesamt ertranken in den zehn Jahren 1786 bis 1795 neun Konstanzerinnen und Konstanzer im See, im Rhein, ein siebenjähriges Mädchen gar „in einer Lache"[90)]. Die neun entsprachen 60 Prozent aller 15 Unfalltoten. Im April 1787 ertrank zum Beispiel Carolina, vierundzwanzigjährige Tochter des Indiennefabrikanten Jacques Louis Macaire De Lor, im See nahe der Dominikanerinsel. Nachdem das Ertrinken auch in Gießen zu den zehn „häufigsten Todesursachen" zählte, kann man annehmen, daß die Schwimmfähigkeit im 18. Jahrhundert nicht eben verbreitet war[91)].

S. 201; „Febris triduara" = vermutl. Malaria, Tertianfieber: Ebd., S. 144; „Katharfieber", auch „Hauptfluß": Ebd., S. 141, 161; „Stechfieber", „Stechen": Ebd., S. 678.

87) Buchdrucker Anton Labhart, Sterberegister St. Stephan, 5. Aug. 1786: „Mit gewaltiger Hÿpocondria behaftet, und ertrunken befunden worden".

88) „Übernöthe", „ohnerkante Krankheit", „Leibschaden", „febris" u.dgl.

89) 1786-1795: StAKN, verfilmte Kirchenbücher der 7 katholischen Pfarreien und C I 197, Registre de Baptêmes für die reformierte Gemeinde 1786-1791: 26 von 436 Frauen ab dem 21. Lebensjahr mit Angabe der Todesursache = 5,96 %. 1786-1805: StAKN I III, Sterbeprotokolle und Nachlaßinventare, 39 von 658 dito = 5,93 %. - Lungentuberkulose: Vögele, Sanitäre Reformen, S. 353.

90) Sterberegister St. Jodok, 1. Juni 1795.

91) StAKN I III, Carolina De Lor unter dem 26. April 1787. Imhof, Historische Demographie, S. 578, Fig. 10.

In der Altersgruppe 45 bis unter 65 Jahre sind keine hervorstechenden Krankheiten mehr auszumachen. Der Anteil Tuberkulosetoter ging deutlich, wohl auf die Hälfte gegenüber der vorigen Altersgruppe, zurück. Die Lungentuberkulose sorgte tendenziell für einen frühen Tod. Viele erlagen in dieser Altersgruppe an Verschleißkrankheiten wie Schlagfluß und Wassersucht. Immerhin starben noch zwei Frauen jenseits des 45. Lebensjahres im Wochenbett.

Ab dem 66. Lebensjahr starben die Menschen in Konstanz zu einem knappen Drittel am Schlagfluß, wohl zu einem starken Viertel an Altersschwäche, zu einem Fünftel an Wassersucht. Ein Zehntel erstickte an rascher und heftigen Schleimhautentzündung. Mit vermutlich fünf Prozent erreichte der Krebstod in diesem Sterbealter seinen höchsten Anteil.

Schaubild 23: Todesursachen 1786-1795, nach vermutlichen Ursachengruppen[92)]

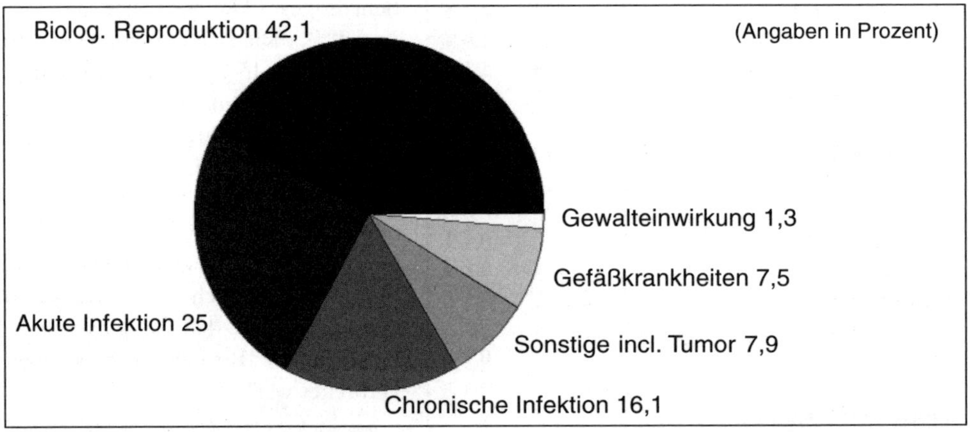

Gebündelt ergeben die im Kindbett gestorbenen Frauen, die an der Geburt und an deren Folgen rasch gestorbenen Säuglinge, die zum Leben zu schwachen, vor allem die den Gichtern erlegenen Neugeborenen, also einem Leiden, das wohl weitgehend während der Schwangerschaft und des Geburtsvorganges angelegt wurde, eine Mehrheit der Todesfälle. Die Fortpflanzung selbst verursachte die höchsten Verluste an menschlichem Leben im 18. Jahrhundert.

Unter veränderter Perspektive betrachtet, starben die meisten Menschen in Konstanz an einer Infektion, da die Ursachengruppe »biologische Reproduktion« alle Fälle von „Mutterbrand" enthält, auch die Gichter werden letztlich mit einer Infektion verbunden gewesen sein.

Die chirurgischen Kenntnisse und Fertigkeiten der Konstanzer Mediziner hatten im 18. Jahrhundert ein hohes Niveau erreicht, wie ein ausführlicher Obduktionsbericht aus dem Jahr 1790 nachweist[93)]. Die weitreichende Unkenntnis der Ursachen von Infektionen jedoch ver-

92) Wie Anm. 86. N = 1342. „Auszehrung" pragmatisch nach Altersstufen transponiert: Geburt bis unter 10 Jahre => 28mal Geburtsfolgen, 10 - < 45 J. => 34mal Lungenkrankheit, 45 - < 70 J. => 34mal Verdauungsorgane, 70 J. und älter = 25mal Altersschwäche.

93) StAKN I III, zum Sterbeprotokoll des Johannes Handel unter dem 17. Dez. 1790; Sterberegister St. Stephan 3. Dez. 1788: Todesursache auf Grundlage einer Autopsie: Lungen- und Lebergeschwüre.

sagte den Ärzten wirksame Therapiemöglichkeiten und verhinderte allgemein ein Bewußtsein für elementare hygienische Schutzmaßnamen. Immerhin wirkte das organisierte Sauberhalten der Brunnenkästen, die Abfallbeseitigung und Qualitätskontrollen an den Metzigbänken in die richtige Richtung, wenngleich mit dem humoralpathologischen Lehrgebäude und der Furcht vor Miasmen begründet[94]. Qualitativ minderwertige Mangelernährung, insanitäre Einrichtungen in der Wasser- und Abfallwirtschaft sowie unzureichende Heizung machten den Körper anfälliger für die unbekannten Amöben, Bakterien, Salmonellen und Viren.

Insofern spiegeln die Schaubilder 23 und 24 nicht nur den medizinischen Kenntnisstand der Zeit wider, sondern vornehmlich die herrschenden materiellen Lebensvoraussetzungen[95].

Im Ansatz zeigte das medizinische Denken in die richtige Richtung; „die Luft", so konstatierte der Kardinal Giuseppe Garampi 1761, „scheint allerdings nicht sehr gesund zu sein wegen der Feuchtigkeit des Sees und der niederen Lage des Landes." Ähnlich machte der emigrierte Abbé Lambert ein Drittel Jahrhundert später „l'air, l'eau, le changement de nourriture et de climat" für die hohe Mortalität unter den französischen Emigranten verantwortlich. Auf die zahlreichen Wassergräben bezogen, welche trotz ihrer Verbindung mit See und Rhein die Stadt offenbar nicht eben rasch durchflossen, befand Lambert: „L'eau qui stagne dans les fossés corrompt l'air et occasionne presque autant de fièvres d'automne que les marais en Bresse."[96] Unter militärischer Perspektive hatte ein kaiserlicher Festungsbauingenieur bereits 1706 hervorgehoben, auf der Rhein und See abgewandten Süd- und vor allem Westseite sei die Stadt fast völlig von Morast und Wasser umgeben. An anderer Stelle wiederholte er: „Es ist um Konstanz herum ein solcher Morast, daß, wenn man einen Stecken einschlägt, der nächste dabei wiederum in die Höhe geht."[97]

Die für Konstanz gegen Ende des 18. Jahrhunderts festgestellten Haupt-Todesursachen hatten sich bis zum dritten Viertel des 19. Jahrhunderts nicht wesentlich geändert, nimmt man die „Mortalitätsverhältnisse" in Halle zum exemplarischen Beleg[98]. Ein grundlegender Wandel fand dagegen in den letzten hundert Jahren statt.

Verglichen mit den Todesursachen in Deutschland 1989[99] fand der verhältnismäßig deutlichste Rückgang bei der Kindbettmortalität statt. Starben in Konstanz 1786 bis 1805 noch 3,6 Prozent aller Erwachsenen an den Folgen einer Geburt, so konnten die verbesserte medizinische Betreuung und die Beachtung von Hygienevorschriften „Komplikationen während Schwangerschaft, Entbindung, Wochenbett" bis 1989 auf 0,066 Promille aller Sterbefälle drücken.

[94] GLA 209/1149, Polizeiordnung 1792, §§ 21, 31-33, 47-50.

[95] Vögele, Sanitäre Reformen, S. 345, referiert Mc Keown: Anteile am Rückgang der Gesamtmortalität in der zweiten Hälfte des 19. Jhs.: Quanti- und qualitativ verbesserte Ernährungsmöglichkeiten mit 50 %, die „sanitäre Revolution" mit 25 %, die Abnahme der Virulenz bestimmter Krankheitserreger mit 20 %; die „medizinische Intervention" war kaum mehr als im Falle der Kuhpockenimpfung erfolgreich, lieferte demnach nur einen Randbeitrag zum gesamten Sterblichkeitsrückgang.

[96] Garampi zit. n. Feger, Spiegel der Zeiten, S. 114; Lambert, Mémoires, S. 200, 192; die Wassergräben sind exakt verzeichnet in Johann Baptist v. Loobs Plan von Konstanz und Umgebung aus dem Jahr 1800: GLA, HfK Hd 47 rot, stark verkleinert abgebildet in Burkhardt in Stadtgeschichte III, S. 436.

[97] Feger, Spiegel der Zeiten, S. 101 und 103 (Zitat).

[98] Imhof, gewonnene Jahre, S. 118f.

[99] Statistisches Jahrbuch 1991, Tab. 18.6.1, S.438f: Sterbefälle nach Todesursachen, Deutschland 1989.

Die Letalität aufgrund einer Erkrankung der Verdauungsorgane fiel von vermutlich rund einem Viertel in Konstanz im späten 18. Jahrhundert auf 4,6 Prozent in Deutschland 1989. Dieser Rückgang reflektiert zum einen die entscheidende Hebung der Trinkwasser- und Nahrungsmittelqualität, damit die weitgehende Ausrottung der Durchfallseuchen wie Typhus und Ruhr, zum anderen die überwundenen Folgen „einer elenden mangelhaften Nahrung" schon von frühester Kindheit an[100].

Schaubild 24: Todesursachen Erwachsener 1786-1805, nach vermutlich betroffenen Körperteilen[101]

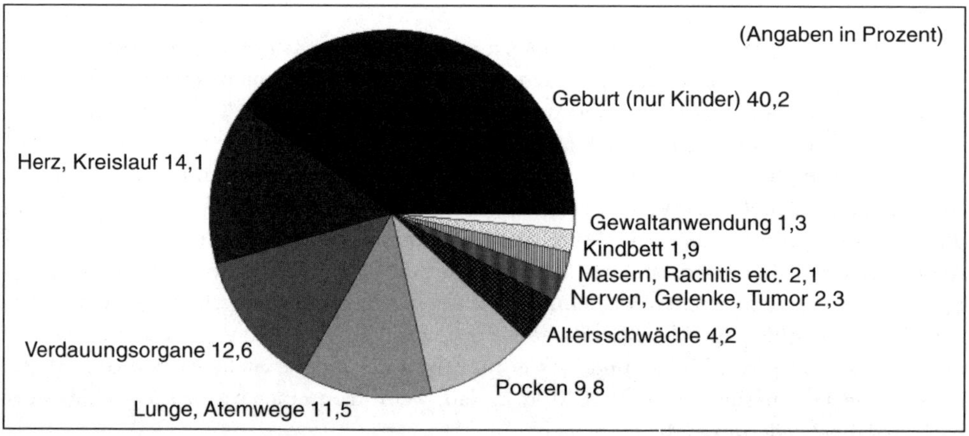

Feuchte, enge und im Winter wegen der hohen Kosten meist schlecht geheizte Wohnungen trugen dazu bei, daß Lungen- und Atemwegserkrankungen in Konstanz mit vermutlich einem Viertel an der Erwachsenensterblichkeit beteiligt waren. Dieser Anteil ging bis 1989 in Deutschland auf 5,8 Prozent aller Todesfälle zurück.

Dagegen stieg der Anteil der „bösartigen Neubildungen" von vermutlich 1,3 Prozent Krebstoten unter den Erwachsenen in Konstanz 1786 bis 1805 auf ein knappes Viertel 1989. Einesteils dürfte die Konstanzer Bewohnerschaft im Ganzen gesehen zu früh an anderen Krankheiten gestorben sein, als daß sich Tumore hätten entwickeln können; andernteils war ihr Organismus noch in geringerem Maße spezifisch modernen Belastungen, von der Radioaktivität über das Nitritpökelsalz bis zu diversen Motorenabgasen, ausgesetzt.

Die Quote der Herz-/Kreislauferkrankungen verdoppelte sich von vermutlich einem Viertel in Konstanz auf über die Hälfte der Todesursachen heutzutage. Bewegungsmangel, überreichliches Essen und Herzverfettung waren im 18. Jahrhundert selten zu konstatierende Erscheinungen.

[100] Steinki / Pristl / Gröner, Säuglingssterblichkeit, S. 20f; Braudel, Sozialgeschichte 1, Alltag, S. 132-134; Vögele, Sanitäre Reformen, S. 347; Zitat: StAKN I III, Obduktionsprotokoll zum Tod von Johannes Handel, unter dem 17. Dez. 1790.

[101] StAKN I III, Sterbeprotokolle und Nachlaßinventare. Ab 21. Lebensjahr. N = 1085 Personen mit Angabe einer Todesursache.

Zur Beförderung gewaltsamer Todesarten fehlten in Konstanz im späten 18. Jahrhundert vor allem Autoverkehr, Giftstoffe und Suizidneigung; weshalb sich deren Anteil von 1,2 Prozent aller erwachsenen Verstorbenen auf zusammen knapp fünf Prozent 1989 vervierfachte.

Schichtenspezifische Häufungen von Todesursachen waren in Konstanz 1786 bis 1805 nicht annähernd so deutlich nachweisbar, wie Imhof sie für Halle an der Saale im 19. Jahrhundert darlegt[102]. Pointiert gesagt, schienen die Reichen in Konstanz fünf Jahre später als die Armen an den gleichen Krankheiten gestorben zu sein.

Eine Aufschlüsselung der Todesursachen-Gruppen nach verschiedenen Sozialkriterien wie dem Geschlecht, dem hinterlassenen Vermögen, dem Rechtsstatus als Stadtbürger oder ohne Konstanzer Bürgerrecht, dem Familienstand, dem Sterbeort Spital oder zu Hause, bringt vornehmlich selbstverständliche und banale Resultate. Zum Beispiel erlagen Männer häufiger einem Unfall, Frauen häufiger einem Tumor. Ein doppelt so hoher Anteil an Konstanzerinnen, die zwischen 2000 und 5000 Gulden hinterließen, als Konstanzerinnen, die gar nichts besaßen oder deren Habe 300 Gulden Wert nicht überstieg, starb im Kindbett; wohlhabende Frauen waren eben in der Regel verheiratet. Verstorbene mit Bürgerrecht verschieden fast doppelt so häufig wie die anderen an Altersschwäche; ein großer Teil der Genfer Kolonisten, fast alle französischen Emigranten und viele zugewanderte Dienstmägde und Knechte kehrten im Alter in ihre Heimatorte zurück. Unter den ledig Verstorbenen befanden sich anteilig mehr jüngere Leute als unter den Verheirateten und Verwitweten; entsprechend verunglückten Ledige öfter tödlich, starben häufiger an Lungenkrankheiten und seltener an Altersschwäche.

Einen interessanten Unterschied erhellt die Unterscheidung nach dem Alphabetisierungsgrad. Personen, deren Ehepartner ein Kreuz als Handzeichen setzte, verstarben offensichtlich doppelt so häufig an einer Erkrankung der Verdauungsorgane, also vor allem an Typhus, Dysenterie und eventuell Cholera, aber auch an Parasitenbefall, als an einem Lungenleiden. Da ein solcher Befund überhaupt nicht auf mittellos Gestorbene schlechthin zutraf, so scheint ein Zusammenhang zwischen mangelnder Bildung und mangelnder Hygiene bestanden zu haben[103].

Eine Feinanalyse der Todesursachen nach Vermögensklassen zeigt keinerlei sensationelle Differenzen. Sensationell erscheinen allenfalls die Übereinstimmungen: Personen, die 3000 Gulden oder mehr hinterließen, starben ebenso häufig an Lungenkrankheiten, insbesondere auch an Tuberkulose, wie „Unbemittelte“, deren Besitz höchstens 300 Gulden wert war[104]. Prominentes Beispiel im Untersuchungszeitraum ist der Ratssekretär Dominik Friederich, der im Frühjahr 1803 zum „gelehrten“ Bürgermeister gewählt und in diesem Amt von der Wiener Hofkanzlei bestätigt wurde, obwohl er „bekannterdingen ein dem Blutsturz unterworfener schwächlicher Mann seÿ“. Friederich hinterließ nach Abzug der Schulden ein Vermögen von 9246 Gulden[105].

102) Imhof, gewonnene Jahre, S. 118f.

103) 88 Positive Analphabeten mit Angabe der TU, davon 16 an Lungenkrankheiten, 33 an Erkrankung der Verdauungsorgane gestorben. Verhältnis insgesamt: N = 1085, davon rund 25 % Lungenleiden, 27 % Verdauungsorgane. Vermögen bis 300 fl: N = 689, davon rund 24 % Lungenleiden, 26 % Verdauungsorgane.

104) N = 93, dav. 4 positiv an TBC bzw. N = 790, davon 32 positiv an TBC gestorben. „Unbemittelte“: Kap. 6.3.3 a).

105) GLA 209/438, Zitat: Sthm. Blanc am 6. April 1803; ebd. weitere Schreiben vom 7. und 15. März, 15. Apr., 17., 20. u. 28. Juni, 22. Juli 1803. Sterbeprotokoll u. Nachlaßinventar Friederichs: StAKN I III unter dem 19. Jan. 1805.

Auch Typhus und Schlagfluß trafen in Konstanz am Ende des 18. Jahrhunderts egalitär Arme wie Reiche.

Nicht gerade ins Auge springende, aber doch wenigstens dem Zufall enthobene Unterschiede wiesen die Todesursachen Unfall, Wundbrand, Dysenterie, Lungenbrand und „Auszehrung" auf, an denen in Konstanz häufiger Mittellose starben; ferner Lungenentzündung, Nieren-, Blasen oder Gallensteine, Asthma und Altersschwäche, durch die eher Wohlhabende zu Tode kamen.

Anhand weiterer Untersuchungen wäre zu klären, ob die Konstanzer Leichenbeschauer flüchtig und undifferenziert diagnostizierten, oder ob die soziale Ungleichheit vor dem Tod im 18. Jahrhundert sich tatsächlich nur im Sterbealter, fast gar nicht jedoch in der Todesart niederschlug.

4.6 Familienstände

Der biologische Bevölkerungsrückgang in Konstanz läßt sich plausibel mit dem hohen Einwohneranteil begründen, der, geistlich oder mangels Heiratsmöglichkeiten, zölibatär lebte. Ordens- und Weltgeistliche, die meisten Spitalbewohnerinnen und -bewohner, zahlreiche allein lebende ledige Frauen, Gesinde und Gehilfen, in Konstanz auch eine bemerkenswerte Menge kinderloser Ehepaare füllten zwar die Sterberegister, setzten aber keine Kinder in die Welt.

Aktuell betrachtet, also zur selben Zeit nebeneinander, bestand die Konstanzer Bevölkerung zum Beispiel Ende 1774 nur zu einem Viertel aus Menschen, die, körperlich dazu befähigt und gleichzeitig gesellschaftlich legitimiert, für die Fortpflanzung überhaupt in Frage kamen[106].

Unter der Perspektive der gesamten Lebensspanne betrachtet, starb in Konstanz zwischen 1786 und 1805 ein Drittel der erwachsenen Einwohnerschaft, ohne jemals verheiratet gewesen zu sein[107] - und dabei fehlen noch die exempten, überwiegend geistlichen Angehörigen des Domkapitels und der beiden Kollegiatstifter St. Stephan und St. Johann.

Die Geistlichkeit ausgeklammert, verstarben in Konstanz zwischen 1786 und 1805 prozentual von hundert Männern 56, von hundert Frauen nur 33 verheiratet. Verwitwet oder geschieden starben 19 von hundert Männern, dagegen 32 von hundert Frauen. Bis zu ihrem Tod ledig blieben 24 Prozent der männlichen und 35 Prozent der weiblichen Laien[108].

Die proportionalen Unterschiede der ledig Verstorbenen ergeben sich folgerichtig aus dem Frauenüberschuß in Konstanz; die jeweiligen Anteile der Eheleute, Witwen und Witwer wiederholen im Grunde den Befund von der höheren weiblichen Lebenserwartung.

Auch unter der rein weltlichen Bevölkerung der Stadt Konstanz blieben viele ihr Leben lang unverheiratet.

Daß nicht allein Mägde, Knechte und Gesellen diese hohe Ledigenquote erfüllten, zeigen

106) StAKN A V 2, Seelenbeschrieb 1774: Gesamtbevölkerung 3896 »Seelen«, davon 523 verheiratete männliche Haushaltsvorstände und 389 Ehefrauen unter 50 Lebensjahren, zusammen 23,4 %.

107) StAKN I III, Sterbeprotokolle und Nachlaßinventare, je ab dem 21. Lebensjahr mit Alters- und Familienstandsangabe: 731 verheiratet, verwitwet und (einer) geschieden = 65,5 %, 385 ledig = 34,5 %.

108) Ebd.; absolut: weltl. Männer 245 verh., 82 verw., 1 gesch., 106 led.; weltl Frauen 236 verh., 227 verw., 249 led.; 21 Männer / 8 Frauen ohne Familienstandsangabe, 57 / 16 geistlich.

die Familienstandsverhältnisse anderer Bezugsgruppen. Der Seelenbeschrieb für 1774 weist 55 Prozent der 950 Haushaltsvorstände als verheiratet aus; 30 männliche und 119 weibliche, zusammen 16 Prozent der Haushaltsvorstände waren verwitwet; vier Männer und zwei Frauen stehen als geschieden in der Seelenbeschreibung. Zusammen 71,7 Prozent aller Vorstände von Privathaushalten in Konstanz waren zum Zeitpunkt der Erhebung 1774 verheiratet oder verheiratet gewesen, die anderen 28,3 Prozent ledig. 15 Prozent aller Haushalte in Konstanz wurden 1774 von einer ledigen Frau geführt[109].

Die Familienstände der erwachsenen Gesamtbevölkerung können nicht exakt ermittelt werden, da Ratsprokurator Bollinger dieses Merkmal bei den teilweise erwachsenen Kindern, den Spitaliten und beim Dienstpersonal nicht festhielt. Mit den vorhandenen Angaben hochgerechnet, dürfte die Konstanzer Einwohnerschaft ab dem 21. Lebensjahr einschließlich Spitalbewohnern, Kloster- und Weltgeistlichkeit aus 50 bis 55 Prozent Ledigen und 45 bis 50 Prozent Eheleuten, Verwitweten und Geschiedenen bestanden haben.

Die dargestellten Familienstände dämpften die gesamtgesellschaftliche Fertilität. Sie verweisen bereits hier auf die in Kapitel 8 dargelegten Haushaltsstrukturen: Der verheiratete Handwerksmeister stellte in der Stadt im 18. Jahrhundert keinen seltenen, aber eben nicht den Regelfall dar.

4.7 Zur Fertilität

Die ersten drei senkrechten Reihen von Tabelle 25 werfen ein Schlaglicht auf die gleichzeitige genealogische - 1768 auf die soziale, weshalb die Werte etwas niedriger liegen - Kinderzahl der gesamten Stadtbevölkerung zu einem aktuellen Zeitpunkt. Die rechte Reihe zeigt die genealogische Kinderzahl der Ehen, die zwischen 1786 und 1805 durch den Tod eines Partners endeten, zum Zeitpunkt ihrer jeweiligen Auflösung[110].

Tabelle 25: Kinderzahlen von Ehepaaren in der Frühneuzeit; Bruchsal um 1530, Konstanz 1768, 1774, 1786-1805[111] (Angaben in Prozent)

	um 1530	1768	1774	1786-1805
Kinderlos:	24,2	29,0	25,4	27,9
1 Kind:	19,4	16,6	15,9	20,8
2 Kinder:	17,1	18,7	16,1	17,0
3 Kinder:	14,2	12,6	14,1	12,5
4 Kinder:	11,0	9,5	10,9	6,9
5 Kinder:	7,3	7,4	7,3	6,9
6 und mehr Kinder:	6,7	6,3	10,3	8,1
Ehepaare gesamt, absolut:	463	476	523	481
Kinder im Mittel je Paar:	2,2	2,1	2,4	2,1

109) StAKN A V 2; absolut: 950 Haushaltsvorstände; davon 523 verh., 149 verw., 6 gesch; 141 positiv ledig, 126 nicht verheiratet und vermutlich ledig, zusammen 267, davon 121 Männer, 146 Frauen; bei 5 Familienstand nicht zu ermitteln.

110) Termini genealogische / soziale Kinderzahl wie in Kap. 8, Anm. 45 definiert.

111) Karl-Otto Bull, Die erste »Volkszählung« des deutschen Südwestens - Die Bevölkerung des Bistums Speyer um 1530, in: ZGO Bd. 133, 1985, S. 354, Bezug: alle lebenden ledigen Kinder, unabhängig von Alter und Wohnort (S. 340); StAKN A V 1 / 2, Seelenbeschriebe 1768 (soziale Kinderzahl) / 1774 (genealogische Kinderzahl); StAKN I III, Sterbeprotokolle 1786-1806 (genealogische Kinderzahl).

Die absoluten Zahlen der Ehepaare liegen jeweils in derselben Größenordnung, womit die Verhältnisse in den beiden katholischen Kleinstädten gut vergleichbar sind.

Die Kinderzahlen je Ehe blieben in deutschen Kleinstädten nach Tabelle 25 die ganze Frühneuzeit hindurch konstant, und zwar konstant niedrig. Ein Viertel aller Kleinstadtehepaare lebte kinderlos zusammen, ein starkes Viertel endete ohne Kinder. Ein Gutteil davon dürfte überhaupt ohne Nachwuchs geblieben sein[112]. Hiervon unterschieden sich die Verhältnisse auf dem Land nicht wesentlich: Die „erste »Volkszählung« des deutschen Südwestens" notierte 21,6 Prozent aller Ehepaare im gesamten Hochstift Speyer um das Jahr 1530 als kinderlos[113].

Drei Viertel aller Ehepaare in den frühneuzeitlichen Städten Bruchsal und Konstanz lebten zum Zeitpunkt der jeweiligen Volkszählung kinderlos oder mit höchstens drei unverheirateten Kindern zusammen.

Zum Zeitpunkt der Auflösung der Ehe durch den Tod eines Partners konnte ein Konstanzer Stadtkanzlist im späten 18. Jahrhundert nur in jeder fünften Ehe mehr als drei Kinder registrieren, und zwar unabhängig von deren Familienstand und Aufenthaltsort. Lediglich eine unter zehn Ehen erreichte in Konstanz, vermutlich in allen vergleichbaren Städten der frühen Neuzeit, eine genealogische Kinderzahl von sechs oder mehr.

Die Kinderzahl je Haushalt unterbot die je kompletter Kernfamilie entsprechend deutlich[114].

Die Geburtenziffer auf 1000 Einwohner im Jahr bewegte sich in Konstanz von 1770 bis zur Ansiedlung der Genfer Kolonie um 34. 1785 bis 1791 lag sie einschließlich der reformierten Kirchengemeinde bei 37, desgleichen im Zeitabschnitt der Immigration aus Frankreich 1792 bis 1799. 1800 bis 1802 erreichte die Geburtenziffer in Konstanz 40 und betrug zur Zeit des Übergangs an die badische Landesherrschaft um 28[115].

1950 wurden in der Bundesrepublik Deutschland 16,2 und 1989 genau elf Kinder auf 1000 Einwohner lebend geboren. Selbst wenn man jeweils die Säuglingssterblichkeit anrechnet, so kamen in Konstanz am Ende des 18. Jahrhunderts gemessen an der Einwohnerzahl noch doppelt so viele Neugeborene zur Welt, die das erste Lebensjahr überstanden, als in der Bundesrepublik zweihundert Jahre später.

Die Mütter in Konstanz bekamen ihr erstes zum Zeitpunkt der jeweiligen Erhebung lebendes Kind am häufigsten mit 25 bis 30 Jahren, waren eher älter als 35 denn jünger als 20 Jahre. Konstanzer Männer wurden üblicherweise um das 30. Lebensjahr erstmals Väter[116].

Hohe genealogische Kinderzahlen stellten in Deutschland in der frühen Neuzeit nicht unbedingt den Regelfall dar, in den Städten sogar die Ausnahme. Wenn nicht individuell bewußte, so doch zielgerichtete gesellschaftliche Lebensnormen und -bedingungen[117] schränk-

[112] Vgl. Adler, Demographie und Familiengeschichte, S. 81f: Anteil der „sterilen" unter den Familien im 17-19. Jh. in diversen süddeutschen Dörfern zwischen 4 % und 16 %.

[113] Bull, erste »Volkszählung«, S. 354.

[114] Siehe Kap. 8.2.4.

[115] Fundnachweise unten bei Tab. 13, 14, Schaub. 9. Extremwerte von 23 bis 42.

[116] Kap. 8.2.4, v.a. Schaubild 124. Die Altersabstände waren wegen fehlender Angaben aus den Kirchenbüchern nicht und daher hilfsweise aus den Sterbeprotokollen 1786-1805 zu entnehmen.

[117] Michael Mitterauer und Reinhard Sieder, Vom Patriarchat zur Partnerschaft. Zum Strukturwandel der Familie, München ^{2}1980, S. 54f, Intentionalität der Formen des Zusammenlebens auch S. 48.

ten sowohl die Zahl derer ein, die überhaupt Kinder in die Welt setzten, als auch deren Fertilitätsphase. Kinderreiche Familien senkten die genealogische noch weiter zur »sozialen« Kinderzahl ab, indem sie halbwegs Herangewachsene aus dem Haus in Lehre oder Dienst gaben. Der ohnehin schon wirksame biologische Faktor Säuglings- und Kindersterblichkeit wurde so gesellschaftlich noch verstärkt.

Anders als in der Landwirtschaft und im Ganzen gesehen galten Kinder in der frühneuzeitlichen Gewerbewirtschaft anscheinend eher als zusätzliche Esser denn als zusätzliche Arbeitskräfte, zu schweigen vom möglichen Aspekt der Altersvorsorge.

4.8 Leben und Sterben im Konstanzer Spital

Der Magistrat behielt sich vor, über die Aufnahme Berechtigter in das Spital zu beschließen und prüfte die Umstände jedes Einzelfalles eingehend. Sofern er zum Beispiel befand, kranke Antragsteller hätten Angehörige zu Hause, die sie pflegen könnten, bestand keine Aussicht, in die Spitalkrankenstube aufgenommen zu werden[118)].

Nach dem ausführlichen Seelenbeschrieb 1774 lebten gegen Ende des Jahres 4,3 Prozent der Konstanzer Gesamteinwohnerschaft im Spital. Nach einigen Seelenbeschreibungstabellen betrug der Anteil der Spitalbewohnerinnen und -bewohner 1763 bis 1783 zwischen 3,6 und 5,6 Prozent der städtischen Gesamtbevölkerung. Für die Jahre 1789, 1795, 1797 und 1799 liegt nur die Anzahl der männlichen Spitalbewohner vor. Mittels des für frühere Jahre ermittelten Geschlechterverhältnisses im Spital hochgerechnet, ergibt sich eine Quote von zwei bis vier Prozent Spitaliten unter der Gesamteinwohnerschaft[119)].

Die annähernde Halbierung dieser Quote zwischen 1783 und 1789 reflektiert das Bemühen der Stadt- und Spitalverwaltung aus dem Jahr 1787, einen Teil der Spitalbewohnerschaft loszuwerden und deren umfassende Grundversorgung auf freiwilliger Basis in Almosenbezüge umzuwandeln[120)].

Die Sterbeprotokolle zwischen 1786 und 1805 geben für 106 Personen die Spitalpfrund gleichsam als Profession oder Erwerb an. Das sind 8,5 Prozent aller 1248 erfaßten Fälle und 10,6 Prozent aller Verstorbenen, bei denen irgendein Broterwerb machgewiesen ist[121)].

Als Sterbeort zeichneten die Protokolle 255 Mal das Spital auf, üblicherweise die Spitalkrankenstube. Das entspricht 20,4 Prozent aller 1786-1805 erfaßten Personen.

Komprimiert lautet die aus diesen Berechnungen resultierende Erkenntnis: Betrachtet man die gesamte Konstanzer Einwohnerschaft aller Altersstufen, so lebten rund vier Prozent, einer von 25 Menschen, im bürgerlichen Spital an der nordöstlichen Marktstätte. Seinen Lebensabend verbrachte schon jeder zwölfte Mensch in der Spitalpfrund. Endlich starb jede fünfte Konstanzerin und jeder fünfte Konstanzer gegen Ende des 18. und Anfang des 19. Jahrhunderts im Spital.

118) StAKN B I, Ratsprotokolle Ende 18. Jh. passim; A. Ruppert, Verfassung und Verwaltung, S. 66, Bsp. vom April 1805.

119) StAKN A V 2, Seelenbeschrieb 1774; ebd. C I 48 (1763/'67/'68/'89/'95/'97/'99); GLA 209/1306 (1773); StAKN A I 28a, Leiner/Bickel, S. 265 (1783).

120) GLA 209/1272, passim; auch ebd. Konvolut 1276, Schreiben vom 29. April, 9. und 13. Mai 1788. Siehe Kap. 5.4.3.

121) StAKN I III. Weitere 14 ca. hälftig bei Verwandten und Nichtverwandten verpfründet, 2 lebten zu Hause von Stiftungsalmosen, 1 Bettlerin. 251 Verstorbene ohne Erwerbs- o.ä. Angabe.

Dieser Befund verdeutlicht einmal die Funktion des Spitals als Krankenhaus; ansonsten pflegt diese Arbeit den Aspekt der Versorgungsanstalt, auch des Kreditinstituts zu betonen, was ein etwas schiefes Bild erzeugt.

Dieser Befund widerspricht zum zweiten der Legende von der vorindustriellen unbedingten und umfassenden Versorgung der Alten und Kranken zu Hause. Im 18. Jahrhundert gehörte es zu den seltener praktizierten, aber durchaus üblichen Lebensformen in Konstanz, daß arbeitsunfähige Alte für ihre letzten Jahre, daß Kranke zum Sterben ins Spital gingen oder gebracht wurden. Dahingestellt sei, aus welchen Beweggründen dies geschah. Altern und Sterben in einer Anstalt sind jedenfalls keine Erfindungen einer herzlosen modernen Industriegesellschaft[122].

Zahlen zur organisierten öffentlichen Altenbetreuung stutzen Illusionen vom vermeintlich erklecklichen Umfang des modernen Engagements in diesem Fürsorgebereich gehörig zurecht - gleichviel, ob dieses Engagement als kaltes Abschieben ins Heim beklagt oder als Spannweite des sozialen Netztes gepriesen wird.

Die heutige „Versorgungsquote" mit Alten- und Pflegeheimplätzen beträgt zusammen fünf Prozent aller 65jährigen und älteren Einwohner[123]. Ferner werden heutzutage ein Zehntel der 56- bis 79jährigen und ein Fünftel der älteren „zu Hause lebenden alten Hilfebedürftigen" - keineswegs kostenfrei - von Organisationen aller Art versorgt und gepflegt. Den überwiegenden Rest von 80 bis 90 Prozent aller zu Hause lebenden hilfs- pflegebedürftigen Alten betreuen Haushaltsangehörige und Verwandte. Generell lebt heute der „größte Teil" alter Menschen „in sogenannten »Normalwohnungen« und wird dort auch (...) seinen Lebensabend verbringen können."[124]

Die Einrichtung der allgemeinen Rentenversicherung markierte unbestritten einen „großen Bruch in den Formen der Altersversorgung"[125]. Doch abgesehen vom reinen Geldleistungssystem: Trotz des im späten 18. Jahrhundert erheblich minderen Ausmaßes an öffentlichen Einnahmen, Leistungen und an Personal erfaßten die Anstalten zur Altenfürsorge in Konstanz denselben Bevölkerungsanteil wie in der Bundesrepublik Deutschland zwei Jahrhunderte später. Die antithetisch zugespitzte Formel, wonach die Alten »früher«, vor der Industrialisierung, privat in der (Groß-)Familie geborgen gewesen seien, heutzutage dagegen in institutionellen Versorgungsapparaten verwahrt würden[126], konstruiert einen Wandel, der nicht stattgefunden hat.

4.9 Einwanderungsstadt Konstanz: Der „Fremdenrodel" von 1802

Am 11. Januar 1802 beendete der Konstanzer „Pol. Inspector" Johannes Scheidenhuber mit einem Nachtrag die „Consignation über die, bey der vorgenanten Untersuchung, sich vorgefundene Baisäs, die keine eigene Häußer haben, und andere Fremte"[127]. Mit den ande-

[122] Vgl. Imhof, gewonnene Jahre, S. 25-27.

[123] Ursula Feldmann u.a., Handbuch der örtlichen Sozialplanung, Frankfurt/Main 1986, S. 736; die „Versorgungsrichtwerte" für Heimplätze liegen bei zusammen 6,3 Prozent aller ab 65jährigen.

[124] Ebd., S. 708, 730.

[125] Borscheid, Geschichte des Alters, S. 492.

[126] Siehe das Zitat eingangs des Kapitels 8.

[127] StAKN A V; nach Haus Nr. 168 „Ende des ersten Quartiers" datiert auf den 5. Jan., im „Nachtrag" das Datum 11. Jan. 1802.

ren Fremden meinte Scheidenhuber Einwohner, die nicht den städtischen Bürger- oder Beisassenstatus genossen und auch nicht eximiert waren, denn kein österreichischer Staatsdiener, auch kein ansässiger Geistlicher taucht in der Liste auf. Auch sah der Polizeiinspektor von den vielen, überwiegend auswärtigen Hausbediensteten und Gesellen ab. Somit bleiben nur noch »Fremde« mit eigener Haushaltung.

Von Eidsteuer wie Schutzgebühr befreit waren „in den Fabriken beschäftigte Arbeiter“; eine pragmatische Regelung, denn die Stadtverwaltung konnte deren Zugehörigkeit zur Genfer Kolonie schlecht von der Hand weisen. Am 19. Januar 1802 beschloß der Magistrat daher auf der Grundlage von Scheidenhubers Erhebung, erwerbslose Fabrikarbeiterhaushalte mit jährlich einem Gulden zu besteuern[128]. Die Absicht erscheint durchsichtig, nicht erwerbsfähige »Fremde« sollten sich zum Wegzug genötigt sehen.

Die tabellarische Aufzeichnung unterteilt in die Rubriken „Haus Nro.“, „Vor, und zu Nammen / dan woher“ und „Ernährungsart“. Es folgen drei Spalten „Beysäs“, „Toller.[iert]“ und „sind angezeigt worden“, in denen Scheidenhuber 1802 die digitale Datenverarbeitung vorwegnahm, indem er einen lotrechten Strich „|“, auch als „1“ zu lesen, für »ja« und einen Kreis beziehungsweise eine Null für »nein« einsetzte.

Insgesamt konskribierte der Polizeiinspektor 615 Personen in 292 Haushalten. Dazu kamen neun Personen „mit Familie“; da es sich hierbei meist um ansässige Entrepreneurs und Kaufleute handelte, wird man die Personalstärke dieser Familien mit fünf gewiß nicht überschätzen.

Die Fremdenliste von 1802 enthält also rund 660 Personen in 301 Haushalten. Zieht man die Beisassen ohne Hausbesitz ab, so bleiben, die „Familie[n]“ auf fünf angesetzt, 569 Personen. Noch ein Siebtel also der um 4000 »Seelen« schwankenden Einwohnerzahl in Konstanz galt Anfang 1802, als bereits die überwiegende Mehrheit der Genfer und Franzosen remigriert war, als „Fremte“ in separaten Haushalten.

Mehr als die Hälfte dieser 301 Haushalte bestand aus einer Person. Im Mittel lebten 2,2 Fremde je Haushalt zusammen[129].

Die Geschlechterverteilung der »fremden« Haushaltsvorstände entsprach mit einem Viertel Frauen zu drei Vierteln Männer derjenigen in der Konstanzer Gesamtgesellschaft. Die 301 »fremden« Familienoberhäupter waren zu vermutlich 60 Prozent ledig, zu drei Zehnteln verheiratet und zu einem Zehntel verwitwet.

In fast drei Vierteln dieser Haushalte lebten keine Kinder. Zusammen schrieb Scheidenhuber 182 Kinder auf, das sind 0,6 pro Haushalt.

Einwohner ohne Beisassen-, geschweige denn Bürgerrecht bildeten 261, also fast 90 Prozent der Haushalte auf Scheidenhubers Liste. Bei immerhin 240 oder 80 Prozent tolerierte die Stadt ihren Aufenthalt. Doch nicht einmal ein Drittel der Haushalte war vom Besitzer der angemieteten Wohnung auf der Hauptwache angemeldet worden[130]. Die Mehrzahl der Ver-

[128] A. Ruppert, Verfassung und Verwaltung, S. 57.

[129] 164mal 1 Person, 44mal 2 Pers., 37mal 3 Pers., 19mal 4 Pers., 13mal 5 Pers., 15mal über 5 Pers., zusammen 615; dazu 9 „mit Familie“.

[130] *Familienstand*: 54 positiv ledig; 127 kein Ehepartner, weder in Konstanz, noch anderswo genannt, den Umständen nach überwiegend ledig; 94 verheiratet; 26 verwitwet. *Kinder*: 215 ohne, 34mal 1 Kind, 28mal 2 Ki., 12mal 3 Ki., 12mal über 3 Ki. (zus. 56). *Angemeldet*: 89 = 29,6 % von 301.

mieter in Konstanz kümmerte sich also trotz Strafandrohung[131] keinen Deut um die polizeiliche Meldepflicht.

Eine gewisse Vorliebe für das erste Quartier tritt unverkennbar hervor, eine Wohngegend nahe den Indiennefabriken in und bei Petershausen, wo mehr als die Hälfte der »fremden« Arbeiterhaushalte wohnte.

Im Mittel beschäftigte nur einer von 13 dieser Fremdenhaushalte Dienstpersonal[132].

Abgesehen von den Resten der französischen Emigrantenkolonie und den meist Schweizer Unternehmern handelte es sich bei diesen »Fremden« überwiegend um Menschen, die, häufig ohne belastende Angehörige, den Erwerbsmöglichkeiten nachfolgten. Viele Protoindustriearbeiter waren darunter, wie der alleinstehende Kaspar Amerly aus Augsburg, in der Indiennedruckerei „bey H. Vogel“ & Hirn als „Farber“ beschäftigt, wie Daniel Wily aus dem bis 1798 eidgenössischen Mülhausen, ebenfalls bei Hirn & Vogel, doch als „Trukermeist.[er]“ beschäftigt und gewiß besser entlohnt, weshalb er auch Frau und Kind nach Konstanz mitgebracht hatte. Nicht wenige Arbeiterinnen lebten von oder am Rand der Konstanzer Protoindustrie, so zum Beispiel die alleinstehende Katharina Heiligin aus St. Gallen, „geht in die Fabrique“, oder die kinderlose Witwe Josefa Nickin aus Stockach, die ihren Lebensunterhalt „mit Spinnen“ fristete, „ihr Man hat in hiesiger Fabrique gearbeitet“. Die ledigen Schwestern Margaretha und Anna Maria Benzlin sowie die alleine lebende Anna Maria Sauterin, alle drei in Konstanz als Töchter von Beisassen geboren, „gehen in die Fabrique“ zu Macaire und „zu H. Schlumberger“.

Zahlreiche Maurergesellen, Zimmerleute, „Tagwerker“, waschende und „Handarbeit“ verrichtende Soldatentöchter und Witwen, gelegentlich beschäftigte Ehepaare wie die Dießles aus Wollmatingen, „er macht ein Taglöhner, sie thut waschen“, stellten nach der Protoarbeiterschaft und den Emigranten die nächste große Gruppe. Auch Kombinationen kamen häufig vor. Der Schweizer Josef Gaiger bot seine Zimmermannsfertigkeiten an, drei seiner vier Kinder „gehen in die Fabrique“. Der vierfache Familienvater Ludwig Reible dokumentiert die potentielle Brotlosigkeit und soziale Deklassierung von Bildungsberufen im 18. Jahrhundert: „er instruirt, und 2 Kinder sollen in ein Fabrique gehen“[133].

Unter die Fremden mitgezählt wurden auch Crescenz Ganderin aus Immenstaad, Maria Agatha Durstin und Maria Anna Ida Reuschin, drei pensionierte Nonnen aus dem aufgelösten Konvent St. Peter in der Niederburg; gleichfalls „aus eügen Mitlen“ erhielten sich die ledigen Schwestern Maria Anna und Josefa Auerin aus Ravensburg. Luzia Köbin lebte allein, hatte „lange Jahr dahier gedient“ und das Glück gefunden, „Alters halber von guten Leüten erhalten“ zu werden.

[131] GLA 209/1149, Konstanzer Polizeiordnung von 1792, § 34.

[132] *Wohnquartiere*: Hirn & Vogel im östlichen Petershausener Tor, Schlumberger (ab 1812 Herosé) westlich Petershausen am Rhein: Burkhardt in Stadtgeschichte III, S. 387f. Die neun Familien zu 5 gerechnet 211 Personen im 1. Quartier, 147 im 2. Qu., 182 im 3. Qu., 119 im 4. Qu., 1 ohne Angabe. 116 von 225 Angehörigen von Arbeiterhaushalten im 1. Quartier. *Personal*: 278 Haushalte ohne, 23 Haushalte mit 46 Bediensteten.

[133] StAKN A V, Fremdenrodel 1802: Amerly und Wily Haus Nr. 1, Nickin Nr. 18, Heiligin Nr. 38, Benzlinnen und Sauterin Nr. 278, Dießle Nr. 130, Gaiger Nr. 148, Reible Nr. 130. Zur Brotlosigkeit der Lehrerprofession siehe Johannes Handel, zeitweilig Schulmeister: Burkhardt in Stadtgeschichte III, S. 405; in Württemberg wurden noch 1845 Volksschullehrer schlechter bezahlt als Tagelöhner: Boelcke, Sozialgeschichte, S. 128.

Händler jeden Formats waren darunter, beispielweise der verheiratete Vater von drei Kindern Johann Robert Mathias aus Basel, „giebt vor, der ins Ausland handlet".

Auch einige psychisch angeschlagene Existenzen stöberte Polizeiinspektor Scheidenhuber auf, etwa den aus St. Gallen in Konstanz gestrandeten Johann Wägele, „ein Halbnahr, will Prince v. Asturien seÿn".

Ein katholischer Konstanzer Polizeiinspektor konnte sich zu Beginn des 19. Jahrhunderts durchaus der protestantischen Arbeitsethik verpflichtet fühlen; so kommentierte Scheidenhuber die „Ernährungsart" des Müllergesellen David Engler mit der bissigen Bemerkung „will in der Sonnen das Bräunen lernen"[134].

Quantitativ aufbereitet, erwarben die Fremden ihren Lebensunterhalt wie folgt:

Tabelle 26: »Ernährungsarten« der »Fremden« in Konstanz 1802 [135]

Ernährungsart klassifiziert	Zahl	Prozent gerundet
Protoindustriearbeit:	91	27 %
Dienstleistung, Kleinhandel:	74	22 %
Pension, „eigene Mittel":	73	22 %
Handwerk, Landwirtschaft:	26	8 %
Almosen, Bettel:	23	7 %
Eigene/r Fabrik, Verlag, Großhandel:	17	5 %
Öffentlicher Dienst:	9	3 %
Sonstige, ohne Angabe, „nicht wissent":	21	6 %
Erwerbstätige »Fremde« gesamt:	334	100 %

Die protoindustrielle Produktionsweise blieb auch nach dem weitgehenden Rückzug der Genfer und dem völligen Abgang der Lyoner Fabrikantenkolonie in der Stadt etabliert. Rund fünf Prozent aller Konstanzer Erwerbstätigen um 1800 arbeiteten als Fabrikherren, als Fabrikarbeiter und -arbeiterinnen. Angesichts der in Deutschland noch klar von der Landwirtschaft und dem traditionellen Kleingewerbe dominierten Produktionsverhältnisse erscheint diese Quote recht beachtlich[136].

Nicht zufällig enthält die Konstanzer Fremdenliste von 1802 so viele Protoindustriearbeiter und -arbeiterinnen. Die Trennung von Arbeits- und Wohnort, wesentliche Neuerung der industriellen Produktionsweise, schien mit einer Trennung von Heimat- und Erwerbsort einzusetzen, welche, ohnehin im 18. Jahrhundert nicht selten anzutreffen[137], die Lebensläufe der Vorläufer der Arbeiterschaft in Konstanz außerordentlich häufig prägte.

[134] StAKN A V, Fremdenrodel 1802: Ganderin Haus Nr. 143, Durstin und Reuschin Nr. 631, Auerinnen Nr. 163, Köbin Nr. 397, Mathias Nr. 42, Wägele Nr. 489, Engler im Nachtrag, Nr. 429. Zu Max Webers berühmtem Aufsatz und zur Arbeitsethik z.B. Herbert Lüthy, Nochmals: »Calvinismus und Kapitalismus«. Über die Irrwege einer sozialhistorischen Diskussion, in: Rudolf Braun u.a. (Hg.), Gesellschaft in der industriellen Revolution, Köln 1973, S. 18-36, mit weiterer Literatur.

[135] StAKN A V. Einschließlich der Beisassen. Öffentl. Dienst z.B. städtischer Torwächter, Koch in der Reichsabtei Petershausen.

[136] Vgl. Wehlers „Warnung vor verzerrten Proportionen" in Gesellschaftsgeschichte I, S. 118f. In KN rund 2300 Erwerbstätige, siehe Kap. 10.3; neben den hier aufgeführten »fremden« Arbeitern dürften noch einige Bürger- und Beisassen, z.B. Spitalkinder, in Manufaktur oder Verlag eines Konstanzer Prinzipalen gearbeitet haben.

[137] Wehler, Gesellschaftsgeschichte I, S. 100, 103f.

Schaubild 27: Herkunft der »Fremden«[138)]
a) alle mit Herkunftsangabe b) nur Protoarbeiterschaft

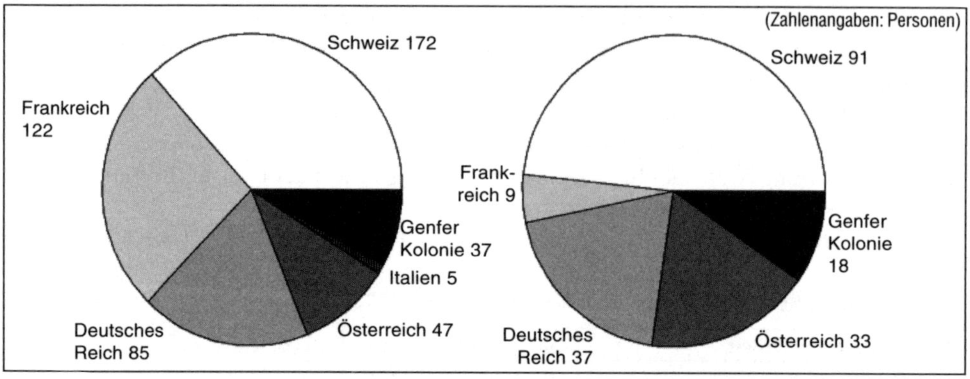

Im Januar 1802 war die Remigration aus Konstanz nach Frankreich noch nicht abgeschlossen. Bei den 79 französischen »Fremden« handelte es sich einmal um indifferente Individualflüchtlinge, die teilweise auf der Rückreise in Konstanz einen Aufenthalt einlegten; zu größeren Teilen aber um Offiziere der royalistischen Emigrantenarmee, allesamt angeblich „pensioniert von England", und um kranke, alte und schwache Emigranten, die der Abbé Leriche, Sekretär des Erzbischofs von Paris, mit eigenen und internationalen Hilfsmitteln in einem städtischen Gebäude direkt neben dem Augustinerkloster unterhielt[139)].

Ansonsten lebten in der Stadt mehr aus der Schweiz als aus dem Reich zugewanderte Leute. Dieser Befund belegt wieder einmal, daß die Demarkation zwischen dem Deutschen Reich und der Eidgenossenschaft keine Grenze im Sinne des 20. Jahrhunderts darstellte. Der Einzugsbereich und die Anziehungskraft Konstanz' reichten, wie schon vor 1548[140)], im späten 18. Jahrhundert wieder stärker in die Schweiz hinein als nach Schwaben.

Österreichische Untertanen waren unter den Fremden relativ schwach vertreten; jenseits der Konstanzer Stadttore lag zunächst entweder der See oder fremdes Territorium, bevor man wieder vorländischen Boden betrat. Die geographische Zugehörigkeit überlagerte um 1800 noch die politisch-rechtliche; wie auch der emigrierte Abbé Lambert 1794 befand, „Constance (...) semblait être destinée à être plutôt la dernière ville de Suisse que la première d'Allemagne."[141)]

[138)] StAKN A V. Nicht einbezogen die Konstanzer Beisassen und deren Kinder sowie Personen ohne Angabe der Herkunft. Schweiz ohne Genf. Genfer Kolonisten sind hier die ohne Konstanzer Bürgerrecht. Die aus „Ittalien" waren vermutlich Savoyarden. Absolute Zahlen (in Klammern die Haushaltsmitglieder der Protoarbeiterschaft): Schweiz 172 (91) Personen, Frankreich 122 (9), Dt. Reich 85 (37), Österreich 47 (33), Genfer Kolonie 37 (18), Italien 5 (0); Konstanz 91 (3), keine Angabe 101 (34), zusammen 660 (225).

[139)] StAKN A V, Fremdenrodel 1802, Leriche und die Kranken in Haus Nr. 434; Burkhardt in Stadtgeschichte III, S. 424.

[140)] Zimmermann in Stadtgeschichte III, S. 287f: Vor 1548 vor allem aus dem Schweizer Hinterland, stammten 1620 bis 1650 nur noch 9 % der Konstanzer Neubürger aus dem Thurgau, dagegen 40 % aus dem Linzgau und Oberschwaben, 33 % aus Hegau und Schwarzwald, 20 % aus Vorarlberg, insgesamt also ein Drittel der Zuwanderer aus Vorderösterreich. „Der Einzugsbereich verschob sich aus dem Süden in den Norden und Osten" (ebd. S. 288).

[141)] Lambert, Mémoires, S. 190.

5. Kapitel: Preise, Geldwert und Lebenshaltungskosten

5.1 Die Teuerungsrate in Konstanz im 18. Jahrhundert

Aussagen über den realen Geldwert in vorindustriellen Zeiten sind ein mit Problemen übersätes Feld, das deshalb oft stillschweigend unbeackert bleibt. Doch es gibt Anhaltspunkte, deren zugegebene Vagheit und chronische Einschränkungsbedürftigkeit den Historiker nicht der Aufgabe entheben, sich auf das Thema einzulassen. Sie ermöglichen Aussagen, die allemal besser sind als gar keine Erkenntnis. Aus der Summe solcher vorsichtigen Aussagen entsteht schließlich ein immer klareres Bild.

5.1.1 Zur Quellenbasis der folgenden Preistabellen

Je nach Ausfall der Ernte setzte der Konstanzer Rat jährlich Richtpreise für den kommunalen Großhandel der im Kornhaus umgeschlagenen Waren Wein, Dinkel und Hafer fest. Auf akute Knappheit und steigende überregionale Großhandelspreise pflegte der Rat die Richtwerte nach Bedarf kurzfristig anzupassen. Auf dieser Grundlage konnte die Stadt, konnten ihre Ämter und Stiftungen die zum Teil noch in Naturalien empfangenen, ansonsten in Naturalien festgeschriebenen Gülten und andere Abgaben in Geldwert umrechnen[1]. Die Richtpreise dienten auch zur Abrechnung der städtischen und Stiftungsämter untereinander. Die Grundlage der folgenden Preistabellen bilden Aufzeichnungen des Kornamts, aus denen sich der Großrat, Tannenamtmann und spätere Registrator Franz Xaver Leiner, die Kaufleute Johannes und David Beutter, wie auch der Stadthistoriker Philipp Eberlin bedienten[2].

Die Tabellen entsprachen den realen durchschnittlichen Marktpreisen in Konstanz: 1784 bis 1786 stand zum zweiten Mal die Einführung der Realsteuer statt der vorher praktizierten Eidsteuer an. Die aus Stadthauptmann v. Damiani bestehende „Peräquationskommission" wollte für die Ertrag- und damit Wertschätzung der Konstanzer Äcker Getreidepreise aus der „Hauptmarckhtstadt Überlingen" verrechnen. Eine zu Rate gezogene bürgerliche Magistratsabordnung wandte ein, die Überlinger Getreidepreise fielen „zue billich" aus, in Konstanz kosteten die „Früchte" wegen Zolls und Transports erheblich mehr; Damiani möge die Preise nach „der hiesigen Messung" veranschlagen[3]. Der Stadthauptmann bekam dann, vermutlich vom Kornamt, ein „Verzaichnuss", das die drei Waren Wein, Korn und Hafer für die Jahre 1775 bis 1784 exakt mit Leiners Preistabellen übereinstimmend auflistete[4].

[1]) GLA 209/1222, „Verzaichnuss der obrigkeit. gemachten Frucht und Weinpreÿssen von 10 Jahren", o. Verf., o. Dat. [vermutlich Kornamt 1786]; „Verzeichnuß" des Spitalamts, „Wie die Grundzinse beÿ Lobl. Stadt Konstanz und derselben Ämter hin und wieder bezahlet werden", 07. Feb. 1786. Gülten, Zehnte u. dgl. in Naturalien: ebd., Bericht Sthm. Damianis an die Regierung und Kammer, 27. Dez. 1786; A. Ruppert, Verfassung und Verwaltung, S. 84f; Spitalverwaltung auf der Basis Naturalwirtschaft: Ph. Ruppert, Beiträge Heft 3, S. 7, 8, 11f.

[2]) GLA 209/1222, Verzeichnis des Spitalamts, 7.2.1786. Fundnachweis der Preistabellen bei Tab. 28a) in Anm. 8.

[3]) Ebd., Sitzungsprotokoll Stadtkanzlei, 20. März und „Continuatum" 05. Juli 1786. Überlingen war Hauptumschlagplatz für Getreide im Bodenseeraum: Jörg Vögele, Umsätze und Preise als Indikatoren für die Entwicklung des Überlinger Getreidemarktes im 19. Jahrhundert, in: ZGO 1991, S. 239.

[4]) Wie Anm. 1.

5.1.2 Jahresrichtpreise

Die hier ausgewerteten Richtpreise des Magistrats sind allenfalls Mittelwerte. Streng davon unterschieden werden müssen die Einzelhandelspreise für Brot, Hafermus, Wein und andere Victualien an Metzigbänken, Marktständen und in Läden. Die Marktpreise im Klein- wie im Großhandel übertrafen die magistratualische Vorgabe in vielen Wochen erheblich. Die meisten Haushalte mußten ihre Nahrungsmittel akut kaufen, konnten nicht abwarten, bis sich die Verbraucherpreise auf das obrigkeitliche Soll ausgerichtet hatten. Für das Teuerungsjahr 1770 sind Tagespreise überliefert, die um das zweieinhalbfache über dem hier verarbeiteten Jahreswert lagen. Die Teuerung der 1790er Jahre schien gegenüber 1770/71 geringere Wochenschwankungen aufgewiesen zu haben[5].

5.1.3 Zum zugrundegelegten »Warenkorb«

Reale »Warenkörbe« unterscheiden sich nach Zeit, Schicht und Haushalt. Doch stellten Wein, Korn und Hafer mit dem in der Vorstadt Paradies angebauten Kohl die Haupthandelsgüter des Konstanzer Nahrungsmittelsektors. Die sieben Hafermuser - sechs im Voll-, einer im Nebenerwerb - befriedigten eine auch im benachbarten Thurgau nicht unbeträchtliche Nachfrage. Mit dem Korn, auch dem Hafer, sind im verwendeten kleinen »Warenkorb« zwei Nahrungsmittel vertreten, die „einkommensunelastisch" und in Teuerungszeiten noch verstärkt von allen Haushalten konsumiert wurden[6].

Mindestens drei Viertel seines Budgets gab ein für die Mehrheit der Bevölkerung einigermaßen repräsentativer Haushalt um 1800 für Nahrungsmittel aus[7]. Im Rheinmühlehaushalt umfaßten die Ausgaben für Korn, Wein und Hafer 1767 bis 1777 durchschnittlich 59 Prozent

5) StAKN A I 28b, Leiner, Miszellen, Beilagen: „Konstanzisches Wochenblat" vom 22. März 1790; ebd. nach S. 331 Blatt 568 aus dem „Volksfreund" vom 21. Nov. 1794; StAKN A I 28a, Leiner/Bickel S. 147, 186f, 301, 356; GLA 65/305, »Beutterchronik«, S. 309:

Jahresrichtpreis			mögliche Spitzenwerte		
1770:	Korn/Malter:	25 fl 36 xr	65 fl		= 1 : 2,5
	Hafer/Viertel:	56 xr	2 fl 24 xr		= 1 : 2,6
	Wein/Fuder :	96 fl	224 fl		= 1 : 2,3
1790:	Korn/Malter:	15 fl 28 xr	20 fl 34 xr	*)	= 1 : 1,3
			22 fl 52 xr	**)	= 1 : 1,5
	Hafer/Viertel:	45 xr	39 xr	*)	= 1 : 0,9
			58 xr	**)	= 1 : 1,3
1794:	Korn/Malter:	19 fl 12 xr	24 fl 24 xr	*)	= 1 : 1,3
			26 fl	**)	= 1 : 1,4
	Hafer/Viertel:	1 fl	1 fl 9 xr	**)	= 1 : 1,2
1795:	Korn/Malter:	27 fl 12 xr	34 fl 30 xr		= 1 : 1,3
	Hafer/Viertel:	1 fl 30 xr	1 fl 41 xr		= 1 : 1,1
1797:	Korn/Malter:	20 fl 48 xr	21 fl 15 xr		= 1 : 1,0
	Wein/Fuder:	135 fl	160 fl	*)	= 1 : 1,2
			384 fl	**)	= 1 : 2,8

*) „geringstes" bzw. „geringster", **) „bestes" bzw. „bester")

6) Abel, Massenarmut ... in Europa, S. 27f. Hafermuser: StAKN A IV, Seelenbeschrieb 1774; Burkhardt in Stadtgeschichte III, S. 347.

7) Siehe Kap. 5.3.6, Tab. 42, 43, v.a. 44.

der Aufwendungen für Lebensmittel. Daraus ergibt sich, daß im folgenden 44 Prozent, knapp die Hälfte eines für das 18. Jahrhundert realistischen »Warenkorbs« erfaßt sind. In Mangeljahren dürfte selbst nach Abzug des Weins für die Mehrzahl der Konstanzer Haushalte ein höherer Anteil aus ihren wirklichen »Warenkörben« abgedeckt sein.

5.1.4 Die säkulare Inflationsrate in Konstanz im 18. Jahrhundert

Unter den drei hier untersuchten Waren unterlag der Weinpreis der deutlichsten langfristigen Teuerung. Verrechnet man die kurzfristigen periodischen Schwankungen in längere Intervalle, dann stieg der Weinpreis in Konstanz bereits in der ersten Jahrhunderthälfte im mathematischen Mittel jedes Jahr um knapp 0,9 Prozent. In der zweiten Jahrhunderthälfte verdoppelte sich die langfristige jährliche Weinpreisinflation beinahe auf 1,6 Prozent. Konkret bedeutete dies, daß der gleiche Wein, der in den Jahren 1745 bis 1749 noch für 100 Gulden zu haben war, in den letzten fünf Jahren des 18. Jahrhunderts 224 Gulden kostete beziehungsweise, vom Standpunkt des Verkäufers betrachtet, einbrachte.

Tab. 28a) Weinpreisentwicklung in Konstanz im 18. Jahrhundert[8)]

WEIN in Gulden pro Fuder						**Fünfjahresmittel**	**Teuerungsrate per annum im 5-Jahresmittel[9)]**
1700	45	45	20	36	50	39,2	
1705	25	50	20	45	80	44,0	0,84 %
1710	50	28	36	44	44	40,4	0,34 %
1715	60	45	60	40	28	46,6	2,48 %
1720	20	38	34	30	34	31,2	- 7,74 %
1725	26	40	20	22	16	24,8	- 5,14 %
1730	20 x)	40	34	36	48	35,6	7,44 %
1735	54	56	38	75	30	50,6	7,32 %
1740	32	75	45	58	54	52,8	1,08 %
1745	68	60	45	36	72	56,2	1,38 %
1705 bis 1749 im Mittel							0,89 %
1750	40	42	45	40	32	39,8	- 6,36 %
1755	56	42	40	56	56	50,0	4,44 %
1760	48	30	36	42	60	43,2	- 3,26 %
1765	70	72	60	74	82	71,6	10,54 %
1770	96	115	64	85	62	84,4	2,84 %
1775	42	60	76	48	78	60,8	- 6,58 %
1780	64	40	54	44	44	49,2	- 3,94 %
1785	56	80	72	52	92	70,4	7,02 %
1790	77	66	70	88	70	74,2	1,40 %
1795	115	120	135	96	150	123,2	10,00 %
1750 bis 1799 im Mittel							1,61 %
1705 bis 1800 im Mittel							**1,27 %**
1800	230	100	98	68	66	112,4	- 3,88 %
1805	70	100	92	44	80	77,2	- 6,00 %
1810	130	90	56	56	90	84,4	1,52 %
1815	215	y)	210	190	90	176,3	15,23 %
1820	90	60	110	45	40	69,0	-15,88 %
1800 bis 1823 im Mittel							- 1,80 %

[8)] StAKN A I 28b, Leiner, Miszellen, S. 221-225, „Jährliche Rechnung“ [und kein Wort mehr]; StAKN A I 28a, Leiner/Bickel, S. 186f; GLA 65/305, »Beutterchronik«, S. 521-525 („Wein Rechnung“), 531-535 („Khernen Schlag“), 541-545 („Haber Schlag“), zu den Autoren: Exlibris „Joannis Beutter anno 1767“ und S. 434 Zl. 1: David Beutter d.Ä.; Eberlin, pragmatische Geschichte, S. 264f.

[9)] Gesetzt sei der Wert des Weins als konstante Größe, unabhängig vom Geldwert. Durchschnitt aus den Preisentwicklungen der jeweiligen Pentaden, verrechnet mit der Wachstumsformel, z.B.: 1700 auf 1705 (-11,75 %), 1701 auf 1706 (2,11 %), 1702 auf 1707 (0), 1703 auf 1708 (4,46 %) und 1704 auf 1709 (9,4 %), zusammen in diesen fünf Jahren 1705/09 ein mittlerer Preisanstieg beim Wein von jährlich 0,844 % gegenüber 1700/04. Positive Zahlen bezeichnen Preissteigerung, negative Preisrückgang.

x) Bei Eberlin irrtümlich: 30.

y) StAKN A I 28b, Leiner, Miszellen, S. 225: „1816 wurde wegen dem gar zu geringen Herbst kein Zehend bezogen, und keine Weinrechnung gemacht.“

Im ersten Viertel des 19. Jahrhunderts fiel der Konstanzer Weinpreis wieder um durchschnittlich 1,8 Prozent pro Jahr. Besagter 100-Gulden-Wein von 1745/49 wechselte zu Beginn der 1820er Jahre wieder für 143 Gulden den Besitzer.

Tabelle 28b) Kornpreisentwicklung in Konstanz im 18. Jh.[10)]

KORN, Kreuzer pro Viertel						Fünfjahres-mittel	Teuerungsrate per annum im 5-Jahresmittel[11)]
1700	90	90	80	80	80	84,0	
1705	54	52	40	80	116	68,4	- 5,54 %
1710	72	96	136	100	80	96,8	8,00 %
1715	72	90	60	52	60	66,8	- 7,32 %
1720	72	60	54	56	80	64,4	- 0,58 %
1725	56	72	56	60	60	60,8	- 1,02 %
1730	54	80	68	68	72	68,4	2,28 %
1735	76	60	68	90	96	78,0	2,48 %
1740	96	100	80	96	76	89,6	2,96 %
1745	88	84	68	76	104	84,0	- 1,38 %
1705 bis 1749 im Mittel							0,00 %
1750	88	92	84	80	90	86,8	0,82 %
1755	80	96	108	112	88	96,8	2,06 %
1760	76	76	84	96	108	88,0	- 1,94 %
1765	104	108	116	128	104	112,8	4,96 %
1770	192	168	108	96	84	129,6	1,92 %
1775	80	88	108	104	76	91,2	- 6,16 %
1780	84	92	112	72	68	85,6	- 1,40 %
1785	120	104	108	112	152	119,2	6,76 %
1790	116	92	110	128	144	118,0	- 0,24 %
1795	204	180	156	136	180	171,2	7,48 %
1750 bis 1799 im Mittel							1,43 %
1705 bis 1799 im Mittel							**0,75 %**
1800	144	120	180	144	136	144,8	- 3,34 %
1805	174	168	120	98	104	132,8	- 2,14 %
1810	108	160	152	144	128	138,4	1,22 %
1815	140	200	200	114	90	148,8	0,70 %
1820	104	84	102	101	114	100,9	- 6,92 %

Das Preisniveau für Korn, in Konstanz handelte es sich dabei um Dinkel, erreichte 1745/49 nach einigen Auf- und Abschwüngen wieder die gleichen Werte wie in der ersten Pentade des Jahrhunderts. Nach dem mathematischen Begradigen heftiger Sprünge[12)] bleibt für die zweite Jahrhunderthälfte unter dem Strich eine durchschnittliche Kornpreissteigerung von gut 1,4 % im Jahr. Für ein Dinkelquantum, das um 1748 noch 100 Gulden wert war, mußte man gegen Ende des 18. Jahrhunderts 204 Gulden aufbringen. Auch der Kornpreis in Konstanz fiel in den folgenden 25 Jahren um jährlich knapp 2,1 %. Die beispielhaften Dinkelsäcke für 100 Gulden von der Mitte des 18. Jahrhunderts wurden 1820/24 wieder um 121 Gulden feilgeboten, nachdem sie in den Hungerjahren 1816/17 nicht unter 238 Gulden erhältlich gewesen waren.

Die Preisentwicklung beim Hafer ähnelt der des Korns. Wie der Dinkelpreis war auch der Marktwert des Hafers zur Jahrhundertmitte wieder auf sein Niveau vom Beginn des 18. Jahrhunderts zurückgekehrt. In den folgenden fünfzig Jahren, verstärkt ab 1780, stieg die Teuerungskurve beim Hafer um jährlich annähernd zwei Prozent und damit noch steiler in die Höhe als die des Korns; dafür fiel sie im ersten Viertel des 19. Jahrhunderts auch relativ tiefer. Für eine Hafermenge, die um das Ende des Österreichischen Erbfolgekriegs in Kon-

[10)] StAKN A I 28b, Leiner, Miszellen, S. 221-225, „Jährliche Rechnung"; StAKN A I 28a, Leiner/Bickel, S. 186f. Exakter Preis 1823: 100 $^5/_8$ xr.
[11)] Analog wie Anm. 9.
[12)] Siehe Schaubild 30.

Tabelle 28 c) Haferpreisentwicklung in Konstanz im 18. Jh.[13]

HAFER, Kreuzer pro Viertel						Fünfjahres-mittel	Teuerungsrate per annum im 5-Jahresmittel[14]
1700	28	32	32	32	32	31,2	
1705	20	20	20	24	34	23,6	- 6,02 %
1710	24	32	36	36	36	32,8	6,78 %
1715	28	32	22	18	22	24,4	- 6,08 %
1720	18	18	17	18	24	19,0	- 4,76 %
1725	20	22	18	22	24	21,2	2,24 %
1730	18	20	17	20	22	19,4	- 1,74 %
1735	24	22	30	34	36	29,2	7,90 %
1740	36	34	30	34	30	32,8	2,64 %
1745	28	28	28	32	40	31,2	- 1,14 %
1705 bis 1749 im Mittel							0,0 %
1750	36	38	32	30	28	32,8	1,08 %
1755	22	36	48	30	30	33,2	- 0,28 %
1760	32	26	28	34	48	33,6	0,42 %
1765	36	45	48	44	46	43,8	5,70 %
1770	56	60	44	34	26	44,0	- 0,74 %
1775	22	32	37	44	28	32,6	- 5,62 %
1780	40	38	56	28	36	39,6	3,94 %
1785	36	38	46	44	45	41,8	1,50 %
1790	45	44	52	54	60	51,0	3,96 %
1795	90	100	68	60	90	81,6	9,18 %
1750 bis 1799 im Mittel							1,91 %
1705 bis 1799 im Mittel							**1,01 %**
1800	56	40	46	50	48	48,1	- 10,36 %
1805	54	48	40	36	38	43,2	- 2,24 %
1810	36	40	40	54	44	42,8	- 0,14 %
1815	48	80	76	48	36	57,6	5,22 %
1820	36	30	36	36	37½	35,1	- 9,10 %
1800 bis 1824 im Mittel							- 3,32 %

stanz 100 Gulden kostete, mußte man zwischen dem Ende des ersten und dem Ende des zweiten Koalitionskriegs 260 Gulden, 25 Jahre darauf allerdings nur noch 113 Gulden hinlegen.

Bezogen auf den mit Wein, Korn und Hafer gleichgewichtig bestückten Warenkorb ergibt sich für das ganze 18. Jahrhundert eine jährliche Inflationsrate von einem Prozent.

Die Progression erfolgte kontinuierlich, aber nicht linear: Wie Schaubild 30 zeigt, kam es selten vor, daß die Preiskurve mehr als zwei Jahre hintereinander dieselbe Richtung nahm; der Zickzackkurs führte jedoch deutlich aufwärts. In der ersten Jahrhunderthälfte wechselten fünf de- und vier inflationäre Fünfjahresphasen einander ab; daraus resultierte eine rechnerische jährliche Inflationsrate von 0,3 Prozent. In der zweiten Jahrhunderthälfte wurden die Konstanzer mit vier de- und sechs inflationären Pentaden konfrontiert, die zusammen eine jährliche Teuerungsrate aller drei Waren von 1,7 Prozent ergaben. Zu Beginn des 19. Jahrhunderts führten zwei de- und drei inflationäre Fünfjahresabschnitte unter dem Strich zu einer Deflation von rechnerisch 2,4 Prozent im Jahr.

Die »rechnerische« Angabe einer jährlichen Teuerungsrate bedeutet hier lediglich das Glätten der realen Zickzack-Preiskurve und damit das Herausarbeiten der längerfristigen Tendenz. Die Zeitgenossen betraf diese mathematische Quote sehr real. Teurer Wein mochte entbehrlich gewesen sein, dem Hafer- und Kornpreis aber konnte kein Konsument ausweichen.

Die hier ermittelte, im 18. Jahrhundert zögerlich beschleunigende Geldentwertung schließt an eine für Rottenburg am Neckar im 17. Jahrhundert herausgearbeitete Kaufkraft-

[13]) StAKN A I 28b, Leiner, Miszellen, S. 221-225, „Jährliche Rechnung"; StAKN A I 28a, Leiner/Bickel, S. 186f. Exakter Preis 1823: 35 $^5/_8$ xr.

[14]) Analog wie Anm. 9.

kurve an[15]. Der Geldwert in Rottenburg fiel im Verlauf des Dreißigjährigen Krieges gewaltig ab, vor allem in zwei Schwüngen während der Kipper- und Wipperinflation sowie nach der Schlacht bei Nördlingen; er erreichte anschließend nicht wieder denselben Stand, von dem herab er abgesunken war. Langfristig hatte das Geld in Rottenburg nach dem Dreißigjährigen Krieg gegenüber dem Anfang des 17. Jahrhunderts rund ein Viertel an Wert verloren.

Nun mochten die Preise für Gewerbeprodukte und Dienstleistungen, aus der Sicht der Gewerbetreibenden und Dienste Anbietenden sind das die Einkommen und Löhne, hinter den Lebensmittelpreisen zurückgeblieben sein[16]. Doch füllten die Lebensmittel als unverzichtbare Notwendigkeit den größten Raum in jedem Warenkorb; in der frühen Neuzeit kann man für die meisten Privathaushalte einen Nahrungsmittelanteil von zwei Dritteln bis vier Fünfteln der Gesamtausgaben annehmen[17]. Dazu verteuerten im Verlauf des 18. Jahrhunderts neue Steuern und erhöhte Abgaben an Staat und Kommune die Lebenshaltungskosten der Untertanen.

Die Zahlenreihen von Tabelle 29 könnte man noch detaillierter, etwa mit einjährigen Abständen, ausarbeiten; für historiographische Zwecke dürfte diese Gliederung in Pentaden genügen.

Einige Beispielrechnungen mögen den Gebrauch der Tabelle erläutern.

Man setze für x eine Summe ein, zum Beispiel 100 Gulden. Hundert Gulden der Jahre 1700/04 waren - bezogen auf die Konstanzer Wein-, Korn- und Haferpreisentwicklung - bis 1725/29, also 25 Jahre lang, einer jährlichen Inflationsrate von - 1,6 Prozent, somit einer Deflation ausgesetzt. Es folgt die Anwendung der Wachstumsformel $k_n = k_0 \cdot e^{an}$ [18], wobei k_n hier den Endbetrag bezeichnet, k_0 die Anfangssumme 100 Gulden, a steht für die Inflationsrate p/100, hier also 0,016 (eine positive Zahl, weil der Wert der hundert Gulden stieg), n für die Zeitspanne von in diesem Beispiel 25 Jahren, die Eulersche Zahl e ist ähnlich wie die Zahl pi eine Konstante, die in jedem besseren Taschenrechner eingespeist ist. Solcherart verrechnet, stieg der Wert von 100 Gulden aus der Pentade 1700/04 in 25 Jahren auf 149 Gulden.

Nun interessiert, welcher Wertveränderung der Betrag x = 100 Gulden vom Anfang des Jahrhunderts bis zu dessen Ende ausgesetzt war: Man verfolge die Quoten unter dem 1700/04 zugeordneten x senkrecht bis zur Pentade 1795/99 und erhält die Angabe 1,0 Prozent. Ein Prozent jährliche Inflation über 95 Jahre reduziert hundert Gulden nach der Wachstumsformel auf 38 Gulden und vierzig Kreuzer.

[15]) Sannwald, Spital und Wirtschaft, Kap. IX, v.a. Tab. S. 187.
[16]) Kap. 5.1.6; Wehler, Gesellschaftsgeschichte I, S. 88.
[17]) Siehe Tabelle 44 in Kap. 5.3.6.
[18]) Ohler, Quantitative Methoden, S. 167f.
[19]) Alle drei Waren gleich gewichtet. Beispiel für 1795/99: Wein 10 %, Korn 7,48 %, Hafer 9,18 %, ergibt gegenüber den Jahren 1790/94 eine mittlere jährliche Preissteigerungsrate von 8,9 %.

Tabelle 29: Inflationsraten auf der Basis der Preisentwicklung für Wein, Korn und Hafer in Konstanz 1700 bis 1824 in Prozent (gerundet)[19]

1700/04	x										
1705/09	-3,6	x									
1710/14	0,7	5,0	x								
1715/19	-0,7	0,7	-3,6	x							
1720/24	-1,6	-1,0	-4,0	-4,4	x						
1725/29	-1,6	-1,1	-3,1	-2,8	-1,3	x					
1730/34	-0,9	-0,3	-1,7	-1,0	0,7	2,7	x				
1735/39	0,1	0,7	-0,1	0,7	2,4	4,3	5,9	x			
1740/44	0,4	0,9	0,2	1,0	2,4	3,6	4,1	2,2	x		
1745/49	0,3	0,8	0,2	0,8	1,8	2,6	2,6	0,9	-0,4	x	
1750/54	0,1	0,5	0,0	0,5	1,3	1,8	1,6	0,1	-0,9	-1,5	x
1755/59	0,3	0,7	0,2	0,7	1,4	1,8	1,7	0,6	0,1	0,3	2,1
1760/64	0,1	0,5	0,0	0,4	1,0	1,3	1,1	0,2	-0,3	-0,3	0,2
1765/69	0,7	1,0	0,7	1,1	1,7	2,1	2,0	1,3	1,1	1,5	2,5
1770/74	0,7	1,0	0,7	1,1	1,7	2,0	1,9	1,3	1,2	1,5	2,2
1775/79	0,3	0,5	0,2	0,5	0,9	1,2	1,0	0,4	0,1	0,2	0,6
1780/84	0,2	0,5	0,1	0,4	0,8	1,0	0,9	0,3	0,1	0,1	0,4
1785/89	0,5	0,8	0,5	0,8	1,2	1,4	1,2	0,8	0,6	0,7	1,1
1790/94	0,6	0,8	0,5	0,8	1,2	1,4	1,3	0,9	0,7	0,8	1,1
1795/99	1,0	1,3	1,0	1,3	1,7	1,9	1,9	1,5	1,5	1,7	2,0
1800/04	0,7	0,9	0,7	0,9	1,2	1,4	1,3	1,0	0,9	1,0	1,2
1805/09	0,5	0,7	0,4	0,7	1,0	1,1	1,0	0,6	0,5	0,6	0,8
1810/14	0,5	0,7	0,5	0,7	1,0	1,1	1,0	0,7	0,5	0,6	0,8
1815/19	0,8	1,0	0,8	1,0	1,3	1,4	1,3	1,1	1,0	1,1	1,3
1820/24	0,3	0,5	0,3	0,4	0,7	0,8	0,7	0,4	0,3	0,3	0,4
1750/54											
1755/59	x										
1760/64	-1,6	x									
1765/69	2,7	7,1	x								
1770/74	2,3	4,2	1,3	x							
1775/79	0,2	0,8	-2,4	-6,1	x						
1780/84	0,0	0,5	-1,7	-3,3	-0,5	x					
1785/89	0,9	1,4	0,0	-0,5	2,3	5,1	x				
1790/94	1,0	1,4	0,3	0,1	2,1	3,4	1,7	x			
1795/99	2,0	2,5	1,7	1,8	3,8	5,2	5,3	8,9	x		
1800/04	1,1	1,5	0,7	0,5	1,9	2,5	1,6	1,5	-5,9	x	
1805/09	0,7	0,9	0,1	0,0	1,0	1,3	0,3	-0,1	-4,7	-3,5	x
1810/14	0,7	0,9	0,2	0,1	1,0	1,2	0,4	0,1	-2,8	-1,3	0,9
1815/19	1,2	1,5	0,9	0,9	1,7	2,0	1,5	1,5	-0,4	1,5	4,0
1820/24	0,3	0,5	-0,1	-0,3	0,4	0,5	-0,1	-0,5	-2,4	-1,5	-0,9

Tabelle 29 ermöglicht es, die Geldwertentwicklung innerhalb des gegebenen Zeitrahmens mit jeder möglichen Ausgangs- und Zielpentade durchzurechnen. Von der Basis 1725/29 aus, in welcher Pentade ein sehr niedriges Preisniveau herrschte, fiel der Geldwert bis zum Jahrhundertende relativ tiefer als vom Jahrhundertanfang aus betrachtet. Setzt man für das 1725/29 zugeordnete x 100 Gulden ein und verfolgt die Reihe senkrecht bis zur Pentade 1795/99, so erhält man den Wert 1,9 Prozent für die jährliche Inflationsrate binnen dieser 70 Jahre. Hundert Gulden von 1725/29 waren gegen Ende des Jahrhunderts noch 26½ Gulden wert.

In den Jahren um 1800 belastete eine dauerhafte Hochpreisperiode den Lebensunterhalt der Konstanzer Konsumenten. Der Wert des Geldes in den drei Jahrzehnten von 1790 bis 1819 unterbot im Ganzen noch die schwindsüchtige Kaufkraft der Pentade 1770/74, welche von den bis dato unerhörten Höchstpreisen der Hungerjahre 1770 und 1771 geprägt war. Ein exemplarisches Quantum an Wein, Korn und Hafer, das im Mittel der Jahre 1770/74 hundert Gulden kostete, stieg 1795/99 im Preis auf 157 Gulden, war im ersten Jahrfünft des 19. Jahrhunderts durchschnittlich 116 Gulden wert und 1815/19 rund 150 Gulden teuer.

Insgesamt tritt die säkulare Kornteuerung in Schaubild 30 klar hervor. Die Preisspitzen markieren, von links nach rechts gelesen, den spanischen Erbfolgekrieg, die europäische Hungerkrise von 1770/71, die Koalitionskriege gegen die französische Republik und die Mangeljahre 1816/17. Das Jahr des Sturms auf die Pariser Bastille ragt als kleine Zwischenspitze heraus. Andere Kriege des 18. Jahrhunderts, insbesondere der Österreichische Erbfolge- und der Siebenjährige Krieg, schlugen sich in der Konstanzer Dinkelpreiskurve nicht übermäßig nieder.

1717-1737 und, mit kurzen Unterbrechungen, 1744-1763 galten in Konstanz niedrige Kornpreise. 1761-1768 folgten, nur einmal unterbrochen, sechs Jahre mit Preissteigerungen aufeinander. Den kurzen Abwärtsknick von 1769 lösten in den beiden folgenden Jahren unerhörte Preise ab. Eine solche Reihung war im 18. Jahrhundert noch nicht vorgekommen. Sie mag sich vielleicht auch psychologisch ausgewirkt haben; ganz handfest wurde dadurch das Anlegen von Vorräten erschwert und die Haushalte mit geringem Einkommen mußten sich an chronische Mangelernährung gewöhnen. Nur einmal noch, nämlich für 1791-1795, ist mit vier hintereinander folgenden kräftigen Preissteigerungen eine ähnlich gravierende Teuerungsaddition festzustellen. In den Jahren 1772 bis 1775 fielen die Kornpreise in Konstanz schnell und steil, anders als in Frankreich, London, Berlin und Hamburg, wie die Schaubilder 32a) und b) zeigen. Dieser Preisverfall leitete eine von 1772-1784 dauernde »gute« Phase ein. Die Preise kehrten in manchen Jahren sogar auf das nominelle Niveau von 1730-1760 zurück, - stiegen und fielen jedoch dabei viel steiler -, und lagen inflationsbereinigt so günstig wie zu Anfang des Jahrhunderts, in einzelnen Jahren noch darunter.

Möglicherweise begünstigten diese zwölf Niedrigpreisjahre die seitens der Bevölkerung ungeteilt freundliche Aufnahme der Genfer Kolonie in der darauf folgenden Zeit. Vielleicht veranlaßten die vorteilhaften Preise für Lebensmittel und Gewerbeprodukte auch die Emissäre der auswanderungswilligen Genfer 1784, sich für Konstanz als Zufluchtsort zu entscheiden[20].

Unverkennbar tendiert die Getreidepreiskurve zu immer steileren Auf- und Abschwüngen. Dies spiegelt vielleicht den von Abel festgestellten Beginn der Spekulation mit Grundnahrungsmitteln gegen Ende des 18. Jahrhunderts wider, die naturbedingte Mißernteteuerungen durch gewinnsteigernde Maßnahmen des Großhandels noch verstärkte[21].

[20]) Burkhardt in Stadtgeschichte III, S. 380-392, v.a. 380, 389f.

[21]) Abel, Massenarmut ... in Europa, S. 261, 263.

Schaubild 30: Kornpreise in Konstanz, nach nominellem Geldwert und inflationsbereinigt

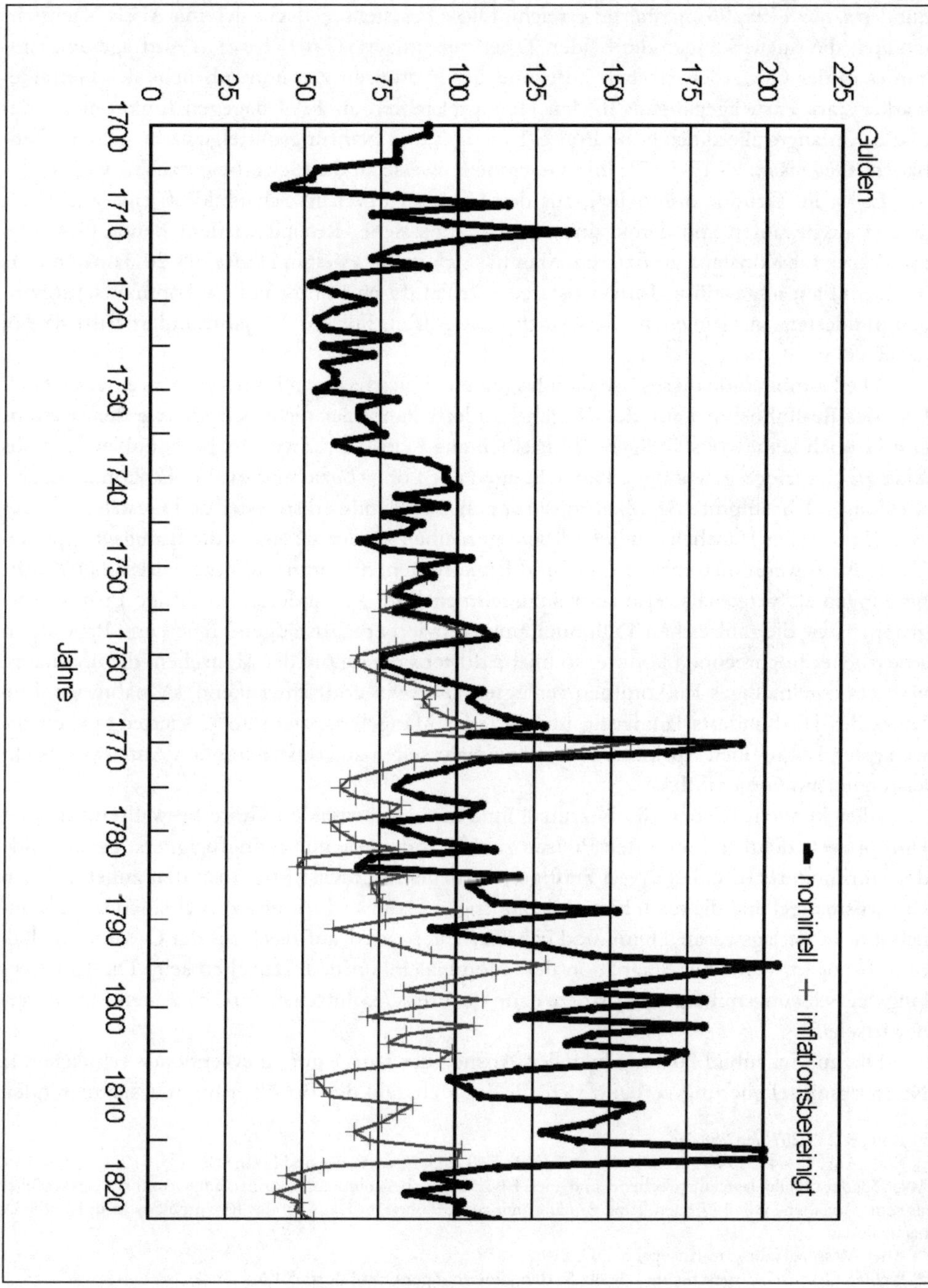

»Inflationsbereinigt« erscheint die Mangelkrise der Jahre 1770/71 als Teuerung des Jahrhunderts, nur 1795/96 annähernd erreicht. Diese Feststellung deckt sich mit Abels Nachrichten über die Auswirkungen der beiden Teuerungsspitzen: 1770/71 waren Aufträge und Einkünfte in der Gewerbewirtschaft aufgrund des zeitweisen Zusammenbruchs des Getreidemarkts stark zurückgegangen. In den Hochpreisjahren ab 1794 dagegen funktionierte der Markt, verlangte allerdings hohe Preise. Erzeuger und Nahrungsmittelgewerbe gaben offenbar, im Gegensatz zu 1770/71, ihre Gewinne teilweise an die Gewerbewirtschaft weiter[22)].

Es ist im Grunde unmöglich, aus den beiden Kurven in Schaubild 30 eine »richtige«, gültige auszuwählen und damit eine die zeitgenössische Realität wiedergebende Getreidepreiskurve für Konstanz zu fixieren. Man hat sich in der zweiten Hälfte des 20. Jahrhunderts die Denkfigur angewöhnt, Inflationsraten würden durch Lohn- und Einkommenserhöhungen mindestens ausgeglichen, meist auch übertroffen. Für das 18. Jahrhundert trifft dies in der Regel nicht zu.

Die Kombination dieses Schaubildes mit einer gleichartigen Lohnkurve zu einer Darstellung des Reallohns im Lauf des 18. Jahrhunderts kann hier nicht geleistet werden: Erstens gibt es noch keine vollständigen Lohnreihen aus Konstanz. Zweitens beschränken sich aus anderen Gegenden gewonnene Darstellungen der Lohn- beziehungsweise Einkommensentwicklung auf bestimmte Bevölkerungsgruppen, wie Handwerksmeister und Gesellen - wobei zwei Drittel aller Haushalte unberücksichtigt bleiben -, oder sie lassen die Bezugsgruppe unklar[23)]. Auch wenn man diese Löhne und Einkommen, die aufgrund noch wirksamer Zunftbindungen als vergleichsweise starr anzunehmen sind, auf andere, unzünftige Professionsgruppen, wie die zahlreichen Taglöhner, unqualifiziert erwerbstätigen Frauen und Protoindustriearbeiter hochrechnen könnte; so bliebe drittens die Quote der Menschen, die überhaupt über ein regelmäßiges Einkommen verfügten, ungewiß und schwankend; sie nahm wohl im Laufe des Jahrhunderts langfristig und in jeder Mangelkrise akut ab[24)]. Viertens geben die wenigsten Lohnreihen Auskunft über einen nicht selten zu konstatierenden Anteil von Sachleistungen am Gesamtlohn.

Alles in allem blieben die Nominallöhne im verarbeitenden Gewerbe während des 18. Jahrhunderts deutlich hinter den Preisen zurück, indem sie nur geringfügig, erst gegen Ende des Jahrhunderts offenbar etwas kräftiger, anstiegen. Berücksichtigt man den zunehmenden Erwerbsmangel und die noch hinter die zünftigen Handwerkerlöhne zurückfallenden Nominallöhne in Verlagswesen, Heim- und Fabrikarbeit, so wird, auf das Gros der Gesamtbevölkerung bezogen, von einer Stagnation der Nominaleinkünfte auszugehen sein. Die Entwicklung der Nahrungsmittelpreise öffnete dann die Preis-/Lohnschere zu Ungunsten der Gewerbewirtschaft[25)].

Die im Schaubild 30 am generellen Anstieg der Kurve gut zu erkennende schleichende Nahrungsmittelteuerung verband sich für die Mehrzahl der Bevölkerung mit stagnierenden

22) Ebd., S. 252-257 und 259-266.

23) Ebd., Abb. 42-44 S. 194-196, Abb. 49 S. 207, Abb. 58 S. 265; Elsas, Preise und Löhne Bd. 1, S. 712, 732, 734, 736, 747, 753; der Quellenlage entsprechend sind auch Elsas' Preistabellen erheblich vollständiger und aussagekräftiger als seine Angaben zu den Löhnen. Eine Annäherung an Reallöhne im Haushalt des Rheinmüllers ist in Kap. 5.3.9 nachzulesen.

24) Abel, Massenarmut ... in Europa, S. 207, 210f.

25) Wehler, Gesellschaftsgeschichte I, S. 80, S. 100: „unterhungern"; vgl. Kap. 5.1.6.

Löhnen, wachsender Schwierigkeit, eine Erwerbsmöglichkeit zu finden und erhöhten Steuern zum Sinken des Realeinkommens. Nur wenige, etwa die zu Beamten avancierenden Staatsdiener und erfolgreiche Kaufleute, durchbrachen diesen Trend[26].

Um also die beiden Kurven mit der unterschiedlichen Realität für die Zeitgenossen zu verbinden: Für einen Verbraucher, dessen Einkommen nominell gleich blieb, stellte sich die Entwicklung des Getreidepreises wie in der oberen Kurve von Schaubild 30 dar. Da diese Voraussetzungen für die Mehrzahl der Menschen im 18. Jahrhundert zutrafen, bezeichnet die Kurve auch den allgemeinen Anstieg der Armut und des Mangels.

Wer sein Einkommen nominell um das eine Prozent Teuerungsrate zu steigern und damit real zu halten vermochte, erlebte den Getreidepreis wie in Schaubild 30 gepunktet abgebildet. Neben den genannten Beamten und Kaufleuten traf dies auch für die Staaten zu, die mit erhöhten Steuereinnahmen[27] ihren wachsenden Administrationsapparat, ihre merkantilistischen Ambitionen und ihre Kriege finanzieren konnten.

5.1.5 Auswirkungen einer langfristigen Inflationsrate von einem Prozent

»Ein Prozent jährliche Teuerungsrate« klingt in der zweiten Hälfte des 20. Jahrhunderts vernachlässigbar gering. Die Deutsche Mark als mit Abstand stabilste Währung der Europäischen Gemeinschaft hielt 1991 noch 34 Prozent ihrer Kaufkraft aus dem EG-Gründungsjahr 1957, was durch eine durchschnittliche jährliche Preissteigerung von »nur« 3,2 Prozent bewirkt wurde; das Britische Pfund unterlag in derselben Zeit einer jährlichen Inflationsrate von 7,1 Prozent, der Portugiesische Escudo verlor jährlich 11,5 Prozent an Wert[28].

Doch sank mit einer säkularen Inflationsrate von nur einem Prozent per annum die Kaufkraft von 100 Gulden im Jahr 1701 auf knapp 37 Gulden im Jahr 1800. Umgekehrt betrachtet: Um die Kaufkraft der 100 Gulden von 1701 zu erhalten, benötigte man 1800 bereits nominelle 272 Gulden.

Wer sein Einkommen langfristig über ein Prozent im Jahr steigern konnte, verbesserte es real. Kapital pflegte in Konstanz im 18. Jahrhundert mit vier bis fünf Prozent verzinst zu werden; ein Kaufherr etwa, der den Lebensunterhalt seines Haushalts im Handel sicherte und der nicht übermäßig vom Kapitalverlust durch Ganten seiner Schuldner getroffen wurde, konnte mit Kapitalverleih einen realen Vermögenszuwachs erzielen.

Wessen Einkommen oder Lohn über einen längeren Zeitraum hinweg nicht angehoben wurde, der verlor, und zwar gegen Ende des Jahrhunderts zunehmend.

An einem hypothetischen Handwerkerhaushalt sei dies exemplarisch durchgerechnet.

[26]) Siehe Kap. 5.2 über Besoldungen.

[27]) Z.B. Kunisch, Absolutismus, S. 98.

[28]) Grafik „EG-Währungen: Wie haben sie der Inflation standgehalten?“ in: Frankfurter Rundschau vom 10. Feb. 1992.

Sein über zwei Generationen hin gleichbleibendes Einkommen von 250 Gulden im Jahr war in der Ausgangspentade

1750/54 im Mittel		250	fl wert,
1755/59	noch	225	fl wert,
1760/64	wieder	244	fl wert,
1765/69	noch	171	fl wert,
1770/74	noch	160	fl wert
(in manchen Wochen des Jahres 1770 und 1771 viel weniger),			
1775/79	wieder	218	fl wert,
1780/84	wieder	223	fl wert,
1785/89	noch	173	fl wert,
1790/94	noch	159	fl wert
1795/99	noch	102	fl wert,

war 1800/04, nach einem halben Jahrhundert mit nominell gleichem Einkommen, noch real 136 Gulden wert, also etwas mehr als die Hälfte.

Der hier dargestellte Geldwertverfall drückte die Vermögen aus den Nachlaßinventaren von 1786 bis 1805 nieder und belastete auch die in dieser Zeit erhobenen »Ehebilanzen«[29]. In der zweiten Hälfte des 18. Jahrhunderts, als die zwischen 1786 und 1805 Verstorbenen erwerbstätig waren oder anderweitige Einkünfte bezogen, vermochte man selbst mit leicht steigendem Nominaleinkommen lediglich die langfristige Teuerung abzufangen, konnte man damit keine Rücklagen beiseitelegen und so ein Vermögen schaffen oder das vorhandene mehren.

Die vier Männerkonvente im Konstanzer Gerichtsbezirk mit ihren vermutlich stagnierenden Nominaleinkünften mußten allesamt gegen Ende des 18. Jahrhunderts den Unterhalt aus der Vermögensmasse bestreiten[30].

[29]) Kap. 6.3 und 6.14.

[30]) Kap. 5.4.1 und 7.2; Burkhardt in Stadtgeschichte III, S. 393.

5.1.6 Verbraucherpreise in Konstanz am Ende des 18. Jahrhunderts

Tabelle 31: Einzelne Verbraucherpreise 1787 bis 1797 [31)]

Maßeinheit/Ware	**Preis in Kreuzern**				
	31.Jan. 1787	5.März 1790	Nov. 1794	Ende 1795	1797
1 Pfd. Weißbrot	5 1/3	8	8		
1 Pfd. Schwarzbrot[32)]	3½	5	5¾	8	5¼
1 Pfd. Rindfleisch	7-9½	8½	10	11½	15
1 Pfd. Kalbfleisch	8	7	8	9	14
1 Pfd. Schweinefleisch	12	12		14	
1 Pfd. Schaffleisch			8		14
1 Pfd. Butter	26	19½	26¼	32	31¼
1 Pfd. frische Fische	16			25-30	
12 Stück Eier	16			32	48
1 Pfd. Reis	9			12	
1 Meßle Erbsen	8-9			16	
1 Pfd. Zucker				50	56
1 Pfd. Kaffee				48	60
1 Pfd. Lichter	15			32	36
1 Paar Schuhe	96			144	
1 Maß Wein[33)]	8-12				10-24
Indices (1787 = 100)					
Brot	100	146	157	229	150
Tierische Produkte	100	91	107	144	190
Leguminosen	100			161	
Zucker, Kaffee (1795 = 100)				100	119
Lichter	100			213	240
Schuhe	100			150	
Zum Vergleich:					
Index des Kornpreises	100	107	133	189	144

Die angeführten Preise für 1795 und 1797 sind Extremwerte des 18. Jahrhunderts, weshalb Franz Xaver Leiner sie wohl auch für überliefernswert befand. Die schmale Datenbasis erlaubt lediglich folgende Aussagen: Erstens bestätigen die Preise den Befund, daß die Teue-

31) 1787: GLA 200,614, „Victualienpreis-Ausweiß bei der K.K.V.Ö.en Stadt Konstanz am Bodensee", 31. Jan. 1787 und ebd., Augustinerkloster, „Erfordernuss auf Speiss, und Trank"; Ende 1795 und Ostern 1796: StAKN A I 28a, Leiner/Bickel, S. 301; 1797: ebd., S. 356; StAKN A I 28b, Leiner, Miszellen, Beilagen: „Konstanzisches Wochenblat" vom 22. März 1790 und ebd., Blatt 568 aus dem „Volksfreund" vom 21. Nov. 1794, beide verlegt von Martin Wagner und je mit „Victualien=Tax". Maße: 1790 und '94 galt positiv, für die anderen Jahre vermutlich das schwere Pfund zu 576 g, siehe Kap. 2.2.

32) 1795 und 1797: „Hausbrod".

33) 1787: „neuer" 8-10, „alter" 10-12 xr; 1797 „des geringsten" und „des besten" Weins.

rung ab etwa 1785, verstärkt ab 1795, einen außergewöhnlich kräftigen Schub erhielt. Zweitens beschränkte sich der Preisanstieg, hier belegt für den Zeitraum 1787 bis 1797, nicht nur auf Korn, Wein und Hafer. Drittens folgten auch in Konstanz andere Nahrungsmittel dem Getreidepreis nur zögerlich nach oben, hielten das Niveau jedoch oder steigerten es sogar, als der Getreidepreis zwischenzeitlich wieder fiel. Einzige Ausnahme für diesen in ganz Deutschland beobachteten Trend[34)] bildete, wenig überraschend, der Brotpreis.

Als Beispiel für Gewerbeprodukte stehen nur Schuhe zur Verfügung; „Lichter“ hingen wegen des Rohstoffs zu eng an den Nahrungsmitteln Fett und Öl und benötigten zu wenig Verarbeitungsaufwand, um mit dazugezählt zu werden. Die Schuhpreise belegen die Tendenz, daß auch gewerbliche Produkte den Nahrungsmittelpreisen folgten. Konstanzer Schuster schienen gegen Ende des Jahrhunderts die langfristige Teuerungsrate, Mehrkosten für Leder abgerechnet, einigermaßen ausgleichen zu können.

Auf der Kehrseite der Verbraucherpreise fand das Nahrungsmittelgewerbe in Konstanz sein Auskommen. Viehbesitzer verdienten für Schlachtvieh zunehmend. Die Magistratstaxen erlaubten es Metzgern, Fischern und Bäckern trotz deren gegenteiliger Klagen ganz offensichtlich, steigende Betriebsausgaben an die Kundschaft weiterzureichen; das Konstanzer Nahrungsmittelgewerbe verfocht seine Interessen gegenüber dem Magistrat auch vehement genug[35)].

Mit dem Zuzug der Genfer Kolonie ab 1785, der Landesregierung ab 1792 stiegen auch die Mietzinse kräftig an. Sie erreichten auf dem Höhepunkt der französischen Emigration in Konstanz schwindelerregende Summen für wohlausgestattete Häuser in bester Wohnlage, aber auch die einfachen Quartiere und schäbigen Absteigen dürften ihren Besitzern vorher ungeahnte, erkleckliche Gewinne eingebracht haben, wie Stadthauptmann Franz von Blancs Mieterschutzmaßnahmen belegen[36)].

5.1.7 Die Konstanzer Getreidepreisentwicklung im überregionalen Vergleich

Die Konstanzer Preise für Korn und Hafer kletterten zwischen der Mitte des 18. Jahrhunderts und 1800/04, als die Stadt fast keine Emigranten mehr beherbergte, vom Indexwert 100 auf - je nach Berechnungsweise - 157 bis 164 Indexpunkte. Die Getreideteuerung in Konstanz erreichte damit die gleichen Werte, wie sie für wohl hauptsächlich norddeutsche See- und Großstädte überliefert sind, übertraf deutlich die mindere Roggenpreissteigerung im deutschen „Inland“.

Die Getreidepreise in Deutschland stiegen zwischen 1714 und 1800 um 40 bis 70 Prozent, das sind 0,4 bis 0,6 Prozent durchschnittliche jährliche Teuerung nach der Wachstumsformel. Das Brot verteuerte sich wegen der Getreideexporte vor allem aus den ostelbischen Gebieten zwischen 1730 und 1810 um 210 Prozent, was 1,4 Prozent per annum entspricht. Der Teuerungsschub in Konstanz gegen Ende des Jahrhunderts korrespondiert mit der Preis-

[34)] Abel, Massenarmut ... in Europa, S. 262.
[35)] Beispiel: StAKN B I, „Oeconomica, Politica, Gratialia, et Cameralia“, Taxkonflikt um die Fleischpreise in 10 Ratssitzungen zwischen 9. Feb. und 11. Juli 1786; A. Ruppert, Verfassung und Verwaltung, S. 88f.
[36)] Kap. 3.3.6; Burkhardt in Stadtgeschichte III, S. 413-415.

steigerung der „wichtigsten Kornprodukte“ 1792 auf 1806 in Deutschland von umgerechnet 6,1 Prozent im Jahr[37)].

Von sieben Spitzenpreisen für Getreide in England zwischen 1750 und 1800 stimmen fünf mit Konstanz überein[38)].

Mit wenigen Abweichungen, nämlich für die Jahre 1776 bis 1778, 1798 und folgende, verläuft die Konstanzer Kornpreiskurve parallel zu den Londoner, vor allem Hamburger Notierungen für Weizen.

Schaubild 32a) Weizenpreise in London, Hamburg und Berlin 1750-1806 und Konstanzer Kornpreise[39)]

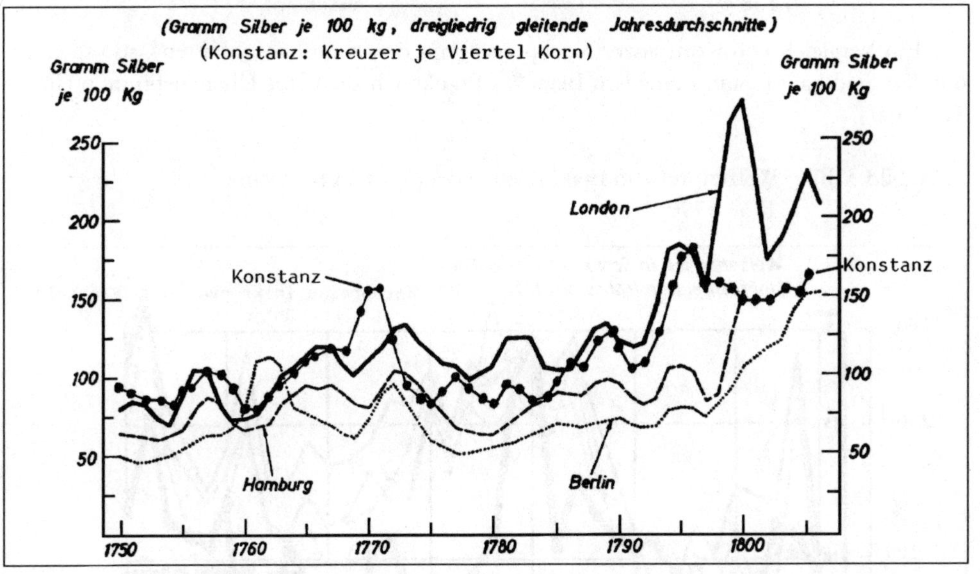

Es fällt auf, daß die Kornpreise in Konstanz in der Krise von 1770/71 früher und höher kletterten, danach schneller und steiler wieder abfielen, daß kurz: die Preise direkter den vorhandenen Mengen nachzufolgen schienen. In London, Hamburg und Berlin dagegen wirkten sich wohl die Faktoren Börse und Großhandel stärker aus. Lieferungen aus Polen, Ostpreußen und Rußland und die enorme Speicherkapazität sorgten dafür, daß an den europäischen Haupthandelsplätzen zu Beginn der 1770er Jahre im Grunde immer genug Getreide vorrätig lag; die Händler verkauften es nur sehr teuer[40)].

37) Wehler, Gesellschaftsgeschichte I, S. 87f; die Roggenpreise stiegen zwischen 1750 und 1800 nach der Wachstumsformel um 1,15 % p.a. in Seestädten, um 0,75 % p.a. in Großstädten und um 0,5 % p.a. im „Inland“.

38) Abel, Massenarmut ... in Europa, S. 195.

39) Folie: Ebd., S. 197. Kornpreise in Konstanz 1750-1806: StAKN A I 28b, Leiner, Miszellen, S. 224f und ebd. A I 28a, Leiner/Bickel, S. 186f. Nominalpreise in xr pro Viertel (= 1/8 Malter), dreigliedrig gleitende Jahresdurchschnitte, auf ganze xr gerundet, y' ist der mittlere x-Wert zugeordnet.

40) Abel, Massenarmut ... in Europa, S. 218-220.

Die Indices der Amsterdamer Großhandelspreise für Königsberger Weizen[41] und der Konstanzer Kornamtsnotierungen zu Beginn der 1790er Jahre stimmen auch weitgehend überein.

Jahr	Amsterdam	Konstanz	(1789 = je 100)
1789	100	100	Die Amsterdamer Preise
1790	90	76	schienen sachter zurück-
1791	65	61	zugehen und sprunghafter
1792	64	72	anzusteigen als in Konstanz,
1794	79	95	wo die Kurve 'runder'
1795	138	134	erscheint.

Ein Vergleich von Konstanzer Kornpreisen mit denen im benachbarten - so sah es zumindest Stadthauptmann Franz von Blanc[42] - Frankreich zeigt eine Übereinstimmung in der Tendenz.

Schaubild 32b) Weizenpreise in Frankreich, Kornpreise in Konstanz 1756-1790[43]

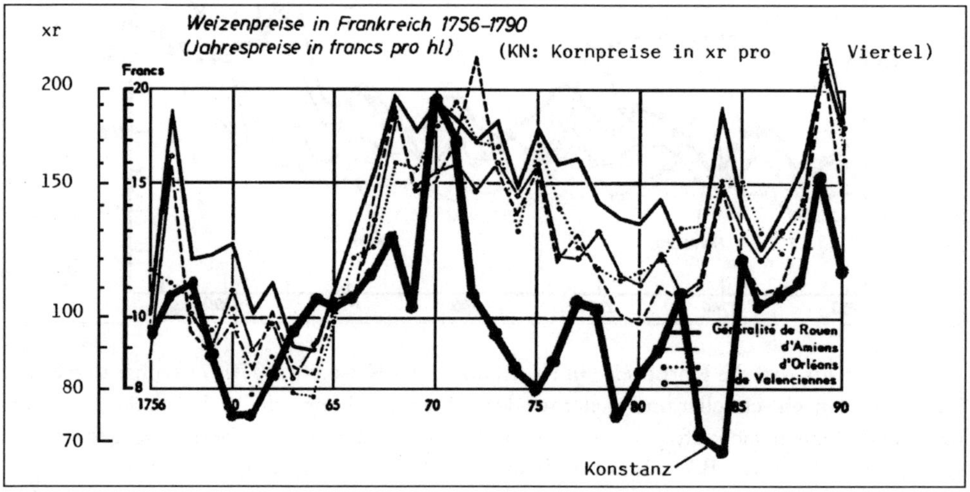

Einzelne Jahre, 1769 und 1782 bis 1785, fallen auseinander. Die französischen Preise der Pentade nach 1770 folgten in ihrem sehr zögerlichen Zurückgehen eher der Hamburger und Londoner Kurve als der Konstanzer. Deutlich parallel entwickelten sich dagegen die Getreidepreise von 1785 bis zur Französischen Revolution.

[41]) Ebd., S. 261.
[42]) GLA 209/1152, 14. März 1796.
[43]) Folie: Abel, Massenarmut ... in Europa, Abb. 51, S. 221. Konstanz wie Anm. 39.

Die festgestellte weitgehende Übereinstimmung der Konstanzer Kornpreise mit der internationalen Entwicklung rührte von ähnlichen Wetterlagen wie von einem bereits eng verknüpften gemeinsamen europäischen Getreidemarkt her[44]. Welcher dieser beiden Faktoren stärker wog, mag hier offen bleiben. Für beide lassen sich Belege finden. Das Jahrhunderthochwasser, das Konstanz im Juli 1770 überschwemmte, so daß man mit Booten über die Paradieser Krautgartenfelder am Rhein fahren konnte, verweist auf Schneefälle und Kälte, die auch im Bodenseegebiet bis in den Sommer hinein anhielten und denen übermäßiger Regen folgte. Der städtische Beamte Franz Xaver Leiner machte jedoch keine natürlichen Ursachen, sondern einen gesellschaftlichen Grund für die Teuerung verantwortlich:

„Da in diesem Jahr alle Gattungen Lebensmittl durch noch niemals erhörte wucherliche Fürkäufe allso im Preis gestiegen, daß solche, und besonders das Brod auch um baares Geld fast nicht mehr zu bekommen war (...)“[45].

Belege für Konstanz' Beteiligung am überregionalen Getreidehandel sind die Einfuhren von Oberitalien nach Süddeutschland 1770/71 und der Versuch eines Lebensmittelembargos gegen die chronisch importierende Schweiz in den 1790er Jahren, das nicht zuletzt via Konstanz unterlaufen wurde[46]. Im Januar 1794 etwa konferierte der Schwäbische Kreis in Meersburg aus aktuellem Anlaß einer dürftigen Ernte zu dem Problem, wie das Lebensmittelembargo gegen die Schweiz durchgesetzt und der lockende Wucherhandel mit Frankreich unterbunden werden könnten.[47]

Die hier referierten Vergleichszahlen dürften genügen, um den Befund der langfristigen Teuerung von einem Prozent in Konstanz zumindest für das wichtigste Marktprodukt Brotgetreide abzustützen.

[44]) Helen Liebel, der aufgeklärte Absolutismus und die Gesellschaftskrise in Deutschland im 18. Jh. in: W. Hubatsch (Hg.), Absolutismus, Darmstadt 1973, S. 503: Die internationale Wirtschaft war im 18. Jh. „ein bemerkenswert zusammenhängendes Gewebe“; Abel, Massenarmut ... in Europa, S. 200f, 397.

[45]) Ebd., S. 200: Schneefälle in Tirol und Ungarn bis Juli 1770; StAKN A I 28a, Leiner/Bickel, S. 140, 147.

[46]) Abel, Massenarmut ... in Europa S. 222; Burkhardt in Stadtgeschichte III, S. 347.

[47]) Ph. Ruppert, Beiträge Heft 4, S. 60.

5.2 Zur Entwicklung der Besoldungen in Konstanz im 18. Jahrhundert

Tabelle 33: Ausgewählte Besoldungen[48]
(Angaben für eine Person pro Jahr; auf ganze Gulden gerundet)

Posten[49] [50]		vor 1750	nach 1750	1767	1769	1770	1771
a)	Stadthauptmann	830	400	400	400	1400	1125
b)	Rentmeister						984
c)	Bürgermeister	321	500	510	500	520	520
d)	Stadtvogt	321	200	210	206	241	220
e)	Stadtsyndikus	350	600	636	636	636	636
f)	Kanzleiverwalter	200	400	436	436	436	436
g)	Innerer Rat	100	ca.44	72	69	85	78
h)	Registrator			300	300	300	300
i)	Kanzlist			104	104	104	104
j)	Ratsdiener			104	104	104	104
k)	Stadtphysikus	75	75	75	75	75	75
l)	2 Hebammen je			32	32	32	32
	1 Hebamme			16	16	16	16
m)	Scharfrichter			104	130	130	130
n)	Rheinmüller			67	67	67	67
o)	Elementarlehrer			65	122	122	122
p)	Turmbläser			104	104	104	104

	1772	1773	1774	1775	1776	1777	1787	1805
a)	1546	1500	1500	1500	1500	1500	1500	
b)	1040	1040	1040	1040	1040	1040	600	
c)	520	520	520	520	520	520	800	1000*)
d)	220	220	220	220	220	220		
e)	636	636	636	636	636	636		
f)	436	436	486	636	636	636	600	800
g)	66	64	76	72	68	72	500	700*
h)	300	300	300	275	250	250	350	
i)	148	200	200	200	200	204	250	
j)	104	104	104	104	106	104	100	
k)	75	76	75	75	81	100	100	100
l)	32	32	32	32	32	32	32	
	16	16	16	16	16	16	16	
m)	132	134	134	134	135	134	134	
n)	67	93	93	93	93	93	92	
o)	122	122	163	300	300	300		
p)	104	104	104	104	106	104	104	

[48]) GLA 209/363: „Verzeichnis was künfftighin dem gesamten Stattpersonali für Besoldungen abzureichen kommen", Datum „1750"; GLA 209/441, Frage 49: 1806; GLA 209/1221: „Extract aus den Rechnungen der Kai. König. V.Ö.en Stadt Konstanz (...)" für 1767, 1769-1777, hier unter Besoldungen 122 Titel, häufig 2 oder mehrere Titel für eine Person; StAKN A I 28b, F.X. Leiner, Miszellen, Anhang, Besoldungen 1787; Buchegger, Verfassung und Verwaltung, S. 192f, 217.

[49]) **Zu a)** Dazu freies Quartier, d.h. ab 1770 das 10000 fl wert geschätzte Haus Zum weißen Pfau in der St.-Paulsgasse, heute Hussenstr. 23; dazu bei Dienstantritt das traditionelle Geschenk von Fisch, Wein und Hafer im Wert von ca. 200-300 fl (GLA 209/1221, „Extract ...").

Zu b) Davon: 40 fl Quartierzahlung (1771: 15); 875 fl von den milden Stiftungen. Besoldung 1787 wegen der unübersichtlichen Herkunft der Bezüge etwas unklar. U.U. auch insgesamt 1515 fl.

Zu c) Incl. 1767-69: 10 fl, 1770-77: 20 fl Holzgeld; vermutlich auch schon ab 1750.

Zu d) Holzgeld wie c). Amt „cessirte" 1786.

Die Besoldungen für städtische Nebenämter, wie etwa Stadtpfeifer und Kanzleieinheizerin, die vier beziehungsweise sechs Gulden im Jahr erhielten, erhöhten sich von 1767 - 1787 so wenig wie die der „Ökonomiekasse"-Beamten von je 116 Gulden, der Stadtknechte von je 104 Gulden, des Steuerschreibers von 282 Gulden, des Stadtwachtmeisters von 104 Gulden usw. zwischen 1767 und 1777.

Betont sei, daß die hier aufgelisteten Besoldungen nicht dem Marktgeschehen unterworfen waren, sondern bewußte Verwaltungsakte darstellten. Sie stehen demnach in keinem unmittelbaren Zusammenhang mit Einkommensreihen aus der Gewerbewirtschaft.

Die meisten Ämter wurden zwischen 1750 und 1805 neu eingerichtet, andere dafür aufgehoben, andere umorganisiert oder ihre Aufgaben neu verteilt. Erhöhte Besoldungen waren oft mit einer solchen Veränderung verbunden.

Der Stadthauptmann zum Beispiel sollte nach 1750 vornehmlich die landesherrschaftliche Oberaufsicht führen, das österreichische Tagesgeschäft in Konstanz hatte der Stadthauptmannschaftsverwalter zu übernehmen. Entsprechend ließ der bevollmächtigte Hofkommissar für die Vorlande, Anton Thaddäus von Summeraw, die Besoldung des Stadthauptmannschaftsverwalters von 250 auf 1000 Gulden vervierfachen, die des Stadthauptmanns von 830 auf 400 Gulden halbieren. Die Stelle des -verwalters wurde 1765 kassiert, der Stadthauptmann mußte sich ab 1770 hauptamtlich um das oberamtsfreie Konstanz kümmern. Die am Posten hängende Besoldung wurde beträchtlich aufgestockt und stabilisierte sich, mit dem häufigen Wechsel der Amtsinhaber von Ramschwag, Püchler, Löwenberg und Seeau noch etwas schwankend, ab 1773 auf 1500 Gulden. Ähnlich verfuhr die Provinzialregierung mit Bürgermeister und Räten in den diversen Ratsreformen[51)].

Zu e) 1767-77 nachgewiesen, vermutlich schon ab 1750, incl. 36 fl Holzgeld. Amt ab 1786 wegen verpflichtender juristischer Ausbildung der Magistratsräte abgeschafft.
Zu f) Holzgeld wie e). Ab 1786 als Magistratsrat besoldet.
[50)] **Zu g)** 1751-1786 zehn ehrenamtliche innere Räte, ab 1786 fünf, ab 1795 drei hauptberufliche Rechtsgelehrte (Burkhardt in Stadtgeschichte III, S. 329, 377-379); die Vergütung setzte sich 1751-1786 zusammen aus Pauschale, Sitzungsgeldern, Fisch- und Suppentalern; zusätzlich fanden regelmäßige Ratsfestessen statt.
Zu k) Beide Stadtärzte erhielten nach Angabe von 1806 zusätzlich ein Fuder Wein pro Jahr (das im Schnitt der Jahre 1797-1806 mit 111 fl mehr wert war als die Geldbesoldung). Vermutlich erhielten sie diesen Wein die ganze Zeit über.
Zu m) Zusätzlich freies Wohnen in einem städtischen Haus. Teil der Besoldung für Abdeckerdienste.
Zu n) Zusätzlich freie Kost und Logis. Die Müllermeisterin bekam 1767-77 jrl. 14 fl, 3 Mühlknechte je 34 fl 40 xr, 2 Mühlknechte je 31 fl 12 xr, eine Magd 18 fl, zu jew. freier Kost und Logis.
Zu o) 1767-74 incl. jrl. 18 fl Holzgeld. Vor 1775 zusätzlich je zahlendem Schüler 30 xr Schulgeld im Quartal.
*) Bürgermeister und Räte ab 1793/95 (Buchegger, Verfassung und Verwaltung, S. 192f).

[51)] Besoldungen wie Anm. 48. Neuorganisation der Ämter: Buchegger, Verfassung und Verwaltung, passim; Franz Quarthal, Die Verfassungsänderungen in den Städten Vorderösterreichs im Rahmen der Staatsreformen Maria Theresias, in: ders. und Wilfried Setzler (Hg.), Stadtverfassung. Verfassungsstaat. Pressepolitik. Festschrift für Eberhard Naujoks zum 65. Geburtstag. Sigmaringen 1980, v.a. S. 128; Burkhardt in Stadtgeschichte III, S. 316f, 328-333, 377-379.

Tabelle 34: Einkommensgewinne und -verluste im öffentlichen Dienst, ausgewählte Beispiele[52)]

Posten	Grundlage ist der Zeitraum	hypothetische Endbesoldung K_0 + 1 % p.a.	reale Endbesoldung	»reale« Einkommensveränderung	
		in fl [53)]	in fl	in fl	% p.a.
Elementarlehrer	1767-77	72	300	+ 228	+ 35
Kanzleiverwalter	1750-77	262	636	+ 374	+ 6,9
Kanzlist	1767-87	127	250	+ 123	+ 5,9
Bürgermeister	1750-1805	556	1000	+ 444	+ 2,5
Stadtsyndikus	1750-77	458	636	+ 178	+ 1,9
Stadthauptmann	1750-87	1202	1500	+ 298	+ 1,0
Stadthauptmann	1752-87	568	1500	+ 932	+ 0,6
Rheinmüller	1767-87	82	93	+ 11	+ 0,8
Scharfrichter	1767-87	127	134	+ 7	+ 0,3
Registrator	1767-87	366	350	- 16	- 0,3
Rentmeister	1771-77	1066	1040	- 26	- 0,3
Stadtphysikus	1750-1805	130	100	- 30	- 0,7
Turmbläser	1767-87	127	104	- 22	- 1,1
Hebamme (32 fl)	1767-87	39	32	- 7	- 1,1
Ratsdiener	1767-87	127	100	- 27	- 1,3
Innerer Rat	1750-77	131	72	- 59	- 2,2
Stadtvogt	1750-77	420	220	- 200	- 2,3

Die beiden rechten Spalten zeigen eine inflationsbereinigte, »reale« Einkommenssteigerung beziehungsweise -minderung zwischen Anfang und Ende der genannten Zeitspanne an.

Zum Lesebeispiel diene die erste Berechnung für den Stadthauptmann: 1750 erhielt der Amtsinhaber 830 Gulden. Hätte ihm die Regierung seine Besoldung stetig um die Inflationsrate von einem Prozent erhöht, so würde der Stadthauptmann 1787 rund 1202 Gulden erhalten haben. Tatsächlich bezog v. Damiani in diesem Jahr 1500 Gulden. Damit hatte die Regierung die Amtsbesoldung zwischen 1750 und 1787 um real fast 300 Gulden oder um 36 Prozent der Basissumme 830 Gulden verbessert, was im Jahr linear ein Prozent ausmacht.

Die Auswahl bringt es mit sich, daß die Gruppe mit realen Einkommensverlusten erheblich länger ausfallen könnte, wogegen die mit den über die Teuerungsrate reichenden Einkommensverbesserungen komplett vertreten ist.

Der Einkommenszuwachs der Lehrer fällt um einiges geringer aus, wenn man das vor 1774 sicherlich schwankende, doch immerhin dazugehörige Schulgeld von 30 Kreuzern je Schüler im Quartal mitrechnet.

[52)] Grundlage: Besoldungen wie Anm. 48. Spalte „% per annum": Prozentuale Steigerung bzw. Verminderung auf der Grundlage des Basisjahrs dividiert durch die Anzahl der Jahre (wegen der Diskontinuität von Besoldungsveränderungen nicht nach der Wachstumsformel). Die Spalte soll einen Vergleich trotz verschiedener Zeiträume und Besoldungshöhen ermöglichen.

[53)] Vereinfachend ist jeweils 1 % Inflation p.a. angenommen. Berechnungsweise im Lesebeispiel.

In den Untersuchungszeitraum fällt die Einführung der Normalschule in Konstanz und die damit verbundene fachliche Ausbildung der Elementarlehrer und -lehrerinnen. Deren zuvor auf zusätzliches Schulgeld ausgerichtete dürftige fixe Bezahlung wurde auf ein bemerkenswertes Niveau angehoben; der Staat maß ihnen im letzten Viertel des 18. Jahrhunderts ebenso viel Besoldung zu, wie den Gymnasiallehrern am Josefinischen Lyzeum. Die Mehrausgaben der Stadt für die Lehrerausbildung und deren feste Vergütung boten fortan die Gewähr für eine neue Qualität von Elementarunterricht in der Stadt[54].

Juristisch ausgebildete Fachkompetenz allgemein, speziell die Kanzlei, gewann in Konstanz in der zweiten Jahrhunderthälfte an Bedeutung. Die Regierung bereitete faktisch die Abschaffung alter reichsstädtischer Elemente wie das der ehrenamtlichen Ratsherren und des Stadtvogts durch sinkende Vergütung vor. Andere, wie Kanzleiverwalter und Syndikus, ließ Josef II. 1786 dem Titel nach ebenfalls abschaffen, in ihrer Funktion durch rechtsgelehrte Räte ersetzen. Lediglich der innere Rat Christoph Johann Nepomuk Güllmann und Josef von Albini, der in seiner Person das kassierte Amt des Kanzleiverwalters in den neuen Magistrat überführte, überstanden den Bruch der josefinischen Ratsreform[55].

Insgesamt ist der Trend, daß an der Verwaltungsspitze weniger, dafür besser qualifiziertes Personal mehr Geld erhielt, bereits vor 1786 an den Besoldungen zu erkennen.

Tabelle 35: Entwicklung der Personalkosten und der Gesamtausgaben des Konstanzer Steueramts, 1767 bis 1777 und 1785 [56]

Index: 1767 = 100					
Jahr	Besoldungen		Gesamtausgaben		Besoldungen in Prozent der Gesamtausgaben
	fl	Index	fl	Index	
1767	7672	100	31142	100	25
1769	7851	102	27361	88	29
1770	9163	119	39089	126	23
1771	9299	121	42387	136	22
1772	9203 [57]	120	29310	94	31
1773	10318	134	28033	90	37
1774	10091	132	35763	115	28
1775	10836	141	30271	97	36
1776	10666	139	28652	92	37
1777	10494	137	25928	83	40
1785			28025	90	

Offenbar bestand ein Zusammenhang zwischen Lebensmittelpreisen und städtischen Ausgaben, zumindest während der Teuerung von 1770/71. Doch der aus dem Vergleich von Preisen und Besoldungen gezogene Anschein, das Realeinkommen der Stadtbediensteten ins-

[54]) Burkhardt in Stadtgeschichte III, S. 363-366. Normalschule ab 1773 incl. Besoldungen auch: Johann Marmor, Das Schulwesen in Konstanz vom 15. Jahrhundert bis in die neueste Zeit, insbesondere das Volksschulwesen, Konstanz 1872, S. 25-34. Besoldung der (überwiegend ordensgeistlichen) Gymnasiallehrer: Lender, Beiträge zur Geschichte der Studien, S. 37, 43; die ansässigen Ordensmitglieder erhielten gar nur 150 fl.

[55]) Burkhardt in Stadtgeschichte III, S. 377-379; Otto Leiner, Konstanzer Rat, S. 152.

[56]) GLA 209/1221, „Extract aus den Rechnungen der Kai. König. V.Ö.en Stadt Konstanz (...)" für 1767, 1769-1777: Besoldungen in 122 Titeln, oft mehrere für eine Person. Ausgaben 1785 in GLA 209/1222. Die Beträge sind auf ganze Gulden gerundet.

[57]) 9693 fl 03 xr abzüglich 489 fl 56 xr als einmalige Nachzahlung für Ratsherrn Thumb.

gesamt habe sich verbessert, trügt: Die Stadthauptleute, Rentmeister Vogel und die Normallehrer und -lehrerinnen zogen fast den ganzen Umfang der beachtlichen Besoldungssprünge von 1770, 1773 und 1775 auf sich.

Vornehmlich die beiden österreichischen Spitzenbeamten und der Lehrkörper sorgten also für die kontinuierliche Steigerung des Besoldungsanteils an den Gesamtausgaben der Stadt.

Interessanterweise vermochte die Stadt ihre steigenden Personalkosten durch Einsparungen an anderer Stelle mehr als nur zu kompensieren. Vor allem die Bau- und Reparaturkosten der Rheinmühle konnten gesenkt werden. 1770 verschlang die Mühle mit fast 7500 Gulden genau den doppelten Betrag des durchschnittlichen Bedarfs von 3750 Gulden. In diesem Jahr summierten sich die Münzverluste, sonst um 30 Gulden betragend, auf etwa 1600 Gulden.

Der Ausgabenzuwachs 1774/75 rührte von der Elementarschulreform her. Die Stadt finanzierte zwei Lehrern und einer Zoffinger Nonne die Ausbildung in der Provinzhauptstadt und ließ kostspielige Umbauarbeiten im oberen Stock der Kornhauses und im Kloster der Dominikanerinnen vornehmen[58].

Die meisten Empfänger mittlerer und niedriger städtischer Besoldungen erhielten über Jahrzehnte hin unveränderte Geldsummen. Der reale Einkommensverlust, den sie so hinnehmen mußten, wurde jedoch häufig durch Sachleistungen aufgewertet. Die beiden Stadtärzte, Marquard Leiner und Maximilian Karg, später Karg und Braunegger, bekamen zur Besoldung jährlich ein Fuder Wein[59], außerdem nahmen sie natürlich Privathonorare. Der Wert dieses Weins überstieg in manchen Jahren ab 1795 die 100 Gulden Besoldung beträchtlich.

Weitere Sachleistungen ergänzten die Besoldungen öffentlicher Beamter und Angestellter, häufig kostenloses Wohnen. Die Hälfte aller höheren Amtsträger, darunter der Stadthauptmann, Rentmeister, Syndikus, Kanzleiverwalter, Stadtbaumeister und vier Leiter städtischer Stiftungs- und anderer Ämter, belegte 1774 ein von der Kommune für den Dienst gestelltes Haus. Ein knappes Drittel der Ratsdiener, Torwächter, Taglöhner im städtischen Dienst und dergleichen subalterne Angestellte bei der Stadt lebte in Wohnungen, die dem Gemeinwesen, dem Spital oder einer anderen Stiftung gehörten. Im Vergleich dazu wohnte nur jeder zwölfte Konstanzer Haushalt insgesamt in einer stadteigenen Immobilie[60].

Auch war offenbar das Nebenerwerbswesen stark ausgeprägt.

Der vierunddreißigjährige Spitalküfermeister Xaver Conradi legte 1767, der Unterschlagung beschuldigt, dem Stadtsyndikus Karg und dem Kanzlisten Sparck gegenüber seine Finanzverhältnisse offen. Neben Kost und Logis im Spital erhielt der Spitalküfer „40 fl jährlichen Lohn, das Brodt, und alle Wochen ein Küchl". Conradi gab zu Protokoll, er habe Brot und Kuchen verkauft, was ihm in viereinhalb Dienstjahren „circa 209 fl" eingetragen habe. Seinen Meisterlohn hatte er gegen viereinhalb Prozent Zinsen „auff der Amtstueben stehen lassen". Zusätzlich erwarb Xaver Conradi gelegentlich Lohn und „Trinckgeldt" als Weinabfüller. Dann habe er einen kleinen Weinhandel betrieben, indem er Spitalpfründern und dort angestellten Handwerkern und Dienstleuten ihre Weinbezüge abgekauft und weiterverhandelt habe, „woran er auch etwas gewinne". Einen Teil seines Geldes legte Conradi in Küfer-

[58]) Burkhardt in Stadtgeschichte III, S. 365.
[59]) GLA 209/441, Fragen zu KNer Verhältnissen 1806, Antwort 49.
[60]) StAKN A V 2, Seelenb. 1774; siehe Tab. 61 in Kap. 6.5.1.

holz an, lagerte es im Keller seines Schwagers Konrad Boos und betrieb demnach zu allem anderen eine kleine Faßproduktion auf eigene Rechnung. Sein elterliches Erbe von 250 Gulden wollte er mit diesen diversen Erwerbstätigkeiten auf fast 1000 Gulden, den aktuell veranschlagten Besitzstand, vermehrt haben; was ihm die Untersuchungsrichter nicht abnahmen und kriminelle Mittel mutmaßten. Doch konnten sie ihm keine größeren oder länger anhaltenden Unterschlagungen nachweisen[61].

Sollte der Spitalküfer seine Einnahmen auch übertrieben haben und selbst, wenn hier das Beispiel eines außerordentlich rührigen Menschen überliefert ist, so öffnet der Fall doch Einblick in vielfältige, verflochtene Erwerbsstrukturen. Einer Besoldungsliste, die einen Spitalküfermeister mit Bett, Essen und 40 Gulden im Jahr führt, ist nicht zu entnehmen, ob es damit sein Bewenden hatte oder ob der Besoldete mit Geldverleih, Wein Abfüllen, Weinhandel und privater Küferei wesentlich über die Besoldung hinaus verdiente.

Stadtkanzlist Josef v. Loob bewarb sich im Oktober 1788 - vergebens - um die faktisch vakante Stelle des Uhrenstemplers, der im Regierungsauftrag die Konstanzer Herkunft der von der Gesellschaft Roman, Melly & Roux fabrizierten Taschenuhren kontrollieren und bestätigen mußte. Von Loob wollte den Posten neben seiner Kanzlistentätigkeit ausfüllen. Er ließ sich von den drei Genfer Fabrikdirektoren bescheinigen, die Uhrenstemplerei sei in wenigen Tagen zu erlernen, und er bot an, das Geschäft um 240 Gulden, die Hälfte der Besoldung seines Vorgängers Leopold Stöckel, zu übernehmen. Neben anderen Gründen für seine Bewerbung nannte Josef v. Loob den „dermal immer höher steigenden Viktualienpreiß", weshalb er „mit seinem geringen Gehalte per 250 fl kaum leben" könne.

Während des Aufenthalts der französischen Emigranten besserte v. Loob dann sein Kanzlistengehalt auf, indem er mit seiner Mutter Maria Elisabetha, Witwe eines Kaufmanns, in deren Haus ein offenbar florierendes Spielkasino mit Alkoholausschank betrieb[62].

Vom Kanzleikollegen v. Loobs, Franz Anton Rosenlächer aus der traditionsreichen Glokkengießerfamilie, ist kein Nebenerwerb bekannt. Nach seinem Tod Anfang März 1804 erklärten seine zweite Frau Anna Maria geborene Spießerin und seine acht Kinder, einem Mobiliarvermögen von etwa 110 Gulden stünden viel höhere Schulden gegenüber. Sie baten den Magistrat, beim Abtragen behilflich zu sein. Das Haus sei von der Ehefrau beigebracht worden. Nun versuchten Hinterbliebene öfters, eine Inventur zu verhindern, indem sie behaupteten, das Vorhandene gehöre dem Ehepartner oder den Kindern, der oder die Verstorbene habe nur die Schulden besessen. Gerade die Angehörigen Rosenlächers, der selbst fast 18 Jahre lang Sterbeprotokolle aufgenommen und Inventurkommissionen vorgestanden hatte, dürften solche erfolgversprechenden Argumente gekannt haben. Doch spricht, nicht nur in diesem Fall, nichts dagegen, ihre Aussage zu akzeptieren. Der ehemalige Seilermeister Franz Anton Rosenlächer klagte schon 1782, daß er „eine zahlreiche, aber arme Familie zehle". Er wird mit den 250 Gulden Kanzlistengehalt plus gelegentlicher Sonderbezüge, wie für das Seelenbeschriebe Anfertigen, gerade so sich, seine Ehefrauen Salomea Böttlin, danach Anna Maria Spießerin und seine 1804 acht volljährigen Kinder unterhalten haben können[63].

[61]) GLA 209/1266, passim.

[62]) GLA 209/518, Protokoll der Regierung und Kammer, Ref. Metz, 30. Okt. 1788; Burkhardt in Stadtgeschichte III, S. 384, 420.

[63]) StAKN I III, Sterbeprotokolle und Nachlaßinventare unter dem 5./8. März 1804; StAKN A V 1, Seelenbe-

Ab etwa 1785 scheinen sich die Gesuche um Besoldungserhöhung gehäuft zu haben. Offenbar beriefen sich alle Ansuchenden, „vom Bürgermeister bis zum Zolldiener herab" auf die „allgemeine Teuerung". Nachdem sie sich jährlicher Überschüsse des städtischen Steueramts versichert hatte, bewilligte die Landesregierung etwa in der ersten Hälfte des Jahres 1787 Bürgermeister Leonhard Lehry, den fünf Magistratsräten und zwei -sekretären Teuerungszulagen, gestaffelt von 150 bis 50 Gulden im Jahr. Diese Zulagen dürften beibehalten worden und, noch etwas aufgestockt, in die Besoldungserhöhung vom Mai 1795 eingegangen sein[64]. Von Teuerungszulagen für mittlere und niedere Besoldungsgruppen ist nichts bekannt.

5.3 Der Rheinmühlehaushalt in Konstanz 1767 bis 1777

5.3.1 Erkenntnisinteressen

Die Untersuchung des Rheinmühlehaushalts läßt zum einen Erkenntnisse über die Konsumtionsgewohnheiten erwarten, etwa den durchschnittlichen Verbrauch pro Haushaltsangehörigem; daraus wiederum lassen sich Rückschlüsse auf die Konsumtionsmöglichkeiten anderer Haushalte ziehen und eine Annäherung an das Existenzminimum ableiten. Zum anderen erlaubt sie Aussagen über die Ausprägung der Teuerung 1770/71 in Konstanz, was vor allem auf die Frage zielt, wie der Haushalt auf die Preisentwicklung reagierte.

5.3.2 Der Haushalt

Der Rheinmühlehaushalt schloß 1768 zehn Personen ein, nämlich Rheinmüller Gebhard Raitebuch, seine Mutter Magdalena, zwei Mägde und sechs Knechte. Er umfaßte 1774 zwölf Personen: Gebhard Raitebuch, seine Frau Maria Magdalena Gemeindterin, eine Tochter, zwei Mägde und sieben Knechte[65]. Im folgenden sei für die Jahre 1767 bis 1771 mit zehn Personen, 1772/73 mit elf und 1774 bis 1777 mit zwölf Mitgliedern gerechnet.

5.3.3 Aussagekraft

Haushaltsausgaben hängen in der Hauptsache an drei Variablen: an der Personenstärke der Konsumgemeinschaft, an den Marktpreisen und am Verbrauchsverhalten. Die beiden ersteren sind hinreichend bekannt. Beim Verbrauch weisen der fixe Brotbacklohn und der Anschluß der Mühle an die Stadtkasse auf die Möglichkeit hin, der Haushalt habe konstante

schrieb 1768, Haus 18 und dito 1774, Haus 19; Zitat und Sonderbezug: GLA 209/1306, Rosenlächer an den Magistrat, o. Dat. [1782].

[64]) Buchegger, Verfassung und Verwaltung, S. 120f, 217. Datum der Teuerungszulage nur aus dem Kontext zu erschließen. Den S. 121, Anm. 1 genannten Beträgen nach handelte es sich um Einnahmen und Ausgaben des Säckelamts incl. Filialkassen (Zollamt, Kornamt, Baumaterialienhandlung Aberhakenamt usw.) OHNE Eid- oder Vermögenssteuer: vgl. GLA 209/1222, Jahresabrechnung des Säckelamts 1785, sowie A. Ruppert, Verfassung und Verwaltung, S. 29f. Besoldungen von Bgm. und Räten 1786: Eberlin, pragmatische Geschichte, S. 116.

[65]) StAKN A IV 1 und 2, Seelenbeschriebe 1768 und 1774. Vgl. (trotz unterschiedlicher Wirtschaftsform und Betriebsgröße) zu Einkommen der Müller und Betriebskosten: Horst Kranz, Die Kölner Rheinmühlen in der Zeit des Siebenjährigen Krieges, in: VSWG, Band 81 (1994), Heft 2, S. 205-223.

Mengen zugeteilt erhalten. Doch Tabelle 36 belegt das Gegenteil. Die Kurven »Kornpreis« und »Ausgaben der Rheinmühle« verlaufen zwar in den Jahren 1767 und 1772-76 einigermaßen synchron, was auf die ungefähr fixe Getreideverbrauchsmenge um $2^1/_3$ Malter in »normalen« Jahren hindeutet. 1769, 1777, besonders deutlich in den Krisenjahren 1770/71, fallen die Kurven auseinander.

Die Bezugsmengen variierten also. Zur Variable „Verbrauchsverhalten" gehört auch die Verschiebung innerhalb der Konsumpalette, also das Einsparen bestimmter Produkte und der Mehrkonsum anderer.

Variablen wie Vorratswirtschaft und andere mögliche bleiben für die folgenden Rechenoperationen zunächst unberücksichtigt.

Für den Vergleich mit Konstanzer Privathaushalten sind einige Einschränkungen zu beachten.

Die Rheinmühle bildete als kommunale Institution mit eigens zuständigem städtischem Amt einen Teil des öffentlichen Haushalts. Die subventionistische Übernahme von Mehrkosten in Teuerungszeiten, womöglich auch die Partizipation an der städtischen Vorratshaltung, ist anzunehmen.

Nicht auszuschließen sind vertraglich festgelegte Bezüge bei manchen Artikeln des Grundbedarfs. Hier handelt es sich vermutlich um Weinkontingente, und zwar stand deren Marktwert, nicht die Menge, fest.

Der zehn- bis zwölfköpfige Haushalt gehörte zu dem einen Prozent Konstanzer Haushalte mit zehn oder mehr Angehörigen. Doch auf dem freien Markt lag er vermutlich noch nicht in der Größenordnung für Engrosspreise. Das Mühleamt dürfte auch das überlassene Getreide für den üblichen Satz in Rechnung gestellt haben.

Haushalte, deren finanzieller Rahmen in Normaljahren bereits angespannt war, mußten auf steigende Preise mit Substitution reagieren, das heißt, anstatt „teure" tierische Nahrungsmittel zu konsumieren, auf „billige" pflanzliche Lebensmittel umsteigen; im Extremfall konnten ihre Angehörigen nur noch Getreideprodukte essen. »Teuer« und »billig« bezieht sich dabei auf den Preis je Nährwerteinheit. Trotzdem der Preis von Getreideprodukten in Teuerungszeiten üblicherweise kräftiger anzog als der etwa von Fisch und Fleisch, stieg auch die Nachfrage nach Getreide, da es den materiell Schwachen immer noch die meisten Kalorien je Kreuzer bot[69]. Die gutsituierte Mittel- und die Oberschicht dagegen konnten und mußten ihren Lebensstandard - bis zu einer je nach finanziellen Möglichkeiten differierenden Schmerzgrenze - halten.

Die Mühlerechnungen stellen das Modell einer Ausgabenreihe vor, dem in der Praxis nur eine Minderheit der Konstanzer Haushalte folgen konnte: Kaufleute, Rentiers, sehr gut verdienende Handwerksmeister, höhere Beamte. Die nachfolgenden generellen Aussagen sind uneingeschränkt nur auf das vermögendste Zehntel der 950 Konstanzer Haushalte übertragbar.

[69]) Abel, Massenarmut ... in Europa, S. 205f, 251.

Tabelle 36: Haushaltungskosten der Rheinmühle 1767, 1769-77 [66]

Haushaltsposten / Jahr	1767	1769	1770	1771	1772
1. „Für Kernen in die Haushaltung":	360.30	420.45	511.—	785.42	460.21
Index	**104**	**121**	**147**	**226**	**132**
2. „Habermus":	30.02	30.10	37.06	50.48	27.30
Index	**126**	**126**	**155**	**212**	**115**
3a Rindfleisch:	147.54	194.22½	189.26	233.05	
Index (1767 = 100)	**100**	**131**	**128**	**158**	
3b Schweinefleisch:	38.57	47.53½	44.—	55.59	
Index (1767 = 100)	**100**	**123**	**113**	**144**	
3. Fleisch zusammen[67]:	186.51	242.16	233.26	289.04	291.27
Index	**89**	**115**	**111**	**137**	**139**
4. Butter:	119.10	136.06	156.15	185.25	141.30
Index	**91**	**104**	**120**	**142**	**109**
5. Fastenspeisen, Gemüse:	30.24	18.18	43.52	26.34	26.54½
Index	**105**	**63**	**151**	**92**	**93**
6a Wein für den Müllermeister[68]:	72.48	72.48	127.24		
Index (1767 = 100)	**100**	**100**	**175**		
6b Wein für die Mühleknechte[68]:	33.12	35.12	46.56		
Index (1767 = 100)	**100**	**106**	**141**		
6c Wein für die Müllermeisterin:	36.28	36.24	54.36	54.36	54.36
Index (1767 = 100)	**100**	**100**	**150**	**150**	**150**
6. Wein zusammen[68]:	142.28	144.24	228.56	211.16	213.06
Index	**83**	**84**	**133**	**123**	**124**
7. Öl:	36.46	27.37	141.29	21.03	—.—
Index	**109**	**82**	**419**	**62**	**00**
8. Lichter:	39.49	61.40	78.26	122.39	120.—
Index	**73**	**113**	**143**	**224**	**219**
9. Brennholz:	58.12	68.48	3.12	67.—	167.—
Index	**105**	**124**	**6**	**121**	**302**
10. Salz:	11.12	11.12	11.12	11.12	11.12
Index (1767 = 100)	**100**	**100**	**100**	**100**	**100**
11. Brotbäckerlohn:	36.24	36.24	36.24	36.24	36.24
Index (1767 = 100)	**100**	**100**	**100**	**100**	**100**
GESAMT:	**1767**	**1769**	**1770**	**1771**	**1772**
	1051.48	1197.38	1481.18	1807.07	1495.24½
Index	**95**	**108**	**134**	**164**	**135**

[66]) GLA 209/1221, „Extract aus den Rechnungen...", Posten 253-266.
[67]) Rind- und Schweinefleisch ab 1772 zusammengefaßt.
[68]) 1771-1774 Knechtwein unter der Rubrik Meister verbucht.

1773	1774	1775	1776	1777	Durchschnitt
423.15	313.7½	315.30	295.40	345.22½	423.07
122	**90**	**91**	**85**	**99**	**122**
25.36	19.56	17.20	18.12	23.48	28.03
107	**83**	**73**	**76**	**100**	**117**
					191.12
					129
					46.42
					120
250.56	219.35	205.7½	196.5½	220.55	233.34
119	**104**	**98**	**93**	**105**	**111**
129.10	125.19	120.42	133.45	141.40	138.54
99	**96**	**93**	**103**	**109**	**107**
42.05	36.50	33.54	36.42	25.34	32.07
145	**127**	**117**	**127**	**88**	**111**
		109.30	109.30	109.30	
		150	**150**	**150**	
		33.04	22.40	22.40	
		100	**68**	**68**	
54.45	54.45	54.45	54.45	54.45	51.03
150	**150**	**150**	**150**	**150**	**140**
194.45	206.57	197.19	186.55	186.55	191.18
113	**121**	**115**	**109**	**109**	**111**
—.—	39.54	35.28	35.28	33.15	37.06
00	**118**	**105**	**105**	**98**	**110**
91.40	73.2054.10	66.15	51.40	75.58	
168	**134**	**99**	**121**	**94**	**139**
24.—	66.—	49.30	60.30	39.27	60.22
43	**119**	**90**	**109**	**71**	**109**
11.12	12.—	12.—	12.—	12.—	11.31
100	**107**	**107**	**107**	**107**	**103**
36.24	36.24	36.24	36.24	37.06	36.28
100	**100**	**100**	**100**	**102**	**100**
1773	**1774**	**1775**	**1776**	**1777**	**Durchschnitt**
1229.03	1149.32½	1077.24½	1077.56½	1117.42½	1268.29
111	**104**	**98**	**98**	**101**	**115**

Die Geldbeträge sind jeweils in Gulden, Punkt, Kreuzer angegeben.

Index:
Der Durchschnitt aus den gesetzten „Normaljahren“ 1767, 1769, 1775 bis 1777 = 100.

Auf eine größere Zahl, etwa ein Drittel der Haushalte in Konstanz, kann man die Ausgaben der Jahre 1767, 1769 und 1773 bis 1777 übertragen, in denen die Preise im üblichen Rahmen blieben oder gar unter den Durchschnitt fielen. Die genannten Ausgaben für die genannten Produkte spiegeln einen Lebensstandard wider, der wohl ziemlich genau einer zünftig-bürgerlichen Haushaltsführung entsprach; sie erhellen also den ungefähren Aufwand für eine öffentlich anerkannte, sicher auch anstrebenswerte Lebensführung in Gulden pro Jahr und Kopf.

Wein gehörte zum stadtbürgerlichen Lebensstandard, nicht zum Existenzminimum – wenngleich sogar die Unterpfründer des Spitals welchen erhielten[70)]. Dafür fehlen in den Rechnungen des Rheinmühlehaushalts die Posten Wohnen, Kleidung, Krankheit - eventuelle Arzt- und Apothekenkosten - und persönlicher Bedarf, etwa kultureller Art. Die Angehörigen des Mühlehaushalts konnten diese Bedürfnisse von ihrer zusätzlich gezahlten Besoldung bestreiten.

5.3.4 Ausgabenkonzentration

Ein Vergleich mit dem Index 115, dem Durchschnitt der Gesamtausgaben dieser zehn Jahre zugeordnet, zeigt:

Der Haushalt gab 1767 bis 1777 unterdurchschnittlich wenig aus für ...

... Bäckerlohn,	15 Indexpunkte
... Salz,	12 IP
... Butter,	8 IP
... Brennholz,	6 IP
... Öl,	5 IP
... Wein,	4 IP
... Fleisch,	4 IP
... Gemüse & Fastenspeise,	4 IP.

Er gab 1767 bis 1777 überdurchschnittlich viel aus für ...

... Hafermus,	2 IP
... Getreide,	7 IP
... Lichter,	24 IP.

Die Mehrausgaben für Lichter sind mit einer extremen Preissteigerung für diesen Artikel 1771/72 zu erklären. Die Menschen verwerteten Talg, Fett und Öl in den Mangeljahren eher am Küchenherd, als Kerzen daraus herzustellen[71)].

Die unterdurchschnittlichen Ausgaben für Salz gingen zu Lasten des Monopolisten Staat, die für Brotbacklohn zu Lasten des Bäckers, sofern er nicht zusätzlich Getreide erhielt. Auch die Jahreslöhne für die Mühlemeisterin, sie erhielt 14 Gulden, für die Mägde mit 18 Gulden

70) Memorandum des Konstanzer Spitalamtspflegers vom 22.12.1770 in: StAKN AI 28a, Leiner/Bickel, S. 150-159.

71) Vgl. in Kap. 5.1.6 die Preise für Lichter.

und für die Mühleknechte, denen in zwei Klassen 34 Gulden 40 Kreuzer beziehungsweise 31 Gulden 12 Kreuzer zustanden, blieben über diese Jahre hinweg konstant. Eine Erhöhung der Geldbezüge über die Teuerungskrise 1770/71 hinweg schien nirgends üblich gewesen zu sein. Der Rheinmüller erhielt ab 1773 jährlich 93 Gulden statt vorher 67 Gulden[72].

Bei den übrigen Artikeln ist eine leichte Verschiebung des Verbrauchs, von den je Kalorie teuren, nicht lebensnotwendigen hin zu den je Kalorie billigen Grundnahrungsmitteln zu vermuten.

5.3.5 Bezugs- und Verbrauchsmengen des Rheinmühlehaushalts

Sofern die Faktoren Preise und Ausgaben bekannt sind, läßt sich daraus die Unbekannte „Verbrauch des Rheinmühlehaushalts" ermitteln. Zuvor müssen einige Annahmen die historiographische Aussagekraft klären.

Die in beiden Quellen verwendeten Bezeichnungen lassen eine Vergleichbarkeit des Bezeichneten in der Realität zu: „Korn" entsprach wie „Kernen" entspelztem Dinkel, Wein war Wein derselben Qualität, Hafer und Hafermus folgten denselben Preisrelationen.

Für den Haushalt des Rheinmüllers galten dieselben Preise, die Franz Xaver Leiner und Philipp Eberlin, aus Listen des Kornhauses kopiert, angegeben haben. Zwischen Hafer und Hafermus gilt die Preisrelation 1 : 2,44[73].

Der Bezug eines Produkts und dessen Verbrauch seien gleichgesetzt, mit Ausnahme der speicherfähigen Wein, Getreide, Brennholz; hier sei analog zum „Verbrauch" das Wort „Bezug" verwendet.

Um die Beliebigkeit eines einzelnen Index-Basisjahres zu regulieren, seien jeweils die Jahre 1767, 1769 und 1775 bis 1777 als »Normaljahre« gesetzt und die Durchschnittsumme dieser Jahre zum Index 100 bestimmt.

72) GLA 209/1221, „Extract aus den Rechnungen...", Posten 267-278; Abel, Massenarmut ... in Europa, Abb. 49, S. 207; Kap. 5.2 über die Besoldungen.

73) Eberlin, pragmatische Geschichte, S. 265: nur Weinpreise; StAKN A I 28a, Leiner/Bickel, S. 186; ebd. S. 147: 1 Vtl. Hafer kostete 2 fl 24 xr, 1 „Meßle" Hafermus 22 xr, 1 Viertel = 16 Meßlein => Verhältnis 1 : 2,44.

Schaubild 37: Preise, Gesamtausgaben und Gesamtbezüge pro Mitglied des Rheinmühlehaushalts in Indices[74)]

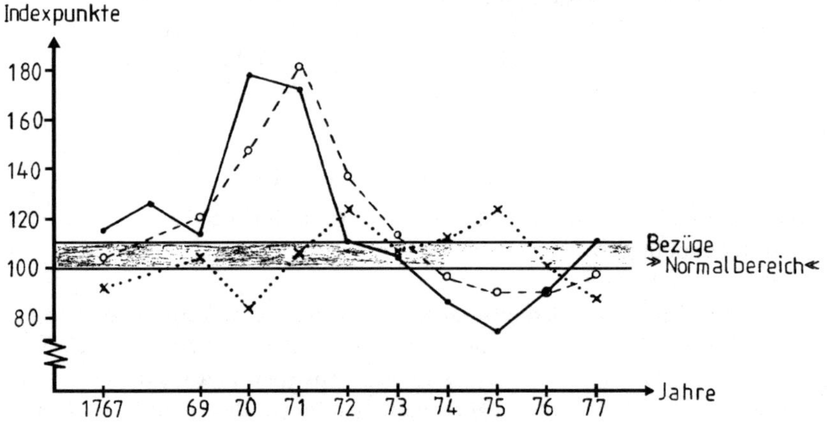

Je enger Preis und Ausgaben beieinanderlagen, und zwar unabhängig vom Niveau, desto näher kommt der errechnete Verbrauch der Konstanten 100; 1769 traf dies annähernd, 1776 exakt zu.

Die Ausgaben folgten - mit der Ausnahme 1771 - erstens gedämpft und zweitens mit einem Jahr Verzögerung der nach oben wie nach unten heftiger ausschlagende Preiskurve. Demnach kann man annehmen, daß der Haushalt des Rheinmüllers seinen Konsum und seine vermutete Vorratswirtschaft an die Preisentwicklung anpaßte.

Die Tendenz scheint erkennbar, die Gesamtausgaben in teuren Jahren unter den Preisen zu halten, die Aufwendungen also zu drosseln. Für das Jahr 1767, das in Relation zum vergangenen Zeitabschnitt ein teures Jahr war, sehr deutlich für 1770 und auch für 1777 ist dieses Bestreben zur Kostendämpfung zu erkennen. In den »billigen« Jahren 1772-76 dagegen belegt der Augenschein die Kehrseite dieses Marktverhaltens; die Ausgaben lagen über den Preisen, hoben damit die Sachbezüge über das Normalniveau an. Dieses preisangepaßte Einkaufs-

74) Indexpunkte absolut:

	1767	1769	1770	1771	1772	1773	1774	1775	1776	1777	Mittel
Preise:	115	114	177	171	110	104	85	74	90	110	115
Ausgaben:	105	120	148	181	136	112	96	90	90	96	117
Bezüge:	91	105	84	106	124	108	113	122	100	87	104

Index: Jeweils das Mittel der 5 »Normaljahre« = 100. Bei den Ausgaben entspricht der Index hier dem Guldenwert. Für die Preise wie oben stellvertretend Korn, Wein und Hafer, Korn dreifach gewichtet. Ausgaben siehe Tab. 36. Personenstärke siehe 5.3.2. Bezugsindex nach der Formel [x = Ausgabe / Preis * 100].

verhalten mußte der Haushalt nur 1771 unterbrechen. Vermutlich waren die Vorräte wie die Möglichkeiten, ohne einschneidende Verluste an Lebensqualität zu sparen, erschöpft. Die sehr hohen Ausgaben von 1771 ermöglichten dann lediglich die relative Steigerung der Bezüge, absolut bewegten sie sich in diesem Jahr im Durchschnittsbereich.

Der Knick nach unten bei den Bezügen des Haushalts 1770 kann neben dem vermuteten Rückgriff auf Vorräte auch mit Einsparungsmaßnahmen erklärt werden. Die Ausgaben, einmal in Gulden und einmal in ihrer Binnenverteilung angegeben[75], verdeutlichen, daß in bestimmten Bereichen auch der Konsum eingeschränkt war: Die Haushaltsmitglieder verbrauchten 1770 weniger Fleisch, Butter, wohl auch Lichter. Der scharfe Rückgang der Ausgaben für Brennholz 1770 läßt annehmen, daß der Haushalt sein Brennmaterial aus Vorräten entnahm oder kostenlos aus anderen Quellen besorgte und damit der städtischen Rechnung entzog.

Der Rheinmühlehaushalt mußte sich in den Teuerungsjahren nur wenig einschränken. Die Hochteuerung 1770/71 zwang zwar zum Umverteilen des Konsums und zum Verbrauchen der Vorräte, doch fielen die Bezüge von 1770, dem für die Mehrzahl der Konstanzer und Konstanzerinnen schlimmsten Hungerjahr des Jahrhunderts, kaum tiefer als die Marken für so ereignislose Jahre wie 1767 und 1777.

Die »Erholungsphase« nach der Hungerkrise ist in der Tabelle gut zu erkennen. Die sehr niedrigen Güterpreise erlaubten es, die Bezüge 1772 und 1774/5 deutlich über das Normalniveau zu erhöhen und die Ausgaben dennoch unter dem in Normaljahren üblichen Mittel stabil zu halten.

Mehrbezüge mußten keineswegs Mehrkonsum bedeuten. Die herausragenden Mehrbezüge der Jahre 1772 und 1774/75 dienten vermutlich dem Ergänzen der erschöpften beziehungsweise Ansammeln neuer Vorräte. Einen guten Teil der Mehrbezüge dieser Jahre deckte der Wein ab[76], den freilich nur das Müllerpaar in erheblichen Mengen erhielt. Gerade dieser Befund stützt wieder die Annahme vom Anlegen und Ergänzen von Vorräten, sei es durch Einlagern des Weines, sei es in Form von Geld, das der Rheinmüller und die Müllerin mit Weinverkauf erlösten.

[75]) Tab. 36 und Binnenverteilung Tab. 42.

[76]) Tab. 36: Index für Wein in diesen Jahren mit 115 bis 124 über dem Mittel von 111. Siehe auch die Binnenverteilung der Ausgaben, Tab. 42: überdurchschnittlicher Anteil an Wein 1774-76.

Tabelle 38: Preise, Ausgaben und Bezug von Brotggetreide

Jahr	Kornpreis Index[78]	Ausgaben pro Kopf, Index[80]	Bezug pro Kopf[77], Malter/Kilo/Gramm im Jahr/Jahr/am Tag	Mehr-/Minderbezug[79] in Indexpunkten
1766	**110**			
1767	**118**	**114**	**2,331** / 380 / 1042	- 2
1768	**130**	**?**	**?**	
1769	**106**	**133**	**3,034** / 495 / 1356	+ 27
1770	**195**	**161**	**1,996** / 326 / 0892	- 16
1771	**171**	**250**	**3,508** / 572 / 1568	+ 47
1772	**110**	**133**	**2,906** / 474 / 1299	+ 22
1773	**98**	**120**	**3,006** / 491 / 1344	+ 26
1774	**85**	**82**	**2,330** / 397 / 1087	- 2
1775	**81**	**82**	**2,465** / 420 / 1150	+ 4
1776	**89**	**79**	**2,100** / 343 / 0939	- 12
1777	**110**	**92**	**1,999** / 326 / 0893	- 16
	max.Diff. = 114 IP	max.Diff. = 171 IP	Mittel **2,57** Mittel 1157	Summe = + 78 IP

Lesebeispiel: 1770 hatte der Jahresrichtpreis für Brotgetreide mit Index 195 fast die doppelte Höhe der fünf angenommenen »Normaljahre« erreicht, war auch gegenüber dem Vorjahr um 84 Prozent, auf fast das Doppelte, gestiegen. Der Rheinmühlehaushalt gab demgegenüber mit 161 Indexpunkten nur gut das 1½-fache des »Normalwerts« für Brotgetreide pro Haushaltsmitglied aus. Entsprechend lag der Bezug von fast zwei Maltern pro Kopf 1770 um 16 Prozent niedriger als in den fünf gesetzten »Normaljahren« 1767, 1769 und 1775 bis 1777 und, aus der Tabelle nicht zu entnehmen, um ein Viertel niedriger als im Mittel der zehn dargestellten Jahre.

In »normalen« Jahren bezog jedes Mitglied des Rheinmühlehaushalts 900 bis 1200 Gramm Brotgetreide am Tag. Vermutlich wurde zu Zeiten ein Teil dieser Bezüge zu Vorratszwecken eingelagert[81]. Im zweiten Teuerungsjahr 1771 stieg die Bezugsmenge auf über anderthalb Kilogramm pro Kopf und Tag.

Läßt man ± 12 % als übliche Varianz oder fehlerquellenbedingt unberücksichtigt, so bleibt für 1769 und 1771 bis 1773 ein Mehrbezug an Getreide gegenüber den fünf »Normaljahren«. 1770 und 1777 dagegen fiel der Bezug um ein Sechstel unter normal. Der Haushalt zehrte 1770 wohl von Vorräten und ersetzte das Brotgetreide durch billigeres Gemüse und Hafermus: Der Preisindex für Hafer kletterte in diesem Jahr lediglich auf 150 Indexpunkte und lag damit um 45 Punkte niedriger als der für Korn.

77) 1 Malter = 226,6 Liter „glatte Frucht", 1 Malter Kernen = 163 Kilogramm: siehe Kap. 2.4.1; vgl. auch Laible 1896, S. 144.

78) Mittel der 5 »Normaljahre«: 98,4 xr = Index 100.

79) Als »Normalbezug« sei gesetzt der Durchschnitt der Jahre 1767, 1769, 1775 bis 1777 = 2,386 Malter.

80) 1767-71 sei die Haushaltsstärke auf 10 Personen angesetzt; 1772/73 mit der Ehefrau eine Person hinzugezählt; 1774/75 sei mit 11½ Personen, zusätzlich der neugeborenen Tochter und 1776/77 mit 12 Personen gerechnet, wegen eines weiteren Kindes. Mittel der 5 »Normaljahre«: 31 fl 36 xr = Index 100.

81) Siehe in Kap. 5.5 die Überlegungen zum Kalorienverbrauch.

Der Spitzenwert bei den Ausgaben lag 1771, ein Jahr später als die Preisspitze. 1771 setzte die sogenannte Substitution ein. Die Ausgaben für Brotgetreide ragten deutlich über das Preisniveau, auch nahm der Anteil des Brotgetreides am Gesamtvolumen der Ausgaben in diesem Jahr 1771 die mit Abstand höchste Quote ein. Dieser Anstieg läßt sich am plausibelsten damit erklären, daß die Vorräte verbraucht waren und das Brotgetreide als - je Kalorie - billigstes Nahrungsmittel auch im Rheinmühlehaushalt einen Teil der - je Kalorie - teureren, vor allem tierischen Nahrungsmittel ersetzte. Mit den zunächst leicht, später deutlich rückläufigen Preisen bezog der Haushalt 1771-73 über drei Jahre hinweg mehr als die übliche Menge an Brotgetreide. Er drosselte damit die Ausgaben für andere Nahrungsmittel wie Fleisch, Butter und Wein; er kürzte einschneidend bei Fastenspeisen und Gemüse sowie Öl.

Diesen Ausweg der Substitution konnten freilich nur finanzkräftige Haushalte ohne Qualitätseinbußen bei der Ernährung beschreiten. Die Zahlen für 1771 zeigen: Wenn ein Haushalt seinen Getreideverbrauch gegenüber „Normaljahren“ nur um knapp die Hälfte erhöhte, so zog das, mit dem Preisfaktor 1,71 multipliziert, die zweieinhalbfachen Kosten nach sich.

Der Vergleich mit dem entsprechenden Schaubild 37 der Gesamtausgaben zeigt: Die Ausschläge nach unten bewegten sich in derselben Größenordnung. Die Ausschläge nach oben dagegen fielen beim Brotgetreide um einiges heftiger aus, und zwar in allen drei Bereichen, also bei den Preisen wie bei den Ausgaben wie bei den Bezugsmengen. Da die Zahlen für Korn in der Aufstellung für alle Produkte enthalten ist, läßt sich sagen, daß die Bewegungen bei Nicht-Getreideprodukten erheblich gedämpfter ausgefallen sein müssen; das heißt, vor allem die Ausgaben des Haushalts für andere als Getreideprodukte blieben wesentlich konstanter. Daran wird deutlich, wie stark der Getreidepreis den ökonomischen Spielraum wie das Konsumverhalten jedes Haushalts dominierte und damit die allgemeinen Lebensverhältnisse prägte.

Schaubild 39: Preise, Ausgaben und Bezug von Brotggetreide

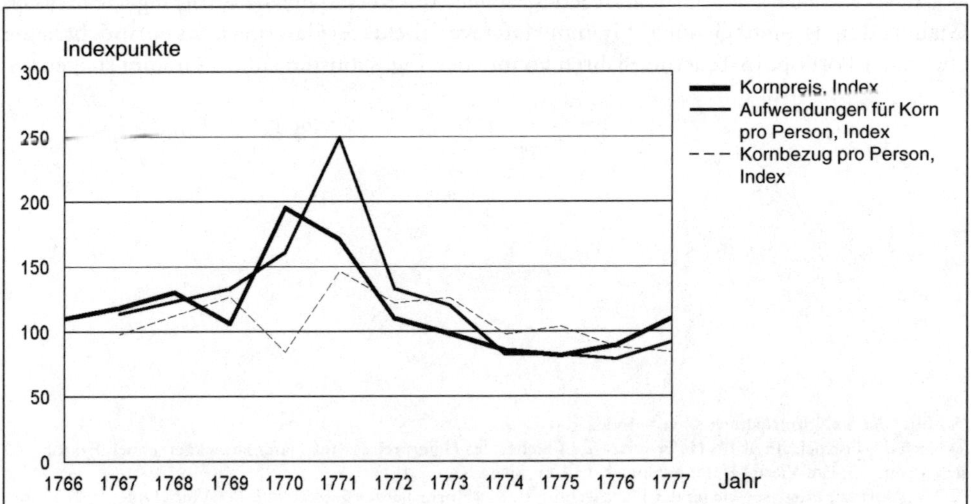

Tabelle 40 a) Preise, Ausgaben und Bezug von Hafer

Jahr	Haferpreis Index[82]	Ausgaben pro Kopf Index[85]	Bezug pro Kopf Viertel im Jahr	/Kilo /Jahr	/Gramm[83] /am Tag	Mehr-/Minder-bezug[84], Indexpunkte
1766	**122**					
1767	**130**	**137**	**1,54**	/ 20	/55	+ 7
1768	**119**	**?**	**?**			
1769	**124**	**138**	**1,61**	/ 21	/58	+ 11
1770	**151**	**169**	**1,63**	/ 21	/58	+ 13
1771	**162**	**232**	**2,08**	/ 27	/75	+ 44
1772	**119**	**114**	**1,39**	/ 18	/50	- 4
1773	**92**	**106**	**1,68**	/ 22	/60	+ 16
1774	**70**	**76**	**1,57**	/ 21	/59	+ 9
1775	**59**	**66**	**1,61**	/ 22	/60	+ 11
1776	**86**	**69**	**1,16**	/ 15	/42	- 20
1777	**100**	**90**	**1,30**	/ 17	/47	- 10
	max.Diff. = 103 IP	max.Diff. = 166 IP	**Mittel 1,56**		Mittel 56,4	Summe = + 77

Lesebeispiel: 1771 stieg der Haferpreis auf Index 162, also auf 62 Prozent über das gesetzte Normalniveau. Um seinen Haferkonsum vom Mittelmaß 100 auf 144 zu steigern, mußte der Haushalt statt 100 Geldeinheiten 232 bezahlen.

Dieses Beispiel erhellt erneut die Grenzen der Substitution in Haushalten mit festem Budget. Für den 2,32-fachen Preis hätte man gewiß günstiger Gemüse, Fisch, Fleisch und Butter als Hafermus einkaufen können; doch sättigt Getreide erheblich mehr, und trotz des zugunsten tierischer Produkte verschobenen Preisgefüges potenzierte die erhöhte Nachfrage nach pflanzlicher Nahrung deren Preis.

In »Normaljahren« konsumierte jedes Mitglied des Rheinmühlehaushalts täglich 42 bis 60 Gramm, durchschnittlich um 55 Gramm Hafer, verarbeitet zu Hafermus; das entspricht heute etwa einer Portion. In Teuerungsjahren konnte der Tageskonsum auf 75 Gramm steigen.

82) Mittel der 5 »Normaljahre«: 37 xr = Index 100.

83) Nach der Formel: »Preis für Hafermus = 2,44-faches des Haferpreises« auf Hafer zurückgerechnet. Faktor 2,44 siehe Anm. 73. Ein Viertel Hafer entsprach 13,1 kg, siehe Kap. 2.4.

84) Als „Normalbezug" sei wieder der Durchschnitt der 5 »Normaljahre« gesetzt, = 1,444 Viertel oder 0,18 Malter.

85) Für Hafermus pro Person. 2 fl 11½ xr = 100.

Schaubild 40 b) Preise, Ausgaben und Bezug von Hafer

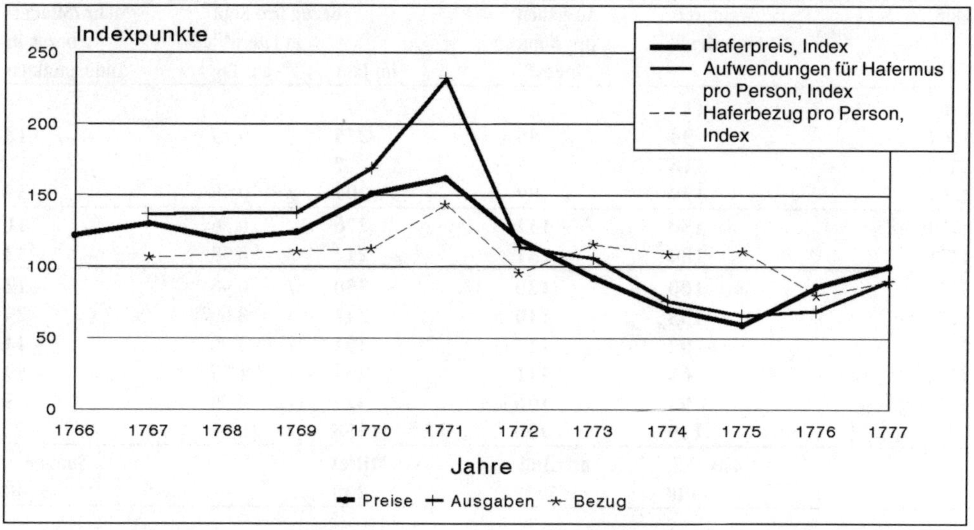

Es erscheint ein ähnliches Bild wie beim Brotgetreide. Bei beiden Nahrungsmitteln weisen die Ausgaben kräftigere Sprünge auf als die Preise; beim Wein und bei den Gesamtausgaben verhielt es sich umgekehrt. Der Ausschlag des Jahres 1771 in allen drei Bereichen verweist ebenfalls auf die Bedeutung des Hafermuses als Grundnahrungsmittel in Konstanz, auf das gerade in Krisenzeiten zurückgegriffen wurde, um (je Kalorie) teurere Nahrungsmittel einzusparen. In diesem Jahr 1771 ersetzte Hafermus zusammen mit Brot das Gemüse und wohl vor allem die teure Fastenspeise Fisch, auch andere tierische Produkte.

Die Bezüge gruppierten sich sehr gleichmäßig um den mittleren Bereich Index 100 bis 116, das entspricht 1,44 bis 1,68 Viertel oder 0,18 bis 0,21 Malter Hafer in Form von Mus pro Person und Jahr.

Verglichen mit der Entwicklung beim Brotgetreide erfolgte beim Konsum von Hafermus kein Einbruch im Jahr 1770. Der Grund liegt nahe: während sich der Kornpreis auf den Indexwert 195 fast verdoppelte, verteuerte sich der Hafer nur um 50 Prozent.

Der Abfall des Haferkonsums 1776/77 ist wohl mit der Preissteigerung nach einer Reihe von relativen und zwei absoluten Billigjahren zu erklären.

Tabelle 41 a) Preise, Ausgaben und Bezug von Wein

Jahr	Weinpreis Index[86]	Ausgaben pro Kopf, Index[88]	Bezug pro Kopf in Litern[87] im Jahr	/ am Tag	Mehr-/Minderbezug in Indexpunkten
1766	**113**				
1767	**94**	**88**	**275**	/ 0,75	- 12
1768	**116**	**?**	**?**		
1769	**128**	**89**	**204**	/ 0,56	- 34
1770	**150**	**142**	**276**	/ 0,76	- 11
1771	**180**	**131**	**212**	/ 0,58	- 32
1772	**100**	**120**	**350**	/ 0,96	+ 12
1773	**133**	**110**	**241**	/ 0,66	- 23
1774	**97**	**117**	**351**	/ 0,96	+ 13
1775	**66**	**111**	**494**	/ 1,35	+ 59
1776	**94**	**106**	**327**	/ 0,90	+ 5
1777	**119**	**106**	**258**	/ 0,71	- 17
	max.Diff. = 114 IP	max.Diff. = 54 IP	**Mittel 299**		Summe = - 40

Schaubild 41 b) Preise, Ausgaben und Bezug von Wein

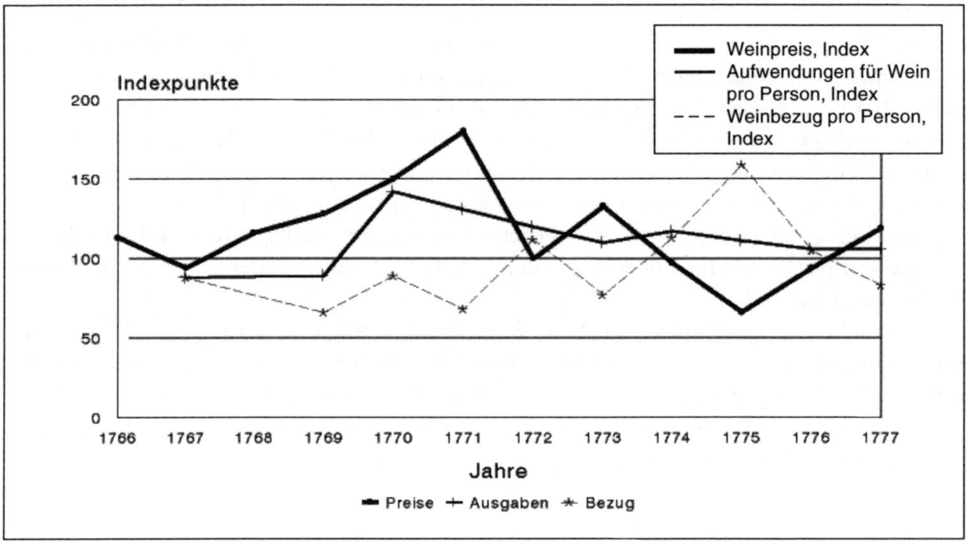

[86]) 64 fl = Index 100.
[87]) „Normalbezug" der 5 Durchschnittsjahre: 311,4 ltr. 1767-71 mit 10 Personen, danach mit 11 Personen gezählt, da Kleinkinder nicht als Weinkonsumenten gerechnet werden können.
[88]) 16 fl 7 xr = 100.

Der Durchschnittsbezug lag zwischen zwei Drittel und einem Liter pro Erwachsenem und Tag. Freilich treffen die angegebenen Mittelwerte pro Person nicht die Realität, da die Beteiligten völlig unterschiedliche Kontingente bezogen. Der Mühlemeister erhielt in den sechs separat dokumentierten Jahren im Schnitt über viereinhalb Liter pro Tag, seine Frau gut 1,8 Liter täglich, die Knechte pro Kopf und Tag nur knapp 0,2 Liter. Das Meisterehepaar wird sein Kontingent nicht komplett vertrunken, sondern anderweitig verwendet haben. Ein Gutteil dürfte es verkauft und vom Erlös Sonderausgaben bestritten und Rücklagen gebildet haben.

Schaubild 41 b) wird von der stark schwankenden Preisentwicklung dominiert. Vergleichsweise stabil heben sich davon die Ausgaben ab: 1767/69 auf gleichem niedrigem Niveau, wurden sie 1770 kräftig angehoben und danach schrittweise abgesenkt, bis sie sich ab 1773 auf dem Stand um 110 Gulden pro Person stabilisierten. Ein Blick auf die zum Teil über Jahre gleichlautenden Summen in Tabelle 36 zeigt, daß der Weinbezug in Geldwert öfters neu ausgehandelt wurde nämlich, den Ausgaben nach zu schließen, für 1770, '71, '73, '74, '75 und 1776.

Die Bezüge schwankten demnach mit den Preisen, und zwar in die jeweils andere Richtung. Ab 1773 bilden die relativ konstanten Ausgaben für Wein gleichsam eine Achse, an der sich Preis und Bezug spiegeln.

Im Vergleich zu Korn und Hafer blieben beim Wein die Ausgaben des Rheinmühlehaushalts deutlich hinter der Preisentwicklung zurück, schlugen nach oben wie nach unten viel milder aus. Das Konsumgut Wein bildete demnach als Dispositionsware einen stabilisierenden Faktor innerhalb der Hauswirtschaft.

5.3.6 Die Binnenverteilung der Jahresausgaben des Rheinmühlehaushalts, ohne Besoldungen

Tabelle 42: Binnenverteilung der Jahresausgaben in Prozent[89)]
(Der höchste und niedrigste Wert je Reihe ist unterstrichen.)

	1767	1769	1770	1771	1772	1773	1774	1775	1776	1777	Mittel
Brotgetreide:	34,3	35,1	34,5	43,5	30,8	34,4	27,2	29,3	27,4	30,9	**32,7**
Pflanzliche Nahrung:	9,2	6,4	15,0	5,4	3,6	5,5	8,4	8,0	8,4	7,4	**7,7**
Zusammen:	44	41	50	49	34	40	36	37	36	38	**40**
Tierische Nahrung:	29,1	31,6	26,3	26,3	29,0	30,9	30,0	30,2	30,6	32,4	**29,6**
Wein:	13,6	12,1	15,5	11,7	14,3	15,8	18,0	18,3	17,3	16,7	**15,3**
Sonstige:	13,9	14,9	8,7	13,1	22,4	13,3	16,3	14,1	16,2	12,5	**14,5**
Gesamtausgaben, Index:	**95**	**108**	**134**	**164**	**135**	**111**	**104**	**98**	**98**	**101**	**115**

Die Rheinmühle führte eine wohlbestellte Haushaltung. Sie verbrauchte Fleisch und Butter fast im Wert von Brotgetreide, erhielt Wein für den Marktpreis von Brennholz, Lichtern, Brotbäckerlohn und Salz zusammen.

89) Quelle wie Tab. 36. Summe für jedes Jahr = Index 100. Sonstige »pflanzliche Nahrung«: Hafermus, Öl, Gemüse & Fastenspeise (nicht trennbar). »Tierische Nahrung«: Fleisch, Butter. »Sonstige« Ausgaben: Brennholz, Lichter, Salz, Brotbäckerlohn.

Mit wenigen Ausnahmen - Getreide 1771, andere pflanzliche Produkte 1770 und 1772, tierische Produkte 1770/71, sonstige Produkte 1770 - hielten die Ausgaben dieselbe Relation untereinander. Das heißt, der Anteil der teuren Produkte Wein, Fleisch und Butter am Haushaltsetat sank auch in den Teuerungsjahren zwar merklich, letztendlich aber nur gering ab, in einer Größenordnung von etwa 15 Prozent gegenüber dem „Normalniveau". Der Anteil pflanzlicher Nahrung erreichte in den Krisenjahren 1770/71 die Hälfte der Gesamtausgaben, er stieg damit um ein Viertel über den Durchschnitt dieser zehn Jahre.

In Relation zur Preisentwicklung ließ sich der Rheinmühlehaushalt alles in allem in seinem Konsumverhalten wenig beeinflussen. In keiner Produktgruppe fand zwischen 1767 und 1777 ein gravierender Einbruch oder auch nur eine erhebliche Verschiebung statt.

Schaubild 43: Ausgabenverteilung des Rheinmühlehaushalts

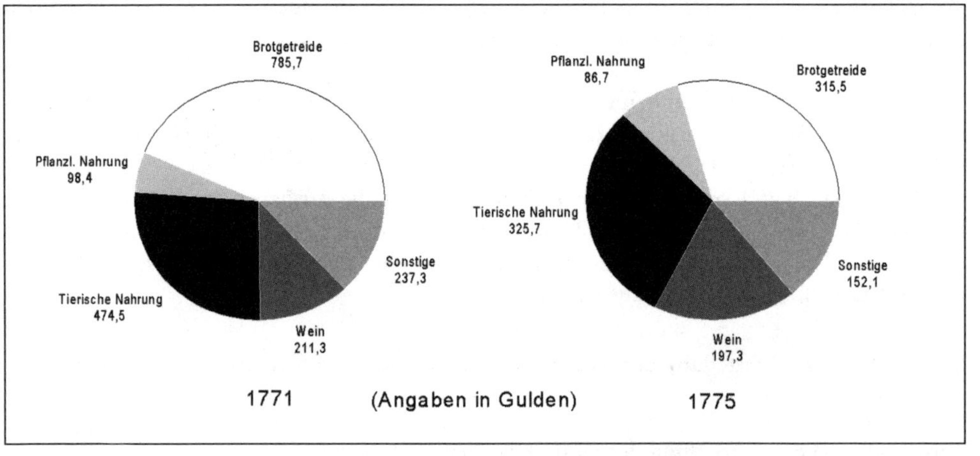

1771 war das wirtschaftlich ungünstigste Jahr für die Rheinmühle; 1775 brachte den Tiefststand der Preise innerhalb der untersuchten zehn Jahre. In den Kuchendiagrammen werden die deutlichen, nicht jedoch gravierenden Änderungen im Verbrauchsverhalten sichtbar.

Ein Vergleich mit der Verteilung der Lebenshaltungskosten an anderen Orten, zu anderen Zeiten und mit unterschiedlicher ökonomisch-rechtlicher Lage zeigt, welch materiell abgesichertes Leben selbst ein Knecht im Konstanzer Rheinmühlehaushalt führen konnte.

Eine Antwerpener Maurerfamilie verbrauchte fast vier Fünftel ihres Einkommens für Nahrung, die vielzitierte statistische Berliner Arbeiterfamilie um 1800 gab drei Viertel ihres Budgets für Lebensmittel aus. Im Rheinmühlehaushalt insgesamt entfielen ebenso wie für jeden Mühleknecht 1767 bis 1777 nur gut zwei Drittel aller Aufwendungen, Besoldungen eingeschlossen, auf die Ernährung.

Rechnet man beim gesamten Rheinmühlehaushalt noch die Hälfte der Weinbezüge nicht unter die Lebensmittel, sondern als verkaufbares Geldäquivalent - der Mühlemeister wird keine viereinhalb Liter am Tag getrunken haben, obwohl der Wein gewiß saurer war und deshalb weniger Alkohol enthielt als heute üblich, - so bleiben 61 Prozent Lebensmittelanteil an den Gesamtaufwendungen.

Tabelle 44: Verteilung der Lebenshaltungskosten im Vergleich[90]
(Angaben jeweils in Prozent des Einkommens)

	fünfköpfige Maurerfamilie Antwerpen 1596-1600	fünfköpfige Maurerfamilie Berlin um 1800	Knecht i.d. Konstanzer Rheinmühle 1767-1777
Brot:	49,4	44,2	30,9 [91]
Sonstg. pflanzl. Prod.:	6,5	11,5	7,3 [92]
Tierische Produkte:	22,6	14,9	24,8
Getränke:	- -	2,1	3,8 [93]
Nahrungsmittel gesamt:	78,5	72,7	66,8
Licht und Heizung:	6,0	6,8	9,0
Miete:	5,4	14,4	- -
Kleidung und Bedarf:	10,1	6,1	24,1 [94]

5.3.7 Lebenshaltungskosten in Konstanzer Haushalten 1767 bis 1777 und die Kosten für Knechte und Mägde

»Lebenshaltungskosten« meint hier die Kosten, welche die Stadt Konstanz für den Lebensunterhalt ihrer in der Mühle Angestellten aufwenden mußte. Die folgenden Bezüge mögen zumindest als Anspruch einer standesgemäßen Lebenshaltung für andere stadtbürgerliche Haushalte gelten; nur für die Jahre 1770-72 muß wegen der Ausnahmesituation ein Fragezeichen hinter die Vergleichbarkeit gesetzt werden. Nicht unmittelbar verbrauchte, eventuell zu Ersparnissen dienende Geldzahlungen zählen insofern zu den Lebenshaltungskosten, als sie der Altersversorgung dienten.

Im „Extract aus den städtischen Rechnungen" sind die Aufwendungen der Rheinmühle für Nahrung einschließlich Wein, Heizung und Licht aufgelistet. Es fehlen die Kosten für Kleidung, eventuell zu zahlenden Mietzins, Gesundheit, persönlichen Bedarf. Bei der folgenden Aufstellung der Lebenshaltungskosten ist jeweils die Besoldung beziehungsweise der Knechts- und Magdlohn für die nicht abgedeckten Posten des täglichen Bedarfs eingesetzt, beim Meisterpaar zusätzlich der Erlös aus dem vermuteten Weiterverkauf von Wein.

[90]) Berlin: Kuchendiagramm in Abel, Massenarmut ... in Europa, S. 396, dass. in Braudel, Sozialgeschichte 1, Alltag, S. 134 und in Ohler, quantitative Methoden, S. 89; Antwerpen: Christian Marzahn und Hans-Günther Ritz (Hg.) Zähmen und Bewahren. Die Anfänge bürgerlicher Sozialpolitik, Bielefeld 1984, S. 77. Rheinmühleknecht einschließlich Besoldung.

[91]) Rheinmühleknecht: Brotgetreide plus Brotbacklohn. Wein und Besoldung wie in Anm. 99) hochgerechnet.

[92]) Rheinmühleknecht: Hafermus, nicht zu trennende Gemüse und Fastenspeise, Öl; dazu noch Salz, zwischen 0,6 und 0,9 %, im Mittel 0,8 % der Einkünfte.

[93]) Rheinmühleknecht: Wein.

[94]) Rheinmühleknecht: Besoldung eingesetzt.

Tabelle 45 a) Lebenshaltungskosten pro Person in einem wohlgestellten zünftig-bürgerlichen Haushalt: Der Rheinmühleühlemeister und die -meisterin[95)]

	1767	1769	(1770)	(1771)	(1772)	1773	1774	1775	1776	1777
fl / Jahr:	186	201	(257)	(286)	(244)	227	217	209	210	213
xr / Tag:	31	33	(42)	(47)	(40)	37	36	34	35	35

In den 1760er und 1770er Jahren kostete der standesgemäße Lebensunterhalt eines Meisterpaars in Konstanz in Jahren außerhalb der Hochteuerung etwas über einen halben Gulden, 31 bis 37 Kreuzer je Person am Tag. Bei gleichbleibendem Verbrauchsverhalten, also ohne Rückgriff auf Vorräte, Einschränkung und Verlagerung des Konsums von »teuren« auf »billige« Nahrungsmittel, hätte die Lebenshaltung 1770/71 täglich 14 beziehungsweise acht Kreuzer mehr gekostet, als hier in Klammern angegeben.

Tabelle 45 b) Lebenshaltungskosten pro Person in einem wohlgestellten zünftig-bürgerlichen Haushalt: Die Knechte[96)]

	1767	1769	(1770)	(1771)	(1772)	1773	1774	1775	1776	1777
fl / Jahr:	130	144	(166)	(199)	(155)	132	117	111	111	114
xr / Tag:	21	24	(27)	(33)	(26)	22	19	18	18	19

Die Arbeitskraft eines Knechts kostete in Konstanz zwischen 1767 und 1777 um 20 Kreuzer am Tag. Die Kosten hingen wegen des im Vergleich zu einem Gesellen geringen Geldlohns stark an den Lebensmittelpreisen, sie konnten also in der Teuerungszeit auf 33 Kreuzer am Tag wachsen; dies war der Grund, weshalb in den Krisenjahren 1770/71 viele ihren Arbeitsplatz und Erwerb verloren. Ein beim Konstanzer Bauamt beschäftigter Handlanger verdiente im Sommertaglohn fixe 16 bis 18 Kreuzer. Seine Beschäftigung kostete also in preisgünstigen Jahren schon etwas weniger und in Hochteuerungszeiten nur die Hälfte dessen, was einem Rheinmühleknecht in Naturalien und Geld zustand[97)].

Tabelle 45 c) Lebenshaltungskosten pro Person in einem wohlgestellten zünftig-bürgerlichen Haushalt: Die Mägde

	1767	1769	(1770)	(1771)	(1772)	1773	1774	1775	1776	1777
fl / Jahr:	109	123	(143)	(178)	(135)	112	97	91	92	96
xr / Tag:	18	20	(24)	(29)	(22)	18	16	15	15	16

Die Unterhaltskosten für eine Magd betrugen in Konstanz in den 1760er und 1770er Jahren 15 bis 20 Kreuzer am Tag; sie konnten sich in den Krisenjahren 1770/71 nahezu verdoppeln.

[95)] Geldsummen pro Person, gerundet auf ganze Gulden bzw. Kreuzer. Die Ausgaben für den Meisterwein sind 1771-74 nicht separat dokumentiert; für diese 4 Jahre sei das Mittel aus den übrigen Jahren angewandt, demzufolge Gebhard Raitebuch und seine Mutter bzw. Ehefrau knapp 82 % des Weinkontingents bezogen. Besoldungen siehe Kap. 5.3.4.

[96)] 1767-71: 6 Knechte, ab 1772: 7 Knechte. Deren Weinbezug zusammen 1771-74 = gut 18 % vom Gesamtkontingent. 2 Besoldungsgruppen, im Mittel 33 fl 17 xr, über die Jahre unverändert.

[97)] Abel, Massenarmut ... in Europa, S. 207; Buchegger, Verfassung und Verwaltung, S. 58.

Die recht ausführlich dokumentierte Haushaltsbilanz der Rheinmühle erlaubt einige Rechenoperationen, mit denen man sich durch Subtraktion und Verschieben der Konsumtion den Aufwendungen in dürftiger ausgestatteten Haushalten nähern kann.

Tabelle 46: Kosten des Existenzminimums in einem »unterbürgerlichen« Haushalt[98)]

	1767	1769	(1770)	(1771)	(1772)	1773	1774	1775	1776	1777
fl / Jahr:	60	66	(83)	(106)	(71)	55	47	45	45	47
xr / Tag:	10	11	(14)	(17)	(12)	9	8	7	7	8

In den 1760er und 1770er Jahren kostete der einigermaßen menschenwürdige Lebensunterhalt in Konstanz ohne Wohnen, Kleidung und Gesundheit normalerweise sieben bis zehn Kreuzer pro Person und Tag. Johannes Handel, verheiratet, mit drei Kindern, erwarb im Winter 1790 beim Genfer Kolonisten und Baumwollverleger Reichard täglich acht Kreuzer[99)].

Tabelle 47: Kosten für Brot und Hafermus alleine[100)]

	1767	1769	(1770)	(1771)	(1772)	1773	1774	1775	1776	1777
fl / Jahr:	43	49	(59)	(87)	(48)	44	31	31	29	34
xr / Tag:	7	8	(10)	(14)	(8)	7	5	5	5	6

In den 1760er und 1770er Jahren kostete in Konstanz der Konsum von etwa zwei Drittel Kilogramm Brot und einer ordentlichen Portion Hafermus »normalerweise« 5 bis 7 Kreuzer am Tag.

Die »Hungerjahre« 1770/71 belasteten Haushalte ohne Vorratswirtschaft ungeachtet der vermuteten Umstellung des Konsums auf pflanzliche Basisnahrung mit erheblichen Mehrkosten. In zahlreichen Fällen dürften Haushalte außerstande gewesen sein, diese Mehrkosten aufzubringen, weshalb die krisenbestimmten Lebenshaltungskosten der Jahre 1770 bis 1772 in den Tabellen 45a) bis 47 als häufig bloß mathematische Summen in Klammern gesetzt sind.

5.3.8 Die Entwicklung des Realeinkommens im Rheinmühlehaushalt 1767 bis 1777

Realeinkommen sind errechnete Werte. Der Statistiker begibt sich mit ihnen auf ein dünnes Eis wissenschaftlicher Tragfähigkeit.

Setzt man die oben genannten Geld- und Sachbezüge, anders herum betrachtet: die Kosten des Konstanzer Mühleamts für die Aufrechterhaltung des zehn- bis zwölfköpfigen Rheinmühlehaushalts, in Relation zur Entwicklung der Geldwerte in den Jahren 1767 bis 1777, so ergibt sich die Entwicklung des Realeinkommens der Haushaltsmitglieder. Die wech-

[98)] Dessen Ernährung hauptsächlich aus Getreide- und anderen pflanzlichen Produkten bestand: vgl. Abel, Massenarmut ... in Europa, S. 396; Braudel, Sozialgeschichte 1, Alltag, S. 132-136. Folgende Veränderungen zu den Ausgaben der Rheinmühle seien vorgenommen: Hafermus 1/3 mehr, Fleisch und Butter je nur 1/10, kein Wein, keine Lichter. Summen gerundet auf ganze fl / xr.

[99)] StAKN I III, Sterbeprotokolle und Inventare, zum 17. Dez. 1790.

[100)] Getreide, Brotbacklohn, Hafermus im Rheinmühlehaushalt.

selnden Geldwerte fließen dabei in Form von Preisindices ein. Ihre Basis, den Index 100, bildet der Durchschnittswert des »Warenkorbs« der Jahre 1767, 1769 und 1775 bis 1777, die in diesem Kapitel als »Normalpreisjahre« gesetzt sind.

Man hätte auch die Preise anderer Jahre zum Basisindex 100 wählen können; etwa 1767 alleine, dann lägen die Realeinkommen um 15 Prozent höher, der Mühlemeister hätte dann 1767 »real« 30 Kreuzer täglich verdient, 1769 32 Kreuzer und so weiter. Auf der Basis der Preise von 1750 läge das Realeinkommen im Rheinmühlehaushalt zwischen 1767 und 1777 um etwa 15 Prozent niedriger, die Müllerin hätte 1767 »real« 24 Kreuzer täglich bezogen, und so im Verhältnis weiter.

Doch schien die Lösung mit den fünf zu solchen definierten »Normalpreisjahren« am praktikabelsten, um die komplexe historische Realität in vereinfachenden Zahlen darstellen zu können. In jedem Fall geben die Relationen der Realeinkommen untereinander ein korrektes Bild wieder. Die Durchschnitte stehen im Verhältnis Meister : Knecht : Magd = 1,91 : 1,17 : 1. Im übrigen differieren selbst im Computerzeitalter die Ansichten darüber, wie hoch die Inflationsrate anzusetzen sei; so bleibt noch heute die Angabe von Realeinkommen innerhalb eines gewissen Spielraums Ansichtssache.

Nicht nur im Nenner Geldwert, auch im Zähler Einkommen müssen Einschränkungen beachtet werden. Erstens bleiben eventuelle Nebeneinkünfte außerhalb der Rheinmühle offen. Zweitens bestand der Großteil der Bezüge in Wohnen und Nahrung; diese Sachleistungen wurden sofort verbraucht, also niemals auf dem Markt in Geld umgetauscht, unterlagen demnach keiner unmittelbaren Geldent- oder -aufwertung.

Mögen Sachbezüge noch transponierbar sein, so sind andere Faktoren schwer in Geldwert auszudrücken. Nicht ermessen kann man, mit wievielen Gulden mancher Zeitgenosse die Sicherheit aufgewogen hätte, als Mitglied des Konstanzer Rheinmühlehaushalts auch durch die schlimmsten Teuerungsjahre hindurch auf nur unwesentlich gemindertem Lebensstandard unterhalten zu werden.

Trotz dieser Reihe von einschränkenden Prämissen bleibt der Versuch, Realeinkommen im 18. Jahrhundert festzustellen, noch lohnend, weil aussagekräftig. Die Tabelle und das Schaubild können als eine Art »Wohlstandsthermometer« betrachtet werden.

Tabelle 48 a) Rheinmühlehaushalt, Realeinkommen pro Person in Geld- und Sachbezügen 1767-77 (Gulden im Jahr)

	1767	1769	1770	1771	1772	1773	1774	1775	1776	1777
Meisterpaar:	162	176	145	167	222	218	255	282	233	194
Knechte:	113	126	94	116	141	127	138	150	123	104
Mägde:	95	108	81	104	123	108	114	123	102	87

Die Kurve spiegelt grob die Preisentwicklung umgekehrt wider. Je geringer der Geld- und Weinanteil am Einkommen lag, desto flacher erstreckt sich die Kurve.

1770 machte sich deutlich bemerkbar, daß dem Haushalt die Preise davonliefen, während er seine Ausgaben nur um 23 Prozent gegenüber dem vergangenen Jahr beziehungsweise 48 Prozent gegenüber »normalen« Jahren anhob. Verschärfend verloren die Geldeinkommen erheblich an Wert. Auch der Weinpreis blieb klar hinter dem Kornpreis zurück, so daß Gebhard

Schaubild 48 b) Rheinmühlehaushalt, Realeinkommen pro Mitglied in Geld- und Sachbezügen 1767-77 (Kreuzer am Tag)

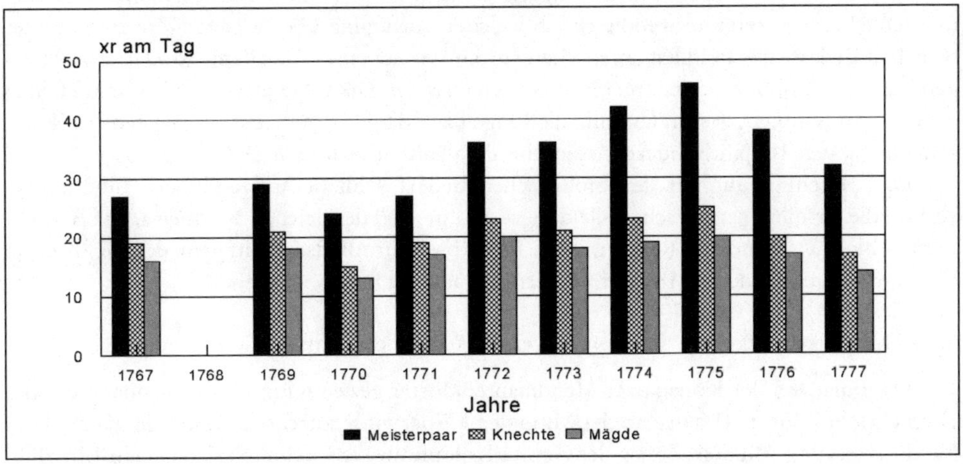

Raitebuch vom Verkaufserlös derselben Menge Wein weniger Brotgetreide kaufen konnte als in den Jahren vor und nach der Hochteuerung. Obwohl also das Mühleamt zur Aufrechterhaltung des Rheinmühlehaushalts fast das anderthalbfache des üblichen Jahresbetrages einschoß, sank das Realeinkommen der Haushaltsmitglieder auf 71 bis 77 Prozent des Mittels in den zehn hier dokumentierten Jahren; man übertrage diese Modellrechnung auf Arbeitskräfte, die ausschließlich Geldlohn erhielten.

1771 sorgten die auf den zweieinhalbfachen Normalwert gestiegenen Aufwendungen für Nahrung, Wein, Heizung und Licht dafür, daß die Realeinkommen nicht noch weiter absanken. Sie erreichten fast wieder den Mittelwert aller zehn Jahre.

Diese Befunde für 1770/71 belegen erneut den privilegierten Status der Rheinmühleangestellten.

In den »guten« Jahren 1774/76 stieg das Realeinkommen beträchtlich über den Durchschnitt, was daher rührte, daß die Preise fielen, daß das Einkaufsvolumen des Haushalts über dem Preisvolumen blieb und daß der Haushalt wieder verstärkt teure Lebensmittel wie Fleisch, Butter und Wein konsumierte beziehungsweise bezog.

Der Reallohn des Meisterpaars wechselte zwischen 1771 und 1772 auf eine höhere Ebene. Gebhard Raitebuch erreichte eine Erhöhung sowohl seines Weinkontingents wie seiner Besoldung. Das Einkommen des Meisterpaars entfernte sich deutlich von den Reallöhnen der Knechte und Mägde. Diese profitierten zwar auch von den »guten« Jahren zwischen 1772 und 1776; sie blieben jedoch auf demselben Reallohnniveau, um 20 Kreuzer die Knechte, um 17 Kreuzer am Tag die Mägde.

Die gleiche Tendenz wie bei den anderen städtischen Besoldungen ist auch in der Rheinmühle zu erkennen: Spitzenkräfte wurden durch Erhöhung ihrer Bezüge real besser gestellt, öffentliche Angestellte der unteren Klassen dagegen konnten froh sein, wenn sie einen möglichst großen Teil der Bezüge in Naturalien erhielten, ein möglichst kleiner Teil somit der Geldentwertung unterworfen war.

5.4 Zum Existenzminimum in Konstanz am Ende des 18. Jahrhunderts

Es gibt unterschiedliche Auffassungungen darüber, was und wieviel zur Erhaltung einer menschlichen Existenz notwendig ist, ab welcher Verfügung über welche Konsumgüter des täglichen Bedarfs das Prädikat „menschenwürdig“ verliehen werden kann. Moderne und zeitgenössische Maßstäbe geraten hier leicht durcheinander. Die folgenden Anhaltspunkte bilden daher einen Rahmen, dessen Umfang die Frage nach dem Grundbedarf wenigstens für Konstanz im späten 18. Jahrhundert wissenschaftlich haltbar beantwortet.

Die Beschränkung auf den biologischen Bedarf schließt Aufwendungen für Bildung, Kultur, die Erfüllung ständischer Kleidungs-, Wohn- und dergleichen Normen sowie Rauschmittel - Bier, Wein - nur am Rande mit ein. Der Abschnitt soll dazu beitragen, den Geldwert in Konstanz gegen Ende des 18. Jahrhunderts genauer zu fassen.

5.4.1 Die Unterhaltskosten des Konstanzer Augustinerkonvents 1787

Die Finanzen der Konstanzer Mendikantenklöster gerieten im Zusammenhang mit der Kirchenpolitik Josefs II. etwa ab der Mitte der 1770er Jahre zusehends unter die Kuratel der Landesregierung. Mit dem Zuzug der Genfer Kolonie ab 1785 richteten sich begehrliche Blikke auf die Immobilien der Bettelorden in der Stadt. Das Gebäude der Augustiner zum Beispiel, westlich des heutigen Bahnhofs gelegen, sollte 1786 nach dem Willen des Magistrats in eine Kaserne umgewandelt werden, Stadthauptmann v. Damiani hätte es 1787 gerne den Direktoren der Uhrenfabrik Roman, Melly & Roux überlassen, die Spitalstiftung wollte 1788 die Krankenstube dorthin verlegen, 1792 bis 1799 nutzte es die vorderösterreichische Regierung[101)].

Zur Grundlage ihrer Ansprüche sammelte die Regierung 1786/87 Informationen über das Personal, die Vermögenslage und den Gebäudegrundriß des Augustinerklosters. Städtische Amtsträger erstellten einen Jahresetat für 1787, setzten darin unter anderem eine ausführliche, nach Konstanzer Marktpreisen ermittelte „Erfordernuss auf Speiss, und Trank“ an. Als Nahrungsmittelkosten für 17 Bewohner, das waren der Prior, elf Priester, drei Laienbrüder und zwei „Domestiquen“, zusätzlich zwei mitverpflegte Ministranten, errechneten sie 3019 Gulden 4½ Kreuzer. Diese Summe bedeutet einen Verbrauch von 159 Gulden pro - überwiegend – erwachsener Person und Jahr, 26 Kreuzer pro Kopf und Tag. Der Fleischverbrauch etwa mag die Qualität dieser Ernährung belegen: Die 19 Angehörigen des Klosterhaushalts verzehrten täglich insgesamt 30 Pfund à 576 Gramm Rind-, Kalb-, Schaf- und Schweinefleisch. Von diesem Nahrungsmittelaufwand pro Person mögen noch die »Klostersuppen für die Armen« abzuziehen sein; in dem Etatansatz war davon nicht die Rede.

Zum Gesamtumfang des Augustiner-Jahresetats zählten die städtischen Schreiber weiter Ausgaben für Heizung und Beleuchtung, Kleidung und Schuhwerk - jedem Religiosen wurden zum Beispiel zwei Paar neue Schuhe, jedes Paar einmal neu besohlen zu lassen, zwei neue Hemden, ein Paar Winter- und zwei Paar Sommerstrümpfe im Jahr zugemessen. Ferner setzten sie zum Nutzen des ganzen Konvents 30 Gulden für Bücher, zwölf Gulden für Tinte und Schreibfedern, zusammen 73 Gulden für diverse Steuern und Abgaben, Personal- und Sach-

101) Schmid, Säkularisation 1978, S. 69-71; 71f, 77, 85f; Quarthal, Behördenorganisation, S. 131 und Abb. 29; Burkhardt in Stadtgeschichte III, S. 393, 396, 429.

kosten für das Bestellen von fünf Jaucherten Weinberg bei Freiburg sowie einen geringen Betrag zur Almosenverteilung an.

Das Essen für die beiden Ministranten abgezogen, ergibt sich die Summe 5309 Gulden für einen standesgemäßen, mangelfreien, gesunden, nicht jedoch luxuriösen Lebensunterhalt von 17 Personen. Das sind 312 Gulden pro Erwachsenem und Jahr, 51 Kreuzer am Tag. Dieser Etat dürfte eher großzügig als zu knapp bemessen sein, da die Landesregierung möglicherweise daran interessiert war, die Lücke zwischen Verbrauch und Einkommen der Augustiner herauszustreichen, nämlich den Zuschuß aus der Substanz in Höhe von 2615 Gulden im Jahr 1787[102)].

5.4.2 Die „table commune" 1795/96

Der Sekretär des Pariser Erzbischofs Juigné, Abbé Leriche, organisierte von Januar 1795 bis zur Besetzung Konstanz' durch französische Republiktruppen am 2. August 1796 einen gemeinsamen Mittags- und Abendtisch für minderbemittelte und völlig mittellose geistliche Emigranten. Diese „table commune" stand in der Niederburg, in einem Haus neben dem Dominikanerinnenkloster St. Peter.

Diverse Spendenaufrufe der sechs im Konstanzer Exil lebenden französischen Bischöfe brachten nicht die erhofften Ergebnisse, das Geld zur Unterstützung verarmter Emigranten ging zur Neige. Daher erbaten die Bischöfe unter Vermittlung Stadthauptmann v. Blancs am 14. März 1796 einen Zuschuß vom Kaiser. Ihre Sparsamkeit im Umgang mit gespendeten Geldern und die Wirtschaftlichkeit der „table commune" belegten sie mit ausführlichen Tabellen für das abgelaufene Jahr 1795. Die Intention der vorgelegten Abrechnung war also eher, zu beweisen, mit welch bescheidenen Mitteln Hunderte von Menschen unterhalten werden konnten, als vielleicht das Kalkül, mit überzogenen Zahlen einen Teil des erbetenen Geldes erstattet zu bekommen, der dann den wirklichen Ausgaben nahe gekommen wäre.

Frühstück sah die „table commune" nicht vor. Abends gab es nur Suppe und Brot. Zu allen Mahlzeiten wurde Wasser gereicht. Im Durchschnitt nahmen jeden Monat 99 Geistliche dieses Angebot wahr, von denen die meisten nicht einmal einen kleinen Eigenbeitrag leisten konnten. Die Ausgaben verteilten sich wie folgt: Gut die Hälfte der Kosten entfielen auf Brotmehl, ein knappes Viertel auf Fleisch, ein Siebtel auf andere Nahrungsmittel, vor allem Gemüse, ein Zehntel wurde für Holz, Kohle, Kerzen, Wäsche für die geistlichen Köche und Bäcker, Kochgeräte und Unterhalt der Küche verwandt. Die Personalkosten rechnete Abbé Leriche als „sécours ordinaires" über eine andere Kasse ab.

Jeder Teilnehmer belastete die „table commune", den Januar mit seinen außerordentlichen Startkosten nicht berücksichtigt, mit neun Kreuzern täglich im März bis zu 17½ Kreuzern im November; im Mittel verzehrte jeder geistliche Gast den Gegenwert von 15 Kreuzern am Tag. Zieht man Brennmaterial, Wäsche und Instandhaltung der Küche ab, so bleiben reine Lebensmittelkosten von 13½ Kreuzern pro Tag und Person[103)].

[102)] GLA 200/614: Augustiner 1786-1789.

[103)] GLA 209/1152, darin u.a. „Tableau de la Dépense faite pour le Soutagement des Ecclésiastiques François à Constance, pour l'Année 1795" mit Umrechnung: 35949 Fr = 16477 fl 21 xr, demnach waren 100 Livres = knapp 46 fl, 1 fl = 2,182 Livres; Moser, französische Emigrantenkolonie, S. 33-35; Ph. Ruppert, Beiträge Heft 4, S. 65; Burkhardt in Stadtgeschichte III, S. 415-417, 422.

Der nach Konstanz geflüchtete Bischof von Nîmes setzte im Frühjahr 1796 die monatlichen Unterhaltskosten eines geistlichen Emigranten auf vier Gulden acht Kreuzer an, Mahlzeiten nicht gerechnet. Zählt man als monatliche Essenskosten die 7½ Gulden der „table commune“ dazu, so kostete der bescheidene Lebensunterhalt in Konstanz in den Jahren 1795/96 monatlich gut 11½ Gulden oder 23 Kreuzer am Tag, unterteilt in 15 Kreuzer für zwei Mahlzeiten und acht Kreuzer für Wohnung, Kleidung und anderen Bedarf.

Weitere Angaben stützen diese Zahlen. Eine Mahlzeit, vermutlich in einem bescheidenen Gasthaus, kostete in diesem Teuerungsjahr 14 Kreuzer. Für die Unterkunft „in einem erbärmlichen 3-Bett-Zimmer“ mußte ein Emigrant 2 Gulden 18 Kreuzer im Monat ausgeben, das sind vier bis fünf Kreuzer am Tag. Die „Allerärmsten“ unter den Flüchtlingen, es handelte sich demnach um Vollunterstützung, erhielten aus der Hilfskasse täglich 14 Kreuzer für Essen und acht Kreuzer für das Wohnen, nichts zum Erhalt von Kleidung und Schuhwerk[104)].

Diese Angaben gelten freilich uneingeschränkt nur für 1795/96. 1795 verzeichnete Konstanz die nominell höchsten Lebensmittelpreise des Jahrhunderts, die im Jahr darauf nur unwesentlich sanken.

5.4.3 Das »amtlich« angesetzte Existenzminimum 1787 bis 1795

1787 standen wieder einmal Maßnahmen zur Kostendämpfung im Konstanzer Spital zur Debatte. Anfang Dezember einigten sich eine „verstärkte“ Magistratsdeputation, der Stiftungspfleger und die „Spitalmutter“ Theresia Boosin auf folgende Neuregelung: Boosin übernahm ab dem folgenden Sonntag alle Unterpfründer in die Verpflegung, sie sollte die Kost nach Vorschrift des Speiseplans „wohlzubereitet, und ohnklagbar abreichen“. An Mitteln erhielt sie dazu täglich neun Kreuzer pro Kostgänger, dazu das nötige Brennholz und im Winter wöchentlich ein Pfund Lichter. Jeder Unterpfründer sollte statt des bislang zusätzlich zur Spitalverpflegung gereichten Brots zwei Kreuzer täglich in bar ausbezahlt bekommen. Der Bezug von wöchentlich zwei Maß Wein, alternativ acht Kreuzern in bar, wurde abgeschafft. Zu dieser Maßnahme gaben die Spitalbeamten zu bedenken, vom „Wein- und Brodgeld“ hätten die Armenpfründer ihre nicht vom Spital gestellte Kleidung zu finanzieren gehabt. Stadthauptmann Vicari schlug diesen Einwand ab. Er ordnete dafür an, die Unterstübler dürften fortan, statt die ganze Woche für das Spital zu arbeiten, an zwei Tagen Geld auf eigene Rechnung verdienen; „wenn sie sich nicht ganz auf den Müssiggang verlegen wollen“, könnten sie so seiner Meinung nach sechs bis acht Kreuzer täglich erwerben. Diejenigen aber, die nicht extern arbeiten wollten, sollte die Spitalverwaltung künftig „strenghin“ zu einer „ihren Kräften angemessenen Arbeit“ heranziehen. Im übrigen war unter diesen neuen Bedingungen „jedem freÿgestellt worden, aus dem Spital zu tretten“ und sich den Anspruch auf tägliche Leistungen im Wert von elf Kreuzern in bar ausbezahlen zu lassen. Vicari spekulierte darauf, daß viele Unterstübler diesen Schritt unternehmen würden.

Die Teilnehmer der Sondersitzung mutmaßten sehr zutreffend, worauf ihre Sparmaßnahmen hinauslaufen würden: Sie verboten allen Pfründern das Betteln in der Stadt, drohten

104) Moser, französische Emigrantenkolonie, S. 36.

an, jedem Ertappten die Pfrund „gänzlich“ zu entziehen. Die Landesregierung beschied unter dem 17. Dezember 1787, so sei es „wohl geschehen“[105].

Die betroffenen Unterpfründer wandten sich im April des folgenden Jahres durch den „eigens bestellten“ Anwalt Ignaz v. Besele - der ansonsten Tanzunterricht zu erteilen pflegte[106] - an die Spitalverwaltung. Nach einer Seite voller Devotionalien bat Besele für sie um Erhöhung ihres „Taggelds“, zwei Kreuzer seien zu wenig für „Brod, Wasch, Kleidung, Schuh, Strimpf, Lichter, und noch mehr andere nothwendige Bedürfnisse“. Dazuverdienen könnten die meisten nichts, „weilen ihre durch das hohe Alter schon abgemerglet, und abgeschwächte Körper sie zu allen Arbeiten unfähig machet“; auch die jüngeren wären wegen Krankheiten oder anderer Leibesgebrechen in die untere Pfrund genommen worden und könnten schlecht erwerbstätig sein. Zum Schluß wies v. Besele noch auf ein anderes Bedürfnis als Kleidung und Beleuchtung hin, indem er vorstellte, daß von zwei Kreuzern sich „ein alter abgeschwächter Mann nicht einmal einen Trunckh Wein“ ab und an zur Labung und Stärkung gönnen könne.

Der neue Stadthauptmann v. Fugger leitete das Ansuchen an die Landesregierung weiter. Er schloß sich der beigelegten Stellungnahme der Spitalverwaltung an: Spitalpfleger Beutter und Kontrolleur Thumb schlugen vor, jedem Unterpfründer wöchentlich zwei Maß, knapp zweieinhalb Liter, aus der Spitalkellerei abzureichen, da „dergleichen geringe Weine ohnehin genügsam vorhanden sind“.

Die Freiburger Buchhalterei merkte an, die Unterstübler hätten um Erhöhung des Taggelds, nicht um Weinbezug gebeten; die Regierungsbeamten kannten offenbar nicht die übliche Praxis im Konstanzer Spital, Sachleistungen weiterzuveräußern. Zwei Maß dieses minderen Weins hätten dem Verkäufer immerhin fünf bis sechs Kreuzer eingetragen.

Die Regierung lehnte die Bitte um Erhöhung des Taggelds ab. Besonders Bedürftigen sei nach sorgfältiger Prüfung die nötigste Kleidung aus Spitalmitteln anzuschaffen[107].

Die Episode zeigt, daß sowohl die Konstanzer Spitalbeamten, als auch die Stadthauptleute, letztlich auch die Landesregierung, die Einschätzung der Unterpfründer, ein Erwachsener könne trotz freien Wohnens im Spital von elf Kreuzern am Tag nicht leben, akzeptierten. Kein Verantwortlicher bezweifelte den Mehrbedarf an sich. Allen Beteiligten war klar, daß fünf bis sechs Kreuzer tägliche Nebeneinkünfte zum Existenzerhalt nötig waren: Die Magistratskommission befürchtete Bettel, Stadthauptmann Vicari verlangte Engagement auf dem Arbeitsmarkt, sein Nachfolger Fugger und die Spitalbeamten Beutter und Thumb befürworteten eine indirekte Aufstockung des Tagegelds in Gestalt von Wein.

Das Konzept einer Denkschrift ohne Datums- und Autorenangabe behandelte vor dem Hintergrund der geplanten neuen Konstanzer Polizeiordnung - die am 11. August 1792 in kraft trat - die sattsam bekannten Probleme Erwerbsmangel, Bettel, öffentliche Unterstützung Bedürftiger mit ihren „höchst schädlichen Folgen (...), dass Arbeitscheüe, Wohlleben, Sorglosigkeit, Schwelgerei und Müssiggang immer mehr überhand nehmen müssen“. Solche

[105]) GLA 209/1272, Protokoll vom 3. Dez.; Sthm. Vicari an die Regierung und Kammer am 6. Dez.; Reg. u. Kamm. an Vicari am 17. Dez. 1787.

[106]) Ph. Ruppert, Beiträge Heft 4, S. 63.

[107]) GLA 209/1276: Bittschrift der Unterpfründer vom 29. April; Gutachten der Spitalbeamten vom 9. Mai; Sthm. Fugger an die Regierung und Kammer am 13. Mai; Buchhalterei an die Regierung am 21. Juni; Reg. u. Kamm. an Fugger am 10. Juli 1788.

und ähnliche Auffassungen sowie der Stil lassen auf den neuen Stadthauptmann Franz v. Blanc schließen, der diese Überlegungen Ende 1791 oder Anfang 1792 niedergeschrieben hätte. Der Autor nannte als üblichen Almosensatz 56 Kreuzer in der Woche. Er fügte an, weitere Einkünfte seien erforderlich, „denn 8 x[r] des Tages sind höchstens im Stande vom Hunger zu sichern, aber nicht zugleich vor Blösse und Kälte“[108].

Die 1792 gebildete neue Stadtpolizeitruppe bestand aus zehn Gemeinen, drei Korporalen und einem Inspektor. „Wer eintreten wollte, mußte ledig sein und ledig bleiben, durfte nicht über 30 Jahre alt sein, mußte lesen und schreiben können, eine Kaution von 40 fl. stellen und einen guten Leumund haben.“ Das Angebot, für 20 Jahre treue Polizeidienste das Bürgerrecht zu verleihen, verweist auf die personale Zielgruppe der Ausschreibung.

An Sachleistungen stellte die Stadt Montur und Waffen sowie Wohnung, Bett, Brennholz und Licht. Als Löhnung erhielten die Gemeinen 18 Kreuzer, die Korporale 27 Kreuzer täglich, wovon sie hauptsächlich ihr Essen, daneben Wäsche, Schuhzeug und ihren - im engeren Sinne - kulturellen Bedarf bestreiten mußten.[109]

Eine 1793 erstellte Liste aller Konstanzerinnen und Konstanzer, die vom Spital oder von anderen milden Stiftungen wöchentlich Geldbeträge erhielten[110], zeigt auffallende Häufungen bei 56 und 77 Kreuzern. Die 11 Kreuzer täglich könnten einer Anpassung des alten Satzes an die gestiegenen Preise entsprungen sein. Die Empfänger wohnten in der Regel in eigenen vier Wänden. Bei diesen Beträgen handelte es sich vermutlich um ein vom Magistrat - der Anträge auf Unterstützung aus den Stiftungskassen beschied - in der täglichen Verwaltungspraxis angewandtes und damit quasi amtlich festgesetztes Existenzminimum, das gerade so den Nahrungsmittelbedarf deckte.

Wandernden Handwerksgesellen, die in Konstanz keine Arbeit fanden, pflegte auf der Hauptwache ein Zehrpfennig von sechs Kreuzern geschenkt zu werden. Die Stadtverwaltung begründete diesen Betrag damit, daß diverse Städte, wo wieder Zehrpfennige zu erwarten seien, in der Reichweite von einem Tagesmarsch lägen. Diese Wegzehrung drückt also ebenfalls die amtliche Auffassung vom Existenzminimum für einen Tag aus, entsprach mindestens einem zugestandenen Tagessatz für Nahrung und Unterkunft.

Daß dieser Anschlag zu niedrig gegriffen war, zeigt eine Beschwerde des Domkapitels über die Knauserigkeit der Stadt vom Januar 1795: Sechs Kreuzer Wegzehrung pro „Handwerkspursche“ sei „für einen Ort von der Beträchtlichkeit wie Konstanz ist [!], zu gering“. Handwerksburschen schlichen Domherren in abgelegene Gassen nach, um sie dort anzubetteln. „Die Erfahrung lehrt beinahe täglich, daß sich diese Leüthe in den ungebührlichsten Ausdrüken über die Geringfügigkeit dieses Zehrpfennigs aufhalten, und sich die ausschweifendsten Schimpfungen erlauben.“ Das Domkapitel schlug also vor, den Betrag im Interesse der „Ehre der Stadt Konstanz“ auf zehn bis zwölf Kreuzer aufzustocken.

Auf diese Klage hin und in Anbetracht „der wirklichen Theürung der Lebensmitteln“ erhöhte der Magistrat den Zehrpfennig auf acht Kreuzer[111].

108) GLA 209/1147, Konzept o.Dat., o. Verf., unter den Schriftstücken von 1792.

109) Ph. Ruppert, Beiträge Heft 4, S. 55; Burkhardt in Stadtgeschichte III, S. 407.

110) GLA 209/1147, „Verzeichnüss derjenigen, so von denen milden Stüftungen wochentlichen Beÿtrag genüssen“, erstellt am 7. Sept. 1793 von Raiteamtmann Kajetan Frener; vgl. Kapitel 7.1.

111) GLA 209/1147: Schreiben des Domkapitels vom 9. Jan. und Antwort des Magistrats vom 17. Jan. 1795.

5.4.4 Vergleiche

Die oben ausgeführten Pro-Kopf-Ausgaben des Rheinmühlehaushalts bestätigen die bisherigen Anhaltspunkte zum Existenzminimum. Um den Zeitunterschied zwischen 1767/77 und etwa 1787/93 auszugleichen, seien die Rheinmühlensummen mit einer Teuerungsrate von 1,82 Prozent per annum[112)] über 15 Jahre hochgerechnet. Die tatsächlichen Ausgaben je Mitglied des Rheinmühlehaushalts für Nahrung, Wein, Heizung und Beleuchtung, in den fünf »Normaljahren« noch bei 15 bis 20 Kreuzern je Mitglied und Tag, lägen demnach um das Jahr 1790 bei 20 bis 26 Kreuzern. Der Pro-Kopf-Aufwand für eine bescheidene Nahrung auf hauptsächlich pflanzlicher Basis sowie für Brennmaterial, wie in Tabelle 46 dargestellt, hätte sich auf neun bis zwölf Kreuzer erhöht. Die Ausgaben nur für Brot und Hafermus aus Tabelle 47 wären auf sieben bis neun Kreuzer je Erwachsenen gestiegen.

1785 rechnete die Tübinger Spitalverwaltung mit einem Gulden Versorgungsaufwendungen pro Insassen und Woche[113)]. Da das Tübinger Spital für eine karge Versorgung seiner Schützlinge bekannt war, kann dieser Satz von 8½ Kreuzern am Tag als Mindestaufwand für nach zeitgenössischem Maßstab menschenwürdige Nahrung, Kleidung und Heizung interpretiert werden.

Regierungsrat Hermann v. Greiffenegg, zuständig für das vorderösterreichische Armenwesen, referierte 1790, die Unterbringung je eines Waisenkindes oder Findlings bei Pflegeeltern koste 40 bis 50 Gulden jährlich, umgerechnet 6,6 bis 8,2 Kreuzer am Tag[114)].

Hans-Ulrich Wehler gibt als Minimalbedarf einer fünfköpfigen Familie im Württembergischen 190 bis 200 Gulden im Jahr an[115)]. Drei Kinder als halbe Erwachsene gewichtet, ergibt sich ein Bedarf von 54 bis 57 Gulden pro Erwachsenem und Jahr, mindestens neun Kreuzern am Tag. Möglicherweise lagen die Lebenshaltungskosten in der Stadt Konstanz mit ihren begrenzten Garten- und Ackerflächen etwas höher als in Württemberg, wo eine, und sei es noch so geringe, Zuerwerbslandwirtschaft eher möglich war. Setzt man die aus dem Konstanzer Rheinmühlehaushalt erschlossene Elendsgrenze von 50 bis 72 Gulden pro Erwachsenem und Jahr dagegen, so deckt Wehlers Angabe den unteren Rand dieser Spanne ab. Sie kann für Konstanz für die Zeit vor 1785, die Hochteuerungen 1749, 1757/58 und 1763 bis 1772 ausgenommen, noch eben bestätigt werden.

5.5 Zusammenfassung

Die Handel und Konsum dominierenden Produkte Brotgetreide, Hafer und Wein wurden in Konstanz im Laufe des 18. Jahrhunderts insgesamt jährlich ein Prozent teurer. Aus der Stellung dieser Güter in einem Warenkorb des 18. Jahrhunderts und aus dem Gleichtakt der

112) Pro-Kopf-Ausgaben Kap. 5.3.7, Tabellen 45 a), b) und c). Grundlage für diese Inflationsrate ist die Preisentwicklung bei Korn, Wein und Hafer zwischen 1780 und 1794, Korn wieder dreifach gewichtet; verrechnet mit der Wachstumsformel in Ohler, Quantitative Methoden, S. 168: $k_n = k_0 \times e^{an}$.

113) Herbert Aderbauer, Das Tübinger Spital am Ende des 18. Jahrhunderts. Insassen, Alltag, Funktion. Ein Beitrag zur Sozialgeschichte der württembergischen Spitäler, Magisterarbeit Tübingen 1986, S. 29.

114) Alexander Klein, Die vorderösterreichische Kinder- und Waisenfürsorge in der zweiten Hälfte des 18. Jahrhunderts, in: ZGO 142, 1994, S. 191.

115) Wehler, Gesellschaftsgeschichte I, S. 196.

Konstanzer Kornpreise mit der Getreidepreisentwicklung in Deutschland und Europa resultiert die These: Die langfristige Inflationsrate des 18. Jahrhunderts betrug in der Stadt Konstanz ein Prozent per annum. Vermutlich galt diese Teuerungsrate mit unwesentlichen Abweichungen im deutschen Sprachraum, zumindest in Städten ab der Größe von Konstanz; vielleicht in ganz Mittel- und Westeuropa.

Zwischen etwa 1750 und um 1800 vermehrte sich nach der Wachstumsformel die europäische Bevölkerung mit einer jährlichen Steigerungsrate von knapp 0,6 Prozent, die Einwohnerzahl in Deutschland um 0,58 bis 0,73 Prozent, in Konstanz ohne französische Emigranten um 0,35 Prozent[116]. Die Preissteigerungsrate für Nahrungsgüter betrug - nicht nur in Konstanz - im selben Zeitraum von den Berichtsjahren 1795/99 aus berechnet 1,7 bis 2,0 Prozent und von der Berichtspentade 1800/04 her betrachtet 1,0 bis 1,2 Prozent. Pointiert ausgedrückt, liefen die Nahrungsmittelpreise in Konstanz der Konsumentenzahl mit dreifacher Geschwindigkeit davon, und das auch ohne akute Kriegsereignisse und Emigrantenzuzug. Die häufig zitierte Katastrophentheorie des Thomas Robert Malthus, wonach die Nahrungsmenge linear, die Zahl der Esser jedoch exponentiell wachse[117], erfährt durch Berechnungen solcher Art späte Bestätigung.

Zu Beginn der badischen Herrschaft kehrte der Kaufkraftverlust in Konstanz allerdings wieder in recht gemäßigte Bahnen zurück.

Der schleichende Kaufkraftverlust des Geldes forderte den Menschen schon im vorindustriellen Zeitalter ökonomische Dynamik ab. Bei der Sicherung seines Lebensunterhalts geriet bereits ins Hintertreffen, wer über längere Zeit festen Nominallohn erhielt und wer das Einkommen seines Haushalts nicht stetig steigern konnte.

Von allen aus der Stadtkasse Besoldeten konnten nur die Verwaltungskräfte, vor allem juristisch geschulte Spitzenbeamte, und die Lehrer mit erhöhten Bezügen die langfristige Teuerungsrate ausgleichen, meist sogar ihr Realeinkommen steigern. Für die mittleren und unteren Besoldungsklassen ist es schwer, generelle Aussagen zu treffen. Nur die städtischen Geldlöhne betrachtet, verringerte sich ihr Realeinkommen kontinuierlich. Doch waren Sachleistungen, Zusatzprämien und Nebenverdienste üblich; somit lassen sich Beispiele sowohl für schleichende Verarmung wie auch für sorgenfreies Auskommen von Konstanzern finden, die von der öffentlichen Hand besoldet wurden.

Die wachsende Zahl derer, die Aufnahme ins Spital fanden[118], verweist jedoch darauf, daß immer mehr Konstanzer die gegen Ende des Jahrhunderts beschleunigte Lebensmittelteuerung nicht privat bewältigen konnten.

Die säkulare Inflation macht vielleicht auch das Festhalten an der aus vorkapitalistischen Zeiten überkommenen Naturalwirtschaft verständlich. Nicht übersehen werden darf im Zusammenhang der säkularen Teuerung der Vorteil, der im Bezug von Sachwerten lag. Zur Geldbesoldung geleistete Brennholz- oder Weinkontingente, Dienstwohnungen, in „Viktualien" gezahlte Einkünfte aus den Gerechtsamen städtischer Stiftungen und dergleichen entho-

116) Ebd., S. 69; Kap. 3.3.6.

117) Wehler, Gesellschaftsgeschichte I, S. 68f; Rürup, Deutschland im 19. Jh., S. 23; Sannwald, Spital und Wirtschaft, S. 1f.

118) Burkhardt in Stadtgeschichte III, S. 396, 410.

ben die Nutznießer der Geldentwertung. Sie boten mehr Sicherheit als bloße Geldeinkommen - wenngleich eine solche Art stadtbürgerlicher Subsistenzwirtschaft, die im Extrem auf den Tausch Arbeitskraft gegen Lebensunterhalt hinausläuft, auch keine Vermögenssteigerung zuläßt.

Derartige Schwankungen der Realeinkünfte, welchen die Menschen in jenen ökonomisch vermeintlich veränderungsträgen Zeiten ausgesetzt waren, würden wohl in der postindustriellen Gesellschaft schwere soziale Unruhen auslösen.

Die Entwicklung der Realeinkommen von Knechten und Mägden im Rheinmühlehaushalt vor, während und nach der Hochteuerung von 1770/71 erklärt teilweise, weshalb die Genfer Fabrikherren so wenige Arbeitskräfte aus der einheimischen Konstanzer Bevölkerung rekrutieren konnten, warum die Arbeiterschaft der Genfer Textil- und Uhrenindustrie zu Konstanz hauptsächlich aus zugewanderten Schwaben und nebenerwerbstätigen Pendlern aus benachbarten Thurgauer Dörfern bestand[119]. Für einen Konstanzer wie für eine Konstanzerin ohne Produktionsmittel und ohne Hausbesitz war es attraktiver, ein traditionelles Dienstverhältnis einzugehen, das zwar geringeren Barlohn, doch dafür die Befriedigung der Grundbedürfnisse Nahrung und Wohnen garantierte, als seine beziehungsweise ihre Arbeitskraft für die dreifache Summe[120] bloßen Bargeldes zu verkaufen, das heftigen Wertschwankungen unterlag und das in manchen Monaten nicht zur Sättigung mit trockenem Schwarzbrot reichte. Im Zweifelsfall bekam einer erwerbslosen Konstanzerin die Aufnahme ins Spital, sofern sie das erreichen konnte, besser als ein Arbeitsangebot in der Protoindustrie: Im Spital konnte man kärglich, aber immer leben, vom Fabriklohn zu Zeiten nicht.

Das Einkommensgefüge des Rheinmühlehaushalts zwischen 1767 und 1777 verdeutlichte nach gebührender Abwägung aller ergebniskonstituierenden Faktoren:

Gut verdienende Haushalte mit der Möglichkeit zur Vorratshaltung konnten ein Teuerungsjahr wirksam abfedern. Erst im zweiten, darauf folgenden Hochpreisjahr wandelte sich die 1770 noch relativierte zur absoluten Teuerung. Das objektiv üblere Jahr für vermögende und vorratende Haushalte war also weniger 1770, sondern vielmehr 1771, wenngleich das erste heftiger beklagt wurde.

[119]) GLA 209/1147, Konzept eines Memoriale zur geplanten neuen Polizeiordnung, o. Dat., o. Verf. [vermutl. Sthm. v. Blanc, erste Hälfte 1792]: „Obwohl man auch hier mit Unwillen bemerken muß, daß in eben diesen Fabriken meistens Schweizerkinder arbeiten, und die hiesigen müssig auf den Strassen herumschlendern (...)"; GLA 209/518: Personenverzeichnis aller bei der Indiennedruckerei Macaire Beschäftigten vom 20. Okt. 1788; GLA 209/519: „Notte [!] de membres de la Colonie qui sont encore ici" mit falschem Datum „Le 18 Aoust 1785" [richtig: August 1795], darin auch zweifelsfrei einheimische Konstanzer/innen als Arbeitskräfte in Unternehmen der Genfer Kolonie genannt; Seeholzer, Genfer Kolonie, S. 248. Die Arbeiter aus den Thurgauer Dörfern hatten vermutlich eine Teilerwerbslandwirtschaft als ökonomische Basis und nutzten die Industriearbeit in Konstanz als Zuerwerb. Die Konstanzer Gemarkung dagegen bot zu wenig Ackerfläche (GLA 209/1222, Protokoll vom 20. März, „Continuatum" 5. Juli 1786), um neben den Paradiesern - die sich schon aus Platzmangel auf hochwertige Gemüse spezialisiert hatten - Nebenerwerbslandwirtschaft oder auch nur allen Haushalten Gartennutzung zu ermöglichen.

[120]) GLA 209/1221, „Extract ...": Barlohn der Rheinmühleknechte 1767-77 im Schnitt täglich 5½ xr; StAKN I III, Sterbeprotokolle und Nachlaßinventare, 1790: Johannes Handel verdiente 8 xr täglich in vier Winter- und (angenommene) 16 xr in acht Sommermonaten, also im Schnitt 13 xr 1 pf täglich; Buchegger, Verfassung und Verwaltung, S. 58: ein Handlanger beim Konstanzer Bauamt bekam 16-18 xr Sommertaglohn. Boelcke, Sozialgeschichte, S. 79: Im Zunfthandwerk verbanden sich Hierarchie und genossenschaftliche Elemente, dagegen war „die Fabrikenwelt von Anbeginn durch eindeutig herrschaftliche Züge gekennzeichnet."

Nur in diesem Jahr 1771 sind auch die klassischen Merkmale für Substitution in Teuerungsjahren im Rheinmühlehaushalt auszumachen: Er verbrauchte einen höheren Anteil an Brotgetreide und Hafermus, sparte dafür an den in Relation zum Nährwert teuren Nahrungsmitteln Fisch, Fleisch, Butter, auch Wein.

Der Anschluß an die städtische Wirtschaft, das nach oben offene Budget und seine Stellung im Nahrungsmittelsektor der Stadt Konstanz privilegierten den Rheinmühlehaushalt. Alles in allem hielt er nämlich seinen Lebensstandard über die Krisenjahre 1770/71 hinweg auf fast konstantem Niveau. Er bezog in der Hochteuerungszeit vergleichsweise wenig eingeschränkte Mengen Wein und ausreichend Butter, Fleisch und andere Nahrungsmittel, während die Mehrzahl der Konstanzerinnen und Konstanzer hungerte oder zumindest ihren Speiseplan auf den monotonen Verzehr von Brot und Hafer umstellen mußte.

Die Substitution »teurer« Nahrungsmittel durch pflanzliche Produkte, vor allem Getreide, war nicht billig und wies nur begrenzt einen Ausweg. Die über den Normalbezug hinaus verbrauchten 48 Prozent Getreide kosteten die Rheinmühle 1771 mehr Geld als ihr gesamter Konsum von Butter und Hafermus zusammen oder fast so viel wie das gesamte Fleisch dieses Jahres[121]. Das Ende der Substitution ist abzusehen: Wäre der Haushalt Bedingungen unterworfen gewesen, unter denen die meisten Konstanzer Familien haushalten mußten, also: keine ins Gewicht fallende Vorratswirtschaft, Beschränkung der jährlichen Ausgaben auf den „Normaletat" von in diesem Fall 1105 Gulden, - so hätte er 1771 die 1,8-fache Menge des in »normalen« Jahren konsumierten Quantums Brotgetreide einkaufen und backen lassen können und sonst gar nichts. 1770 standen Haushalte mit fixem Budget vor noch ungünstigeren Bedingungen. Das anderthalbfache des in diesem Jahr bezogenen Korns, als Brot gebacken, hätte das Durchschnittsbudget von 1105 Gulden vollständig erschöpft; zum Einkauf anderer Lebensmittel wäre kein Kreuzer übrig geblieben.

Für einen in Normalpreisjahren auskömmlich wirtschaftenden Haushalt begann bereits mit einer geringen Preissteigerung die Mangel-, ab einer Teuerung auf das Doppelte die Unterernährung.

Der Tagesverbrauch in Paris vor der Revolution lag einschließlich Alten und Kindern bei 2300 Kalorien pro Kopf. Moderne Wohlstandsbürger nehmen täglich 3500 bis 4000 Kalorien zu sich. Schwedische „Landpächter" kamen auf knapp 3900 Kalorien; für die Stadt Pavia zu Beginn des 17. Jahrhunderts wurde, bei einem Getreideanteil von zwei Dritteln bis drei Vierteln, ein Tageskonsum von erstaunlichen 4500 bis über 7000 Kalorien je Einwohner vermeldet. Die tägliche Brotration in Paris im 18. Jahrhundert wog durchschnittlich 500 Gramm. Französische Handlanger und Bauern verzehrten um das Jahr 1800 jeden Tag ein bis anderthalb Kilo Brot, „wer aber anderes zu speisen hat, verzehrt nicht diese Menge"[122].

Anders also, als es den Spitalpfründern möglich war, dürften die Mitglieder des Rheinmühlehaushalts die ihnen zugebilligten Nahrungsmittel verzehrt haben: Ein ungefährer Kalorienverbrauch im Rahmen von 3000 bis 5000 Kalorien, durchschnittlich um 3700 Kalorien pro Person und Tag[123] erscheint für zehn bis elf schwer arbeitende Erwachsene, darunter

[121]) 148 % des Normalbezugs an Getreide pro Person kosteten insgesamt 786 fl, 100 % wären 531 fl.

[122]) Braudel, Sozialgeschichte/Alltag, S. 132-135, v.a. 133. Rödel, »Statistik«, S. 19: Unterstellung eines spätmittelalterlichen städtischen Pro-Kopf-Verbrauchs von 200 kg Getreide im Jahr.

[123]) Berechnungsgrundlage: Brotbezug wie in Tab. 38; 1 kg Brot enthielt nach Braudel, Sozialgeschichte 1, Alltag, S.

sieben bis acht Männer und drei Frauen sowie ein Kind, nicht so reichlich, als daß sie nennenswerte Anteile davon hätten verkaufen statt verzehren können.

Der Minimalbedarf an Nahrung und Wärme für einen Erwachsenen kostete in den Jahren 1767 bis 1769 und 1772 bis 1777 sieben bis zehn Kreuzer täglich, 42 bis 60 Gulden im Jahr; Ausgaben für Kleidung, Miete und Krankheit bleiben von dieser Rechnung unberührt, von einer Altersvorsorge ganz zu schweigen. Zählt man für Wohnen und Kleidung noch 20 Prozent hinzu, so ergibt sich ein Existenzminimum von 50 bis 72 Gulden im Jahr, acht bis zwölf Kreuzern am Tag vor und nach den Krisenjahren 1770/71.

In den letzten beiden Dekaden des 18. Jahrhunderts benötigte ein Erwachsener in Konstanz zu einem nach heutigen Maßstäben menschenwürdigen Lebensunterhalt, also für die ausreichende Befriedigung der Grundbedürfnisse Nahrung, Wohnen, Kleidung, Gesundheit, Kultur und Bildung, etwa einen dreiviertel Gulden am Tag. Darunter beginnt die Grauzone der Existenzsicherung. Als Minimum für das physische Überleben in »Normalpreisjahren« sollte man zwölf bis fünfzehn Kreuzer am Tag ansetzen, acht bis zehn Kreuzer für Nahrung, zwei bis drei Kreuzer für Wohnen und Heizung sowie ein bis zwei Kreuzer für Kleidung und bescheidenen sonstigen Bedarf[124)].

Ein Leben an dieser Grenze führte auf Dauer gewiß zu Mangelkrankheiten aufgrund des Zwangs zur Malnutrition, zur qualitativen Unterernährung. In Teuerungszeiten lebte ein Mensch mit zwölf Kreuzern am Tag unterhalb der Hungerschwelle. Wo als Lebensunterhalt geringere Beträge als zwölf bis fünfzehn Kreuzer täglich für einen Erwachsenen angegeben sind, liegt die Vermutung nahe, daß nicht das ganze Einkommen deklariert ist; man sollte dann mit Nebeneinkünften, etwa aus einem Garten, aus zusätzlicher Erwerbstätigkeit oder aus Bettel, rechnen. Ohne solche zusätzlichen Ergänzungen des Budgets könnte die Differenz zwischen den hier ermittelten, eng bemessenen Minimalbedarfssummen und den realen Handlanger-, Verlags- und dergleichen unterzünftigen Löhnen in Konstanz genauso wenig geschlossen werden wie in Wehlers Beispiel eines von der Calwer Zeughandelskompanie verlegten Webers[125)]. Es bliebe unerklärlich, wie diese Menschen selbst in »billigen« Jahren ohne Bettel oder Diebstahl überleben konnten.

134, 2500 Kalorien, woraus sich je Rheinmühlemitglied und Tag ca. 2200 bis 4000 Brotkalorien ergeben; der Brotanteil an den Aufwendungen für Nahrungsmittel (ohne Wein) schwankte nach Tab. 42 zwischen 43 % und 58 %; Haferkalorien wie Brot verrechnet, die übrigen Nahrungsmittel nach Braudels Formel (ebd. S. 135 rechts), wonach Getreide für dasselbe Geld einen elfmal höheren Nährwert als Fleisch, dreimal höheren Nährwert als Fett bietet. Olivia Hochstrasser, Ein Haus und seine Menschen 1549-1989. Ein Versuch zum Verhältnis von Mikroforschung und Sozialgeschichte, Tübingen 1993, zitiert S. 55 Anm. 145 D. W. Sabean 1972: Kalorienbedarf von 3000 am Tag, 1 kg Brot enthalte 3320 Kalorien.

124) Anteil der Lebensmittel am Existenzminimum knapp drei Viertel der Aufwendungen: Kuchendiagramm in Abel, Massenarmut ... in Europa, S. 396; dass. in Braudel, Alltag, S. 134 und in Ohler, quantitative Methoden, S. 89.

125) Wehler, Gesellschaftsgeschichte I, S. 196; der als Haushaltsvorstand mit Weben ca. 100 fl im Jahr einnahm.

Kapitel 6: Materieller Besitz

6.1 Die Quelle. Sterbeprotokolle und Nachlaßinventare aus Konstanz 1786 bis 1805

6.1.1 Gesetzliche Grundlagen

Die hier ausgewerteten Hinterlassenschaftsakten existieren in erster Linie aufgrund fiskalischer Interessen des österreichischen Staates. Mit Wirkung ab 1. November 1790 übertrug die Zentralregierung in Wien das seit 1. Dezember 1785 für Tirol gültige Erbsteuerpatent auf die Vorlande[1].

Erbsteuerpflichtig waren alle gesetzlich oder mittels Testament eingesetzten Erben außer Blutsverwandten in direkter auf- und absteigender Linie. „Wegen persönlicher Eigenschaft" waren also Kinder einschließlich unehelicher, Eltern und Geschwister „von der Erbsteuer losgesprochen"[2]. Zahlreiche weitere Ausnahmeregelungen folgen, so daß im Effekt von der Minderzahl der Hinterlassenschaften in Konstanz zwischen 1786 und 1805 überhaupt Erbschaftssteuer anfiel.

Zunächst betraf die Steuer nur Erbschaften, die zusammen 500 Gulden erreichten beziehungsweise die, unter viele Erben verteilt, jedem einzelnen wenigstens 100 Gulden eintrugen[3].

Das beigebrachte Vermögen eines eventuell hinterbliebenen Ehepartners sowie sein vereinbarter Anteil aus einer Güter- oder Zugewinngemeinschaft wurde vollständig vor der Erbschaftsbesteuerung geschützt. Ohnehin versteuerte der verwitwete Teil nur, was ihm über ein Drittel der „reinen" Erbmasse hinaus zukam. Kapital und Immobilien, die „in einem fremden Staate" lagen - nach der Praxis in Konstanz war damit gemeint: außerhalb des Deutschen Reiches -, blieben wie „alle erbländischen milden Stiftungen" zu geistlichen Kultus- oder weltlich wohltätigen Zwecken erbsteuerfrei[4].

Der Erbschaftssteuer enthoben ferner waren Wohnungseinrichtung, Kleidung, Lebensmittel, „Bilder, Bücher", Pferde und Wagen, wie überhaupt alle Güter des täglichen Gebrauchs, die nicht dem Handel dienten. Umgekehrt ermaß sich die Steuer aus dem Wert von inländischen Immobilien aller Art, Kapital und Zinsen, bei denen auch Auslandsvermögen veranschlagt wurden; weiter von Gold, Silber, allem „ächte[n]" Schmuck, Bargeld, Wein und Branntwein abzüglich des Hausgebrauchs, der in einem Beispiel auf zwei Fuder, also mehr als 2000 Liter Wein angesetzt wurde; ferner von Handelsware sowie in Landwirtschaftsbetrieben aus dem Wert von Vieh, Getreide und dergleichen, die nicht unmittelbar zum Umtreiben der Wirtschaft erforderlich waren. Von der »steuerbaren« Summe abgezogen werden sollten - neben allem, was einem etwa hinterlassenen Ehepartner zustand - alle Arten von Schulden, Legate unter 100 Gulden, mildtätige Spenden und ähnliches, schließlich sämtliche ursächlich mit dem Todesfall zusammenhängenden Kosten[5].

[1]) Petzek, systematisch-chronologische Sammlung, I. Abt., III. Band (Freiburg/Br. 1792), XXXI. Rubrik, Gesetz Nr. 568, ddo. Wien 27. Sept. 1790.

[2]) Ebd. §§ 1-3.

[3]) Ebd. § 15.

[4]) Ebd. §§ 5, 6, 8, 9; § 7; §§ 21 und 11.

[5]) Ebd. §§ 23-25 und Musterinventar S. 559-566; die ausführlicher explizierten Regelungen von 1759/1765 in:

Die unter dem Strich der manchmal komplizierten Rechnungen stehenden Beträge wurden um zehn Prozent, doch häufiger, da wieder einige mildernde Umstände vorgesehen waren, um fünf Prozent Steuern geschmälert[6)].

„Um die Erbsteuer nach der vorausgesendeten Richtschnur einheben zu können, ist über das ganze Verlassenschaftsvermögen ein gerichtliches Inventarium zu errichten, bey dem beweglichen Vermögen die Schätzung vorzunehmen, bey den unbeweglichen Gütern aber" wurden in Konstanz, wiewohl Paragraph 29 ein anderes Verfahren vorsah, übereinstimmend mit dem weiter hinten abgedruckten „Formular zur Ausweisung einer der Erbsteuer unterliegenden Verlassenschaft" ebenfalls Schätzer hinzugezogen[7)]. Paragraph 30 verpflichtete den „Universalerbe[n]" beziehungsweise seinen gesetzlichen Vertreter, alle erbsteuerpflichtigen Güter in zweifacher Ausfertigung aufzulisten. Dies sollte offensichtlich zur Absicherung dienen, damit nichts vergessen oder hinterzogen würde, denn im Inventar mußte ein Amtsträger die steuerbare Hinterlassenschaft selbstverständlich noch einmal ermitteln und zusammenstellen. In Konstanz wurde den Hinterbliebenen diese Übung nicht zugemutet, von wenigen Ausnahmen abgesehen, wo Händler eine Inventur ihrer Ware vorlegen mußten[8)].

„Von den Fällen, wo gar keine Erbsteuer Platz findet, haben die Abhandlungsinstanzen alle halbe Jahre nur ein Verzeichniß mit Beysetzung der Ursache, warum sie steuerfrey waren, einzuschicken."[9)] Diese Vorschrift fordert im Grunde die administrative Erfassung sämtlicher Todesfälle. Doch obwohl sie bereits im alten Erbsteuergesetz enthalten war[10)], wurde ihr in Konstanz erst mit den Sterbeprotokollen seit September 1786 entsprochen.

Den Gesetzestext beschließt das ausführliche Muster eines Nachlaßinventars nebst erläuternden Anmerkungen, wie die einzelnen Rubriken zu würdigen wären[11)]. Die Kanzlisten in Konstanz folgten dieser Vorgabe recht akkurat, wenngleich längst nicht alle vorgesehenen Eventualitäten real in irgendeiner Erbschaft auftauchten.

„Todtenfallstax", „Sperrgebühr" und sonstige „Schätzungs- und Gerichtsunkösten" wie zum Beispiel Postgebühren fielen erst bei erbsteuerpflichtigen Summen an und schmälerten somit praktisch allenfalls Erbschaften ab ein- bis zweitausend Gulden[12)]. Außer den genannten durften die Behörden in Erbschaftssachen keine weiteren Gebühren erheben[13)].

Sammlung aller k.k. Verordnungen und Gesetze vom Jahre 1740 bis 1780, die unter der Regierung des Kaisers Joseph II., theils noch ganz bestehen, theils zum Theile abgeändert sind, als ein Hilfs- und Ergänzungsbuch zu dem Handbuche aller unter der Regierung des Kaisers Joseph des II. für die k.k. Erbländer ergangenen Verordnungen und Gesetze in einer chronologischen Ordnung. 8 Bde., Band 1-4 zweite, verbesserte Aufl. Wien 1787, Band 5-7 Wien 1786, Band 8 Wien 1787; hier Band 3, Gesetz Nr. 526 und Band 4 Nr. 785; Anwendung in StAKN I III, Nachlaßinventare, passim. Weinbeispiel: Inventur Maria Barbara Gau, Dez. 1801.

6) Petzek wie Anm. 1, §§ 26-28.

7) Ebd. § 29; „Formular ..." ebd. S. 558ff, Immobilien S. 559f.

8) Ebd. §§ 29 und 30; z.B. notierte Martin Wagner auf Verlangen der Kanzlei das komplette Angebot seiner Buchhandlung - das leider wegen miserabler Papierqualität in weiten Teilen fast unleserlich ist: StAKN I III, Inventar M. Idda Wagnerin unter dem 21. Aug. 1791.

9) Petzek wie Anm. 1, § 34.

10) Sammlung ... 1740-1780, Bd. 4, Gesetz Nr, 785, Absatz 38.

11) Petzek wie Anm. 1, S. 558-569.

12) Ebd., S. 565f, 580f; das genannte Beispiel zeigt, welche Fälle die Regierung interessierten: die Rede ist von 60 000 fl Hinterlassenschaft, was in Konstanz in 20 Jahren dreimal erreicht oder übertroffen wurde.

13) Ebd. § 58.

Eine gesetzliche Erbfolgeordnung vom 11. Mai 1786 regelte, wer „ab intestato“ Verstorbene, die zu deutsch kein Testament hinterlassen hatten, beerben durfte[14]. Dieses Successionspatent bevorteilte die Bluts- vor der Affinitätsverwandtschaft. Erstberechtigte Erben waren die Kinder beiderlei Geschlechts zu gleichen Teilen[15]. Ehegatten billigte das Gesetz höchstens ein Viertel der Erbmasse zu; falls mehr als drei Kinder des Erblassers lebten, wurde der verwitweten Ehehälfte der gleiche „Genußtheil“ wie jedem Kind überlassen, dies jedoch nur „in so lang“ sie „nicht zur zweyten Ehe schreitet“[16]. Einen Universal-Erbanspruch erhielten Witwen und Witwer praktisch nie, nämlich erst, wenn von den 16 Ururgroßeltern des Verstorbenen keine lebenden Nachkommen mehr abgeleitet werden konnten[17].

Weitere Gesetze regelten den gesonderten Abzug eines nach Bedeutung der Erbschaft gestaffelten Normalschulbeitrags[18] und lieferten den juristischen Rahmen für das Abfassen von letzten Willensäußerungen. Die theresianisch-josefinische Testamentsgesetzgebung von 1771/72 [19] strich vor allem die Rechtsverbindlichkeit sämtlicher und unter allen möglichen Umständen von Geistlichen aufgesetzten Testamente; die Kirche wurde damit weniger als Notarin, viel mehr als Erbin getroffen.

Erbschaftssteuergesetze, die inhaltlich nicht wesentlich von dem Erbsteuerpatent für Tirol 1785 und seiner Ausweitung auf die Vorlande vom September 1790 abwichen, bestanden längst vorher[20]. Auch die Vorschriften zur Sukzession im Erbfolgepatent vom 11. Mai 1786[21] begründen nicht unmittelbar die neue, personendeckende amtliche Bearbeitung aller Todesfälle in Konstanz.

Am 2. September 1786 tagte der durchweg aus universitätsgelehrten Juristen bestehende Berufsmagistrat in Konstanz zum ersten Mal[22]. Am selben Tag setzte mit dem Sterbeprotokoll der bürgerlichen Fayencehändlersfrau Elisabeth Günther die behördliche Zwangsinventur ein. Sie behandelte alle Personen, die, räumlich und gleichzeitig juristisch definiert, im städtischen Rechtsraum gestorben waren, selbst wenn diese Leute nichts besessen hatten[23].

So schien keine neue Vorschrift aus Wien oder Freiburg, sondern allein die vom neuen Magistrat intern initiierte gründlichere Ausführung bestehender Vorschriften die Ausweitung der Inventuren und Teilungen auf alle Todesfälle begründet zu haben. Leider, gleichzeitig bezeichnenderweise, war in den Ratsprotokollen des Jahres 1786 kein positiver Nachweis für diese Binnenreform zu finden, etwa in Gestalt eines der in jeder Sitzung reichhaltig verarbeiteten Reskripte, Befehle und Beschlüsse der Landesregierung[24].

[14]) Petzek, systematisch-chronologische Sammlung, I. Abt., II. Band (1792), XV. Rubrik, Nr. 361, § 1.
[15]) Ebd. §§ 3 und 4; ebd., Gesetz Nr. 362 vom 27. Dez. 1786.
[16]) Ebd. § 24.
[17]) Ebd. §§ 19, 22, 23.
[18]) Petzek, systematisch-chronologische Sammlung, I. Abt., III. Band (1792), XXXII. Rubrik, Nr. 576, ddo. Wien 26. Aug. 1775.
[19]) Ebd. I. Abt. II. Band (1792), XIV. Rubrik, Nr. 334-336.
[20]) Sammlung ... 1740-1780, Band 3, Patente Nr. 526 und 539, Band 4, Nr. 785.
[21]) Die Neuauflage dieses Erbfolgepatents wurde in einer der ersten Sitzungen des reformierten Magistrats erwähnt: StAKN B I, „Iustitialia“, 14. Sept. 1786.
[22]) StAKN A I 28b, Leiner, Miszellen, S. 220.
[23]) StAKN I III, Sterbeprotokolle, Inventuren und Teilungen, hier unter dem 2. Sept. 1786.
[24]) StAKN B I, „Iustitialia“ sowie „Oeconomica, Politica, Gratialia, et Cameralia“ von 1786, nusquam bzw. passim.

6.1.2 Der administrative Vorgang

Die Aktivitäten der Konstanzer Stadtverwaltung nach dem Tod einer ihr unterstehenden Person erfolgten in den drei Schritten Sterbeprotokoll, Nachlaßinventar, Verteilung der Erbmasse[25)].

Sofort nach der Meldung eines Todesfalls auf dem Bürgermeisteramt beauftragte der Magistrat einen Stadtkanzlisten schriftlich, ein „Sterbprotokoll" aufzunehmen. Im Beisein mindestens eines Zeugen, der das Protokoll mit unterschreiben mußte, notierte der Kanzleibeamte idealtypischerweise den vollen Namen des oder der Verstorbenen, eventuell einen Ehepartner und Geburtsnamen, Lebensalter, Familienstand, Erwerbstätigkeit, Wohnort, Todestag, Todesursache, den Rechtsstatus in Konstanz und die Herkunft, weiter die in Erfahrung gebrachten erbberechtigten Verwandten, also in erster Linie die Kinder. Bei den Kindern interessierte die Voll- oder Minderjährigkeit, da für Minderjährige im weiteren Verfahren ein Vormund rechtskräftig handeln mußte, auch wenn sie nur Halbwaisen geworden waren. Falls keine Kinder oder Enkel vorhanden waren, so wurde nach Geschwistern, Eltern, dann nach entfernteren Blutsverwandten sowie nach deren Aufenthaltsort geforscht. Es folgt die Antwort, ob ein Heiratskontrakt, Pfrundkontrakt oder Testament existiere und ob der zugehörige „Legschein" in der Stadtkanzlei vorliege.

Je nach Lage legte der Kanzlist am Ende gar keine, die sogenannte „weite" oder die „enge Sperre" an. Die „Jurisdikzionssperre" diente zur vorschriftsmäßigen Konservierung der Erbmasse[26)]. Mit der engen Sperre ließ er die bewegliche Habe des oder der Verstorbenen je nach Umfang in eine Truhe oder ein Zimmer einschließen und versiegeln. Die „weite Sperre" war erfüllt, wenn die Hinterbliebenen versprachen, bis zur Inventur nichts aus dem Besitz des Erblassers beiseite zu schaffen. Im Sterbeprotokoll Johann Georg Lohrmüllers stand zum Beispiel unter dem vorgedruckten Stichwort „Vermögen. Dessen will sich einsweilen die Wittwe annehmen, und hat dem Kommissär mit einem Handgelübd angelobt, hievon nichts zu veräussern oder zu verschleppen; daher nur die weite Sperre angelegt worden."[27)]

Unter Umständen konnte eine weite Sperre zur engen verschärft werden. Nachdem eine Miterbin auf dem Bürgermeisteramt angezeigt hatte, daß Josefa v. Albini aus der Hinterlassenschaft ihres verstorbenen Mannes „ein Stük nach dem anderen veraußere, und auf diese Art eine gänzliche Verschleppung derselben zu befürchten seÿ, wurde dem Unterfertigten die Weisung ertheilt, die Verlassenschaftsmobilien in ein besonderes Zimmer zu bringen". Nur wenige Gebrauchsgegenstände ließ der »unterfertigte« Aktuar Graz der Witwe zur Benutzung, nachdem er darüber eine Liste erstellt hatte[28)].

Die Aufnahme des Sterbeprotokolls abschließend, ließ der Stadtbeamte von einem Gerichtsdiener oder sonstigen Helfer „zum Zeichen des ausgeübten Jurisdictions Actus" das „Stadtsignet" an eine Wand des Zimmers, in dem die betreffende Person gestorben war, drükken. Diese Amtshandlung konnte Anlaß zu Mißverständnissen geben. Die Priorin des Frau-

[25)] StAKN I III, Sterbeprotokolle und Nachlaßinventare. Alle nicht eigens gekennzeichneten Angaben zum Vorgehen der Stadtkanzlei, auch Zitate, finden sich hier regelmäßig wiederholt.

[26)] Petzek, systematisch-chronologische Sammlung, I. Abt., III. Band (1792), XXXI Rubrik „Erbsteuer", Nr. 568, § 49, S. 553.

[27)] StAKN I III, unter dem Datum 7. Feb. 1799.

[28)] Ebd., Protokoll vom 12. Nov. 1804, Josef v. Albini unter dem Datum des Inventars 20. Nov. 1804.

enklosters Zoffingen argwöhnte 1787 einen Eingriff in die Nachlaßautonomie des Konvents; die „Protestantinen" ließen sich von „Commissar" Franz Anton Rosenlächer nicht belehren, daß das Aufdrücken des Stadtsignets und das Anlegen einer „Sperre" unterschiedliche Rechtsakte darstellte[29)].

Trotz ihrer standardisierten Formelhaftigkeit enthalten die Protokolle der ersten zwölf Jahre selten alle genannten Daten komplett. Ab Mitte September 1797 füllten die Kanzleibeamten vorgedruckte Sterbeprotokolle aus. Die Vollständigkeit der Angaben erhöhte sich damit beträchtlich.

Beim Tod von Klostergeistlichen, Angehörigen der Genfer Kolonie, die auf die Privilegien pochten, bei Besitzlosen und Gestorbenen, deren Angehörige sich erfolgreich einer Inventur entziehen konnten, war der amtliche Vorgang damit beendet.

Ansonsten erhielt ein Kanzleibeamter den Auftrag vom Magistrat, eine Inventur des Besitzes aufzunehmen. Gesetzmäßig[30)] zog er zu diesem Amt vereidigte Schätzer hinzu: Den Wert von Mobiliar und Hausgerätschaften setzte eine „geschworene Failtragerin" fest, für reichhaltig vorhandene Pretiosen zeichnete ein Goldschmied zuständig; Krautgartenfelder schätzte der Paradieser „Haubtmann", „Reeben" ein ehrbarer Weinbergbesitzer, Produktionsmittel von Handwerkern ein Zunftbruder und so weiter. Die Bibliothek des pensionierten fürstenbergischen Hofrats Schanz durfte der mittellose Dichter Johann Michael Armbruster gegen ein geringes Entgelt taxieren[31)].

Auch der Besitz des eventuellen Ehepartners wurde, gesondert verbucht, der Inventur unterzogen, um während der Ehe gemeinsam erwirtschaftete Güter herauszuschälen. Im Sommer 1793 berichtete Kanzlist Rosenlächer von der Inventur im Haus des ehemaligen inneren Rats Franz Salesius Salliet: „Als aber Kommissär auch das Vermögen des H.en Wittwers selbst beschreiben wollte, hat gedachter Herr Wittwer dawider protestiret und behauptet, daß er nicht schuldig seÿe sein eigenes Vermögen inventiren zu lassen; Kommissär erwiderte ihm: er habe den Auftrag, und es müsse hauptsächlich auch von darum beschehen, damit man sich des erhausten Vermögens benehmen möge"[32)].

Eine Nachlaßinventur konnte sich über mehrere Tage erstrecken; die des Kaufmanns und Spediteurs Josef Hugard zum Beispiel, dessen Mobilien allein über 20000 Gulden wert waren - dem standen allerdings auch fast 8000 Gulden Verbindlichkeiten gegenüber - begann am 10. und endete am 24. Oktober 1798 [33)]. Regelte ein Testament die Erbfrage, so konnte der Kanzlist das Verfahren abkürzen, indem er die Hinterbliebenen einzelne Mobilienrubriken oder gleich diejenigen Teile des beweglichen Besitzes, die nicht der Erbschaftssteuer unterlagen, als Ganzes schätzen ließ.

29) Ebd., Sterbeprotokoll der Zoffinger Nonne Krescentia Ritterin, 4. Dez. 1787.

30) Sammlung ... 1740-1780, Bd. 4, Nr. 785 (März 1765), Absatz 27; Petzek, systematisch-chronologische Sammlung, I. Abt., III. Band, XXXI. Rubrik, § 29.

31) Die Feilträger/innen betrieben Gebrauchtwarenhandel, vor allem von Textilien, verhökerten häufig illegal Neuware und übten ihr Gewerbe, anders als die ambulanten Hausierer/innen, in festen Läden aus: A. Ruppert, Verfassung und Verwaltung, S. 93f. Bibliothek: Schriftliche Schätzung Armbrusters vom 18. Dez. 1797, in: StAKN I III, Sterbeprotokolle und Nachlaßinventare, Hofrat Schanz unter dem 25. Nov. 1797.

32) Ebd., Franziska Salliet unter dem Datum 8. Aug. 1793.

33) Ebd.: Hugard unter dem 13. Sept. 1798; unter dem Datum 15. Mai 1798 Inventur des Dominikus Schreiber am 23., 24., 25., 26., 29. und 30. Mai; unter dem Datum 10. Feb. 1803 Inventur der Anna Maria Engelhartin geb. Beutterin (Mobilien 8150 fl, Passiva 7457 fl) am 24., 26.,28. bis 31. März, 1., 4. und 5. April.

Am Ende faßte der städtische Amtsträger alle Einzelposten in einem „Summarium" zusammen. Darauf folgte die Aufstellung der „Passiva", also der Schulden einschließlich der Arzt-, Apotheker- und Begräbniskosten, Legate, abgehenden Steuern wie etwa des Normalschulbeitrags und der „Sterbtax" und dergleichen. Die Differenz ergab den Nettobesitz, manchmal auch die Nettoschulden, in Gulden. Hiervon wurde noch die eventuelle Beibringung abgezogen, so daß am Schluß des Inventars die Summe stand, die es unter die Erben zu verteilen galt.

Auf dem Inventurprotokoll unterschrieben außer dem Kanzlisten und - falls vorhanden - der Witwe oder dem Witwer die anwesenden Erben, also die Kinder beziehungsweise deren Vormünder, die Geschwister, sonstige Verwandte, selten nichtverwandte Erben; ferner unterzeichneten die bestellten Schätzer.

Einige Tage oder auch Wochen nach der Inventur erfolgte die „Abtheilung". Nach Möglichkeit erhielt jeder Erbe dieselbe Stückzahl vom gleichen Artikel. Da dies nie aufging, wurde ein Ausgleich mittels der Schätzwerte erzielt, die der Kanzlist aus dem Inventar übertrug. Ansprüche auf Häuser mußten, wenn keine gütliche Einigung möglich war, ausgezahlt werden. Am Ende stand unter dem Namen jedes Erbberechtigten die identische Summe. Dem Zweck der Abteilung tat es also keinen Abbruch, wenn die Schätzwerte der einzelnen Artikel nicht mit ihrem Marktwert übereinstimmten, solange die Hinterlassenschaft nur einigermaßen gleichmäßig unterschätzt war.

Üblicherweise erfolgte die Aufnahme eines Sterbeprotokolls ein bis zwei Tage nach dem Todesfall, manchmal schon am selben Tag. Zwischen Sterbeprotokoll und Nachlaßinventur verstrichen zehn Tage bis drei Wochen, sofern nicht Kriegsereignisse diese Frist verlängerten oder das Auffinden von Erbberechtigten längeren Schriftverkehr erforderte. Der Aufenthaltsort von Kindern konnte nicht selten schwer oder gar nicht ermittelt werden. Von den drei Kindern der im Spital verstorbenen Veronika Hueberin lebte nur „Anna Maria Hueberin verehelichte Lohrmüllerin" am Ort. Über die beiden Söhne Bernhard und Johannes war nur bekannt, daß sie „in Militärdiensten seÿen, und zwar ohnwissend in welchen"[34].

Bis alle rechtlichen Formalitäten erfüllt, Eingaben und Einsprüche geklärt waren, konnten zwischen Inventur und Abteilung zwei Monate vergehen. „Streitt Diferenzien" zögerten die Teilung des Vermögens des oben genannten Spediteurs Hugard fast zwei Jahre, bis zum 29. August 1800, hinaus[35].

6.1.3 Die Kanzleibeamten

Die beiden Stadtkanzlisten Franz Anton Rosenlächer und Josef von Loob erhoben den Großteil der Sterbeprotokolle und Nachlaßinventare im hier untersuchten Zeitraum von 1786 bis 1805. Bis zu seinem Tod im Oktober 1792 wirkte auch Kanzlist Georg Anton Hainzel häufig als „Kommissär" in Nachlaßsachen. Etwas seltener walteten Stadtkanzlist Kuenz und der Ratssekretär, spätere Bürgermeister Dominik Friederich dieses Amtes. In den letzten Lebensjahren Franz Anton Rosenlächers, der Anfang 1804 starb, trat Stadtkanzlist Josef Anton

[34]) Ebd., Sterbeprotokoll Veronika Hueberin vom 14. Aug. 1798.

[35]) Ebd., Hugard unter dem 13. Sept. 1798

Graz stärker in den Vordergrund, der sich schon seit 1790 als „Kanzleÿakzessist" für diese Stellung empfohlen hatte. Zu Beginn des 19. Jahrhunderts übernahmen auch Franz Antons Sohn, der „Auskultant" Alois Rosenlächer und „Rathsauskultant" Ummenhofer vereinzelt die Aufnahme von Sterbe-, Inventur- und Teilungsprotokollen.

Angesichts der vielen mit Sterbe- und Nachlaßangelegenheiten gefüllten Papierbogen erscheinen kleine Schnitzer unbedeutsam. Ab und zu setzte ein Stadtbeamter in den ersten Januartagen noch die alte Jahreszahl auf das Protokoll[36]. Im Inventar des Josef Labhart versäumte Franz Anton Rosenlächer, die vorher spezifizierten 25 Gulden 17 Kreuzer für „Schreinerarbeit", Möbel, in das „Summarium" zu übertragen. Ebenso vergaß Josef v. Loob im „Nenner über vorstehendes Vermögen" der Katharina Waldbartin 38 Gulden Bargeld[37]. Auch Additionsfehler kamen vor. Am 5. November 1791 schien Kanzlist Christian Kuenz seine Gedanken woanders gehabt zu haben: Im Inventar der Anna Maria Bommerin zählte er zuerst die Summe 69 Gulden 22 Kreuzer statt korrekt 79 Gulden 22 zusammen, dann verbuchte er die Begräbnis- und dergleichen Kosten als „Schulden in das Erb", die doch »aus dem Erbe« gingen[38].

Die Entdeckung solcher Ungereimtheiten belegt in erster Linie, daß die Konstanzer Kanzleibeamten akkurat arbeiteten und ihre Amtshandlungen noch heute problemlos in allen Einzelheiten nachvollzogen werden können.

6.1.4 Offener und versteckter Widerstand gegen die Inventur

Für die Einschätzung des Aussagewerts der Quelle interessiert, wie weit der informationelle Zugriff der Inventurkommission reichte, der sich in den Akten niederschlug.

Nachlaßinventuren zur Erleichterung der Erbteilung hatte es in Konstanz zwar schon längst vorher gegeben; doch war es den Erben bei Einigkeit gewiß leicht gefallen, die Behörde aus dem Spiel zu halten.

Ob die breite ablehnende Grundstimmmung gegen den staatlichen Anspruch auf Inventur und gegen deren städtische Exekution ab 1786 Betrug und Verschweigen in einem Maße förderten, das die Substanz dieser Arbeit berührt, muß erwogen werden.

Eine Inventur konnte wegen zutage tretender Armut oder wegen vorher praktizierter Steuerhinterziehung peinlich sein. Sie kostete eine nach Vermögen gestaffelte Schätz- und Verwaltungsgebühr; viele, vor allem ärmere Betroffene, wußten nicht, daß die Stadtkasse sich ihre Auslagen erst ab einem Vermögen zurückholte, bei dem es den Erben nicht mehr wehtun konnte[39]. Als ärgerlich mochte es empfunden werden, wenn der Arm der Obrigkeit plötzlich in den privatesten Kästen wühlte, eine Schätzerin und ein Kanzlist alles schriftlich festhielten und etwa neben der Habe des verstorbenen Ehepartners die eigene gleich mit auf den Präsen-

[36]) Ebd., z. B. Franz Anton Rosenlächer am 3. Jan. 1803 „1802", Elisabetha Freytagin; v. Loob am 13. Jan. 1802 „1801", Sterbeprotokoll de la Chapelle de la Roche.

[37]) Ebd., Labhart unter dem 1. Okt. 1801, Waldbartin 5. Nov. 1801.

[38]) Ebd., Bommerin unter dem 27. Okt. 1791.

[39]) 2 Beispiele: Ebd., Datum 19. Jan. 1805: auf die Passiva Bürgermeister Friederichs, Nettovermögen 9246 Gulden, wurden 7½ Gulden = 0,8 Promille „für Schatzg." geschlagen; Datum 14. Okt. 1799: aus der Johann Georg Leinerschen Erbmasse wurden 52 Gulden 10 Kreuzer = 0,44 Promille des Nettovermögens wegen „Schäzungs und Gerichtskösten" abgezogen.

tierteller zerrten. Die Nachlaßakten ab 1786 konservieren zahlreiche Versuche Betroffener, sich sich der teils Geld kostenden, teils peinlichen oder auch nur ärgerlichen administrativen Neuerung »Inventur« mit Beschwerden und Eingaben an den Magistrat, durch Ausflüchte und Lügen, auch mit Aufbegehren gegen den Kanzlisten und die Schätzerin zu entziehen[40].

Beliebt war das schwer nachprüfbare Argument, der Verstorbene habe nichts besessen, der vorhandene Hausrat sei Eigentum des Hinterbliebenen schon immer gewesen oder kurz vor dem Tod verschenkt worden. Zweifelhaft erscheint in diesem Zusammenhang die notorische Besitzlosigkeit der Genfer Kolonistinnen, die nach Aussage ihrer Witwer weder etwas beigebracht, noch das geringste während der Ehe erwirtschaftet hätten. Die Konstanzer Kanzleibeamten verfolgten solche Fälle, wohl wegen der strittigen Rechtslage, selten weiter.

Mit seinem Appell, die österreichische Erbgesetzgebung für ihn außer Kraft zu setzen, blieb Lorenz Heer, Angehöriger der Genfer Kolonie, erfolglos: „Am Ende bate der Wittwer dem Prottokoll noch beÿzusetzen, daß seine seelige Frau ausser ihren wenigen Kleidern kein Vermögen dahier besitze, und bittet ihme diese gegen deme, daß er sie ehrlich erstatten [! wohl: bestatten] und die Kindere wohl erziehen wolle, ohne weitere Beschreibung einzuantworten und zwar um so mehr als nach dem Gebrauch seines Landes als lange eines der Eltern am Leben seÿe, den Kindern nichts zugeschrieben werde."[41] Die Inventur fand statt und ergab, daß die „wenigen" Kleider der gestorbenen, aus Landau gebürtigen Maria Magdalena Heer fast hundert Gulden wert seien. Zudem hatte sie noch eine mit Silber beschlagene Bibel besessen, eine Seltenheit in Konstanz und nach dem Silbergehalt auf zwei Gulden geschätzt.

Alexander Vogel, mit Partner Peter Hirn Indiennefabrikant und ebenfalls Mitglied der Genfer Kolonie, protestierte nach dem Tod seiner Frau Anna Maria Ursula im Oktober 1803 unter Hinweis auf die Privilegien gegen den Versuch des Kanzlisten Rosenlächer, die »weite Sperre« zu verhängen. Vogel erhielt recht, die Frist für die Abgabenfreiheit der Kolonisten war noch nicht abgelaufen. Interessanterweise setzte Rosenlächer nach dem ersten vom 13. Oktober am 2. November ein zweites, frisiertes Sterbeprotokoll auf[42].

Die Witwe des Müllergesellen Franz Josef Schappeller erklärte, „daß ihr seeliger Mann nicht das geringste Vermögen besitze, sie durch ihre Handarbeit kaum im Stand seÿe die Leichkösten zu bezahlen" und bat, „ihr daher mit dem Beschrieb und derselben Kösten zu schonen."[43]

Viele Einsprüche dürften von vornherein zum Scheitern verurteilt gewesen sein, weil die Betroffenen entweder keine Eingabe schreiben konnten oder die Rechtsgrundlage nicht kannten und damit auch keine Argumente. Bezeichnenderweise fand weder nach dem Tod der Maria Anna, geborenen Bidermann, verheiratet mit dem Kanzlisten und Registratursadjunkten Josef v. Loob, noch nach dem Tod des Kanzlisten Franz Anton Rosenlächer eine Nachlaßinventur statt. Im ersten Fall trat ihr Vater Dominik Bidermann, bis 1786 innerer Rat, das komplette Erbe an. Im zweiten Fall war die Kommission ins Haus gekommen und hatte „ein

[40]) StAKN I III, Sterbeprotokolle und Nachlaßinventare, passim. Siehe auch die Zählungsboykotte am Ende von Kap. 3.1.

[41]) Ebd., Sterbeprotokoll Maria Magdalena Heer, 27. Jan. 1797.

[42]) Ebd., Sterbeprotokolle unter den angegebenen Daten.

[43]) Ebd., Sterbeprotokoll vom 15. Jan. 1788.

behöriges Inventar aufnehmen wollen, allein die anwesenden sämmtlichen Kinder“, unter ihnen folglich auch der Stadtbeamte Alois Rosenlächer, „erklärten sich, daß ihr seliger Vater lediglich kein steürbares Vermögen rükgelassen habe“; die „wenigen Mobilien“ seien „höchstens“ 110 Gulden wert. Geschickterweise ließen Witwe und Kinder noch ins Protokoll setzen, sie übernähmen mit den Mobilien auch die „Passiven“, bäten aber zusätzlich um finanzielle Unterstützung des Magistrats, da „das gesamte Mobilarvermögen die sich aufgedekten Schulden weit nicht aufwiege“[44]. Eine Inventur unterblieb.

In anderen Fällen endeten Einsprüche gegen die Aufnahme des Nachlasses mangels Masse erfolgreich. Im Mai 1803 war die Beisässin Anna Maria Tschanin gestorben, auf Inventur wegen offensichtlicher Mittellosigkeit verzichtet worden. Im Januar 1804 wies der Magistrat die Kanzlei an, die Habe der Tschanin doch schätzen zu lassen. „Da aber von seinem verstorbenen Eheweib weder ein zugebrachtes, ererbtes, noch erhaustes Vermögen, sondern das vorhandene verschuldete halbe Haus ein wahres Eigentum sein des Wittwers seÿe, und daher die Rede von einer Erbschafft keines Weegs sein könne, so werde es daher von all weitterm Einschreitten um so mehr abkommen, als lediglich gar kein weibliches Vermögen vorhanden seÿ.“[45]

Das Sterbeprotokoll des Dienstknechts Konrad Schroff schloß Josef v. Loob mit dem „Vermögen. Bestund in einigen Kleidungsstüken, welche die erbnehmenden Geschwisterten gegen die Anheischigmachung, die vorhandenen Leich- und anderen Kosten zu bezahlen, zu übernehmen, und des weitern erklärten, daß auf den Fall, wann über Abzug der gedachten Kösten annoch einiges Vermögen vorschlagen sollte, sie diese Erbschafft unter sich gewissenhafft vertheilen wollen, und daher wurde dieses Prottocoll geschlossen und von denen Anwesenden unterschrieben.“[46]

Das Versprechen, friedlich teilen zu wollen, verfing anscheinend nicht, wenn Besitz vorhanden war. Trotz der Bitte, die „vorbenannte volljährige Kindere wollen ersagte Verlassenschaft in Frieden untereinander theilen, und bitten ihnen solche ohne weitere Aufnahme eines Inventars einzuantworten“, folgte die Inventur, wenn auch summarisch und ohne Details[47].

Das Studium der Nachlaßakten von 20 Jahren läßt erkennen, daß die Kanzlisten in ihren Sterbeprotokollen, Inventuren und Teilungen die vorgefundenen Verhältnisse leidlich korrekt wiedergegeben haben. Die wirksame Sozialkontrolle in der Kleinstadt Konstanz wird verhindert haben, daß, außer vielleicht hier und da etwas Bargeld, Schmuck oder sonstiger Kleinbesitz, nennenswerte Güter vor der Inventur verschwanden. Unterschlagungen flogen auf. Zum Inventar des Schneidermeisters Josef Schneider reichte Rosenlächer folgenden „Nachtrag“ ein: „Von der Witwe / 1) Die anliegende Heÿrathspakten / 2) Bekennt selbe beÿ dem Procurator Endres 1 Paar silberne Hemdknöpfel / Ein Paar silberne kleine Suhschnallen [!] und / Ein Knopf von Semelor versezt zu haben pr. 2 fl 20 xr / 3) Seÿe ein blauer Mantel, den sie zurükgehalten noch vorhanden, nach Aussag der Wittwe im Werth 12 fl / 4) Die Sakuhr

[44]) Ebd., v. Loob unter dem 27. April 1792; Rosenlächer unter dem 5. März 1804, Protokoll der verhinderten Inventur 8. März 1804.

[45]) Ebd. unter dem 3. Mai 1803.

[46]) Ebd. unter dem 7. Okt. 1805.

[47]) Ebd., Sterbeprotokoll der Barbara Bäurlin, 4. Mai 1799.

[48]) Ebd., Schneider unter dem 4. Apr. 1790.

von Silber seÿe bei einem Genfer versezt pr. 11 fl“ [48].

Solche Fälle, wie auch die behördliche Aktivität in Sachen Steuerhinterziehung[49] und das übliche Vorgehen, auch bei geringem Besitz eine Inventur anzuordnen, belegen die untadelige Amtsauffassung des Magistrats wie der Kanzleibeamten.

Die Sterbeprotokolle und Nachlaßinventare aus Konstanz ermöglichen alles in allem das bemerkenswert komplette und detaillierte Eindringen in die Besitzverhältnisse der stadtbürgerlichen Gesamtbevölkerung. Der vornehmlich ökonomische Querschnitt von 1119 Personen reicht in der sozialen Skala von ganz oben bis ganz unten.

6.1.5 Kriterien zur Aufnahme und Auswertung der Nachlaßinventare

Die in dieser Untersuchung anwandte Zuordnung zu den verschiedenen Besitztiteln folgt mit einigen Abweichungen derjenigen, die in der Quelle vorgegeben war. Sie steht im einzelnen vor der jeweiligen Auswertung beschrieben. Die sieben Artikel Uhren, Bücher, Bilder, »Kultur«, Waffen, Spiegel und »Nippes« seien im folgenden der Einfachheit halber unter dem Oberbegriff „Hauszierden“ zusammengefaßt, der einem Nachlaßinventar entnommen ist[50].

Die hier praktizierte, am Geldwert der hinterlassenen Gegenstände orientierte Verarbeitung der Quelle klammert enthaltene Informationen aus, die unter anderen Fragestellungen ebenfalls interessante Aufschlüsse bringen würden. Zum Beispiel gehen Anzahl und Qualität der Mobilien verloren. Für die Aktivkapitalien und die Passiva einschließlich der zweifelhaft einbringlichen und verlorenen Außenstände könnten die Gläubiger und Schuldner aufgeschlüsselt, könnte so ein Bild vom Finanztransfer innerhalb der Stadt sowie von und nach Konstanz ermittelt werden. Die Gruppe der als »arm« Definierten weist keine Unterscheidung auf zwischen Hungernden einerseits und Vermögensarmen, die zwar nur die fast sprichwörtlichen Kleider auf dem Leib besaßen, doch ihr bescheidenes Auskommen gefunden hatten, andererseits. Zu den letzteren zählten etwa die Bewohner und Bewohnerinnen des Spitals; dann Alte, deren Ersparnisse bis zum Tod hingereicht und die für ihre letzten Kreuzer ein schönes Begräbnis zu zelebrieren gebeten hatten; auch die wenigen von ihren Kindern unterhaltenen Eltern.

Vereinzelte quellenimmanente Ungenauigkeiten mußten übernommen oder mangels Alternativen willkürlich aufgelöst werden. So taucht zum Beispiel „ein Haus mit Garten – 600 fl“ in der Auswertung als Haus für 600 Gulden auf, „Spiegel und Mahlereyen zusammen 3 fl“ sind hier Spiegel und Bilder für je 1½ Gulden.

Um für die Auswertung das Individualvermögen herauszuarbeiten, bedurften die »Ehepartnerinventare« - wenn also der oder die Gestorbene verheiratet war und die Inventurkommission beider Besitz aufnahm - einer klaren Regelung.

Die drei in der Quelle verwendeten Trennungskriterien „männlich“, „weiblich“ und „gemeinsam“, alternativ „während der Ehe angeschafft“, könnten erst seit der Gültigkeit des Tiroler Erbsteuerpatents in Konstanz 1790 konsequent angewandt worden sein. Wenn nun

[49]) Siehe Kap. 6.2.1, Fälle Schreiber und Ender am Schluß.
[50]) StAKN I III, Sterbeprotokolle und Nachlaßinventare, Marianna Kreuzerin, unter dem Datum 27. Dez. 1798.

dem toten Ehepartner der Besitz des überlebenden manchmal ganz oder zum Teil zugeschrieben wurde, so erscheinen Verheiratete in der Statistik durchschnittlich über Gebühr wohlhabender als nicht Verheiratete. Einen ungefähren Ausgleich schafft, daß in den angesprochenen Fällen auch die Schulden nicht immer streng dem Verstorbenen zugeordnet schienen. Dem alltäglichen Zusammenleben in der Wirtschaftsgemeinschaft Ehe entspricht die Sichtweise, »Besitz« als »Verfügung über« zu verstehen. Ein Haus, Möbel, Küchengerät, Vieh und so weiter, auch die Schulden beim Bäcker und Metzger und der beim Spitalamt aufgenommene Kredit »gehörten« in diesem Sinne tatsächlich beiden Eheleuten, zumal bei längerer Ehedauer. Wir vertrauen in diesem Punkt auf die bessere Einsicht der Kanzleibeamten in die Sachlage, auf daß sie eine Besitztrennung vollzogen, wenn eine Besitztrennung geboten war.

Also wird hier neben ausgewiesenermaßen dem Erblasser gehöriger auch alle nicht explizit zugeordnete Habe zum Individualvermögen gezählt. Unter der Überschrift „gemeinsam" oder „während der Ehe angeschafft" verzeichnete Güter werden zur Hälfte dem Besitz des Erblassers zugerechnet.

Im übrigen erbten Wittibe beiderlei Geschlechts gesetzlich nichts[51)]. So werden sie zugesehen haben, daß ihr Eigenbesitz nicht in der Erbmasse verschwand.

Mit Ausnahme der Rubriken für Glas, Fayence und die sieben „Hauszierden" sind alle Wertangaben auf volle Gulden gerundet, Beträge unter 30 Kreuzern als ein Gulden gewertet.

Abschließend bleibt noch anzumerken, daß kein Artikel doppelt verbucht ist. Um Überlappungen zu vermeiden, mußte unter der wirtschaftsgeschichtlichen Perspektive die silberne Zuckerdose beim Silber, der zinnerne Salzstreuer beim Küchengerät verbucht werden, obwohl beide unter kulturgeschichtlichem Aspekt zusammengehören.

6.2 Zur Aussagekraft der verwendeten Schätzwerte

Angefangen mit Fragen der Geldwertentwicklung in Untersuchungen, die mit dem Geldwert von Gegenständen durch einen längeren Zeitraum arbeiten, bedürfen gerade vordergründig objektive numerische Quellen unbedingt der Kritik.

6.2.1 Die Kreditwürdigkeit des Kaufmanns

Ungefähr Anfang Juli 1778 erhielt die Steuerkommission Hauk ein anonymes und undatiertes, beachtenswertes Schreiben[52)]:

„Auf gnädig erteilte Erlaubnis, daß ein jeder Burger, der beÿ anwesend Kaÿß. König. hoher Comission in Gegenwarth deren beÿwohnend stätt. Tit. Herren Deputirten zu fatiren sich scheue, umb damit niemand anderer von der Fassion etwas erfahren möge, finde ich mich auch einigermassen genöthiget von dißer gnädigen Erlaubnus zu profitiren". Er bat, weder dieses Schreiben, noch seine Vermögensschätzung außerhalb der dreiköpfigen Kommission bekannt werden zu lassen. Als ersten Grund nannte er seine Befürchtungen hinsichtlich man-

51) Kap. 6.1.1: Bis zur eventuellen Wiederheirat stand ihnen in Form einer Art Nutzungsrecht höchstens ein Viertel bzw. derselbe kleinere Anteil wie jedem Kind zu.

52) GLA 209/1221, eingeordnet zwischen dem 3. und 14. Juli 1778. Siehe zur Kommission Hauk Kap. 3.2.2 a).

gelnden Datenschutzes und des Steuergeheimnisses:

„1mo Därffte es gar leicht unschuldiger Weiß, und in keiner üblen Absicht beschehen, daß mann beÿ Zusammenkünften von ein oder des anderen Vermögenslaag zu sprechen könnte [! nicht: käme], wobeÿ sich auch ein Übelgesinnter von ungefehr einfinden - die Sach anhören oder erforschen - und mit Verkleinerung deren Activen, und Vergrösserung deren Passiven gefährlich ausbreiten möchte, umb nur andurch dem Betreffenden seinen guthen Credit zu schmahleren oder gänzlich umbzustürzen, da doch eben der Credit, und besonders einem Handelsmann das beste Kleinod und (...) ohnentbehrlich ist."

Anschließend referierte der Unbekannte eine Anweisung der Landesregierung, wonach im Inventar eines Kaufmanns die Passiva gar nicht, sondern nur das Gesamtvermögen nach deren Abzug genannt werden müßten. Auf dieses Entgegenkommen bezogen, fuhr er fort: „2do zeigt mein anligende Fassion wie daß meine Passiven zwar gross, jedoch über Abzug deren mir annoch ca. fl 3[000] biß gegen fl 4000.- nebst denen unsteürbaaren Meubles übrig bleiben, und daß ich folglich mein Handlung lediglich aus guthem Credit betreibe." Sollte dieser Kredit verlorengehen, würde er nur schwer wieder zu erlangen sein.

Seit 15 Jahren betrieb er seine Handlung „ehrlich", und ernährte in dieser Zeit seine „zahlreiche Haußhaltung" standesgemäß. Er sei gezwungen gewesen, einige Außenstände abzuschreiben, und er mußte „auch eine jämerliche und niemahl vergessende Theürung der Lebensmitteln erleben", womit er keine andere als die von 1770/71 gemeint haben kann.

Da auch „schlechte" und „schlechtiste [Aktiv-]Schulden" der Vermögenssteuer unterlägen, sofern sie nicht durch eine Gant offiziell als verloren gälten, legte er für sich zwei Vermögensansätze vor, einmal über 3000 Gulden, den anderen mit der Summe 3856 Gulden. Nun folgt sein eigentliches Anliegen. „Und will ich lieber zuviel als zuwenig versteüren, weilen es beÿ Löbl. Steüramt oder anderen, denen meinen Versteürendes bekandt werden möchte, ein Auffsehen machen - und meinem Credit nachtheilig werden könte, wen[n] ich in Zukunfft viel weniger alß die lezten Jahre versteürte fl 6000.- versteüren solte." Er habe ein „beträchtliches Erbtheil" von seiner Mutter zu erwarten und bat schließlich, wenigstens 4000, besser noch 5000 Gulden versteuern zu dürfen. Offenbar rechnete der um seine Kreditwürdigkeit Bangende mit einer Abfuhr durch die Kommission. Jedenfalls meinte er, anfügen zu müssen, eine solche Gefälligkeit, „da selbe dem aerario nit schädlich sondern nüzlich ist, wird nit wieder die Pflichten seÿn, um so weniger als selbe keineswegs zum Betrug und Schaden meiner Creditoren (von welcher Vermessenheit und grosser Sünd der Allerhöchste mich ewiglich bewahren wolle) abgesehen (...) werden möge".

Der Aktivsaldo des Anonymus betrug also sichere 3000 Gulden, 3856 Gulden unter Einschluß der Außenstände, deren Eintreibung ungewiß aussah. Das Verfahren der „Eidsteuer" hatte es ihm ermöglicht, in den »letzten Jahren« mit 6000 Gulden doppelt so viel zu versteuern. Dazu besaß er Mobilien, die der Steuer nicht unterlagen.

Den Peräquationssteuerpflichtigen stand es offen, den Wert ihres Hausbesitzes selbst zu bestimmen und es unter Umständen nach eigenen Kriterien höher schätzen zu lassen. Rechnungsrevisor Hauk beschwerte sich am 3. Juli 1778 bei Stadthauptmann v. Damiani: Die Ratsdeputation hätte bei den ersten „Fatenten" als Wertangabe der Häuser vorschriftswidrig nur „positive", also in Kaufverträgen belegte Summen gelten lassen. Ein Beispiel, deren Hauk mehrere anführen könne, sei der Besitzer des Hauses Nummer 6 - das war der Schlosser

Thomas Hug -, der sein Haus „respectu der gemachten Melioration“ auf 700 Gulden veranschlagt wissen wollte, wogegen die Ratsdeputierten auf den im „Kaufbrief“ verzeichneten 570 Gulden bestanden[53]. Hier prallten die Interessen von Bürgern auf die der Landesherrschaft. Die besitzenden Konstanzer wollten offenbar den Wert ihrer Immobilien gerne nach den gezahlten Kaufpreisen fixiert haben, die unter Umständen sehr alt und damit von der Inflation entwertet waren. Ihr Interesse nach niedrigem Steueranschlag lief dem des Anonymus zuwider, der seinerseits Hauks Intervention nutzen konnte, sein Ziel eines hohen Steueranschlags zu erreichen. Er mußte dazu nur die landesherrschaftliche Kommission, die aus Hauk, Damiani und bei der Hausbesitzerliste aus dem Kanzlisten Rosenlächer bestand, bewegen, zum Beispiel als Wert seines Hauses 6000 Gulden anzunehmen, obwohl dessen aktueller Marktwert erheblich unter dieser Summe lag.

Der folgende Identifizierungsversuch bleibt zwar in der bloßen Vermutung stecken, würde aber eine plausible Fortsetzung des oben dokumentierten Falles bieten. Veronika Bachmännin, die Witwe des Eisen- und Stahlhändlers David Bachmann, dessen 1778 auf 6000 Gulden gesetztes Haus[54] mit Abstand an der Spitze der Wertskala für Privathäuser rangierte, starb im Jahr 1800 in bescheidenen Verhältnissen. Ihre bewegliche Habe war nur 63 Gulden wert, insgesamt hinterließ sie ein Nettovermögen von lediglich 1415 Gulden[55].

Hier stellt sich die Frage, ob auch in den Nachlaßinventaren Manipulationen dieser Art möglich waren. Im Gegensatz zum Vermögensanschlag zwecks Eidsteuer, der auf der eigenen Schätzung des Steuerpflichtigen beruhte, weisen die Inventuren jeden einzelnen Aktiv- und Passivposten durch Kapitalbriefe, Schuldscheine und ähnliches nach. Augenscheinlich griffen die Kanzlisten bei Kaufleuten zu diesem Behuf auf die Bücher zurück. Mehr Kapital, als vorhanden, konnten die Erben demnach so wenig ansetzen lassen wie höhere Verbindlichkeiten. Verschweigen von Kapitalbesitz blieb schwer möglich, solange die städtische Behörde gesetzmäßig arbeitete - was man der Konstanzer Kanzlei für die letzten Jahrzehnte der österreichischen Herrschaft ohne weiteres bescheinigen kann. Bei der Inventur könnte höchstens das Vertuschen von Passivposten möglich gewesen sein, wenn etwa ein Kaufmannssohn und -erbe daran interessiert war, ein höheres Gesamtvermögen aktenkundig werden zu lassen. Die Kanzleibeamten waren gehalten, die volle Höhe der Erbschaftssteuer zu ermitteln, nicht deren »Tiefe«.

Neben dem dargelegten ungewöhnlichen Fall von mangelnder Steuerehrlichkeit kam in Konstanz auch die geläufige Art der Steuerhinterziehung vor. Durch die korrekte Vermögensaufnahme im Nachlaßinventar kamen peinliche Angelegenheiten ans Licht.

Kaspar Schreiber versteuerte nach Angabe des zuständigen Säckelamts 1796 [56] 6400 Gul-

[53]) Ebd., unter dem angegebenen Datum. Hauk ließ über die „Zunftherren“ öffentlich wiederholen, die Besitzer hätten ihre Häuser zu fatieren entweder nach einem Kaufvertrag oder nach einem „Inventarium und Theilungsextract“ oder nach dem „currenten Preiße“ oder auf andere Weise; diese andere Weise „jedoch so, daß er [der Besitzer] es durch eidliche Zeugnisse bestättigen lassen könne“.

[54]) Ebd., »Hausbesitzerbeschreibung«, Haus Nr. 227.

[55]) StAKN I III, Sterbeprotokolle und Nachlaßinventare, unter dem Datum 12. Apr. 1800. Zu Veronika und David Bachmanns Lebzeiten wollten freilich auch fünf im Jahr 1800 volljährige Kinder versorgt sein.

[56]) Ebd., unter dem 20. Juni 1797, Inventar: „Laut Schein vom löbl. Säkelamt sind versteüret worden per 1769“ ergibt keinen Sinn, es muß heißen: 1796.

den. Er starb im Juni des folgenden Jahres. Die Inventur seines Nachlasses ergab 8302 Gulden 36 Kreuzer steuerpflichtiges „reines Vermögen".

Am 17. November 1800, während der französischen Besetzung, fanden sich die Erbberechtigten des verstorbenen Obmanns der Schusterzunft, Bartholome Ender, mitsamt ihren Rechtsbeiständen vormittags um neun Uhr in der Stadtkanzlei ein[57]. Es hatte „beÿ Aufnahm des Inventars über die Verlassenschaft des H. Bartholomä Ender sich gezeiget, daß ein steüerbares Vermögen von 21 440 fl 16 xr vorhanden seÿe, und derselbe anno 1798 beÿ seiner das leztemal entrichteten Steüer mehrer nicht als 16 000 fl versteüeret habe". Nun wollte Magistratsrat Dominik Beutter im Beisein des Protokollanten Franz Anton Rosenlächer „diese Steüerdiferenz auseinander gesetzet" bekommen.

Die Vorgeladenen hatten sich offenbar gut präpariert und führten auch eine ganze Reihe von Zahlen und Berechnungen ins Feld; doch deren Beweiskraft blieb so schwach wie die ganze Rechtfertigung. Sie lief letztlich darauf hinaus, „daß ein Mann, der mehrere tausend Gulden Vermögen besitzet, nicht im Stande seÿe, das steüerbare Vermögen, besonders beÿ gegenwärtigen Kriegszeiten pünktlich berechnen zu können". Die letzte fällige Jahressteuer habe der Erblasser „wegen Kränklichkeit unmöglich" begleichen können; hätte er es getan, so würde er gewiß die korrekte Summe veranschlagt haben.

Bartholome Ender hatte ein Viertel seines Vermögens vor dem Steueramt unter den Tisch fallen lassen. Seine Hinterbliebenen konnten nur versuchen, den verstorbenen Zunftobmann vom Vorwurf der Absicht reinzuwaschen. Weitere Konsequenzen sind in den Nachlaßakten nicht überliefert.

Der „bürgerliche Handelsmann" Josef Hugard versteuerte bis einschließlich 1796 jährlich 10 000 Gulden. 1796 und 1797 zog das Konstanzer Säckelamt „wegen den französischen Unkösten ½ Steür" zusätzlich ein, so daß Hugard 1797 einschließlich 28 Kreuzern „Nachtwachtgeld" und zwei Gulden zwei Kreuzern Polizeibeitrag 48 Gulden 20 Kreuzer Steuern von seinem Vermögen bezahlte.

Die Nachlaßinventur vom September 1798 brachte dann 22 986 Gulden steuerpflichtiges Vermögen zum Vorschein, was die Erben 2000 Gulden Strafe kostete[58].

6.2.2 Schätzwert und Versteigerungserlöse

Paragraph 48 des Erbsteuerpatents für Tirol und die Vorlande, dem die Konstanzer Gerichtsbehörde seit November 1790 folgte, schrieb vor, sie habe „mit aller Sorgfalt zu wachen, daß das ganze dieser Abgabe unterworfene Vermögen gehörig ausfindig gemacht, und nicht zu geringe geschätzt werde."[59]

In fünfzig Nachlaßfällen mußte die Stadtkanzlei Teile des Besitzes oder die ganze Habe versteigern lassen, etwa wenn keine Erben zu ermitteln waren oder wenn die Erben die Hinterlassenschaft nicht anders aufzuteilen wußten.

[57]) Ebd., unter dem 19. Sept. 1800; das zitierte Protokoll vom 17. Nov.

[58]) GLA 209/465, Beschwerde der Hugardschen Erben an die Landesregierung vom 23. Juli 1799; ebd., Kopie des KNer Steueramts ohne Datum [Juli/Aug. 1799].

[59]) Petzek, Sammlung, I. Abt., III. Bd. (1792), XXXI. Rubrik, Nr. 568, S. 552.

Tabelle 49: Versteigerung von Nachlässen, 1786-1805 [60]

Artikel	N = [61]	Schätzung in Gulden	Erlös Gulden	Schätzpreis = ... Prozent des erzielten Erlöses
W.U.K.N.B.B.S.[62]	27	683	629	109
Produktionsmittel	13	1 154	1 275	91
Fässer und Wein	11	5 856	7 143	82
Silber	32	2 381	3 087	77
Grundstücke, Bäume	8	10 697	13 921	77
»Zerschiedenes«[63]	6	63	87	72
Betten	30	1 395	2 147	65
Kleider	39	1 907	2 987	64
Metall, Küchengerät	26	925	1 526	61
Stoffwaren	31	1 501	2 697	56
Möbel	30	662	1 237	53
Häuser	7	6 575	12 840	51
Gesamt	50	33 799	49 576	68

Unter umgekehrter Perspektive resultierte aus den Versteigerungen der 1,47-fache Schätzwert.

Von den 50 Versteigerungen lag
3 mal die Schätzung unter 50 % des Erlöses,
6 mal die Schätzung zwischen 50 bis unter 60 % des Erlöses,
15 mal die Schätzung zwischen 60 bis unter 70 % des Erlöses,
12 mal die Schätzung zwischen 70 bis unter 80 % des Erlöses,
8 mal die Schätzung zwischen 80 bis unter 90 % des Erlöses,
4 mal die Schätzung zwischen 90 bis unter 100 % des Erlöses,
2 mal die Schätzung höher als der Erlös.

Bemerkenswert sind zwei statistische »Ausreißer«.

Bürgermeister Leonhard Lehrys Haus in der St. Paulsgasse, heute Hussenstraße, wurde im Mai 1800 auf 2200 Gulden Wert geschätzt, dann aber für 6000 Gulden meistbietend verkauft[64]. Ohne diese Lizitation betrüge das Verhältnis Schätzwert zu Versteigerungserlös in der betreffenden Zeile 64 zu 100 oder 64 Prozent; das Gesamtverhältnis änderte sich auf 73 zu 100 oder 73 Prozent.

[60]) StAKN I III, Sterbeprotokolle und Nachlaßinventare 1786-1805, verstreut.
[61]) Zahl der Lizitationsfälle des betreffenden Artikels.
[62]) Waffen, Uhren, »Kultur«, »Nippes«, Bilder, Bücher, Spiegel.
[63]) Nicht zu trennende Kleinmobilien aller Art.
[64]) StAKN I III, Sterbeprotokolle und Nachlaßinventare, unter dem Datum 14. Mai 1800.

Die Bücher und theologischen Manuskripte des Exjesuiten und ehemaligen Dompredigers Josef Augustin wurden im Januar 1787 auf 378 Gulden geschätzt, erzielten bei der Versteigerung aber nur 70 Gulden[65]. Ohne diese Lizitation hätte sich die Tendenz in der betreffenden Zeile umgekehrt, läge das Verhältnis Schätzwert zu Marktwert bei 55 zu 100 beziehungsweise 55 Prozent.

Läßt man beide »Ausreißer« unberücksichtigt, dann lag der Schätzwert aller versteigerten Artikel bei 72 Prozent des erzielten Erlöses. Umgekehrt betrachtet, betrug dann der durchschnittliche Verkaufserlös das 1,4-fache des mittleren Schätzwerts.

Unter der schwer widerlegbaren Annahme, daß die bei den Lizitationen erzielten Beträge den realen Marktwert der versteigerten Gegenstände bezeichneten, war jeder für die Inventare zwischen 1786 und 1805 geschätzte Gulden tatsächlich fast anderthalb Gulden wert.

Ergänzend muß man davon ausgehen, daß um Schätzung gebetene Erben in den 59 Fällen, in denen sie den »unsteuerbare« Mobilienbesitz summarisch veranschlagten, den Wert der steuerfreien Mobilien noch geringer taxierten, als es die amtlich bestellten Schätzerinnen taten[66].

Aus dem Sachverhalt ergeben sich mehrere Schlußfolgerungen.

Die Kluft zwischen Besitz und Nichtbesitz reichte noch tiefer, als es in den folgenden Tabellen, die auf Schätzwerte gegründet sind, erscheint.

Es ersteht eine soziale Gruppe, die als »relativer unterer Mittelstand« bezeichnet werden kann, weil sie gegenüber den in ihrer einzigen materiellen Habe, dem Kleid, beerdigten Armen immerhin über Hausrat, verschiedene Kleidung und manchmal Produktionsmittel verfügte, selbst wenn eine vereidigte Schätzerin diese Mobilien für geringwertig ins Nachlaßinventar setzen ließ.

Im 18. Jahrhundert behielten gebrauchte Gebrauchsgegenstände einen hohen Wiederverkaufswert. Von heute her gesehen beachtenswert hoch lag der Marktwert von Artikeln der privatesten Verwendung, also von getragener Kleidung und benutzter Bettwäsche. Im Kontrast dazu fielen die Bücher und Manuskripte des pensionierten Jesuiten Augustin bezeichnenderweise als einziger Titel bei der Versteigerung weit unter den Schätzwert. Ebenso typisch veranschlagte der bestellte Bücherschätzer Johann Michael Armbruster 1797 eine „hinterlassene Bibliothek, welche zwischen 900 und 1000 Bänden und gröstentheils Werke von anerkannter Güte und hohen Preisen in den Fächern der Rechtsgelehrsamkeit, Philosophie, Geschichte enthält“ zusammen mit den „dazu gehörigen acht Kästen“ in einem Preis[67].

Die höchste Annäherung an den realen Marktwert erreichten die Schätzer bei den Produktionsmitteln und bei Fässern und Wein. Anscheinend griffen bezüglich Werkzeug, Handelsware, Rindern und Schweinen festgelegte Bewertungskriterien, die in Konstanz allgemein anerkannt galten. Die geschätzten Weinpreise pflegten für den Jahrgang, der vor dem Todesfall in den Keller gebracht worden war, den Angaben aus der Weinpreistabelle des Kornamts[68] gleich- oder doch recht nahe zu kommen. Guter Wein früherer Jahrgänge übertraf in

[65]) Ebd., Augustin unter dem Datum 20. Jan. 1787.
[66]) Siehe in Kap. 6.9 das Beispiel Nachlaß des Stephan Hauß.
[67]) Wie Anm. 31.
[68]) Siehe Kap. 5.1.1 und 5.1.4 Tabelle 28a).

den Inventuren die Mittelwerte des Kornamts, konnte darüber hinaus einen noch höheren Versteigerungserlös einbringen[69].

Die Stadtverwaltung war sich bewußt darüber, daß die geschätzten Preise nicht dem Marktwert entsprachen, wie folgender merkwürdiger Nachtrag zu Leonhard Lehrys Nachlaßakten zeigt. Am 3. Mai 1802, zwei Jahre nach Bürgermeister Lehrys Tod, war die Hinterlassenschaft noch nicht ordnungsgemäß geteilt. Ein „neüerliches Inventar" mußte erstellt werden. Der Kanzlist entledigte sich der Aufgabe dadurch, „daß, weilen bloß noch die unentbehrlichsten Mobilarstüke vorhanden waren, aus welcher Ursache auch keine öffentliche Versteigerung statt haben kann, nur die Summe der Rubriksbeträgen aus dem ersten in dieses neüerliche Inventar gebracht, und als ein höherer Preiß 25 fl pro cento nachgetragen worden, um welch erhöhten Preiß die Frau Wittwe das Mobilarvermögen zu übernehmen sich entschlossen hat."[70] Maria Veronika geborene Harderin, die Witwe, erhielt den zur Lebensführung notwendigen Hausrat also erst übereignet, als sie einen Preis dafür bezahlte, der dem Erlös aus einer Versteigerung nahegekommen wäre.

Die über zwanzig Jahre kontinuierliche Unterschätzung auch steuerpflichtiger Güter gibt ein Rätsel auf. Im Effekt enthielt die Stadtverwaltung der Regierung damit Erbschaftssteuern vor.

Bei den nicht »steuerbaren« Mobilien kam es dagegen nur auf die gerechte Verteilung unter die Erben an; wobei die Schätzpreise neben Anzahl, je nach Gegenstand auch Farbe, Größe, Gewicht und Zustand als zusätzliches, sehr wichtiges Qualitätsmerkmal innerhalb der Besitzbeschreibung anzusehen sind. Somit war bei gleichmäßiger Unterschätzung dem Zweck zur Genüge gedient. Konnten sich die Erben nicht auf Teilung in Naturalien einigen, so korrigierte der meistbietende Verkauf die Schätzpreise. In dem Einzelfall Lehry erhielt die Witwe quasi ohne Konkurrenz von Mitbietern den Zuschlag für pauschal 125 Prozent des Schätzwerts.

Ein gewisses Mißtrauen gegenüber Steuerlisten und ähnlichen Geldangelegenheiten betreffenden Dokumenten scheint also geboten.

Dennoch dürfen die genannten Einschränkungen nicht überbewertet werden. Allein die Tatsache, daß die Stadtverwaltung Bartholome Enders und Kaspar Schreibers Steuererklärung reklamierte, belegt deren Stellenwert als Sonderfälle. Die Ergebnisse dieser Untersuchung werden dadurch so wenig erschüttert wie von dem möglichen Einwand, das Gesamtvermögen zum Beispiel der Anna Maria Rahnin, geborenen Leinerin habe nicht 14902 Gulden, sondern in Wirklichkeit 17288 Gulden betragen, weil der Marktwert ihrer Mobilien um die Hälfte höher anzusetzen sei als der verzeichnete Schätzwert. Die anderen Vermögen müßten ja auch entsprechend angehoben werden.

Praktisch sind solche quellenkritischen Ergebnisse nicht anders umzusetzen, als daß man sie nennt, ihre multiplikatorische Konsequenz für das Besitzgefälle in der Stadt erörtert und bei der Beschreibung des Vermögens von Einzelpersonen eine gewisse Zurückhaltung übt.

[69]) StAKN I III, unter dem 10. März 1792: Der Wein der Monika Leinerin wurde auf 533 fl geschätzt, für 795 fl versteigert.

[70]) Ebd., unter dem Datum 14. Mai 1800 zu finden.

6.3 Besitzgefälle in Konstanz

6.3.1 Die Datenbasis

Neben weiteren seriellen Quellen mit - relativ - geringerem Informationsgehalt bilden 1248 Todesfälle in den 20 Jahren von 1786 bis 1805 und die daraufhin erhobenen Sterbeprotokolle und Nachlaßinventare die Grundlage der folgenden Aussagen zum materiellen Besitz in Konstanz. Den Nachlaßakten zu jeder Person, also jedem »Vorgang« sind 55 potentielle Einzelinformationen entnommen, die vom Namen über demographische und soziale Daten bis zu den „Leichkösten“ und dem Gesamtbesitz reichen. Diese Datenbasis genügt, um ein verläßliches Bild der Besitzstruktur in Konstanz am Ende des 18. Jahrhunderts zu zeichnen. Die aus der Untersuchung des halben Zeitraums 1786-1795 gewonnenen Ergebnisse kamen den hier präsentierten bereits sehr nahe.

Der materielle Besitz von »armen« Konstanzerinnen und Konstanzern reichte höchstens hin, um die Begräbniskosten zu begleichen. In dieser Arbeit so definierte »Arme« hinterließen nicht einmal nennenswerte Schulden. Üblicherweise besaßen sie nur die Kleider auf dem Leib, die ein Verwandter oder eine Freundin ausgehändigt bekam und dafür die letzten kleinen Rechnungen zu bezahlen versprach. Nach dem Tod von »Armen« wurde kein Inventar aufgenommen, sondern der Vermögensstand Null im Sterbeprotokoll vermerkt. Exemplarische Formulierungen lauten: „An Vermögen habe sie nicht so viel hinterlassen, als nur zu Bestreittung der Leichkösten erfoderlich seÿen. Ersagter ihr Bruder aber macht sich anheischig das übrige beÿzutragen.“[71] Im Sterbeprotokoll der sechzigjährigen ledigen Bürgerin Theresia Labhartin trug der Kanzlist unter dem Stichwort „Vermögen“ ein: „Ist ausser einigen wenigen Kleidungsstücken, und einem geringen Bett lediglich keines vorhanden; indem die Verstorbene von dem Reiteamt eine wochentliche Unterstützung genossen, und während ihrer langwierigen Krankheit sehr vieles gekostet hat; indessen aber erklärte sich die nachgelassene Schwester Veronika Labhartin verwittibte Klausmann, daß sie gegen Überlassung dieser geringen Verlassenschaft gleichwohl die Leich, Doktor und Apothekerkösten bezahlen wolle“[72]. Die abschließende Bemerkung zum Tod des Paradieser Bürgers Leonhard Kerker lautete, „daß er in dem Spital nichts als ein sehr altes Kleid 3 zerrissene Hemeter und 20 x an Geld, wofür eine Heilige Messe geleßen worden, hinterlassen hat.“[73] Die Bürgerin und Witwe Katharina Klingenbergerin hatte „weder ein Testament noch das wenigste an Vermögen hinterlassen und ware im ganzen blutarm.“[74] Die Aufzählung ließe sich lange fortsetzen.

Standen nur irgendwelche nennenswerten Aktiv- oder Passivposten zu vermuten, dann ließ der Magistrat einen „Beschrieb“, eine Inventur anfertigen.

Die Habe des emigrierten französischen Priesters Anton Cok „bestehet in paar alten Röken, einigen Naßtüchern etc. über welche Stüke die enge Sperre angelegt worden.“ Bei diesem nicht als »arm« qualifizierten, wiewohl recht mittellosen Emigranten ergab die Inventur Kleidung für neun Gulden und 22 Gulden Bargeld[75]. Dies dürfte in etwa für das Begräbnis und einige Seelenmessen gereicht haben.

[71]) Ebd., Maria Johanna Forsterin unter dem 2. März 1797.
[72]) Ebd., 17. Juli 1805.
[73]) Ebd., 24. Apr. 1788.
[74]) Ebd., 26. Mai 1788.
[75]) Ebd., 1. Aug. 1798.

Der Nachlaß der sechsundvierzigjährigen Dienstmagd Franziska Buschorin schien abgeschlossen mit der Bemerkung im Sterbeprotokoll: „Vermögen. Seÿe nicht einmal zu Bestreittung der Dokter, Apotheker und Leichkosten hinlänglich, jedennoch will die obgedachte ledige Schwester und Bürgerin dahier die Verlassenschaft sowohl als erwähnte Kösten übernehmen." Dessen ungeachtet folgte ein Inventar. Franziska Buschorins Habe im Wert von 31 Gulden standen Verbindlichkeiten in Höhe von 65 Gulden gegenüber[76)].

»Kein Inventar« bedeutet, der oder die Verstorbene hatte vermutlich sehr wohl materiellen Besitz, der aber aus verschiedenen möglichen Gründen nicht dokumentiert ist. Zum Beispiel wurde vorhandener Nachlaß nicht erfaßt, wenn die Erben erfolgreich auf Exemtion pochten. Ab und zu scheinen Teile der Nachlaßpapiere verlorengegangen oder sind offensichtlich woanders, etwa bei den Gerichtsakten, abgelegt worden.

Schaubild 50: Verhältnis zwischen Nichtinventarisierten, Inventarisierten und »Armen« unter 1248 Sterbefällen 1786-1805

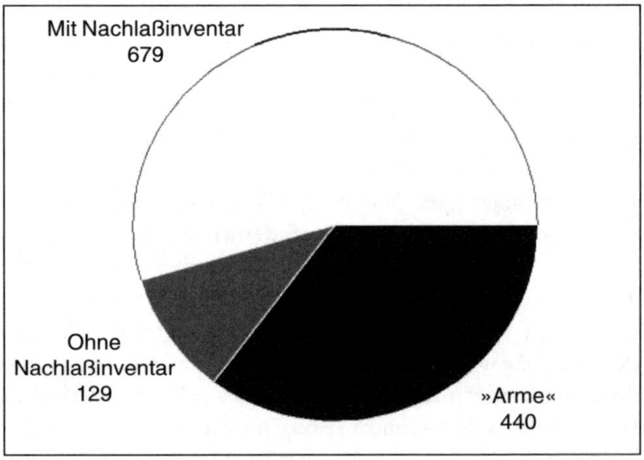

Die folgenden Schaubilder und Tabellen beziehen sich, sofern nicht anders angegeben, immer auf die 1119 Personen, über die entweder ein Nachlaßinventar vorlag oder ein Vermerk, der sie unter die oben definierte Kategorie »arm« einreihte.

6.3.2 Gesamt- und Durchschnittsvermögen

Das Spektrum reichte von knapp 12 000 Gulden Nettoschulden über die 440 »Armen« mit Besitzstand Null bis zu einem Einzelvermögen von fast 120 000 Gulden.

Die Summe der Aktivvermögen betrug	1 573 574 Gulden,
die Summe der Passivvermögen betrug	35 851 Gulden,
ergibt ein Netto-Gesamtvermögen von	1 537 723 Gulden.

Auf den Kopf der Bevölkerung entfielen demnach durchschnittlich 1374 Gulden. Zieht man den Hausbesitz ab, so verringert sich das Durchschnittsvermögen pro Person auf 1078 Gulden.

76) Ebd., 25. März 1803.

6.3.3 Verteilung des Gesamtbesitzes

Die 1119 zwischen 1786 und 1805 in Konstanz aufgenommenen Sterbeprotokolle und Nachlaßinventare, aus denen ein genaues Vermögen zu ermitteln war, geben den jeweiligen Besitzstand des oder der Verstorbenen zum Zeitpunkt des Todes wieder. Der trat in vielen Fällen nach dem Ende der Erwerbstätigkeit oder nach langer Krankheit ein. Eine Statistik zum Vermögen zum Beispiel im fünfzigsten Lebensjahr zeichnete vielleicht ein etwas freundlicheres Bild vom materiellen Besitz[77]. Freilich rückte in einer Untersuchung des Besitzes von Fünfzigjährigen höchstens ein Teil der Unter- in die Mittelschicht auf; der Anteil der Wohlhabenden und Reichen würde sich nicht nennenswert erhöhen.

Wie Stichproben zu ausgewählten Jahren ergaben, erfaßte die Stadtverwaltung ab September 1786 fast alle Erwachsenen, die in den Totenregistern der Pfarreien verzeichnet stehen, wenigstens mit einem Sterbeprotokoll. Erwartungsgemäß fehlt die ansässige Stifts- und die Petershausener Klostergeistlichkeit; ferner eine marginale Menge meist woanders beheimateter Reisender, Vaganten, Adliger, Mönche und Nonnen.

Die folgende auf Nachlässe gegründete Untersuchung schreibt die materielle Lebensbilanz der nicht exempten Bevölkerung von Konstanz am Ende des 18. Jahrhunderts. Sie dürfte den Besitz der erwachsenen Einwohnerschaft im städtischen Rechtsraum insgesamt akzeptabel repräsentieren.

a) Verteilung nach Besitzumfang

Um eine möglichst genaue Vorstellung von der Verteilung des Gesamtbesitzes unter die Konstanzer Bevölkerung zu vermitteln, seien drei unterschiedliche Varianten der Darstellung präsentiert.

In heutigen statistischen Erhebungen gilt üblicherweise als „arm", wer über höchstens 50 Prozent des Durchschnittseinkommens im jeweiligen Land verfügt[78]. Diese Grenzlinie von 50 Prozent ist in der ersten Variante übertragen auf das Durchschnittsvermögen. Die zusätzliche Festlegung, daß eine »Mittelschicht« bis zum doppelten Durchschnittsvermögen reicht, ergibt

Tabelle 51 a) Vermögensverteilung in Konstanz 1786-1805 nach modernem Maßstab[79]

	Personen =	Prozent der	Bevölkerung	Prozent des Vermögens
Oberschicht: 2750 und mehr fl	**120 =**	**11 %**	besaßen	**85 %**
Mittelschicht: 687 bis unter 2750 fl	**138 =**	**12 %**	besaßen	**13 %**
Armut: bis unter 687 fl	**861 =**	77 %	besaßen	**2 %**

[77]) Das Bild fiele nicht *sehr* viel freundlicher aus, siehe Kap. 6.3.3 c).

[78]) Z.B. Frankfurter Rundschau vom 13. März 1992, Schaubild „Armut in der EG".

[79]) StAKN I III. Gesamtvermögen absolut: Armut 30 758 fl; Mittelschicht 206 719 fl; Oberschicht 1 300 246 fl.

Visualisiert sieht diese Tabelle so aus:

Schaubild 51 b) Vermögensverteilung in Konstanz 1786-1805 nach modernem Maßstab

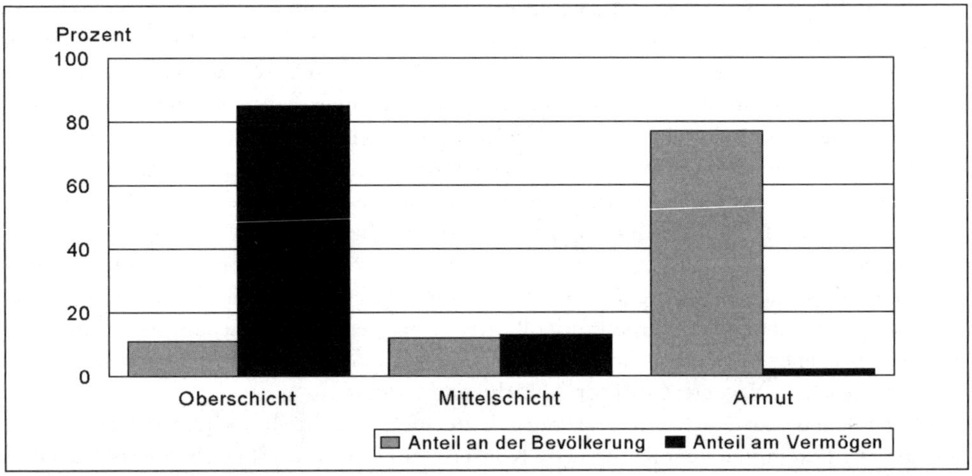

Das von Wehler genannte notwendige Jahreseinkommen einer fünfköpfigen Familie[80] liegt als Grenzwert zur Armut der zweiten Darstellungsvariante zugrunde. Individuelle Armut heißt hier, daß der Gesamtbesitz höchstens ausreichte, um eine fünfköpfige Familie ein Jahr lang halbwegs menschenwürdig zu erhalten. Die anderen Abstufungen sind willkürlich gesetzt.

Tabelle 52: Vermögensverteilung in Konstanz 1786-1805 nach dem Maßstab eines notwendigen Jahreseinkommens[81]

Oberschicht: (5000 und mehr fl)	71 Personen = 6 %	der Bevölkerung
Obere Mittelschicht: (1000 bis unter 5000 fl)	150 Personen = 13 %	der Bevölkerung
Untere Mittelschicht: (200 bis unter 1000 fl)	164 Personen = 15 %	der Bevölkerung
Unterschicht / Armut: (weniger als 200 fl)	734 Personen = 66 %	der Bevölkerung

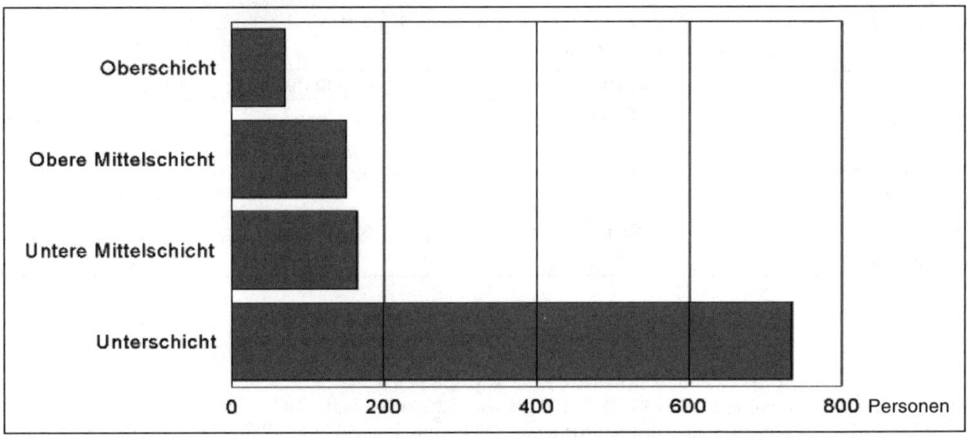

Die dritte Variante basiert auf einem hochoffiziell festgelegten Grenzwert zur Armut aus dem Jahr 1775. Vom Abzug des Normalschulbeitrags enthob die Staatsregierung in Wien „die geringere Verlassenschaften der Unbemittelten, worunter jene zu zählen sind, welche nach Abzug des Schuldenstandes, die Summe von 300 fl nicht übersteigen“[82].

Tabelle 53 zerlegt die Vermögensabstufungen logarithmisierend, das heißt, der Besitz in Gulden verdoppelt beziehungsweise halbiert sich mit jeder Stufe. Die vorgenommenen Abweichungen davon erhöhen die Übersichtlichkeit.

Tabelle 53: Vermögensverteilung in Konstanz 1786 - 1805 nach dem Maßstab der regierungsamtlichen Armutsgrenze[83]

Vermögen in Gulden	Personen Zahl	sind ... Prozent der Bevölkerung einzeln/	aufaddiert	besaßen ... Prozent des Gesamtvermögens einzeln/	aufaddiert
a) Oberschicht:					
50000 - < 120000	4	0,4	0,4	22,0	22,0
25000 - < 50000	5	0,4	0,8	12,3	34,4
12000 - < 25000	13	1,2	2,0	15,1	49,4
6000 - < 12000	34	3,0	5,0	18	67,5
b) Mittelschicht:					
3000 - < 6000	55	4,9	9,9	15,4	82,9
1500 - < 3000	71	6,3	16,3	9,9	92,7
700 - < 1500	71	6,3	22,6	5,1	97,8
300 - < 700	97	8,7	31,3	3,1	100,9
c) Unterschicht:					
100 - < 300	91	8,1	39,4	1,1	102,0
über 0 - < 100	127	11,3	50,8	0,4	102,4
Arm: Vermögen = 0	440	39,3	90,1	0	102,4
Vermögen unter 0	111	9,9	100	- 2,3	100

Tabelle 53 kann schrittweise von oben nach unten gelesen werden:
Nicht ganz ein halbes Prozent der Bevölkerung besaß über ein Fünftel des Vermögens in Konstanz. Nicht ganz ein Prozent der Bevölkerung besaß ein gutes Drittel des Vermögens in Konstanz. Zwei Prozent der Bevölkerung besaßen beinahe die Hälfte des Vermögens in Konstanz. Ein Zwanzigstel der Bevölkerung besaß gut zwei Drittel des Vermögens in Konstanz. Ein Zehntel der Bevölkerung besaß starke vier Fünftel des Vermögens in Konstanz; und so weiter.

[80]) Gesellschaftsgeschichte I, S. 196: 190-200 fl in Württemberg gegen Ende des 18. Jahrhunderts.

[81]) StAKN I III, Inventuren und Teilungen 1786-1805.

[82]) Petzek, systematisch-chronologische Sammlung, I. Abt., III. Bd. (1792), XXXII. Rubrik, Nr. 576, S. 586f, ddo. Wien, 26. Aug. 1775.

[83]) StAKN I III. Kleine Differenzen zwischen einzelnen und aufaddierten Prozentzahlen resultieren aus dem Auf- und Abrunden.

Rein rechnerisch kontrollierten 30 Prozent der Bevölkerung das gesamte Vermögen in der Stadt. Umgekehrt gesehen, erreichten die etwa 70 Prozent der Konstanzerinnen und Konstanzer aus dem unteren Besitzbereich, also die Schuldner, Armen und bis 400 Gulden Besitzenden zusammengenommen, mit ihrem vereinigten Vermögen die Summe Null. Dies rührt daher, daß die fast 36 000 Gulden Passiva der 111 Schuldner auf der Plusseite erst von etwa 250 Kleinbesitzern mit einer Habe bis um 400 Gulden aufgewogen wurden.

Die drei verschiedenen angesetzten Maßstäbe ergeben ein recht einheitliches Bild von der ökonomischen Gliederung der Konstanzer Gesellschaft. Selbst nach zeitgenössischer regierungsamtlicher Definition fielen 68,7 Prozent der zwischen 1786 und 1805 im Konstanzer Rechtsraum Verstorbenen unter die Kategorie »unbemittelt«; zwei Drittel der Stadtbevölkerung gehörten also der materiell deklassierten Unterschicht an. Nach modernen Maßstäben lebten sogar mehr als drei Viertel der Konstanzerinnen und Konstanzer bei ihrem Tod unterhalb der Armutsgrenze.

Die Mittelschicht, am schwersten zu fassen, bestand je nach Blickwinkel aus einem Achtel bis zu einem starken Viertel der Bewohnerschaft. Sechs bis zehn Prozent der städtischen Gesellschaft bildeten die Oberschicht.

Die von Wehler zusammengetragenen Angaben zur jeweiligen Scheidung in Ober-, Mittel- und Unterschicht in zwölf deutschen Städten um 1800 resultieren aus sehr unterschiedlichen Kriterien. Teilweise kombiniert, sind dies Erwerbstätigkeit, Rechtsstatus, Geschlecht, Steuerleistung, Besitz und Jahreseinkünfte. Der Anteil der Unterschicht variiert zwischen „mehr als 36 %" und „ca. 69 %"[84].

Es scheint, als ob einige der von Wehler herangezogenen Studien zu sehr auf die Art der Erwerbstätigkeit oder die Rechtsstellung fixiert gewesen wären und dabei die ökonomische Lage in Handwerk, Kleinhandel und Dienstleistungsgewerbe überschätzt und, auf der anderen Seite, die Zahl der im weitesten Sinne taglöhnenden Männer und vor allem Frauen sowie der von Almosen und in öffentlichen Armenanstalten Lebenden zu gering geachtet haben. Jedenfalls kommen die Arbeiten, die Steuerleistung, Einkommen und Besitz zugrundegelegt haben, auf einen durchweg hohen Unterschichtenanteil von 60 bis 70 Prozent. Am oberen Rand dieses Rahmens liegen auch die ermittelten Konstanzer Ergebnisse; wobei die Ausgaben für Alter und Krankheit die hier präsentierten statistischen Werte ein wenig in Richtung Armut verschoben haben dürften.

Die Verteilung des Besitzes in Konstanz unterstreicht Wehlers Befund, sowohl „der quantitative Umfang als auch die Qualität des Lebenszuschnitts" der „bürgerlichen Mittelschichten" sei „häufig überschätzt worden"[85].

b) Verteilung nach Geschlechtern und Familienstand

Unter den 1248 erfaßten, zwischen 1786 und 1806 in Konstanz gestorbenen Personen waren 512 Männer und 736 Frauen. Das entspricht einem Verhältnis von 100 Männern zu 144 Frauen.

[84] Wehler, Gesellschaftsgeschichte I, Übersicht 4, 5, 6, S. 188f, 193; die Kriterien zu Übersicht 6 in Anm. 86, S. 602.
[85] Ebd., S. 189.

Die 1119 Menschen, deren Besitzstand im Sterbeprotokoll oder Nachlaßinventar vermerkt ist, verteilen sich auf 443 Männer und 676 Frauen; das Verhältnis beträgt 100 Männer zu 153 Frauen.

Die Männer verfügten mit 1825 Gulden über ein fast doppelt so hohes Durchschnittsvermögen wie die Frauen mit 1079 Gulden. Im einzelnen differierten die Anteile an den Vermögensgruppen wie folgt:

Tabelle 54: Vermögensverteilung in Konstanz 1786 - 1805 nach dem Geschlecht

Vermögensgruppe	Anteil unter den Männern in Prozent	Anteil unter den Frauen in Prozent
Oberschicht: (5000 und mehr fl)	8	5
Obere Mittelschicht: (1000 bis unter 5000 fl)	14	13
Untere Mittelschicht: (200 bis unter 1000 fl)	15	14
Unterschicht: (Schuldner/innen, Arme, Kleinbesitz bis unter 200 fl)	63	68
Gesamt:	jeweils 100 Prozent sind 443 Männer	und 676 Frauen.

Prozentual gehörten nur wenig mehr Frauen der Unterschicht an als Männer. Die absoluten Zahlen unterscheiden sich hingegen deutlich: 457 Schuldnerinnen, Armen und Kleinbesitzerinnen standen nur 277 männliche Pendants gegenüber. Der Oberschicht gehörten absolut 37 Männer und 34 Frauen an. Die hohe Differenz beim Durchschnittsvermögen rührt hauptsächlich daher, daß die wohlhabenden und reichen Männer einiges mehr an Vermögen besaßen als die Frauen aus der Oberschicht.

Große Unterschiede entsprangen dem Familienstand. Die 294 Ehemänner und Witwer einschließlich eines Geschiedenen verfügten über durchschnittlich 2638 Gulden; die 136 ledigen Männer dagegen im Mittel nur über 226 Gulden, also nicht einmal den zehnten Teil[86]. 85 Prozent der ledigen Männer hatten Schulden, besaßen nichts oder höchstens 200 Gulden.

Ähnliches zeigt sich bei den Frauen. 426 Ehefrauen und Witwen kamen im Schnitt auf 1591 Gulden Vermögen, die 246 ledigen Frauen auf gerade 210 Gulden; von ihnen gehörten vier Fünftel der Unterschicht an.

Von den 432 »Armen« beiderlei Geschlechts, deren Familienstand bekannt ist, waren 198 oder 46 Prozent ledig - bei einer Ledigenquote von insgesamt 35 Prozent.

Die Ehe stellte demnach ein soziales Vorzugsmerkmal dar. Vermutlich bedingten sich die wirksamen Faktoren gegenseitig: Wer, verkürzt gesagt, mittellos war, konnte nicht heiraten und mußte damit wiederum auf die wirtschaftlichen Vorteile einer Ehe verzichten.

c) Verteilung nach dem Lebensalter

Die vermögendste Teil der hier Untersuchten starb zwischen dem siebzigsten und achtzigsten Lebensjahr. Vor allem die Männer, die von 70 bis unter 80 Jahren starben, erreichten mit je 3331 Gulden Besitz den zweieinhalbfachen Gesamt-Durchschnittswert.

[86]) Für 13 Männer (und 4 Frauen) war der Familienstand unbekannt.

Der Besitz aller zwischen 50 und unter 70 Altersjahren Verstorbenen entsprach genau dem Gesamtdurchschnitt. Wer früher als mit 50 Jahren starb, verfügte mit 1040 Gulden im Schnitt über ein geringeres Vermögen, was von zwei Faktoren bestimmt sein dürfte: einmal vom frühen Tod wegen Armut, zum zweiten erreichten die Betroffenen durch den Abbruch ihres Erwerbslebens nicht den Gipfel des möglichen Vermögensstands.

Erst in der Altersgruppe der ab 80 Jahren Gestorbenen scheint sich ein Verzehr von Erspartem nach dem Ende der Erwerbstätigkeit auszuwirken. Das mittlere Vermögen in dieser Gruppe unterbot jedoch mit 1211 Gulden den Gesamtschnitt von 1374 Gulden nur leicht.

In die Vermögensverteilung nach Altersstufen fließt freilich außer dem - statistisch wirksamen, praktisch freilich nur von einem Teil der Alten nutzbaren - Abbau von Ersparnissen in der Altersruhezeit auch der Umstand ein, daß Wohlhabende länger lebten als Unbegüterte.

d) Verteilung nach dem Rechtsstatus

Tabelle 55: Vermögensverteilung nach dem Rechtsstatus

Vermögen	Anteil unter allen Bürger/innen in Prozent	Anteil unter allen Nicht-Bürger/innen in Prozent
Oberschicht: (5000 und mehr fl)	9	1
Obere Mittelschicht: (1000 bis unter 5000 fl)	19	3
Untere Mittelschicht: (200 bis unter 1000 fl)	18	9
Unterschicht: (Schuldner/innen, Arme, Kleinbesitz bis unter 200 fl)	55	87
Gesamt:	je 100 % sind 745 Bürger/innen	und 374 Nicht-Bürger/innen
Durchschnittsvermögen:	1981 Gulden	165 Gulden

In Konstanz bestand eine deutliche Bindung des Vermögens an das Bürgerrecht. Andererseits beinhalteten beide Gruppen in absoluten Zahlen gleich viele »Arme«. Die Armutsgrenze verlief also quer durch den Rechtsstatus; die Konstanzerinnen und Konstanzer mit den vollen Stadtbürgerrechten stellten die Hälfte der »armen«, mit Schulden oder in dürftigen Verhältnissen lebenden Einwohnerschaft.

123 von 133 Beisassen gehörten der Unterschicht mit höchstens 200 Gulden Besitz an. Die restlichen zehn lagen mit durchschnittlich 381 Gulden Vermögen in der unteren Mittelschicht.

Bei den 49 verstorbenen französischen Emigranten lagen die Verhältnisse noch extremer. Zwei Drittel von ihnen besaßen nur die Kleider auf dem Leib. Nur vier Franzosen können mit ihrem Besitz in die untere Mittelschicht eingeordnet werden. Eine höhere Zuordnung erreichte keiner. Alle in Konstanz gestorbenen französischen Flüchtlinge zusammen hinterließen dort im Mittel je vier Gulden Schulden.

Auch die überwiegende Mehrheit, genau 112 von 132 der in Konstanz gestorbenen »Fremden«, vor allem Dienstmägde, illegal zugezogene Gelegenheitsarbeiter und Durchreisende, zählte zur Unterschicht.

Tabelle 55 verdeutlicht, weshalb die Konstanzer Verwaltung gegen Ende des 18. Jahrhunderts danach trachtete, zugewanderte Nichtbürger aus der Stadt zu werfen, Fremde nach Möglichkeit bereits vor den Toren abzuweisen und 1797/98 auch die Mittellosen unter den französischen Emigranten fernzuhalten[87).

e) Verteilung nach dem Erwerbsbereich

Die Aufstellung über das Vermögen nach Erwerbsgruppen enthält auch zahlreiche Frauen, die über die Profession ihres - eventuell auch verstorbenen - Ehemannes als zum Beispiel »Frau des Schustermeisters ...« oder »Witwe des Kaufherrn ...« definiert sind. Die 889 Inventarisierten, bei denen ein Lebensunterhalt verzeichnet stand, verteilten sich auf 411 Männer, 268 Frauen unter der Profession ihres Mannes und 210 Frauen mit der Angabe einer eigenen Erwerbstätigkeit. Der Unterhalt von 32 Männern und 198 Frauen blieb ungenannt.

Tabelle 56: Vermögensverteilung nach der Erwerbstätigkeit des Haushaltsvorstands[88)]

Erwerbsbereich	Personen Zahl	Vermögen im Schnitt in Gulden	... % der Pers. aus dem Erwerbsbereich gehören zur Oberschicht	Unterschicht
Großhandel/Bank	37	11904	51	16
öffentl. Dienst	94	4321	18	50
Rentiers	9	3890	22	56
Handwerk	241	1226	6	52
Landwirtschaft	80	992	3	39
Dinstleistg./Freiberufe/Einzelhandel	210	840	5	66
keine Ang./Sonstige	241	384	2	78
(Ex-)Militär	17	268	-	82
(Ex-)Geistlichkeit	49	145	-	82
Protoproletariat	24	70	-	96
Pfrund/Almosen	117	- 9	-	99
Gesamt	1119	1374	6	66

In der Gruppe der Kaufleute gehörte die Hälfte nicht zur Oberschicht ab 5000 Gulden Vermögen. Ihre Zahl fiel zwar nicht sonderlich ins Gewicht, doch gab es immerhin einige - und zwar hoch - verschuldete Handelsherren sowie Kaufmannswitwen in allen Stadien der Verarmung.

Im öffentlichen Dienst und bei den Rentiers trieb ein starker Anteil sehr Wohlhabender das Durchschnittsvermögen nach oben.

Tabelle 56 weist auf eine vergleichsweise günstige wirtschaftliche Lage des Konstanzer Handwerks im Ganzen hin. Zwar nicht innerhalb der Gruppe selbst, doch im Vergleich mit den anderen Erwerbsgruppen zeichnete sich das Handwerk durch eine starke Mittelschicht aus. Dennoch kann die Hälfte der vom Handwerk lebenden Menschen in Konstanz der Unterschicht zugerechnet werden.

Die mit Dienstleistungen, in Freiberufen und im Einzelhandel ihren Unterhalt erwirtschaftenden Konstanzer und Konstanzerinnen enthalten die Taglöhner, auch viele waschende Frauen und Krämerinnen. Die Zugehörigkeit zur Ober-, Mittel- und Unterschicht in die-

87) Siehe dazu Kap. 9.1.3 g), Witwe Naglin; GLA 209/1149, Polizeiordnung von 1792, v.a. die Einleitung und diverse einschlägige Paragraphen; Burkhardt in Stadtgeschichte III, S. 407f, 423.

88) Die Einteilung in Ober- und Unterschicht folgt dem Maßstab eines notwendigen Jahreseinkommens wie in Tab. 52.

ser Gruppe entspricht genau dem Gesamtdurchschnitt. Ihr Vermögensprofil fällt gegenüber dem Handwerk deutlich ungünstiger aus.

Die Landwirtschaft stellt die einzige Erwerbsgruppe dar, in der die Mittelschicht überwiegt. Dennoch war auch ein erheblicher Anteil unter den Ackerbürgern des Paradieses und den Petershausener Rebleuten nicht ausreichend begütert.

Die aktiven und pensionierten Soldaten, die in Konstanz starben, waren ökonomisch überaus schlecht gestellt.

Die Zahlen für den Klerus in Tabelle 56 geben ein völlig schiefes Bild wieder, da die eximierte Konstanzer Stiftsgeistlichkeit fehlt und über die Hälfte der hier erfaßten 49 Geistlichen mittellose Emigranten aus Frankreich waren.

Unter die Bezeichnung Protoproletariat fallen Fabrikarbeiter und -arbeiterinnen, verlegte Heimarbeiter und Zulieferer für die Genfer Kolonie; ihre zahlenmäßige Bedeutung lag in Konstanz zwischen 1786 und 1805 noch klar unter jener der Wirtschaftsbürger.

Die Art der Erwerbstätigkeit prädestinierte keineswegs das materielle Vermögen. Nur jeder zweite Konstanzer Kaufmannshaushalt gehörte unter der ökonomischen Meßlatte dem Patriziat an; nur der kleinere Teil der Konstanzer Handwerkerschaft kann zur Mittelschicht gezählt werden. Insgesamt stützt diese nach Erwerbstätigkeiten aufgeschlüsselte Vermögensverteilung das unten gewonnene Ergebnis der ökonomischen Unsicherheit in allen Erwerbsbereichen[89].

6.3.4 Die wohlhabendsten Konstanzer Geschlechter

Die Solidität der folgenden Aufstellung mag etwas problematisch erscheinen, da trotz des Untersuchungszeitraums von 20 Jahren der Zufall wirksam mitspielt: Einige Familien sind mit verstorbenen Ehepaaren doppelt vertreten, andere hatten zwischen 1786 und 1805 vielleicht wenige oder gar keine Todesfälle zu beklagen. Dennoch gibt die Liste einen hilfreichen und in anderen Quellen immer wieder bestätigten Überblick über den Kreis der finanziell herausragenden Konstanzer Familien am Ende des 18. Jahrhunderts.

Die im Paradies mit Grundbesitz begüterte Sippe Martin bildete in der westlichen Vorstadt sozusagen das Akkerbürger-Patriziat.

Vier Männer aus dieser Auswahlliste der 15 reichsten Konstanzer Familien hatten sich erst seit der Mitte des

Tabelle 57: Die 1786-1805 erfaßten vermögendsten Konstanzer Familien[90]

Familienname	erfaßte Personen	Gesamtbesitz in Gulden
Leiner	6	260 295
Barxel	2	94 490
Beutter	2	70 415
Schreiber	4	54 847
Gubelmann	1	47 647
Hauß	1	45 852
Spengler	4	35 311
Harder	2	31 341
Engelhart	2	28 809
Mandel	2	28 182
Schneider	1	26 510
Weltin	1	22 958
Ender	1	22 203
Martin	4	21 564
Hugard	1	20 928
Zusammen	34 Personen mit	811 352 Gulden

89) Kap. 6.14.3.

90) StAKN I III. Kriterium für die Aufnahme ist eine Gesamthinterlassenschaft der Familienmitglieder von mindestens 20 000 fl.

18. Jahrhunderts in der Stadt niedergelassen; ihre Nachlässe stellen ein Zehntel der Gesamtsumme. Je nach Standpunkt kann man diesen Anteil als niedrig oder hoch werten. Die vier finanzkräftigen Neukonstanzer hatten allesamt ins eingesessene Patriziat eingeheiratet: Der Rotgerber, mehrfache Hausbesitzer und Magistratsrat Christoph Engelhart war mit Anna Maria, geborenen Beutterin, verehelicht; die Ehefrauen der Kaufleute Johann Ludwig und Franz Josef Mandel, Maria Elisabetha Haußin und Monika Müllerin entstammten ehrbaren stadtsässigen Familien; Spediteur Josef Hugards Frau Maria Agatha kam aus dem alten Konstanzer Geschlecht der Beer, das von 1550-1726 Ratsmitglieder stellte[91], danach aber an Bedeutung in der Stadt verlor.

6.4 Das Verhältnis der einzelnen Besitztitel zum Gesamtbesitz

Sofern nicht anders angegeben - was nur beim Hausbesitz und bei den landwirtschaftlichen Nutzflächen vorkommt - beziehen sich die folgenden Tabellen und Schaubilder stets auf die Erhebung der Sterbeprotokolle und Nachlaßinventare aus Konstanz zwischen 1786 und 1805[92].

Fast die Hälfte des Vermögens in Konstanz bestand in Form von Geld. Der größte Teil dieses Geldvermögens lag nichtgegenständlich in Kapitalbriefen, Handlungseinlagen, Außenständen und ausstehenden Zinsforderungen vor. Bargeld machte nur einen geringen Teil des Besitzes aus. Gut die Hälfte des Besitzes bestand in Sachwerten. Ein Drittel war in Immobilien, also Häusern und meist landwirtschaftlich genutzten Grundstücken, festgelegt.

Schaubild 58: Größenordnung der Besitztitel[93]

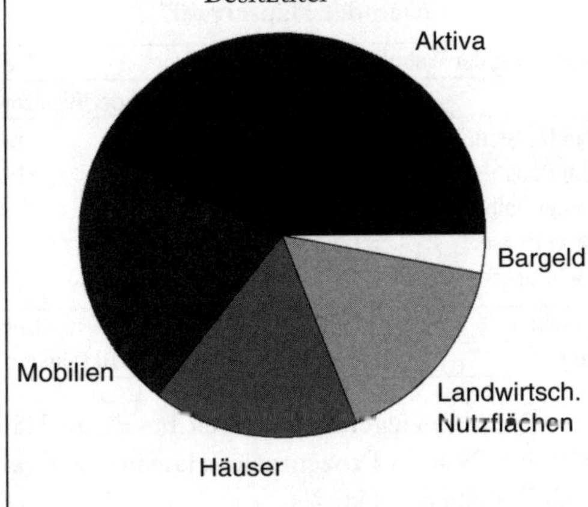

[91]) Otto Leiner, Ratsmitglieder, S. 150.
Zu den Neuhonoratioren siehe Kap. 9.2.2.

[92]) StAKN I III.

[93]) Absolute Zahlen:

Aktiva	876 270 fl	= 43,2 %;
Mobilien	431 737 fl	= 21,3 %;
Häuser	331 002 fl	= 16,3 %;
Landw. Nutzfl.	328 176 fl	= 16,2 %;
Bargeld	61 713 fl	= 3,0 %.
Gesamtsumme	= 2 028 898 fl	

an Aktivvermögen, das wegen Nichtberücksichtigung der Passiva um eine halbe Million fl über dem Netto-Gesamtvermögen von 1 537 532 fl liegt.

[94]) StAKN I III.

6.5 Haus- und Wohnungsbesitz

Schaubild 59: Hausbesitz nach den Sterbeprotokollen und Nachlaßinventaren 1786-1805[94)]

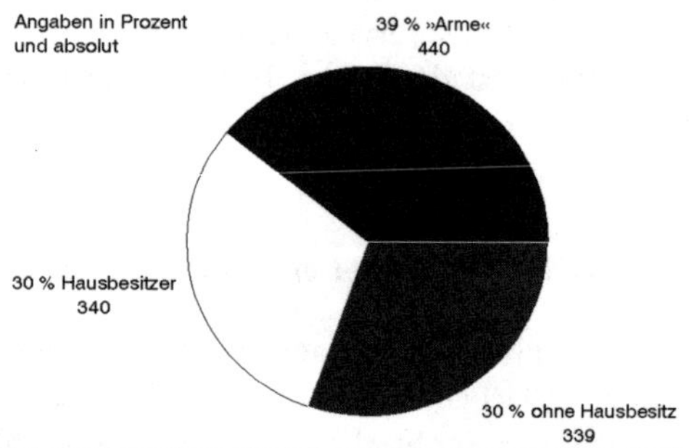

Drei von zehn Konstanzerinnen und Konstanzern verfügten zum Zeitpunkt ihres Todes über Hausbesitz. Verglichen mit anderen Besitztiteln, etwa aus den Bereichen „Hauszierden", Glas und Fayence, aber auch in Relation mit dem Besitz von Fässern und Wein, Produktionsmitteln und Möbeln, erscheint dieser als hoher Anteil.

6.5.1 Die Hausbesitzer und -besitzerinnen

Ein Vergleich der »Hausbesitzerbeschriebe« von 1755 und 1778 zeigt eine recht konstante Menge von privaten Besitzern nicht exempter Wohngebäude im Stadtbann.

Tabelle 60: Weltlicher privater Hausbesitz in Konstanz, nach der Häuserzahl[95)]

Verteilung der Wohnhäuser	1755	1778
	Anzahl der Besitzer	
Ein Hausteil:	12	18
Ein Haus:	407	414
Anderthalb Häuser:	4	8
Zwei Häuser:	60	53
Mehr als zwei Häuser:	13	22
Gesamt	496 Besitzer	515 Besitzer
von	583 Häusern	610 Häusern

Die überwiegende Mehrheit besaß ein Haus oder wenigstens ein Hausteil, um darin zu wohnen. Nur 16 Prozent aller Hausbesitzer verfügten über vermietbaren Wohnraum außerhalb des eigenen Hauses.

Zieht man 1778 die wenigen Personen ab, die Hausbesitz in Konstanz hatten, aber woanders wohnten, so ergibt sich eine Zahl von übereinstimmend knapp 500 ansässigen Konstanzer Hausbesitzern und -besitzerinnen. Von den 950 Haushalten der Gesamteinwohnerschaft lebten somit mehr als die Hälfte in den eigenen vier Wänden.

Diese Zahlen werden exakt vom Seelenbeschrieb für das Jahr 1774 bestätigt. Nach dessen Angaben wohnten 494 der 950 Haushalte in Eigenbesitz:

[95)] GLA 209/1306, »Hausbesitzerbeschreibung« ohne Datum [1755], ohne Verfasser; GLA 209/1221, „Specification" der „steürbahren" und „ohnsteürbahren" Gebäude, Kommission Hauk, 23. Juni 1778. 1778 weitere Besitzer/innen von anderen als Wohngebäuden.

Tabelle 61: Eigentümer der Wohnstätten nach dem Konstanzer Seelenbeschrieb 1774 [96]

Eigentümer	Quartiere 1	2	3	4	5	6	ganze Stadt
Eigenbesitzer ihrer Wohnstätte	105	120	124	89	47	9	494
in Prozent *)	**70**	**42**	**47**	**61**	**92**	**18**	**52**
Andere natürliche Personen, ohne Geistliche	37	70	69	38	2	17	233
in Prozent *)	**25**	**24**	**26**	**26**	**4**	**34**	**25**
Geistliche Institutionen und Personen, i.d.R. exempte Wohnstätten	1	68	53	2	-	19	143
in Prozent *)	**-**	**24**	**20**	**1**	**-**	**38**	**15**
Stadt Konstanz und städtische Ämter einschließlich Spital	8	28	16	15	2	3	72
in Prozent *)	**5**	**10**	**6**	**10**	**4**	**6**	**8**
Keine Angabe und nicht zu erschließen	-	3	-	3	-	2	8
in Prozent *)	**-**	**1**	**-**	**2**	**-**	**4**	**1**
Gesamtzahl der Haushalte	151	289	262	147	51	50	950
in Prozent	**6**	**30**	**28**	**15**	**5**	**5**	**100**

*) ... der Wohnstätten = Haushalte im Quartier bzw. in der Stadt.

Über die Hälfte der Konstanzer Haushalte lebte 1774 in der eigenen Wohnung. Ein Viertel wohnte zur Miete. 15 Prozent des Wohnraums waren in geistlichem Besitz[97]. Jede 13. Wohnung gehörte der Stadt oder einer kommunalen milden Stiftung; davon entfielen lediglich 15 Wohnstätten oder anderthalb Prozent allen bezogenen Wohnraumes auf die Spitalstiftung.

Eigenbesitz an Wohnraum war besonders stark vertreten in der Ackerbürgervorstadt Paradies und im ersten Quartier um die Marktstätte, wo die Tradition der alten „Bürgerstadt" offenbar bis ins 18. Jahrhundert fortdauerte[98]. Geistliche Häuser und Wohnungen lagen konzentriert im zweiten und dritten Quartier, wo das Domkapitel und die Nebenstifte St. Stephan und St. Johann ihren Immobilienbesitz um die Kirchen arrondiert hatten, und auch in der rechtsrheinischen Vorstadt Petershausen, wo das Reichsstift einige Häuser besaß. Überproportional hoher Wohnungs - Eigenbesitz findet sich auch in der Kreuzlinger Vorstadt, dem Quartier der ärmeren Einwohner, wo auch die Stadt und die milden Stiftungen etwas überdurchschnittlich am Hausbesitz beteiligt waren.

Um die in der Realität vielfältigen Wohn-Besitz-Verhältnisse im letzten Drittel des 18. Jahrhunderts typisierend zusammenzufassen: Zugezogene Erwerb Suchende und ab 1785 die Immigranten wohnten zur Miete, kommunale und kirchliche Angestellte vom Syndikus des Domkapitels bis zum Turmbläser häufig in städtischen und exempten Diensthäusern, Pfründer, Kranke und Alte im Spital, Gesinde wohnte bei der Herrschaft. Die Mehrheit der

[96]) StAKN A V 2. Grundeinheit sind Haushalte bzw. Wohnungen. Nicht berücksichtigt sind die Kollektivhaushalte Spital und Klöster. Die Rubrik „Keine Angabe / nicht zu erschließen" konnte durch Heranziehen des »Hausbesitzerbeschriebs« 1778 (GLA 209/1221, 23. Juni) von 33 auf 8 Haushalte reduziert werden.

[97]) Vgl. Tab. 3: 104 von 816 *Häusern* = knapp 13 % gehörten dem Domkapitel, dessen Kollegiatstiften und Petershausen, waren daher unstrittig exempt.

[98]) Rudolf Seigel, Die Entstehung einer Stadt: Konstanz, in: Ders., H. Burkhardt, A. Jung, G. Noetzel, Damals und heute, Geschichte für Hauptschulen, 7. Schuljahr, Stuttgart 1984, S. 75.

einheimischen, seit mindestens einer Generation ortsansässigen Konstanzer lebte im eigenen Haus. Bei der Minderheit länger eingesessener Wohnraummieter fanden sich besonders viele alleinstehende Frauen.

Ein Vergleich mit heutigen Zahlen unterstreicht den hohen Anteil von Eigenbesitz am Wohnraum im alten Konstanz. 1987 galten 38 Prozent aller Privathaushalte in der Bundesrepublik Deutschland als „Eigentümerhaushalte“[99]. 1991 wurde die Eigenbewohnungsrate in Baden-Württemberg mit 45 Prozent aller Wohnungen ausgewiesen, die entsprechende Quote für das ganze Bundesgebiet lag bei ungefähr 40 Prozent[100]. Dabei liegt der Wohnungseigenbesitz in der Bundesrepublik Deutschland mit Abstand an der Spitze vergleichbarer Staaten der Europäischen Gemeinschaft[101].

Tabelle 62: Geschlecht der Konstanzer Hausbesitzer/innen[102] in Prozent

Geschlecht	1755	1778	1786-1805
Männer:	73,2 (77,4)	74,1 (77,4)	45,3
Frauen:	21,4 (22,6)	21,6 (22,6)	54,7
„Kinder“/“Erben“:	5,4	4,2	
Besitzerzahl absolut:	496	518	340

In Klammern ist die prozentuale Verteilung auf Männer und Frauen unter Ausschluß der Kinder und Erben angegeben.

Die Hausbesitzerlisten von 1755 und 1778 stellen eine Art Momentaufnahme dar, ihre Grundlage sind Häuser und deren Besitzer. Die ausgewerteten Nachlaßinventare reichen über einen Zeitraum von 20 Jahren, ihre Grundmenge bilden alle in dieser Zeit Gestorbenen. Der aus den Inventaren resultierende weitaus höhere Frauenanteil unter den Hausbesitzern rührt zum einen vom generellen Frauenüberschuß her: 443 inventarisierten und »armen« Männern standen entsprechende 676 Frauen gegenüber. Gleichwohl wies von diesen 443 Männern ein starkes Drittel Hausbesitz auf, unter den 676 Frauen mit Nachlaßaussage befand sich dagegen nur ein gutes Viertel Hausbesitzerinnen[103].

Ferner reflektiert die rechte Spalte von Tabelle 62 die unterschiedliche Lebenserwartung der Geschlechter; kurz gesagt, pflegten die Frauen ihre Männer zu überleben und gingen damit häufiger als Hausbesitzerinnen in die Nachlaßakten ein.

Der 1755 und 1778 punktuell festgehaltene Hausbesitz von Männern und Frauen weist ein konstantes Verhältnis auf. Die Quote der Hausbesitzerinnen liegt leicht unter der von Frauenhaushalten[104]; diese wohnten demnach etwas seltener in Eigenbesitz als Haushalte mit männlichem Vorstand.

[99]) Statistisches Bundesamt (Hg.) Statistisches Jahrbuch 1991 für das vereinigte Deutschland, Wiesbaden 1991, Tab. 3.13, S. 70: 26218000 Privathaushalte 1987 in der BRD »alt«; Tab. 10.12, S. 249: 9 948 852 „Eigentümerhaushalte“ ebd. 1987.

[100]) Frankfurter Rundschau, 23. Apr. 1991, Schaubild „Die eigenen vier Wände“. Werte nur je für die 10 »alten« Bundesländer plus „Berlin“ angegeben; vom Autoren dieses, gewichtet nach Einwohnerzahlen, auf das Bundesgebiet (1949-1990) hochgerechnet.

[101]) The Independent on Sunday (Business Section), 9. Aug. 1992, S. 10, Graph: Little to rent. Private sector as % of all housing.

[102]) 1755, 1778 wie Anm. 95; StAKN I III, 1786-1805.

[103]) 154 Männer = 34,8 %; 186 Frauen = 27,5 %.

[104]) Siehe Kap. 8.2.3, 1774: 72 % Männer- und 28 % Frauenhaushalte; dasselbe in Kap. 9.1.2, Tab. 135.

Tabelle 63: Gebäudebestand in Konstanz 1778, nach der besitzenden Institution unterschieden[105)]

Besitzende Institution	Wohnhäuser		Scheunen + Ställe	Weitere Gebäude	Gebäude gesamt		Wert im Mittel
	Zahl	Prozent	Zahl	Zahl	Zahl	Prozent	Gulden
Privat	610	76 %	93	9	712	73 %	437
Stadt/Staat	58	7 %	22	46	126	13 %	1065
Kirche	138	17 %	4	1	143	15 %	(?)
Gesamt	806	100 %	119	56	981	100 %	

806 Wohnhäuser sind die vollständige Menge. Sie decken sich weitgehend mit den 816 Häusern aus dem Seelenbeschrieb 1774, da auch einige Stadttürme, hier unter »weitere Gebäude« aufgelistet, bewohnt waren[106)].

Die vorderösterreichische Administration beanspruchte bei der Zählung 1778 auch 17 Gebäude geistlicher Personen für den Konstanzer Gerichtsbezirk. Da die Konstanzer Stiftsgeistlichkeit die Exemtion solcher Häuser im Zweifelsfall aber sehr erfolgreich durchsetzen konnte[107)], seien diese Gebäude getrost dem ansonsten institutionellen Kirchenbesitz zugeschrieben.

Zusammen war 1778 jedes siebte Gebäude und mit 17 Prozent jedes sechste Konstanzer Wohnhaus in geistlichem Besitz und damit der städtischen Gerichtsbarkeit entzogen. Dieser Wert deckt sich mit dem fünfzehnprozentigen Anteil des geistlichen Besitzes am Wohnraum in der Stadt 1774, wie ihn Tabelle 61 ausweist.

In Konstanz standen im 18. Jahrhundert weniger kommunale als klerikale Gebäude. Die Zahl der Wohnhäuser in geistlichem Besitz übertraf die im städtischen Eigentum um weit mehr als das Doppelte.

Die aufgelisteten 119 Scheunen und Stallungen geben nur einen Teil des tatsächlichen Bestands in Konstanz wieder, da der Kanzleibeamte Franz Anton Rosenlächer für die ganze Vorstadt Paradies nur zwei Scheunen und keinen Stall gesondert verbuchte. Folglich müssen wohl noch 50 bis 100 Landwirtschaftsgebäude hinzuaddiert werden, womit die Stadt auf etwa 200 landwirtschaftlich genutzte Bauten käme; das ist ein Fünftel der gesamten Bausubstanz. Der Konstanzer Gebäudebestand im 18. Jahrhundert zeigt demnach das Profil einer Ackerbürgerstadt mit Viehhaltung und verbreiteter Gemüsegartenwirtschaft nicht nur im Paradies, wo diese im Erwerb betrieben wurde.

105) GLA 209/1221, „Specification", 1778 wie Anm. 95. *Weitere Gebäude*: Wach- und Waschhäuser, Stadttore und -türme u.dgl., Kaufhaus, Rheinmühle, Rathaus, Schulen, Zeughaus. *Staatlicher Besitz*: je 1 Scheune und Stallung der Exjesuitenadministration; das Josefinische Lyzeum, ehemals Jesuitengymnasium; das k.k. Zeughaus. Fast kein *kirchliches* Gebäude mit Wertangabe versehen, ein Mittelwert erübrigt sich daher.

106) Ausführlicher Abgleich in Kap. 3.2.2 a).

107) Siehe Kap. 2.1. Der genannte Anspruch der vö. Administration ist durch die Wertschätzung der betreffenden Häuser in Gulden angezeigt.

108) GLA 209/1221, „Specification" 1778 wie Anm. 95; hinzu kommen sechs private und drei städtische Gebäude

6.5.2 Der Wert des Hausbesitzes

Der Gesamtwert des privaten Gebäudebesitzes wurde in der Liste von 1778 mit zusammen 309 979 Gulden angegeben, die städtischen Gebäude auf zusammen 129 200 Gulden veranschlagt. Verglichen mit der Hinterlassenschaft Johann Georg Leiners in Höhe von fast 120 000 Gulden und mit dem Gesamtvermögen der Spitalstiftung, das 1784 auf über 426 000 Gulden beziffert wurde, erscheint der kommunale Konstanzer Hausbesitz bescheiden, zumal er die Gebäude sämtlicher Stiftungen wie etwa des Spitals einschließt[108)].

Bemerkenswerterweise unterboten 1778 nur sieben Prozent der Privathäuser einen Wert von 100 Gulden, nur ein Drittel lag unter 300 Gulden. Die breite Masse der Häuser in Privatbesitz, 41 Prozent, wurde zwischen 300 und 700 Gulden wertgeschätzt. Jedes fünfte Privatwohnhaus fiel in den Bereich zwischen 700 und 1500 Gulden. Eine hohe und dünne Spitze von 20 Privatgebäuden erreichte 1500 bis unter 3000 Gulden. Das Stadthaus des Kreistruppengenerals Graf Karl v. Wolfegg wurde auf 3000 Gulden veranschlagt, der Gasthof zum goldenen Adler an der Marktstätte mit 4000 Gulden eingetragen. Einen weit jenseits des Normalmaßes liegenden und daher etwas befremdlichen Spitzenwert erreichte das auf 6000 Gulden geschätzte Haus des Kaufmanns und Stahlhändlers David Bachmann, über dessen Nachlaß leider kein Inventar vorliegt[109)].

Abgesehen von den einheitlich auf 30 Gulden gesetzten neun Wasch- und vier Wachhäusern lagen 1778 nur wenige städtische Gebäude unter 100 Gulden Wert. Ein knappes Drittel war zwischen 100 und 300 Gulden wert, ein weiteres Fünftel zwischen 300 und 700 Gulden. In diesen Bereich von 100 bis unter 700 Gulden fielen fast alle der Spitalstiftung und den anderen milden Stiftungsämtern eigenen Wohnhäuser; das typische stadteigene Wohnhaus war demnach eine Stufe minderwertiger als ein mittleres Privatwohngebäude.

Bei den 20 städtischen Bauten im Wert von über 1500 Gulden handelt es sich durchweg um Sondergebäude. Auf über 3000 Gulden geschätzt waren der Kreuzlinger Torturm mit 3070 Gulden; der innere Paradieser Torturm mit 3160 Gulden, der auch als Gefängnis diente[110)]; das Kornhaus mit 4000 Gulden, in dessen oberem Stockwerk die Spitalstiftung Amtsräume belegte und auch die Normalschule eingerichtet war, zu „ebener Erde aber wird der Fruchtverkauf gehalten“[111)]; die Stadtkanzlei mit 4000 Gulden, die bereits im 18. Jahrhundert alle Funktionen eines Rathauses in sich vereinigte[112)]; das Bürgerspital an der Marktstätte, das allein ohne Nebengebäude für 5000 Gulden wert erachtet wurde; das 1733 umgebaute, als öffentliches Allzweckgebäude genutzte Rathaus am Fischmarkt, gleichfalls auf 5000 Gulden geschätzt, wo Festlichkeiten stattfanden, das als Ausweichquartier der vorderösterreichischen Regierung und als Kaserne diente[113)]; der Rheintorturm mit 5030 Gulden; das Haus „zum weißen Pfau“ mit 10 000 Gulden, 1753/54 erbautes Dienstgebäude des ab 1770 fest in Kon-

ohne Wertangabe, die am Durchschnittswert der anderen auf zusammen ca. 2500 bis 3000 bzw. ca. 3000 fl Wert anzusetzen wären. StAKN I III, J. G. Leiners Inventar unter dem 14. Okt. 1799; Spitalvermögen in StAKN A I 28a, Leiner/Bickel, S. 265.

109) Vgl. dazu Kap. 6.2.1, v.a. den Schluß. Durchschnitts- und Einzelgebäudewerte hier und im folgenden Absatz: „Specification“ 1778, wie Anm. 95.

110) Burkhardt in Stadtgeschichte III, S. 341.

111) GLA, HfK Hd 47 rot, „Ausweißung“, Nr. 5 (Karte Johann Baptist v. Loobs, fertiggestellt 1800).

112) Positiver Beleg in GLA 209/519, Schreiben Sthm. Fuggers an die Landesregierung, 30.3.1789. Ansonsten findet sich in der 2. Hälfte des 18. Jhs. stets die Kanzlei, nie das Rathaus, als Ort der städtischen Verwaltung in den Akten.

113) Burkhardt in Stadtgeschichte Bd. III, S. 318, 399, 429, 438; GLA, HfK Hd 47 rot, „Ausweißung“, Nr. 4.

stanz residierenden Stadthauptmanns in der heutigen Hussenstraße[114]; das Kaufhaus mit 20 150 Gulden; und schließlich die immer wieder umgebaute und reparierte Rheinmühle mit 30 000 Gulden. Der Wert der Rheinmühle alleine machte also ein Viertel des städtisch Konstanzischen Gebäudebesitzes aus. Das verdeutlicht, weshalb die Drohung, die Rheinbrücke samt Mühle anzuzünden, als ein bei allen Kriegsparteien zwischen 1796 und 1799 beliebtes Mittel mehrfach dazu diente, der Stadt schwer erfüllbare Kontributionsleistungen abzupressen[115].

Der weltliche private Hausbesitz in Konstanz war breit und gleichmäßig gestreut. In der Peräquationssteuerliste von 1778 zum Beispiel steht acht Mal der Nachname Burkhart mit jeweils einem Haus Besitz[116]; das dürften alle Haushalte unter diesem Namen in der Stadt gewesen sein, da die Familie ansonsten nicht durch übermäßige Verbreitung in Konstanz auffiel. Der Mangel an Hausakkumulation drückt sich auch darin aus, daß 1778 der mittlere Wert je Haus und der mittlere Wert des Hausbesitzes je Person recht nahe beieinander lagen[117].

Schaubild 64: Wert des Konstanzer Privat-Hausbesitzes je Besitzer/in 1778 u. 1786-1805[118]

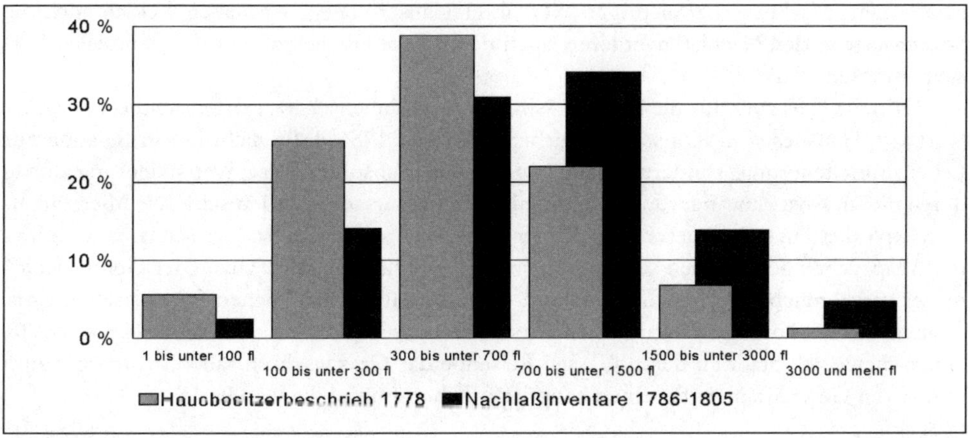

[114]) Burkhardt in Stadtgeschichte III, S. 335.

[115]) Ebd., S. 360f, 425, 430, 433.

[116]) GLA 209/1221: Anton, Chrisostomus, Dominik, Heinrich, Ignaz, Mathias, die Witwen Johannes' und Konrads, Nr. 44 (Steinhütte), 191, 201, 254, 426, 436, 481, 506, 666.

[117]) Wert je Privatgebäudekomplex (d.h. ein Haus, ein Haus mit Nebengebäuden oder, selten, ein Nebengebäude allein) 1778 im Mittel 488 fl; Hausbesitz je Privatbesitzer/in 1778 = 600 fl.

[118]) 1778 wie Anm. 95. StAKN I III, 1786-1805.

Absolute Zahlen:	Besitzer 1778		Besitzer 1786-1805	
Intervalle in fl	Zahl	Prozent	Zahl	Prozent
Ohne Wertangabe:	2	0,4	-	-
1 bis unter 100:	29	5,6	8	2,4
100 bis unter 300:	131	25,3	48	14,1
300 bis unter 700:	201	38,8	105	30,9
700 bis unter 1500:	114	22,0	116	34,1
1500 bis unter 3000:	35	6,8	47	13,8
3000 bis incl. 6000:	6	1,2	16	4,7
Gesamt:	**518**	**100**	**340**	**100**

Eine deutliche Wertverschiebung nach oben ist zu verzeichnen. Stellte 1778 noch der Hausbesitz von 300 bis 700 Gulden den zahlenmäßig stärksten Anteil, so lagen 1786-1805 die meisten Hausbesitzer und -besitzerinnen in der nächsthöheren Intervallstufe von 700 bis 1500 Gulden.

Entsprechend betrug der durchschnittliche Wert des Hausbesitzes pro Person 1778 genau 600 Gulden, in den Nachlaßinventaren 1786-1805 mehr als das anderthalbfache, nämlich 974 Gulden.

Drei Gründe für diesen erklecklichen Unterschied nach einer recht kurzen Zeitspanne bieten sich an. Erstens unterlag Hausbesitz nicht der schleichenden Geldentwertung, konnte also nach einigen Jahren nominell höher bewertet werden. Fraglich erscheint jedoch, ob der Faktor Inflation von den vereidigten Häuserschätzern berücksichtigt wurde; falls dies geschah, so gewiß nicht auf der Grundlage mathematisch-statistischer Berechnungen. Ein wertbeständiges Haus für 600 Gulden im Jahr 1778 hätte, mit den Teuerungsraten aus Tabelle 29 verrechnet, im Mittel der Jahre 1786 bis 1805 einen Wert von lediglich knapp 900 Gulden erlangt.

Zweitens werden die meisten Hausbesitzer der Peräquationskommission 1778 einen gemessen am Marktwert zu niedrigen Wert ihrer Häuser angegeben haben. Doch auch die Schätzwerte in den Nachlaßinventaren lagen deutlich, teilweise kraß, unter eventuellen Versteigerungserlösen[119)].

Drittens, dies auch für die zeitgenössischen Immobilienschätzer offensichtlich, stieg der Wert von Hausbesitz in Konstanz zwischen 1778 und 1786/1805 nicht nur in Relation zur Lebensmittelteuerung, sondern darüber hinaus auch absolut. Diese Wertsteigerung dürfte durch die massive Zuwanderung ab dem Jahr 1785 verursacht worden sein. Die Mieteinnahmen explodierten, wobei dieser Begriff hier zutreffend verwendet ist: Der Mietzins für höheren Ansprüchen genügenden Wohnraum verdoppelte sich mit dem Zuzug der Genfer Kolonie, er verzehnfachte sich noch einmal mit der Ankunft der zahlreichen französischen Emigranten. Billige Absteigen werden sich entsprechend verteuert haben. Die vorher verödete, „menschenleere“ Stadt, in deren Gassen Reisende das Gras wachsen sahen, wurde gar zum attraktiven Geschäftsplatz für einen hauptberuflichen Immobilienhändler[120)].

[119)] Siehe Kap. 6.2.2, Versteigerungserlöse bei Häusern.
[120)] Siehe Kap. 3.3.6 und Kap. 10.6.

Tabelle 65: Wert der Gebäudekomplexe nach Quartieren 1778
(nur Privatgebäude in weltlichem Besitz)[121]

Stadtviertel	Gebäudekomplexe Zahl	Wert je Gebäudekomplex im Mittel	
		Gulden	Index
1. Quartier:	140	579	119
2. Quartier:	155	600	123
3. Quartier:	158	517	106
Kreuzlinger Vorstadt:	127	261	54
Vorstadt Paradies:	44	401	82
Vorstadt Petershausen:	13	357	73
Gesamtstadt:	637	488	100

Das zweite Quartier erstrahlt wegen eines statistischen Ausreißers als Wohngebiet mit den wertvollsten Häusern: Wäre David Bachmanns Haus samt Scheune und Stallung in diesem zweiten Quartier nicht auf 6000 Gulden gesetzt, sondern nur mit 1000 Gulden eingetragen worden, so läge der mittlere Hauswert hier bei 567 Gulden, ganz im Rahmen des vom ersten und dritten Quartier gesteckten Kernstadtniveaus.

Die Aufstellung zeigt einen beachtenswerten Unterschied zwischen den ersten drei Quartieren, welche die Kernstadt bildeten, und den drei Vorstädten, darunter vor allem der Kreuzlinger Vorstadt. Die »Prächtigkeitsdifferenz« zwischen den Konstanzer Wohnvierteln fiel in der Realität sicher noch höher aus, wenn man sich im zweiten und dritten Quartier die wohlgebauten Domherrenhöfe und Chorherrenhäuser dazudenkt. Die kleinen Häuser in den engen Gassen der Niederburg drückten sichtlich den Durchschnitts-Gebäudewert im dritten Quartier.

Das Vermögen der Paradieser lag offenbar nicht in ihren Häusern fest. In der Vorstadt Paradies häufte sich der Besitz halber Wohngebäude. Tabelle 65 verweist darauf, die ökonomische Lage der Paradieser Ackerbürger nicht zu günstig einzuschätzen.

Der Wert aller 1778 geschätzten städtischen und privaten Gebäude ohne Scheunen und Ställe betrug im Mittel 611 Gulden[122]. Mit Beginn des Jahres 1792 war Konstanz in die Breisgauische Landständische Feuerversicherung aufgenommen worden. In Anschlag kamen 739 private und städtische Gebäude mit einem Kapitaläquivalent von 536 000 Gulden, durchschnittlich also 725 Gulden Versicherungswert je Gebäude. Diese Häuser dürften sich weitgehend mit jenen im Jahr 1778 von der Kommission Hauk geschätzten gedeckt haben; so setzte die Feuerversicherung bei der Neubewertung Konstanzer Häuser faktisch einen rund einprozentigen jährlichen Realwertverlust des Geldes an[123].

[121]) „Specification“ 1778 wie Anm. 95. »*Gebäudekomplex*« bezeichnet ein Haus oder Hausteil allein, ein Haus mit Nebengebäuden (Scheune, Stallung) oder, 21mal, Nebengebäude allein.

[122]) „Specification“ 1778, wie Anm. 95: Wertsumme 437 139 fl, dazu weitere drei ohne Wertangabe.

[123]) Feuerversicherung: StAKN A I 28a, Leiner/Bickel, S. 285; Ph. Ruppert, Beiträge Heft 4, S. 54. Vgl. Tabelle 29 in Kap. 5.1.4: Die Inflationsrate stieg just in diesen 14 Jahren mit 2,1 % p.a. recht hoch, langfristig lag sie jedoch im 18. Jh. bei 1 %, welche Quote aufmerksamen Zeitgenossen durchaus bewußt gewesen sein mag. Vielleicht schlug sich auch der vielfach erwähnte Renovierungsboom seit 1785 im Wertansatz nieder.

6.6 Landwirtschaftliche Nutzflächen

Die Aufnahme der Immobilien folgt der Unterteilung der Quellen in Häuser, Gärten, Wiesen, „Krautgartenfelder", „Reeben" und Äcker.

Weiter sind hier als immobile landwirtschaftliche Nutzflächen Obstbäume auf dem Brühl, Fischenze und »Streueteile« aufgenommen. „Streü- oder Rohrteile, welche an dem Rhein, und in den Wassergräben wachsen, und dem s.v. Vieh unterzustreüen dienen", brachten wie die Fischenzen geringen Ertrag und hatten im Verhältnis dazu hohe „onera" darauf lasten[1]. Ihre Bedeutung für den Immobilienbesitz bleibt daher untergeordnet.

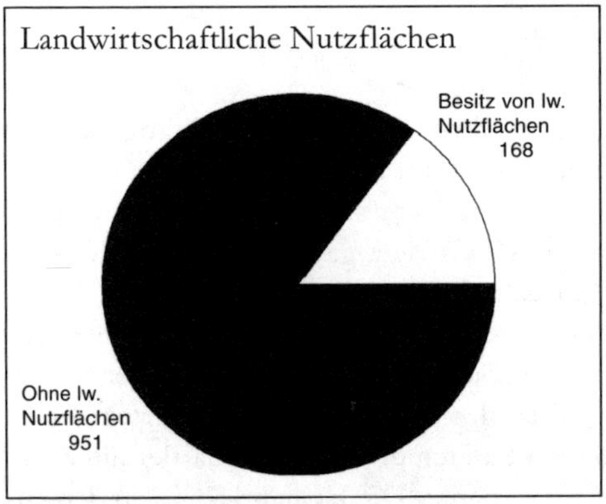

Tabelle 66: Wert des Besitzes landwirtschaftlicher Nutzflächen 1786-1805[2]

Besitzspanne	Personen Zahl	Prozent	Durchschnittswert je Nachlaß
Ohne lawi. Nutzflächen:	951	85,0	—
1 bis unter 100 fl:	20	1,8	35 fl
100 bis unter 300 fl:	14	1,3	165 fl
300 bis unter 700 fl:	19	1,7	508 fl
700 bis unter 1500 fl:	43	3,8	1059 fl
1500 bis unter 3000 fl:	33	2,9	2179 fl
3000 fl und darüber:	39	3,5	4839 fl
Gesamt:	1119	100	293 fl
Alle mit lw. Nutzflächen:	168	15	1953 fl

15 Prozent der Konstanzer Bewohnerschaft besaßen landwirtschaftlich nutzbare Flächen einschließlich Gemüse- und Baumgärten in der Stadt, Fischenzen, Bäumen und sogenannten Streueteilen. Dabei fällt die geringe Verbreitung von Kleinbesitz an Grund und Boden auf. Der Tabellenhälfte von 700 Gulden Grundbesitz an aufwärts gehörten mehr als doppelt so viele Personen an als der Hälfte unter 700 Gulden. Entsprechend hoch, bei fast 2000 Gulden, lag der durchschnittliche Wert landwirtschaftlicher Nutzflächen je Besitzer und Besitzerin.

Verglichen mit dem Hausbesitz erscheint das Eigentum an Grund und Boden in Konstanz exklusiver: nur halb so häufig vorhanden, aber doppelt so wertvoll.

Krautgartenfelder wurden, auch wenn sie außerhalb der Vorstadt Paradies lagen, ausschließlich den Konstanzer Ackerbürgern, den „Paradiesern" und „Paradieserinnen" zugeordnet. Umgekehrt definierten die zeitgenössischen Kanzlisten alle, die sich mit dem Bewirtschaften von Krautgärten ernährten, als „Paradieser", auch wenn sie in der Kernstadt oder in der Kreuzlinger Vorstadt wohnten.

Die Flächen sind meist in Jauchert angegeben. Bei den Krautgartenfeldern, zentraler Besitz und begehrte Erwerbsgrundlage der Paradieser Krautgärtner, fand ab den 1790er Jahren zunehmend das wesentlich genauere, doch etwas ungewöhnliche Maß Quadrat-Halbklafter, 4096 auf ein Jauchert, Verwendung[3]. Die beiden Flächenmaßstäbe sind hier einheitlich in

[1] GLA 209/1222, Bericht Sthm. Damianis an die Landesregierung in Sachen Peräquationssteuer, 27. Dez. 1786.
[2] StAKN I III.
[3] Siehe Kap. 2.2.

Jauchert umgerechnet, woher die vielen Stellen hinter den Kommata in der Spalte »Fläche in Jauchert« rühren.

Tabelle 67: Preise für die landwirtschaftlichen Nutzflächen „Krautgartenfelder“, „Reeben“ und Äcker je Flächeneinheit[4)]

Pentade	Fläche in Jauchert	Schätzwert in Gulden	Schätzwert pro Jauchert in fl	qm in xr
A) „Krautgartenfelder“				
1786-1790	32,1536	22 506	700	12,4
1791-1795	43,9847	30 692	698	12,3
1796-1800	34,5186	24 358	706	12,5
1801-1805	36,6387	24 445	667	11,8
1786-1805	147,2956	102 001	692	12,2
B) „Reeben“				
1786-1790	50,000	30 450	609	10,7
1791-1795	44,125	26 672	604	10,7
1796-1800	63,875	38 971	610	10,8
1801-1806	37,500	26 215	699	12,3
1786-1805	195,500	122 308	626	11,0
C) Äcker				
1786-1790	19,3130	4 851	251	4,4
1791-1795	25,2500	5 205	206	3,6
1796-1800	20,0000	5 884	294	5,2
1801-1805	12,7136	3 342	263	4,6
1786-1805	77,2766	19 282	250	4,4

Die Getreideproduktion in Konstanz hatte eine wesentlich geringere Bedeutung für den privaten Erwerb als der Gemüse- und Weinbau. Die nachgelassenen Flächen kann man wohl als hinreichend repräsentativ für den bürgerlichen Besitz nehmen; demnach kamen auf ein Jauchert Ackerboden zwei Jauchert Krautgartenfeld und zweieinhalb Jauchert Weinberge. Diese Verhältnisse bestätigt Tabelle 69, »Landwirtschaftliche Nutzflächen im Stadtbann«, in der beim Besitz der Bürger und Beisassen das ungefähre Verhältnis ein Jauchert Acker zu zwei Jauchert Weinreben zu drei Jauchert Krautgärten ausgewiesen ist.

In einer Sitzung auf der Stadtkanzlei im Frühjahr 1786 sollten Stadthauptmann v. Damiani und Vertreter der Bürgerschaft Kriterien festsetzen für den steuerlichen Anschlag von Immobilienbesitz und von landwirtschaftlichen Erträgen, um damit die „in Peräquazionssachen“ verlangten „Rustical- und Dominicaltabellen“ einheitlich und gerecht ausfüllen zu können. Aus dem Zusammenhang des etwas chaotischen Protokolls wird nicht ganz deutlich, wer nun den Einwand vorbrachte, daß „die Früchthenerzeugung in dem Kostanzer Stadtbahn ohnehin nicht beträchtlich (...) sein wirdt“[5)]. Diese Auffassung bestätigte die bürgerliche „Conferentialdeputazion“ wenige Wochen später: Die Konstanzer „Fruchterzeugung“ sei

4) Grundlage: StAKN I III, 1786-1805.
5) GLA 209/1222, Protokoll vom 20. März 1786.

„bekannterdingen" so gering und von solch schlechter Qualität, daß ein großer Teil des in der Stadt verbrauchten Getreides „theür" eingeführt werden müsse[6]. Stadthauptmann v. Damiani berichtete ein halbes Jahr später, der Ertrag des Dinkelanbaus auf Konstanzer Äckern sei „unergiebig", man benötige fast 2½ Malter „Veesen", um enthülst, „gegerbet" ein Malter „Kernen" zu erhalten. Etwas bessere Ausbeute brachte der Roggen-, Gerste- und Haferanbau in Konstanz[7]; doch war der Dinkel eben „von jeher das eigentliche" Brotgetreide in der Region[8].

Den im Vergleich zum Getreidebau wesentlich bedeutenderen Konstanzer Weinanbau und -handel illustrieren auch der verbreitete und wertvolle Fässer- und Weinbesitz sowie zahlreiche mit Wein und der Küferei den Lebensunterhalt bestreitende Konstanzer[9].

Fünf Jauchert „Reeben" bei Freiburg erforderten 286 Gulden jährlich an Personal- und Sachkosten, trugen dafür 600 Gulden ein, woraus ein Nettoertrag von rund 60 Gulden pro Jahr und Jauchert resultiert[10]. Da die Sachverständigen das Jauchert Weinberg in Konstanz auf 600 Gulden schätzten, legten sie also eine bemerkenswerte rechnerische Dividende von zehn Prozent zugrunde.

Die geringe Bedeutung der Getreideproduktion in Konstanz erklärt sich aus der begrenzten verfügbaren Fläche in Kombination mit den Ertragsmöglichkeiten je Flächeneinheit im Getreide-, Wein- und Gemüsebau. Die Quadratmeterpreise dürften in etwa die Ertragsrelation ausdrücken: „Krautgartenfelder" waren fast dreimal so viel wert wie Ackerland und sogar etwas wertvoller als Weinberge.

Die Anbaukapazität in und um Konstanz war gegen Ende des 18. Jahrhunderts voll ausgelastet: Stadthauptmann Damiani meldete nach Freiburg, es „gibt hierorts sehr wenig, und gar kein Brachfeld welches mit Gras oder Heü benuzet werden könte"; auch hätte die Stadt keinerlei nur alle „5: 6: 10: 12: und mehr Jahre" bebaute Böden aufzuweisen[11]. Der knappe landwirtschaftlich nutzbare Grund konnte offensichtlich nur mit der Spezialisierung auf die Qualitätsprodukte Wein, Kohl und alle „Gattungen von Gartenkräutern" rentabel bewirtschaftet werden. Nicht einmal Kartoffeln, Bohnen, Linsen und dergleichen Hülsenfrüchte wurden „in hiesiger Gegend" angebaut[12].

Trotz solch kostbaren Grundbesitzes sah die wirtschaftliche Lage im Paradies nicht sonderlich rosig aus. 135 Jauchert, umgerechnet 46 Hektar Krautgartenfelder verteilten sich auf etwa 50 Familien, die auf dieser Grundlage den Gemüseanbau im Haupterwerb betreiben mußten. Die Aufstellung der Gesamtvermögen weist dem Bereich Landwirtschaft den mit Abstand breitesten Mittelstand aller Erwerbsgruppen zu; doch lagen die Paradieser und Rebleute beim Durchschnittsvermögen noch hinter dem Handwerk auf dem fünften Rang, die landwirtschaftliche Unterschicht erreichte 39 Prozent und lag damit nicht allzu weit unter

[6] Ebd., selbes Protokoll „Continuatum d. 5. Julii 1786".
[7] Ebd., Damiani an die Landesregierung, 27. Dez. 1786.
[8] Grimm, Deutsches Wörterbuch Bd. 5, Sp. 594f.
[9] Siehe Kap. 6.9.2 (darin die Aussage J.B.v. Loobs); Kap. 10.2.
[10] GLA 200/614, Augustinerkonvent 1786-89, „Erfordernuss (...)".
[11] GLA 209/1222, Sthm. Damiani am 27. Dez. 1786.
[12] Ebd.; Gartenkräuter: Reisebericht Heinrich Sanders 1781 in Feger, Spiegel der Zeiten, S. 133.

dem Unterschichtsanteil im öffentlichen Dienst und Handwerk[13]. Viele Kinder[14] in Kombination mit dem Erbrecht bargen die Gefahr der Zersplitterung des Paradieser Krautfelderbesitzes. Die wirtschaftliche Notwendigkeit, »das Sach zusammenhalten« zu müssen, bildete wohl den Hauptgrund dafür, daß die Kinder der Paradieser Ackerbürger vornehmlich untereinander heirateten und bei Außenstehenden den Eindruck erweckten, die Vorstadt Paradies bildete „eine eigene Nation"[15]. Die im Vergleich zur Durchschnittsbevölkerung doppelt so hohen Schulden der Ackerbürgerbevölkerung[16] rührten sicher zum Teil von der Verpflichtung her, erbberechtigte Geschwister auszahlen zu müssen.

Der amtliche »Verkehrswert« eines Quadratmeters Ackerland betrug im späten 18. Jahrhundert viereinhalb Kreuzer, der eines Weinbergs elf Kreuzer je Quadratmeter, der eines Krautgartenfeldes zwölf Kreuzer je Quadratmeter. Mit dem Faktor 1,3 multipliziert, der sich aus dem Verhältnis Schätzwert zu Versteigerungserlös von landwirtschaftlichen Nutzflächen ergab, betrug der Marktwert eines Quadratmeters Ackerland fast sechs Kreuzer, eines Quadratmeters Weinberg 14 Kreuzer und der eines Quadratmeters Krautgartenfeld fast 16 Kreuzer.

Das Wertverhältnis zwischen Weinberg und Ackerfläche, das die sachkundigen Konstanzer Schätzer 1786-1805 veranschlagten, entspricht exakt dem ermittelten zweieinhalbfachen Gewinn durch Wein- gegenüber dem Ackerbau[17]. Dem entsprechend warf das Gemüse der Paradieser Krautgärtner langfristig noch ein wenig besseren Verdienst ab als die witterungsempfindlicheren Weinreben.

Die Zusammenfassung der Tabelle 67 ergibt

Tabelle 68: Preisindex für landwirtschaftliche Nutzflächen 1786-1805 (nach Flächenanteilen gewichtet)

Pentade	Preisindex
1786-1790	100
1791-1795	97
1796-1800	103
1801-1805	109

Die amtlich bestellten und vereidigten Immobilienschätzer setzten insgesamt faktisch ei nen gewissen Inflationsausgleich an, wenn auch nicht in voller Höhe des tatsächlichen Geldwertverlusts[18]. Ein Blick auf die Einzelaufstellungen oben zeigt jedoch, daß es vor allem die „Reeben" waren, die in den ersten fünf Jahren des 19. Jahrhunderts höher bewertet wurden als in den 15 Jahren zuvor. Die Schätzpreise für Ackerland schwankten stark; und die 1786 bis

[13] Kap. 6.3.3 e), Tab. 56.

[14] Kap. 8.2.4, Tab. 126.

[15] Zitat: Sander 1781 in Feger, Spiegel der Zeiten, S. 134; ebd.: „Sie heiraten nicht in die Stadt, und Stadtkinder verheiraten sich höchst selten in das Paradies" ist sehr genau beobachtet, wenn auch etwas zu absolut formuliert: Alle für diese Arbeit verwerteten seriellen Quellen, in denen Ehepaare oder die Geburtsnamen verheirateter bzw. verwitweter Frauen genannt sind, weisen überwiegende Binnenheiraten zwischen Paradiesern und Paradieserinnen nach.

[16] Siehe Tab. 97.

[17] Boelcke, Sozialgeschichte, referiert S. 119 v. Hippel 1984; durchschnittlicher Schätzwert 626 fl zu 250 fl = 2,5 : 1. Relation Schätz-/Versteigerungswert siehe Kap. 6.2.2.

[18] Kap. 5.1.4.

1800 15 Jahre lang sehr konstant taxierten „Krautgartenfelder" verloren 1801-1805 unerklärlich an Wertschätzung.

1784 setzte der Konstanzer Umgeldschreiber Andreas Rimmele eine Liste aller Besitzer landwirtschaftlicher Nutzflächen im städtischen Gerichtsbezirk auf[19]. Die Liste diente vermutlich Zwecken der Steuererhebung. Einzeln aufgeschlüsselt erscheinen die Besitzer und Besitzerinnen von „Reeben", Äckern und Wiesen „auf der Schwabenseiten". Sieben Jauchert Krautgartenfelder, als deren Besitzer Rimmele summarisch „zerschiedentliche Baradeißer" aufschrieb, lagen ebenfalls „über dem Rhein"; dazu kamen, ebenfalls nur summarisch erwähnt, 128 Jauchert Krautgartenfelder „im Baradeÿß"[20].

Weitere mehr oder minder intensiv bewirtschaftete landwirtschaftliche Nutzflächen im städtischen Gerichtsbezirk, die Schreiber Rimmele 1784 nicht nannte, waren die Gemüsegärten innerhalb der Mauern, ferner 438 Jauchert „ödgelegenes Alment" südwestlich der Stadt, Tägermoos genannt, und 55 Jauchert mit privaten Obstbäumen bestandene Allmende im Bezirk des Paradieses, der Brühl. Der Geometer Johann Baptist v. Loob vermaß 1800 die Konstanzer Allmende und unterteilte sie in gleiche Parzellen, welche die Bürgerschaft anschließend unter sich verloste[21].

Die folgende Aufstellung beruht auf den Angaben in Andreas Rimmeles Liste, der sich beim Addieren der Jauchert und Vierlinge bei den Weinbergen wie bei den Wiesen verrechnete, eine zusammen rund 12 Jauchert zu hohe Summe herausbekam.

Tabelle 69 bezieht sich nur auf den Konstanzer Gerichtsbezirk. Die Bürger, Stiftsgeistlichen und kirchlichen Institutionen besaßen zahlreiche weitere Immobilien in der Schweiz und in Schwaben.

Tabelle 69: Landwirtschaftliche Nutzflächen im Stadtbann 1784, nach Art der Nutzflächen und besitzender Institution[22] (Flächenangaben in Jauchert)

Besitzer	Zahl	Weinberge	Äcker	Wiesen	Krautgartenfelder	Fläche Jcht.	gesamt **Prozent**
Bürger / Beisassen:	69 + ?	86,25	40,50	31,00	135	292,75	**49**
Weltliche Eximierte:	4	4,25	3,00	10,00	-	17,25	**3**
Kirche:	16	24,25	55,00	74,25	-	153,50	**25**
Stadt:	4	18,75	69,75	50,50	-	139,00	**23**
Gesamt:	93 +?	133,50	168,25	165,75	135	602,50	**100**

Nur die Hälfte der landwirtschaftlichen Nutzflächen im Stadtbann gehörten weltlichen Privatpersonen. Die Stadt selbst einschließlich der milden Stiftungen besaß quasi ein Viertel der eigenen Gemarkung außerhalb der Mauern. Die Kirche hielt in Konstanz mit ebenfalls einem Viertel einen höheren Anteil am bewirtschafteten Boden als an den Gebäuden und Wohnhäusern.

19) GLA 209/1221, Schluß des Konvoluts.

20) Ebd.

21) GLA HfK Hd 47 rot, „Ausweißung" v. Loobs; Burkhardt in Stadtgeschichte III, S. 436 (v. Loobs Karte), 437.

22) GLA 209/1221, Liste der Besitzer landw. Nutzflächen von 1784. Besitzer: 69 Bürger und Beisassen plus eine nicht genannte Zahl Paradieser Bürger [zwischen 50 und 100]; vier weltlich exempte Personen; Stadt: Spital-, Raite-, Tannenamt, Stadt; Kirche: elf natürliche Personen und vier Institutionen, darunter als größter Besitzer das Reichsstift Petershausen.

Die 135 Jauchert oder fast 46 Hektar Paradieser Krautgartenfelder bildeten nur ein starkes Fünftel der 1784 im Bezirk der städtischen Jurisdiktion bebauten Fläche von 602½ Jauchert, umgerechnet knapp 205 Hektar[23]. Auch hier zeigt sich, daß die Bedeutung des Paradieser Gemüse-, vor allem Krautanbaus nicht überschätzt werden darf. Auf 45,4 Hektar bebauten die Konstanzer die gleiche Fläche mit Wein.

Knapp 100 Hektar landwirtschaftlicher Nutzfläche standen 1784 in Privatbesitz. Diese Größe verdeutlicht den Gewinn des Jahres 1800, als die Bürger im Schatten der französischen Besetzung, bar eines Bürgermeisters oder Stadthauptmanns, das »Obrigkeitsvakuum« ausnutzten und sich die Allmende gegenseitig zulosten: Die vom Geometer Johann Baptist v. Loob exakt vermessenen Parzellen auf dem Brühl und dem Tägermoos verwandelten weitere 168 Hektar Boden in Privatbesitz, also erheblich mehr, als die Bürger und Beisassen vorher besessen hatten. Die sogenannte „Fechsungstabelle“ für 1804/05 weist denn auch 215½ Jauchert Ackerland, 258¾ Jauchert Wiesen und 140¼ Jauchert Weinberge – leider keine Krautgartenfelder - aus[24]. Wenngleich der privatisierte Boden vier Jahre später offensichtlich nur zum kleineren Teil bebaut wurde, so ist damit doch die Ausweitung der landwirtschaftlichen Produktion in Konstanz nach der Allmendeverteilung von 1800 belegt.

6.7 Aktiva

Zu den Aktiva gehört in dieser Arbeit gegen Zinsen verliehenes, seltener auch in eine „Handlung“ eingelegtes Kapital einschließlich der bis zum Tod aufgelaufenen Zinsforderungen. Auch zählen die vom Geldvolumen her weit weniger bedeutenden »Aktivschulden« dazu, das heißt unbezahlte Rechnungen, deren Begleichung der Erblasser erwartete, ausstehende Besoldung und dergleichen.

353 Nachlässe wiesen Aktiva auf

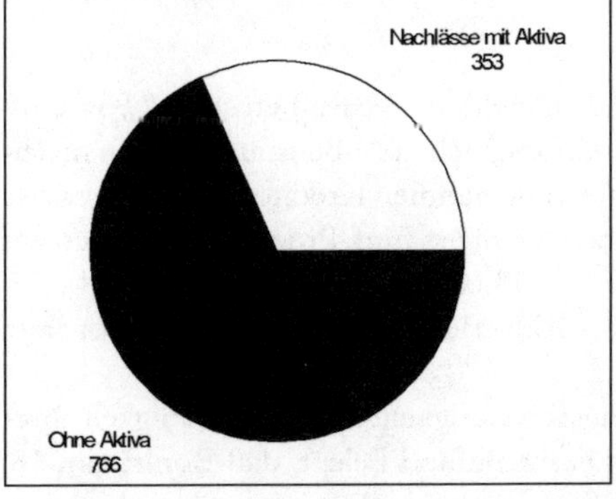

Tabelle 70: Aktiva[25]

Verfügung über Aktiva im Wert von...	Personen Zahl	Prozent	Durchschnittswert je Nachlaß
Ohne Aktiva:	766	68,5	—
1 bis unter 100 fl:	78	7,0	39 fl
100 bis unter 300 fl:	81	7,2	179 fl
300 bis unter 700 fl:	62	5,5	465 fl
700 bis unter 1500 fl:	37	3,3	979 fl
1500 bis unter 3000 fl:	38	3,4	2061 fl
3000 bis unter 6000 fl:	24	2,1	4088 fl
6000 fl und darüber:	33	2,9	18705 fl
Gesamt:	1119	100	783 fl
Alle mit Aktiva:	353	31,5	2482 fl

23) Umrechnung: Kap. 2.2.4.

24) Allmende: StAKN A I 28b, Leiner, Miszellen, S. 345, von Ferdinand Bickels Hand; Burkhardt in Stadtgeschichte III, S. 437. Fechsungstabelle: GLA 209/441, Antwort 53.

25) Grundlage dieser und aller weiteren Tabellen in Kap. 6.7 bis 6.10 ist, sofern nicht anders vermerkt: StAKN I III, Sterbeprotokolle und Nachlaßinventare, 1786-1805.

Die Tabelle zeigt eine breite Spitze des Aktivabesitzes. Ab 300 Gulden kann man von Kapital sprechen, unter 100 Gulden lagen vornehmlich Leute, deren Erben unbezahlte Rechnungen einfordern konnten. Relativ viele Konstanzer und Konstanzerinnen verfügten also über hohen Kapitalbesitz. Die Aktiva bildeten schließlich auch den mit Abstand umfangreichsten Besitzposten, noch vor den Immobilien.

Häuser wie Aktiva zählten zum Besitz etwa gleich vieler Personen, doch in der Masse übertraf der Gesamtwert des Kapitalbesitzes den der Häuser im Verhältnis 2,6 zu 1.

6.7.1 „Illiquide" Aktiva

Aktivschulden, deren Zurückzahlung als „zweifelhaft", oder „sehr zweifelhaft" galt oder die gar als „uneinbringlich" abgeschrieben waren, faßte die zeitgenössische Wortwahl als „illiquide" Kapitalien zusammen. Sie wurden weder von den Kanzleibeamten noch in dieser Arbeit zum Vermögen addiert. Es ist schwer abzuschätzen, wie großzügig die Inventurkommissare diese drei Kategorien handhabten. Der Staatsregierung jedenfalls schienen Aktivschulden schon lange zu leichtfertig abgeschrieben zu werden[26].

Tabelle 71: »Zweifelhafte« und »uneinbringliche« Außenstände

Spanne	Personen Zahl	Durchschnittswert je Nachlaß
Keine »Illiquiden«:	1065	—
1 bis unter 100 fl:	15	47 fl
100 bis unter 300 fl:	13	145 fl
300 bis unter 700 fl:	13	463 fl
700 fl und darüber:	13	2157 fl
Gesamt:	1119	33 fl
Alle mit »Illiquiden«:	54	679 fl

Die Gesamtsumme der ermittelten »guten« und »illiquiden« Aktiva betrug 912 936 Gulden. Der Anteil der zweifelhaft oder gar nicht mehr einbringlichen Außenstände davon machte 36 666 Gulden oder vier Prozent aus. Interessanterweise nahmen Kreditoren üblicherweise einen Zinssatz in fast derselben Höhe, nämlich selten vier, meist fünf Prozent[27]. Bezogen auf den Durchschnitt aller hier erfaßten, vielleicht oder gewiß abzuschreibenden Kredite beziehungsweise auf Kredit verkauften Waren glich der Geldverleih gerade so die Inflationsrate aus.

Auf 100 Aktivabesitzer kamen 15 von Zahlungsschwierigkeiten oder -unfähigkeit ihrer Schuldner Betroffene, zum Teil hart Getroffene. Dieser Befund belegt, daß Bonität im 18. Jahrhundert nicht zuverlässiger erwartet werden konnte als heute. Die wirtschaftliche Unsicherheit im allgemeinen und nicht selten vorkommende Ganten im besonderen beeinträchtigten Handel und Gewerbe schon vor der Industrialisierung.

26) Sammlung (...) 1740-1780, Bd. 4, Nr. 785, S. 370, Erbschaftssteuerpatent-Nachtrag vom 18. März 1765.
27) StAKN I III, alle Inventare mit aktivem oder passivem Kapital.

6.7.2 Aussteuerbeiträge

Ebenfalls nicht den Aktiva zugerechnet, sondern getrennt aufgelistet sind hier aussteuerähnliche Zuwendungen an Kinder in Form von „eingeworfen Mitteln“ und „Einstricketen“, also Geld und Schmuck; dies im Gegensatz zur Quelle, wo diese Beiträge bei den Aktiva dazugezählt und unter den Passiva wieder abgezogen wurden. Bedeutung gewannen sie in der Kanzleipraxis höchstens bei der Teilung, wenn ein Kind solche Zahlungen der Eltern bereits erhalten hatte, ein anderes noch nicht.

Jedenfalls besaß der Erblasser dieses Geld beziehungsweise den Schmuck nicht mehr. Deshalb sind die betreffenden Werte gemäß dem in dieser Arbeit angelegten Kriterium vom Besitzstand am Todestag für die Festsetzung der jeweiligen Vermögen ausgeklammert.

Tabelle 72: Aussteuerbeiträge

Beitragsspanne	Nachlässe		Durchschnittswert
	Zahl	Prozent	je Nachlaß
Kein Aussteuerbeitrag:	1039	92,9	—
1 bis unter 100 fl:	26	2,3	17 fl
100 bis unter 300 fl:	17	1,5	199 fl
300 bis unter 700 fl:	19	1,7	463 fl
700 bis unter 1500 fl:	12	1,1	1060 fl
1500 fl und darüber:	6	0,5	4612 fl
Gesamt:	1119	100	47 fl
Mit Aussteuerbeiträgen:	80	7,1	663 fl

Das geringe Ausmaß der Aussteuerbeiträge verträgt sich nicht mit der Bedeutung der Beibringung, wie sie unten[28] dargelegt ist. Die einzige Erklärung bietet die Schlußfolgerung: Die Konstanzer Eltern traten ihr ganzes Vermögen überhaupt nicht und Teile davon nur selten ihren Kindern schon zu Lebzeiten ab. Besitz schien in Konstanz im 18. Jahrhundert üblicherweise mittels Erbschaft von einer Generation zur nächsten transferiert zu werden.

6.8 Bargeld

Bargeld pflegte, nach diesbezüglichen Bemerkungen zu schließen, in verschiedener Währung vorzuliegen[29]. Bereits die Kanzleibeamten rechneten es - mit Ausnahme der Inventare weniger Großkaufleute - stets stillschweigend in Gulden um und notierten die Summe in einer Zeile.

[28] Kap. 6.14.

[29] Poinsignon, Münzgeschichte, nennt S. 24 für 1761ff die Umrechnungskurse Gulden in Kölner Silber- und Goldmark, Dukaten, Brabanter Taler, Züricher Gulden und Louisdor; ebd. ab 1764 die Scheidung zwischen rheinischem und Konventionsfuß, was in den Konstanzer Quellen »Reichswährung« und »Wiener Währung« entsprach.

290 Nachlässe mit Bargeld

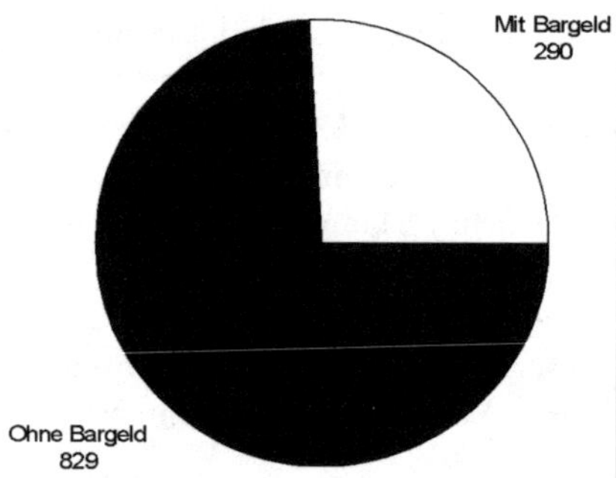

Tabelle 73: Bargeldbesitz

Besitzspanne	Personen Zahl	Prozent	Durchschnittswert je Nachlaß
Kein Bargeld:	829	74,1	—
1 xr bis unter 10 fl:	35	3,1	4 fl
10 bis unter 30 fl:	49	4,4	18 fl
30 bis unter 70 fl:	63	5,6	49 fl
70 bis unter 150 fl:	50	4,5	104 fl
150 bis unter 300 fl:	32	2,9	186 fl
300 bis unter 600 fl:	38	3,4	422 fl
600 fl und darüber:	23	2,1	1323 fl
Gesamt:	1119	100	55 fl
Alle Bargeldbesitzer:	290	25,9	213 fl

Lediglich in 43 Prozent aller Nachlaßinventare stand der Posten „Bargeld" ausgefüllt; demnach hätte nur ein Viertel aller Verstorbenen mit Nachlaßinformation Bargeld hinterlassen.

Bargeld bot den Hinterbliebenen wegen der anzunehmenden nachbarlichen Sozialkontrolle in der Kleinstadt Konstanz die beste, vermutlich einzige Möglichkeit, einen Teil des Besitzes zu verschweigen und damit der Erbschaftssteuer zu entziehen. Das geringe Bargeldvorkommen ist freilich das einzige Indiz, das auf solche kleinen Unterschleife hinweist. Ihr Ausmaß kann daher nicht abgeschätzt werden. Häufig versicherten Erben glaubhaft, das vorhandene Bargeld für die Begräbniskosten ausgegeben zu haben.

Trotz dieser Einschränkung zeigt die Tabelle die - im Vergleich mit der Verteilung und dem Wert anderer Besitztitel, etwa der Aktiva, - recht mäßige Bedeutung des Bargeldes innerhalb der Besitzstruktur in Konstanz: In den wenigsten Konstanzer Truhen und Kästen türmten sich pralle Geldsäckel. Die Vermögen lagen in Kapital und Immobilien fest.

Der Nachlaß der Marianna Gräslerin aus Tirol, die als Magd beim Angehörigen der Genfer Kolonie und Baumwollfabrikanten Johann Ludwig Reichardt gedient hatte, dokumentiert das erstmalige Vorkommen von kleinen Summen Papiergeldes in Konstanz:

„Es wurden nur diese 35 fl 14 xr in nachstehenden Banknoten als =
1 Bankzettel mit .... 10 fl 30 xr
4 detto auf 5 . 15 xr .... 21 fl - xr
1 detto mit .... 2 fl 6 xr
1 detto mit .... 1 fl 3 xr
Müntz .... - fl 35 xr (...) übermachet."[30]

Die seltsam unrunden Summen belegen, daß es sich bei diesen ersten Konstanzer Banknoten um eine Art handschriftlicher Gutscheine handelte, für deren Umtausch in klingende Gulden und Kreuzer bei einem ansässigen Wechselherrn der Entrepreneur Reichardt einstand.

[30] StAKN I III, Inventar M. Gräslerin unter dem 6. Sept. 1804.

6.9 Mobilien

In 28 Fällen lag ein Inventar vor, das aus verschiedenen Gründen keine Mobilien enthielt: Einzelne Blätter konnten offensichtlich verlorengegangen sein; wenn die Inventur zehn Tage bis zwei Wochen nach dem Tod stattfand, was sich im normalen Rahmen bewegte, konnten Kleidungsstücke in der Wäsche oder verliehen und noch nicht zurückgebracht sein; in Einzelfällen vergingen zwischen Tod und Inventur einige Monate, in der Zwischenzeit war die bewegliche Habe unrekonstruierbar verteilt, Bargeld von den Hinterbliebenen aufgebraucht.

In 59 Nachlaßfällen, in denen ein Testament des Erblassers vorlag, schätzten die Erben alle „unsteuerbaren Mobilien" summarisch. Typische zusammenfassende Formulierungen lauten „An Kleider und Mobilien" oder ausführlicher „An Mobilien. Diese hat der nachgelassene Wittwer unter seinen obhabenden bürgerlichen Pflichten geschäzet". Diese Nachlässe werden allesamt Kleider enthalten haben, die meisten auch Möbel, Betten, ungenähte Stoffe und Küchengeräte; schwer zu beurteilen ist, wieviel Glas, Fayence und welche „Hauszierden" sich in diesen Summen verbergen.

Solche Angaben in die Pflicht genommener Erben konnten die ohnehin schon um einiges zu gering veranschlagten Schätzwerte der amtlich bestellten, vereidigten „Failtragerin"[31] noch unterbieten.

Der Kaufmann Stephan Hauß hatte nach Ansicht seiner Hinterbliebenen „an Mobilarschaft" Dinge im Wert von 600 Gulden besessen. In einer zweiten Inventur kam die Schätzerin auf 971 Gulden, und zwar für einen verminderten Mobilienbesitz, denn an Kleidern waren gut dreieinhalb Monate nach der ersten Inventur nur noch drei Mäntel zu je vier Gulden übriggeblieben. Nebenbei ergab diese zweite Aufnahme auch höhere Mengen und höhere Werte bei der erbschaftssteuerpflichtigen Hinterlassenschaft des Stephan Hauß an Fässern, Wein und Silberschmuck. Das zweite Inventar erbrachte eine Wertsteigerung bei den Fässern um zehn Prozent, beim Wein um 28 Prozent und beim Silber um 29 Prozent, zusammen von 2907 auf 3647 Gulden[32].

Die abschwächende Wirkung dieses vereinzelten Beispiels für die Aussagekraft der Untersuchung insgesamt muß auch hier zurückgewiesen werden. Gerade der Ansatz einer zweiten Inventur belegt, daß die Kanzlei solcherlei bescheidene Ansichten der Erben über den Mobiliarbesitz des Erblassers, zumindest wenn sie allzu offensichtlich an der Realität vorbeigingen und bei höheren Vermögen, nicht durchgehen ließ.

Häufig besaßen in Konstanz Verstorbene nur Bargeld und Kleidung, was typischerweise auf die Dienstmägde zutraf. Manche hinterließen nur einige Bücher und Kleidung, so die Exjesuiten.

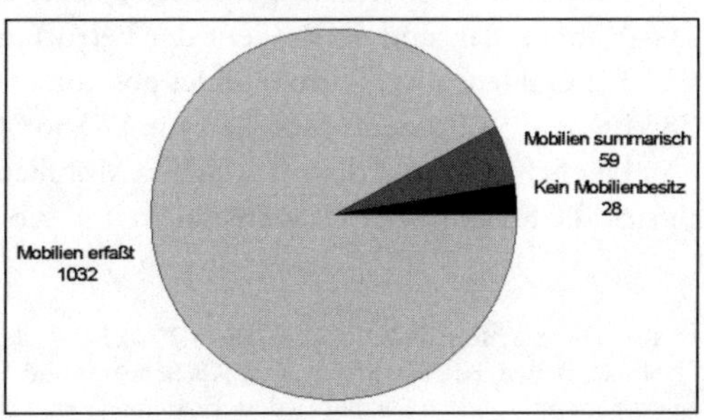

In 28 Fällen oder 2,5 % von 1119 Nachlässen enthielt eine Inventur keinen Mobilienbesitz. In weiteren 59 Fällen = 5,3 % von 1119 wurden die „unsteuerbaren" Mobilien summarisch zusammengefaßt.

[31] Siehe Kap. 6.1.2.
[32] StAKN I III, unter dem Datum 19. Juli 1801.

Schaubild 74: Verhältnis der Mobilienwerte untereinander[33)]

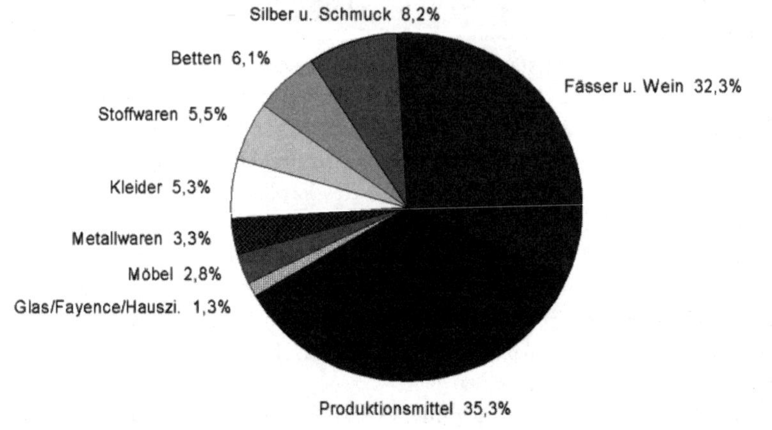

Die Besitzstruktur bei den Mobilien zeigte Unterschiede zwischen den Geschlechtern.

Tabelle 75: Binnenstruktur des Mobilienbesitzes, nach Geschlechtern

Mobilienklasse:	Anteil am jeweiligen Gesamtmobilienbesitz in Prozent	
	Männer	Frauen
Produktionsmittel:	45	20
Fässer und Wein:	29	38
Haushaltsgegenstände[34)]:	18	31
Silber und Schmuck:	7	10
„Hauszierden“:	1,3	0,8
Anteile zusammen:	100	100
Personen:	41 %	59 %
Gesamtwert:	59 %	41 %

Beim Mobilienbesitz insgesamt herrschte ein klares Übergewicht zugunsten der Männer: 266 Männer, das sind 41 Prozent der betroffenen Personen, besaßen Mobilien im Wert von 254 373 Gulden, also 59 Prozent des gesamten Mobilienwerts. Entsprechend entfielen auf die 385 Frauen, 59 Prozent, Mobilien für 177 364 Gulden, 41 Prozent.

Der Schwerpunkt des männlichen Mobilienbesitzes lag bei den Produktionsmitteln, worin sich die Struktur der Erwerbstätigkeit in Konstanz im 18. Jahrhundert ausdrückt: Männer

33) Volumen des Mobilienbesitzes gesamt: 419 723 fl = 100 %.

34) Möbel, Betten, Kleider, Stoffwaren, Küchengerät und Metall, Glas und Fayence. Dabei hielten die Frauen nicht nur insgesamt, sondern auch bei jedem Einzeltitel einen klar höheren Anteil.

dominierten in Handwerk und Handel. Ihren Unterhalt selbständig erwirtschaftende Frauen waren in der Regel auf die Krämerei und die typischen Frauen-Erwerbstätigkeiten Waschen, Nähen, Stricken und Sticken beschränkt[35]. Dennoch machten die Produktionsmittel ein bemerkenswertes Fünftel des weiblichen Mobilienbesitzes aus.

Das erstaunliche scheinbare Übergewicht der Frauen beim Fässer- und Weinbesitz klärt sich mit den absoluten Zahlen. Der für beide Gruppen annähernd gleiche absolute Guldenwert schlägt sich in einem höheren Prozentanteil beim Frauen-Mobilienbesitz nieder. Auf die besitzende Konstanzerin entfielen im Mittel jedoch nur Fässer und Wein im Wert von 167 Gulden, auf den besitzenden Konstanzer im Wert von 268 Gulden.

Der zweite Schwerpunkt beim weiblichen Mobilienbesitz nach dem Wein lag auf den Haushaltsgegenständen. Auch beim Gesamtwert in Gulden lag der weibliche Besitz hier über dem männlichen; die Werte je Frau und je Mann lagen annähernd gleichauf. Die durchschnittliche Konstanzerin besaß demnach fast so viele Kleider, ungenähte Stoffe und Betten, beinahe die gleiche Menge an Küchengerät, Glas und Fayence wie der durchschnittliche Konstanzer. Ebenso verhielt es sich mit dem Silber und Schmuck.

Die Unterschiede bei den „Hauszierden“ sollten nicht überbewertet werden, da sie zum Teil aus dem Bücherbesitz von Exjesuiten resultieren. Außer beim Bücherbesitz hielten die Männer ein prozentuales und absolutes Übergewicht bei Waffen, Uhren und Bildern, die Frauen einen prozentualen Überhang - der in Gulden ausgedrückt in etwa auf einen Gleichstand hinausläuft - beim Besitz von Spiegeln und »Kultur«, hier vor allem von Musikinstrumenten.

Zusammengefaßt tendierte der praktische Teil des Mobilienbesitzes bei den Frauen in Richtung Haushalt, bei den Männern in Richtung Produktion.

6.9.1 Produktionsmittel

Zu den Produktionsmitteln gehören hier alle Gegenstände, die zum Erwerb in Handel, Gewerbe und Landwirtschaft dienten. Das sind Warenlager bei großen Kaufleuten und kleinen Krämerinnen; Werkzeuge, Rohstoffe und Halbfertigprodukte aus der Handwerkerwerkstatt, zum Beispiel Faßholz bei Küfern, Gold bei Goldschmieden, Mehl bei Bäckern; die Pferde der „Wettekarrer“, kleiner Transportunternehmer; die landwirtschaftlichen Geräte und Nutztiere der Paradieser Akkerbürger. Auch Lebensmittel aus der Vorratskammer werden hier dazugezählt.

[35] Siehe Kap. 10.4.

272 Nachlässe enthielten Produktionsmittel

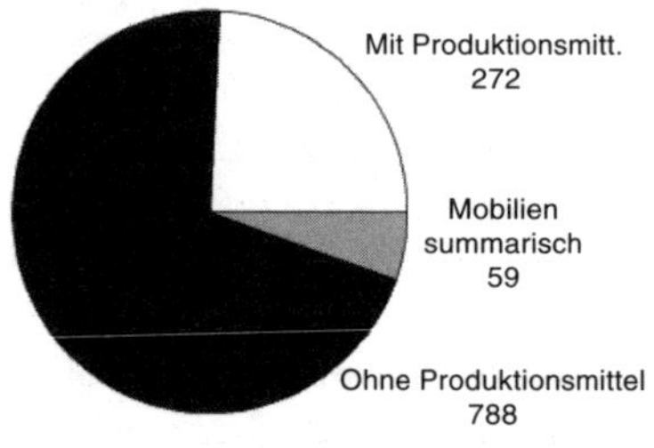

Tabelle 76: Besitz an Produktionsmitteln

Produktionsmittel im Wert von	Zahl der Besitzer	Besitzer in Prozent	Durchschnittswert je Nachlaß
Ohne Produktionsmittel:	847	75,7	—
1 bis unter 100 fl:	124	11,1	33 fl
100 bis unter 300 fl:	82	7,3	177 fl
300 bis unter 700 fl:	34	3,0	438 fl
700 bis unter 1500 fl:	17	1,5	1026 fl
1500 bis unter 3000 fl:	10	0,9	2126 fl
3000 und mehr fl:	5	0,4	15177 fl
Gesamt:	1119	100	132 fl
Produktionsmittelbesitz:	272	24,3	544 fl

Einige Textilien-Warenlager von Kaufleuten und das Inventar der Wagnerschen Buchhandlung führen zu dem recht hohen Durchschnittsbetrag von 544 Gulden. Ansonsten entspricht die Verteilung des Produktionsmittelbesitzes nicht der Vorstellung einer von Handwerk und Handel geprägten Stadt der Frühneuzeit: Selbst wenn man die 440 »Armen« und die 28 Personen mit Inventar, aber ohne Mobilien abzieht, bleiben immer noch 379 von 651 Mobilienbesitzern ohne Produktionsmittel. Zieht man davon weiter alle Frauen ab, so bleiben 122 Männer oder fast die Hälfte der männlichen Mobilienbesitzer, denen als Produktionsmittel nur ihre Arbeitskraft zur Verfügung stand. Einschließlich der »Armen« hatte lediglich ein Drittel der verstorbenen Männer den Unterhalt mit Produktionsmitteln erworben.

Bei 97 Verstorbenen machte der Wert der Produktionsmittel ein Zehntel ihres Gesamtbesitzes oder mehr aus. Bei 40 Personen, das sind 3,6 Prozent der Gestorbenen mit Vermögensangabe, bestand ein Viertel und mehr ihres Gesamtbesitzes aus Produktionsmitteln[36)].

6.9.2 Fässer und Wein

Fässer und Wein beinhalten auch ab und zu vorkommenden Branntwein, dessen Menge und Wert jedoch weit hinter dem Wein zurückblieb. Die Zeitgenossen unterschieden zwischen Fuhr- und Lagerfässern. Im Verhältnis enthielten Fässer für 100 Gulden Wein für 551 Gulden.

36) Geringe Bedeutung von „Handwerkszeuge"-n im Besitzgefüge auch bei Borscheid, Geschichte des Alters, S. 361.

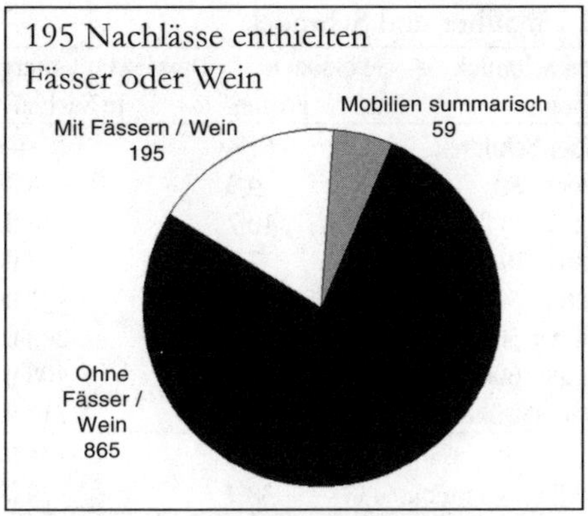

Tabelle 77: Besitz an Fässern und Wein

Fässer und Wein im Wert von ...	Besitzer Zahl	Besitzer Prozent	Durchschnittswert je Nachlaß
ohne Besitz an Fässern oder Wein:	924	82,6	—
1 bis unter 100 fl:	75	6,7	28 fl
100 bis unter 300 fl:	30	2,7	193 fl
300 bis unter 700 fl:	32	2,9	508 fl
700 bis unter 1500 fl:	31	2,8	1036 fl
1500 bis unter 3000 fl:	16	1,4	2211 fl
3000 fl und darüber:	11	1,0	3974 fl
Gesamt:	1119	100	121 fl
Fässer- / Weinbesitzer:	195	17,4	694 fl

Das Sechstel der Konstanzer Bevölkerung, bei dem Fässer und Wein im Keller lagerten, besaß damit beachtliche Werte. Ein Drittel des Mobilienbesitzes, und damit fast sieben Prozent des Gesamtbesitzes in Konstanz bestand in Form von Wein und seinen hölzernen Behältnissen.

Der Besitz an Fässern und Wein erreichte bei 76 Konstanzerinnen und Konstanzern mindestens ein Zehntel ihres Gesamtbesitzes.

Abgesehen vom Gebrauchswert bot Weinbesitz zusätzlich den Aspekt der Geldanlage. Wein ist ein Gut, das sich zwangsläufig mit der Zeit verbraucht, die bestehende Menge des Guts und damit sein Wert bleibt sehr stabil - an dieser Stelle könnten wirtschaftswissenschaftliche Parallelen zur »Zigarettenwährung« in Deutschland nach dem zweiten Weltkrieg gezogen werden. Der Wein stellte in Konstanz im 18. Jahrhundert vermutlich noch vor den Kohlköpfen aus dem Paradies die wichtigste landwirtschaftliche Handelsware. So lautet die einzige Bemerkung zum Erwerbsleben, die der Geometer Johann Baptist v. Loob seiner ersten exakt vermessenen Karte von Konstanz und Umgebung beifügte, zwar etwas einseitig, aber bezeichnend: „Die Bürgerschaft nähret sich meistentheils vom Verschleiß der Weine aus ihren Weinbergen.“[37]

6.9.3 Silber und Schmuck

Silber und Schmuck umfassen alle Gegenstände, die Edelmetall enthielten, da sie einzig nach dem Gehalt und Gewicht des Edelmetalls, normalerweise Silber, veranschlagt wurden. Die Bestecke, Schalen, Becher, Salzbüchsen, Münzen, Schuhschnallen oder ähnliches wurden in der Regel in „Loth“ registriert und dann in Geldwert umgerechnet; vergoldetes Silber zählte 1 Gulden 12 Kreuzer, »normales« 1 Gulden 4 Kreuzer und „Bruchsilber“ oder sonst minderwertiges 50 Kreuzer das Lot[38]. Vergoldetes Silber fand sich selten; wie überhaupt massives Gold im Vergleich zum Silber nur eine mindere Rolle spielte und in der Regel nur in Schmuckstücken oder in einer Uhr verarbeitet vorkam. Relativ weit verbreitet waren silberne Rosenkränze. Auch Edelsteine sowie vergoldete und versilberte »Sackuhren« werden in diese Rubrik gezählt.

[37] GLA HfK Hd 47 rot.

[38] So in den Jahren 1786-1788; danach nicht mehr verfolgt.

433 Nachlässe enthielten Silber und Schmuck

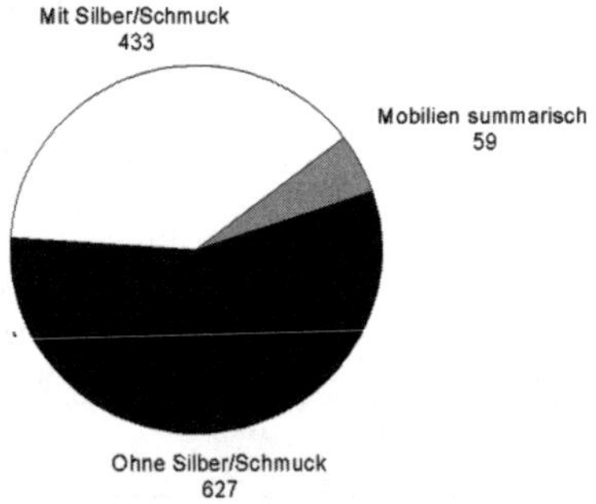

Tabelle 78: Silber und Schmuck

Silber und Schmuck im Wert von ...	Personen Zahl	Prozent	Durchschnittswert je Nachlaß
Ohne Silber/Schmuck:	686	61,3	–
1 bis unter 10 fl:	111	9,9	4 fl
10 bis unter 30 fl:	120	10,7	18 fl
30 bis unter 70 fl:	86	7,7	47 fl
70 bis unter 150 fl:	52	4,6	97 fl
150 bis unter 300 fl:	41	3,7	208 fl
300 bis unter 600 fl:	17	1,5	408 fl
600 fl und darüber:	6	0,5	1214 fl
Gesamt:	1119	100	31 fl
Alle mit Silber/Schmuck:	433	38,7	79 fl

Als Wertanlage für Wohlhabende schien das Edelmetall bei weitem nicht die Bedeutung der Weinvorräte zu erreichen, wie die durchschnittlichen Schätzpreise je Nachlaß und der Gesamtbesitz in Gulden je Einwohner belegen. Auch stellte der Silberschmuck bei nur 26 Personen - gegenüber fast dreimal so vielen bei Fässern und Wein - ein Zehntel ihres Gesamtbesitzes oder mehr.

Doch war der Besitz von Silber und Schmuck erstaunlich weit gestreut, vor allem im niedrigen Wertbereich bis 100 Gulden zahlreich vertreten. Zwei von drei nicht »Armen« besaßen Gegenstände aus Edelmetall. Die Verbreitung des Silber- und Schmuckbesitzes erreichte dasselbe Niveau wie das Eigentum an solchen praktisch-notwendigen Dingen wie Betten, Möbel und Küchengerät. Silberschmuck gehörte damit in Konstanz zum Besitzstandard, er war ein anstrebenswertes Gut für alle, die ihn sich nur irgend leisten konnten.

Die dem Hausrat vergleichbare Häufigkeit des Silberbesitzes führt zu der Annahme, daß es sich vielfach nicht um im Grunde überflüssiges Eigentum an Luxusgegenständen handelte, sondern daß Silberbesitz für viele eine Art privater Rentenversicherung des 18. Jahrhunderts bedeutete.

6.9.4 Betten

Betten verstehen sich in der Bedeutung des 18. Jahrhunderts, also ohne das Bettgestell, das unter die Sparte »Möbel« fällt. Es handelt sich um Dinge wie Matratzen, Pfulben, Bettdekken, Kissen, eventuell Laubsäcke, jeweils ohne Bezüge, die unter »Stoffwaren« eingeordnet sind.

Nimmt man die wenigen Durchreisenden, französischen Emigranten und jungen, ohne eigenen Hausstand Gestorbenen aus, dann besaß noch immer jeder zweite Konstanzer und jede zweite Konstanzerin zum Zeitpunkt des Todes kein eigenes Bett, das eine Schätzung wert gewesen wäre; dieser Befund erscheint zweihundert Jahre später kaum vorstellbar. Beschränkt man die Betrachtung auf die Besitzer von Mobilien, so bleiben noch immer 198 Leute, was einem knappen Drittel der potentiellen Bettenbesitzer entspricht, denen das Bett, in dem sie schliefen, nicht gehörte oder deren Bett derart minderwertig erschien, daß es die Kanzleibeamten nicht mehr schätzen ließen.

453 Nachlässe enthielten Bettenbesitz

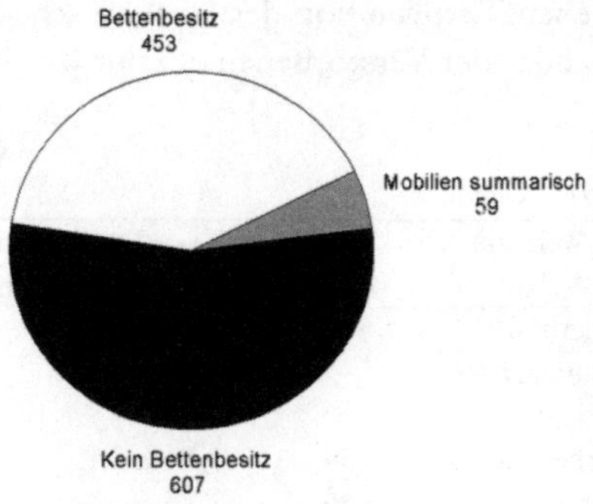

Tabelle 79: Betten

Betten im Wert von ...	Personen Zahl	Prozent	Durchschnittswert je Nachlaß
Ohne Bettenbesitz:	607	54,2	
Mobilien summarisch, wohl meist mit Bettbesitz:	59	5,3	
1 bis unter 10 fl:	73	6,5	
10 bis unter 30 fl:	146	13,0	
30 bis unter 70 fl:	123	11,0	
70 bis unter 150 fl:	69	6,2	
150 bis unter 300 fl:	35	3,1	
300 fl und darüber:	7	0,6	395 fl
Gesamt:	1119	100	23 fl
Alle mit Bettenbesitz:	453	40,5	57 fl

Die Betten waren nicht unwichtig innerhalb der individuellen Besitzverteilung: Für 83 Verstorbene hatte der Bettenbesitz zehn oder mehr Prozent ihres gesamten Vermögens ausgemacht.

6.9.5 Stoffwaren

Zu Stoffwaren zählen die vom Guldenwert her überragenden ungenähten Stoffe, dazu die von der Verteilung her bedeutenderen verarbeiteten Textilien wie Bettwäsche, Tischdekken, Vorhänge, Servietten, Taschentücher. Auch Garn und dergleichen ist hier zugeordnet.

435 Nachlässe enthielten Stoffwaren

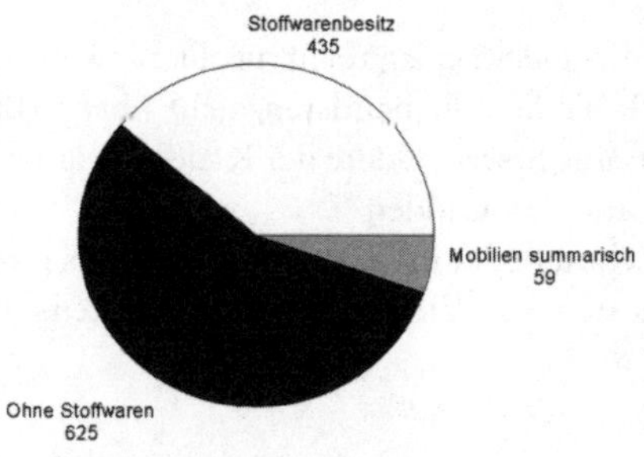

Tabelle 80: Stoffwaren

Stoffwaren im Wert von	Personen Zahl	Prozent	Durchschnittswert je Nachlaß
Ohne Stoffwarenbesitz:	625	55,9	
Mobilien summarisch, zum Teil mit Stoffbesitz:	59	5,3	
1 bis unter 10 fl:	136	12,3	
10 bis unter 30 fl:	110	9,8	
30 bis unter 70 fl:	95	8,5	
70 bis unter 150 fl:	55	4,9	
150 bis unter 300 fl:	28	2,5	203 fl
300 fl und darüber:	11	1,0	459 fl
Gesamt:	1119	100	21 fl
Alle mit Stoffwaren:	435	38,9	53 fl

Stoffbesitz war so verbreitet wie der von Betten. Hieran erweist sich die Eigenschaft von Stoffwaren als »klassisches« Heiratsgut, das offenbar auch von Männern in die Ehe eingebracht wurde; im oberen Wertbereich war sogar ein leichter Überhang von männlichem Stoffwarenbesitz festzustellen.

In den Truhen und Kästen der Oberschicht, als deren Inhalt der Bereich ab 150 Gulden angesetzt sei, lagen im Vergleich zu den Kleidern die doppelten Werte an ungenähten Stoffen.

6.9.6 Kleidung

Unter Kleidung fallen alle auf dem Leib getragenen Textilien von der Unterwäsche bis zum Mantel, dazu Schuhe. Sofern sie zum Besitz des oder der Verstorbenen gezählt wurden, sind hier auch Kinderkleider enthalten.

553 Nachlässe enthielten Kleiderbesitz

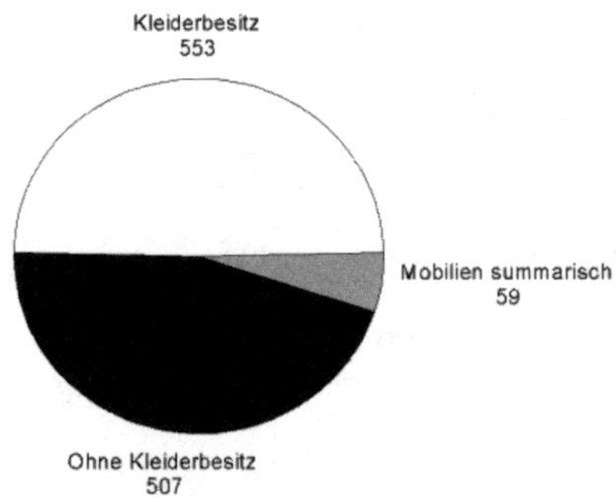

Tabelle 81: Kleider

Kleider im Wert von ...	Personen Zahl	Prozent	Durchschnittswert je Nachlaß
Ohne Kleiderbesitz:	507	45,3	
Mobilien summarisch, wohl alle mit Kleiderbesitz:	59	5,3	
1 bis unter 10 fl:	86	7,7	
10 bis unter 30 fl:	206	18,4	
30 bis unter 70 fl:	172	15,4	
70 bis unter 150 fl:	76	6,8	
150 fl und darüber:	13	1,2	194 fl
Gesamt:	1119	100	20 fl
Alle mit Kleidern:	553	49,4	40 fl

Wie zu erwarten, wies der Kleiderbesitz die höchste Verbreitung unter allen Besitzgruppen auf. Kleidung war das einzige materielle Gut, das tatsächlich alle zwischen 1786 und 1805 in Konstanz Gestorbenen besaßen. Im obigen Kuchendiagramm und in der Tabelle fehlen als Kleiderbesitzer zum einen die 440 »armen« Männer und Frauen, die natürlich alle ihre bereits zitierten »Kleider auf dem Leib« besaßen; diese Kleidung hatte jedoch nur geringen Wert und pflegte mit den Begräbniskosten verrechnet zu werden. Zum zweiten schenkten einige inventarisierte Frauen ihre Kleidung vor dem Tod der „Aufwärterin" oder einer anderen nahestehenden Person.

Der Wert des Kleiderbesitzes je Nachlaß streute nicht weit; er lag recht nivelliert zwischen 10 und 70 Gulden. Erstaunlicherweise besaßen auch die Wohlhabendsten nicht übermäßig viele wertvolle Kleidungsstücke. Die mit Abstand einsame Spitze bildete der Kleiderbesitz der Maria Josefa Ludovika Leinerin, geborenen v. Bayer, mit 314 Gulden[39)].

Für 122 Personen bedeutete ihre Kleidung ein Zehntel oder mehr des Gesamtwerts ihrer Habe. Bei 66 Verstorbenen hatte die Kleidung mindestens ein Viertel, bei 32 mindestens die Hälfte ihres individuellen Besitzes ausgemacht.

6.9.7 Metallwaren und Küchengerät

Metall und Küchengerät wurde anscheinend wie das Silber ausschließlich nach Masse, in Pfund „Leichtgewicht" oder „Schwergewicht", bewertet. Ein leichtes Pfund Kupfer galt 12 bis 16, ein schweres Pfund Kupfer 20 Kreuzer. Zinn schied sich in englisches, 22 oder 24 Kreuzer je schwerem Pfund, und „ordinaires" zu 16 bis 20 Kreuzer. Das Pfund Messing

39) StAKN I III, Datum 7. Sept. 1786.

zählte 16 bis 20 Kreuzer. Etwas seltener waren Bronze zu 18 Kreuzer das Pfund und Blei, sechs Kreuzer je Pfund Schwergewicht, vertreten. Die Wertunterschiede blieben unbegründet. Einzig Eisengeräte, die sehr verbreitet waren, schätzte man nicht nach dem Material- sondern nach dem Gebrauchswert. Hinter diesen Gewichtsangaben steckten, meist einzeln beschrieben, Schüsseln, Krüge, Töpfe, Pfannen, Platten, Teller, Kannen, Becher, Wasserschöpfer, auch Barbierschüsselchen, Wasch- und Nachtgeschirre. Metallhandwerker besaßen solche Metalle auch in Form von Barren, schweren Pfundstücken.

In diese Rubrik fiel auch irdenes Küchen- und Eßgeschirr.

414 Nachlässe enthielten Metallwaren / Küchengerät

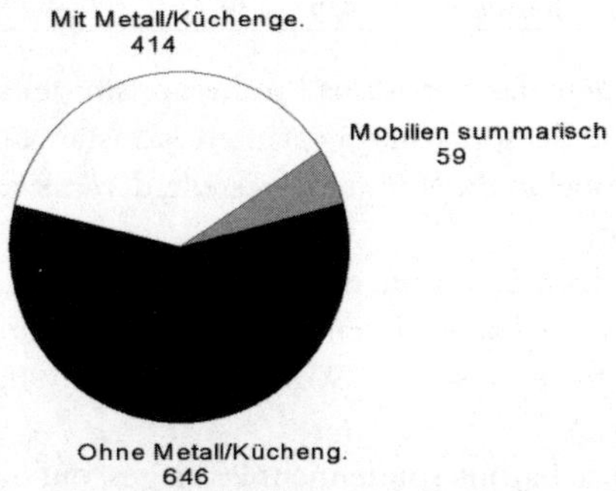

Tabelle 82: Metallwaren und Küchengerät

Metallwaren / Küchengerät im Wert von ...	Personen Zahl	Prozent	Durchschnittswert je Nachlaß
Kein Metall / Küchengerät:	646	57,7	
Mobilien summarisch, wohl meist mit Metall / Kücheng.:	59	5,3	
1 bis unter 10 fl:	154	13,8	
10 bis unter 30 fl:	113	10,1	
30 bis unter 70 fl:	90	8,0	
70 bis unter 150 fl:	43	3,8	
150 fl und darüber:	14	1,3	
Gesamt:	1119	100	12 fl
Mit Metall / Küchengerät:	414	37,0	34 fl

Ähnlich wie der Silberschmuck fungierte der Besitz von Kupfer-, Zinn- und Messinggegenständen offenbar als Wertanlage und Altersvorsorge: Die Zahl der Schüsseln, Krüge, Platten und so weiter reichte in einigen Haushalten deutlich über die bloße zum Gebrauch notwendige Menge hinaus. Der Eindruck entsteht, daß diese Metallgeschirre als »Silber des unteren Mittelstands« dienten; möglicherweise erfüllten sie auch die Funktion als Raumschmuck in den ansonsten karg ausgestatteten Konstanzer Wohnungen.

Das vergleichsweise geringe Volumen des Besitzes von Küchengeräten und Metallwaren kommt auch darin zum Ausdruck, daß diese Gegenstände nur für 22 Personen wenigstens ein Zehntel ihres Gesamtbesitzes bedeuteten.

6.9.8 Möbel und Holzwaren

Auf Möbel und Holzwaren entfallen die „Bettlad" genannten Bettgestelle, Tische, Kommoden, Sessel, Stühle, Schemel, Kästen, Tröge und Waschzuber. Fässer stehen gesondert.

Im 18. Jahrhundert war eine typische Konstanzer Wohnung für heutige Verhältnisse kaum vorstellbar karg möbliert. Die Hälfte der Menschen besaß gar keine oder zumindest keine eigenen Möbel; die Wohnungseinrichtung derer, die überhaupt Möbel besaßen, erreichte in drei von vier Fällen keine 30 Gulden Wert. Im Vergleich zur Möblierung war schon der Besitz an Metallwaren und Küchengerät wertvoller, zu schweigen vom Silberschmuck, von Betten und Stoffwaren. Insgesamt kamen auf zwölf Gulden Fässer- und Weinbesitz in Kon-

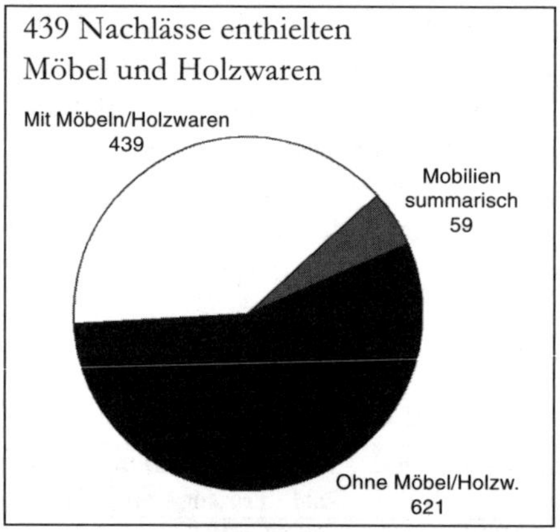

Tabelle 83: Möbel und Holzwaren

Möbel und Holzwaren im Wert von ...	Personen Zahl	Prozent	Durchschnittswert je Nachlaß
Ohne Möbel / Holzwaren:	621	55,5	
Mobilien summarisch, wohl meist mit Möbelbesitz:	59	5,3	
1 bis unter 10 fl:	200	17,9	
10 bis unter 30 fl:	124	11,1	
30 bis unter 70 fl:	76	6,8	
70 bis unter 150 fl:	28	2,5	
150 fl und darüber:	11	1,0	252 fl
Gesamt:	1119	100	10 fl
Mit Möbeln / Holzwaren:	439	39,2	27 fl

stanz Möbel und Holzwaren im Wert von einem Gulden; das Verhältnis Produktionsmittel zu Möbel betrug ähnlich 13 zu einem Gulden. Nur eine Person von 43 erfaßten Konstanzern und Konstanzerinnen mit Besitzangabe hatte sich Möbel in die Wohnung gestellt, deren Wert wenigstens ein Zehntel ihres Gesamtbesitzes erreichte.

Solche Möblierung erscheint nicht nur dem heutigen Empfinden erstaunlich dürftig, die spartanische Einrichtung der Konstanzer Behausungen fiel auch einem französischen Zeitgenossen auf. Der Emigrant Abbé Lambert vermerkte zur Konstanzer Wohnkultur der 1790er Jahre:

„On ne connaît pas nos aisances françaises. Quatre bâtons soutiennent les sièges, qui ont sur le derrière un dossier; le tout en bois, et fait, dans le sens propre du mot, à coups de hache. Il est très rare de rencontrer des chaises de paille. Une armoire et une table fabriquées comme les chaises, un bois de lit de la même élégance avec paillasse en feuilles d'arbres [„Laubsack"]; deux lits de plume de trois à quatre pouces d'épaisseur, l'un pour matelas [„Pfulben"], l'autre pour couverture; deux draps ni plus ou moins longs que le lit; tel est l'ameublement des chambres à Constance, et particulièrement de celles en location pour les étrangers. Dans la proportion, les gens aisés et vivant de leur rentes ne sont guère plus recherchés ni plus magnifiques. Il n'y a de beaux meubles que les poêles."[40)]

6.9.9 Glas und Fayence

Glas und Fayence lag in Form von Flaschen und Gläsern beziehungsweise Geschirr vor, etwa Kaffeetassen oder einer Konfektdose. Porzellan tauchte in den Nachlaßinventaren nicht auf.

Im Besitz der - für Konstanzer Verhältnisse - Luxusware Fayence finden sich die höchstens zehn Prozent der bürgerlichen Stadtbevölkerung, welche die Oberschicht bildeten, wieder.

[40)] Lambert, Mémoires, S. 193. In eckiger Klammer eingefügt sind zwei entsprechende deutsche Begriffe aus den Nachlaßinventaren 1786-1805.

130 Nachlässe enthielten Glas

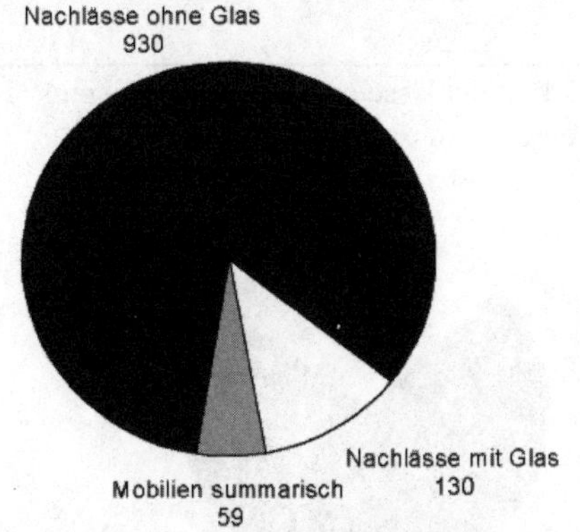

Tabelle 84: Glas

Glasbesitz im Wert von ...	Personen Zahl	Personen Prozent	Durchschnittswert je Nachlaß
Kein Glas:	930	83,1	
Mobilien summarisch, vielleicht mit Glas:	59	5,3	
1 xr bis unter 2 fl:	76	6,8	49 xr
2 fl bis unter 10 fl:	44	3,9	3 fl 59 xr
10 fl und darüber:	10	0,9	17 fl
Gesamt	1119	100	22 xr
Alle mit Glasbesitz:	130	11,6	3 fl 8 xr

Nur jede neunte Person besaß positiv Gegenstände aus Glas. Der Wert einzelner Glasgefäße wurde nicht unbedeutend veranschlagt; desto unbedeutender erscheint vor diesem Hintergrund das Vorkommen von Glas in Konstanz überhaupt.
Noch weniger verbreitet war der Gebrauch von Fayencegeschirr.

Tabelle 85: Fayence

Fayencebesitz im Wert von ...	Personen Zahl	Personen Prozent	Durchschnittswert je Nachlaß
Kein Fayencebesitz:	961	85,9	
Mobilien summarisch, vielleicht mit Fayence:	59	5,3	
1 xr bis unter 2 fl:	52	4,6	49 xr
2 fl bis unter 10 fl:	34	3,0	3 fl 46 xr
10 fl und darüber:	13	1,2	17 fl 18 xr
Gesamt:	1119	100	21 xr
Alle mit Fayencebesitz:	99	8,8	3 fl 59 xr

99 Nachlässe enthielten Fayence

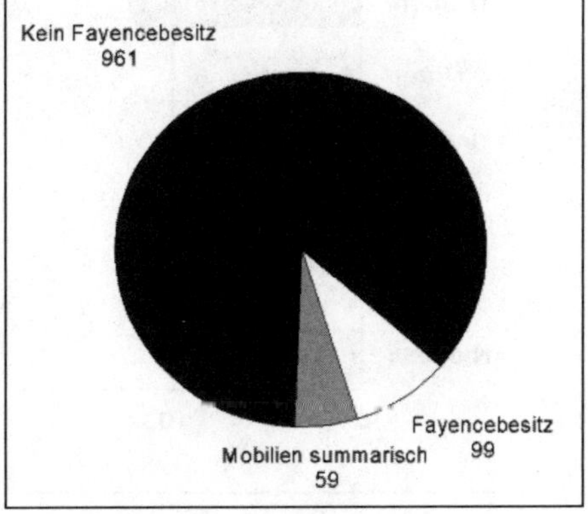

Lediglich bei 10 Personen erreichte der Glas- und Fayencebesitz zusammen wenigstens ein Hundertstel des jeweiligen Gesamtvermögens. Drei zwischen 1786 und 1805 in Konstanz Verstorbene hatten Glas und Fayence im Wert von über zwei Prozent ihres Vermögens besessen: Der pensionierte Jesuit Johann Baptist Seyfried, der „k.k. Buchhaltungs-Raitoffizier" bei der vorderösterreichischen „Provinzial-Staats-Buchhaltung" Franz Anton Sidler und der Sohn des privilegierten Lottodirektors Peter Deperis alias Depery, Johann Baptist[41].

Dennoch erwarben 1778 in Konstanz erstaunliche drei „Faiance–Händlere", eine Frau und zwei Männer, den Lebensunterhalt. Dies läßt nur den Schluß einer überragenden Bedeu-

41) StAKN I III, Sterbeprotokolle und Nachlaßinventare: 9. Dez. 1789 (Seyfried), 21. Mai 1794 (Sidler), 31. Mai 1803 (Depery).

tung der in den Nachlaßinventaren nur am Rande vertretenen Geistlichkeit für die Existenz eines bescheidenen Luxusgewerbes zu[42].

6.9.10 „Hauszierden“[43]

246 Nachlässe enthielten mindestens eine „Hauszierde“

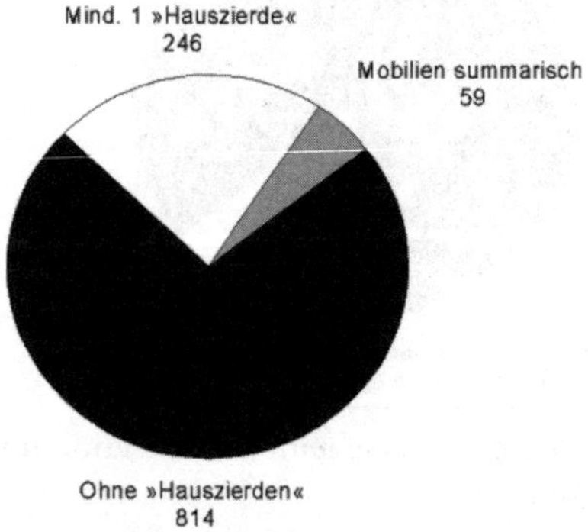

Schaubild 86: Wert der verschiedenen „Hauszierden“ im Mittel der 246 Nachlässe mit wenigstens einer „Hauszierde“

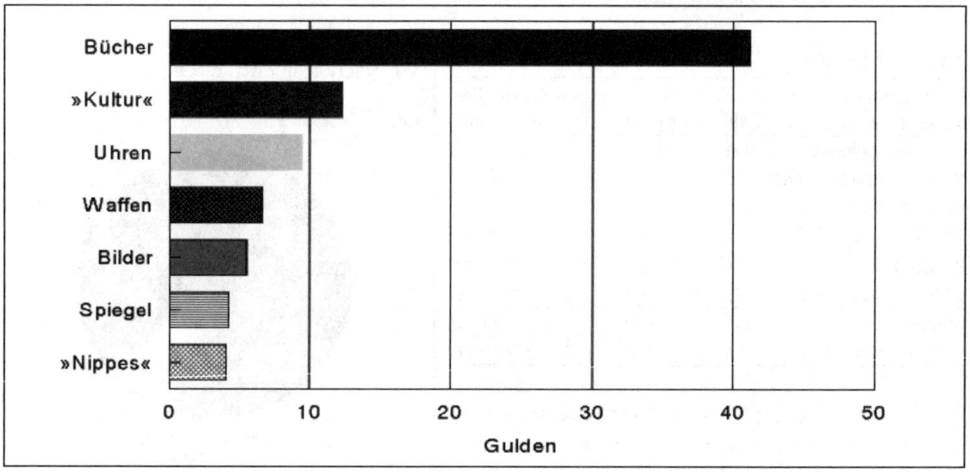

Wenn man für die Bücher und Manuskripte des Exjesuiten Josef Augustin statt des Schätzwerts den Versteigerungserlös einsetzt und den mit weitem Abstand umfangreichsten Bücherbesitz, die auf 600 Gulden geschätzte Bibliothek des pensionierten fürstenbergischen Hofrats Schanz, nicht berücksichtigt[44], dann entfällt nur noch ein Bücherwert von knapp 7 Gulden auf jeden Buchbesitzer. Allenfalls die Musikinstrumente und die beiden Billardtische

[42] Mathis, Bevölkerungsstruktur österreichischer Städte, legt in den Abschnitten „Berufliche Gliederung“ für Innsbruck (S. 33-50, v.a. S. 45) und Salzburg (S. 189-205, v.a. S. 199 und 204f) die Bedeutung des Hofes bzw. des Hofs und Domkapitels für den Anteil des auf diese Abnehmer ausgerichteten Gewerbes dar.

[43] Unter diesem zeitgenössischen Ausdruck sind Uhren, Bücher, Bilder, Gegenstände der »Kultur«, Waffen, Spiegel und »Nippes«gegenstände zusammengefaßt.

[44] Siehe Kap. 6.2.2 (Augustin) und 6.2.1 (Schanz).

in der Sparte »Kultur« sowie vielleicht noch die Uhren stellten für die jeweiligen Besitzer ansehnliche Werte dar. Bücher, Waffen, Bilder, Spiegel und »Nippes«gegenstände können dagegen nicht nur wegen ihrer schwachen Verbreitung, sondern auch aufgrund ihres geringen Werts innerhalb der einzelnen Nachlässe insgesamt gesehen als Marginalbesitz qualifiziert werden.

Für die folgende Betrachtung steht nicht der Wert der „Hauszierden" in Gulden im Vordergrund, sondern ihr Stellenwert innerhalb des jeweiligen, und sei es geringen, Besitzes.

Über Marginalbesitz hinaus reichten die „Hauszierden" bei 18 Personen, deren Uhren, Bücher, Bilder, »Kultur«-Güter, Waffen, Spiegel und »Nippes« zusammen entweder mindestens fünf Prozent des Werts ihrer jeweiligen gesamten Habe oder ein Fünftel ihres Mobilienbesitzes ausmachten. Die soziologische Zuordnung dieser »Kulturbürger« mit ihrem relativ zum Gesamtvermögen überdurchschnittlich hohen Besitz an „Hauszierden" ergibt Konzentrationen, die sich von den jeweiligen Bevölkerungsanteilen sehr unterscheiden.

Fünf von ihnen sind im weiteren, vier im strengen Sinne der Kirche zuzurechnen: die Exjesuiten Josef Augustin, Anton Jäger und Johann Baptist Seyfried; der aus Frankreich geflüchtete Domkapitular Barbara Dautté, der bei der vier Zeilen tiefer erwähnten Johanna Depery wohnte; Amalia Puppelin, „Hausmeisterin" beim Konstanzer Domkapitularen v. Speth. Weitere vier bis fünf Besitzer wesentlicher Hauszierden gehörten zum höheren öffentlichen Dienst: die Witwe und der Sohn des 1773 nach Konstanz gezogenen königlich kaiserlichen Lottodirektors Peter Depery, Johanna Baptista und Johann Baptist, die im Abstand von einer Woche starben und denen jeweils dieselben beiden „Billards" zu 187 Gulden zugemessen wurden; der pensionierte fürstenbergische Hofrat Fidel Schanz; der bereits erwähnte Buchhaltungsbeamte bei der Landesregierung, Franz Anton Sidler; der pensionierte Raiteamtsschreiber Josef Anton Waibel, der mit 89 Jahren „Alters halber" starb und eine Uhr für sechs sowie Bilder für einen Gulden hinterließ.

Der Hauptmann außer Diensten Maximilian v. Josephi gehörte zum Soldatenstand. Zwei waren freie Künstler von Beruf, der Maler Josef Fischbach und Felix Speth, Zeichner und Zeichenlehrer an der Deutschen Schule. Der aus Venedig zugewanderte „Joannes Franciscus Michaeli alias Martini" galt in der Stadt als eine Art Exot. Die ledige Helena Schmidin lebte beim Advokaten Duelli in der Pfrund, zu ihrem Lebensunterhalt hatte es bereits 19 Jahre zuvor geheißen „Schreiber Brüechle unterhaltet sie". Die ledige Bürgerin Anna Maria Brändlin hatte keinen »ordentlichen« Erwerb aufzuweisen und lebte alleine in einem geerbten Haus in der Kreuzlinger Vorstadt, für dessen Nutzung sie ihre verheiratete Schwester noch mit 400 Gulden auszahlen mußte.

Nur der Kaufmann Melchior Berfler sowie der Schustermeister und frühere Torwächter Josef Forster, dessen auf sechs Gulden taxierte Standuhr ein Zehntel seines gesamten Besitzes darstellte, repräsentieren das altständische, gewerbetreibende Stadtbürgertum[45].

45) StAKN I III, Sterbeprotokolle und Nachlaßinventare: Augustin 20. Jan. 1787, Jäger 9. März 1786, Seyfried 9. Dez. 1789, Dautté 29. Okt. 1794, Puppelin 16. März 1796, Mutter und Sohn Depery 24. und 31. Mai 1803, Schanz 25. Nov. 1797; Sidler 21. Mai 1794, Waibel 10. Dez. 1795, Josephi 30. Okt 1802, Fischbach 27. Feb. 1787, Speth 3. Mai 1802, Michaeli 24. Mai 1788, Schmidin 12. Jan. 1793 (und StAKN A V 2, Seelenbeschrieb 1774, Haus 404), Brändlin 16. Mai 1800, Berfler 1. Dez. 1801, Forster 20. April 1801. Zum k.k. Lottodirektor: Burkhardt in Stadtgeschichte III, S. 343.

6.9.10 a) Uhren

Uhren beinhalten Stand-, Schrank- und Wanduhren. Das Material bestand aus Holz oder Eisen. Taschenuhren sind nicht in dieser Rubrik, sondern, da sie in der Regel vergoldet oder versilbert waren, dort eingeordnet.

123 Nachlässe enthielten Uhren, = 11 %

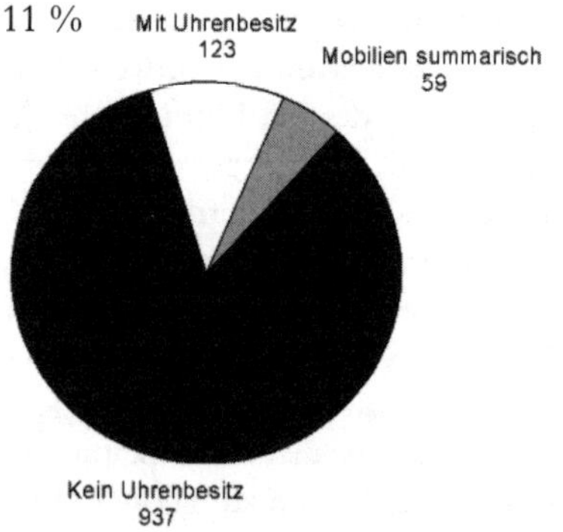

Tabelle 87: Uhrenbesitz

Uhren im Wert von	Pers. -zahl	Pers. in Prozent	Durchschnittswert je Nachlaß
Kein Uhrenbesitz:	937	83,7	
Mobilien summarisch, vielleicht mit Uhren:	59	5,3	
1 xr bis unter 2 fl:	30	2,7	48 xr
2 fl bis unter 10 fl:	63	5,6	4 fl 46 xr
10 fl und darüber:	30	2,7	27 fl 55 xr
Gesamt:	1119	100	1 fl 2 xr

Immerhin jede neunte gestorbene Person hinterließ positiv eine Stand- Schrank- oder Wanduhr. Zahlreiche Nachlässe enthielten zudem silberne oder versilberte Taschenuhren. Uhren aller Art waren demnach die verbreitetste der hier klassifizierten „Hauszierden“. Mit Chronometern war Konstanz ansehnlich versorgt.

6.9.10 b) Bücher

Bücher von Einwanderern und reichen Konstanzern zählte die Inventurkommission in fünf Fällen zum Silber, da der Einband damit beschlagen war. In einem Fall sind hier auch Predigtmanuskripte für geschätzte 7½ Gulden aufgenommen[46].

26 Nachlässe enthielten Bücher, = 2,3 %

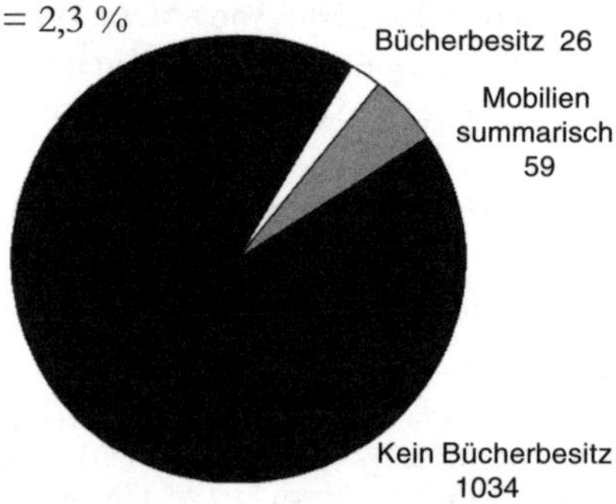

Tabelle 88: Bücherbesitz

Bücher im Wert von	Pers. -zahl	Pers. in Prozent	Durchschnittswert je Nachlaß
Kein Bücherbesitz:	1034	92,4	
Mobilien summarisch, vielleicht mit Büchern:	59	5,3	
1 xr bis unter 1 fl:	3	0,3	28 xr
1 fl bis unter 2 fl:	8	0,7	1 fl 11 xr
2 fl bis unter 5 fl:	9	0,8	2 fl 57 xr
5 fl bis unter 25 fl:	4	0,4	13 fl 45 xr
25 fl und darüber:	2	0,2	489 fl
Gesamt:	1119	100	57 xr

[46] Die des Exjesuiten und ehemaligen Dompredigers Josef Augustin, dessen Bücher allein auf 360 und dessen Predigtmamuskripte auf 7½ fl geschätzt und schließlich allesamt in der Lizitation 70 fl erzielten: Kap. 6.2.2.

Die Kanzleibeamten verzeichneten jeglichen Einzelgegenstand in den Inventurprotokollen, bis hinunter zum Wert von einem oder zwei Kreuzern. Der geringe Wert von Büchern kann also nicht zum möglichen Grund für eine statistische Verfälschung herhalten.

Das Faktum steht, daß die überwiegende Mehrheit der erwachsenen Bevölkerung in Konstanz nicht einmal eine Bibel, ein Gesangbuch oder ein Trost-und-Rat-Büchlein besaß. Diese geringe Verbreitung von Buchbesitz in der bedeutendsten Stadt am Bodensee überrascht.

Nun kann man noch die fünf mit Silber beschlagenen Bibeln mitzählen und annehmen, daß die Hälfte der 59 Nachlässe, deren nicht zu versteuernde Mobilien summarisch geschätzt wurden, Bücher enthielten - immerhin handelt es sich bei diesen 59 Erblassern durchweg um Leute, die ein Testament auf der Kanzlei hinterlegt hatten. Selbst wenn diese Annahme zutraf, standen in Konstanz noch immer 61 Buchbesitzer 1058 Nicht-Buchbesitzern gegenüber, anders ausgedrückt, entfielen auf einen Bücherbesitz 17 Nachlässe ohne Buch.

Der Buchbesitz wurde selten mit Titeln oder ähnlich ausgeführt. Üblich waren Formulierungen wie bei Anna Maria Brändlin deren „24 zerschiedene alt und neue Bücher" einen Gulden wert waren oder auch Differenzierungen wie im Inventar des Pfarrers Gerstner, dem zwei Gulden für eine Bibel und zwei Gulden für 40 andere Bücher angerechnet wurden. Das Inventar der Bürgermeisterswitwe Monika Leinerin führte „230 Stük zerschiedene Bücher — 5 fl", die dann für acht Gulden und zwölf Kreuzer noch immer recht billig versteigert wurden - zum Stückpreis von wenig mehr als zwei Kreuzern[47].

19 Männer und sieben Frauen besaßen positiv Bücher. Diese 26 teilen sich auf in zwölf mit Konstanzer Stadtbürgerrecht, in einem Fall bleibt der Rechtsstatus unklar, und 13 Nicht-Bürger, darunter neun Geistliche. Das Vermögen dieser 26 ausgewiesenen Buchbesitzer und -besitzerinnen entsprach mit 1377 Gulden im Mittel exakt dem Durchschnitt. Im einzelnen handelt es sich um folgende

Personen	mit einem Gesamtvermögen von
a) Bürger/innen:	
Eva Monika Leinerin, Witwe des Bürgermeisters Konrad L.,	19 710 fl
Anna Maria Uhlmännin, Kaufmannsfrau,	4 619 fl
Josef Valliere, „gelehrter" Magistratsrat,	800 fl
Jakob Dietenberger, Hafermuser,	670 fl
Anna Maria Dietenbergerin, seine Frau, starb wenig später,	670 fl
Maria Anna Mayerin, Buchbindersfrau,	647 fl
Josef Ackermann, Büchsenmacher,	377 fl
Alois Rauch, Wundarzt,	324 fl
Fidel Schanz, pensionierter fürstenbergischer Hofrat,	164 fl
Anna Maria Brändlin, ledig, ohne Profession,	151 fl
Josef v. Albini, lange Kanzleiverwalter, Magistratsrat,	- 35 fl
Felix Speth, Zeichenlehrer an der Deutschen Normalschule,	- 352 fl

[47] StAKN I III: Brändlin 16. Mai 1800, Gerstner 14. Juni 1796, Leinerin 10. März 1792. Geringer Wert von Buchbesitz auch: Quarthal, Leseverhalten und Lesefähigkeit, S. 347.

b) Unklar:

Maria Katharina Sulzerin, Frau des Lyzeums-Bibliothekars, Ehepaar aus Freiburg zugereist,	2 852 fl

c) Ohne Konstanzer Stadtbürgerrecht:

Wunibald Bechdolf, Scharfrichter,	2 069 fl
Regina Kaiserin, Dienstmagd bei einem vö. Regierungsrat,	661 fl
Fidelis Ebenhoh, Student der Poesie und Rhetorik,	6 fl
Franz Karl Orelli [O'Reilly], pens. Hauptmann aus Irland,	- 442 fl
Jakob Kreuzer, Pfarrer aus Dürmettingen,	1 860 fl
Josef Augustin, Exjesuit und ehemaliger Domprediger,	940 fl
David Anton Gerstner, „resignirter" Pfarrer, lebte beim Bruder in Konstanz,	282 fl
Karl Häußler, französischer Priester aus dem Elsaß,	73 fl
Jacobus Raquet, emigrierter französischer Geistlicher,	47 fl
Johann Baptist Seyfried, Exjesuit, Lehrer am k.k. Lyzeum,	3 fl
[Vorname?] Bechon, emigrierter französischer Priester,	- 1 fl
Anton Jäger, Exjesuit,	- 16 fl
Jakob Lessart, emigrierter französischer Priester	- 283 fl

Sieben der stadtbürgerlichen Buchbesitzer und -besitzerinnen bezogen ihr Einkommen aus dem Großhandel, Handwerk und Gewerbe, dazu kommt eine „fremde" Dienstmagd. Vier Bürger waren aktive oder gewesene Staatsdiener[48], einschließlich des Pensionärs aus fürstenbergischen Diensten; zu dieser Erwerbsgruppe zählen weiter die Frau des Lyzeumsbibliothekars, der pensionierte Hauptmann und der Konstanzer Scharfrichter. Neun Geistliche, ein Student und eine Frau mit unbekanntem Erwerb schließen die Reihe der Buchbesitzer.

Verschiebungen gegenüber den jeweiligen Bevölkerungsanteilen treten deutlich hervor. Sie erscheinen jedoch nicht extrem, wie folgende Tabelle zeigt:

Tabelle 89: Bücherbesitz nach Erwerbsbereichen[49]

Erwerbsbereich	Prozent der Bevölkerung	Prozent der Bücherbesitzer
Großhandel, Handwerk, Gewerbe:	ca. 51-52	31
Öffentlicher Dienst und Rentiers inclusive Militär:	ca. 15	27
Ohne Profession, Sonstige:	ca. 10	8
Geistlichkeit:	ca. 10	35

[48] Die Witwe des bis 1786 amtierenden Bürgermeisters Konrad Leiner ist den Kaufleuten zugerechnet, da die Stadtverwaltung bis zu diesem Jahr auf Ehrenamtlichkeit mit Sitzungsgeldern basierte. Anders dagegen die Einkommenslage der Magistratsräte v. Albini und Valliere: Mit der geforderten Qualifikation eines juristischen Studiums ab 1786 ging auch eine hohe Besoldung und damit die Erwartung einher, sich hauptamtlich um die Verwaltungsgeschäfte zu kümmern. Siehe dazu Burkhardt in Stadtgeschichte III, S. 377-379.

[49] Bevölkerungsanteil nach dem Seelenbeschrieb 1774, vgl. Kap. 10.2, Tab. 139. Öffentlicher Dienst incl. subalternem, also Torwächtern, Turmbläsern u.dgl.

Das kaum überraschende Übergewicht der Geistlichkeit fiele noch stärker aus, wären die Konstanzer Dom- und Chorherren oder die Konventualen mit Inventaren in den städtischen Nachlaßakten vertreten. Die Erwerbsbereiche Pfrund und Landwirtschaft, zusammen immerhin 15 Prozent der Konstanzer Einwohnerschaft, fallen beim Buchbesitz völlig aus.

Allein schon die weit gestreute Vermögenslage der Bücher Hinterlassenden verneint eine Identität von Bildung und Besitz. Die soziale Stellung der wenigen Konstanzer Buchbesitzer zeigt, daß klare Zuordnungsschemata die vielfältige Wirklichkeit leicht in unzulässiger Weise zurechtstutzen. Der Hafermuser und seine Frau, die Buchbindersgattin, der Büchsenmacher, der Wundarzt, die professionslose, für sich allein Lebende aus der Vorstadt, auch der Scharfrichter, der pensionierte, verschuldete Hauptmann und die Dienstmagd, allesamt offensichtlich Leser eigener Bücher, widersprechen der Aussage: „Die ökonomische Entwicklung macht einen deutlichen Schnitt zwischen den gebildeten Ständen und dem gemeinen Bürger, dem Beamten, Professor und Großkaufmann und dem einfachen Handwerker. Den gemeinen Bürgern, den unteren Mittelschichten und den Unterschichten bleibt das Lesen (...) verwehrt. Ununterbrochene Arbeit (...) schränken das Lesen ausschließlich auf das gebildete besitzende Bürgertum ein. Als einzige Unterschicht haben die Dienstboten (...) Zeit und Gelegenheit, an der Lektüre ihrer Herrschaften erlaubt oder nicht erlaubt teilzunehmen."[50)]

Ein gehobenes Bildungsbürgertum[51)] dagegen, war in Konstanz, dem Buchbesitz nach zu schließen, äußerst schwach vertreten. So resümierte Ignaz Heinrich v. Wessenberg zum Geistesleben in der Stadt 1798 denn auch: „Die Gelehrsamkeit hingegen war in Konstanz (...) dünn gesät"; so mußte der ehemalige Karlsschüler und Maler Josef Anton Koch, um 1791 „zu Ehren der zunehmenden Aufklärung" mit jemandem anstoßen zu können, die Mönche in Petershausen aufsuchen[52)]. Diese Bestätigungen sollten indes nicht zu der Annahme verleiten, Konstanz sei hinsichtlich des literarischen und wissenschaftlichen Diskurses eine unrühmliche Ausnahme der Zeit gewesen - es wird vielmehr der Regel entsprochen haben[53)].

Exkurs: Buchhandel, Signierfähigkeit und Schulbesuch in Konstanz im späten 18. Jahrhundert

Der Büchermangel in den Konstanzer Nachlässen kann nicht mit verbreitetem Analpabetentum erklärt werden.

Für das Nachlaßverfahren in Konstanz bestand die gesetzliche Verpflichtung, die Erben das Sterbeprotokoll, Inventar und die „Abteilung" unterschreiben zu lassen[54)]. Die Kanzleibeamten kamen dieser Vorgabe meist nach, auch wenn es nichts Nennenswertes zu erben gab.

50) Peter Schmidt, Buchmarkt, Verlagswesen und Zeitschriften, in: Ralph-Rainer Wuthenow (Hg.), Zwischen Absolutismus und Aufklärung: Rationalismus, Empfindsamkeit, Sturm und Drang, Reinbek 1980, S. 59.
51) Wehler, Gesellschaftsgeschichte I, S. 327; Vierhaus, Deutschland im Zeitalter des Absolutismus, S. 77-79; Ders., Politisches Bewußtsein in Deutschland vor 1789, in: Helmut Bending und Hans-Peter Ullmann (Hg.), Deutschland zwischen Revolution und Restauration, Königstein/Ts. / Düsseldorf 1981, S. 164; Kunisch, Absolutismus, S. 52.
52) Zit.n. Feger, Spiegel der Zeiten, S. 177 (Wessenberg), 160 (Koch).
53) Rolf Engelsing, Analphabetentum und Lektüre. Zur Sozialgeschichte des Lesens in Deutschland zwischen feudaler und industrieller Gesellschaft, Stuttgart 1973, S. 56-59: Eine Buchauflage erreichte ca. 0,4 % der Bevölkerung. Vgl. Gisbert Lepper, Literarische Öffentlichkeit - Literarische Zentren, in: Ralph-Rainer Wuthenow (Hg.), Zwischen Absolutismus und Aufklärung, S. 74f.
54) Petzek, systematisch-chronologische Sammlung, I. Abt., III. Bd., XXXI. Rubrik, §§ 29f.

Nachfolgend sind nur die Unterschriften von Ehepartnern ausgewertet; bei Ledigen und verwitweten Gestorbenen bestätigten ersatzweise Kinder, enge Bekannte, Dienstherren oder ein Spitalbeamter die Korrektheit des Protokolls mit ihrer Unterschrift, beim Tod von gänzlich Alleinstehenden konnte es vorkommen, daß niemand zum Zeugen herangezogen wurde. Insgesamt bilden also nur die Signaturen von Witwen und Witwern eine regelmäßige, auswertungsfähige Datengrundlage.

Zur methodischen Kritik der unten verarbeiteten Personenmenge gehören die Hinweise, daß es sich zum einen um Verheiratete handelte, die wirtschaftlich um einiges besser gestellt waren als Ledige[55], zum zweiten um überwiegend alte Leute, die Witwen und Witwer kürzlich verstorbener Ehepartner mit einem Durchschnittsalter unweit unter 60 Jahren.

»Nicht zu ermitteln« muß keinesfalls heißen, daß der oder die Betreffende nicht signieren konnte. Es kam vor, daß die Unterschrift von offensichtlich des Schreibens kundigen Ehepartnern einzuholen versäumt wurde.

Tabelle 90: Signierfähigkeit bei Ehepartnern
(Die Personen aus »Nicht zu ermitteln« sind prozentual verteilt)

	Signierfähig		»Unsicher« signierfähig		Nicht signierfähig		Nicht zu ermitteln
	Zahl	Prozent	Zahl	Prozent	Zahl	Prozent	Personen
236 Männer	129	= 66 %	41	= 21 %	25	= 13 %	41
245 Frauen	62	= 37 %	35	= 21 %	69	= 42 %	79
Gesamt	191	= 53 %	76	= 21 %	94	= 26 %	120

1786 bis 1806 konnten insgesamt drei Viertel aller Verheirateten in Konstanz wenigstens unsicher unterschreiben. Die Quote der definitiven Analphabeten lag bei nur einem Viertel, unter den Männern sogar nur bei einem Achtel. Selbst wenn man die nicht zu Ermittelnden überwiegend den Analphabeten zuschlägt, so konnten noch immer drei Viertel aller verheirateten Konstanzer und die Hälfte der verehelichten Konstanzerinnen mindestens ihren Namen schreiben. Die Alphabetisierungsrate lag also in dieser Zeit in Konstanz wesentlich höher, als es die einschlägige Literatur nahelegt[56].

Wer schreiben konnte, konnte offenbar allemal lesen[57]. Im extremsten Fall, wenn man nämlich die nicht zu Ermittelnden sämtlich den Analphabeten zurechnete und nur die ohne erkennbare Schwierigkeiten Signierfähigen als potentielle Leser anerkennen würde, so blieben noch 55 Prozent Leser und 25 Prozent Leserinnen übrig, zusammen 40 Prozent der Ehepartner von zwischen 1786 und 1805 Verstorbenen. Der Alphabetisierungsgrad unter den Jüngeren in Konstanz dürfte allein schon wegen der seit 1773/74 erheblich verbesserten Elementarbildung erheblich höher gelegen haben.

[55] Kap. 6.3.3 b).

[56] Rudolf Schenda, Volk ohne Buch. Studien zur Sozialgeschichte der populären Lesestoffe 1770-1910, Frankfurt/Main 1970, S. 444f: Um 1770 seien 15 % der Bevölkerung Mitteleuropas über sechs Altersjahren als „potentielle Leser" einzustufen, um 1800 etwa 25 %; was nicht bedeute, „daß ein solcher Prozentsatz der Bevölkerung auch wirklich las." Nicht gar so vernichtend Engelsing, Analphabetentum und Lektüre, S. 61: für Frankreich Mitte des 18.Jhs.: 2/3 der männlichen Bev. Analphabeten. Ganz andere Zahlen ebd. für England/Wales und Schottland Mitte 18.Jh.: 47 % bzw. nur 25 % männl. Analphabeten; England um 1800: 64-77 % der Männer „schreibkundig".

[57] Engelsing, Analphabetentum und Lektüre, bringt S. 62 und S. 85 zwei Beispiele, wonach die Menschen eher lesen als schreiben konnten; der Transfer »Signierfähigkeit gleich Alphabetisierung« ist demnach zulässig.

Um den Konfessionsfaktor erhöht, widersprechen Ergebnisse aus den württembergischen Orten Wildberg und Bissingen noch deutlicher dem Bild von den ungebildeten analphabetischen Massen in Mitteleuropa im 18. Jahrhundert. Dort signierten von der Jahrhundertmitte bis 1799 kontinuierlich steigend 85 bis 99 Prozent der Männer und 34 beziehungsweise 72 bis 95 Prozent der jungen Frauen ihre Zubringensinventare[58)].

Ein bemerkenswert klarer Zusammenhang bestand zwischen Signierfähigkeit und Besitz. Das Durchschnittsvermögen der Frauen, deren Männer wenigstens ungelenk unterschreiben konnten, betrug mit knapp 2600 Gulden das Doppelte des allgemeinen mittleren Vermögens. Männer, deren Frauen ihren Namen zu Papier bringen konnten, besaßen mit 4355 Gulden mehr als dreimal so viel wie der Durchschnitt. Doch fiel ein nicht weniger bemerkenswerter Bevölkerungsteil aus diesem Rahmen: 26 Ehepartner oder ein Zehntel aller positiv Signierfähigen gehörten der Gruppe nichts besitzender »Armer« an; die Ehepartner von 66 Konstanzern und 31 Konstanzerinnen, zusammen mehr als ein Drittel der ermittelten Unterschriftsfähigen, zählten mit ihrer Habe im Wert von weniger als 300 Gulden zur unbemittelten Unterschicht.

Etwas stärker als im Gesamtdurchschnitt war auch die Signierfähigkeit von Witwen und Witwern mit Konstanzer Stadtbürgerrecht ausgeprägt: Von 343 Personen vermochten 54 Prozent ohne erkennbare Probleme zu unterschreiben, 24 Prozent signierten ungelenk und 22 Prozent setzten ein Kreuz als „Handzeichen"; 65 Fälle, in denen die Signierfähigkeit nicht zu ermitteln war, sind statistisch in die anderen drei Kategorien eingearbeitet.

Der Alphabetisierungsgrad unter den Angehörigen der Genfer Kolonie dürfte gegen hundert gegangen sein. Von 19 erfaßten Genfern und Genferinnen unterschrieben zwölf sicher; bei den restlichen sieben versäumte es der Kanzlist, eine Unterschrift einzuholen, doch auch diese sieben werden des Lesens und Schreibens mächtig gewesen sein.

Der Seelenbeschrieb 1774 verzeichnet 340 Kinder im Schulalter zwischen fünf und unter elf Jahren. Davon besuchten 100 die Elementarschule, die Jungen die Normalschule im oberen Stockwerk des Kornhauses auf der Marktstätte, die Mädchen den Unterricht im Frauenkonvent Zoffingen. 71 Kinder ließen sich in der städtischen Lateinschule oder im josefinischen Lyzeum, vormals Jesuitengymnasium unterrichten, sieben studierten an einer auswärtigen Universität[59)]. Der Übergang von einer Elementarschule an eine höhere Bildungsanstalt kam im 18. Jahrhundert höchstens als krasse Ausnahme in Frage[60)]. Daher kann man von 40 bis, großzügig geschätzt, 80 Kindern zwischen fünf und zehn Jahren ausgehen, die ein Privatlehrer oder auch der Vater auf weitere Bildungsgänge vorbereitete.

Die Schulausbildungsquote der Fünf- bis Zehnjährigen lag demnach 1774 in Konstanz zwischen 40 und etwas über 50 Prozent.

Anfang 1806 berichtete der Konstanzer Magistrat der neuen Landesherrschaft, die „Knabenschul" führe in drei Klassen 183 Jungen, die „Mädchenschul" besuchten 137 Mädchen. Vier Lehrer und ebenso viele Zoffinger Klosterfrauen unterrichteten diese 320 Elementar-

[58)] Petra Schad, Dissertation in Vorbereitung zu Buchbesitz, Büchervertrieb und Leseverhalten in Wildberg 1740-1799. Auch: Dorf Müllheim im Thurgau 1723: 16 % Analphabeten, referiert in Quarthal, Leseverhalten und Lesefähigkeit, S. 349.
[59)] StAKN A V 2, Seelenbeschrieb 1774, siehe Tab. 125. Burkhardt in Stadtgeschichte III, S. 365f.
[60)] Wehler, Gesellschaftsgeschichte I, S. 288.

schulkinder[61]. Gemessen an einer im Verhältnis zur gestiegenen Einwohnerzahl hochgerechneten Menge an Kindern dürften die Jungen im schulpflichtigen Alter annähernd komplett unterrichtet worden sein, die Elementarausbildungsquote der Mädchen bei knapp zwei Dritteln gelegen haben[62].

Wenn der Kanzleibeamte Johann Peter Bollinger 1774 alle Elementarschüler und -schülerinnen erfaßt und der Magistrat 1806 keine Soll-, sondern Ist-Schülerzahlen nach Karlsruhe weitergegeben hat, dann steigerten die Bildungsreformen die Schulausbildungsquote im letzten Viertel des 18. Jahrhunderts in Konstanz von 40 bis 50 Prozent auf 80 bis 90 Prozent erklecklich.

1772 wurde in den Vorlanden das sogenannte „Normalschulwesen" per Erlaß, 1774/75 in Konstanz auch praktisch eingeführt. Wie einige Jahre später bei der Magistratsreform, so galt auch bei dieser Elementarschulreform das Prinzip der höheren Anforderung und Qualifikation gegen verbesserte Besoldung. Drei männliche und zwei weibliche Lehrkräfte erhielten auf Stadtkosten 1773 und 1774 eine Ausbildung in einer Art Lehrerseminar in Freiburg. Fidel Lutz und Anton Hotz erhielten von da an 300 Gulden jährlich, der „Provisor", Hilfslehrer Ignaz Beer 200 Gulden, die Zoffinger Nonnen zusammen 350 Gulden. Ausbildung wie feste Besoldung dürften die Qualität des Unterrichts stark verbessert haben.

Der entscheidende Schritt, die Schulpflicht tatsächlich durchzusetzen, bestand jedoch im Verzicht auf das Schulgeld und in der Übernahme der kompletten Lehrerbesoldung durch öffentliche Kassen. Dies verfügte die Landesregierung per Erlaß im Mai 1774 [63]. Der halbe Gulden Schulgeld, der in Konstanz je Kind und Quartal zu entrichten gewesen war[64], bedeutete mancher Familie das Budget für einen Tag und war in katastrophalen Hungerjahren wie 1770/71 für die Mehrzahl der Haushalte nicht mehr entbehrlich.

Es gibt also hinreichende Belege für einen beträchtlich erhöhten Schulbesuch der Konstanzer Kinder zwischen 1774 und 1806, mit welcher genauen Steigerungsrate auch immer. Daran knüpft sich die Einschätzung, daß der Alphabetisierungsgrad der Gesamteinwohnerschaft ab sechs Jahren in der Zeit zwischen 1786 und 1805 noch höher lag als derjenige der hinterbliebenen Gatten von Verstorbenen.

Nach strengem Maßstab, der etwa unsicher Unterzeichnende einschließt, dürfte die Analphabetenquote in Konstanz um 1800 bei schätzungsweise einem Viertel bis einem Drittel aller Erwachsenen gelegen haben.

[61] GLA 209/441, Frage und Antwort 20.

[62] Die Einwohnerzahl Konstanz' stieg 1774 bis 1805 von 3896 auf ca. 4350, die der Kinder zwischen 5 und 10 Jahren sollte entsprechend von 340 auf ca. 380 gewachsen sein. Eine höhere Kinderzahl ergibt die Berechnung: 183 Elementarschüler plus ca. 40 im Privatunterricht wären 223 Jungen; in dieser Altersgruppe pflegten die Mädchen erst leicht in der Überzahl zu sein, also ca. 230 Mädchen geschätzt.

[63] J. Hoffmann, [über Konstanzer Schulordnungen], in: Heinrich Heyd (Hg. i.A. des Allgemeinen Badischen Volksschullehrervereins), Geschichte der Entwicklung des Volksschulwesens Bd. 2, Bühl/Baden 1899, S. 1254f; Burkhardt in Stadtgeschichte Bd. III, S. 365f; Lehrerbesoldungen auch in GLA 209/1221, „Extract aus den Rechnungen (...)" 1778, Posten 96 und 103f. Zusammenfassend zur Normalschulreform: Marmor, Schulwesen, S. 25ff; ebd, S. 31: Laut Bericht des Spitalamts 1789 zahlten die bürgerlichen milden Stiftungen jährlich 1450 fl, also die komplette Besoldung der Elementarlehrerschaft in der Stadt.

[64] Ebd., S. 20, 24; Hoffmann, Volksschulwesen, S. 1252.

1774 lebten in Konstanz drei Buchhändler,
vier Buchdrucker,
sechs Buchbinder und
ein Pergamentmacher[65].
1778 sind in Konstanz die selbständigen Betriebe von
einem Buchhändler,
vier Buchdruckern,
fünf Buchbindern und
einem „Bergamentier“ aufgelistet[66].

Dabei firmierten die 1774 unter die Buchhändler gefaßten Johann Gerhard Lüdolf und Anton Labhart in der vier Jahre jüngeren Liste als Buchdrucker, entsprechend den Verhältnissen im deutschen Buchhandel, wo „die einzelnen Buchhändler (...) vielfach noch Drucker, Verleger und Sortimenter in einer Person“ waren[67]. In den 1770er Jahren bestanden in Konstanz also mindestens zehn kleine Gewerbebetriebe mit etwa 14 Beschäftigten in der Buch- und Papierbranche.

1793 gründete Martin Reuttiner in Konstanz ein Lesekabinett mit öffentlicher Leihbibliothek, das in der Folge zwar zwei Mal den Besitzer wechselte, doch 1798 wohl nicht wegen wirtschaftlichen Mißerfolgs, sondern infolge der Kriegszensurmaßnahmen einging. Die Palette der ausgelegten Periodika belegt eine beachtlich qualitätvolle Nachfrage: Das Lesekabinett führte 1795 die „Gazette de Berne“, die „Gazette de Deux-Ponts“, die „Frankfurter“ und die „Schaffhauser Oberpostamtszeitung“, die „Mannheimer“, die „Augsburger“, die „Karlsruher“ und die „Züricher Zeitung“, den „Schwäbischen Merkur“, Wielands „Deutschen Merkur“, Schillers „Horen“, die „Flora“, die „Minerva“, „Posselts Europäische Annalen“ sowie die „Jenaer Litteraturzeitung“ und die „Salzburger Oberdeutsche Litteraturzeitung“[68].

In Konstanz bestand also im letzten Drittel des 18. Jahrhunderts ein nicht unbeträchtlicher Markt für die Herstellung, den Handel und Verleih von Lesestoff.

Der widersprüchliche Befund breiter Alphabetisierung und eines entwickelten Marktes für Druckerzeugnisse einerseits, geringer Verbreitung von Büchern andererseits scheint schwer einzuordnen. Um fester gegründete Folgerungen anschließen zu können, wären weitere Untersuchungen zum Buchbesitz in katholischen Territorien erforderlich. Einstweilen mögen die folgenden Erklärungsansätze herhalten.

Das Konstanzer Buchgewerbe bediente ein großes Einzugsgebiet. Die nächsten vergleichbaren Städte mit entsprechendem oder besserem Buchhandel, Schaffhausen, Winterthur, St. Gallen und Ravensburg, lagen mindestens eine Tagesreise entfernt. Die Ausstrahlung des Konstanzer Buchhandels mag vielleicht anhand des Einzugsbereichs der Schauspieltruppen ermessen werden, die in der Stadt gastierten. Schauspieldirektor Georg Josef Rosner

[65] StAKN A V 2, Seelenbeschrieb 1774. Meister und Gesellen zusammengenommen.

[66] GLA 209/1221, Liste von „Professionisten, Handtwerckhsleith, Kauffleithe, Apotecker etc.etc.“, nach Branchen und Sparten unterteilt. Ohne Datum, der »Umgebung« im Konvolut und den Namen nach zu schließen von 1778; ohne Verfasser, der Handschrift nach vielleicht Raiteamtsschreiber Josef Anton Waibel.

[67] Schmidt, Buchmarkt, S. 57.

[68] Moser, französische Emigrantenkolonie, S. 70-74; Ph. Ruppert, Beiträge Heft 4, S. 68.

kündigte in der Konstanzer Zeitung „Volksfreund" vom 22. Mai 1795 die Aufführung der »Zauberflöte« für Pfingstmontag, den 25. Mai an: „(...) Freunde der Tonkunst und des Schauspiels werden selbst für eine Reise von mehreren Stunden (...) vollkommen entschädiget und belohnt werden. (...) Mit dieser Anzeige beantworte ich zugleich die vielen aus Arbon, Rorschach, Frauenfeld, St. Gallen, Meerspurg, Ravenspurg, Winterthur, Radolfzell, und anderen Orten an mich ergangenen Privat-Anfrage-Briefe wegen der Aufführung dieser vortrefflichen Oper."[69)] Jedenfalls schien der Konstanzer „Volksfreund" in den genannten Orten vertrieben worden zu sein.

Im übrigen soll zu dieser Zeit in den katholischen süd- und südostdeutschen Territorien völlige Öde bezüglich Buchhandlungen geherrscht haben, zwischen Augsburg und Tirol sei keine einzige „nennenswerte Buchhandlung" zu finden gewesen[70)] - was abermals für die Vermutung eines regionalen Buchhandelszentrums Konstanz spricht.

Ein Großteil der in Konstanz ansässigen Geistlichkeit fällt wegen seiner Exemption aus dieser Untersuchung von Nachlässen heraus, darunter teils schwerreiche, zumindest wohlhabende Stiftskleriker, dann die wohlversorgten Pfarrer; und auch den fünfzehn Bettelordensbrüdern des Konstanzer Augustinerkonvents standen zum Beispiel in einem Jahresetat um 1787 dreißig Gulden zum Ankauf von Büchern zur Verfügung[71)]. Das stark auf geistliche Literatur ausgerichtete Sortiment der Wagnerschen Buchhandlung[72)] reflektiert diese Klientel - sicher nicht nur in Konstanz. Die beiden folgenden Aussagen bestätigen Klientel wie Sortiment: Der gelehrte Benediktinerpater Nepomuk Hauntinger suchte um 1770 „den schönen Buchverlag des Herrn Wagner" auf, „aus welchem ich mir einige schöne Werke anmerkte." Der Karlsruher Professor Heinrich Sander dagegen urteilte 1781 vernichtend: „Bibliotheken sind gar keine hier. Ein einziger Buchhändler ist in der Stadt, und der darf fast nichts verkaufen als die gewöhnlichsten Gebetbücher", was die Substanz der Wagnerschen Buchhandlung trotz ihrer vom österreichischen Index bedingten Lücken doch wieder zu scharf bemängelt[73)].

Die Bibliothek des Großherzoglichen Lyzeums, das vor 1806 Josefinisches Lyzeum und davor Jesuitengymnasium gewesen war, enthielt im Jahr 1865 rund 7500 bis 8000 Bände; deren zeitgenössischer Wert betrug 9831 Gulden, pro Band etwa 1¼ Gulden[74)].

Die Konstanzer Buchhändler, -drucker und -binder bestritten einen erheblichen Teil ihres Geschäfts mit Zeitungen, mit dem Drucken amtlicher Verordnungen und Formulare[75)],

69) Zit.n. Ungvary, Wandertruppen, S. 46.

70) Referiert in Wehler, Gesellschaftsgeschichte I, S. 305f.

71) GLA 200/614, Etatansatz ohne Datum [ca. Juni 1787].

72) StAKN, I III, Beilage von der Hand Martin Wagners im Nachlaß der Maria Ida Wagnerin, geb. Honslin, unter dem 21. Aug. 1791.

73) Hauntinger und Sander in Feger, Spiegel der Zeiten, S. 120, 135; ebd. S. 139, Meiners 1782: in den Konstanzer Buchhandlungen (Plural!) seien nur „Andachtsbücher" zu erwerben gewesen.

74) Katalog der Bibliothek des Grossh. Lyceums zu Konstanz. Constanz 1865. Auf 221 Seiten jeweils geschätzte 35 Bände genannt. Lyzeum als Buchhandelskunde: Lender, Beiträge zur Geschichte der Studien, S. 14, 38.

75) Zeitungen: Ungvary, Wandertruppen, S. 19; amtliche Aufträge: Martin Wagner war zur Zeit des Aufenthalts der Landesregierung in Konstanz „Regierungs- und Kammerbuchdrucker" (Quarthal, Behördenorganisation, S. 443); Beispiele für öffentliche Aufträge u.a. in GLA 209/1306, wo die Vordrucke zur Übermittlung diverser Statistiken an die Landesregierung gegenüber den manuellen Ausfertigungen stetig zunehmen, oder die ab Sept. 1797 benutzten Sterbeprotokoll-Vordrucke, siehe Kap. 6.1.2; GLA 209/1149, „Polizey=Ordnung" von 1792, auf dem Titelblatt unten: „Gedruckt bey Martin Wagner"; A. Ruppert, Verfassung und Verwaltung, S. 69: 800 Exemplare einer neuen Feuerlöschordnung wurden im Jan. 1804 an die Hausbesitzer verteilt, 1810 leicht überarbeitet neu aufgelegt.

von Programmankündigungen diverser Schausteller und Theatergruppen[76], sehr wahrscheinlich auch mit Kalendern und dergleichen[77]. Um die deutschsprachige „periodische politische Tagespublizistik" mit ihrer Gesamtauflage von in einer Woche 300 000 Exemplaren zu erreichen, benötigte die Buchproduktion mehrere Monate[78]. Mit dem Leserfaktor 10 multipliziert, erreichten diese Periodika „so gut wie regelmäßig mehr als die Hälfte der erwachsenen männlichen Bevölkerung", was bereits die geschätzten 25 Prozent „potentielle Leser" unter der erwachsenen Bevölkerung in Frage stellt[79].

Im Martin „Wagnerischen Zeitungskomtoir" erschien ein „Intelligenzblatt", als regelmäßige Beilage das „obrigkeitl. privilegierte Konstanzische Montags-Wochenblatt", ab 22. Februar 1793 an deren Stelle der „Volks-Freund". Der »Volksfreund«, laut Eigenwerbung „eine Zeitung zur Kenntniß der neuesten Weltbegebenheiten und zur Beförderung des wahren Patriotismus", kam montags und freitags heraus und kostete im Jahresabonnement drei Gulden. Neben dem »Volksfreund« las das Konstanzer Publikum, vor allem auch das Wirtschaftsbürgertum der Gegend, regelmäßig die „Augsburger Ordinari Postzeitung", die in der Tat mit der wöchentlichen Postverbindung von Augsburg an den Bodensee kam. Aus deren Ausgabe vom 2. Januar 1801 erfuhr Franz v. Blanc in seiner Spechzarter Emigration den Text der „Officielle[n] Waffenstillstandskonvention" zwischen der kaiserlichen Regierung und der französischen Republik, worauf der geflüchtete Stadthauptmann schließlich in die Stadt zurückzukehren wagte[80].

Das Auflösungs-"Avertissement" der Uhrenfabrikgesellschaft Melly, Roman & Roux erschien am Freitag, dem 17. Juli 1795 im „Volksfreund" und sechs Tage später, am Donnerstag, 23. Juli, in der „Augsburger Ordinari Postzeitung" mit ihrer Auflage von 10 000 Exemplaren im Jahr 1800[81].

Die Herstellung von und der Handel mit ausschließlich Büchern hätte in Konstanz schwerlich 14 in der Buch- und Papierbranche Beschäftigte unterhalten.

Aus dem Dargestellten resultiert die These:

Um 1800 konnte die weltliche Bevölkerung in Konstanz mehrheitlich sehr wohl lesen, die Männer eher, die Frauen etwas weniger häufig. Doch die Fähigkeit, lesen und schreiben zu können, muß nicht unbedingt Bildungshunger, ambitionierten Literaturkonsum oder auch nur ein gesteigertes Lektürebedürfnis nach sich ziehen. »Lesefähige« und »regelmäßige Bücherleser« sollten säuberlich auseinandergehalten werden. Die potentielle Leserschaft in Konstanz las, wenn sie etwas las, Zeitung oder ein Kalenderblatt, jedenfalls keine Bibel oder andere Bücher. Ähnliches könnte in anderen vergleichbaren Städten in den katholischen süddeutschen Territorien gegolten haben[82].

[76] StAKN A I 28b, Leiner, Miszellen, diverse Beilagen; Ungvary, Wandertruppen, z.B. S. 28, 154, 157f, 161.
[77] Engelsing, Analphabetentum und Lektüre, S. 57f, 60.
[78] Wehler, Gesellschaftsgeschichte I, S. 306; 304f.
[79] Ebd., S. 307; Wehler referiert ebd., S. 303 Schenda, Volk ohne Buch, S. 444f.
[80] GLA 209/1029: AOPz vom 2. Jan. 1801 unter Blancs Manuskripten; Blancs Flucht und Rückkehr: Burkhardt in Stadtgeschichte III, S. 445f; Post: F.X. Bronner 1786 in Feger, Spiegel der Zeiten, S. 148 sowie in den beiden Seelenbeschrieben und den Quartierrodeln der „Augsburger" und der „Straßburger" Bote; Montagswochenblatt und „Volksfreund": Ph. Ruppert, Beiträge Heft 4, S. 57; Ungvary, Wandertruppen, S. 19.
[81] GLA 209/519: betreffende Zeitungen gegen Ende des Konvoluts; Auflage: Wehler, Gesellschaftsgesch. I, S. 307.
[82] Zur methodischen Problematik der Gleichsetzung von Buchbesitz und Lesefähigkeit: Quarthal, Leseverhalten und Lesefähigkeit, S. 341f.

6.9.10 c) Bilder

Bilder, auch „Tafeln“ genannt, sind auf Wandschmuck beschränkt. Andere künstlerische Darstellungen fallen hier unter »Nippes«.

145 Nachlässe enthielten Bilder, = 13 %

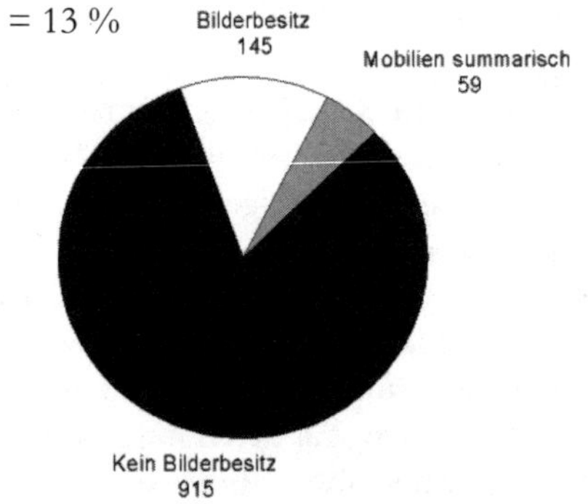

Tabelle 91: Bilderbesitz

Bilder im Wert von	Pers. -zahl	Pers. in Prozent	Durchschnittswert je Nachlaß
Kein Bilderbesitz:	915	81,8	
Mobilien summarisch, eventuell mit Bildern:	59	5,3	
1 xr bis unter 2 fl:	72	6,4	52 xr
2 fl bis unter 10 fl:	56	5,0	3 fl 45 xr
10 fl und darüber:	17	1,5	31 fl 25 xr
Gesamt:	1119	100	43 xr

Bilder stellten im Vergleich mit Büchern, Spiegeln, »Kultur«- und »Nippes«-Gegenständen noch die häufigste „Hauszierde“ dar, sie galten anscheinend als beliebtester überflüssiger Luxus. Gemessen an heute in Mitteleuropa üblichen Einrichtungsstandards, aber auch am zeitgenössischen Besitz von Fässern und Wein, Silberschmuck oder Produktionsmitteln kann dennoch ein - im 18. Jahrhundert offenbar allgemein üblicher - Mangel an Bilderbesitz konstatiert werden.

Dabei erscheint weniger der dürftige Wert, als vielmehr das geringe Vorkommen bemerkenswert. In den Behausungen Armer, aber auch in vielen Wohnungen Wohlhabender hing keinerlei Wandschmuck. Ein Drittel des Bilderbesitzes bestand aus ein oder zwei billigen Heiligenbildchen für ein paar wenige Kreuzer. Darstellungen weltlichen Inhalts bildeten innerhalb des beschränkten Vorkommens nochmals eine krasse Ausnahme.

Die Buchbinderswitwe Maria Antonia Werdichin hatte sich eine ausnehmend reichhaltige Bildersammlung zugelegt, vor allem in Bezug auf die auch unter Bilderbesitzenden seltene Anzahl der Stücke und die Vielfalt der Themen:

„<u>An Mahlereyen</u>

Nro.		fl	xr	Nro.		fl	xr
1.	St. Antonius	-	10	7.	2 Portrait etc.	-	8
2.	3 König	-	6	8.	1 Marienbild in Glaß u. Rahm	-	12
3.	St. Antoni kleiner	-	3	9.	Die 5 Wunder	-	4
4.	1 Obststück	-	8	10.	1 Altärle in der Wohnstube	-	6
5.	1 Portrait	-	1	11.	Christus am Kreüz	-	4
6.	5 kleine Stükle Jahrszeiten etc.	-	10	12.	2 Stükle Pastor Bonus u. Xaverius	etc.	8
13.	1 Muttergottesbild	-	2	14.	1 dito klein mit Glaß	-	3
					Sª	1	25“ [83]

[83] StAKN I III, Nachlaßinventar unter dem 26. Juli 1801.

6.9.10 d) »Kultur«

»Kultur« enthält nichtnützliche - genauer: nicht unmittelbar für den Erwerb des Lebensunterhalts nützliche – »Gebrauchsgegenstände des bescheidenen Luxus«. Darunter fielen Dinge wie Tabakspfeife, Kaffeemühle, Vogelkäfig, „Perspectiv", also ein Fernrohr, Landkarten, das „Regentach", Musikinstrumente wie etwa ein Klavier und eine Zither, Brettspiele, zwei Billardspiele; auch der Kehrwisch, das Schreibzeug und die „Kunkel" von Frauen, die sich nicht mit dem Spinnrad ernähren mußten, wurden hier eingeordnet.

45 Nachlässe enthielten »Kultur«-gegenstände = 4 %

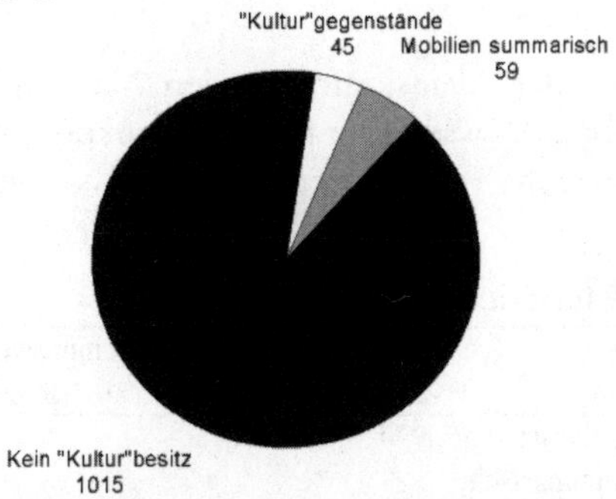

Tabelle 92: Besitz von Gegenständen der »Kultur«

»Kultur«gegenstände im Wert von	Pers. -zahl	Pers. in Prozent	Durchschnittswert je Nachlaß
Kein »Kultur«besitz:	1015	90,7	
Mobilien summarisch, eventuell mit »Kultur«:	59	5,3	
1 xr bis unter 2 fl:	28	2,5	34 xr
2 fl bis unter 10 fl:	11	1,0	3 fl 59 xr
10 fl und darüber:	6	0,5	82 fl 40 xr
Gesamt:	1119	100	30 xr

Die Zahlen verweisen auf das schmale, analog zum Begriff Bildungsbürgertum hier so genannte »Kulturbürgertum« zur Zeit Goethes und Schillers, Mozarts und Beethovens in einer gewöhnlichen Stadt, die weder Residenz war noch, abgesehen von dem überregional unbedeutenden Lyzeum mit theologischer Fakultät, eine Universität beherbergte.

6.9.10 e) Waffen

Unter Waffen sind alle vorkommenden Schußwaffen subsumiert, das waren Pistolen, Flinten, Büchsen, Musketen, sowie Hieb- und Stichwaffen, sofern sie nicht, wie ein silberner Degen, dem Schmuck und den Pretiosen zugerechnet sind.

83 Nachlässe enthielten Waffen, = 7,4 %

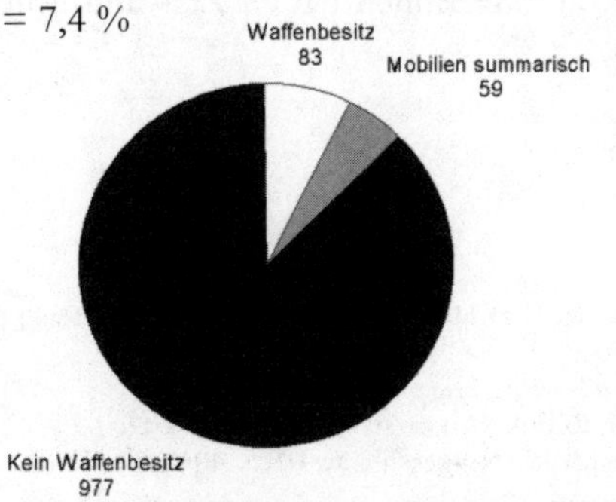

Tabelle 93: Waffenbesitz

Waffen im Wert von	Pers. -zahl	Pers. in Prozent	Durchschnittswert je Nachlaß
Kein Waffenbesitz:	977	87,3	
Mobilien summarisch, evntuell mit Waffen:	59	5,3	
1 xr bis unter 2 fl:	14	1,3	1 fl 2 xr
2 fl bis unter 10 fl:	51	4,6	3 fl 51 xr
10 fl und darüber:	18	1,6	19 fl 7 xr
Gesamt:	1119	100	30 xr

Waffenbesitz war zwar ebenfalls wenig verbreitet, doch immerhin nicht so wertlos wie Bücher, Bilder oder »Kultur«gegenstände.

Zu diesen Privatwaffen existierte in Konstanz noch ein ganzes Waffenarsenal im Kaufhaus, im städtischen Zeughaus und in den Stadttürmen[84]. Die Kriege mit der Republik Frankreich hatten zwei Milizkompanien in Konstanz erstehen lassen, deren Freiwillige sich „auf eigene Kösten militärisch gekleidet“ hatten. Auf Stadtkosten, also in Tabelle 93 nicht berücksichtigt, hatte diese Konstanzer Bürgerwehr 250 „ganz neue mit Bajonets versehene Musqueten aus Suhl in Sachsen (...) angeschaft“. Die neuen Waffen waren dann, unbenutzt, „beÿ der feindlichen Invasion von den Franzosen hinweggenommen worden“[85].

6.9.10 f) Spiegel

Spiegel sind in der Quelle meist nur nach »groß« oder »klein« unterschieden. Manchmal taucht ein Spiegel unter der Überschrift »Gemälde« auf, was seine primäre Funktion als Raumschmuck ebenso unterstreicht wie die Beschreibung eines Spiegelrahmens ... „mit schwarzen Rosen“[86].

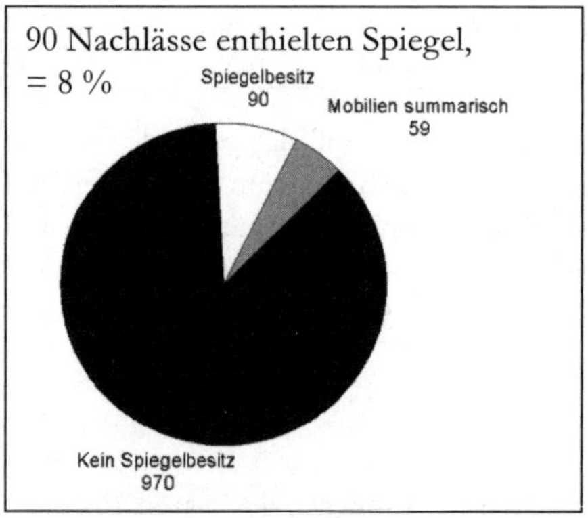

Tabelle 94: Besitz an Spiegeln

Spiegel im Wert von	Pers. -zahl	Pers. in Prozent	Durchschnittswert je Nachlaß
Kein Spiegelbesitz	970	86,7	
Mobilien summarisch, eventuell mit Spiegeln:	59	5,3	
1 xr bis unter 2 fl:	56	5,0	35 xr
2 fl bis unter 10 fl:	24	2,1	4 fl 53 xr
10 fl und darüber:	10	0,9	22 fl 48 xr
Gesamt:	1119	100	20 xr

Der Spiegelbesitz in Konstanz wirft die verbreitete materielle Mißlage der Zeit zurück. Genausowenig, wie Katharina Rossin über solche Dinge wie ihres oder ihres Ehemannes Geburtstag reflektierte, weil solche Fragen in den täglichen Anstrengungen um das Überleben abseitig erschienen[87], so wenige Konstanzer und Konstanzerinnen hatten Zeit und Muße übrig, ihr Gesicht in einem Spiegel zu reflektieren.

[84] StAKN A I 28b, Leiner, Miszellen, S. 242-249: „Inventarium Ao 1741 aller Munition, Wehr und Waffen“; de Mayer 1784 in Feger, Spiegel der Zeiten S. 145: „Lager alter Waffen“.

[85] GLA 209/1112, Schreiben vermutlich Sthm. Blancs an die Landesregierung vom 26. Mai 1797.

[86] Ebd., Maria Idda Wagnerin unter dem 21. Aug. 1791, Inventar, Rubrik „An zerschiedenen Stücken“.

[87] Protokoll einer Befragung Katharina Rossins zitiert in Burkhardt in Stadtgeschichte III, S. 404f, hier Fragen 1 und 4.

6.9.10 g) »Nippes«

»Nippes« ist nichtnützlicher Raumschmuck, sofern er nicht schon von anderen „Hauszierden" abgedeckt ist. Dazu gehört der „Kerzenstok", die „Schatull" und „Hausglok", das „Jesuskindle in einer Lad" wie das „Jesuskind in Glas mit Blumen", die „Krippe von Papier samt Burg", ein „Mohrenkopf", „Figuren von Gips", „Bauren von Holz", ein „Meerrohr" ohne Silber und ähnliches.

Die Grenze zu den Bildern konnte wegen mangelhafter Beschreibungen, die zur Sparte »Kultur« aus methodischen Gründen nicht immer einwandfrei gezogen werden.

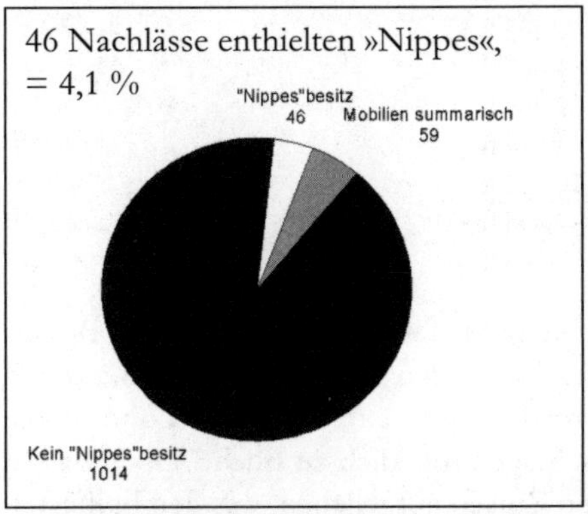

Tabelle 95: Besitz an »Nippes«gegenständen

»Nippes«gegenstände im Wert von	Pers. -zahl	Pers. in Prozent	Durchschnittswert je Nachlaß
Kein »Nippes«besitz:	1014	90,6	
Mobilien summarisch, eventuell mit »Nippes«:	59	5,3	
1 xr bis unter 2 fl:	25	2,2	37 xr
2 fl bis unter 10 fl:	18	1,6	3 fl 49 xr
10 fl und darüber:	3	0,3	34 fl
Gesamt:	1119	100	10 xr

Überdurchschnittlich häufig besaßen Angehörige gesellschaftlicher Sondergruppen solche schönen, im Hinblick auf das materielle Auskommen aber überflüssigen Dinge: Exjesuiten; der Künstler und Zeichenlehrer an der Normalschule Felix Speth; Stadtwerkmeister Michael Springhardt; der Genfer Graveur Jean Gabriel Violier; der Exot Johannes Franciscus Michaeli alias Martini aus Venedig; die Bürgermeisterswitwe Eva Monika Leinerin; Elisabetha Fürstin, Frau des Ratsprokurators Lorenz Fürst; Amalia Puppellin, „Hausmeisterin" beim Domkapitularen v. Speth[88].

6.10 Passiva

6.10.1 Schulden insgesamt

Als Stichdatum für den Schuldenstand gilt für diese Untersuchung der Todestag. Erst nach dem Tod, präziser: aufgrund der Hinterlassenschaftssache fällige Abzüge „aus dem Erb", welche die Kanzleibeamten allesamt zum Schluß der betreffenden Inventare unter der Rubrik „Passiva" vom Gesamtvermögen subtrahierten[89], sind folglich für diese Untersu-

[88] Zeichnungen Speths in: Stadtgeschichte III, S. 429, 431. StAKN I III, Sterbeprotokolle und Inventare: 20. Jan. 1787, 09. Dez. 1789, 19. Feb. 1799; 03. Mai 1802; 11. Sep.1787; 18. Nov. 1788; 24. Mai 1788; 10. März 1792; 22. Dez. 1795; 16.März 1796.

[89] Petzek, systematisch-chronologische Sammlung, I. Abt., III. Bd. (1792), XXXI. Rubrik Erbsteuer, § 35: „(...) sind von dem vorhandenen Verlassenschaftsvermögen alle Schulden des Verstorbenen, alle aus Kontrakten entspringende Verlassenschaftslasten, die befreyten Legate, die uneinbringlichen oder zweifelhaften Aktivposten, Laudemien, Krankheits- und Begräbniskosten, die Sterbtax, und alle übrigen Gerichtskösten abzuziehen, und die Erbsteuergebühren blos von dem sodann bleibenden reinen Ueberreste zu entrichten".

chung nicht als Schulden gezählt. Als Schulden gewertet sind die Begräbniskosten, da sie häufig nicht von den ausständigen Arzt- und Apothekerrechnungen zu trennen waren.

Tabelle 96: Schulden

Schuldenspanne	Personen Zahl	Personen Prozent	Mittlere Schuldenhöhe
Ohne Schulden:	500	44,7	
(Darunter 440 »Arme«)			
1 bis unter 100 fl:	222	19,8	41 fl
100 bis unter 300 fl:	128	11,4	174 fl
300 bis unter 700 fl:	114	10,2	465 fl
700 bis unter 1500 fl:	69	6,2	1 067 fl
1500 bis unter 3000 fl:	52	4,6	2 094 fl
3000 bis unter 6000 fl:	20	1,8	4 177 fl
6000 fl und darüber:	14	1,3	10 444 fl
Gesamt:	1119	100	444 fl
Alle Schuldner/innen:	619	55,3	803 fl

Angesichts dieser Häufung kann man festhalten: Schulden waren der verbreitetste Besitztitel. Für etwa ein Drittel bis die Hälfte der Schuldner bestanden die Passiva aus unbezahlten Brennholz- oder Bäckerrechnungen, fälligen Steuerforderungen, aufgelaufenem Lohn für die Magd und dergleichen, auch die Begräbniskosten schlugen merklich zu Buche. Doch hatten auch bemerkenswert viele Konstanzer Kapital gegen Zinsen ausgeliehen, was den breitesten Raum im Schuldenvolumen ausfüllte. Die Gesamtsumme der Passiva aller 1119 Verstorbenen mit Vermögensbestimmung betrug annähernd eine halbe Million Gulden. Um diese Größenordnung abschätzen zu können: Die Aktiva lagen insgesamt bei knapp 900 000 Gulden, genau 379 435 Gulden über den Passiva. Das bürgerliche Konstanz hielt damit eine deutlich aktive Vermögensbilanz; das Netto-Gesamtvermögen, also nach Abzug der Passiven, erreichte etwas über anderthalb Millionen Gulden.

Der übliche Zinssatz lag bei fünf Prozent, selten bei vier oder viereinhalb Prozent. Das Spitalamt ließ mit sich handeln, verlangte häufig viereinhalb oder vier, in einem Einzelfall sogar nur dreieinhalb Prozent[90)].

Ohne dies exakt quantifizieren zu können, weisen die „Passiva"-Rubriken der 679 untersuchten Nachlaßinventare die Spitalstiftung als den mit Abstand größten Konstanzer Kreditor aus. Wer außer Spital und Kaufleuten in der Stadt noch größere Geldbeträge gegen Zinsen verlieh, zeigt die Gläubigerliste im Inventar des Glasermeisters Johann Georg Kreuzer aus dem Jahr 1800: Beim Taschenamt hatte er 400 Gulden zu vier Prozent Zinsen aufgenommen, beim Raiteamt 900 Gulden zu fünf Prozent, beim Armeninstitut 400 Gulden zu fünf Prozent; beim vorderösterreichischen Kameralzahlamt, zeitweise in Konstanz ansässig, stand er mit 400 Gulden zu fünf Prozent in den Büchern. Weiter hatte Kreuzer 800 Gulden gegen fünf Prozent Jahreszins bei der dompropsteiischen Waisenkasse, 200 Gulden gegen vier Prozent beim domkapitularischen Oberpflegamt, ebenfalls 200 Gulden gegen vier Prozent beim

90) StAKN I III, Inventar Walter unter dem 25. Okt. 1799.

Dompropst v. Hornstein und 100 Gulden gegen fünf Prozent beim Konstanzer Franziskanerkonvent ausgeliehen[91]. Das geborgte Geld steckte nebenbei in zwei Häusern in der St. Paulsgasse, der alten Reichsstraße, die zusammen auf 5850 Gulden Wert geschätzt wurden. Unter dem Strich hinterließ Glasermeister Kreuzer nicht mehr als 818 Gulden Vermögen.

Tabelle 97: Schulden nach Erwerbsbereichen[92]

Erwerbsbereich	N	Mittlere Schuldenhöhe	Anteil der Schuldenfreien	Anteil der Großschuldner (ab 1500 fl)
Großhandel, Banken:	37	3534 fl	16 %	41 %
Landwirtschaft:	80	947 fl	24 %	29 %
Öffentlicher Dienst:	94	550 fl	24 %	12 %
Handwerk:	241	503 fl	25 %	9 %
Dienstleistung, Freiberufe, Einzelhandel:	210	302 fl	39 %	6 %
Andere[93]:	457	118 fl	69 %	1 %
Gesamt:	1119	444 fl	45 %	8 %

Die hohen Schulden der Kaufleute wurden durch wesentlich höhere Aktivkapitalien und wertvolle Warenlager insgesamt mehr als ausgeglichen. Anders dagegen im Erwerbsbereich Landwirtschaft: Der Grundbesitz der Paradieser Ackerbürger und Petershausener Rebleute war in verbreitetem Ausmaß und teilweise in erheblicher Höhe mit Schulden belastet. Die Verschuldung des bewirtschafteten Bodens in Konstanz hängt sicherlich auch damit zusammen, daß die Ackerbürger mit ihrem als Sicherheit verschriebenen Grundbesitz eher Kredite erhielten als Handwerker, Krämerinnen, pensionierte Schreiberswitwen oder Taglöhner. So weist der Anteil der Großschuldner gewissermaßen die Kreditwürdigkeit von Erwerbstätigen der jeweiligen Professionsklassen nach; die Tabelle kann als diesbezügliche Rangfolge gelesen werden.

6.10.2 Begräbniskosten

Begräbniskosten standen selbstverständlich nach jedem Todesfall an. Nur in wenige Male sind sie jedoch im Nachlaßinventar einzeln aufgeschlüsselt. Die Begräbniskosten von Spitalbewohnern übernahm das Spitalamt. Beim Tod von anderen »Armen« vermerkte der Kanzleibeamte für gewöhnlich, Angehörige hätten die geringe Hinterlassenschaft an sich genommen und dafür die anfallenden Begräbniskosten zu übernehmen versprochen. In Nachlaßinventaren stehen häufig in der Rubrik „Schulden aus dem Erb“ die „Abwarths-, Dokter-, Apotheker- und Leichenköstеn“ oder ähnlich formuliert in einer Summe zusammengefaßt. Ab und zu heißt es auch, mit dem vorhandenen Bargeld seien die Begräbnis- und anderen Kosten beglichen worden.

[91] Ebd., Kreuzer unter dem 17. März 1800. Taschen- und Raiteamt verwalteten bürgerliche Stiftungen zur Armenfürsorge.

[92] Unter die Schuldenfreien fallen auch alle »Armen«.

[93] Davon alleine 230 ohne Angabe einer Erwerbstätigkeit; weiter: Pfrund, Klerus, Militär, Protoindustrie, Rentiers, Sonstige.

Tabelle 98: Begräbniskosten[94)]

Kostenintervalle	Personen	Durchschnittskosten
Ohne Einzelangabe von Begräbniskosten:	913	
1 bis unter 25 fl:	43	15 fl
25 bis unter 50 fl:	66	36 fl
50 bis unter 75 fl:	38	60 fl
75 bis unter 100 fl:	16	86 fl
100 bis unter 150 fl:	22	119 fl
150 bis unter 200 fl:	14	166 fl
200 fl und darüber:	7	251 fl
Begräbniskosten gesamt:	206	65 fl

Begräbnisse waren teuer. Die hier ausgewiesenen Bestattungskosten übertrafen je Person zum Beispiel den Wert hinterlassener Möbel oder nachgelassenen Küchengeräts um das doppelte. Eine schöne, zeremoniöse Beerdigung war den Menschen statistisch dreimal so viel wert wie ihr Besitz von Uhren, Bildern, Büchern, Musikinstrumenten und dergleichen Gegenständen zusammen. Die vielen billig bestatteten »Armen« würden den Kostendurchschnitt dieser Aufstellung freilich drücken. Ab und zu riß ein Tod nach langer und teurer Krankheit tiefe Löcher in die Beutel der Angehörigen. Zwei typische, gut dokumentierte Begräbniskosten-Abrechnungen mögen das veranschaulichen.

Bei der ledigen, 26½jährigen Bürgerstochter Maria Franziska Crescenzia Bellin, die ein siebenjähriges Kind hatte, standen Kleider im Wert von vier Gulden den folgenden Kosten gegenüber[95)]:

	„fl	xr
Auf Abwarth und Wachen	1.	24
Auf dito	4.	48
Der Leichsagerin	2.	—
Dem Todengräber	1.	12
Dem Schreiner für den Sarg	3.	—
Löbl. Pfarrÿ St. Paul	4.	40
Dem Messmer daselbst	1.	32
Für Begleitung der Leiche	1.	12
Für Wachß	1.	47
Auf unterschidliche Kösten	2.	58
Der Hebam Allenspacherin	16.	45
	41.	14 „

Die eigentlichen Begräbniskosten betrugen fast 25 Gulden, was nach Tabelle 98 ganz im Rahmen für bescheidene Bestattungen liegt.

94) Häufig incl. ausständiger Arzt- und Apothekerrechnungen.

95) StAKN I III, Nachlaßakten unter dem 17. März 1803.

Als Todesursache der Franziska Bellin notierte Kanzlist Rosenlächer eine „Bauchkrämpfung“. Der letzte Posten der „Leichkösten“-Abrechnung läßt vermuten, daß sie an einer Fehlgeburt oder an dem Versuch, die Geburt eines weiteren unehelichen Kindes zu verhindern, gestorben ist.

Die hier aufgelisteten Ausgaben stürzten Maria Franziskas offensichtlich mittellosen Vater Dionys Bell in schwere finanzielle Bedrängnis. Er schrieb eigenhändig zwei Eingaben, der Magistrat möchte diese letzten Schulden seiner Tochter übernehmen.

Ein seiner gesellschaftlichen Stellung entsprechender Aufwand kommt bei den Kosten für das Begräbnis des Bürgermeisters Dominik Friederich zum Ausdruck[96]:

„Laut Beÿlag N.ro			fl xr
1.	Dem Prokurator Fürst für den Todfall ansagen		2,45
2.	Dem Messmer Schobenegger fürs Leichansagen (...)		6,15
3.	Der Dorothea Rheinhart fürs Wachen beÿ dem Leichnahm (...)		3,12
4.	Dem Schreinermeister Steiger für den Todtensarg und das Kreüz		4,-
5.	Der großen Congregation für die Leiche		6,-
6.	Derselben eigens angeschaften Flor		1,-
7.	Dem Todtengräber Dobler fürs Beerdigen, Läuten und den Boden [Boten] ans löbl. Raiteamt		2,40
8.	Fürs Geläut zu St. Lorenz		-,36
9.	Für Leich- und Opferkösten zu Sct. Stephan		42,23
10.	Den Hh. P.P. Augustinern		2,32
11.	Den Hh. P.P. Dominikaner		1,12
12.	Den Hh. P.P. Franziskaner		2,32
13.	Den Hh. P.P. Kapuzinern für heilige Messen		1,36
14.	Dem H. Pfarrer zu St. Stephan	5 fl 24 xr	
	Dem Krankenwarter	4 fl 3 xr	
	Dem Barbirer Stützenberger, und verschiedenen derleÿ Auslagen	4 fl 18 xr	13,45
15.	Dem H. Dr. Karg für Deservit seite dem neuen Jahr		4,40
16.	Dem H. Apothecker Gießler für Medicamenten seit dem neuen Jahr		5,59
17.	Dem H. Georg Joseph Schneider für Wachs		21,-
18.	Der Fr. Räthin Mandel für Flor und andere Ladenwaar		34,46
19.	Für Traurarbeit dem Schneidermeister Eberle		6,34
(...)			
22.	Der Magdt für die kleine Traur		2,42
23.	Fürs Todtenglöckle lauten und kleine Kreuztragen		-,23
(...)	Das nach des Verstorbenen Anordnung gegebene Allmosen		12,-
	Dem Todtenbeschauer Hungerbühler		-,30
(...)			
30.	Für einen Grabstein		33,-“

[96] Ebd., unter dem 19. Jan. 1805.

Zusammen beliefen sich diese mit Friederichs Begräbnis zusammenhängenden Kosten auf 172 Gulden. Auf der anderen Seite zeigt die Aufstellung, daß die einerseits so genannten „Leichunkösten" auf der anderen Seite für manche Einwohner einen Teil ihrer Lebensgrundlage bildeten: Einschließlich des Totengräbers sind zehn Gewerbetreibende namentlich oder indirekt erwähnt, dazu ließen sich der Ratsprokurator, der Krankenwärter, die Totenwache, die Magd und die Kreuzträger ihre Leistungen honorieren, den Pfarrer, Mesner und die Brüder der vier ansässigen Mendikantenklöster nicht zu vergessen.

6.11 Materieller Besitz und sozialer Status

Dieser Abschnitt berührt den Grenzbereich zwischen der materiellen Lage und den immateriellen sozialen Bezügen in einer Kleinstadt. Ihm liegt die Überlegung zugrunde, daß ein Kanzleiangestellter einen gesellschaftlichen Qualitätssprung markierte, wenn er in aufzählende Listen nicht einfach „Kaspar Maÿer", sondern „Herr Ferdinand Maÿer" eintrug[1]. Geistliche wurden in Konstanz stets ehrend tituliert; daher beschränkt sich der Abschnitt auf den weltlichen Bevölkerungsteil.

Tabelle 99: Hausbesitz und Anrede 1778[2]

Anrede	Fälle	Wert der einzelnen Gebäudekomplexe im Durchschnitt in Gulden	Index
Anrede „Herr":	73	996	254
Frauen, Kinder und Erben mit Anrede:	56	700	178
Ohne Anrede:	508	393	100
Gesamt:	637	488	124

Umgekehrt blieben unter den Besitzern der 30 wertvollsten Gebäudekomplexe nur sieben ohne Anrede, und zwar auf den Werträngen 11, 12, 16, 18, 20, 21 und 24. Der „Herr" mit dem geringsten Wert eines Einzelhauses, 250 Gulden, war Taschenamtmann Harder. Er selbst wohnte allerdings selbst nicht in diesem, sondern in einem Diensthaus[3].

Ein ähnliches Bild zeigt die Liste landwirtschaftlicher Nutzflächen „über dem Rhein" von 1784[4]. Unter den 59 Bürgern und zehn Bürgerinnen stellten die mit der Anrede „Herr" und die Frauen unter der Bezeichnung „Herrn ...s Wittib" 39 Prozent der Personen, welche 57 Prozent der beschriebenen Fläche besaßen.

Sozialer Status hing am materiellen Besitz. Öffentliches Ansehen und Ehrbarkeit ohne Vermögen war in Konstanz die klare Ausnahme. Umgekehrt schien es eher möglich, daß ein sehr Wohlhabender deshalb in den Akten noch nicht zum »Herrn« erhoben wurde.

1) Ähnlich arbeitet Mathis in Bevölkerungsstruktur, S. 57.

2) GLA 209/1221, „Specification deren Nämmen so dermaligen Bürgern auch Insässen, und Stadtverwanten an steürbahren Haüsser, Scheüren, und s.v. Stahlungen, alß würkliche Inhabere in Besiz haben" vom 23. Juni 1778. Die Tab. enthält nur weltliche Privatbesitzer. Definition »Gebäudekomplex« wie in Kap. 6.5.2. Frauen/Kinder außer „Fräule ..." über den Mann bzw. Vater definiert: „H. Joseph Maths seel. Wittib", „H. Rolles seel. Erben" u.dgl.

3) StAKN, A V 2, Seelenbeschrieb 1774, Haus Nr. 183. Das Amt im Haus zur Tasche verwaltete eine wohltätige Stiftung.

Dieses Ergebnis mag banal klingen. Es argumentiert jedoch gegen Versuche, gesellschaftliche Schichten anders als über das Finanzvermögen - oder wenigstens über andere materielle Merkmale wie den Besitz von Häusern, Produktionsmitteln oder ähnlichen - zu bestimmen. Selbstverständlich sind Ausnahmen immer möglich. Doch die Zugehörigkeit zum Kreis der Honoratioren oder zum Patriziat einer Stadt des 18. Jahrhunderts gründete sich wohl weniger auf ein Ehrenamt oder auf schwer greifbare Gegebenheiten wie den »guten Klang des Familiennamens« oder auf Definitionen nach Art des Karl Valentin, »dazu gehört, wer von den anderen Dazugehörigen als dazugehörig anerkannt wird«, sondern einfach auf den nackten materiellen Besitz.

An dieses Ergebnis schließt sich die methodische Berechtigung an, die Menschen aufgrund bloßer Zahlen, etwa des nachgelassenen Gesamtvermögens, der Ober-, Mittel- und Unterschicht zuzuordnen.

6.12 Die Regelung der eigenen Hinterlassenschaft

Von den 1248 erfaßten, zwischen 1786 und 1805 verstorbenen Personen hatten 317 ein Testament auf der Stadtkanzlei hinterlegt, bei weiteren 55 regelte nach ihrem Tod ein Ehevertrag die Verteilung ihres Besitzes. 124 Verstorbene hatten sich - meist - ins Spital oder - seltener - privat verpfründet und damit auch eine Entscheidung über den Verbleib ihrer Habe getroffen. Insgesamt 496 Konstanzerinnen und Konstanzer, das sind 40 Prozent aller im Untersuchungszeitraum Gestorbenen, hatten also positiv zu Lebzeiten festgelegt, was nach ihrem Tod mit ihrem Besitz geschehen sollte.

Nur wenig mehr, nämlich 518 Personen oder 42 Prozent starben, ohne einen letzten Willen bezüglich ihrer materiellen Habe hinterlassen zu haben.

In 234 Fällen vermerkten die Kanzleibeamten weder die Existenz eines Testaments oder Ehevertrags, noch das Fehlen einer solchen letzten Willensäußerung. Diese 234 sind wohl überwiegend der Gruppe ohne Regelung der eigenen Hinterlassenschaft zuzurechnen.

Die Weitergabe des Besitzes war also nicht nur objektiv, sondern auch subjektiv von großer Bedeutung - wobei die gesetzliche Vorgabe, alle Kinder gleichmäßig zu versehen, gewiß dem Interesse vieler entsprach und damit individuelle Regelungen nicht selten überflüssig gemacht haben dürfte.

6.13 Die Haushalte der Konstanzer Stiftsgeistlichkeit

Die Dienstbotenhaltung im 18. Jahrhundert zeigt einen „Wohlstandsindex" an[5]. Mangels anderer Quellen zum Vermögen der Konstanzer Stiftsgeistlichkeit ist diese Möglichkeit herangezogen, um vor dem Hintergrund des hier untersuchten materiellen Besitzes der stadtbürgerlichen Bevölkerung eine Aussage zur wirtschaftlichen Lage dieses kleinen, aber bedeutsamen Teils der Einwohnerschaft zu erhalten. Dankenswerterweise setzte sich der Konstan-

[4] GLA 209/1221.

[5] Wehler, Gesellschaftsgeschichte I, S. 195f; Mathis, Bevölkerungsstruktur, S. 125f: Dienstbotenhaltung als „viertes Lagemerkmal des sozialen Ranges" neben Steuerleistung, Bürgerrecht, Hausbesitz.

zer Ratsprokurator Bollinger 1774 über die Exemtionsschranken hinweg und beschrieb auch die Haushalte der hohen Geistlichkeit in der Stadt hinreichend genau.

Tabelle 100: Das Personal in den Haushalten der Konstanzer Stiftsgeistlichkeit 1774[6)]

Name	Weitere Haushaltsangehörige	Summe Personen
A) Domherren		
Baron v. Baaden	1 verwandtes Fräulein, 1 Zofe, 2 Diener[7)], 1 Kutscher, 2 Mägde	8
Baron v. Beroldingen	1 (verwandtes?) Fräulein, 1 Zofe, 1 Diener, 1 Gärtner, 2 Mägde	7
Graf v. Bissing	2 Diener, 1 Kutscher, 2 Mägde (Im Haus wohnte noch seine Mutter mit zwei eigenen Dienstboten.)	6
Baron v. Hornstein (Weihbischof)	1 Beschließerin, 2 Diener, 1 Gärtner, 1 Kutscher, 2 Mägde	8
Baron v. Hornstein	1 Schwester, 1 Zofe, 2 Diener, 2 Mägde	7
Baron v. Rothberg	1 verwandtes Fräulein, 1 Zofe, 2 Diener, 1 Kutscher, 2 Mägde	8
Graf v. Montfort	2 Diener, 2 Mägde (Dazu ein Hausmeister mit eigenem Haushalt in einem anderen Haus.)	5
Baron v. Ramschwag	1 „Madame", 3 Diener, 1 Kutscher, 1 Köchin, 1 Magd	8
Baron v. Rodt[8)]	„Herr Hildebrandt", 1 Hofkaplan, 1 Jäger, 3 Diener, 1 Hauserin, 2 Mägde	10
Baron v. Roll	1 (verwandtes?) Fräulein, 1 Zofe, 2 Diener, 1 Gärtner, 1 Köchin, 1 Magd	8
Baron v. Theuring	1 Schwester, 2 Zofen, 2 Diener, 1 Gärtner, 2 Mägde	9
Graf v. Zollern	1 Diener, 1 Jäger, 1 Kutscher, 1 Magd	5
B) Kanoniker St. Stephan		
de Forstern, Theol. D.	1 Magd	2
Hofmann, Theol. Dr.	1 Magd	2
Leiner, J. u. D.	1 Magd	2
v. Mehrhard, Theol. D.	2 Mägde	3
Miller, Theol. Dr.	1 Magd	2
de Rieplin, Theol. Dr.	1 Köchin, 1 Diener	3
Schuppart, Theol. Dr.	1 Magd	2
c) Kanoniker St. Johann		
Bayer, Theol. Dr.	1 Köchin, 1 Magd	3
Frener, Theol. Dr.	2 Mägde	3
Constantin Maria Eusebius Harder[9)]	1 Schwester, 1 Magd	3
Leiner	1 Köchin	2
Pfiffer, Theol. Dr.[10)]	1 Schwester, 1 Provisor, 1 Magd	4
Reütemann	1 Köchin, 1 Magd	3
Spengler, Theol. Dr.	Jungfer Barxlin, 1 Magd	3
26 Dom- und Chorherren		**Insgesamt 126 Personen**

6) StAKN A V 2, Seelenbeschrieb 1774, Hausnummern 275f, 278-280, 291, 297f, 320f, 323, 325, 428, 432-434, 446f, 451f, 456-458, 462, 516, 573.
7) In der Regel Kammerdiener oder in ähnlicher Funktion.
8) Ab 1775 Bischof.
9) Kapitular von S. Johann, „Parochus".
10) Führte „durch einen Provisor" nebenher eine Apotheke.

Die Haushaltsstärke der Stiftsgeistlichkeit betrug im Mittel 4,8 Personen. Nach Abzug der adligen Fräuleins, Schwestern, Jungfer Barxlin, dem Hofkaplan und Herrn Hildebrandt, zusammen 11 Menschen, bleiben 89 Bedienstete, im Durchschnitt 3,4 pro Haushalt.

Die mittlere Haushaltsgröße bei den 12 Domstiftskapitularen lag bei 7,4 Personen. Zwei Domherren beschäftigten nur vier Bedienstete, drei Herren hatten fünf, weitere drei Herren sechs Personen Hauspersonal im Dienst, vier Domkapitulare verfügten über je sieben Dienstboten. 69 Mägde, Zofen, Kammerdiener, Kutscher und dergleichen Personal ergeben eine statistische Dienstbotenzahl von 5,75 in jedem Domherrenhaushalt.

Dieselbe Zählung wies für sieben bürgerliche Kaufleute je eine Magd, für fünf Handelsherren zwei Dienstboten und für einen Kaufmann drei Bedienstete nach. Die Dienstbotenquote betrug somit 1,5 je Kaufherrnhaushalt.

Jeder Domherr mit seinen 16 reichsfreien Vorfahren[11)] stellte von der ökonomischen Potenz her jeden Konstanzer Patrizier tief in den Schatten. Nachgeborene Söhne des süddeutschen Adels waren im Konstanzer Domkapitel ausgezeichnet versorgt. Entsprechend stark muß der Wegfall solcher Pfründen zu Beginn des 19. Jahrhunderts den deutschen Adel erschüttert haben.

Die Chorherren der Nebenstifte St. Stephan und St. Johann führten, der Dienstbotenhaltung nach zu schließen, einen deutlich bescheideneren Lebenswandel. Ihre materielle Lage dürfte derjenigen der Konstanzer Ehrbarkeit vergleichbar gewesen sein, aus deren Reihen sich die Kanoniker der beiden Nebenstifte auch teilweise rekrutierten[12)].

6.14 Die Bedeutung der Beibringung. Konstanzer »Ehebilanzen«

In 70 Nachlaßfällen zwischen 1786 und 1805 erstellten die Kanzlisten am Schluß des Inventars eine Art »Ehebilanz«[13)]. Diese »Ehebilanzen« berechneten sie aus dem gemeinsamen Gesamtvermögen beim Tod des einen Ehepartners abzüglich der Summe des von beiden Eheleuten - meist zu Beginn der Ehe - Beigebrachten; unter dem Strich stand ein Betrag in Gulden: Lag der über der „Summa Illatorum", so war die Differenz „während der Ehe errungen" worden, lag er unter dem gemeinsam Beigebrachten, so „zeigt sich, daß während der Ehe rükgehaust" oder auch „ausgehauset" worden war.

Zwei konstruierte Beispiele mögen diese Berechnung verdeutlichen. Ehemann A hatte 1000 Gulden beigebracht, Ehefrau A 500 Gulden. Die Summe der „Illaten" betrug also 1500 Gulden, mit denen Paar A die Wirtschaftsgemeinschaft Ehe begründete. Am Ende dieser Ehe stand ein gemeinsames Vermögen von 2000 Gulden; die Eheleute A hatten also 500 Gulden „während der Ehe errungen". Ehemann B hatte gar nichts, Ehefrau B 1500 Gulden beigebracht. Am Ende dieser Ehe betrug das gemeinsame Vermögen 1000 Gulden; die Eheleute B hatten also während ihres Zusammenlebens 500 Gulden „rükgehaust".

11) Kaspar Riesbeck 1783 als „Anonymus" in Feger, Spiegel der Zeiten, S. 144 (Identifizierung des Anonymus: Cramer, Reisebeschreibungen, S. 63); Lambert, Mémoires, S. 190.

12) Frener, Harder, 2mal Leiner, Pfiffer, Spengler. Vgl. auch Zimmermann in Stadtgeschichte III, S. 198.

13) StAKN I III, Sterbeprotokolle und Nachlaßinventare. Hierauf gründen sich alle in diesem Kap. 6.14 erstellten Tabellen.

In manchen Fällen konnte die genaue Ehedauer mit Hilfe eines vom Kanzlisten erwähnten datierten Ehevertrags festgestellt werden. In einigen weiteren Fällen war aus verschiedenen Indizien, wie etwa der Zahl und dem Alter von Kindern, die ungefähre Dauer der Ehe zu bestimmen.

6.14.1 Aussagekraft und Schwächen des Datenmaterials

a) Repräsentativität

Die untersuchten 70 Eheleute besaßen fast ausschließlich das Stadtbürger-, wenige auch das Beisassenrecht in Konstanz.

Die Gesamtsumme der 70 vorliegenden *gemeinsamen* Inventare beträgt 312 797 Gulden. Da hier im Unterschied zur sonstigen Auswertung der Nachlaßinventare keine Individual-, sondern eben Ehebilanzen untersucht werden, muß diese Summe zur Vergleichbarkeit durch 140 geteilt werden. Das Durchschnittsvermögen pro Kopf betrug so 2234 Gulden. Der Vergleich mit dem Durchschnittsvermögen aller 679 individuell Inventarisierten - 2264 Gulden - belegt, daß die erfaßten Eheleute als repräsentativ für die Gruppe der Besitzenden gelten können. Die Gruppe der 440 „Armen" ist hier nicht berücksichtigt.

Die Verteilung in Erwerbsbereiche ergibt folgendes Bild:

		zum Vergleich:	
Erwerbs-bereich	70 Paare mit »Ehebilanz«	1248 Todesfälle 1786-1805 gesamt	Seelenbeschrieb 1774 (Haushalte)
Handwerk	34 %	21 %	25 %
Dienstleistung	24 %	18 %	20 %
Öffentl. Dienst	20 %	10 %	13 %
Kaufleute/Industrie	9 %	5 %	2 %
Landwirtschaft	7 %	7 %	7 %
Ohne Angabe	4 %	21 %	22 %
Spital/Pfrund	1 %	10 %	[14] 1 %
Sonstige	0 %	9 %	11 %

Deutlich wird, wie überrepräsentiert in dieser Untersuchung der Ehebilanzen die Erwerbsbereiche Handwerk, öffentlicher Dienst und Kaufleute sind; dafür fehlen Spitäler/innen, Geistliche, Soldaten und Personen ohne Berufsangabe fast oder vollständig. Im Spital und in der Gruppe ohne Angabe einer Profession sind auch die meisten »Armen« zu finden.

Zusammengefaßt repräsentieren die erfaßten Ehepaare jene 61 Prozent der nach Schaubild 50 nicht als »arm« klassifizierten Stadtbewohner. Sie stehen für das Konstanzer Stadtbürgertum; die hier gegebene soziale Auswahl entspricht wohl der, wie bereits vermerkt, ökonomisch vorzüglich gestellten Sozialgruppe der Verheirateten insgesamt.

b) Einschränkende Faktoren:

70 Ehepartnerinventare bilden die Datenbasis. Wegen dieser - relativ zu anderen Unter-

[14] 5 % der Bewohnerschaft 1774.

suchungen innerhalb dieser Arbeit - schmalen Grundlage können die gewonnenen Resultate sicher nicht Zeiten und Räume abdeckend verallgemeinert werden. Andererseits war kein Kriterium außer dem Rechtsstatus und den Fakten Ehe und Nachlaßinventar ersichtlich, das auf eine irgendwie geartete Auswahl beim Erstellen dieser 70 »Ehebilanzen« schließen ließe.

Zu manchen beigebrachten Summen zählte der beauftragte Kanzlist Nachlässe, die während der Ehezeit zufielen. Es ist zu vermuten, fehlt jedoch ein positiver Nachweis, daß während der Ehe angetretene Erbschaften vollständig zu den Illaten gezählt wurden.

Die persönlichen Lebensumstände der Eheleute entziehen sich einer quantifizierenden Erfassung und blieben daher hier unberücksichtigt. Dazu zählt vor allem die Kinderzahl: Ein Ehepaar mit acht erwachsenen Kindern vermochte viel schwerer eine finanziell positive »Ehebilanz« zu erzielen als ein kinderloses Paar. Zu den Lebensumständen, die nur schwer faßbar sind und doch das Vermögen am Lebensende nachhaltig beeinflußten, gehören ferner lange, kostenintensive Krankheiten eines Familienmitglieds und das unterschiedliche Alter bei Ende der Erwerbstätigkeit und damit die Lebensdauer, in der aus Altersgründen weniger verdient oder Erspartes verzehrt werden konnte.

Auch bleibt unklar, ob die Eheleute durch Familienangehörige unterstützt wurden oder ihrerseits zum Unterhalt mittelloser Verwandter beitrugen, ob und in welchem Umfang die Ehefrau oder erwachsene Kinder mit Erwerbstätigkeit das Haushaltseinkommen anreicherten.

Bei Ehen ohne Kenntnis ihrer Dauer konnte auch der Kaufkraftverlust durch Inflation nicht ermittelt werden. Die Tatsache verschiedener Eheeckdaten und damit unterschiedlicher Inflationsraten, die verrechnet werden müßten, kompliziert den Einbezug der Teuerung dort, wo die Ehedauer bekannt ist. Für die Zwecke dieser Untersuchung schien es daher hinreichend, die säkulare Inflationsrate von einem Prozent anzuwenden.

Diese Bedenken zusammenfassend, kann man aus den hier verarbeiteten Berechnungen am Schluß der Sterbeprotokolle nur mit Vorsicht *individuelle* Ehebilanzen lesen; doch behalten Durchschnitts- und Tendenzaussagen ihren ungeminderten Aussagewert. *Im Ganzen* gesehen, wirkten sich die Ehen in Konstanz in der zweiten Hälfte des 18. Jahrhunderts ökonomisch wie nachfolgend dargestellt aus.

6.14.2 Einzelergebnisse und Interpretationen

38 Mal registrierten die Kanzlisten einen nominellen Zuwachs, 32 Mal den Schwund des gemeinsamen Vermögens während der Ehe. Die Termini „Gewinn" und „Verlust" verbieten sich hier wegen der unter strengen wirtschaftswissenschaftlichen Maßstäben unzureichenden Datengrundlage.

Die Summe allen „erhaust[en]" Vermögens betrug nominell 100 189 Gulden. Der insgesamt „rükgehaust[e]" Besitz hatte einen Wert von 52 103 Gulden.

Der Zuwachs in den 38 positiven »Ehebilanzen« betrug durchschnittlich 2637 nominelle Gulden, nach Abzug der jeweils zwei höchsten und niedersten Werte 1800 Gulden. Der Schwund in den 32 negativen »Ehebilanzen« belief sich auf durchschnittlich nominell 1628 Gulden, nach Abzug der je zwei Extremwerte 782 Gulden.

Insgesamt erzielten die 70 erfaßten Ehen einen nominellen Zuwachs von durchschnitt-

lich 687 Gulden pro Ehe. Läßt man die beiden höchsten Zuwachs- und die beiden kräftigsten Schwundbilanzen außer acht, zu ergibt sich ein mittlerer nomineller Zuwachs von 596 Gulden je Ehe.
Der starke Volumenüberschuß des Zuwachses gegenüber dem Schwund bei annähernd gleicher Anzahl betroffener Ehen erklärt sich aus den unterschiedlichen Abstufungen:

Zuwachs		Schwund	
0 bis 500 fl:	12mal	0 bis 500 fl:	18mal
501 bis 5000 fl:	20mal	501 bis 5000 fl:	12mal
5001 und mehr fl:	6mal	5001 und mehr fl:	2mal

Während weniger geringe, viel mehr hohe Zuwächse zu verzeichnen waren, hielten sich die „ausgehaust[en]“ Beträge sehr in Grenzen.

6.14.2 a) Nach Geschlechtern unterschieden

33 Mal brachte der Mann und 37 Mal brachte die Frau mehr bei.

Summen:
Männliche Illaten = 85 774 Gulden, im Durchschnitt 1225 Gulden;
weibliche Illaten = 178 946 Gulden, im Durchschnitt 2556 Gulden.

Die 70 Frauen brachten, verglichen mit ihren 70 Männern, mehr als den doppelten Betrag in die Ehe ein[15].
Eine differenzierte Betrachtung dieses Beibringensgefälles führt zu einem weiteren erstaunlichen Resultat:

Tabelle 101: Größenordnung der männlichen und weiblichen „Illaten“

Mann brachte mehr bei	**Frau brachte mehr bei**
Gleiche Größenordnung, d.h. ausgehend von der höheren Summe betrug die Differenz weniger als ein Drittel, also z.B. 100 fl zu 67 bis 99 fl:	
11 mal	**3 mal**
Großer Unterschied, d.h. ausgehend von der höheren Summe lag die Differenz zwischen einem Drittel und zwei Dritteln, z.B. 100 fl zu 34 bis 66 fl:	
8 mal	**12 mal**
Krasser Unterschied, d.h. ausgehend von der höheren Summe betrug die Differenz zwei Drittel oder mehr, z.B. 100 fl zu 33 bis 0 fl oder gar Schulden:	
14 mal	**22 mal**

[15] Zu prüfen wäre der mögliche Einwand: Ehemänner und Ehefrauen erhielten von ihren Eltern beziehungsweise Verwandten gleich viel Geld, nur tendenziell zeitversetzt: Frauen in Form von Mitgift, Männer als Erbschaften während der Ehe. Die Abteilungen in Konstanz zwischen 1786 und 1805 belegen jedoch, daß Söhne und Töchter völlig gleichberechtigt erbten. Auch die in den Inventaren ausgewiesenen „eingeworfenen Mittel“, Aussteuerbeiträge, wurden dem Anschein nach gleichmäßig verteilt.

Unter der Annahme, daß der minder bemittelte Partner das Beibringungsgefälle während der Ehe nicht ausglich, gilt: Die »ökonomischen Mesalliancen« überwogen das Heiraten unter gleich Vermögenden beträchtlich.
Einen weiteren interessanten Aspekt deckt die nähere Aufschlüsselung derjenigen Ehen auf, in die ein Partner erheblich mehr eingebrachte hatte als der andere.

Tabelle 102: Erwerbstätigkeit der Ehemänner aus der Rubrik »Krasser Unterschied«

Mann brachte viel mehr bei	Frau brachte viel mehr bei
Spitalamtskontrolleur	Bürgermeister
	Magistratsrat
	Säckel[=Steuer-]amtskontrolleur
	Mühleamtmann
	Dammvisitator [Hafenbeamter]
	Kanzlist
	Raiteamtsschreiber
	Normallehrer
	Ratsdiener
	Erster Stadtarzt
Händler	2 Kaufleute
Mehlhänder und Rotgerber	Lukenmann [Hafenlotse]
Schustermeister	Schustermeister
Glasermeister	Schlossermeister
Kaminkehrer	Spengler
	Hafnermeister
	Webermeister
	Küfermeister
3 Ackerbürger	Rebmann
2 Taglöhner	Gassenbesatzer [Pflasterer]
»wahnsinnig im Spital«	
2 keine Angabe / ohne Profession	

Vor allem in Ehen, bei denen der Mann einen höheren Posten in der Konstanzer Stadtverwaltung bekleidete, brachten die Frauen ein beträchtlich höheres Heiratsgut ein als ihre Männer. Auch schienen mehr Handwerksmeister eine wohlhabendere als eine ärmere Frau zu heiraten. Unter den Ehen, zu denen der Mann mehr Vermögen beitrug, befand sich ein höherer Anteil an sozial tiefer Gestellten als in der anderen Gruppe. Das Übergewicht in der Erwerbsgruppe Landwirtschaft, wo dreimal die Männer und nur einmal die Frau mehr Besitz beibrachten, darf wohl wegen der schwachen Datengrundlage nicht zu weit interpretiert werden.

6.14.2 b) Zusammenhang zwischen der Profession des Mannes und dem Zuwachs oder Schwund während der Ehe

Die Frage interessiert, ob bestimmte Erwerbsgruppen in der Ehe wirtschaftlich besonderders erfolgreich waren und, falls sich solche herauskristallisieren, um welche es sich handelte. Zur Beantwortung sei eine Rangfolge von Besitz und Schwund mit der Professionsangabe kombiniert. Dauer der Ehe und Geldwertverlust bleiben zunächst unberücksichtigt.

Zum Verständnis der folgenden Prozentwerte diene das Beispiel: Summe der „Illaten“ = 200 Gulden, Vermögensstand am Ende der Ehe = 240 Gulden, demnach sind 40 Gulden „errungen“ worden, diese 40 Gulden betragen im Verhältnis zu den 200 Gulden „Illaten“ = 20 Prozent. »Minus 100« bezeichnet in der folgenden Tabelle den vollständigen Verbrauch das gemeinsam beigetragenen Vermögens; »plus 100« heißt, dasselbe wurde im Verlauf der Ehe verdoppelt.

Tabelle 103: Relative nominelle Besitzveränderung während der Ehe in Prozent des gemeinsam beigebrachten Ausgangsvermögens

Taglöhner	- 127	Färbermeister	6
Schlossermeister	- 120	Spitalküfer	12
Ratsdiener	- 109	Ackerbürger	13
Lateinlehrer	- 103	Kaufmann	13
Webermeister	- 89	Kanzlist	19
Reebmann	- 89	Melber und Rotgerber	25
Kaufmann	- 87	Nudelmacher	30
Metzgermeister	- 76	Wettekarrer	34
Bäckermeister	- 68	Händler	37
Schustermeister	- 68	Spengler	53
(Hafen-)Dammvisitator	- 67	Stiftspfleger	54
keine Angabe	- 57	Wundarzt/Bader	66
Küblermeister	- 54	Bäckermeister	74
Schustermeister	- 48	Wirt	75
Kornmesser	- 47	Einzelhändler	76
Lukenmann (Lotse)	- 46	Wirt	79
Mühleamtmann	- 45	Kaufmann	80
Glasermeister	- 36	Metzgermeister	89
Stadtmusikant	- 27	Taglöhner	89
keine Angabe	- 26	Normallehrer	89
Magistratsrat	- 24	Ackerbürger	91
Ackerbürger	- 22	Wundarzt/Bader	97
Gassenbesatzer	- 21	Metzger + Wirt	103
Erster Stadtarzt	- 21	Kaminkehrer	136
Steueramtskontrolleur	- 19	Bäckermeister	145
keine Angabe	- 17	Metzgermeister	146
Bäckermeister	- 17	Bürgermeister	154
Küfermeister	- 17	Hafnermeister	207
Raiteamtschreiber	- 16	Hufschmied	228
wahnsinnig im Spital	- 11	Magistratsrat	254
Kaufmann	- 8	Säcklermeister	278
Taglöhner	- 2	Ackerbürger	281
Händler	4	Weißgerber	393
Kaufmann	6	Hafnermeister	399
Spitalamtskontrolleur	6	Schneidermeister	472

Eine enorme Bandbreite fällt auf. Sie reichte vom Taglöhnerpaar Schlachter, das die Ehe mit 320 Gulden begann und bis zum Tod der sechzigjährigen Frau 86 Gulden Schulden angesammelt hatte bis zum Schneiderpaar Müller, das seinen Besitz von 82 Gulden zu Beginn der Ehe in etwa 25 Ehejahren auf 469 Gulden vermehrte.

Das Feld ist stark durchmischt. Wirtschaftlicher Erfolg war wie wirtschaftlicher Mißerfolg in allen Erwerbsklassen möglich. Tabelle 103 ist deshalb so detailliert ausgeführt, um die auseinanderfallenden Besitztendenzen in ein und derselben Profession nachzuweisen. Zum Beispiel wies die erste von drei Taglöhnerehen eine mit minus 127 Prozent extrem negative »Ehebilanz« auf, die zweite lag mit minus 2 Prozent in der Mitte und die dritte verdoppelte mit 89 Prozent ihre anfängliche Habe annähernd. Lateinlehrerpaar Beer lag mit minus 103 Prozent deutlich im Schwund-, Normallehrerpaar Lutz dagegen mit 89 Prozent im Zuwachsbereich. Als Magistratsratsehepaar konnte man seine gemeinsame Beibringung um 24 Prozent vermindern oder um 254 Prozent vermehren. Die fünf Kaufmannsehepaare sind gleichmäßig über die ganze Skala verstreut mit - 87, - 8, + 6, + 13 und + 80 Prozent.

Um nun aus der etwas unübersichtlichen Tabelle Tendenzen abzuleiten, seien die 32 Ehen mit Schwund und die 38 Ehen mit Zuwachs nach Erwerbsgruppen unterteilt.

Tabelle 104: Tendenzen der Besitzveränderung in unterschiedlichen Erwerbsgruppen[16] (Zusammenfassung von Tabelle 103)

	Zahl der Ehepaare im (nominellen)	
Erwerbsgruppe	Zuwachsbereich	Schwundbereich
Kaufleute, Wirte, Einzelhändler:	10	2
Selbständige Dienstleistung:	4	1
Handwerksmeister:	13	10
Ackerbürger:	3	2
Öffentlicher Dienst:	7	8
Taglöhner und ähnliche:	1	9
Summe	38	32

Die Wirtschaftsgemeinschaft Ehe tendierte im Erwerbsbereich Kaufleute, Wirte, Einzelhändler zur Vermehrung des Heiratsguts, wobei, wenig verwunderlich, vor allem die Wirte herausragten. Auch selbständige Dienstleistung schien sich zu lohnen. Im öffentlichen Dienst der Stadtverwaltung, im Handwerk und in der Landwirtschaft brachte die Ehedauer ausgewogen Zuwachs und Schwund. Ebenfalls wenig erstaunlich tendierte die Erwerbsgruppe Tagelöhner und ähnliche dazu, während der Ehe aus der beigebrachten Substanz zu leben.

Nimmt man noch die schleichende Geldentwertung hinzu, dann dürften nur noch 30 der 70 Ehepaare[17] mit ihren beigebrachten Pfunden gewuchert haben. Freilich schlugen die Zuwachsspannen nach oben um einiges stärker aus als die Schwundspannen nach unten.

Für knapp die Hälfte der 70 Ehepaare ist die Ehedauer wenigstens ungefähr bekannt. Auf der Grundlage dieser Information konnte sowohl die Inflationsrate einbezogen, als auch

[16] Selbständige Dienstleistung: Bader, Stadtarzt, Kaminfeger, Wettekarrer. Taglöhner u.dgl. umfaßt auch Kornmesser, Stadtmusikant, Gassenbesatzer, „wahnsinnig", ohne Professionsangabe.
[17] Grobe Hochrechnung mit 1 % Teuerung p.a., 23 Jahren Ehedauer.

ein prozentualer Zuwachs beziehungsweise Schwund während eines Ehejahres berechnet werden, der eine von der Ehedauer und vom Vermögensumfang unabhängige Größe beschreibt[18].

Tabelle 105: Jährliche Besitzveränderung während der Ehe unter Berücksichtigung der Teuerungsrate[19], a) Ehen mit exakter Angabe der Dauer

Ehepaar	Dauer der Ehe (Jahre)	Profession des Mannes	Summe der Beibringung (Gulden)	Vermögen bei Eheende (Gulden)	realer Zuwachs /Schwund pro Jahr in %
Engelhart	20½ J.	Magistratsrat[20]	5457	19316	11,3
Rimmele	23 J.	Metzgermeister	505	1243	5,2
Lehry	35 J.	Bürgermeister	1120	2849	3,2
Reiss	31½ J.	Wirt	2620	4573	1,2
Hauß	42 J.	Kaufmann	31257	56352	0,7
Burkhart	50 J.	Metzgermeister	10609	20019	0,5
Kenzel	17 J.	Mehlhändler+Gerber	4192	5221	0,4
Beutter	7 J.	Kaufmann	4093	4319	- 0,2
Gantert	37 J.	Färbermeister	854	907	- 1,0
Spengler	27 J.	Säckelamtskontrolleur	8801	7152	- 1,8
Waibel	12 J.	Raiteamtsschreiber	196	165	- 2,4
Prestel	30 J.	Schustermeister	618	319	- 2,8
Brunner	21 J.	Ratsdiener	300	- 28	- 6,3

b) Ehen mit ungefährer Angabe der Dauer

Ehepaar	Dauer der Ehe (Jahre)	Profession des Mannes	Summe der Beibringung (Gulden)	Vermögen bei Eheende (Gulden)	realer Zuwachs /Schwund pro Jahr in %
Müller	ca. 25 J.	Schneidermeister	84	469	17,2
Hanemann	ca. 10 J.	Kaminkehrer	3741	8809	12,5
Stamler	ca. 20 J.	Hafnermeister	468	1436	9,2
Stitzenberger	ca. 12 J.	Wundarzt	665	1312	7,0
Luz	ca. 20 J.	Normallehrer	262	496	3,4
Labhart	ca. 25 J.	Metzger + Wirt	1001	2031	3,0
Graz	ca. 6 J.	Kanzlist	155	184	2,1
Beutter	ca. 4½ J.	Kaufmann	5281	5952	1,8
Zepfel	ca. 30 J.	Stiftspfleger	6581	10140	0,6
Birkhofer	ca. 23 J.	Wettekarrer	340	456	0,4
Ludwig	ca. 28 J.	Händler	5380	7384	0,2
Thumb	ca. 23 J.	Spitalamtskontrolleur	2804	2975	- 0,9
Mayer	7-10 J.	Taglöhner	453	442	- 1,3
Rik	28-30 J.	Gassenbesatzer	660	519	- 1,9
Klausmann	ca. 21 J.	Küfermeister	[21] 1150	959	- 1,9
Leiner	ca. 25 J.	Erster Stadtarzt	7000	5507	- 2,0
Martin	ca. 20 J.	Ackerbürger	1863	1450	- 2,2
Labhart	ca. 28 J.	Metzgermeister	12520	3047	- 3,9
Speth	ca. 20 J.	Dammvisitator	978	321	- 4,5
Depery	ca. 25 J.	Kaufmann	4500	604	- 4,6
Kirchmann	18-20 J.	Bäckermeister	1454	464	- 4,7

Auch hier zeigt sich, daß ökonomischer Erfolg und Mißerfolg in allen Professionsklassen vorkam; Zuwachs und Schwund während der Ehe hingen offenbar genausowenig von der Höhe des gemeinsamen Anfangsvermögens ab wie von der Ehedauer.

Im Durchschnitt erwirtschaftete jede dieser 34 Ehen mit wenigstens ungefährer Angabe der Dauer jährlich linear 1,1 Prozent ihres Anfangsvermögens vom Hochzeitstag real, also über die Teuerungsrate hinaus, hinzu. Nochmals sei betont, daß hier die Abschlußrechnung aus dem Erwerbsleben Lediger und »arm« im Sinne von Schaubild 50 gestorbener Eheleute fehlt.

6.14.3 Zwischenfazit: Die Bedeutung der Beibringung

Ökonomische Unsicherheit herrschte in Konstanz allen Erwerbsbereichen. Hoher Schwund und sehr hoher Zuwachs im Laufe einer Ehegemeinschaft war in jeder Profession möglich, vor allem im Handwerk, öffentlichen Dienst, auch in der Landwirtschaft. In jeder Professionsklasse mit Ausnahme der Kaufleute stellte die ökonomische Unterschicht, stellten also die Schuldner, die »Armen« und weniger als 200 Gulden Besitzenden einen Anteil von mindestens der Hälfte aller Zugehörigen, im Bereich Landwirtschaft von immerhin 40 Prozent. Dieser Befund illustriert, wie schwach das zünftige Prinzip der „Nahrung" im Konstanzer Gewerbe noch wirkte[22]. Der Erwerbsbereich Handel/Gastwirtschaft ragt mit deutlicher Tendenz zum Zuwachs heraus, der Erwerbsbereich Taglohn tendierte zum Schwund, was bereits Bekanntes bestätigt.

Nominell und auch inflationsbereinigt ergibt sich eine positive »Gesamtbilanz«. Anders ausgedrückt, verbrauchte zwar die Hälfte der Paare unter Einschluß der Geldentwertung im Lauf der Ehe mehr, als sie erwarb; dafür erwirtschafteten die untersuchten 140 Konstanzer Eheleute in der zweiten Hälfte des 18. Jahrhunderts unter dem Strich einen deutlichen Überschuß des Realvermögens.

Den eindrucksvollen Unterschied zwischen den Volumen männlicher und weiblicher Beibringung dürften zwei Ursachen begründet haben: Männer schienen erstens dem Geld- oder Sachbesitz gleichwertige, nur mittelbar materielle Güter wie Ausbildung, Aufstiegschancen, Titel oder eine öffentliche Anstellung beibringen zu können. Ein Studium, ein Amt, eventuell auch die Aussicht auf eine Verwaltungskarriere hätten demnach als immaterielles - das heißt nicht: ideelles - Wirtschaftsgut so viel gegolten wie materieller Besitz. Zweitens

[18] Die Steigerung von 100 auf 211 Gulden in zehn Ehejahren entspricht genauso einem inflationsbereinigten (1 % p.a.) Zuwachs von jährlich linear zehn Prozent des Ausgangsvermögens wie die Steigerung von 1000 auf 3221 Gulden in 20 Jahren (berechnet wie in der folgenden Anmerkung).

[19] Ein Prozent pro Jahr angenommen. Berechnung: 1) Summe der „Illaten" multipliziert mit der Teuerungsrate 1 % während der y Jahre Ehedauer (nach der Wachstumsformel $k_n = k_0 * e^{an}$) ergibt die Nominalsumme n fl mit derselben Kaufkraft der „Illaten"summe y Jahre zuvor. 2) Summe der »Ehebilanz« minus Nominalsumme n ergibt den inflationsbereinigten »Reinzuwachs« bzw. »Reinschwund« während der Ehe. 3) Dies geteilt durch die Zahl der Ehejahre ergibt dasselbe linear pro Ehejahr. 4) »Reinzuwachs« bzw. »-schwund« pro Jahr in Prozent der „Illaten"summe ergibt den realen, linearen Zuwachs bzw. Schwund pro Ehejahr in Prozent des gemeinsamen Ausgangsvermögens.

[20] Erst seit 1798, vorher war E. Rotgerber gewesen: StAKN A V 7, Quartierrodel 1790, Haus 388; GLA 209/1221, »Branchenbeschrieb« 1778; zur Ratswahl: Burkhardt in Stadtgeschichte III, S. 443f.

[21] 678 fl Vatergut der Kinder erster Ehe als einsetzbares Kapital gewertet.

[22] Oben, Tab. 56; vgl. Wehler, Gesellschaftsgeschichte I, S. 92-94.

bewirkte der starke Frauenüberschuß in der Konstanzer Bevölkerung vermutlich, daß Frauen auf dem Heiratsmarkt generell gesehen mehr „Illaten" anbieten mußten als Männer.

Der Aufbau von Besitz dauerte lange. Die Summe aller 140 „Illaten" betrug fast 265 000 Gulden, insgesamt erwirtschafteten die 70 erfaßten Paare während ihrer Ehedauer nominell knapp über 48 000 Gulden. Setzt man die Dauer einer Ehe auf zwei Drittel bis drei Viertel Generationen, so hatten rechnerisch dreieinhalb bis vier Generationen im Laufe von 110 bis 125 Jahren das nominelle Startvermögen einer bürgerlichen Konstanzer Ehe in der zweiten Hälfte des 18. Jahrhunderts erwirtschaftet[23]. Besitzbildung unter der seit den 1760er Jahren verschärft zunehmenden Teuerung gelang, wenn überhaupt, schwerer und dauerte erheblich länger.

Die Ermittlung einer inflationsbereinigten »Bilanz« aller 70 Ehen ist wegen fehlender Angaben zur Ehedauer kaum zuverlässig möglich. Bei einer gesetzten Dauer von im Mittel 20 Jahren hätten die 70 Paare, unter einprozentiger Teuerung per annum und gemessen an der Kaufkraft ihrer „summa illatorum", zusammen mehr als 10 000 Gulden »Schwund« erwirtschaftet, 7½ Gulden je Ehe und Jahr[24].

Die Beibringung war von immenser Bedeutung. Das bei der Heirat zusammenfließende Vermögen bildete vom Beginn bis zum Ende die Basis der Wirtschaftsgemeinschaft Ehe. Während der Ehe dazu erwirtschafteter Besitz blieb in den allermeisten der hier untersuchten Ehen weit hinter dem gemeinsam Beigebrachten zurück. Auch wenn die Eheleute aus der Substanz zehrten, so ermöglichte eben diese Substanz, die „Illaten" beider, den wirtschaftlichen Bestand des Haushalts.

Zugespitzt gefolgert, beruhte Besitz im 18. Jahrhundert zum geringeren Teil auf persönlich Erarbeitetem, vornehmlich auf bereits Vorhandenem, das via Erbgang, Aussteuer und dergleichen weitergereicht wurde. Wer sein Erwerbsleben ohne materiellen Besitz begann, konnte bis zum Tod in der Regel keine nennenswerten Rücklagen erwirtschaften.

Aus diesem Befund ergibt sich auch, daß eine Vernichtung des vorhandenen Besitzes durch Ereignisse wie Brand und Kriegszerstörung oder seine Minderung durch Plünderung und Kontributionen im vorindustriellen Europa für die Menschen noch katastrophalere Auswirkungen hatte als in einem Industriestaat des 20. Jahrhunderts mit seiner höheren Wertschöpfung.

[23] Eine Generation zu 30 Jahren gezählt. Durchschnittsdauer der Ehen bei 13 hier dokumentierten = 27,2 und bei 21 anhand von Indizien geschätzen = 20,1 Jahre, zusammen 22,8 Jahre. 22,8 : 30 = 0,76. 48 000 fl mal 5,52 Ehen zu 4,14 (Faktor 0,75) bzw. 3,68 (Faktor 0,667) Generationen ergibt 265 000 fl. Nach Tab. 30 reichte der *Nominalwert* von Geld in der ersten Hälfte des 18.Jhs. und vermutlich auch in der zweiten Hälfte des 17. Jhs. (vgl. Sannwald, Spital und Wirtschaft, S. 187, 191) recht nahe an den *Realwert* heran.

[24] Siehe den Schluß von Kap. 6.14.2: Die 34 Ehen mit wenigstens ungefähr ermittelbarer Angabe der Dauer erwirtschafteten einen *realen* Zuwachs von 1,1 % p.a.

6.15 Zusammenfassung. Die Dürftigkeit materiellen Besitzes im 18. Jahrhundert

Aufs Ganze gesehen, ist die ungeheure Armut der vorindustriellen Gesellschaft in ihrem materiellen Mangel hier abgebildet. Einer von zwei Menschen hinterließ nach seiner Beerdigung denselben Besitz, den er zu seiner Geburt mitgebracht hatte, nämlich nichts.

Der materielle Besitz der weltlichen nichteximierten Konstanzer Bevölkerung zeigt ein krasses Übergewicht von Gütern, die auf Handel und Produktion gerichtet waren, die dem Erwerb und dem Erhalt des Erworbenen dienten, gegenüber Gütern, die Konsum-, Reproduktions-, Schmuck-, Bildungs- oder Unterhaltungszwecke erfüllten.

Der Mangel an notwendigen Gegenständen des Alltagslebens, mit dem zwei Drittel der Bevölkerung leben mußten, potenziert sich im alle betreffenden Mangel an Dingen, die hinsichtlich des bloßen Existenzerhalts überflüssig schienen, wie „Hauszierden", Musikinstrumenten und Büchern.

Gewiß trugen Zinnteller und geschnitzte Möbel, Tischdecken und Vorhänge bei den Wohlhabenden auch zu einem gewissen Raumschmuck bei. Dennoch schienen die begüterten Konstanzer und Konstanzerinnen sich selbst kaum durch glänzend ausgestattete Wohnräume, sondern allenfalls mittels Silber- oder gar Edelstein- und Goldschmuck nach außen darzustellen - der unter praktischen Aspekten gleichzeitig eine wertbeständige Geldanlage verkörperte. Die Kleidungs-Prachtentfaltung der bürgerlichen Oberschicht hielt sich ebenfalls stark in Grenzen. In Form von Fässern voller Wein sowie wertvollen ungenähten Stoffen lag der mobile Sachbesitz Wohlhabender recht unspektakulär im Keller und in Truhen vergraben.

Vor diesem Hintergrund geradezu ärmlichen Wohnungsschmucks selbst in den Häusern der Begüterten wird deutlich, daß das Interieur einer katholischen Barockkirche mit seiner visuellen Pracht an Altären, gemalten Glasfenstern, Fresken, Statuen, Bildern, Monstranzen und Chorgestühl den Gläubigen im 18. Jahrhundert wie der Vorhof zum Paradies erschienen sein muß.

Großes Gewicht hatte der Eigenbesitz von Wohnraum. Häuser waren der einzige wertvolle und zugleich weitverbreitete Besitztitel. Nicht selten hinterließen etwa ein Handwerksmeister oder eine alleinstehende Waschfrau, Näherin und Strickerin außer ihrem Haus nichts Nennenswertes mehr. Hausbesitz steht freilich in vielen Inventaren teilweise oder ganz bei den Schulden wieder subtrahiert, bildete so den Hauptgrund für die noch weitere Verbreitung der Passiva.

Auch an den Begräbniskosten wurde offenbar wenig gespart; sie überstiegen nicht selten den Wert der ganzen Hinterlassenschaft; sie bedeuteten jedenfalls, wenn immer einzeln nachgewiesen, einen fetten Schuldenposten, der das nachgelassene Vermögen mehr oder weniger erheblich verminderte, auf der anderen Seite für das im weitesten Sinne mit Bestattungen befaßte Gewerbe einen nicht unerheblichen Umsatzfaktor.

Die hohen Versteigerungserlöse könnten als Hinweis darauf verstanden werden, daß im 18. Jahrhundert Gebrauchswert und Marktwert von lebensnotwendigen Gegenständen näher beieinanderlagen als in der heutigen überproduzierenden Marktgesellschaft, in der außer der Funktionstüchtigkeit einer Ware auch Aspekte wie Fabrikneuheit, äußerer Augenschein, Design, Mode und verfeinerte ästhetische Gesichtspunkte für wichtig erachtet werden.

Kapitel 7: Das städtische institutionalisierte Armenwesen

7.1 Wochenzahlungen der milden Stiftungsämter 1793

Ein Jahr nach der unten dargelegten Neuorganisation des öffentlichen Konstanzer Armenwesens erstellte Raiteamtmann Kajetan Frener ein „Verzeichnüss derjenigen, so von denen milden Stüftungen wochentlichen Beÿtrag genüssen"[1].

Die folgende Aufschlüsselung der wöchentlich ausgezahlten Beträge ordnet die Konstanzer milden Stiftungen untereinander nach ihrem Finanzvolumen.

Tabelle 106: Wochenzahlungen der milden Stiftungen 1793, nach den ausgeschütteten Beträgen je Stiftung

Stiftung	Zahlte wöchentlich an ... ... Personen	die Summe fl xr	Index der Wochensumme (Spital = 100)
Spitalamt:	164	170.52	100
Raiteamt:	63	23.34	14
Hofstattamt:	53	11.14	7
Tannenamt:	61	10.47	6
Nikolaistiftung:	5	1.59	1
Armeninstitut:	68	28.23	17
Ohne Herkunftsnachweis:	2	.54	
Gesamt:	416	247.43	

Deutlich wird die überragende Bedeutung der Spitalstiftung, über deren Kassen, den Spital-Kollektivhaushalt an der Marktstätte mitgezählt, etwa 80 Prozent der Mittel zur Konstanzer Armenfürsorge liefen. Mit beweglichen und unbeweglichen 426 164 Gulden, die sich wegen diverser Kriegskosten in den 1790er Jahren bis 1805 auf rund 114 000 Gulden reduziert hatten, verwaltete das Spitalamt das höchste weltliche Vermögen der Stadt im 18. Jahrhundert. Noch 1813 registrierte die erste badische Landesbeschreibung erfreut „einen sehr vermöglichen Spital"[2]; die angenehme Überraschung erklärt sich aus der üblicherweise wesentlich traurigeren Finanzlage anderer südwestdeutscher Spitäler zu Beginn des 19. Jahrhunderts[3].

[1]) GLA 209/1147, 7. Sept. 1793; bildet die Quelle für die folgenden Tabellen in Kap. 7.1.

[2]) Spitalvermögen 1784: StAKN A I 28a, Leiner/Bickel S. 265; GLA 209/441, Bilanz 1805 aus den angegebenen Aktiva und Passiva in Antwort Nr. 75 (Spitalamt plus „Spitalarmen Kinderamt") errechnet. Kriegskosten: Burkhardt in Stadtgeschichte III, S. 424-428, 434f, 437f. 1813: J.B. Kolb in Feger, Spiegel der Zeiten, S. 194. Jährliche Einnahmen u. Ausgaben des Spitals u. der anderen milden Stiftungen vor 1810: Ph. Ruppert, Beiträge Heft 3, S. 11.

[3]) Reiter, Armenfürsorge, S. 200, führt zehn schwäbische auf: zwischen - 130 000 fl (Überlinger Spital 1803 ohne „Kriegslasten") und + 33 000 fl (in Lindau 1807/8); Angaben aus „Aktivkapital" minus „Schulden" errechnet, demnach fehlen Immobilienbesitz und der Wert von Gerechtsamen. GLA 217/226: Spital Pfullendorf mit 61235 fl 36 xr Passiva, denen gegenüber nur „geringes Vermögen" [in Immobilien und Einkünften] stand. Borscheid, Alter, S. 420ff, Kontributionen und Kriegslasten v.a. S. 428-430.

Insgesamt erhielten keine 416, sondern 240 Personen Geld: 158 Konstanzerinnen und Konstanzer bezogen Unterhaltszahlungen von einer Stiftung, 36 von zwei Stiftungen, drei von drei Stiftungen, 31 von vier Stiftungen, zehn Personen von fünf oder allen sechs Stiftungsämtern; bei den übrigen beiden blieb die Quelle ihrer Bezüge ungenannt.

Häufig ergänzten die Stiftungen einander entsprechend ihres Kapitalvolumens, indem sie die Unterstützung einer Person aufsplitteten, typischerweise im Verhältnis: Spitalamt 4 - Raiteamt 2 - Hofstattamt 1 - Tannenamt 1. Eine Bürgerin etwa, der wöchentlich 56 Kreuzer zustanden, erhielt diese Summe in den Häppchen 28 - 14 - 7 - 7 Kreuzer. Die milden Stiftungsämter in Konstanz waren demnach keine konkurrierenden Institute, sondern wurden von der Stadtverwaltung als Einheit begriffen.

Die Kapitalkraft der Stiftungen kommt auch in der von Amtmann Frener gewählten Reihenfolge zum Ausdruck, die in Tabelle 106 unverändert wiedergegeben ist. Das Armeninstitut rangierte als neue Kasse mit dem geringsten Vermögen am Schluß - wobei die hohen Ausschüttungen der Armenkasse hauptsächlich aus direkt weitergeleiteten Spendengeldern bestanden, die der seit Jahrhunderten etablierten bürgerlichen Stiftungen dagegen aus dem erwirtschafteten Überschuß.

Unklar bleibt, weshalb die Stiftungen ihre Zahlungen dermaßen aufsplitterten, was doch allenfalls höheren Verwaltungsaufwand nach sich zog. Vielleicht lebte darin die Tradition, vielleicht der Auftrag, möglichst viele Bürger und Beisassen zu bedenken.

Die beiden jeweils 25mal, und damit am häufigsten vertretenen Wochensätze je Person sind 56 Kreuzer und 1 Gulden 17 Kreuzer, also acht und elf Kreuzer Tagegeld. Diese Beträge lassen sich aufgrund ihrer Häufung wohl als »amtlich« vom Magistrat als solche verwendete Sätze zur Abdeckung des Existenzminimums interpretieren[4]. Mit einigem Abstand folgen 20 mal die Zahlung von einem halben Gulden pro Woche, 17mal zwei Gulden und 15 mal 24 Kreuzer wöchentlich. Dazwischen stehen zahlreiche ungerade, nicht herleitbare Summen verbucht. Sie lassen vermuten, daß der Magistrat die Wochenzahlungen nicht nach fixierten Kriterien bewilligte, sondern als Gnadenerweis nach willkürlichem Ermessen von Fall zu Fall verschieden zuteilte.

Die Aufnahme und Auswertung diverser serieller wie erzählender Quellen aus dieser Zeit ermöglichten es, die Mehrzahl dieser 240 im Jahr 1793 von den städtischen Stiftungen Unterstützten zu identifizieren, ihre materielle Lage einzuordnen und damit ihre Unterstützungswürdigkeit zu überprüfen.

Analog zum heutigen Begriff der „Fehlbelegung" von Sozialwohnungen sei hier vom »Fehlbezug« milder Stiftungsgelder gesprochen, wenn jemand Zahlungen erhielt, die ihm im Grunde nicht zustanden. Dabei muß »Fehlbezug« nicht unbedingt heißen, der oder die Begünstigte hätte das Geld nicht benötigt; doch lebten in Konstanz viele, die von ihrer materiellen Lage her eine Unterstützung dringender nötig gehabt hätten, aber keine bekamen.

Immerhin 123 der 240 Empfängerinnen und Empfänger sind in einem Sterbeprotokoll oder Nachlaßinventar der Jahre 1793 bis 1805 erfaßt. Die meisten von ihnen starben innerhalb der folgenden sechs Jahre bis 1799. Unter diesen 123 waren fünf Schuldner; 88 Perso-

[4]) Explizit in einer Denkschrift vermutlich des neuen Stadthauptmanns Franz v. Blanc von 1792, GLA 209/1147, siehe Kap. 5.4.3.

nen, und damit der weitaus größte Anteil, besaßen zum Zeitpunkt ihres Todes überhaupt nichts als die schon öfters genannten fadenscheinigen Kleider auf dem Leib; 15 hatten ein Gesamtvermögen von einem bis unter 300 Gulden. Immerhin 15 Stiftungsgeldempfänger, das sind zwölf Prozent derjenigen, deren Vermögenslage aus den Nachlaßakten hervorging, besaßen 300 Gulden und mehr. Weitet man diese Angaben auf die 117 Personen ohne vorliegendes Sterbeprotokoll oder Inventar aus, so hätte jeder achte Stiftungsgeldempfänger zum Zeitpunkt seines Todes 300 Gulden aufwärts besessen.

Um jedoch den festen Boden der Nachweisbarkeit nicht zu verlassen, sind nur diejenigen als »Fehlbezieher« qualifiziert, die eines der wie folgt definierten Kriterien positiv erfüllten:

»Fehlbezug« ist gegeben, wenn im Nachlaßinventar Immobilienbesitz außer dem eigenen Wohnhaus verzeichnet stand; der Bürger Melchior Halbherr etwa erhielt vom Spital-, Raite-, Hofstatt- und Tannenamt zusammen jede Woche einen Gulden, 16 Kreuzer und drei Heller, vier zu einem Kreuzer, und besaß doch drei Häuser[5]. Besitz von Kapital oder Silber, schließlich ein Gesamtvermögen von mehr als 300 Gulden und damit das Überschreiten der Armutsgrenze[6] führt ebenfalls zur Einordnung unter »Fehlbezug«. Diese Kriterien greifen auch, wenn sie aus dem Nachlaßinventar des Ehepartners entnommen sind[7].

Eine feste öffentliche Anstellung mit einer Besoldung, die zum Leben ausreichte, schließt ebenfalls von der Bezugsberechtigung aus. Falls die betreffende Person keine oder eine unzureichende Besoldung aus der Stadtkasse erhielt, so gilt die Erwägung, daß die milden Stiftungsämter, praktisch dargestellt, im Fall des Turmbläsers Xaver Conradi und des Kanzleiakzessisten Josef Anton Graz die Besoldung nicht zweckfremd hätten übernehmen oder auch nur ergänzen dürfen.

Ferner können auch andere Informationen zum Schluß führen, ein »Fehlbezug« sei gegeben, wie zum Beispiel die beträchtlichen Mieteinnahmen, welche die Kinder des verstorbenen Stadtarzts Braunegger aus dem ererbten Hausbesitz zogen[8].

Lediglich als verstärkendes Indiz gilt der Vorspann „Herr“ oder „Frau“ vor den Namen in Kajetan Freners Verzeichnis von 1793.

Tabelle 107: Wochenzahlungen der milden Stiftungen 1793, Anteil der »Fehlbezüge«

	Personen Zahl	Personen Prozent	Erhielten pro Woche im Mittel
Bezug angemessen:	215	89,6	58 xr
»Fehlbezug« nachgewiesen:	25	10,4	1 fl 35 xr
Gesamt:	240	100	1 fl 2 xr

[5]) StAKN I III, Nachlaßinventar Halbherr unter dem 13. Jan. 1799.

[6]) Nach Kapitel 6.3.3 a), dritte, »regierungsamtliche« Variante.

[7]) In 17 Fällen wurde das Inventar bzw. der Hinweis »arm« aus dem Sterbeprotokoll eines Ehepartners herangezogen, bei drei ledigen Frauen zweimal die Angaben der Mütter, einmal die der ebenfalls ledigen Schwester. Diese Vorgehensweise erschien zulässig, da die Verfügungsberechtigung über den Besitz des jeweils anderen zu Lebzeiten die materielle Lage von Ehepartnern ausglich.

[8]) Siehe Schluß von Kap. 3.3.6.

Mindestens ein Zehntel aller aus öffentlichen Kassen Unterstützten bezogen diese Unterstützung, gemessen am Auftrag, die Ärmsten zu unterhalten, zu unrecht. Umgekehrt wurden viele Bedürftige nicht bedient, obwohl sie, auf dem Bürger- oder Beisassenrecht gegründet, Anspruch darauf gehabt hätten. Obendrein erhielten die - wenigstens - 25 »Fehlbezieher« im Mittel das 1,6-fache dessen ausbezahlt, was die berechtigterweise Unterstützten erhielten; was im Umkehrschluß sicher dazu beitrug, daß sie nicht völlig verarmt starben.

Dem Verhältnis der Geschlechter insgesamt gegenläufig erhielten 15 Männer, aber nur 9 Frauen »Fehlbezüge«, dazu die Kinder des verstorbenen Stadtarzts und Hausbesitzers Dr. Braunegger.

Tabelle 108: Wochenzahlungen der milden Stiftungen 1793, ohne »Fehlbezüge«, nach Geschlechtern

Geschlecht	Personen Zahl	Personen Prozent	erhielten pro Woche im Mittel
Männer:	67	31,2	1 fl 8 xr
Frauen:	147	68,4	54 xr
„Leprosen“:	1	0,5	14 xr
Gesamt:	215	100	58 xr

Nach Abzug der »Fehlbezieher«, also quasi satzungsgemäß, erhielten 215 Personen eine wöchentliche Unterstützung der städtischen Einrichtungen zur Armenfürsorge ausbezahlt. Sie stellten 5,4 Prozent der einheimischen Gesamtbevölkerung von etwa 4000 zu dieser Zeit dar. Unbekannt bleibt, wie viele weitere Menschen, wohl vornehmlich Kinder, noch mit an diesem Tropf des öffentlichen Almosenwesens hingen.

Dabei bedachten die milden Stiftungen mehr als doppelt so viele Frauen wie Männer. Auch wenn man ihren überproportional hohen Bevölkerungsanteil berücksichtigt, so waren immer noch verhältnismäßig mehr Frauen in Konstanz mit Armut geschlagen als Männer. Die 147 bedürftigen Konstanzerinnen erhielten überdies geringere Almosen als die 67 Konstanzer, und zwar im Durchschnitt zwei Kreuzer am Tag weniger.

Eine verglichen mit den Männern doppelt so häufige Bedürftigkeit von Frauen kennzeichnet offensichtlich die soziale Lage der Zeit allgemein. In Ravensburg suchten um das Jahr 1800 zu zwei Dritteln weibliche Bittsteller um Unterstützung aus einer kommunalen Armenkasse nach[9)].

Die Gelder der milden Stiftungen flossen sehr gleichmäßig in alle Stadtviertel, gemessen an deren Häuser- und Einwohnerzahl. Es fällt lediglich auf, daß beinahe ein Fünftel aller 240 Zahlungsempfänger in exempten Wohnungen lebte, daß also die in den Häusern des Konstanzer Stiftsklerus wohnenden Armen weit mehr, als es ihrem Bevölkerungsanteil entsprochen hätte, von den milden Stiftungen profitierten. Überdies erhielten diese Leute mit einem Gulden und 16 Kreuzern im Mittel eine überdurchschnittlich hohe Unterstützung.

[9)] Reiter, Armenfürsorge, S. 275; nur Erwachsene.

Tabelle 109: Wochenzahlungen der milden Stiftungen 1793, ohne »Fehlbezüge«, Beträge je Person in Intervallen

Zahlungen pro Woche	Personen Zahl	Personen Prozent
Bis unter 52½ Kreuzer (unter 50 % des Existenzminimums):	109	50,7 %
52½ bis unter 79 Kreuzer (50 bis 75 % des Existenzminimums):	63	29,3 %
79 bis unter 131 Kreuzer (75 bis 125 % des Existenzminimums):	33	15,3 %
131 Kreuzer und mehr (über 125 % des Existenzminimums):	10	4,7 %
Gesamt:	215	100 %

Zugrundegelegt ist das in Kapitel 5.4 für die Konstanzer Lebenshaltungskosten in den 1790er Jahren ermittelte Existenzminimum von 15 Kreuzern am Tag. Nur 43 Verarmte, also jede fünfte »berechtigterweise« unterstützte Person, erhielten wenigstens annähernd das Geldäquivalent des Existenzminimums für eine Person - oder mehr - ausbezahlt; wobei im einen oder anderen Fall noch Angehörige an diesem Geld partizipiert haben dürften. Jede zweite Almosenempfängerin dagegen mußte sich mit der Hälfte dessen, was ein Mensch in Konstanz 1793 notwendig zum Lebensunterhalt brauchte, oder mit einem noch geringeren Betrag bescheiden.

Für das institutionalisierte Konstanzer Armenwesen ergeben sich aus Tabelle 109 folgende Schlüsse:

Die sechs städtischen Stiftungen zur Armenfürsorge konnten aus ihren Mitteln der überwiegenden Mehrheit ihrer hausarmen Schützlinge nicht etwa den Lebensunterhalt finanzieren, sondern lediglich Beihilfen dazu leisten.

Einschließlich der »Fehlbezieher« vermochte nur ein geringer Teil der Empfängerinnen und Empfänger von Stiftungsgeldern ein ausreichend gesichertes, geschweige denn ein müßiges und bequemes Leben auf öffentliche Kosten zu bestreiten.

Die Mehrheit der Unterstützungsempfängerinnen und -empfänger war auf Nebeneinkünfte angewiesen, etwa durch Bettel. Der ständige obrigkeitliche Verweis auf die milden Stiftungen griff nicht, administrative Maßnahmen konnten nicht einmal den einheimischen „Gassen- und Hausbettel" längerfristig »hemmen«. Die „wahre Armuth und Dürftigkeit" blieb mit der Hilfe der bürgerlichen Stiftungen am Leben, aber sie blieb wahrhaft arm[10]. Die gleichen Verhältnisse etwa in Ravensburg[11] belegen, daß es sich um eine allgemeine Erscheinung handelte, faktischen Pauperismus bereits in der zweiten Hälfte des 18. Jahrhunderts.

Im Vergleich zum „Pfarr- und Schultheißenammt" in dem württembergischen Dorf Eglosheim konnten sich die Konstanzer Almosenkassen allerdings auf des Basis ihres Stiftungsvermögens generös zeigen. 1781 erhielt der gebürtige Eglosheimer Johannes Stühringer, „ein

[10]) GLA 209/1149: KNer Polizeiordnung von 1792, [Vorrede], S. 4f.
[11]) Reiter, Armenfürsorge, S. 64ff.

alter 76jähriger Mann, der sich bis dahero seit vielen Jahren in Militair- und Herrendiensten befunden, nun aber wegen seines Alters nicht mehr fortkommen" konnte, gerade 20 Kreuzer in der Woche. Diese Zuwendung wurde im Jahr darauf noch auf die Hälfte gekürzt mit der Begründung, die Kasse sei leer und der Alte könne seinen Unterhalt in Stuttgart selbst verdienen[12)].

7.2 Zum Konstanzer Armenwesen im späten 18. Jahrhundert

Im städtischen Spital an der Marktstätte lebten in der zweiten Hälfte des 18. Jahrhunderts zwischen 163 und 212 Menschen, darunter ein gutes Fünftel in der Herren- und Mittelpfrund[13)]. Das Seelhaus in der Kreuzlinger Vorstadt beherbergte und unterhielt etwa vier bis sieben Personen[14)].

Die Rolle des Konstanzer Klerus für das Armenwesen schien und scheint zur Überbewertung zu verleiten[15)].

Die Bettelordensklöster in der Stadt zehrten gegen Ende des 18. Jahrhunderts allesamt schon von der Substanz, die Mönche unterhielten sich selbst zu einem mehr oder weniger großen Teil durch das Almosensammeln. Die Klostersuppen für die Armen dürften entsprechend dünn ausgefallen sein[16)].

Die Stiftsgeistlichkeit, sofern nicht bankrott wie der Domkapitular Freiherr von Schrekkenstein oder finanziell abgewirtschaftet wie das Kollegiatstift St. Johann[17)], verteilte den Hauptanteil ihrer Almosen intuitiv, ungleichmäßig oder nach außerhalb; „das meiste aber verschlang auch hier die Administration", wie Stadtarchivar Philipp Ruppert 1892 urteilte. Jedenfalls erhielten nur wenige Konstanzer Stadtarme eine geregelte Unterstützung vom „Domherrenspital": Der Pfleger des domkapitularischen Spitäleamts, das auch unter der Bezeichnung »Kleinspitäle« bekannt war, wies im Jahresetat 1790 die Summe von 1157 Gulden 20 Kreuzern für „jährliche Gnadengelder und Allmosen" aus. Als größte Batzen dabei stachen einmal 600 Gulden hervor, „Gnadengelder, wovon aber das meiste Auswärtige erhalten" und zum zweiten „denen Alumnen" zugedachte 411 Gulden 40 Kreuzer. Weitere 56 Gulden erhielt der „Herr Allmosengeber Bell zum Austheilen, wovon aber auch das meiste Auswärtigen zufallet". 26 Gulden wurden „in die Armeleütebüchs" geworfen, 32 Gulden liefen unter dem Titel „Jedes Quartal 8 fl Almosen". Die restlichen 32 Gulden gingen an die Ministranten des Klein-

12) Hermann Burkhardt, Das Dorf im 18. Jahrhundert, in: ders. (Hg.), Eglosheim. Ein Ort im Wandel der Jahrhunderte, Ludwigsburg 1991, S. 199f.

13) 1783: StAKN A I 28a, Leiner/Bickel S. 265; StAKN A V 2, Seelenbeschrieb 1774.

14) Ebd., Haus 666.

15) Marmor, genfer Kolonie, S. 109: „(...) an den Kloster-Pforten und in den Häusern reicher Domherren (...)"; in ähnliche Richtung Garampi und Bez, siehe Burkhardt in Stadtgeschichte III, S. 373.

16) Ebd., S. 375.

17) Ebd.; GLA 209/1286, Bericht des Konstanzer Kaufmanns Martial Schneider d.Ä. an die Regierung und Kammer, 12. Aug. 1790: „Vor dreÿ Jahren hatte mein Sohn, Martial Schneider, das Unglük, durch erwiesene Verführung des ehemaligen Domherrn, Freÿherrn von Schröckenstein zur Flucht mit einem ansehnlichen Vermögen verleitet zu werden. (...) Nach Verfluß eines Jahres starb der Unglückliche im höchsten Elend zu Verona (...)".

spitäles, an die des Domkapitels und wurden an einem Jahrestag verteilt[18]. In den Genuß der 600 Gulden „Gnadengelder“ kamen 36 Personen; vielleicht konnten die drei Witwen von domkapitularischen Beamten, die aus dem Topf je 50 Gulden erhielten, von dieser »Gnadenrente« ein Jahr lang leben. Als Zubrot bekamen fünf Personen immerhin je 25 Gulden, weitere 23 Frauen und fünf Männer noch weniger, meist je zwölfeinhalb Gulden im Jahr. Tatsächlich lebte der geringere Teil von ihnen in Konstanz[19].

1807 hieß es, das Domherrenspital erfülle die Aufgabe, Domestiken des Domkapitels zu unterstützen, die Chorknaben zu unterhalten und für zwei Studenten Stipendien zu je 52 Gulden zu bezahlen[20].

Das domkapitularische Depositamt zahlte jährlich 123 Gulden und 40 Kreuzer Almosen aus, wovon Konstanzer Stadtarme den „maisten Theil“ bezögen[21].

Archivregistrator Franz Xaver Leiner hielt 1768 fest, in den vergangenen zehn Jahren habe das Almosenwesen einschließlich der Ausgaben für Brot die Stadt 40 000 Gulden gekostet[22]. Verglichen mit den rund 11 500 Gulden, welche die bürgerlichen milden Stiftungsämter um 1793 jährlich zugunsten Hausarmer ausschütteten, und verglichen mit den Stiftungsaufwendungen in Höhe von jährlich knapp 100 000 Gulden zu Beginn des 19. Jahrhunderts[23], hielten sich die Domherren in ihrer Fürsorge für die Armen der Stadt Konstanz doch merklich zurück.

Die ab August 1792 gültige Konstanzer Polizeiordnung war ursprünglich als bloße „Bettelordnung“, darauf als „Wacht- und Bettelordnung“, dann als „Polizey- und Bettelordnung“ konzipiert[24]. Ihre Autoren entlehnten weite Teile der Freiburger „Bettelordnung und Abschiebung liederlichen Gesindels“ vom November 1781, etwa die Scheidung der Armen in drei „Klassen“, wobei „Arme muthwillige, die aus lasterhaftem Hange zum Müssiggange, und zu einer ausschweifenden Lebensart zum Arbeiten zu träge sind“ zunächst zur Arbeit angehalten, dann mit „nach 3 Graden zu verschärfenden Leibesstrafen beleget, und endlich bey verspürender Unverbesserlichkeit in das Zuchthaus nach Altbreisach überführet werden“ sollten[25].

[18]) GLA 209/1147, Auszug aus dem Jahresetat des domkapitularischen Spitäleamts zu Konstanz, Spitälepfleger Hüetlin, 12. Mai 1790. Ph. Ruppert, Beiträge Heft 3, S. 94. Ebd., S. 93f: Jahresetat des Kleinen oder Domherrenspitals 1782: Einnahmen in Geld und Naturalien 30 072 fl; Ausgaben 24 107 fl, davon „für Gnadengelder“ lediglich 767 fl, der Löwenanteil für die Abteien Reichenau und Petershausen, das Stadtkloster St. Peter, die Kirchen St. Stephan und St. Johann, die Exjesuiten, Kaplaneien im Münster, Mesner, Chorknaben und Besoldungen der kirchlichen Beamten.

[19]) GLA 209/1147, Liste der „Gnadengelder“ des Spitäleamts für 1791.

[20]) Ph. Ruppert, Beiträge Heft 3, S. 94.

[21]) Ebd., Almosenliste des zuständigen Oberpflegers Wizigmann, 13. Mai 1790.

[22]) StAKN A I 28a, Leiner/Bickel S. 137.

[23]) 1793 siehe oben; die jährlichen ca. 1500 fl aus dem teilweise vom Domkapitel finanzierten „Armenistitut“ sind bereits abgezogen. Ph. Ruppert, Beiträge Heft 3, S. 11: Jährliche Ausgaben zum Zeitpunkt der Zusammenlegung der milden Stiftungsämter 1810 je in fl: Spital 44 419, Armenkinderstiftung 21 488, Raiteamt 24 643, Nikolaistiftung 2570, Tannenamt 1921, Hofstattamt 4216; nicht gezählt das Armeninstitut mit weiteren 4630 fl.

[24]) StAKN Q III 36 und GLA 209/1149: PO vom 11. Aug. 1792. GLA 209/1147: Schreiben des Magistrats an das Domkapitel vom 1. Okt. 1789, als Anlage ein „Entwurf der künftigen Bettelordnung“; Antwort des Magistrats an den Dompropst vom 12. Nov. 1791; Einladung Sthm. v. Blancs an Domdekan Graf v. Bissing zu einer „Conferenz“ betreffs Bettel und Ordnung vom 5. März 1792.

[25]) Petzek, Sammlung, I. Abt., II. Bd. (1792), XVII. Rubrik, Nr. 375 ddo. Freiburg, 27. Nov. 1781; zit. aus §§ 2 u. 5.

Mit der Wirksamkeit der neuen Polizeiordnung in Konstanz ging das institutionalisierte Armenwesen der Stiftsgeistlichkeit vollständig in die städtische Verantwortung über. Die Stadtverwaltung gründete eine neue milde Stiftung, die „Armenanstalt". Ihre Mittel bezog diese „Armenkassa" aus offiziellen sonntäglichen Sammlungen mit der Klingelbüchse, von Strafen und „Confiscationen" und vom Domkapitel: Stadthauptmann v. Blanc hatte vereinbart, jeder Domherr sollte jährlich mindestens 20 Gulden, nach Belieben mehr, einzahlen. Das Kapitel als Institution schoß bis 1799 zusätzlich 800 Gulden im Jahr bei. Dieses „neü errichtete Armeninstitut" versorgte fortan vornehmlich die zuvor vom Domkapitel unterstützten Konstanzerinnen und Konstanzer. Rund ein Viertel seiner Ausgaben überwies das Armeninstitut ans Säckelamt als Betrag zur Finanzierung der Polizeitruppe[26], und diesen Aspekt hob Franz v. Blanc[27] in der Vorrede zur neuen Polizeiordnung besonders hervor: Ein „namhafter jährlicher Beytrag" seitens des Domkapitels und „der übrigen verehrlichen Geistlichkeit" habe dafür gesorgt, daß die Stadtverwaltung die neue, aus einem Inspektor, drei Korporalen und neun Gemeinen bestehende Polizeitruppe aufstellen konnte. Übrigens versahen die von der Stadt unterhaltenen beiden Hatschiere und die Ratsdiener nach 1792 weiterhin polizeiliche Ordnungsaufgaben[28].

1793 erhielten 156 Frauen, 82 Männer, die Kinder des verstorbenen Stadtarzts Dr. Braunegger und die „Mainauische[n] Leprosen" wöchentliche Unterstützungszahlungen aus den Überschüssen der sechs städtischen milden Stiftungen. In welchem Ausmaß Angehörige der Empfänger an diesen Ausschüttungen partizipierten, kann nur vage geschätzt werden. Ab und an ist etwa ein Sohn als eigenständiger Empfänger verbucht oder eine Schwester als Mitbedachte genannt. Für die Obergrenze der Anzahl von Unterstützten sei angenommen, es habe auf zwei Empfänger noch eine weitere Person an diesen Wochenzahlungen gehangen.

Um 220 Einwohner lebten 1783 im und vom Spital und Seelhaus; die milden Stiftungsämter unterstützten oder unterhielten zwölf Jahre später 240 Menschen. So bestritten belegbar rund 460 Personen, zwölf Prozent der eingesessenen Konstanzer Bevölkerung gegen Ende des 18. Jahrhunderts ihren Lebensunterhalt ganz oder teilweise mit Hilfe des städti-

[26]) GLA 209/1147: Schreiben [Sthm. Blancs] an vier abwesende Domkapitularen, 27. Sept. 1792; erste Quartalsabrechnung des Armeninstituts für den Zeitraum 9. Sept. bis 2. Dez. 1792, unterschrieben von J. Labhart; zweite Quartalsabrechnung dess. für 9. Dez. 1792 bis 9. März 1793, unterschrieben von Raiteamtmann Frener; erste Jahresabrechnung dess., vorgelegt vom „Verwalter der Armenanstalt" Frener; weitere Qaurtalsabrechnungen des Armeninstituts bis incl. Jan. 1802; Beschwerde des Domkapitels vom 28. Dez. 1792 bezüglich der ersten Quartalsabrechnung. 800 fl jährlich vom Domkapitel: ebd., 2 Schreiben des Magistrats an das Domkapitel vom 11. Okt. 1800 und 28. Dez. 1801; auch bei Buchegger, Verfassung und Verwaltung, S. 174, der die Zusammenhänge nur teilweise treffend darstellt. GLA 209/1149, Polizeiordnung, Finanzbeitrag der Geistlichkeit in der [Vorrede], S. 4; PO zur „Armen-Kassa" v.a. § 9 S.14, § 13 S. 16f, § 70 S. 41.

[27]) In der gedruckten Fassung zeichnen Bürgermeister Leonhard Lehry und Ratssekretär Johann Evangelist Leiner namentlich verantwortlich; doch stammen ein Memoriale zur Bettelordnung und die handschriftliche Fassung der PO unter dem Titel „Allgemeine Polizeÿverfügungen", beide in GLA 209/1147 ohne Datum und Unterschrift, mit hoher Wahrscheinlichkeit von der Hand bzw. aus dem Hause Blancs; ebd., Schreiben des Magistrats vom 12. Nov. 1791, der zur Ausarbeitung der neuen „Wacht- und Bettelordnung" auf die Ankunft des neuen Stadthauptmanns Franz v. Blanc warten wollte; auch Buchegger, Verfassung und Verwaltung, S. 174, lobt Blanc als Verantwortlichen für Geist und Inhalt der PO.

[28]) „Obrigkeitliche Kundgebung" wider die „Ausgelassenheit der meisten hiesigen Kinder, vorzüglich der Gassenbuben" vom 4. April 1801, abgedruckt in Ph. Ruppert, Beiträge Heft 4, S. 23-25; zur Überwachung der Bestimmungen wurden in Punkt 8 die „Ratsdiener, die Polizeymannschaft und Hatschiere" verpflichtet.

schen institutionalisierten Sozialwesens. Mitgezählt dabei, obwohl sie keine Almosenempfänger waren, sind die im Spital angestellten „Ehehalten", die Mittel- und sogenannten „Herrenpfründer", die dem Spitalamt in der Regel als Gegenleistung ihren Besitz überschrieben hatten, und auch diejenigen, denen die Stiftungsämter, wie oben dargelegt, »Fehlbezüge« auszahlten. 1774 stellten 17 Herren-, 19 Mittelpfründer, 15 Handwerker und 32 Ehehalten genau die Hälfte der Spitalbewohner[29)].

Nimmt man noch vereinzelt nachgewiesene private Mildtätigkeit, die trotz strenger Verbote in Richtung der Bittenden wie der Spender nie unterdrückt werden konnte, und vermutlich partizipierende Angehörige der Empfänger von wöchentlichen Stiftungsgeldern dazu, so lebten höchstens 600 Einwohnerinnen und Einwohner von Konstanz, also rund 15 Prozent der Bevölkerung ohne Genfer Kolonie und französische Emigranten, gleichzeitig von fremder sozialer Hilfe[30)].

Die Untersuchung der Sterbeprotokolle zwischen 1786 und 1805 stützt diese Einschätzung: Zehn Prozent aller erfaßten 1248 Personen starben als Pfründer des Spitals.

Angesichts des Bevölkerungsanteils, der in modernen Industriestaaten Rente, Erwerbslosenunterstützung oder Sozialhilfe bezieht[31)], erscheint diese Quote aus Konstanz im 18. Jahrhundert nicht eben hoch.

Die Stadt Ravensburg und ihre öffentlichen Wohlfahrtseinrichtungen unterhielten im Jahr 1789, mit zwei Personen in jedem unterstützten Haushalt gerechnet, 14 Prozent ihrer Bewohnerschaft. Die Personalstärke in den Armenhaushalten müsse noch geringer angesetzt werden, „so daß von einer Bedürftigenrate um 10 % ausgegangen werden kann."[32)] Dankenswerterweise hat Ralf Reiter die Zahlen, auf die seine informierte Schätzung baut, hinreichend dokumentiert. Trotz der verwirrenden Vielfalt in der Ravensburger Armenfürsorge - unter Umständen verhinderte auch die Überlieferungslage das Herausdestillieren eines klareren numerischen Befundes - lassen sich so eigene Berechnungen anstellen.

Reiter listet für die Jahre 1770 bis 1800 etwa 350 erwachsene Spitaliten, Spitalkinder und von der Fürsorge bedachte „Hausarme" auf; nicht mitgezählt sind Kranke, Spitalangestellte und die Empfänger einmaliger Sonderleistungen aus der Ravensburger Seelhauspflegschaft[33)]. Nach seiner „Berechnung der Gesamtbedürftigenzahlen" wurden 1771 um 216 „Haushalte"

[29)] Spitaliten 1783: StAKN A I 28a, Leiner/Bickel S. 265; Zahlungen der Stiftungsämter 1793 wie Anm. 1; Spital- und Seelhausbewohner 1774: StAKN A V 2, Häuser Nr. 40 und 666.

[30)] Verbote: GLA 209/1149, PO: § 11 S. 15f, § 12 S. 16; notorische Fruchtlosigkeit von allerlei Maßnahmen wider den Bettel: GLA 209/1147, Schriftwechsel zwischen Magistrat und Domkapitel zwischen 1795 und 1802, passim; A. Ruppert, Verfassung und Verwaltung, S. 80f.- Die Prozentangaben beziehen sich auf chronologische Momentaufnahmen; von der Lebensspanne der Individuen her betrachtet, lebten gewiß mehr als 15 % der Erwachsenen in irgendeinem ihrer Lebensabschnitte von fremder Hilfe. StAKN, I III, Datum 3. Okt. 1796, Sterbeprotokoll der Barbara Mayerin, „Fabrikarbeiterin" aus dem Toggenburg und mit 51 Jahren an Brand und Wassersucht gestorben: „Nach Aussage des bürgerlichen Stadt- und Spitals Wundarz Baptist Hungerbiehler seÿ sie aus Mitleiden sowohl vor als in der Krankheit von ihme meistens genähret worden."

[31)] Statistisches Bundesamt (Hg.), Statistisches Jahrbuch 1992 für die Bundesrepublik Deutschland, Wiesbaden 1992, Tab. 19.4.2, 19.4.3, 19.4.11, 19.6.1, 19.7.1, 19.12.1, 19.12.5: in Gesamtdeutschland 1990 rund 32 % der Bevölkerung, ohne Beamtenpensionen.

[32)] Reiter, Armenfürsorge, S. 271.

[33)] Ebd., Tab. 32 S. 259, S. 261, Tab. 34 S. 262, Tab. 36 S. 264.

unterstützt, deren Anzahl bis 1797 auf 275 stieg und bis 1803 wieder auf 254 „Haushalte" fiel. Diese „Haushalte" bestanden etwa zu einem Drittel aus den Bewohnern von Spital und „Kindshaus"[34]. Zieht man diese kollektiv lebenden Einzelpersonen ab und multipliziert die verbleibenden Haushalte mit der Personalstärke anderthalb bis zwei, so resultieren für 1771 rund 290 bis 360 Personen, für 1797 rund 370 bis 460 Personen und für 1800 rund 350 bis 430 Personen, die Geld- oder Sachleistungen aus weltlichen Ravensburger Wohlfahrtskassen erhielten. Hinzu kommen noch in Reiters Rechnung nicht einbezogene „rund 25" Bruderhausinsassen, die keine zusätzliche Unterstützung erhielten, die Empfänger regelmäßiger Geldzuweisungen aus dem Seel- und dem Siechenhaus, ferner ein Teil jener jährlich 50 bis 70 Personen, denen die Seelhausstiftung einmalige Beihilfen finanzierte[35].

Zusammengefaßt betrug die Quote der regelmäßig aus städtischen und Stiftungskassen Unterstützten und Unterhaltenen um das Jahr 1770 wenigstens 340 und maximal 420 Personen, das sind neun bis elf Prozent, gegen das Jahr 1800 mindestens 400 und höchstens 520 Personen, also zehn bis 13 Prozent der Stadtbewohnerschaft Ravensburgs[36]. Die oberschwäbische gemischtkonfessionelle Reichsstadt alimentierte bei gleicher Einwohnerzahl recht genau gleich viele Arme wie das katholische vorderösterreichische Konstanz.

Verglichen mit der württembergischen Universitätsstadt Tübingen hingegen vermochte Konstanz seine Stadtarmen aus wohlgefüllten Kassen großzügig zu versorgen. In Tübingen konnten nur gut fünf Prozent der Einwohnerschaft im späten 18. Jahrhundert auf Unterhaltsleistungen der städtischen geschlossenen und offenen Armenfürsorge zurückgreifen[37].

Bedauerlicherweise ist nicht ersichtlich, worauf Hennings Aussage gründet, wonach „am Ende des 18. Jahrhunderts in den Städten fast bis zu ein Viertel der Einwohner in irgendeiner Weise eine Unterstützung erhielt."[38] Doch muß dieser Anteil bei entsprechender Tradition und Finanzlage der zuständigen Institute nicht unbedingt „deutlich übertrieben"[39] sein.

Wie die Untersuchung der Vermögensverhältnisse in Konstanz zeigt, fand nur der kleinere Teil der tatsächlich bedürftigen Einheimischen Unterhaltshilfe durch das öffentliche Armenwesen. Eine Vorzugsstellung erhielten die ins Spital Aufgenommenen mit einer warmen

[34]) Ebd., Tab. 40 S. 269, S. 473: Berechnungskategorien am Schluß von Reiters Anm. 205 zum 3. Teil; vgl. S. 268: die „209 Armenhaushalte" lassen sich in 134 Personen plus 75 Haushalte aufdröseln. Auch laut Reiter standen „weit über die Hälfte" (ebd. S. 268) der Empfänger städtischer karitativer Leistungen allein; die hier auf 1½ bis 2 Personen angesetzte durchschnittliche Personalstärke professionsloser Armenhaushalte entspricht genau der in Kap. 8, Tab. 113 für KN ermittelten.

[35]) Reiter, Armenfürsorge, Anm. 205 zum 3. Teil, S. 472f; Bruderhaus S. 260; Einmalzahlungen S. 261.

[36]) Ebd., Tab. 25 S. 225: 1770: 3735 Einwohner, 1780: 3819 E., 1789: 3925 E., 1800: 4026 E.; errechnet aus der Zahl der Steuerpflichtigen multipliziert mit dem Faktor 4,415.

[37]) Aderbauer, Tübinger Spital, S. 125: 1758-1795 Maximalbelegung rund 125 Insassen in Spital, Gutleute- und Seelhaus (ohne ca. 20 Personen nichtverpfründeten Gesindes). Dazu rund 200 Personen in der offenen Armenpflege: StATÜ A 30, Fasz. S 586, Bericht vermutlich des Oberamts vom 14. Feb. 1776 über den Fortgang der seit mehreren Wochen betriebenen Spital-Spinnanstalt: „nicht gar 200 hausarme Personen" excl. Spitaliten. StATÜ, K 13, Handschrift »Friedrich August Koehler, Versuch einer historisch-statistischen und topographischen Beschreibung der Universitaet und Stadt Tübingen mit ihrer Gegend und ihrem Oberamte, Tübingen 1791«, S. 125: Einwohnerzahl Tübingens jeweils ohne Studenten 1786 = 6017 und 1792 = 6341.- Boelcke, Sozialgeschichte, S. 152f: In Württemberg in der 2. Dekade des 19. Jhs. 3,35 bis knapp 5 % der ortsansässigen Gesamtbevölkerung „unterstützte(n) Arme(n)" bzw. „Almosenempfänger", wobei das Verhältnis zwischen Anstalts- und Hausarmut nicht expliziert wird.

[38]) Henning, vorindustrielles Deutschland, S. 288.

[39]) Reiter, Armenfürsorge, Anm. 211 (3. Teil), S. 473.

Wohnstätte und eintönigem, aber hinreichendem Essen[40]. Von drei Vierteln, eher vier Fünfteln der Beträge, welche die Stiftungsämter wöchentlich auszahlten, konnte sich dagegen 1793 nicht einmal eine Person - geschweige denn mehrere - hinreichend ernähren, kleiden und versorgen[41].

Verarmte Emigranten erhielten ohnehin keinen Kreuzer aus einer öffentlichen Konstanzer Kasse[42]. Immerhin nahmen die Konstanzer sie freundlich auf und erwiesen ihnen Wohltaten, die erstaunen mochten: „Un peuple tel que celui que je viens de représenter, vivant en grande partie des largesses de l'hôpital, ne pouvait pas faire beaucoup de bien aux Français réfugiés. Cependant on cite beaucoup de bonnes oeuvres en leur faveur, même de la part des classes moins riches.“[43]

Umherziehende Bedürftige dagegen, die zahlreichen Vaganten, erfuhren in Konstanz gegen Ende des 18. Jahrhunderts immer schroffere Ablehnung - was niemanden hinderte, weiter in der Stadt sein Glück in Gestalt von ein paar Kreuzern zu suchen[44]. Die katholische Stadtverwaltung und sogar die katholische Geistlichkeit griffen im späten 18. Jahrhundert auf das Gedankengut der protestantischen Arbeitsethik zurück, das „Arbeitslosigkeit und Bettel zunehmend als strafwürdiges Verhalten“ bewertete[45]. Allenfalls die „einheimische wahre Armuth“ in christlicher Mildtätigkeit zu lindern kam für die weltliche und geistliche Obrigkeit in Konstanz in Frage. Doch Stadtarmen, die ihre schmalen Stiftungsalmosen durch Betteln aufzubessern trachten oder gar im Wirtshaus vertrinken würden, drohten scharfe Sanktionen bis hin zum Entzug der Unterstützung[46]. Das gemeinsame Ziel der „Hemmung des Gassen- und Hausbettels“, ein beliebter Ausdruck in der einschlägigen Korrespondenz, einte Stadthauptmann v. Blanc, die bürgerliche Stadtverwaltung und die Konstanzer Stiftsgeistlichkeit in den 1790er Jahren.

Anfang 1785 erläuterte ein „Gegen Promemoria“ aus der Stadtkanzlei der Konstanzer Stiftsgeistlichkeit die Hintergründe des beklagten Bettels in der Stadt: „Es ruhet der Grund des öfentlichen Bettlen eben nicht allemal auf die aus dem Alter, oder sonstigen bedauerungswürdigen Umständen entstehende Dürftigkeit: dann diese werden nach Kräften und Möglich-

[40]) StAKN A I 28a, Leiner/Bickel S. 150-159: Bericht des Spitalamtspflegers über Einsparungsmöglichkeiten bei den Leistungen.

[41]) Siehe Tab. 109 sowie Kap. 5.4 und 5.5.

[42]) „Table commune“ wie Unterstützungskasse trugen sich ausschließlich mit Spenden; die österr. Regierung wies ein Ansinnen um Zuschuß zurück: Moser, Emigrantenkolonie, S. 26-36.

[43]) Lambert, Mémoires, S. 193f; ein weiteres Beispiel für „bonhomie allemande“ ebd. S. 195; siehe auch Moser, Emigrantenkolonie, S. 30 und Burkhardt in Stadtgeschichte III, S. 389f, 415.

[44]) Wie Anm. 30.

[45]) Wehler, Gesellschaftsgeschichte I, S. 197. Lüthy, »Calvinismus und Kapitalismus«, mit weiterer Literatur.- Derselbe Geist auch im katholischen Freiburg 1776 nachzuweisen, wie z.B. die Begründung in einer Anordnung zur verschärften Vertreibung von Bettlern und Vaganten in der breisgauischen „Bettelordnung und Abschiebung liederlichen Gesindels“ vom 10. Feb. 1776 (Petzek, Sammlung, I. Abt., II. Bd. (1792), XVII. Rubrik, Nr. 374, 6to) zeigt: „daß sich viele junge Pursch, und Menscher hin und wieder (...) auf die faule Haut legen, und (...) dem schändlichen Müssiggang nachleben“. Ähnliche Passagen in der Freiburger Bettelordnung vom 27. Nov. 1781, wie Anm. 25. Die Konstanzer Spitalzuchtordnung von 1592 bestimmte zur Aufnahme „alleinig die, so durch Gottes gewalt, one ihr verschulden und nit von wegen ihres übelhausens in armut geraten sind“: zit.n. Ph. Ruppert, Beiträge Heft 3, S. 10. Klein, vorderösterreichische Kinder- und Waisenfürsorge, S. 184. Borscheid, Geschichte des Alters, S. 434, mit weiteren Beispielen.

[46]) GLA 209/1147, Zitat S. 5; § 11 S. 15f und § 37 S. 27f. Die gleichen Konflikte und Restriktionen im 16. Jh.: Zimmermann in Stadtgeschichte III, S. 266-270.

keit besorget : sondern öfter aus dem Hang zum Müssiggang, Abscheü zur Arbeit, und aus Gewohnheit und Neigung zum Bettlen." Im Fazit empfahl die Stadtverwaltung „kein ander würksammes Mittel (...) als wenn die hochwürdige Geistlichkeit samt Zugehörigen in Hinkunft die alldort sich meldende Bettlere, sie mögen Einheimische oder Fremde seÿn, abweisen, und denenselben unter keinem Vorwande etwas abreichen"[47].

Stadtammann Hüetlin und Magistratsrat Dominik Beutter zählten im ersten Konzept zu einer künftigen Bettelordnung die Klientel städtischer Abschreckung und Kontrolle auf: ankommenden „Convertiten, Brandkollektanten, sogenannten italienischen Geistlichen, abgedankten Schreiberen, Bedienten, vorgeblichen Prinzen vom Berg Libano, aller Gattung Kastenträger, Bettelsinger, Raif- und Gangelspringer, und dergleichen" sei in einschlägigen Ratsverordnungen vom Januar 1756 und November 1783 das Almosensammeln „widerholt auf das schärfeste eingebothen" worden[48].

Die Verhandlungen zwischen Stadt und Geistlichkeit in Sachen Bettel kamen indes nicht recht voran, solange Stadthauptmann v. Blanc seinen Dienst in Konstanz noch nicht angetreten hatte. Darüber beklagte sich der Dompropst Ende 1791 und mahnte Maßnahmen gegen das „Gesindel" an: „Nicht nur fällt diese ungestüme Bettelei äusserst lästig, sondern man muss besorgen, dass sie der öfentlichen Sicherheit, besonders wenn die Stadt wieder von Militär entblöst werden solte, am Ende selbst gefährlich werde."[49]

Bald nach Dienstantritt analysierte vermutlich Franz v. Blanc, um „den Sitten verderbenden Müssiggang zu erstiken", nütze eine Verschärfung der Bettelordnung ohne geeignete Instrumente zu deren Durchsetzung überhaupt nichts. Als ungeeignet erkannte er die Tor- und Nachtwache, „welche gröstentheils aus Invaliden oder sonst moralisch untauglichen Subjecten zusamengesezet ist." Bloße Unterstützungszahlungen, ohne die dazu Fähigen zur Arbeit anzuhalten, zeitigten die „höchst schädlichen Folgen (...), dass Arbeitscheüe, Wohlleben, Sorglosigkeit, Schwelgerei und Müssiggang immer mehr überhand nemen müssen"[50].

Das Kollegiatstift St. Stephan merkte zur projektierten Bettelordnung an, „durch die Ausmusterung der ehemaligen Spitahlpfründer", die sich mit den zugemessenen elf Kreuzern „Kostgeld" unmöglich erhalten könnten[51], sei „der Hauffen der einheimischen Bettler um ein merkliches vermehrt worden". Die Stadtverwaltung möge daher die alte „Verfassung" wieder in kraft setzen und alle Pfründer im Spital versorgen. Des weiteren machten die Chorherren die angebliche Duldung und Versorgung fremden aus dem Dienst getretenen Gesindes sowie die Aufnahme „so viller" Beisassen, die ihre Kinder anstatt in fremde Dienste zum Almosen Sammeln schickten, für die Bettlerzunahme in der Stadt verantwortlich. Im übrigen pflegten die Hatschiere „Geld anzunehmen"[52].

[47]) GLA 209/1147, 5. Feb. 1785.
[48]) Ebd., Entwurf vom 11. Sept. 1789, Kopie vom 20. Mai 1790.
[49]) Ebd., Schreiben an den Magistrat vom 3. Nov. 1791.
[50]) Ebd., Konzept ohne Datum und Unterschrift; den Gedankenführungen und dem Sprachduktus nach sehr wahrscheinlich von Blanc.
[51]) Siehe Kap. 5.4.3.
[52]) GLA 209/1147, „Ohnmaßgebliche Bemerkungen" des Stifts St. Stephan, ohne Datum [erste Jahreshälfte 1792].

Anfang 1795 beschwerte sich das Domkapitel erneut beim Magistrat, seit einiger Zeit beginne „der Strassen und Hausbettel sich wieder zu zeigen“. Wandernde Handwerksburschen schlichen den Domherren in abgelegene Gassen nach und bettelten sie an. Ansonsten unterstütze das Domkapitel das Begehren des Raiteamtmanns und Raiteamtsschreibers, ihnen für die regelmäßigen Abrechnungen der Armenkasse zusätzlich zur Besoldung ein Honorar auszuzahlen. Amtmann Frener bezog fortan je Abrechnung 33 Gulden[53)].

Das Domkapitel beklagte sich in den folgenden Jahren regelmäßig über den „wieder überhand“ nehmenden Straßenbettel. Der Magistrat erwiderte stereotyp, Angebettelte möchten doch die Bettler anzeigen[54)]. Im September 1798 fühlten sich die Domherren genötigt, die „Aufmerksamkeit“ des Magistrats „wiedermal auf den nach und nach täglich sich vermehrenden hauptsächlich aber nur fremden Bettel zu leiten. Allerlei sich so angebende durch den Krieg verünglükte Rheinländer, herrenlose Diener, ruinirte Kaufleüthe und dergleichen schleichen sich in die Häuser, und erregen oft mit dem Ungestümme, womit sie ein Almosen fodern, gerechte Besorgnisse.“ Das städtische Polizeipersonal, bezahlt schließlich von ansehnlichen Beiträgen des Domkapitels, möge zu größerer Wachsamkeit und Strenge angehalten werden, möge endlich „zur Nachtzeit dem ganz unnötigen Herumschwermen lockerer Müssiggänger, welches seit einiger Zeit sehr auffallend wird und einen gewissen ruhestörenden Charakter annimt, Gränzen“ setzen[55)].

Im Oktober 1800 begründete das Domkapitel die Aussetzung seiner Zahlungen seit August 1799 unter anderem damit, die „Hemmung des Strassen- und Hausbettels“ werde in letzter Zeit „auf eine gar auffallende Art ausser Acht gelassen“[56)].

7.3 Zusammenfassung und Folgerungen

Aus den dokumentarischen Quellen mit ihren zahlreichen Betteleiklagen und den Anwürfen gegen die faulen Armen, die arbeitsscheuen Nachtschwärmer und die trinkfreudigen Almosenbezieher entsteht geradezu folgerichtig ein entsprechender Eindruck von den sozialen und wirtschaftlichen Verhältnissen in Konstanz im 18. Jahrhundert, der denn auch immer wieder aufgenommen und zum »Wohlfahrtstadttopos« weiterentwickelt wurde[57)].

Doch überprüft anhand der nüchternen Zahlen aus seriellen Quellen, in diesem Fall vor allem der Sterbeprotokolle und Nachlaßinventare sowie der Liste der Almosenempfänger, hält der Topos in keiner Hinsicht mehr stand. Die Zahl derer, die aufgrund ihrer materiellen Lage einer öffentlichen Unterstützung bedurft hätten, lag mindestens doppelt, eher drei- bis viermal so hoch wie die der tatsächlich Unterstützten. Die wenigen, die vielleicht wirklich „gemächlich“ von fremdem Verdienst lebten, weil sie von einer milden Stiftung »Fehlbezüge« erhielten, können nicht als Beleg dafür herhalten, es habe keine strukturelle Erwerbslosigkeit gegeben, Ursache für die verbreitete Armut und Legitimation des deutlich geringer verbreiteten Sozialwesens. Vier von fünf unterstützten »Hausarmen« in Konstanz, meist Alte in ihren

53) Ebd., Schreiben vom 9. Jan. und Antwort des Magistrats vom 17. Jan. 1795.
54) Ebd., Schreiben vom 18. und 21. Jan. 1797, 15. Sept. 1798.
55) Ebd., Schreiben vom 3. Sept. 1798.
56) Ebd. Magistrat am 11., Domkapitel am 21. Okt. 1800.
57) Burkhardt in Stadtgeschichte III, S.373-375. Dort auch die einschlägigen Äußerungen Lamberts, Bez', Gerckens, Melly/Macaires unter dem Decknamen „Melker“ und der Historiker Marmor und Baier.

letzten Lebensjahren, konnten mit dem dargereichten Wochensatz allein kein menschenwürdiges Dasein bestreiten.

Stadthauptmann Franz v. Blancs Schreiben vom Wohlleben, von Sorglosigkeit, Schwelgerei und Müßiggang der Erwerbslosen klingt geradezu zynisch vor dem Hintergrund des allgegenwärtigen Elends in der Stadt, in der die Hälfte der Bevölkerung lebte und starb wie die ledige Elisabetha Wettachin: „An Vermögen habe sie nichts hinterlassen, sogar sollen ihre Kleider sich kaum zu Bedekung ihres Leibes beschaffen gewesen seÿn, und ihr Bettgewandt allein in einem Laubsak und 2 alten Leintüchern bestanden haben."[58]

Gerade diejenigen, welche die Legende von der Wohlfahrtsstadt Konstanz im 18. Jahrhundert begründeten und ihr Nahrung gaben, disqualifizierten sich als Kritiker eines angeblich übersteigerten Sozialwesens durch ihre gesellschaftliche Stellung oder ihre Tätigkeit selbst: Blanc verzehrte Jahr für Jahr 1500 Gulden Besoldung und lebte gratis in einem prächtigen Diensthaus[59]. Abbé Lambert genoß in Frankreich seine Pfründen und lebte in der Emigration sorgenfrei als Schmarotzer wohlhabender Mitemigranten[60]. Der Möchtegern-Fabrikant Friderich Bez kassierte erhebliche finanzielle Vorschüsse und andere Vergünstigungen vom Staat, sammelte weiteres Startkapital unter anderem vom Konstanzer Spitalamt, wirtschaftete die Baumwollspinnerei mit dem Geld binnen zweier Jahre zugrunde und stieg als erster aus dem sinkenden Schiff aus - gewiß nicht, ohne seinen Gewinn beiseite geschafft zu haben[61]. Dem Patriziersohn Philipp Wilhelm Gercken war das Vermögen, das es ihm erlaubte, zwei Rittergüter und eine Burg zu erwerben, zu reisen und zwecks belehrender Aufklärung seiner Leserschaft die Faulheit der Konstanzer vorzuführen, auch nicht durch eigenes Verdienst zugefallen. Geborener Erbe, ging Gercken zeit seines Lebens keiner Tätigkeit wegen des Gelderwerbs nach[62].

Allein die Genfer Fabrikanten Jacques Louis Macaire, Ami Melly und François Roman erwarben sich durch ihre unternehmerische Arbeit die Berechtigung, 1784 einem „großen Teil der Konstanzer Bevölkerung" vorzuwerfen, daß er „in Untätigkeit verharre und von Almosen lebe"[63], zumal sie diesen Zustand mit der Ansiedlung ihrer Protoindustriebetriebe zu verändern trachteten. Andererseits übernahm Macaire mit der Dominikanerinsel rund einen Hektar Grund, dazu die Gebäude und den Garten aus der öffentlichen Hand in seinen Besitz, für den Spottpreis von jährlichen 25 Gulden - nur nannte man diesen Vorgang selbstredend nicht „Almosen", sondern „Donation"[64].

In der Stadt, nach der das umfänglichste deutsche Bistum benannt war, übertraf der finanzielle Aufwand bürgerlicher Einrichtungen in der offenen Armenfürsorge den kirchli-

[58]) StAKN, Sterbeprotokoll unter dem Datum 17. Feb. 1796.

[59]) StAKN A I 28b, Leiner, Miszellen, Besoldungsliste im Anhang; GLA 209/1221, „Extract aus den Rechnungen (...)", Posten 1-5 und 124.

[60]) Lambert, Mémoires, S. 202ff.

[61]) Burkhardt in Stadtgeschichte III, S. 327f.

[62]) Allgemeine Deutsche Biographie, hg. durch die historische Commission bei der Königlichen Akademie der Wissenschaften, 49 Bde. Leipzig 1875-1904, hier Bd. 9, S. 1-3; Cramer, Reisebeschreibungen, S. 48, 57f.

[63]) Paraphrasiert in Seeholzer, Genfer Kolonie, S. 185.

[64]) „Instrument über die Schankung der Dominikanerinsel (...)" abgedruckt in Eberlin, pragmatische Geschichte, S. 132.

cher Institute etwa um das Zehnfache. Nimmt man die Kosten für den Unterhalt der Spital- und Seelhausbewohnerschaft hinzu, so bewegte sich in Konstanz das Verhältnis kirchlicher zu städtischen Sozialleistungen um die Größenordnung eins zu hundert.

Die offene wie vermutlich auch die Spitalfürsorge stützte in Konstanz gegen Ende des 18. Jahrhunderts zu einem Drittel Männer, zu zwei Dritteln Frauen. Das System der sozialstaatlichen Rentenversicherung scheint dieses Mißverhältnis in den vergangenen beiden Jahrhunderten weiter zu Ungunsten der Frauen verschoben zu haben: In einer Studie aus dem Jahr 1979 über Sozialhilfeempfänger ab 65 Lebensjahren in der Bundesrepublik Deutschland überwogen 83 Prozent Frauen 17 Prozent Männer[65)].

[65]) Feldmann, Handbuch der örtlichen Sozialplanung, S. 703.

Kapitel 8: Haushaltsstrukturen

„Familie vor 200 Jahren
Vor der Industrialisierung bestand eine Familie meist aus Angehörigen mehrerer Generationen. Diese Großfamilie hatte Aufgaben, die mittlerweile vom Staat oder anderen gesellschaftlichen Einrichtungen übernommen wurden. Dazu gehören zum Beispiel Produktion von Gütern, schulische und berufliche Ausbildung, finanzielle Absicherung und Versorgung kranker und alter Familienmitglieder.“ [1)]

Die folgenden Ausführungen verstehen sich als Beitrag zur europäischen Familiengeschichte. Da die Bedeutung des Begriffs „Familie“ heute mit Vorstellungen über Bluts- und Eheverwandtschaft belegt ist, was zu Irritationen Anlaß geben könnte[2)], ist stattdessen in der Regel der Terminus „Haushalt“ verwendet.

„Haushalt“ ist in dieser Arbeit als kleinste Erwerbs- und Konsumgemeinschaft definiert. Die Definition als Erwerbsgemeinschaft scheint die historischen Verhältnisse in der Frühneuzeit angemessener zu greifen als die unseres Erachtens zu stark vom altständischen Handwerkerhaushalt hergeleitete Kategorie der Produktionsgemeinschaft[3)], die nicht oder zumindest nicht gemeinsam im Haus produzierende Bevölkerungsgruppen wie Rentiers, Soldaten, Beamte und diverse im weiten Sinne taglöhnende Erwerbstätige im Grunde ausschließt. Oft erscheint auch die Haushaltszugehörigkeit von Gesinde eindeutiger als die von im Haus lebenden Blutsverwandten.

Den hier verwendeten Terminus »Konsumgemeinschaft« bestimmen die Merkmale der gemeinsamen Kochstelle, Lebensmittelkasse, Vorratshaltung, in der Regel gemeinsame Mahlzeiten. Die »Erwerbsgemeinschaft« konstituiert sich, indem jedes Mitglied primär produzierende und reproduzierende Arbeiten gemäß seinen Fähigkeiten und der gemeinschaftlichen Notwendigkeit übernimmt, deren Nutzen oder Gewinn es in den Fundus der Gemeinschaft einbringt. Falls die Gemeinschaft Überschüsse erwirtschaftet, können ihre Mitglieder diese in Form von Gewinn oder Lohn für private Zwecke verwenden, oder sie können die nicht für den Erhalt der Gemeinschaft benötigte Arbeitskraft auf Zukunft investieren, etwa die Schule besuchen, studieren, eine Aussteuer anlegen.

[1)] Rainer Dahlem, Siegfried Naumann, Mitgestalten. Lehr- und Arbeitsbuch für Gemeinschaftskunde an beruflichen Schulen, Neusäß 1989, 3. Auflage 1991, S. 4. Inhaltlich übereinstimmend auch: Kurt Gönner / Rolf Krug / Heinz-Theo Niephaus, Politik in unseren Tagen, Bad Homburg vor der Höhe, 13. Auflage 1992, S. 11.

[2)] Vgl. Mitterauer, Strukturwandel der Familie, S. 43: Frage der „Abgrenzung familialer Gruppen“, wobei M. Blutsverwandte und Gesinde selbstverständlich dazuzählt. Maschke, Familie, S. 11f, unterscheidet dagegen zwischen Klein- oder Kernfamilie, davon abgehoben der durch Nichtverwandte ergänzte Haushalt, Abstammungsfamilie und Verwandtschaftsfamilie. Zur Entwicklung des Begriffs „Familie“: Adler, Demographie und Familiengeschichte, S. 299-302. Vgl. Rödel, »Statistik« in vorstatistischer Zeit, S. 15, 21.

[3)] So bei Mitterauer, Strukturwandel der Familie, S. 43.

8.1 Die Quellen

8.1.1 Der Konstanzer Seelenbeschrieb 1774[4)]

Die Transposition der in der Quelle enthaltenen Informationen in ein standardisierendes Raster, welche erst die Auswertung im Computer ermöglicht, erfolgte auf verschiedenen Ebenen. Unterschieden sind:

a) Authentisch übertragene Informationen, zum Beispiel Eigennamen, Hausnummern und Lebensalter. Als Grundlage diente die mit Tinte geschriebene Erstfassung.

b) Übersetzt übertragene Informationen; zum Beispiel wurde bei den Professionsbezeichnungen der „Buch Truckher" als Buchdrucker übernommen. Häufige Nachträge, in der Regel Altersangaben, sind meist mit Bleistift ausgeführt; alle sind als Korrekturen identifizierbar. Anhand von Streichungen können diese Nachträge auf 1777 datiert werden. In Fällen, in denen nur die Bleistiftversion einer Altersangabe zur Verfügung stand, wurde diese übernommen und stillschweigend an den Stand von 1774 adaptiert.

Selten ist Gesinde nachgetragen. In wenigen Fällen, in denen es aus den Umständen - etwa der Profession beziehungsweise gesellschaftlichen Stellung oder dem aus einem Nachlaßinventar bekannten Vermögensstand – geboten schien, wurden diese Nachträge übernommen. Jemand, der plötzlich drei oder fünf Dienstboten, Gesellen oder Lehrjungen beschäftigte, wird auch drei Jahre zuvor welche im Haushalt gehabt haben. Sonstige Nachträge wurden ignoriert.

c) In Kategorien übersetzte Informationen. Bei den Tätigkeiten der Kinder mündeten zum Beispiel die Angaben „studet" und „Parvista" in die Rubrik »höhere Schule / Lyzeum / Universität«. Hofmeister, Zofen, Kammerfrauen und -diener, Hauserinnen adliger Geistlicher und dergleichen wurden in der Rubrik »höherer Gesindedienst« zusammengefaßt. Solche Anpassungen der Quellenaussage an eingegrenzte Fragestellungen erfolgten, wenn der Aufwand einer differenzierteren Transposition in keinem Verhältnis zum Erkenntnisgewinn gestanden hätte.

d) Aufgrund externer Informationen Hinzugefügtes. Es handelt sich hier um die Felder »Selbständigkeit / Unselbständigkeit« der Erwerbstätigkeit und um den »Rechtsstatus«: Prokurator Bollinger vermerkte positiv nur den Beisassenstatus. Die Einordnung als Bürger und Eximierte entsprang anderweitigen Kenntnissen über die Rechtsverhältnisse in Konstanz.

e) Auf meiner Interpretation verschiedener Merkmale beruhende Informationen. In erster Linie geht es hier um die Frage nach Abgrenzung der Haushalte untereinander.

In dieser Arbeit interessiert die Grundeinheit Haushalte. Johann Peter Bollinger teilte seine Liste nach Häusern, denen er eine Anzahl Hausbewohner zuordnete. Bei genauem Hinsehen sind jedoch Indizien erkennbar, anhand derer auch eine Unterteilung in Haushalte innerhalb der Häuser nachzuvollziehen ist. Diese Möglichkeit, beim Trennen in Haushalte der Einschätzung des zeitgenössischen Stadtbeamten folgen zu können, sollte eher als Vorteil aufgenommen denn als Nachteil gewertet werden.

4) Siehe zur Quellenbeschreibung auch Kap. 3.2.1.

Bedingung für das Etikett »eigener Haushalt« ist die Zuordnung des Namens unter die Spalte „Haussvatter“, „Mutter“ oder zumindest „Kinder“. Zwei »Hausväter« unter demselben Dach konstituierten mit ziemlicher Sicherheit zwei Haushalte. Schlagendes Indiz für die Existenz zweier oder mehrerer Haushalte unter derselben Hausnummer ist der Begriff „item“ zwischen Namen in der Vater- oder Mutterspalte. Leider fehlt das „item“ in manchen Fällen, in denen die Annahme getrennter Haushalte aus anderen Gründen angezeigt erscheint. Im übrigen kann eine eigene Professionsangabe, können zugeordnete Kinder oder andere Verwandte, kann eigenes Dienstpersonal und ein unterschiedlicher Familienname den Beginn eines weiteren separaten Haushalts bedeuten. Unter Umständen zeigen horizontale Striche als Platzhalter, daß Bollinger der Person zumindest potentiell eigene Gehilfen oder Mägde zuordnete.

Oft führt der Seelenbeschrieb Verwandte, fast nur jüngere und in der Regel weibliche, als „Knecht“ oder „Mägdt“. Manchmal belegte der Schreiber den Verwandtschaftsgrad explizit mit Zusätzen wie „soror“, „Schwester“, „Bruder des (...)“, manchmal ist er nur aus Namen und Lebensalter ersichtlich. Daraus kann gefolgert werden, daß der Beamte nichtverwandte im Haushalt Arbeitende oder Mithelfende erst recht im Gesindeteil seiner Liste aufgeführt hätte. Im Zweifelsfall ist also bei einem, erst recht bei mehreren, vertikal abgegrenzten fremden Namen in der ersten oder zweiten Spalte eine weitere Erwerbs- und Konsumeinheit in dem betreffenden Haus anzunehmen. Pfründerinnen und Pfründer scheinen sämtlich als solche gekennzeichnet.

Alle horizontal verbundenen Namen bildeten eindeutig eine Gemeinschaft. Die Überlegungen oben umkehrend, ergab sich eine Haushaltszugehörigkeit ferner aus den Merkmalen Verwandtschaft - je enger, desto wahrscheinlicher -, Fehlen des abgrenzenden „item“ und der Angabe einer gesellschaftlichen Stellung anstatt des Eigennamens, zum Beispiel „Fraule Schwester“.

Insgesamt war in fast allen Fällen die eindeutige Entscheidung aufgrund mehrerer einander verstärkender Indizien möglich.

Erste inhaltliche Erkenntnisse zu den Haushaltsstrukturen im 18. Jahrhundert lassen sich bereits aus dem formalen Raster des Ratsprokurators Bollinger entnehmen. Seine Spaltenunterteilung in Hausvater, Mutter, Kinder, Gehilfen und Gesinde entspricht den Funktionsstel len in einem altständisch-stadtbürgerlichen Musterhaushalt. Sie greift für vollständige, einer offensichtlich existierenden Idealnorm entsprechende Handwerker-, Einzelhändler-, Kaufmanns- und Ackerbürgerfamilien. Viele real gegebene Haushaltskonstellationen passen jedoch nicht in das Raster, zum Beispiel die Witwe mit minderjährigen Kindern, die mit einem Gesellen den Handwerksbetrieb führte, zwei ledige ältere Schwestern, die ihren Unterhalt mit Waschen und Nähen verdienten oder die Patrizierwaisen, die unter der Aufsicht eines Erziehers zusammenlebten. Gesellschaftliche Realität läßt sich nur unter Verlusten schematisieren. Das von Bollinger angewandte patriarchalisch-hierarchische Familienordnungsprinzip setzt sich so bis in die Computerdatei der 1990er Jahre fort.

Bemerkenswerterweise fehlen in der Spalteneinteilung des Ratsprokurators Rubriken für Verwandte außerhalb der Kernfamilie[5]), die sich aus Vater, Mutter und Kindern konstituierte.

[5]) Begriffsdefinition: Mitterauer, Vorindustrielle Familienformen, S. 126.

Am mangelnden Platz kann es nicht gelegen haben: Die nicht verwandten Haushaltsangehörigen sind, den halben Bogen füllend, in die Spalten Gesellen, Lehrjungen, Knechte und Mägde unterteilt, dazu jeweils noch einmal in „frembd" und „hiesig" differenziert. Im Haushalt lebende Verwandte mußten in einer Gesindespalte oder als Anhängsel unter dem Namen des „Haussvatter"s oder der Hausmutter untergebracht werden. Daß Bollinger Großeltern, Enkeln und anderen Verwandten keinen Platz in der Volkszählungsliste einräumte, spiegelt die tatsächlichen Verhältnisse wider, die für sie normalerweise auch keinen Platz in der Haushaltsgemeinschaft vorsahen[6]. Die Ergebnisse unten bestätigen dies.

8.1.2 Der Konstanzer Seelenbeschrieb 1768

Die am 14. Juli 1769 beendete „Beschreibung der in der O/Öen Statt Constantz befindlichen vernünfft= und unvernünfftigen Seelen Pro Anno 1768"[7] unterscheidet sich in einigen nicht unerheblichen Punkten vom Seelenbeschrieb für das Jahr 1774.

Noch deutlicher als die für 1774 trägt die erste erhaltene, ausführliche Beschreibungsliste Bollingers Charakterzüge eines Konzeptpapiers. Der „consulis scriba"[8], Schreiber des Bürgermeisters, wie er sich selbst titulierte, nutzte die Fassung von 1768 auch in den folgenden Jahren, indem er auf ihren Seiten mit Tinte und Bleistift quasi verschiedene »Schichten« übereinander schrieb. Gemäß dem Begehren der Landesregierung, die jährlich auf den neuesten Stand gebrachte Volkszählungstabellen sehen wollte[9], aktualisierte er die 1768/69 gesammelten Auskünfte mit neuen Erkenntnissen.

Die erste, am saubersten und mit Tinte ausgeführte Reihe ergänzender Angaben stammt, was Bollinger meist dazunotierte, von 1770. Sie wurde also zwei Jahre nach der ersten Seelenbeschreibung aufgenommen, obwohl Bollinger zur jährlichen Bestandsaufnahme verpflichtet war. Das Echo zu dieser Nachlässigkeit liefert eine Beschwerde der Landesregierung: An den Daten für das Jahr 1769 habe „man mit Befremden wahrnehmmen müssen, daß beÿ solchen (...) die gehörige Richtigkeit nicht allerdings beobachtet" und die veralteten Zahlen von 1768 wieder verwendet worden seien. Ab sofort müsse wieder vor Ort nachgeforscht werden, seien Zahlen „nach dem eigentlichen Befund" abzuliefern[10].

Weitere Nachträge sind fast nur noch mit Bleistift und offenbar nicht zur selben Zeit ausgeführt, sondern bei Bedarf, also wenn sich die Zusammensetzung der „Seelen" im Haus geändert hatte, schriftlich festgehalten.

So bieten viele Seiten den Eindruck eines schwer entwirrbaren Chaos. Nach einiger Übung ließ sich die ursprüngliche Fassung überall eindeutig identifizieren. Aus dem Wust der Nachträge jedoch, auch wenn sie durch die Wahl des Schreibgeräts jeweils optisch von der vorangegangenen »Schicht« abgesetzt waren, dürfte es selbst dem Autoren Bollinger nicht

[6]) Vgl. Mitterauer, Strukturwandel der Familie, S. 48.
[7]) StAKN A V 1. O/Öen steht für „oberösterreichischen".
[8]) Ebd., letzte Seite des Seelenbeschriebs, 14. Juli 1769.
[9]) Siehe Kap. 3.1. Daß Bollinger der Autor der Nachträge war, geht aus der stets selben, seiner Handschrift hervor.
[10]) GLA 209/1306, ddo. Freiburg, 5. Feb. 1771; vgl. auch Burkhardt in Stadtgeschichte III, S. 369-372.

leicht gefallen sein, eine zuverlässige Essenz zu ziehen. Zahlreiche Rügen aus Freiburg, Bollinger habe zum wiederholten Male „nicht mit aller Zuverlässigkeit“[11] gearbeitet, belegen, daß der Konstanzer Schreiber sein statistisches Durcheinander keineswegs im Griff hatte. Das neue Seelenbeschreibungskonzept für 1774 mit seinen nach den Umständen überaus zuverlässigen Angaben entsprang also einerseits dem hartnäckigen Verlangen der Landesregierung nach zutreffenden Zahlen, andererseits der zunehmenden Unmöglichkeit, aus einer häufig korrigierten Liste noch korrekte Bevölkerungstabellen zu extrahieren.

Die zahlreichen Ergänzungen und Korrekturen vollziehen die heftige Bewohnerfluktuation in vielen Häusern nach. Schwer quantifizierbar, dennoch deutlich ist der Lebensweg vornehmlich alter Leute nachzuvollziehen, die aus einer Privatwohnung ins Seelhaus oder ins Spital an der Marktstätte überwechselten. Ebenso kann man verfolgen, wie Halbwüchsigen und jungen Erwachsenen die Eltern wegstarben, worauf die Waisen aus Konstanz abzogen.

Reges Umziehen und häufiger Bewohnerwechsel kommt in Form massierter, oft selbst wieder korrigierter Korrekturen vor allem auf den Seiten zum Ausdruck, welche die ärmeren Wohngebiete beschreiben, wie die Niederburg, den südlichen Teil des ersten Quartiers und die Kreuzlinger Vorstadt. Diese Fluktuation war zum Teil vom Tod bedingt, den Bollinger mit Krückenkreuzen zu markieren pflegte.

Die hier verwendeten Daten sind strikt der für 1768 gültigen Erstfassung entnommen. Einzige Ausnahme: Zur Identifizierung erschien es zweckmäßig, ergänzte Geburtsnamen der Ehefrauen mit aufzunehmen.

Neben der Registratur von Haushaltsstandsänderungen, also Todesfällen, neugeborenen Kindern und dergleichen, begann Johann Peter Bollinger zwischen 1769 und 1774 auch damit, Auskünfte in neuen Bereichen zu sammeln. Nachgetragene Informationen wie der Geburtsname von Ehefrauen, der Name des Hauses und Tätigkeiten der Kinder nähern die erste Seelenbeschreibung ihrer ausgearbeiteten Fassung von 1774 an.

Bollingers Aufnahmeschema von 1768 wirkt formaler und weniger differenzierend als das sechs Jahre später angewandte. Einige Beispiele mögen dies verdeutlichen.

Frauen sind 1768 durchgängig noch keine Erwerbstätigkeiten, geschweige denn zünftige Professionen zugeschrieben. Einen mit Tätigkeiten wie Waschen, Taglöhnen oder dergleichen erzielten Gelderwerb mit zunftgebundenen Handwerksberufen in einer Rubrik „Profession“ zusammenzufassen, erschien dem Kanzleibeamten Bollinger 1768 offenbar noch unstatthaft.

Bei den angestellten Haushaltsangehörigen war 1768 lediglich die Alternative „Gesellen“ oder „Mägdt“ vorgesehen, die wohl bloß eine Trennung in männlich und weiblich ausdrücken sollte. Die Unterscheidung nach „frembd“ und „hiesig“ sowie die Differenzierung der männlichen Angestellten in Gesellen, Lehrjungen und Knechte fehlt 1768 noch.

Die gleichsam »offizielle« Profession ergänzte Bollinger fast nie mit der Information eines in der Realität üblichen zusätzlichen Gelderwerbs, so wie er es 1774 häufig tat. Ein „Schuehmacher“ zum Beispiel blieb 1768 Schuhmacher, während er sechs Jahre später zusätzlich als „Wachter“ oder ähnlich ausgewiesen sein konnte[12].

[11]) GLA 209/1306, passim, Zitat ddo. Freiburg, 24. März 1773.
[12]) Vgl. Mathis, Bevölkerungsstruktur, S. 58.

Hausname und -besitzer fehlen 1768 noch. Ebenso verhält es sich mit den außer Hauses lebenden Kindern; der Vorteil, daß man somit im Gegensatz zu 1774 die unzweifelhafte Zahl der Kinder im Haushalt erfährt, gleicht diesen Verlust aus.

So viele Mägde, Knechte und Gesellen sind zwischen Juli 1769 und 1774 nachgetragen, daß ihre Zahl nur teilweise mit der Fluktuation im Angestelltenverhältnis erklärt werden kann. Sehr wahrscheinlich komplettierte Bollinger die Angaben zu einigen zunächst noch lückenhaft beschriebenen Haushalten. Im Vergleich zu 1774 fällt der Mangel an Einzelhaushalten von - den Umständen nach - armen Bürgern und von Beisassen auf. Auf den ersten Seiten der Liste, im ersten Quartier, fehlen solche Haushalte fast ganz; weiter hinten tauchen sie selten auf. Viele Einzelhaushalte trug Bollinger mit Bleistift nach. Nichts deutet darauf hin, daß die Zahl der Alleinlebenden in den Jahren nach 1768 merklich gestiegen wäre; so wird der Volkszähler Bollinger viele Einzelhaushalte bei seinem ersten Rundgang aufzuschreiben versäumt haben.

Erwerbsbezeichnungen der Kategorie »unqualifizierte Dienstleistung«, wie „Damtrögel", also Lastenträger am Hafen, wie „Holzlader" und „Weinzieher", der Weinfässer verlud, hat der Kanzleiakzessist in der ersten Beschreibung gar nicht genannt. Viele dieser Taglöhner werden wohl den 272 Haushalten ohne Angabe einer Profession zuzurechnen sein. Wie unsicher und ungeregelt viele Konstanzer ihren Lebensunterhalt erwarben, brachte Bollinger damit zum Ausdruck, daß er bei fast allen professionslosen Männern des ersten Quartiers ein drastisches „ohne Nahrung" zusetzte. Dieses Verdikt traf auch manche Professionisten, wie den Schneidermeister Anton Lehry, den Vater des späteren Bürgermeisters[13]. In den weiteren Stadtvierteln und im Seelenbeschrieb 1774 unterließ er dies dann, wiewohl es auch dort und später nicht an materiell gering bemittelten Haushalten mangelte.

Die Bewohner der Petershausener Vorstadt sind offensichtlich unvollständig wiedergegeben. Bollinger ließ hier alle Häuser, die der Reichsabtei gehörten, ungezählt. Kein einziger geistlicher Haushalt ist 1768 beschrieben worden. Ebenso fehlen die Laienhaushalte in exempten Häusern der Geistlichkeit. Für 21 Haushalte von Adligen, Kirchen- und Landesbeamten ist nur die Spalte „Hausvatter" ausgefüllt, alle anderen vorgesehenen Rubriken blieben leer.

Die erste Konstanzer Seelenbeschrieb des 18. Jahrhunderts erfaßte 2904 Menschen, das sind drei Viertel der Einwohner. Selbst wenn man einen vermutlichen Anstieg der Bevölkerungszahl berücksichtigt, hatte Johann Peter Bollinger bei seiner ersten Beschreibung 1768 etwa 250 Haushalte ausgelassen. Von der Warte des bürgerlichen Kanzleischreibers aus betrachtet, fehlen die gesellschaftlichen Randgruppen, und zwar vom oberen wie vom unteren Rand.

Die Auswertung der Seelenbeschreibung 1768 dient als Kontrolle, um im Vergleich mit der für das Jahr 1774 quellenkritisch wichtige Aufnahmekriterien erkennen und inhaltliche Ergebnisse überprüfen zu können. Unter den obigen Prämissen mögen die für 1768 gewonnenen Resultate auch für die der Stadtgerichtsbarkeit unterworfene, eingesessene, von Handwerk und Handel dominierte Dreiviertelmehrheit der Konstanzer Bürger- und Beisassenbevölkerung gelten.

[13]) StAKN A V 1, Seelenbeschrieb 1768, Haus 122.

8.2 Haushaltsstrukturen in Konstanz im letzten Drittel des 18. Jahrhunderts

8.2.1 Die Personenzahl in den Haushalten

In der folgenden Aufstellung sind die Kollektivhaushalte Spital und Klosterkonvente wie üblich nicht mitgezählt.

Tabelle 110: Personenstärke der Konstanzer Haushalte 1774 [14)]

Haushaltsgröße	Haushalte Zahl	Haushalte Prozent
Null Personen[15)]:	1	0,1 %
Eine Person:	166	17,5 %
Zwei Personen:	220	23,2 %
Drei Personen:	154	16,2 %
Vier Personen:	101	10,6 %
Fünf Personen:	96	10,1 %
Sechs Personen:	64	6,7 %
Sieben Personen:	54	5,7 %
Acht Personen:	44	4,6 %
Neun Personen:	23	2,4 %
Zehn Personen:	16	1,7 %
Mehr als 10 Personen:	11	1,2 %
Gesamtzahl der Haushalte:	950	100 %
Personalstärke je Haushalt im Mittel: 3,75 Personen.		
Von Bollinger erfaßte Einwohnerzahl ohne Spital: 3558.		
Gesamteinwohnerzahl mit Spital und Klöstern: 3896 »Seelen«.		

1774 lebten in einem Konstanzer Haushalt durchschnittlich 3,75 Personen.

Die häufigste Haushaltsstärke betrug zwei Personen: Die Zweierbesetzung stellte fast ein Viertel aller Haushalte. In jedem sechsten Haushalt lebte nur ein Mensch[16)]. Einpersonenhaushalte kamen in Konstanz sogar etwas häufiger vor als solche mit drei Mitgliedern. Über drei Viertel aller Haushaltsgemeinschaften bestanden aus höchstens fünf oder weniger Mitgliedern; umgekehrt hielten Haushalte mit neun und mehr Personen einen Anteil von nur fünf Prozent. Doch den Personendurchschnitt hoben diese Großhaushalte merklich an, zu denen auch solche an der Grenze zum Anstaltshaushalt zählten, wie die Rheinmühle und das Seelhaus in der Kreuzlinger Vorstadt.

[14)] StAKN A V 2, Seelenbeschrieb 1774.

[15)] Der »Nullpersonenhaushalt« bestand aus einer Witwe mit Tochter aus der Vorstadt Paradies, die zum Zeitpunkt der Zählung ins Spital aufgenommen waren, zwei weitere ihrer Kinder hielten sich außerhalb Konstanz' auf.

[16)] Stadt Salzburg 1794: 12,8 % Einpersonenhaushalte: Michael Mitterauer, Vorindustrielle Familienformen. Zur Funktionsentlastung des »Ganzen Hauses« im 17. und 18. Jahrhundert, in: Friedrich Engel-Janosi, Grete Klingenstein, Heinrich Lutz (Hg.), Wiener Beiträge zur Geschichte der Neuzeit Bd. 2, München 1975, Tab. 17, S. 169.

Tabelle 111: Vergleich mit der Moderne. Die Personenstärke von Haushalten in Konstanz 1774, Österreich 1982 und der Türkei 1975 [17]

		Haushalte von ... Personen in Prozent aller Normalhaushalte[18]					Haushalte
Bezugsgröße	Jahr	1	2	3	4	5 u. mehr	absolut
Konstanz	1774	18	23	16	11	32	950
Österreich	1982	26	26	18	16	14	2707000
Türkei	1975	4	9	11	16	60	7123000

Ein Vergleich mit modernen Haushaltsgrößen zeigt: Der Unterschied zwischen Konstanz im Jahr 1774 und Österreich 1982 besteht im wesentlichen im Austausch der beiden Eckwerte links und rechts außen. Dabei stieg der Anteil an Einpersonenhaushalten in 206 Jahren gerade auf das anderthalbfache, während der Anteil an Großhaushalten mit fünf und mehr Mitgliedern auf unter die Hälfte schrumpfte.

Die Größenverhältnisse der Haushalte Österreichs 1982 und die zwei Jahrhunderte älteren aus Konstanz gleichen einander eher als die österreichischen und türkischen Zahlen für das späte 20. Jahrhundert. Die Kontinuität des Personalumfangs mitteleuropäischer Haushalte tritt hier deutlich zutage. Haushaltsformen hängen offensichtlich viel weniger davon ab, ob sie das Zusammenleben vor oder nach der Industrialisierung beschreiben, sondern erheblich stärker von anderen Faktoren, wie etwa unterschiedlichen rechtlichen Gepflogenheiten und Wirtschaftsweisen, welche unterschiedliche Traditionen der Familiengestaltung bedingen[19].

Tabelle 112: Personenstärke der Konstanzer Haushalte 1768 [20]

Haushalte mit ...	Zahl	Prozent
... einer Person:	59	8,5 %
... zwei Personen:	149	21,4 %
... drei Personen:	128	18,4 %
... vier Personen:	98	14,1 %
... fünf Personen:	81	11,7 %
... sechs Personen:	54	7,8 %
... sieben Personen:	55	7,9 %
... acht Personen:	24	3,5 %
... über acht Personen:	47	6,6 %
Gesamtzahl der Haushalte:	695	100 %

Personalstärke je Haushalt im Mittel: 4,18.
Erfaßte Einwohnerzahl: 2904 »Seelen«.

[17]) Zahlen für Österreich und die Türkei errechnet aus den Angaben in: Statistisches Amt der europäischen Gemeinschaften (Hg.), eurostat. Statistische Grundzahlen der Gemeinschaft. Vergleich mit verschiedenen europäischen Ländern, Kanada, den USA, Japan und der UdSSR, 22. Ausgabe, Brüssel/Luxemburg 1985, S. 109.

[18]) Wie die Tabelle zu Konstanz oben, berücksichtigen auch die verwendeten eurostat-Zahlen keine Kollektivhaushalte, wie Internate, Altersheime und dergleichen.

[19]) Vgl. Mitterauer, Strukturwandel der Familie, S. 44, 55f.

[20]) StAKN A V 1, Seelenbeschrieb 1768. 21 Haushalte wegen mangelhafter Angaben nicht berücksichtigt.

Der Beschrieb von drei Vierteln der Konstanzer Bevölkerung aus dem Jahr 1768 bestätigt den für 1774 gewonnenen Befund zur Personenstärke in Konstanzer Haushalten. Unübersehbar sind im Vergleich die Lücken in den absoluten Zahlen. Im unteren Bereich der Haushaltsstärken rühren die Fehlzahlen von den mangelhaft erfaßten, teils in geistlich-exempten Räumlichkeiten hausenden, wohl auch häufig die Wohnung wechselnden Armen her. Bei den vielköpfigen Haushalten fehlen merklich die Dom- und Stiftsherren.

Doch auch im stadtbürgerlichen Teil der Konstanzer Einwohnerschaft bildete der Zweipersonenhaushalt die häufigste Besetzung, umfaßten drei Viertel aller Haushalte höchstens fünf Personen. Lediglich einer von zehn stadtbürgerlichen, von Handwerk und Handel lebenden Haushalte hatte acht oder mehr Mitglieder.

Tabelle 113: Durchschnittliche Personenstärke der Haushalte nach Erwerbszweigen, 1768 und 1774 [21)]

Erwerbszweig	Mittlere Personenstärke je Haushalt 1768	1774
Großhandel, Banken:	7,3	6,7
Landwirtschaft:	5,2	5,3
Handwerk:	5,0	4,9
Rentiers:	4,9	4,5
Verwaltung, öffentlicher Dienst:	5,1	4,4
Dienstleistg., Freiberufe, Einzelhandel:	4,6	3,5
Geistlichkeit:	(fehlt)	3,4
Militär:	4,5	2,5
Ohne Angabe einer Erwerbstätigkeit:	2,8	1,8
Almosen, Pfrund:	(fehlt)	1,3
Gesamt:	4,18	3,75

Als verläßliche Grundlage für weitere Schlußfolgerungen sind die aus dem Seelenbeschrieb 1774 gewonnenen Angaben unbedingt vorzuziehen. 1768 sind, wie dargelegt, nur die »bürgerlichen« drei Viertel der Gesamtbevölkerung erfaßt. Der Vergleich dient vornehmlich zur Kontrolle und Absicherung. 1768 betrug die Zahl der Haushalte ohne Erwerbsangabe 268, im Beschrieb für 1774 trotz vollständiger Erfassung aller Bewohner nur 207. Daher kann man annehmen, daß viele der 1768 nicht mit einer Profession belegten Haushaltsvorstände sechs Jahre darauf die Erwerbsgruppen Dienstleistung und Rentiers angefüllt haben[22)].

Handwerk und Landwirtschaft stimmen in der Personalbesetzung je Haushalt völlig überein. Weitgehend entsprechen sich auch die Gruppen Rentiers, Kaufleute und öffentliche Angestellte. Der Erwerbszweig Dienstleistung/Einzelhandel/Freiberufe erhielt 1774 Zuwachs aus der je Haushalt personalschwachen Gruppe »ohne Angabe«. Beim Militär bestand die Datengrundlage 1768 aus völlig unrepräsentativen zwei Haushalten, 1774 aus immerhin 18 Haushalten.

[21)] Quellen und absolute Zahlen: 1774 siehe Tab. 139 in Kap. 10; 1768: StAKN A V 1, Haushalte/Personen i.d. Reihenfolge wie oben 17/124, 60/310, 221/1104, 10/49, 55/279, 62/285, 2/9, 268/744.

[22)] Siehe zur Erwerbsgruppe »ohne Angabe« Kap. 10.3.

Kaufleute, Ackerbürger und Handwerker unterhielten in Konstanz im 18. Jahrhundert die umfangreichsten Haushalte. Dennoch schließen auch deren Haushaltsgrößen eine Einschätzung »Großfamilie als Regelfall« aus: Die statistische Grundlage für den Erwerbszweig der Kaufherren 1774 bildeten 13 Haushalte, und Handwerkerhaushalte von fünf Personen können schwerlich als »Großfamilien« beschrieben werden.

Die Geistlichkeit insgesamt konnte keine hohen Personalzahlen erreichen, da bei deren Haushaltsbesetzung Ehefrauen und Kinder von vornherein ausschieden. Die mittlere Personenstärke je Haushalt in Konstanz wird in beiden Reihen erheblich gedrückt von den Haushalten ohne Erwerbsangabe, der einzigen zahlenmäßig relevanten Gruppe, die weit unterdurchschnittlich schwach besetzt war.

8.2.2 Haushaltstypen

So ergiebige Quellen zur Familiengeschichte wie der Konstanzer Seelenbeschrieb für 1774 bieten die Möglichkeit, an numerische Aspekte wie die Personenstärke der Haushalte qualitative Aussagen zu knüpfen. Aus dieser Überlegung ergab sich die Einteilung der Haushalte in Funktionen oder „Positionen“[23]. Fünf mögliche Funktionen seien gesetzt: Erstens die Funktion des Hausherrn. Zweitens die der Hausfrau. Drittens die Kinderposition. Viertens die Gehilfen- und Gesindefunktion; wobei in einigen größeren Haushalten mit Kindern auch Schwestern des Hausherrn oder der Hausfrau eingesetzt wurden, selbst wenn sie vom Stadtbeamten außerhalb der Magdspalte geführt wurden - jüngere Schwestern dürften diese Funktion in der Realität auch ausgefüllt haben. Fünftens die dritte Generation; diese Position zielt, gemäß der Legende, auf integrierte und im Schoße der idealtypischen Großfamilie versorgte Altenteiler. Die Position wurde hier auch auf Enkel erweitert.

Unabhängig von der Kopfzahl bestimmt die Besetzung dieser fünf Funktionen den Haushaltstyp. Zehn Kinder gelten also so viel wie eines, sieben Knechte plus zwei Mägde füllen genauso die vierte Funktion aus wie die einzige Hauserin eines Pfarrers.

Gegen eine solche Gewichtung drängt sich der Einwand auf, es könnten Widersprüche zu den Kopfstärken auftreten; Vater, Mutter und acht Kinder bildeten eine Kleinfamilie von zehn Personen, während Hausherr, Hausfrau, ein Kind und eine Magd auf diese Weise zur vierköpfigen Großfamilie erhoben würden. Doch kamen solche Extrembeispiele real selten vor. Die den Haushaltstypen unten zugeordneten Kopfstärken belegen, daß die Typisierung auch numerisch die Verhältnisse angemessen wiedergibt.

Nach diesem Modell der Haushaltstypen konstituiert sich eine **idealtypische Großfamilie** dadurch, daß alle fünf Funktionsfelder mindestens einfach besetzt sind, daß also drei Generationen, eine komplette Kernfamilie vorausgesetzt, samt Gesinde in einem Haushalt zusammenlebten.

Zu einer **Großfamilie** müssen vier Funktionen besetzt sein, im Seelenbeschrieb war dies üblicherweise die Kombination Hausherr, Ehefrau, Kinder und Gehilfen oder eine Magd.

Für eine **Kleinfamilie** müssen drei Felder belegt sein. Die Verbindungen Vater plus Mutter plus Kinder, Witwe mit Kindern und einem Gesellen oder ein kinderloses Ehepaar mit

[23]) Mitterauer nennt in Strukturwandel der Familie, S. 58, „die beiden zentralen Positionen des Hausherrn und der Hausfrau“.

Magd kamen in Konstanz häufig vor, daneben seltenere Konstellationen wie ein Kleriker, der mit seiner Mutter und Bediensteten zusammen wohnte.

Eine **Rumpffamilie** ist gegeben, wenn lediglich zwei Funktionsfelder ausgefüllt sind, etwa von einem zu zweit lebenden Ehepaar, einer Witwe mit Kindern oder ledigen Mutter, einem Geistlichen mit oder ohne Schwester, dem eine Hauserin die Wirtschaft führte.

Als **Einzelhaushalt** gefaßt sind außer den Alleinlebenden auch zusammen Wohnende und Wirtschaftende, die derselben Funktionsgruppe angehörten, also real zwei ledige Schwestern, mehrere Geschwister, drei Exjesuiten ohne Gesinde und gleiche Konstellationen. Die mittlere Personenstärke von 1,2 in den Einzelhaushalten zeigt jedoch, daß sie in der Regel aus nur einer Person bestanden.

Tabelle 114: Haushaltstypen nach dem Konstanzer »Seelenbeschrieb« für 1774 [24)]

Haushaltstyp	Anzahl	Prozent	Durchschnittliche Personenstärke
Idealtypische Großfamilien:	4	0,4 %	7,0
Großfamilien:	187	19,7 %	6,8
Kleinfamilien:	279	29,4 %	4,6
Rumpffamilien:	283	29,8 %	2,6
Einzelhaushalte:	196	20,6 %	1,2
»Nullhaushalt«:	1	0,1 %	0,0
Haushalte gesamt:	950	100	3,75

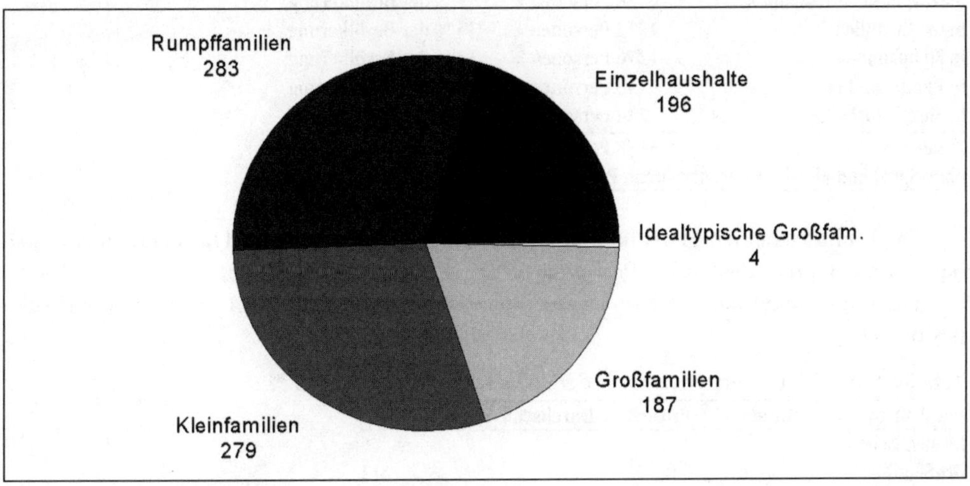

[24)] StAKN A V 2. »Nullhaushalt« wie Anm. 15.

Rumpffamilien, das sind „unvollständige" Haushalte und „Familienrest[e]"[25], und Kleinfamilien, die real meist der Kernfamilie mit Hausherrn, Ehefrau und Kindern entsprachen, überwogen alle anderen Haushaltstypen deutlich. Einzelhaushalte und Großfamilien hielten einander etwa die Waage.

Die Hälfte aller Haushalte in Konstanz hielt nur eine oder zwei der oben genannten Funktionen besetzt und erreichte damit nicht einmal die Qualität einer Kleinfamilie.

Nur vier von 950 Haushalten wurden der Legende von der idealtypischen Großfamilie gerecht, das sind 0,4 Prozent oder 4 Promille aller Konstanzer Haushalte zu der Zeit.

Die fünfte Haushaltsposition, die dritte Generation, fehlte fast völlig. Insgesamt lebten - bei 3896 Einwohnern - nur elf Altenteiler bei ihren als Hausherr oder Ehefrau deklarierten Kindern; weiter wohnten nur drei Enkel mit einem Großelternteil auf der Hausvater- oder Mutterposition im selben Haushalt. Lediglich in neun von 950 Haushalten umschloß die Haushaltsgemeinschaft drei Generationen. In knapp noch einmal so wenigen Fällen lebte die »dritte Generation« im selben oder zumindest im Nachbarhaus. Großmutter, Mutter und Kind saßen in Konstanz im 18. Jahrhundert sehr selten im selben Stübchen beisammen. Ein oder eine Urahne vollends wird vor dem 19. Jahrhundert niemals dabeigewesen sein.

Billigerweise sollte man dieses Ergebnis auch aus einem anderen Blickwinkel betrachten, nämlich von der Anzahl der Personen, die in den verschiedenen Haushaltstypen lebten. Nimmt man zur Grundeinheit nicht Haushalte, sondern Haushaltsmitglieder, so lebten in

idealtypischen Großfamilien	28 Personen =	1 % der Bevölkerung,
in Großfamilien	1272 Personen =	33 % der Bevölkerung,
in Kleinfamilien	1276 Personen =	33 % der Bevölkerung,
in Rumpffamilien	748 Personen =	19 % der Bevölkerung,
in Einzelhaushalten	234 Personen =	6 % der Bevölkerung;
Zusammen	3558 Personen	
ohne Spital und Klöster, wo weitere neun Prozent der Gesamtbevölkerung lebten.		

Doch unterscheiden Statistiken üblicherweise nach der Zahl der Haushalte, nicht nach der Summe der darin lebenden Personen.

Die noch unvollständige Konstanzer Volkszählung von 1768 zeigt ein etwas verschobenes Bild.

Tabelle 115: Haushaltstypen nach dem »Seelenbeschrieb« 1768 [26]

Haushaltstyp	Anzahl	Prozent	Durchschn. Personenstärke
Idealtypische Großfamilie:	1	0,1 %	12
Großfamilien:	172	24,7 %	6,7
Kleinfamilien:	266	38,3 %	4,5
Rumpffamilien:	172	24,7 %	2,4
Einzelhaushalte:	84	12,1 %	1,4
Haushalte gesamt:	695	100%	4,18

[25]) Mitterauer, Strukturwandel der Familie, S. 58.

[26]) StAKN A V 1. 21 Haushalte wegen mangelhafter Angaben nicht berücksichtigt.

Aus den 1768 beschriebenen Haushalten ragt mit großem Abstand die Kleinfamilie hervor, die meist in der Kombination Hausherr/Ehefrau/Kinder bestand. „Unvollständige" Haushalte und „Familienrest[e]" stellten aber immer noch ein starkes Drittel der Haushalte. Auch von der numerischen Besetzung her betrachtet, widersprechen die mit 1774 weitgehend übereinstimmenden mittleren Personenstärken dem behaupteten Personenreichtum im »ganzen Haus«. Selbst die durchschnittliche Konstanzer Großfamilie brachte es 1768 und 1774 noch nicht einmal auf sieben Mitglieder. Der Befund für 1768 bestätigt, daß es in Konstanz im 18. Jahrhundert so gut wie keine idealtypische Großfamilienform gab.

Tabelle 116: Haushaltstypen 1774, nach Quartieren unterteilt[27)]

Quartier	Haushalte in Prozent, gerundet					Haushalte
	Idealtypische Großfamilien	Groß-familien	Klein-familien	Rumpf-familien	Einzel-haushalte	absolut = 100 %
1: Rosgarten	1	28	27	25	19	151
2: Fischerhaus	0	21	27	34	18	289
3: Beckenhaus	0	16	29	32	23	262
Kernstadt zusammen	*0*	*21*	*27*	*31*	*20*	*702*
4: Stadelhofen[28)]	1	16	29	29	24	147
[5]: Paradies[29)]	0	16	61	18	4	51
[6]: Petershausen	2	14	22	26	36	50
Vorstädte zusammen	*1*	*16*	*34*	*26*	*23*	*248*

Im altständisch-bürgerlichen Quartier Rosgarten war das Handwerk stark vertreten. Dort lebte ein Sechstel der Konstanzer Haushalte, darunter die Hälfte der Konstanzer Kaufleute. Entsprechend bestand dort mit 28 Prozent aller Haushalte des Viertels die höchste Dichte an Großfamilien.

Der vergleichsweise hohe Anteil von Rumpfhaushalten im zweiten und dritten Quartier geht auf die dort konzentrierte Geistlichkeit zurück.

In der Kreuzlinger und Petershausener Vorstadt waren die Einzelhaushalte etwas stärker, die Großfamilien etwas schwächer als im Mittel vertreten. Doch bestand kein krasses Gefälle. Die Ackerbürgervorstadt Paradies wies die geringste Streuung auf verschiedene Haushaltstypen auf. Die dort vorherrschende Haushaltsform bestand aus dem Hausherrn, seiner Ehefrau und vielen Kindern.

27) Grundlage: StAKN A V 2. Die Prozentangaben bezeichnen die Anteile der jeweiligen Haushaltstypen im jeweiligen Quartier; die Haushalte absolut in der rechten Spalte entsprechen je 100 %.

28) Im späten 18. Jahrhundert meist Kreuzlinger Vorstadt genannt.

29) Dazu der „Nullhaushalt", s. Anm. 15. Paradies und Petershausener Vorstadt versah Bollinger nicht mit der Bezeichnung „Quartier".

Tabelle 117: Haushaltstypen 1774, nach Erwerbsgruppen [30)]

Erwerbsgruppe	Haushalte in Prozent, gerundet					Haushalte
	Idealtypische Großfamilien	Groß-familien	Klein-familien	Rumpf-familien	Einzel-haushalte	absolut = 100 %
Handwerk	1,2	38	39	17	4	247
Ohne Erwerbsangabe	-,-	1	6	34	59	207
Dienstleistung[31)]	0,5	17	36	30	18	200
Verwaltung, Exekutive	-,-	33	36	21	10	102
(davon: höherer öffentl. Dienst)	(-,-)	(64)	(23)	(5)	(9)	(44)
Landwirtschaft	-,-	14	63	20	3	71
Geistlichkeit	-,-	—	5	92	3	62
Rentiers	-,-	16	26	47	11	19
Großhandel, Banken	-,-	77	23	—	—	13

Knapp ausgedrückt, lebte die zahlenmäßig kleine weltliche Oberschicht in Großfamilien: Zehn von 13 Kaufmanns- und 27 von 44 Haushalten des höheren öffentlichen Dienstes, also die österreichischen, städtischen und kirchlichen Beamten vom Amtsleiter an aufwärts, hatten in ihren Haushalten vier der fünf oben genannten Positionen besetzt.

Auch im Handwerk hielten Großfamilien einen Anteil, der den Durchschnitt um das Doppelte übertraf. Während im Mittel jeder zweite Haushalt ein Rumpf- oder Einzelhaushalt war, war es im Handwerk nur jeder fünfte. Die Erwerbsgruppen Landwirtschaft und Verwaltung / Exekutive wiesen ebenfalls einen unterdurchschnittlichen Anteil „unvollständiger" Haushalte auf.

Die Geistlichkeit blieb auf ihren außerordentlich hohen Prozentsatz Rumpfhaushalte konzentriert, weil hier die kaum variierte Konstellation Kleriker plus Gesinde vorherrschte, meist in einer Hauserin, bei den Domkapitularen auch aus einem ganzen Troß von Bediensteten bestehend. Ähnlich war auch der typische Rentiershaushalt strukturiert.

In der Gruppe ohne Angabe der Erwerbstätigkeit waren 85 Prozent der Haushaltsvorstände Frauen. Damit fiel schon die Funktion des Hausherrn fort und die unvollständige Familie war vorgezeichnet. Viele ledige, oft mit einer Schwester zusammenlebende Frauen sind hier zusammengefaßt, häufig auch Witwen mit Kindern. Die Frauen waren in der Regel erwerbstätig, gingen aber keiner »ordentlichen«, das hieße institutionell geregelten Profession nach; allenfalls waren sie als Krämerinnen ausgewiesen, betrieben einen kleinen Gewürz- oder Mehlhandel, ernährten sich ansonsten durch die übliche ungesicherte Tätigkeit aus dem Spektrum Waschen, Nähen, Stricken. Solche Arbeiten „reichten zur Sicherung einer selbständigen Existenz kaum aus" und erfüllen alle Merkmale von „Zusatzverdienst"; doch fristeten weibliche Familienreste davon typischerweise ihren Lebensunterhalt[32)]. Aus dieser weiblich dominierten Sozialgruppe „ohne Nahrung" rekrutierte sich auch die Mehrheit der in den Sterbeprotokollen als »arm« ausgewiesenen Konstanzerinnen. Der Professionslosigkeit dieser Frauenhaushalte entsprach ihre Familienlosigkeit. Ihre materielle Armut korrespondierte mit dem Personenmangel in ihrer Haushaltsgemeinschaft.

30) Wie Anm. 27.
31) Freiberufe, Einzelhandel, Dienstleistung.
32) Mitterauer, Vorindustrielle Familienformen, S. 182.

8.2.3 Haushaltsvorstände und Ehefrauen 1774

680 Haushaltsvorstände waren Männer, das entspricht 72 Prozent. 268 Haushalten standen Frauen vor, das waren mit 28 Prozent mehr als ein Viertel der Konstanzer Haushalte. Das Geschlecht von zwei Haushaltsvorständen war nicht zu bestimmen. Der Beschrieb für 1768 bestätigt diese Zahlen, ebenso die Auswertung der sogenannten Quartierrodel von 1786 bis 1793. Auch in anderen süddeutschen Städten standen Frauen an der Spitze wenigstens jedes fünften, teils wie in Konstanz annähernd jedes dritten Haushalts[33)].

Das Durchschnittsalter aller Haushaltsvorstände betrug knapp 49 Jahre. Je ein Viertel waren zwischen 40 und 49 Jahre und zwischen 50 und 59 Jahre alt. Sechs Prozent waren jünger als 30 Jahre, nur 3½ Prozent zählten 70 Jahre und mehr.

Die weiblichen Haushaltsvorstände waren mit durchschnittlichen 52 Lebensjahren um fünf Jahre älter als der durchschnittliche Haus-herr. In allen Altersstufen unter 50 Jahren überwogen prozentual die männlichen Haushaltsvorstände, in den Altersgruppen 50 bis 59 Jahre, 60 bis 69 und 70 Jahre und älter hielten die Frauen jeweils doppelt so hohe Prozentanteile wie die Männer. Anders ausgedrückt, waren 57 von hundert weiblichen, dagegen nur 38 von hundert männlichen Haushaltsvorständen älter als 49 Jahre. Diese Verteilung verweist auf zahlreiche Witwenhaushalte. Immerhin wurde auch jeder neunte Haushalt insgesamt, 109 von 950, von einer Frau geführt, die das 51. Lebensjahr noch nicht erreicht hatte.

Nur 55 von hundert Haushaltsvorständen waren verheiratet[34)]. 267, also mehr als ein Viertel aller Haushaltsvorstände in Konstanz, lebten ledig, darunter 121 oder 45 Prozent Männer, 146 Frauen. 149 Haushaltsvorstände waren verwitwet, davon 119 oder vier Fünftel Frauen. Insgesamt standen in der Gruppe unverheirateter Haushaltsvorstände 267 Frauen 155 Männern gegenüber, was ein Verhältnis von 1,7 zu 1 ergibt. Die Heirats- wie auch die Wiederverehelichungsquote von Männern lag demnach erheblich über der von Frauen.

Sechs Haushaltsvorstände, vier Männer und zwei Frauen, waren geschieden. Vermutlich verbargen sich in der Gruppe der Verheirateten weitere Geschiedene. Bei fünf Haushaltsvorständen blieb der Familienstand unklar.

In den Erwerbsgruppen Handwerk, Verwaltung/Exekutive und Landwirtschaft lag der Anteil der Verheirateten mit 85 bis 80 Prozent überdurchschnittlich hoch. Alle 13 Großkaufleute waren verehelicht. Die Hausherren der Erwerbsgruppe Dienstleistung/Freiberufe/Einzelhandel waren zu zwei Dritteln verheiratet. Fast keine Ehepaare gab es dagegen bei den 19 Rentiers; desgleichen in den 207 Haushalten derer, denen Ratsprokurator Bollinger keine Erwerbstätigkeit zuschrieb, von ihnen waren elf verheiratet.

33) Seelenbeschrieb Konstanz 1768, Geschlecht der Haushaltsvorstände: 539 = 75,3 % Männer, 175 = 24,4 % Frauen, 2 unbestimmt; 9,2 % der Hh.e mit männl. nichtverh. Hh.svorstand. Quartierrodel siehe Kap. 9.1.2: Der Anteil an Frauenhaushalten erreichte in KN nach dieser Quelle zwischen 25 % und 31 %. Mitterauer, Vorindustrielle Familienformen, Tab. 18, S. 170: In der Stadt Salzburg waren 1794 22,3 % der Haushaltsvorstände weiblich (ledig und verwitwet). Philipp Fleischmann, Sozialtopographie einer Residenzstadt. Die Münchener Sozial- und Wohnstruktur am Vorabend des Dreißigjährigen Krieges, in: Historischer Verein von Oberbayern (Hg.), Oberbayerisches Archiv, Band 117/118, München 1993/94, S. 278f: Im Jahr 1618 in Augsburg 1816 = 20,2 % aller Hh.e, im Jahr 1622 in München 1175 = 29,2 % aller Haushalte von „Witwen, Frauen" geführt (München incl. Patrizierinnen ohne Berufsbezeichnung; Quelle: Steuerbuch).

34) Bei den Vergleichszahlen von 1768 fällt hier besonders das Fehlen der ledigen Geistlichen ins Gewicht. Der Beschrieb für 1768 führt genau zwei Drittel verehelichte, 12,5 % verwitwete, 18,5 % ledige Haushaltsvorstände auf, der Rest war nicht zu erschließen. Kein einziger war 1768 als geschieden ausgewiesen.

Zwei Drittel aller Haushaltsvorstände besaßen das Bürgerrecht, jeder fünfte Haushaltsvorstand war Beisasse und jeder siebte Haushalt lebte in einer dem städtischen Rechtsraum entzogenen, exempten Wohnung. Im ersten Quartier war der Anteil der Bürgerhaushalte mit 86 Prozent am höchsten nach dem Paradies, wo alle das Bürgerrecht innehatten. Im zweiten und dritten Quartier ragt der Anteil der Eximierten mit je knapp einem Viertel der dortigen Haushalte hervor; es handelte sich allerdings nicht ausschließlich um Geistliche, auch Bürger und Beisassen lebten in exempten Wohnungen. In den Vorstädten Stadelhofen und Petershausen fällt die hohe Konzentration von Beisassen auf, 29 beziehungsweise 44 Prozent der dortigen Haushalte. In der Petershausener Vorstadt besaß gerade ein Drittel der 50 Haushaltsvorstände das Bürgerrecht.

Tabelle 118: Altersunterschiede von Ehepartnern[35]

Absolute Zahlen			in Prozent	in Prozent
1768	1774		1768	1774
319	378	Ehemänner waren älter, sind	67 %	72 %
14	8	Ehepaare waren gleich alt, sind	3 %	2 %
139	126	Ehefrauen waren älter, sind	29 %	24 %
3-mal	11-mal	nicht zu ermitteln, sind	1 %	2 %
475	523	Ehepaare gesamt, sind	100 %	100 %
100	117	Männer waren 1 - 3 Jahre älter, =	31 %	31 %
122	163	Männer waren 4 - 9 Jahre älter, =	38 %	43 %
97	98	Männer waren 10 + mehr J. älter, =	30 %	26 %
319	378	Ehemänner waren älter als ihre Frauen, =	100 %	100 %
7,4	7,2	Jahre betrug der Altersunterschied im Mittel.		
48	49	Frauen waren 1 - 3 Jahre älter, =	35 %	39 %
61	49	Frauen waren 4 - 9 Jahre älter, =	44 %	39 %
30	28	Frauen waren 10 + mehr J. älter, =	22 %	22 %
139	126	Ehefrauen waren älter als ihre Männer, =	100 %	100 %
6,5	5,9	Jahre betrug der Altersunterschied im Mittel.		

In zwei von drei Ehen war der Mann älter als seine Frau, in einem starken Viertel aller Konstanzer Ehen verhielt es sich umgekehrt.

Der Vergleich belegt erneut den Stellenwert der Ehe als ökonomische Zweckgemeinschaft. Die »bürgerliche« Norm, wonach eine Ehefrau jünger zu sein habe als ihr Mann, griff offenbar im späten 18. Jahrhundert weit weniger stark als es im 19. Jahrhundert, von wem auch immer, gefordert und, aus welchen Gründen auch immer, praktiziert wurde[36]. Eine Parität der Altersunterschiede verhinderte vermutlich der Umstand, daß Männer - die, wie gezeigt, wegen des Frauenüberschusses häufiger und aus der günstigeren Position heraus heirateten - bei der Wahl einer Ehepartnerin auf hohe Lebenserwartung und größtmögliche Arbeitskraft Wert legen konnten.

[35]) StAKN A V 1 und 2.

[36]) Vgl. Rürup, Deutschland im 19. Jahrhundert, S. 104f.

Insgesamt waren die 523 Ehemänner im Mittel vier Jahre älter als ihre durchschnittlich 43jährigen Ehefrauen.

Anzumerken bleibt in diesem Zusammenhang noch, daß lediglich sechs Prozent aller Ehemänner und nur elf Prozent ihrer Frauen jünger als 30 Jahre waren.

8.2.4 Kinder im Haushalt

Tabelle 119: Kinderzahlen in Konstanz nach dem »Seelenbeschrieb« für 1774 [37)]

Haushalte ...	Anzahl	Prozent
... ohne Kinder:	417	43,9 %
... mit einem Kind:	127	13,4 %
... mit zwei Kindern:	113	11,9 %
... mit drei Kindern:	107	11,3 %
... mit vier Kindern:	71	7,5 %
... mit fünf Kindern:	52	5,5 %
... mit sechs Kindern:	34	3,6 %
... mit sieben Kindern:	16	1,7 %
... mit acht Kindern:	9	0,9 %
... mit neun Kindern:	2	0,2 %
... mit zehn Kindern:	1	0,1 %
... mit zwölf Kindern:	1	0,1 %
... gesamt:	950	100%

In Tabelle 119 sind alle von Ratsprokurator Bollinger aufgelisteten 1646 Kinder erfaßt, also auch die außerhalb des Haushalts lebenden. Um so bemerkenswerter tritt hervor, daß annähernd die Hälfte der Haushalte kinderlos blieben, darunter freilich auch die der Geistlichkeit. Auch ein Viertel der von einem Ehepaar geführten Haushalte hatte zum Zeitpunkt der Erhebung 1774 keine Kinder. Bezieht man noch die verheiratet gewesenen Witwen und Witwer ein, so bestätigt sich die Quote von 25 Prozent kinderloser Ehen[38)].

Wie üblich, überwogen auch in der Stadt Konstanz die weiblichen Kinder die männlichen, im Jahr 1774 im Verhältnis 100 zu 94 und im Jahr 1768, als nur die soziale Kinderzahl notiert wurde, gar im Verhältnis 100 zu 87.

Tabelle 120: Im elterlichen Haushalt lebende Kinder, 1768[39)]

Haushalte...	Haushalte	Prozent	Kinder
... ohne Kinder:	260	37 %	
... mit einem Kind:	125	18 %	
... mit zwei Kindern:	119	17 %	
... mit drei Kindern:	71	10 %	
... mit vier bis acht Kindern:	120	17 %	597
... gesamt:	695	100	1173

Die durchschnittliche soziale Kinderzahl betrug nach der Zählung für 1768 1,7 je Haushalt.

[37)] StAKN A V 2.
[38)] Siehe Kap. 4.7.
[39)] StAKN A V 1.

Trotzdem Schreiber Bollinger 1768 geistliche Haushalte gar nicht und Einzelhaushalte Armer nur teilweise aufnahm, erreichte der Anteil kinderloser Haushalte noch ein starkes Drittel. In der Stadt Salzburg lebte 1794 sogar in jedem zweiten Haushalt kein Kind. In umliegenden Landpfarreien setzten sich um 1800 immerhin ein Viertel bis ein Fünftel der Haushaltsgemeinschaften ohne Kinder zusammen[40]. Die häufigste soziale Kinderzahl in Konstanz betrug eins, zwei oder drei; sie traf auf fast die Hälfte der stadtbürgerlichen Haushalte zu. Nur in 17 Prozent, also in einer von sechs Familien, betrug die soziale Kinderzahl vier bis maximal acht.

Tabelle 121: Altersstufen der Kinder 1774 [41]

Altersstufe	Kinderzahl	Prozent	Durchschnittsalter
Bis 1 Jahr:	98	6,0	
Über 1 bis 6 Jahre:	314	19,1	
Über 6 bis 12 Jahre:	324	19,7	
Über 12 bis 24 Jahre:	543	33,0	
Über 24 Jahre:	187	11,4	29,9 Jahre
Ohne Altersangabe:	180	10,9	
Gesamtzahl:	1646	100	13,5 Jahre

Die Kinder ohne Altersangabe waren in der Regel volljährig und lebten außerhalb des elterlichen Haushalts.

In den ersten drei horizontalen Reihen wird die hohe Säuglings- und Kindersterblichkeit deutlich: Obwohl die Gruppe »über ein bis 12 Jahre« zwölf Jahrgänge umschließt, faßt sie nur 6½mal so viele Kinder wie die Gruppe im ersten Lebensjahr. Der zwischen den Altersstufen 1 - 12 und 12 - 24 erfolgte Rückgang ist nur teilweise vom Tod bedingt: Viele Kinder hatten, wiewohl gesetzlich noch minderjährig, Konstanz vor ihrem 25. Lebensjahr verlassen[42]; von diesen dürften einige in der Gruppe ohne Altersangabe zu suchen sein.

Tabelle 122: Altersstufen der im elterlichen Haushalt lebenden Kinder 1768 [43]

Altersstufe	Kinderzahl	Prozent der Kinder
Bis 1 Jahr	117	10 %
Über 1 bis 12 Jahre	553	47 %
Über 12 bis 24 Jahre	381	32 %
Über 24 Jahre	112	10 %
Ohne Altersangabe	10	1 %
Gesamt	1173	100 %

[40]) Mitterauer, Vorindustrielle Familienformen, Tab. 20, S. 176: „Familienformen mit Kindern insgesamt“, also nicht nur Ehepaare. Siehe auch Tab. 25.

[41]) StAKN A V 2, Seelenbeschrieb.

[42]) „(...) das die Großjährigkeit mit 25 Jahren vollendet seÿe“: StAKN B I, Ratsprotokolle, Iustitialia 4. Mai 1786, S. 106. J. Hoffmann, [Schulordnungen], S. 1258, Verordnung von 1795: Besuch der Christenlehre bis zum 24. Lebensjahr; üblicherweise bis zum Erreichen der Volljährigkeit.

[43]) StAKN A V 1, 695 Haushalte mit hinreichenden Angaben.

Die Gruppe der über Zwölfjährigen, also 42 Prozent der im Haushalt lebenden Kinder, kann als Arbeitskräftepotential gelten. Jedes zehnte »soziale Kind« war gesetzlich volljährig; die meisten von ihnen dürften im Haushalt die Stelle einer Magd beziehungsweise eines Knechts bekleidet haben. Im Mittel kam so auf jeden sechsten der 695 befriedigend beschriebenen Haushalte ein volljähriges Kind als dauerhaft beschäftigte Haushaltshilfe. In einem späteren Lebensabschnitt beleuchtet, bildeten solche »Tochtermägde« - denn um Töchter handelte es sich meist - die Mehrzahl der alleine lebenden ledigen Frauen. Zum Beispiel wohnte Maria Anna, Tochter des verwitweten Schneidermeisters Anton Lehry und jüngere Schwester des späteren Bürgermeisters Leonhard Lehry, mindestens von 1768 bis 1778 mit ihrem Vater im Zweipersonenhaushalt. 1774 war sie 36 Jahre alt. Zwischen 1778 und 1786 starb der Vater, und Maria Anna lebte die folgenden Jahre allein[44].

Wie das Heiratsalter, und mit diesem zusammenhängend, bestimmt auch der Altersabstand zwischen den Generationen die Familienform.

Grundlage der Rubrik »Väter« in der folgenden Tabelle sind alle männlichen Haushaltsvorstände, der Rubrik »Mütter« alle weiblichen Haushaltsvorstände sowie alle Ehefrauen mit Kindern. Analog zur sogenannten „genealogischen Kinderzahl“ sei folgend vom genealogischen Altersabstand gesprochen[45].

Tabelle 123: Genealogischer Altersabstand zwischen verheirateten und verwitweten Eltern und ältestem Kind 1774 [46]

Differenz zum ältesten Kind	Prozent aller Fälle	
	Väter	Mütter
Unter 20 Jahre	2,2	5,1
20 bis 24 Jahre	6,8	22,5
25 bis 29 Jahre	28,4	34,5
30 bis 39 Jahre	48,6	34,8
40 Jahre und mehr	13,9	3,1
Zusammen	100 %	100 %
	= 366 Väter	= 414 Mütter
	und jeweils älteste Kinder.	

Über 60 Prozent aller erfaßten (Stief-)Väter trennten 30 und mehr Lebensjahre von ihrem ältesten (Stief-)Kind. Neun von zehn Vätern waren über 25 Jahre älter als ihr ältestes lebendes Kind.

Bemerkenswerte 28 Prozent der Mütter waren nur 24 und weniger Lebensjahre von ihrem ältesten (Stief-)Kind entfernt. Ein starkes Drittel der Mütter trennten 30 und mehr Jahre von ihrem ältesten lebenden (Stief-)Kind.

[44]) StAKN A V 1-7: Seelenbeschrieb 1768, Haus 122; Seelenbeschrieb 1774, Haus 129; Quartierrodel 1786 bis 1790, Haus 441; GLA 209/1221: Hausbesitzerbeschrieb 1778, Haus 138 [= jeweils dasselbe Haus]. Erwachsene Töchter im Haushalt: Mitterauer, Vorindustrielle Familienformen, S. 182.

[45]) Die Zahl der zum Erhebungszeitpunkt (gleichgültig, wo) lebenden Kinder wird hier nach Mitterauer, Strukturwandel der Familie, S. 59f, *genealogische*, die der im Haushalt lebenden *soziale* Kinderzahl genannt.

[46]) StAKN A V 2, Seelenbeschrieb 1774. Sofern es im Haushalt lebte, ist es unerheblich, ob es sich um ein leibliches Kind handelte oder nicht; sofern es ein leibliches Kind war, sind Kinder innerhalb wie außerhalb des Haushalts gezählt. Mit dieser Zählweise ist die größtmögliche Menge mit Altersangabe versehener Elternteile und ältester Kinder erfaßt. Fehlende Altersangaben in 52 bzw. 66 Fällen.

Schaubild 124: Sozialer und genealogischer Altersabstand zwischen Eltern und Kindern in Konstanz im 18.Jahrhundert[47])

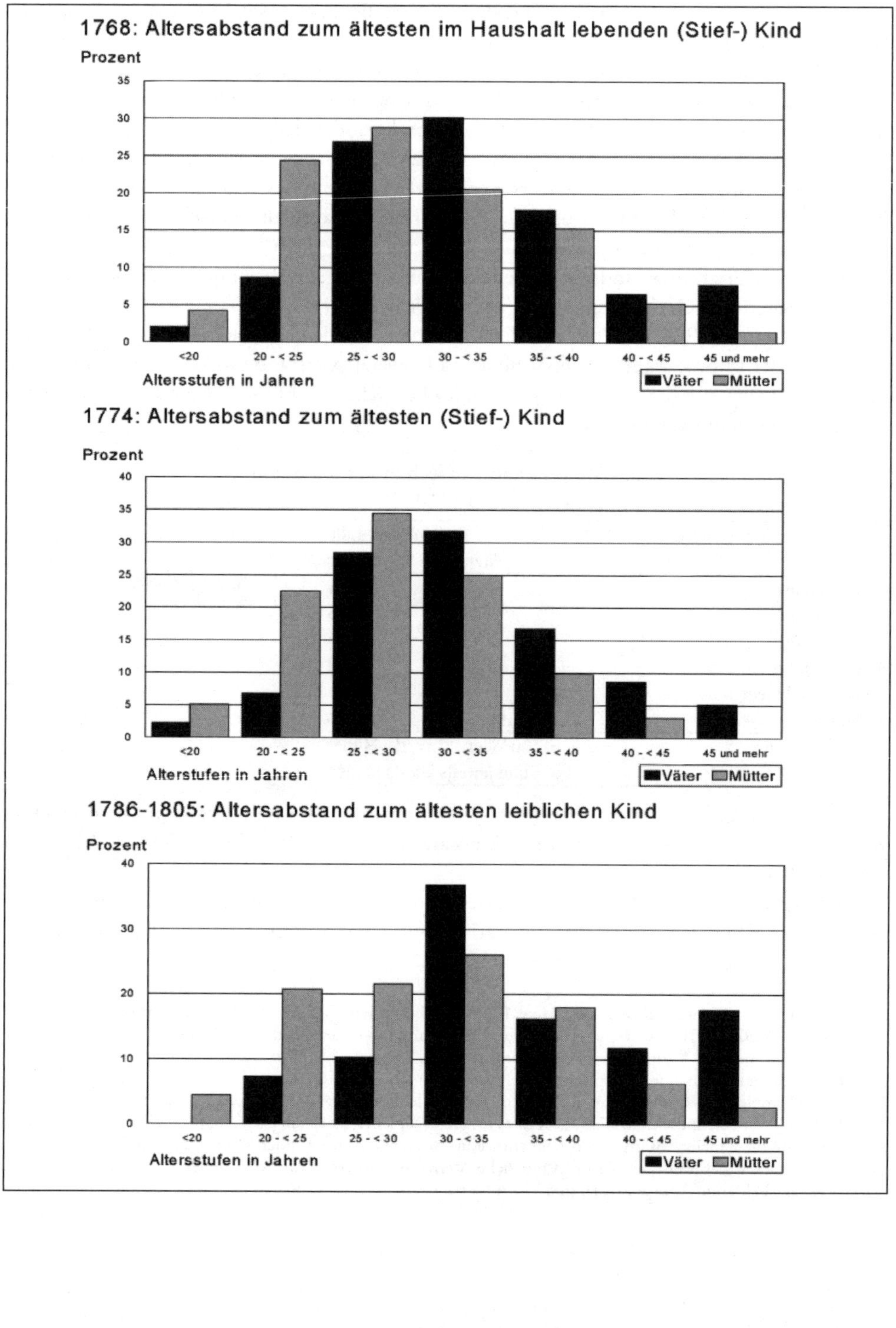

Schaubild 124 ist ein Lehrbeispiel dafür, wie die Quellenauswahl Aussagen zum selben Thema, hier zum Altersabstand zwischen Eltern und ältesten lebenden Kindern, verändern kann.

Übereinstimmend zeigen die drei Balkendiagramme, daß Mütter unter 20 Lebensjahren und Väter unter 25 Jahren in Konstanz krasse Ausnahmen darstellten.

Männer wurden am häufigsten zwischen ihrem 31. und 35. Lebensjahr erstmals genealogische Väter, also Väter eines zum Zeitpunkt der Quellenaufnahme noch lebenden Kindes.

Die Altersabstände der Väter zu ihren Kindern lagen durchweg deutlich höher als die zwischen den Müttern und Kindern; besonders fällt das männliche Übergewicht bei den hohen Altersdifferenzen auf. Dies belegt zum einen das frühere Erstheiratsalter der Frauen, zum anderen die häufigeren Zweit- und Drittehen von Konstanzer Witwern, etwa wenn die erste Frau samt Neugeborenem im Kindbett verstorben war.

Damit sind die Gemeinsamkeiten erschöpft. Weitere Aussagen müssen sich auf die Quellengrundlage beziehen.

Die Diagramme für 1768 und 1774 führen einen quasi mitten aus dem Leben gegriffenen Zustand vor. Entsprechend ist hier ein erheblich höherer Anteil an Säuglingen und Kleinkindern erfaßt als in den Sterbeprotokollen von 1786 bis 1805. Ein Teil dieser Kinder starb natürlicherweise bis zum Tod der Eltern noch weg: Woraus die durchweg höheren Altersabstände im unteren Drittel des Schaubilds, zumindest partiell, resultieren.

Bei den zur Darstellung des Altersabstands 1786 bis 1805 verwendbaren Kindern handelt es sich überwiegend um Minderjährige, da in den Sterbeprotokollen bei volljährigen Kindern meist die Altersangabe fehlt: Woraus ebenfalls die höheren Altersabstände im unteren Schaubild partiell resultieren.

Das obere Drittel von Schaubild 124 zeigt den »sozialen Altersabstand« zwischen Eltern und Kindern, gegründet ausschließlich auf die „soziale Kinderzahl" der im selben Haushalt lebenden Generationen und begrifflich hiervon abgeleitet.

Das mittlere Drittel zeigt den »genealogischen Altersabstand« mit »sozialem« Einschlag, da auch im Haushalt und außerhalb lebende Stiefkinder enthalten sind. Zu erwarten wäre gewesen, daß mit der Berücksichtigung außer Hauses lebender Kinder die Altersabstände gegenüber 1768 stark schrumpften; doch lagen die Lebensalter der Eltern und Kinder hier nur marginal näher beieinander als für 1768 dokumentiert. In der Grafik ist nur bei genauem Hinsehen eine leichte Verschiebung der Balkenhöhen nach links, also zu den kürzeren Altersabständen hin, zu bemerken. Für die Frauen tritt diese Verschiebung etwas deutlicher hervor als für die Männer.

Das untere Drittel zeigt die Situation am Lebensende der Eltern, und zwar aufgrund der Datengrundlage etwas zugespitzt: Bei beiden Elternteilen überwiegt die Altersdifferenz von 30 bis unter 35 Jahren zum ältesten Kind; jung gestorbene Eltern, insbesondere jung gestorbene Väter, präsentieren sich als Seltenheit; drei von zehn Vätern trennte an ihrem Todestag

[47]) StAKN A V 1 und A V 2: Seelenbeschrieb 1768 und 1774; StAKN I III: Sterbeprotokolle und Nachlaßinventare 1786-1805. Absolute Zahlen: 1768: (7/17), (29/95), (90/113), (101/81), (59/60), (22/21), (26/6) = (334 Väter/393 Mütter). 1786-1805: (-/5), (5/23), (7/24), (25/29), (11/20), (8/7), (12/3) = (68 Väter/111 Mütter). Fehlende Altersangaben in jeweils 4 Fällen. *Sozialer / genealogischer* Altersabstand wie in Anm. 45. Allen drei Schaubildern ist gemeinsam, daß Eltern und Kinder im Erhebungsjahr gleichzeitig lebten.

eine Alterskluft von vier Jahrzehnten oder mehr von ihrem ältesten lebenden leiblichen Kind.

Am Lebensende waren vor allem Väter, aber auch Mütter, statistisch gesehen noch ein Stück weiter von ihrem ältesten Kind entfernt als in der Lebensmitte. Die dargestellte Generationenkluft bezieht sich in allen drei Teilen von Schaubild 124 auf das älteste Kind; die Altersabstände der Eltern zu den anderen Kindern lagen entsprechend noch weiter auseinander.

Vor dem Hintergrund der Lebenserwartung Verheirateter in Konstanz von etwas über 60 Jahren führt Schaubild 124 aus der Pespektive der genealogischen Fertilität und der sozialen Haushaltsstrukturen erneut die Unwahrscheinlichkeit vor, daß drei Generationen unter einem Dach vereint lebten. Fast alle Väter und die Mehrzahl der Mütter starben, ohne überhaupt Großeltern geworden zu sein[48].

Tabelle 125: Tätigkeiten der Kinder 1774 [49]

Tätigkeit	Anzahl	Prozent
Keine Angabe oder „beÿ Haus“:	1042	63,3 %
Verheiratet oder verwitwet:	119	7,2 %
Auswärts oder in fremdem Haushalt:	113	6,9 %
Elementarschule:	100	6,1 %
Städt. Lateinschule/Lyzeum/Universität:	78	4,7 %
Im eigenen Haushalt erwerbstätig:	73	4,4 %
Geistlich, in Konstanz oder woanders:	72	4,4 %
In Konstanz in Berufsausbildung:	20	1,2 %
Im Spital:	17	1,0 %
Beim Militär:	12	0,7 %
Gesamtzahl der Kinder:	1646	100 %
Gesamtzahl der Eltern (-teile):	533	

Von den 1646 aufgeführten Kindern lebten um 360 nicht im elterlichen Haushalt, nämlich die meisten verheirateten, die häufig Gesindedienst in anderen Haushalten leistenden Kinder, die 20 Lehrjungen, die 17 ins Spital Aufgenommenen und die 12 Soldaten sowie sieben an auswärtigen Universitäten Studierende.

Möglicherweise hat der städtische Beamte nicht alle auswärtigen oder volljährigen Kinder erfaßt. Vornehmlich Kinder mit unrühmlichen Karrieren könnten verschwiegen geblieben sein; der zwanzigjährige Zuchthäusler Josef Kuenz aus der Niederburg[50] war der einzige 1774 als Sträfling ausgewiesene Konstanzer.

Doch zeigt der Vergleich mit den entsprechenden Kinderzahlen aus den Sterbeprotokollen und Nachlaßinventaren, in denen wegen der erbrechtlichen Ansprüche große Sorgfalt vermutet werden darf, daß eventuell fehlende Kinder kaum ins Gewicht fallen können.

Schwerwiegender für die Aussagekraft der Tabelle erscheint der hohe Anteil ohne Angabe einer Tätigkeit. Diese Gruppe enthält fast alle Kleinkinder, über die Hälfte war höchstens zehn Jahre alt -für diese 538 unter Elfjährigen wäre lediglich der Schulbesuch als Tätigkeit in

[48]) Die gleiche Argumentation in Mitterauer, Strukturwandel der Familie, S. 51-53.
[49]) StAKN A V 2, Seelenbeschrieb.
[50]) Seelenbeschrieb 1774, Haus 402.

Frage gekommen. Bei sechs Kindern war weder die Tätigkeit noch das Geschlecht zu ermitteln. Die verbleibenden, mit keiner Angabe versehenen und „beÿ Haus" lebenden Kinder, das waren 498 ab elf Jahren, zerfielen in 128 männliche Kinder und 370 Mädchen und junge Frauen. Die meisten von ihnen, so kann man annehmen, obwohl es nicht explizit festgehalten ist, arbeiteten im Haushalt, im Handwerk oder im Gewerbe mit. In vielen Haushalten ohne Gesinde füllten ältere Töchter offensichtlich die Funktion einer Magd aus. In den meisten Witwenhaushalten, vor allem, wenn die Hausherrin einem Gewerbe nachging, war das sicher nicht zufällige Phänomen auszumachen, daß regelmäßig entweder eine erwachsene Tochter oder eine Dienstmagd vertreten war; keine von beiden kam in solchen Haushalten so selten vor wie beide zusammen.

Diese Aussage von den Kindern in Gesindefunktionen stützt sich auch auf die 207 »professionslosen« Haushalte, denen zu 85 Prozent Frauen und zu 95 Prozent Ledige und Verwitwete vorstanden. In dieser Gruppe lag, wo überhaupt Kinder im Haushalt lebten, die Quote der Volljährigen unter ihnen mit 23 Prozent doppelt so hoch wie im Durchschnitt aller Haushalte.

Nur jedes fünfte Kind zwischen sechs und 24 Jahren besuchte die Elementarschule oder eine höhere Bildungseinrichtung. Zieht man großzügig 80 auf eine gehobene Bildung privat Vorbereitete ab, dann kam 1774 in der Altersgruppe der über Fünf- bis Zehnjährigen nur etwa die Hälfte regelmäßig ihrer Schulpflicht nach - sofern Ratsprokurator Bollinger alle Elementarschüler und -schülerinnen korrekt notiert hatte[51].

Tabelle 126: Genealogische Kinderzahlen 1774, nach Erwerbsgruppen unterschieden[52]

Erwerbsgruppe	Zahl der Haushalte	Zahl der Kinder	Kinder je Haushalt im Mittel	Kinderlose Haushalte in Prozent
Landwirtschaft	71	245	**3,5**	20
Großhandel/Banken	13	44	**3,4**	15
Handwerk	247	580	**2,3**	25
Verwaltung/Exekutive	102	197	**1,9**	38
Dienstleistung etc.[53]	200	331	**1,7**	42
Sonstige[54]	48	70	**1,5**	50
Ohne Erwerbsangabe	207	179	**0,9**	63
Gesamt	888	1646	**1,85**	40

Auch unter Ausschluß des Klerus blieben vier von zehn Haushalten ohne Kind. Berücksichtigt man nur die im elterlichen Haushalt lebenden, so brachte es der durchschnittliche weltliche Konstanzer Haushalt 1774 im Schnitt auf nicht einmal anderthalb Kinder[55].

[51]) Weiteres zum Schulbesuch im »Exkurs: Buchhandel, Signierfähigkeit und Schulbesuch« zwischen Kap. 6.9.10 b) und 6.9.10. c).

[52]) StAKN A V 2. »Genealogische Kinder« im Sinne von Anm. 45. Kinderlose Haushalte in Prozent der jeweiligen Erwerbsgruppe.

[53]) Dienstleistung, Einzelhandel, Freiberufe.

[54]) Rentiers, Soldaten, Pfründer, Auswärtige.

[55]) Vgl. Tabelle 125 mit dem Kommentar. Tab. 120 zeigt dieselbe Tendenz, da dort gegenüber der Zählung 1774 ca. 180 von knapp 900 weltlichen Haushalten, aber nur ca. 100 von knapp 1300 »sozialen Kindern« fehlen.

Mit relativ hohen Kinderzahlen und geringen Kinderlosenquoten ragten die Kaufleute sowie die Paradieser Ackerbürger und Petershausener Rebleute deutlich vor den Handwerkern, erst recht den anderen Erwerbsgruppen, hervor.

8.2.5 Sonstige Haushaltsangehörige

Unter »sonstige« sind in dieser Untersuchung alle Haushaltsangehörigen außerhalb der Vater-Mutter-Kinder-Kernfamilie gefaßt.

Tabelle 127: Sonstige Haushaltsangehörige 1774 [56)]

Haushalte ...	Anzahl	Prozent
... ohne sonstige Haushaltsangehörige:	507	53,4 %
... mit 1 sonstigen Haushaltsangehörigen:	251	26,4 %
... mit 2 sonstigen Haushaltsangehörigen:	114	12,0 %
... mit 3 sonstigen Haushaltsangehörigen:	40	4,2 %
... mit über 3 sonstigen Hh.-angehörigen:	38	4,0 %
... gesamt:	950	100 %
Gesamtzahl der sonstigen Haushaltsangehörigen:	805	
sind im Durchschnitt 0,85 pro Haushalt.		

Das Ergebnis dieser Tabelle wird vom Befund für das Jahr 1768 gestützt, wo sich die fehlenden Haushalte vom oberen und vom unteren sozialen Spektrum prozentual einigermaßen ausgleichen. 1768 blieben 51 Prozent der Haushalte ohne »sonstige« Angehörige, 33 Prozent schlossen einen, 9 Prozent zwei und 7 Prozent drei oder mehr »sonstige« Haushaltsangehörige ein.

Die zuverlässigeren Angaben für 1774 zur Grundlage genommen, ergibt sich folgendes Bild: Weniger als die Hälfte der Konstanzer Haushalte beschäftigte wenigstens eine Magd, einen Gesellen oder Lehrjungen, einen Knecht, eine Köchin oder dergleichen oder beherbergte einen Verwandten. Ein weiteres Viertel brachte es auf die Zugehörigkeit einer Person, die nicht der dreiteiligen Kernfamilie angehörte. Nur jedem zwölften Haushalt gehörten drei oder mehr »sonstige« Personen an. Im Durchschnitt lebte 1774 nicht einmal eine Magd oder ein Geselle oder Verwandter in jedem Konstanzer Haushalt.

Mit 493 zu 307 überwogen die weiblichen »sonstigen« Haushaltsangehörigen die männlichen im Verhältnis 100 : 62, was auf das vorwiegend weibliche Dienstpersonal zurückgeht.

Die sonstigen Haushaltsangehörigen verteilten sich auf folgende Gründe ihrer Haushaltszugehörigkeit:

56) StAKN A V 2. Ohne Spital und Klöster; einschließlich Seelhaus und Rheinmühle mit je über 7 sonstigen Haushaltsangehörigen.

Tabelle 128: Stellung der sonstigen Angehörigen in den Konstanzer Haushalten 1774 [57)]

Stellung / Funktion	Anzahl	(davon „hiesig“)	Prozent
Mägde:	377	(85)	46,8 %
Gesellen, Lehrjungen, Knechte:	221	(36)	27,5 %
Verwandte: Geschwister, Eltern, Enkel, sonstige Verwandte:	84		10,4 %
Gehobene Bedienstete: Zofen, Hauserinnen, Köchinnen, Kammerdiener, Kutscher, Jäger, Gärtner, Hofmeister, Provisor und dergleichen:	81		10,1 %
Andere Mitbewohner, aufgenommene Kinder, Pfründer/-innen, Schlaf- und Kostgänger:	38		4,7 %
Ohne Angabe:	4		0,5 %
Gesamtzahl:	805		100%

Fast 85 Prozent der »sonstigen« Haushaltsangehörigen arbeiteten als Gehilfen, Gesinde oder höhere Bedienstete in Konstanz. Nur jedes zehnte »sonstige« Haushaltsmitglied war eine Verwandte oder, seltener, ein Verwandter des Haushaltsvorstands oder auch seiner Ehefrau. Viele Verwandte werden sich hinsichtlich ihrer Tätigkeit nicht wesentlich von einer Magd unterschieden haben, wie die von Johann Peter Bollinger verantwortete, ab und zu kombinierte Beschreibung einer Frau als Magd und Schwester belegt.

Doch selbst wenn man die »Schwestermägde« mit berücksichtigt, lebte im statistischen Mittel sowohl 1774, als auch 1768 lediglich in jedem zehnten Konstanzer Haushalt eine Verwandte beziehungsweise ein Verwandter, der nicht zur Eltern-Kinder-Kernfamilie zählte.

Unter den 84 Verwandten 1774 überwogen 57 unverheiratete Geschwister deutlich die elf Elternteile, drei Enkelinnen und 13 sonstigen Verwandten.

Die 219 männlichen Betriebsgehilfen setzten sich aus 141 Gesellen, 47 Knechten und 33 Lehrjungen zusammen.

Eine Magd wurde anscheinend in der Hauswirtschaft wesentlich häufiger gebraucht als ein Geselle, kostete auch weniger Lohn. Jeweils ein Drittel der Konstanzer und Salzburger Haushalte 1774 beziehungsweise 1794 hatten Gesinde in Dienst genommen[58)].

In absoluten Zahlen fehlen in der Seelenbeschreibung für 1768 gegenüber 1774 um 100 Mägde, etwa 80 Hauserinnen, Zofen, Kammerdiener und dergleichen, 25 sonstige Mitbewohner und 20 Verwandte. Die absolute Zahl der Gesellen, Lehrjungen und Knechte stimmt dagegen beinahe überein, was erneut die prozentuale Übergewichtung des Handwerks im Seelenbeschrieb 1768 anzeigt. In dieser ersten Volkszählungsliste, für die Johann Peter Bollinger verantwortlich zeichnete, ergab sich folgende Verteilung: Die Hälfte der »sonstigen« Haushaltsangehörigen bestand aus Mägden, ein Drittel aus männlichen Betriebsgehilfen, ein

57) StAKN A V 2.

58) Konstanz: Ebd., genau 324 von 950 Haushalten mit Mägden und »gehobenem« Dienstpersonal, = 34,1 %. Stadt Salzburg 33 % der Haushalte mit „Gesinde“: Mitterauer, Vorindustrielle Familienformen, Tab. 9, S. 146.

Zehntel aus Verwandten, drei Prozent waren Pfründer, Ladendiener oder wiesen keine Angabe auf.

In der Beschäftigung von Gehilfen und Bediensteten wie auch im Zusammenleben mit Verwandten unterschieden sich die Erwerbsgruppen wie folgt:

Tabelle 129: Gehilfen- und Gesindequoten nach Erwerbsgruppen [59)]

Erwerbsgruppe	Haushalte	Gehilfen + Gesinde	In 10 Haushalten lebten im Mittel
Geistlichkeit:	62	130	**21**
Großhandel, Banken:	13	20	**15**
Rentiers:	19	24	**13**
Handwerk:	247	263	**11**
Verwaltung, Exekutive:	102	101	**10**
Militär:	18	12	**7**
Dienstleistung u.dgl.:	200	98	**5**
Landwirtschaft:	71	27	**4**
Ohne Erwerbsangabe:	207	45	**2**
Sonstige[60)]:	11	1	**1**
Gesamt	950	721	**7,6**

Mit höchstens marginalen Abweichungen finden sich dieselben Verhältnisse auch im Seelenbeschrieb 1768. Für die in beiden Zählungen vertretenen Professionsgruppen kann man also konstante, in der zweiten Hälfte des 18. Jahrhunderts in Konstanz übliche Gesinde- und Verwandtenquoten je Haushalt annehmen[61)].

Tabelle 130: Im Haushalt lebende Verwandte nach Erwerbsgruppen[62)]

Erwerbsgruppe	Haushalte	Verwandte	Auf 10 Haushalte kamen im Mittel:
Geistlichkeit:	62	16	**2,6**
Großhandel, Banken:	13	2	**1,5**
Dienstleistung u.dgl.:	200	23	**1,2**
Sonstige[63)]:	29	3	**1,0**
Handwerk:	247	22	**0,9**
Ohne Erwerbsangabe:	207	13	**0,6**
Rentiers:	19	1	**0,5**
Landwirtschaft:	71	3	**0,4**
Verwaltung, Exekutive:	102	1	**0,1**
Gesamt	950	84	**0,88**

59) StAKN A V 2, Seelenbeschrieb 1774.

60) Auswärtige, Pfründer, Sonstige.

61) »Sonstige« Angehörige (= neben Gehilfen und Gesinde wenige Pfründer/innen, aufgenommene Kinder, Gäste u.dgl.) je Haushalt im Schnitt 1768 / 1774: Handwerk 1,16 / 1,15. Verwaltung & Exekutive 0,83 / 1,0. Kaufleute 1,76 / 1,69. Rentiers (N = 11 / 19) 1,64 / 1,32. Dienstleistung etc. 0,59 / 0,61. Landwirtschaft 0,25 / 0,42.

62) StAKN A V 2, 1774. Alle Bluts- und Affinitätsverwandten außerhalb der Kernfamilie.

Die Quote der Verwandten wäre, vor allem beim Handwerk und im Einzelhandel, auf Kosten der Gesindequote ein wenig höher, wenn verwandte Mädge und dergleichen nicht, und zwar schon 1768 und 1774 von Bollinger, in die Rubrik Gesinde aufgenommen worden wären.

Auf vier Haushalte entfielen im Mittel drei angestellte Arbeitskräfte.

Die Geistlichkeit kompensierte das Fehlen von Ehefrauen und Kindern durch bezahlte Beschäftigte und die Aufnahme von Verwandten.

Die Großkaufleute ragen auch aus diesen beiden Tabellen wieder heraus, weil sie überhaupt umfangreichen und komplexen Hauswirtschaften vorstanden. Der hohe Anteil an Großfamilien unter diesen - wenigen, wie man immer wieder betonen muß - Großbürgern muß sich schließlich auch in Gestalt von Geschäftsgehilfen, Mägden und Knechten bestätigen.

In der Erwerbsgruppe Landwirtschaft kontrastiert der oberste Rang bei den Kinderzahlen mit der hier zutagetretenden dürftigen Beschäftigung nicht verwandter Arbeitskräfte. Offenbar entsprachen auch die in Konstanz lebenden, Krautgartenfelder und Weinberge bestellenden Bürger und Beisassen dem für die mitteleuropäische Bauernschaft getroffenenen Befund und deckten ihren Arbeitskräftebedarf mit ihren eigenen Kindern, im Unterschied zum Handwerk[64].

Sehr laut widersprechen die Zahlen in Tabelle 130 jeglicher relevanten Existenz von komplexen, da womöglich um allerlei Verwandtschaft angereicherten Familienverbänden unter einem mitteleuropäischen Dach im 18. Jahrhundert. Läßt man die - aus naheliegenden Gründen - noch relativ verwandtschaftsverbundene Geistlichkeit beiseite, so mußte Ratsprokurator Bollinger sechs Haushalte von Kaufleuten, elf Handwerkerhaushalte, 19 Rentier-, 24 Akkerbürger-, hundert Haushalte öffentlich Angestellter und 13 Haushalte insgesamt aufsuchen, bis er dort jeweils einen Verwandten oder eine Verwandte gleichberechtigt in die Erwerbs- und Konsumgemeinschaft integriert fand.

Die gleiche Randlage nahmen verwandte Haushaltsmitglieder außerhalb der Kernfamilie in Salzburg ein, wo 1794 ebenfalls nur jede elfte Familie ein Elternteil oder andere Verwandte aufgenommen hatte[65].

187 »sonstigen« Haushaltsangehörigen bescheinigte Prokurator Bollinger die Konstanzer Herkunft, 409 waren „frembd", von auswärts nach Konstanz in Dienst gekommen. 209 blieben ohne Herkunftsangabe, es handelte sich hier fast ausschließlich um Bedienstete und Verwandtschaft der hohen Geistlichkeit. Rechnet man die von unbekannter Herkunft anteilig auf die anderen beiden Gruppen um, so ergibt sich, daß Konstanz seinen Gesinde- und Gehilfenbedarf zu mindestens zwei Dritteln von auswärts und zu höchstens einem Drittel aus der Stadt selbst deckte.

[63]) Militär, Auswärtige, Pfründer, Sonstige.

[64]) Mitterauer, Strukturwandel der Familie, S. 61.

[65]) Stadt Salzburg, 8,9 %: Mitterauer, Vorindustrielle Familienformen, Tab. 5, S. 142.

8.3 Die Belegungsdichte der Häuser

Jedem abgeschlossenen Haus ordnete Johann Peter Bollinger 1774 eine Nummer und eine bestimmte Anzahl Bewohner zu. Die folgende Aufstellung bestätigt und unterstreicht die in Kapitel 8.2.1 dargestellten Personenstärken je Konstanzer Haushalt. Spital und Klöster bleiben wieder unberücksichtigt.

Tabelle 131: Belegungsdichte der Häuser 1774 [66]

Bewohner je Haus	Zahl der Häuser	in Prozent der Häuser	
Leerstehend:	36	4,4	
Einer:	42	5,2	Ein, zwei, drei
Zwei:	150	18,4	Bewohner zusam-
Drei:	146	17,9	men 41,5 Prozent
Vier:	105	12,9	Vier, fünf, sechs
Fünf:	98	12,0	Bewohner zusam-
Sechs:	69	8,5	men 33,4 Prozent
Sieben:	53	6,5	
Acht:	42	5,2	
Neun:	29	3,6	Sieben und mehr
Zehn:	21	2,6	Bewohner zusam-
Elf:	15	1,8	men 20,7 Prozent
Zwölf und mehr:	8	1,0	
Gesamt	814	100	

Fast die Hälfte aller Konstanzer Häuser stand leer oder war von einer, zwei oder höchstens drei Personen bewohnt. Der Zweipersonenhaushalt aus Tabelle 110 korrespondiert hier mit dem Zweipersonenhaus als jeweils häufigste Einzelgröße. In einem Konstanzer Stadthaus lebten 1774 üblicherweise zwei bis drei, etwas seltener vier bis fünf Personen. Nur unter jedem fünften Dach wohnten sieben oder mehr Menschen. Nur in einem von zwanzig Konstanzer Häusern ermittelte Ratsprokurator Bollinger zehn oder mehr Bewohner.

Die nach den Stadtvierteln differenzierte Betrachtung erbringt die gewohnten Unterschiede.

Tabelle 132: Belegungsdichte der Häuser 1774 nach Quartieren[67]

	Belegungsdichte im Quartier ...						ganze Stadt
	1	2	3	4	5	6	
Summe Bewohner	616	1065	967	489	282	139	3558
Summe Häuser	146	234	213	136	49	36	814
Bewohner je Haus im Durchschnitt	**4,2**	**4,6**	**4,5**	**3,6**	**5,8**	**3,9**	**4,4**

[66]) StAKN A V 2, Seelenbeschrieb 1774. Von den leerstehenden drei zum Zeitpunkt der Zählung „als quasi Caserne mit Militari belegt" (Nr. 108, 119, 217); eines „ist (...) eingefallen" (Nr. 816), eines „abgebrochen worden" (Nr. 815). Tab. 131 enthält nur Wohnhäuser mit Normalhaushalten; ohne Spital, Normalschule, die sechs Bettelordensklöster und die Reichsabtei Petershausen.

[67]) Ohne Gebäude und Bewohner von Spital, Klöstern, Normalschule.

Im rechnerischen Mittel war jedes Konstanzer Haus 1774 von knapp viereinhalb Personen bewohnt.

Während die Belegungsdichte der Kernstadthäuser kaum vom Durchschnitt abwich, lag die Wohndichte in der Vorstadt Petershausen etwas, in der Kreuzlinger Vorstadt deutlich unter dieser mittleren Wohndichte von 4,4 Personen. In der Vorstadt Paradies, deren Bewohner ihren Lebensunterhalt überwiegend mit Landwirtschaft erwarben, waren die Häuser mit fast sechs Bewohnern am engsten belegt; dazu ist noch zu berücksichtigen, daß die Wohngebäude im Paradies 1786 als klein und heruntergekommen beschrieben wurden[68].

Verglichen mit anderen Städten war Konstanz im 18. Jahrhundert dünn bewohnt. In Innsbruck lag die „Behausungsziffer" im Jahr 1603 bei durchschnittlich 12,4 Personen pro Wohnhaus; freilich kosteten die Innsbrucker Häuser im Durchschnitt bereits um 1630 nominell mindestens so viel wie die Konstanzer eineinhalb Jahrhunderte später[69], und sie werden entsprechend höher und geräumiger gewesen sein. Für die Innenstadt von Graz werden für die Zeit um 1600 etwa 20 Bewohner, für das Jahr 1770 sogar 22 Bewohner pro Haus genannt; 1704 betrug die Einwohnerdichte in München 21 Menschen je Haus. In Zürich lebten 1637 im Mittel 7,4 Bewohner, in Trier um das Jahr 1600 „gar nur 6,1 Personen pro Haus". Den Konstanzer Verhältnissen kamen die in der Zwergreichsstadt Pfullendorf mit ihren rund 1200 bis 1400 Einwohnern recht nahe. 1802 ermittelte die neue badische Landesherrschaft durchschnittliche 5,8 „Seelen" je Haus; eine „Populationstabelle" vom Jahr 1809 wies sowohl für die gewesene Reichsstadt, als auch für das Obervogteiamt Pfullendorf im Mittel 4,9 Einwohner pro Wohnhaus aus[70].

Der statistische Vergleich bestätigt Stadthauptmann Franz von Blanc, der Konstanz 1797 rückblickend als „eine mit ganz oder halb leeren Häusern überdeckte Wüsteneÿ" beschrieb, und der Augenschein geringer Bewohnerdichte bildete den Kern des Topos vom „Gras in den Gassen"[71].

Die Wohndichte in Konstanz glich eher ländlichen als städtischen Verhältnissen. Dies belegen die Vergleichszahlen aus den Dörfern Aach bei Freudenstadt, wo im letzten Drittel des 18. Jahrhunderts durchschnittlich sechs Personen auf ein Haus kamen, aus den drei Dörfern des sogenannten Roßwälder Stabs auf den südlichen Filstalhängen, wo 1769 und 1774 im Mittel knapp über sechs Menschen in jedem Haus lebten, und aus Kiebingen bei Rottenburg, das 1804 eine Wohndichte von 5,8 Menschen je Haus aufwies[72].

[68]) GLA 209/1222, Bericht Stadthauptmann Damianis an die Regierung und Kammer, 27. Dez. 1786.

[69]) Mathis, Bevölkerungsstruktur, S. 125: 743 fl. Vgl. Tab. 63, Schaub. 64, Tab. 65; Konstanzer Häuserschätzwerte sind nach Kap. 6.2.2 mindestens mit Faktor 1,5 zu multiplizieren.

[70]) Mathis, Bevölkerungsstruktur, S. 31f; GLA 217/167, „Beantwortung der Fragen an jeden geistlichen und weltlichen Ortsvorstand", geschehen am 31. Okt. 1802 durch Kanzleiverwalter Baur: 240 „Häuser", 1394 „Seelen"; GLA 217/230, Populationstabelle ddo. Pfullendorf, 28. März 1809: 252 bzw. 474 „Wohnhäuser", 1227 bzw. 2331 Einwohner/innen.

[71]) GLA 209/1152: Blanc an das vorderösterreichische Landespräsidium zu Freiburg am 24. Sept. 1797; ähnliche Bemerkungen in GLA 209/1030, Schreiben Bgm. Lehrys und des Magistrats vom 7. Sept. 1799: „an der Zahl der Bürger und Beÿsässen ganz unbeträchtliche Stadt" und in GLA 209/1083, Bericht des Stadtarzts Karg an den Magistrat: Konstanz sei „eine ohnehin schon so sehr entvölkerte Stadt"; Burkhardt in Stadtgeschichte III, S. 373: „Die Rede vom Gras in den Gassen", mit weiteren Belegen.

[72]) Adler, Demographie und Familiengeschichte, S. 294; Karl Mayer, Geschichte des Roßwälder Stabs. Roßwälden, Weiler, Sulpach. Kirchheim/Teck 1939, faksimilierter Neudruck Ebersbach an der Fils 1979, S. 68, 98: Bandbreite zwischen 4,7 und 7,2 Ew. / Wohnhaus.

Die verglichen mit anderen frühneuzeitlichen Städten geringe Hausbelegungsdichte in Konstanz resultierte keineswegs aus vielköpfigen Großfamilien andernorts, sondern entsprang einer deutlich geringeren Anzahl der Haushalte je Haus: In Innsbruck teilten sich durchschnittlich drei, in Konstanz dagegen nur 1,17 Haushalte in ein Wohnhaus; der Konstanzer Quotient gleicht dem für Aach ermittelten, wo gegen Ende des 18. Jahrhunderts jedes Haus rechnerisch 1,1 Wohnungen aufwies[73)].

Die nachgewiesen geringe Einwohnerdichte belegt, daß in Konstanz Wohnraum genug vorhanden war, um Zuwanderer auch in größerer Menge aufnehmen zu können.

Die vor 1786 zwischen 777 und 816 schwankenden Angaben zur Häuserzahl in den Seelenbeschreibungstabellen reflektieren nicht etwa eine rege Abriß- und Neubautätigkeit, sondern verweisen auf unstete Zählgepflogenheiten der Kanzleibeamten. Die vorderösterreichische Kameralbuchhaltung reklamierte 1782 zum Beispiel, in die Seelentabelle „pro 1780" sei gar keine Häuserzahl eingetragen, nach der Tabelle für 1779 hätten in der Stadt 814 Häuser gestanden, nach der zwei Jahre darauf eingesandten 24 weniger; sie wünschte darüber aufgeklärt zu werden, wie solche Brüche zustande kämen[74)].

1786 wurde eine endgültige Numerierung aller nichtexempten Konstanzer Häuser festgelegt, alle konkurrierenden Zählweisen waren damit außer kraft gesetzt. Seit diesem Jahr bis 1806 schwankten die Angaben zur »juristischen« Zahl der Wohnhäuser, die zum städtischen Gerichtsbezirk gehörten, nur unwesentlich zwischen 718 und 722. Die »physische« Wohnhauszahl, die alle einschließlich der dem Domkapitel, den Chorherrenstiften St. Stephan und St. Johann und der Reichsabtei Petershausen eigenen Häuser umfaßte, dürfte im letzten Drittel des 18. Jahrhunderts vermutlich konstant bei 816 gelegen haben[75)].

Die mathematische Wohndichte je Haus stieg von ungefähr 4,3 im Jahr 1763 über 4,4 Personen Ende 1774 auf zirka 5,0 im Jahr 1806 - jeweils ausschließlich der Kollektivhaushalte Spital, Mendikantenklöster und Reichsabtei[76)]. Anfang 1798 erreichte die Immigration französischer Flüchtlinge ihren Höhepunkt, als sich in der Stadt mindestens 2300 überwiegend französischsprachige »Fremde« aufhielten[77)]. Selbst in diesen Monaten übertraf die rechnerische Wohndichte der Stadt Konstanz mit 7,7 nur unwesentlich die genannte in Zürich, unterbot noch immer deutlich die mittlere Belegungsdichte der Innsbrucker, Grazer und Münchener Häuser.

8.4 Einordnung und Diskussion der Ergebnisse

Die in diesem Kapitel am Beispiel Konstanz dargestellten Ergebnisse sind im wesentlichen aus anderen lokalhistorischen Untersuchungen bereits bekannt. Die Legende von der vorindustriellen Großfamilie wurde in einschlägigen historischen Forschungsarbeiten und

73) Adler, Demographie und Familiengeschichte, S. 294f (Anzahl der Personen je Haus geteilt durch Anzahl der Personen je Wohnung ergibt Anzahl der Wohnungen je Haus); Mathis, Bevölkerungsstruktur, S. 23.

74) GLA 209/518, 19. Sept. 1782.

75) Häuserzahlen 1763-1806: Seelenb.-tabellen in StAKN C I 48 und GLA 209/1306; StAKN A I 28a, Leiner/Bickel S. 133, 217, 236, 275; StAKN A V 1-9, Seelenbeschriebe 1768/1774, Quartierrodel 1786-1793; GLA 209/441, Frage und Antwort 28.

76) »Gesamtwohndichte« *inklusive* der Kollektivhaushalte, entspricht dem Quotienten Gesamtbewohnerschaft dividiert durch Wohngebäude: Ca. 4,6 (1763) - 4,7 (1774) - ca. 7,9 (Anfang 1798) - ca. 5,4 (1806).

77) Siehe Kap. 3.3.2, 3.3.3 und 3.3.6.

Gesamtdarstellungen der letzten etwa 25 Jahre qualitativ wie quantitativ überzeugend widerlegt[78]. Hans-Ulrich Wehler faßt unmißverständlich zusammen: „Innerhalb ihrer [der „vorindustriellen europäischen Bevölkerungsweise"] spielte, wie inzwischen herausgearbeitet worden ist, die Kernfamilie aus Eltern und abhängigen Kindern als der »Normalfall« der »familialen Textur« eine entscheidende Rolle. Denn sie, nicht aber die legendäre Großfamilie bildete durchweg die »zentrale Herrschafts- Besitz- und Produktionseinheit«, auch für die ländlichen Gewerbetreibenden."[79]

Immerhin bezeichnete William H. Hubbard noch 1983 die von ihm referierte und anschließend widerlegte „These eines linearen Übergangs von der traditionellen Großfamilie zur modernen Klein- oder Kernfamilie" während der und durch die Industrialisierung als „die geläufige Meinung"[80].

Der Großfamilientopos hält sich zum Beispiel noch in 1992 aktuellen pädagogischen Handbüchern[81]. Geographielehrbücher könnten danach durchkämmt werden, ob sie die Lösung der globalen Bevölkerungsentwicklung noch immer in der Formel vermuten, wenn die traditionalen Gesellschaften der dritten Welt erst einmal die Industrialisierung vollzogen hätten, glichen sich auch ihre Familienvorstellungen und -formen denen in den modernen Industriestaaten an[82].

Nach diversen nachgesuchten Erfahrungen des Autors ruht der Mythos von der vorindustriellen Großfamilie im Geschichtsbild von Deutschen aller möglichen Besitzklassen und Bildungsschichten fest verankert. Die Legende schöpft ihre Resistenz gegen widerlegende Fakten vielleicht aus der Tatsache, daß sich einander ansonsten widerstrebende Weltsichten in diesem Punkt treffen: Konservative bis hin zu faschistischen und rassistischen Ideologen begründen seit dem Biedermeier ihre Modernismuskritik und, sofern vorhanden, gesellschaftli-

[78]) Erstmals Peter Laslett 1965: The world we have lost; im deutschen Sprachraum zuerst Michael Mitterauer 1973: Familienstruktur in ländlichen Gebieten ..., in: H. Helczmanovszki. Darstellungen u.a.: Mitterauer / Sieder, Strukturwandel der Familie (^{2}1980); Hubbard, Familiengeschichte (1983); Wehler, Gesellschaftsgeschichte I (1987); Borscheid, Alter, z.B. S. 394f.

[79]) Wehler, Gesellschaftsgeschichte I, S. 99; weitere Literatur in der zugehörigen Anmerkung.

[80]) Hubbard, Familiengeschichte, S. 12 und S. 13 Anm. 5.

[81]) Beispiele: Lehrbücher für berufsbildende Schulen siehe Anm. 1. Pädagogische Lehrbücher: Ulrich Herrmann, Familie, Kindheit, Jugend, in: Karl-Ernst Jeismann / Peter Lundgreen (Hg.), Handbuch der deutschen Bildungsgeschichte Band III, 1800-1870. Von der Neuordnung Deutschlands bis zur Gründung des Deutschen Reiches, S.53-69. Die Ausführungen des Historikers Herrmann rund um das »ganze Haus« sind um so unverständlicher, als er in seiner ausführlichen Literaturliste Hubbards „Familiengeschichte" und vier einschlägige Titel von Mitterauer nennt.- Yvonne Schütze, Die gute Mutter - Zur Geschichte des normativen Musters „Mutterliebe", in M.-E. Karsten / H.-U. Otto (Hg.), Die sozialpädagogische Ordnung der Familie, Weinheim 1987, S. 45-66; v.a. S. 46.- Karl Neumann, Sozialisationswissen im Wandel: Die Bedeutung der wissenschaftlichen Kinderforschung für die private und öffentliche Kleinkindererziehung, in: Erning / Neumann / Reyer (Hg.), Geschichte des Kindergartens Bd. II, Freiburg i.Br. 1987, S. 185-231.- Auf weitere Beispiele wie auf eine detaillierte inhaltliche Auseinandersetzung muß aus Platzgründen hier leider verzichtet werden. Viele von Pädagogen verfaßte Abhandlungen zur Geschichte der Pädagogik betonen die Bedeutung von Rousseaus „Emile" für die nachfolgende Kindererziehung; eines Buches, das nur ein verschwindender Bruchteil der mitteleuropäischen Bevölkerung auch nur zur Kenntnis genommen hat, das aber angeblich „eine wahre Revolution in den Köpfen" der Zeitgenossen hervorgerufen habe (Schütze zitiert zustimmend Stephan 1891). Niemand indes scheint über die pädagogischen Implikationen der Kindersterblichkeit, der Differenzen zwischen biologischer, genealogischer und sozialer Kinderzahl, der vorindustriellen Kleinfamilien als Regel und dergleichen zu reflektieren, die doch alle betrafen.

[82]) Z.B. Gerhard Fuchs, Bevölkerungsprobleme in Ländern der dritten Welt, Stuttgart 1978, Texte 140 und 142, S. 98ff; dagegen Text 143, S. 100f.

che Gegenentwürfe mit der rückwärts projizierten Wunschvorstellung von vergangener Sicherheit und Geborgenheit in Großfamilienverbänden. Die orthodoxen marxistischen Gesellschaftsanalytiker verzerrten einige einschlägige, aber zweitrangige Aussagen von Marx und Engels zur Formel „Die Bourgeoisie (...) hat alle feudalen, patriarchalischen, idyllischen Verhältnisse zerstört" und habe „alle Familienbande für die Proletarier zerrissen", was impliziert, daß es vorher auch in den handarbeitenden Klassen patriarchalisch-idyllisch-familiär zugegangen sei[83].

So bezieht dieses Kapitel seine Daseinsberechtigung vorrangig aus dem offenen Widerspruch zwischen der hartnäckig festgehaltenen Legende von der vorindustriellen Großfamilie und den statistisch überprüfbaren historischen Fakten. Der Legende soll jegliche pseudowissenschaftliche Legitimierung mit den ergänzenden Ergebnissen aus Konstanz weiter entzogen werden[84].

Tabelle 133: Die Personenstärke europäischer Haushalte vom 15. bis ins frühe 19. Jahrhundert[85]

Raum	Zeit	Durchschnittliche Haushaltsstärke, Personen
Florenz, Stadt	1427	**3,8**
Florenz, Umland	1427	**5,1**
Mgft. Ansbach, Unterland	um 1500	**4,2**
Mgft. Ansbach, Oberland	um 1500	**4,6**
Jungingen (290 Einwohner)	1544	**4,5**
Innsbruck	1603	**4,1**
Salzburg	1692	**5,2**
England, v.a. ländliche Gemeinden	16., 17., 18. Jh.	**4,8**
Europa, ländliche Gebiete	17. + 18. Jh.	**4,0 - 5,5**
Antwerpen	1755	**3,0**
Brüssel	1755	**3,2**
Konstanz	1768	[87] **4,2**
Jungingen (531 Einwohner)	1770	**4,5**
Konstanz	1774	**3,7**
Aach (ca. 300 Einwohner)	1780	**5,4**
Schönmünzach (140 Einwohner)	1780	**7,0**
Eberbach (2372 Einwohner)	1794	**3,9**
Jungingen (678 Einwohner)	1799	**4,2**
München	1801	**6,6**
Pfullendorf (1394 Einwohner)	1802	**4,1**
Wien	1803	**3,9**
Aach (352 Einwohner)	1810	**5,8**
Schönmünzach (ca. 150 Einw.)	1810	**4,0**
Baden	1817	**5,0**
München	1818	**5,0**
Bayern	1818	**4,6**
Roßwälder Stab (1011 Einw.)	1820	**5,9**
Wien	1820	**4,4**

Die Verhältnisse in Konstanz passen sich ein in den Rahmen frühneuzeitlicher Haushaltsgrößen. Eine „zuverlässige Ziffer" für die „durchschnittliche Kopfzahl einer städtischen Familie"[86] in Mitteleuropa erfordert weiteres Forschen und Sammeln, zumal örtliche wie zeitliche Unterschiede anzunehmen sind; zum Beleg einer »Großfamilie« dürfte der Reduktionsfaktor jedoch allemal zu gering ausfallen.

Die durchschnittliche Stärke mittel- und westeuropäischer Haushalte in der Frühneuzeit schwankte bemerkenswert einheitlich zwischen drei und fünfeinhalb Personen. Mit Ausnahme der Angaben für München und Bayern 1801 und 1818 bestätigt die Tabelle Mitterauers Regel, wonach der „Anteil von komplexen und erweiterten Familien mit zunehmender Zentralität einer Siedlung" sank[88]. Die Konstanzer Zahlen stellen die Stadt demnach in die Reihe der Orte mit eher urbanen als ländlichen Haushaltsstrukturen.

Bezüglich der inneren Haushaltsstrukturen passen sich die Konstanzer Ergebnisse in Mitterauers Darstellung exakt ein. Sie bestätigen die Aussage, „daß mehrgenerationale und sonstige um Verwandte erweiterte Familientypen schon in vorindustrieller Zeit in weiten Gebieten West- und Mitteleuropas relativ selten waren."[89]

[83]) Mitterauer, Strukturwandel der Familie, S. 40f; Karl Marx / Friedrich Engels, Manifest der Kommunistischen Partei, Stuttgart (Reclam) 1969, S. 26, 43.- Auf die Darstellung weiterer Quellen des Großfamilienmythos sei verzichtet, um nicht auf einen interessanten Seitenweg abzuschweifen. Hier genüge die Feststellung, daß das Thema auch aktuell in jeder Hinsicht brisant ist, einen hohen Mobilisierungseffekt birgt und konkurrierenden politschen Lagern die Möglichkeit bietet, ihre Weltsicht wie ihr Selbstverständnis zu demonstrieren. Zur Brisanz Hubbard, Familiengeschichte, S. 20f.

[84]) Die Vollständigkeit des Quellenmaterials und damit die Aussagekraft der qualitativen Ergebnisse statistisch-demographischer Untersuchungen wurden lange angezweifelt, wie Hubbard in Familiengeschichte, S. 21, berichtet. Zu Otto Brunner und dessen Fortentwicklung der von Wilhelm Heinrich Riehl (1823-1897) erfundenen Konzeption vom „Ganzen Haus" neuerdings sehr erhellend: Hans Derks, Über die Faszination des „Ganzen Hauses" in: Geschichte und Gesellschaft 22, Göttingen 1996, S. 221-242.

[85]) Florenz, England, ländliches Europa, Antwerpen, Brüssel: Mitterauer, Strukturwandel der Familie, S. 42f; Mgft. Ansbach: Gerhard Rechter, Bevölkerungsstatistische Quellen Frankens. Bestand und Probleme, dargestellt am Beispiel des Fürstentums Brandenburg-Ansbach-Kulmbach, in: Kurt Andermann und Hermann Ehmer (Hg.), Bevölkerungsstatistik an der Wende vom Mittelalter zur Neuzeit. Quellen und Probleme im überregionalen Vergleich, Sigmaringen 1990, S. 77 (bei Annahme von 1½ Kindern unter 15 J. je Haushalt); Innsbruck, Salzburg: Mathis, Bevölkerungsstruktur österreichischer Städte, S. 23 [M. gibt, irrtümlich?, 4,08 an] und S. 176f; Aach, Schönmünzach (Württ.). Adler, Demographie und Familiengeschichte, S. 28f, 31, 294f; Jungingen (Hohenzollern): Hochstrasser, Haus und seine Menschen, S. 306; Eberbach: Roland Vetter, Eberbach vor 200 Jahren, in: Eberbach und sein Archiv, o.O [Eberbach], o.J. [1994], S. 19; Pfullendorf: GLA 217/167, Antworten 25f; München, Wien, Bayern, Baden zu Beginn des 19. Jhs.: Hubbard, Familiengeschichte, S. 125; Roßwälder Stab (Verwaltungsgemeinschaft aus 3 Dörfern, heute Stadt Ebersbach an der Fils): Mayer, Roßwälder Stab, S. 68. Soweit feststellbar, schließen alle Untersuchungen die Kollektiv- oder Anstaltshaushalte aus.- Rödel listet in »Statistik«, S. 21ff, aus verschiedenen Quellen 7 „Reduktionsfaktoren" in der Größenordnung 3,5 bis 5, die meisten bei 4,25 bis 4,5 angesiedelt, auf. Das Mittel aller 29 Angaben aus Tabelle 133 - statistisch unzulässig, doch zur Orientierung hilfreich - beträgt 4,6, desgleichen für die 13 städtischen Siedlungen 4,2.

[86]) Rödel, »Statistik«, S. 17; das Problem ist bereits seit 1886 formuliert.

[87]) Bevölkerung ohne Spital, ohne geist- wie weltliche Eximierte; auch fehlen Angehörige der städtischen Unterschicht.

[88]) Mitterauer, Strukturwandel der Familie, S. 47. Zur Familiengeschichte lagen 1980 aus „Deutschland (...) noch nicht sehr viele Analysen vor." Das Kapitel diene zum Füllen dieser Lücke.

[89]) Ebenda. Vetter, Eberbach, S. 19: „Die durchschnittliche Familiengröße in Eberbach [im Jahr 1794, 2372 »Seelen«] ist unter Einrechnung des Gesindes mit nur 3,8 Personen [korrekt: 3,88] nicht sonderlich groß gewesen. Ebenso die Zahl der Kinder je Familie, die mit 1,7 uns heute erstaunlich niedrig, ja fast »modern« erscheinen muß. Diese Werte wollen so gar nicht zu der immer wieder kolportierten Klischeevorstellung von der großen Kinderschar in den Familien der vorindustriellen Zeit und der vielköpfigen Lebensgemeinschaft des »ganzen Hauses« einschließlich des Gesindes passen."

Auch in Konstanz minimierten ein hohes Heiratsalter, ein etwa anderthalbjähriger Geburtenabstand und die hohe Kindersterblichkeit die statistische Möglichkeit des Zusammenlebens dreier Generationen[90]. Auch in Konstanz finden sich erweiterte Familienformen am häufigsten in der schmalen Patrizierschicht, die vor allem wegen ihres zahlreichen Dienstpersonals auf hohe Personenstärken je Haushalt kam. Auch in Konstanz erfuhren die Haushalte der Handwerker und Gewerbetreibenden, wenn überhaupt, eine Erweiterung der Kernfamilie eher durch Gesellen, Lehrjungen und Dienstboten als durch Verwandte[91]. Wie in Österreich, Frankreich, England und Italien lag die soziale Kinderzahl aus denselben Gründen unter der genealogischen[92].

Es gab sehr wohl einschneidende Veränderungen in den mittel- und westeuropäischen Haushalts- und Familienstrukturen, die von der Industrialisierung hervorgerufen wurden. Was sich gewiß nicht einschneidend änderte, waren Umfang und Personalbesetzung der Haushalte. Die umfangreiche, drei Generationen umfassende, patriarchalische Großfamilie existierte in weiten Teilen Europas im 17. und 18. Jahrhundert so wenig wie im 19. und 20.

Die mittlere Personenstärke von Privathaushalten in der Bundesrepublik Deutschland sank von 2,99 Mitgliedern 1950 über 2,74 im Jahr 1970 auf 2,24 Mitglieder 1989[93]. Nimmt man die Konstanzer Verhältnisse als Ausgangsbasis, so wurde ein deutscher Durchschnittshaushalt zwischen 1774 und 1950 in einem Zeitraum von 176 Jahren statistisch um eine dreiviertel Person kleiner. Derselbe rechnerische Rückgang um ein dreiviertel Haushaltsmitglied erfolgte in den folgenden nur 39 Jahren zwischen 1950 und 1989. Der „Trend zum Kleinhaushalt“[94] in Deutschland fand also weniger im Zuge der Industrialisierung zwischen 1800 und 1950 statt, sondern vornehmlich nach dem zweiten Weltkrieg, und er erhielt seinen kräftigsten Schub in den 1970er und 1980er Jahren.

Wenige Befunde aus Konstanz decken sich nicht mit Mitterauers Darstellung. Die angesprochenen Divergenzen wären es wert, in weiteren Lokaluntersuchungen verfolgt zu werden.

Unverheiratete Verwandte, die im selben Haus wohnten, können eigene Haushalte gebildet haben, sofern das ökonomisch möglich und vielleicht vom Standesbewußtsein her geboten war. Ratsprokurator Bollinger schrieb der ledigen Anna Maria Leiner eine eigene Haushaltsführung im Haus ihres Bruders, des ersten Stadtarztes Dr. Marquard Leiner, zu, kenntlich vor allem an der eigenen Magd Franziska Streicherin[95]. In aller Regel gehörten freilich ledige Verwandte im selben Haus auch in Konstanz zum selben Haushalt[96].

Gewichtiger scheint der Einwand zu der Aussage, „im Bauernhaus, weitgehend aber auch im Handwerkerhaus, mußten die beiden zentralen Positionen des Hausherrn und der Hausfrau stets besetzt sein. Witwer und Witwen als Haupt der Familie waren selten“, fanden sich

[90]) Mitterauer, Strukturwandel der Familie, S. 51, 52f, Geburtenabstand zwei Jahre.
[91]) Ebd., S. 56f.
[92]) Ebd., S. 60f.
[93]) Statistisches Jahrbuch 1991, Tabelle 3.13, S. 70.
[94]) Kasten „Stuttgarter Nachrichten“, 19. Sept. 1992, S. 51.
[95]) StAKN A V 2, Seelenbeschrieb 1774: Haus Nr. 156 im 2. Quartier; dass. 1768: Haus Nr. 147, noch mit Mutter und ohne Magd.
[96]) Vgl. Mitterauer, Strukturwandel der Familie, S. 43.

hauptsächlich in Städten[97]. Auf ausreichend verdienende Konstanzer »Handwerkerhäuser« traf dies anstandslos zu. Die Stadtbevölkerung bestand aber nur zu einem knappen Drittel aus den Angehörigen von Handwerkerhaushalten; dabei sind die unselbständigen, vom Gemeinwesen angestellten Handwerker, wie etwa der Zimmermannsgeselle im Stadttaglohn, eingerechnet. Das Handwerk in der frühneuzeitlichen Stadt wird anscheinend auch in kritischen Untersuchungen leicht überschätzt, wozu Quellen durchaus das ihre beitragen mögen[98]. Sein Stellenwert sollte also nicht zu hoch, als ein das Bild der Haushaltsstrukturen in der Stadt vorrangig prägender Berufsstand, angesetzt werden.

Ähnlich begründet ist die Kritik der Aussage: Die „heute so verbreiteten Einzelhaushalte fehlten weitgehend. Das dahinterstehende Phänomen des »Familienrests« war genauso wie die »unvollständige Familie« wenig verbreitet", habe sich auf die „Inwohner" beschränkt[99]. Der zuverlässige Angaben liefernde Seelenbeschrieb für das Jahr 1774 wies dagegen die Hälfte aller Konstanzer Haushalte als solche unvollständigen und Restfamilien aus - und Konstanz war nicht die Armenstadt Mitteleuropas. Auch hier baut die Differenz zu Mitterauer auf die festgestellte Existenz und auf die quantitative, und damit auch die Lebensverhältnisse in einer Stadt wesentlich mitbestimmende Bedeutung einer großen Menschengruppe ohne feste Existenzgrundlage. Gemeint sind die vielen Haushalte ohne Angabe eines Erwerbs, denen Prokurator Bollinger 1768 in seltsam anmutender Absolutheit sogar die „Nahrung" absprach. Für den Großteil dieser Haushalte, die ja meist von Frauen geführt wurden, blieb schon die Bildung eines kompletten, alle möglichen Positionen ausfüllenden Haushalts wegen materiellen Mangels ausgeschlossen, zu schweigen vom Ersetzen ausgefallener Rollenträger.

Von den Haushaltsstrukturen her betrachtet und verglichen mit den Erwerbsgruppen Verwaltung, Dienstleistung/Einzelhandel, Rentiers und Professionslose, war das Handwerk in Konstanz tatsächlich Bollwerk und Kern der schmalen altständisch-stadtbürgerlichen Mittelschicht. Seine - jeweils relativ - großen Haushalte, vielen Kinder, vielen Gehilfen und sein zahlreiches Gesinde, auch die nicht wenigen Verwandten in Handwerkerhaushalten, widersprechen der mittels Sterbeprotokollen und Nachlaßinventaren festgestellten unterdurchschnittlichen materiellen Existenz des Handwerks im Ganzen.

Die mögliche Erklärung könnte lauten: Das Handwerk finanzierte Personal statt Material; es gab seine Einkünfte eher für den ständigen Unterhalt einer Vielzahl von Mitgliedern aus als für Rücklagen oder Investitionen in Form von eingelegten Kapitalien, Immobilien oder gar für - unter Umständen kreditfördernde, also auch investive - Luxusgüter. Dahingestellt sei, ob dieses Verhalten nun der wirtschaftlichen Notwendigkeit entsprang, viel menschliche Arbeit einsetzen zu müssen, oder einer zünftigen Norm oder beidem.

97) Ebd., S. 58.

98) Siehe Bollingers Betonung der Handwerkerbevölkerung im Seelenbeschrieb 1768. Zur Überschätzung Wehler, Gesellschaftsgeschichte I, S. 189f.

99) Mitterauer, Strukturwandel der Familie, S. 58.

Kapitel 9: Umzugshäufigkeit und Bewohnerfluktuation

9.1 Wohnungswechsel

9.1.1 Die Konstanzer Quartierrodel 1786 bis 1793 [1)]

Das Erstellen von sogenannten »Quartierrodeln« in Konstanz ab 1786 erfolgte allgemein im Rahmen der 1785 begonnenen josefinischen Steuerreform[2)] und besonders im Zusammenhang mit der vielfältigen Konstanzer Stadtreform des Jahres 1786. Als deren herausragender Teil ist die grundlegende Ratsreform zu sehen; auch die Neuordnung der Quartiere und die endgültige Numerierung der Häuser erfolgten in diesem Jahr[3)].

Die Quartierrodel wurden neben den weiterhin verfertigten Seelenbeschreibungen erstellt, möglicherweise als deren Exzerpt: Die Abfolge der Häuser gleicht der in den Seelenbeschrieben, auch findet sich in den Ratsprotokollen des Jahres 1786 keinerlei Hinweis auf eine gesonderte Aufnahme von Quartierlisten.

Ihr Zweck bestand in einem nicht sonderlich detaillierten Blick über die Zahl der Haushalte, die ab Inkrafttreten der Kriminalgerichtsordnung 1788 der städtischen Gerichtsbarkeit unterstanden[4)]. Sie schlossen also die städtische und österreichische Beamtenschaft sowie den in Konstanz lebenden Adel ein, klammerten hingegen Militär und Geistlichkeit aus. Vermutlich liefen die Quartierrodel auf eine Kurzinformation für den neuen Magistrat über die Zahl der Steuer- und Schutzgebührpflichtigen hinaus[5)].

Grundeinheit der Quartierrodel sind die Häuser in der Stadt, jeweils um 720 numerierte, dazwischen eingestreut 20 bis 25 nichtnumerierte. Gegenüber dem Seelenbeschrieb 1774 fehlen also etwa 80 Häuser, was der Anzahl der von exempten Personen bewohnten exempten Häuser des Fürstbischofs, Domkapitels, der beiden Nebenstifte St. Stephan und St. Johann und der Reichsabtei Petershausen entspricht. 86 bis 91 Häuser waren nicht bewohnte öffentliche Gebäude oder beherbergten einen Kollektivhaushalt, so zum Beispiel die Konstanzer Bettelordensgemeinschaften. Allen anderen Häusern wurden einer oder mehrere Haushaltsvorstände zugeordnet. Die Zahl der so erfaßten Haushalte schwankt zwischen 822 für das Jahr 1786 und 891 für 1790.

Die Quartierlisten enthalten als regelmäßige Informationen lediglich den Häusern zugeordnete Haushaltsvorstände mit Vor- und Nachnamen. Witwen und Waisen sind über ihren verstorbenen Ehemann beziehungsweise Vater benannt. Bei leerstehenden Häusern firmiert der Eigentümer. Vollständig und zuverlässig dürfte auch die Rechtsstellung verzeichnet sein.

1) StAKN A V 3 bis 9. *Rodel* von mlat. „rotulus" ist eine „schreibrolle, darauf ausgefertigte urkunde, amtliches verzeichnis, liste u. ähnl." (Grimm, Deutsches Wörterbuch Bd. 8 (1893), Sp. 1137, Stichwort *Rolle*.
2) Kunisch, Absolutismus, S. 35.
3) Burkhardt in Stadtgeschichte III, S. 370f, 377-379. Dort auch weitere Literatur.
4) Kühne, Kriminalverfahren und Strafvollzug, S. 13, 25.
5) Fragen der Steuerpflichtigkeit wurden akribisch vermerkt. Beispiele: Rodel 1787 und 1788, Haus 654, Maria Eva Gloggnerin „ist Exempt"; Rodel 1787, Haus 545, Spitalmeister und -küfermeister jeweils mit dem Zusatz „Lobl. Spittal, solcher bewohnt zum Steüren"; Rodel 1793, Haus ohne Nummer zwischen Nr. 282 und 283, gehörte dem Genfer Johann Carra, „Steür vom Haus"; ebd., Haus 467, Glockengießer Josef Rosenlächer (Sohn Leonhards IV. und der fünfte der Familie in KN) „ist für dis Jahr Exempt".

Die Haushaltsvorstände ohne positiven Vermerk können als Inhaber des Bürgerrechts gewertet werden; die aufgelisteten Nichtbürger sind in drei Gruppen unterschieden mit den Formeln „Beÿsäs", „tol.", „ist tolerant aufgenommen worden" oder ähnlich sowie „ist frömb". Ähnliche Unterscheidungskriterien legte auch der Polizeiinspektor Johannes Scheidenhuber 1802 bei der Aufstellung eines „Fremdenrodels"[6] an. Sie verweisen auf eine nicht geringe Zahl von Einwohnern, die sich bei keiner städtischen Behörde angemeldet hatten.

Unregelmäßig verzeichnen die Quartierlisten nähere Angaben zum Haus, wenn es sich um exponierte Gebäude wie ein Gasthaus, eine Wachstube, den Rheinturm oder dergleichen handelte; häufig, wenngleich ausschließlich bei Männern, hielt der Schreiber die Profession des Haushaltsvorstands fest, seltener auch Ehrenämter oder Titel; verstreut finden sich solche inhaltlichen Bemerkungen, die nur entfernt der Intention des Quartierrodels dienten, wie etwa die von der öffentlichen Moral eingefärbte Aussage „Hat ein Mensch beÿ sich"[7].

Kurz gesagt, sind die geistlichen Konstanzer Haushalte nicht, die weltlichen wohl enthalten, dazu existiert eine »Grauzone«, deren Vollständigkeitsgrad schwer beurteilt werden kann. Diese Grauzone bilden zum einen Bürger, Beisassen und Fremde, die bei einer geistlichen Institution angestellt waren und in einer exempten Wohnung lebten und die wohl zu einem großen Teil unter einem nichtnumerierten Haus in die Quartierlisten aufgenommen sind. Es handelt sich dabei zum zweiten um die Angehörigen der Genfer Kolonie, von deren mindestens hundert Haushalten im Jahr 1788 der entsprechende Quartierrodel nicht einmal die Hälfte führt[8]. Zum dritten fehlt wohl ein Teil jener ständig zu- und abwandernden Schicht unterbürgerlicher Gelegenheitsarbeiter und -arbeiterinnen, die sich dem informationellen Zugriff der Behörde durch ungeregelte Arbeitsverhältnisse oder kurze Wohnzeiten entzogen; hierher gehören nicht zuletzt die zugezogenen Arbeitskräfte in den Fabriken der Genfer entrepreneurs[9].

Gesellschaftliche Gruppen, die besonders häufig die Wohnstelle wechselten, sind also in die Statistik gar nicht aufgenommen. Auch wird deren Aussagekraft dadurch gestärkt, daß Zweifelsfälle nicht als Änderungen verbucht sind: Zum Beispiel blieben 1786 etwa 15 Häuser ohne Eintrag, in denen im folgenden Jahr ein Genfer wohnte; möglicherweise hatte der städtische Beamte diese Genfer 1786 noch nicht aufgeschrieben.

9.1.2 Umzugshäufigkeit

Die ständig fluktuierende Einwohnermenge schafft das methodische Problem unterschiedlicher Vergleichszahlen. Zum Beispiel führt der Quartierrodel 1786 als Ausgangsmenge 822 Haushalte, die Vergleichsmenge des Jahres 1790 beträgt 891 Haushalte. Am praktika-

[6]) StAKN, A V.
[7]) StAKN A V 9, Qu.-Rodel 1793, Haus 93, Johannes Ackermann; an anderen Stellen weitere dieses Inhalts.
[8]) Ihr rechtlicher Sonderstatus bedeutete für die Angehörigen der Genfer Kolonie praktisch die Exemption; siehe zu den Privilegien und zum Streit um die rechtlich-administrative Abkoppelung der Kolonie von der Magistratsautorität zusammenfassend das Kapitel über die Genfer Kolonie in Burkhardt, Stadtgeschichte Bd. III, S. 380-392, v.a. die Abschnitte „Einwanderung" S. 380f und „Verteilungskämpfe" S. 388f.
[9]) Im Rodel 1786 fehlen gegenüber dem Seelenbeschrieb 1774 etwa 130 Haushalte: 62 Geistliche und um 20 zur Abtei Petershausen gehörige angesetzt, bleiben etwa 50 Haushalte aus der »Grauzone«, also »Unterbürgerliche« und aus dem Grenzbereich, in dem die Person weltlich, ihre Wohnung geistlich-exempt war.

belsten schien, die Einheit »potentielle Wohnstätten« zugrundezulegen, das ist die Summe aus allen Wohnungen mit unveränderter Besetzung und allen Wohnungen mit geänderter Belegung; letzteres schließt auch Auszüge ohne Nachbewohner und den Einzug in leerstehende Wohnungen ein.

Die Zahl der registrierten Haushalte lag bei jedem der folgenden Vergleiche unter der Zahl der »potentiellen Wohnungen«, die auch nur aus einem Zimmer bestehen konnten und daher hier »potentielle Wohnstätten« oder »Wohnmöglichkeiten« genannt seien. Am Beispiel des Hauses in der Niederburg mit der Nummer 23 sei diese Differenz erläutert. Dem Haus ordnete der Stadtbeamte folgende Haushaltsvorstände zu:

Quartierrodel 1786	Quartierrodel 1787	Quartierrodel 1788
Josef Burckart		
Johannes Lachenmayer	Johannes Lachenmayer	Johannes Lachenmayer
Jakob Tschany	Jakob Tschany	
Magdalena Scheüchin	Magdalena Scheüchin	Magdalena Scheüchin
	Salomea Beerin	Salomea Beerin
	Josef Krommer	Josef Krommer

Für den Vergleich 1786/87 in der folgenden Tabelle 134 ergab sich für dieses Haus: dreimal dieselbe Besetzung plus zwei Änderungen, nämlich Beerin für Burckart und Krommer für leerstehend, ergibt fünf Haushalte 1787 und fünf potentielle Wohnstätten.

In den Vergleich 1787/88 ging das Haus ein mit: viermal dieselbe Besetzung plus eine Änderung, nämlich die 1788 leerstehende Wohnmöglichkeit Jakob Tschanys; es bleiben bei nur vier Haushalten 1788 fünf potentielle Wohnmöglichkeiten.

Der Abgleich der Quartierlisten von 1786 und 1790 ergab bei 822 beziehungsweise 891 Haushalten 981 potentielle Wohnstätten. Die Differenz verweist auf zahlreiche leerstehende Wohnmöglichkeiten, sie belegt, daß die Haushaltsdichte und wohl auch die Bewohnerdichte je Haus »pulsieren« konnte. In Konstanz war also im 18. Jahrhundert genügend Wohnraum vorhanden, um zuziehende Gelegenheitsarbeiterinnen aus Schwaben, Genfer Kolonisten, Thurgauer Indiennefabrikarbeiter, Uhrgehäusemacher aus dem Kanton Zürich oder dem Elsaß, französische Emigranten und andere Einwanderer zu beherbergen. Die Qualität dieser Wohnungen und die Mietpreise sind freilich wieder eine Sache für sich.

Tabelle 134: Wohnungswechsel in Konstanz, 1786-1793 [10)]

Ausgangs-jahr	Vergleichs-jahr	Differenz Jahre	Wohnungen mit unveränd. Besetzung	Wohnungen mit veränderter Besetzung	dav. wegen Todes	Zahl der potentiellen Wohnstätten[11)]
1786	1787	1	716 = 80 %	174 = 20 %	14	890 = 100 %
1787	1788	1	722 = 80 %	184 = 20 %	11	906 = 100 %
1786	1788	2	622 = 67 %	300 = 33 %	17	922 = 100 %
1788	1790	2	661 = 70 %	287 = 30 %	11	948 = 100 %
1786	1790	4	522 = 53 %	459 = 47 %	26	981 = 100 %
1788	1793	5	526 = 54 %	450 = 46 %	36	976 = 100 %
1786	1793	7	426 = 44 %	552 = 56 %	45	978 = 100 %

Nach einem Jahr waren 20 Prozent aller Konstanzer Wohnmöglichkeiten mit einem anderen Haushalt belegt, nach zwei Jahren etwa 30 Prozent, nach vier bis fünf Jahren knapp die Hälfte und nach sieben Jahren lebte in mehr als der Hälfte der Wohnungen ein anderer Haushalt.

Änderungen aufgrund Todes sind in die Tabelle nur aufgenommen worden, wenn sie positiv vermerkt waren, das heißt in der Regel durch eine der drei Formeln „[Name]s Seel. Wittib", „[Name]s Seel. Kinder" oder „[Name]ische Erben" im Vergleichsjahr, wenn im Ausgangsjahr der Name des Verstorbenen als Haushaltsvorstand genannt war.

Selbst wenn man diese Fälle abzieht, so waren

nach einem Jahr	18 % bzw. 19 % aller potentiellen Wohnstätten,
nach zwei Jahren	30 % bzw. 31 % aller potentiellen Wohnstätten,
nach vier Jahren	44 % aller potentiellen Wohnstätten,
nach fünf Jahren	42 % aller potentiellen Wohnstätten,
nach sieben Jahren	52 % aller potentiellen Wohnstätten

von einem anderen Haushalt bewohnt[12].

Anders ausgedrückt, zog jedes Jahr einer von fünf Konstanzer Haushalten um. Die Hälfte aller Haushalte in Konstanz war binnen sieben Jahren einmal in eine andere Wohnung umgezogen. Zuzüge in die Stadt und Abwanderungen nach außerhalb sind hierbei enthalten.

Die Quote der nachweisbar vom Tod bedingten Wechsel des Haushaltsvorstandes betrug maximal acht Prozent[13]. Selbst, wenn man sie doppelt oder auch dreimal so hoch ansetzen möchte, so bleibt ihre Bedeutung noch unwesentlich gegenüber einer bemerkenswert hohen Rate reiner Umzüge in Konstanz im späten 18. Jahrhundert.

Die plausibelste Erklärung, warum die Fluktuation in den Wohnungen in den vier Jahren zwischen 1786 und 1792 etwas höher lag als in den fünf Jahren zwischen 1788 und 1793, liegt in der Genfer Kolonie begründet. Dem schubartigen Zuzug von Gewerbetreibenden und Fabrikanten samt Arbeitern aus Genf zwischen 1786 und 1788 stand eine Rückwanderung gegenüber, die sich über einen längeren Zeitraum erstreckte[14]. Außerdem folgten nicht wenige Arbeitskräfte vor allem aus Schwaben und der deutschsprachigen Schweiz den durch die Genfer geschaffenen Verdienstmöglichkeiten und blieben in Konstanz, trotzdem die Genfer Kolonie schrumpfte.

Diese Bewegung in der Bevölkerungsentwicklung wird auch in der von den Quartierrodeln erfaßten Haushaltszahl deutlich: Von 822 im Jahr 1786 über 836 im folgenden Jahr und 862 im Jahr 1788 stieg die Menge der nichtexempten Konstanzer Haushalte auf den Spitzenwert von 891 im Jahr 1790, sank dann bis 1793 weniger tief, als sie vorher gestiegen war, nämlich auf 864 Haushalte, also auf das Niveau von 1788.

Eine Differenzierung der Umzugshäufigkeit nach einzelnen Stadtvierteln brachte geringe Erkenntnis. Die Neuordnung der Quartiere 1786 verwischte die ohnehin schon schwach aus-

[10]) StAKN A V 3, 4, 5, 7 und 9, Quartierrodel.

[11]) Summe aus den Wohnungen mit unveränderter Besetzung plus Änderungen der Bewohnung aufgrund Einzug, Auszug, Umzug, Tod.

[12]) Worunter auch vorher leerstehende, dann bewohnte Wohnungen und umgekehrt gefaßt sind.

[13]) 8,25 % aller Änderungen der Wohnungsbelegung nach 7 Jahren. 8 % nach 5 Jahren. 5,7 % nach 4 Jahren. 3,8 % bzw. 5,7 % nach 2 Jahren. 6 % bzw. 8 % nach 1 Jahr.

[14]) Burkhardt in Stadtgeschichte III, S. 392.

geprägten Parallelen zwischen Wohnviertel und sozialem Status vollends. Nur die Ackerbürger im Paradies durchbrachen die Tendenz deutlich: Nach vier bis fünf Jahren waren hier noch drei Viertel der Wohnungen von denselben Haushalten bewohnt, nach sieben Jahren immerhin noch zwei Drittel[15]. Ansonsten wies nach Abzug des Paradieses das zweite Quartier, darin die Kreuzlinger Vorstadt, einen leicht erhöhten Wohnungswechsel auf, der aber den Gesamtdurchschnitt nur um etwa ein Zehntel übertraf.

Eine Differenzierung nach der Erwerbstätigkeit ist wegen der lückenhaften Angaben kaum möglich. Einzig möglich bleibt die vom Eindruck gestützte Aussage, daß vor allem die wenigen Großkaufleute, städtische Funktionsträger - Bürgermeister, Magistratsräte, Amtsleiter, Stiftungsbeamte, interessanterweise auch Turmbläser, Torsteher, Stadtknechte, denen häufig Dienstwohnungen zur Verfügung standen - und viele Handwerksmeister den Stamm der konstant Wohnenden stellten.

Eine Differenzierung nach Geschlechtern brachte klarere Aussagen.

Tabelle 135: Anteil der Frauenhaushalte in Konstanz, 1786-1793 [16]
(Angaben in Prozent, gerundet)

Haushaltsvorstand	1786	1787	1788	1790	1793	im Mittel
männlich	69	69	71	71	74	70,9
weiblich	31	30	29	28	25	28,4

Zwischen 31 und 25 von hundert erfaßten Konstanzer Haushalten stand eine Frau vor. Sowohl die Höhe ihres Anteils, wie auch dessen rapide Abnahme drückt, bedenkt man den knappen Zeitraum von nur sieben Jahren, eine beachtliche gesellschaftliche Dynamik im altständischen Mitteleuropa aus.

Tabelle 136 a) Wohndauer zwischen 1786 und 1793, nach Geschlechtern aufgegliedert[17]
(Angaben in Prozent, gerundet)

	Anteil gesamt im Mittel	Anteil an den in derselben Wohnung gebliebenen Haushalten
Männerhaushalte	71	79
Frauenhaushalte	28	21
Gesamt	99	100

[15]) Absolute Zahlen: 1786 auf 1790 66 potentielle Wohnstätten, davon 49mal derselbe Haushaltsvorstand. 1788 auf 1793 68 Wohnmöglichkeiten mit 54 identisch wohnenden Haushalten. 1786 auf 1793 69 Wohnmögl. mit 45 unveränderten Haushalten.

[16]) Grundlage: StAKN A V 3, 4, 5, 7, 9, Quartierrodel. Haushalte, bei denen eine Frau als Haushaltsvorstand geführt ist. Auf 100 fehlende Prozentpunkte resultieren aus den Haushaltsvorständen mit unbestimmbarem Geschlecht (»Kinder« oder »Erben«). Absolut:
1786: 564 m., 254 w., 4 unbest. **1787**: 580 m., 250 w., 6 unbest.
1788: 610 m., 246 w., 6 unbest. **1790**: 637 m., 248 w., 6 unbest.
1793: 643 m., 216 w., 5 unbestimmbar. Dieser Anteil Frauenhaushalte auch nach den Seelenbeschrieben 1768 / 1774, siehe Kap. 8.2.3.

[17]) StAKN A V 3-9. Absolut 335 männl., 91 weibl. Hh.svorstände.

Bei der Gesamtzahl der Haushalte waren die von einer Frau geführten im Mittel mit 28 Prozent vertreten. Unter den Haushalten, die nach sieben Jahren noch in derselben Wohnung wohnten, hielten die Frauenhaushalte nur einen unterproportionalen Anteil von 21 Prozent.

Tabelle 136 b) Wohnungswechsel zwischen 1786 und 1793, nach Geschlechtern aufgegliedert[18] (Angaben in Prozent, gerundet)

	Anteil gesamt im Mittel	eingezogen u. nachgerückt	ausgezogen u. gestorben	Änderungen gesamt
Männerhaushalte	71	73	57	66
Frauenhaushalte	28	27	43	34
Gesamt	99	100	100	100

Entsprechend waren die Konstanzer Frauenhaushalte an den Wohnraumänderungen insgesamt mit 34 Prozent überdurchschnittlich stark beteiligt. Viel mehr Frauen, als ihrem Anteil entsprach, standen 1793 nicht mehr in ihrer Wohnung von 1786 verzeichnet, waren also ausgezogen oder gestorben.

Die Haushalte von Witwen und ledigen Frauen trugen zum festgestellten Prozeß des häufigen Wohnungswechsels einen nicht gerade sensationell hohen, doch immerhin überproportionalen Anteil bei.

Änderungen in der Wohnungsbelegung aufgrund eines Todesfalls sind wieder nur bei positiver Kennzeichnung in die Statistik aufgenommen. Zieht man sie ab, so betrafen die Ein- und Auszüge zwischen 1786 und 1793 zu 32 Prozent Frauen- und zu 68 Prozent Männerhaushalte[19]

Der Frauenanteil am Wohnungswechsel war also etwas, jedoch nicht gravierend, häufiger als bei den Männern durch Todesfälle bedingt.

9.1.3 Einzelne Belege aus Konstanz

Die fünf folgenden, gut dokumentierten Familien und Personen gingen mindestens einmal als Wohnraumwechsler in Tabelle 134 ein. An ihnen sei die Palette der verschiedenen meist ökonomisch begründeten Umstände, die zum Umzug führten, illustriert.

9.1.3 a) Franz Anton Rosenlächers Umzüge

Franz Anton Rosenlächer entstammte der zweiten Ehe Johann Leonhards, des dritten Glockengießers Rosenlächer in Konstanz, mit Maria Katharina Spenglerin, der Honoratio-

[18]) StAKN A V 3-9. Absolut: Neu eingezogen / nachgerückt 314 Mä., 119 Fr.; ausgezogen / gestorben 205 Mä./154 Fr.- Diese Zahlen ergeben eine von Tab. 134 abweichende, höhere Summe an Änderungen; der Grund ist deren unterschiedliche Anrechnung: Wenn Frau A im Haus XX nicht mehr wohnte, dafür Mann B eingezogen war, so wurde für Tab. 134 **ein** Wechsel verbucht, hier aber ein Auszug einer Frau plus ein Einzug eines Mannes.

[19]) Einzüge: 78 % Männer-, 22 % Frauenhaushalte. Auszüge: 55 % Männer-, 45 % Frauenhaushalte.

rentochter aus einer der wohlhabendsten Familien der Stadt[20]. 1768 wohnte der Neunundzwanzigjährige Franz Anton im eigenen Haus an der Marktstätte. Er betrieb die Seilerprofession, war mit Salomea Böttlin verheiratet, die beiden hatten drei Kinder, im Haushalt lebte auch eine Magd Katharina Mohrin. 1774 stellten sich die äußeren Verhältnisse der Familie unverändert dar, nur eine andere Magd, Magdalena, wurde beschäftigt.

Zwischen 1774 und 1778 gab Franz Anton Rosenlächer die Seilerei auf; offenbar trug die Erwerbslage in Konstanz zu der Zeit nur zwei Seiler-Meisterbetriebe. Er trat in den Kanzleidienst der Stadt, verkaufte sein Haus an der Marktstätte und erwarb ein Viertel eines Hauses in der Kreuzlinger Vorstadt. Die anderen drei Viertel des auf 300 Gulden Wert geschätzten Hauses gehörten dem Kartenmacher Johann Baptist Klostermayer.

Spätestens seit 1786 wohnte Rosenlächer mit seiner zweiten Frau Anna Maria Spießerin in deren eigenem Haus im dritten Quartier, direkt beim Augustinerkloster. Anfangs lebten in diesem Haus noch die ledigen Schwestern Theresia und Sabina Mayerin, vermutlich zur Miete. Mit wachsender Kopfzahl der Rosenlächers zogen die Mayerinnen bis 1787 aus; während sich Theresias Spur verliert, lebte Sabina noch zwei Jahre in Konstanz, 1787 alleine in einem Haus in der Nähe des Fischmarkts, 1788 mit einer weiteren Schwester Maria Anna in einer Wohnung beim Franziskanerkloster.

Im März 1804 starb Franz Anton Rosenlächer im Haus seiner Frau beim Augustinerkloster. Er hinterließ der Witwe Anna Maria und den acht volljährigen Kindern so gut wie keinen Besitz[21].

Zum ersten Umzug des Haushalts Rosenlächer führte der Berufswechsel des Seilermeisters. Die zweite Ehe ermöglichte den Umzug aus einer Vorstadtwohnung in ein ganzes Haus in der Kernstadt. Interessanterweise waren alle drei Wohnstätten Eigenbesitz, obwohl der Haushalt Rosenlächer nur über bescheidene Finanzmittel verfügte.

9.1.3 b) Sozialer Abstieg der Familie v. Loob

Alle für diese Dissertation verwerteten seriellen Quellen belegen den wirtschaftlichen Niedergang der Kaufmannsfamilie v. Loob im Verlauf der zweiten Hälfte des 18. Jahrhunderts[22]. Die Gründe bleiben unklar. Offenbar mangelte es Johann v. Loob an kaufmännischer fortune, wie sein gescheiterter - und gewiß kostspieliger - Versuch belegt, um 1750 die in die Pleite taumelnde Baumwollspinnerei Bez & Teilhaber auf eigene Rechnung zu sanieren[23].

[20]) Kurt Kramer und Rudi Kramer, Die Konstanzer Glockengießer, Konstanz o.J., S. 30. Vier Mitglieder der Familie Spengler unter den 60 wohlhabendsten Konstanzern/-innen: siehe oben Kap. 6.3.4, Tab. 57.

[21]) StAKN A V 1, Seelenbeschrieb 1768, Haus Nr. 18; StAKN A V 2, dass. 1774, selbes Haus Nr. 19; GLA 209/1221, »Hausbesitzerbeschrieb« 1778, Haus Nr. 677; StAKN, A V 3, Quartierrodel 1786, Haus Nr. 436; StAKN A V 4-9, Rodel 1787-93, [selbes] Haus Nr. 437; StAKN, I III, Sterbeprotokolle und Nachlaßinventare, 5. März 1804. Seelenbeschrieb 1774: mit Rosenlächer 3 Seilermeister; GLA 209/1221, »Branchenbeschrieb« 1778: 2 Seilermstr. Mayerinnen: Rodel 1787 Haus 646, Rodel 1788 Haus 146 bei Brunnenmeister Andreas Walder.

[22]) StAKN A V 1, Seelenbeschrieb 1768, Haus Nr. 134; dito für 1774, selbes Haus Nr. 143, dazu im Besitz Haus 141 und 169; GLA 209/1306, »Hausbesitzerbeschrieb« um 1755, (Besitzer Nr. 334); GLA 209/1221, »Hausbesitzerbeschrieb« 1778, zwei Häuser unter Nr. 150, eins Nr. 176; StAKN, A V 3-9, Quartierrodel 1786-1793, Häuser Nr. 489 und 490 (1786 ohne Eintrag); nur Rodel 1790, Haus 515; StAKN I III, Sterbeprotokolle und Nachlaßinventare, Datum 16. Apr. 1805; GLA 209/1147, Wochenzahlungen der milden Stiftungen, Haus 489.

[23]) Baier, Wirtschaftsgeschichte, S. 497f.

Der Seelenbeschrieb 1768 führt Johann v. Loob ohne Professionsangabe, was darauf hindeuten könnte, daß er seine Geschäfte aufgegeben hatte. Der Siebenundfünfzigjährige war mit der 24 Jahre jüngeren Maria Elisabetha Hammerin verheiratet. Das Ehepaar hatte fünf Kinder und beschäftigten zwei Mägde, Victoria Gellin und Elisabetha Brunnin.

1774 war eines der Kinder gestorben, drei weitere geboren. Das älteste Kind, der zehnjährige Josef, ging auf das ehemalige Jesuitengymnasium, nunmehrige landesfürstliche Lyzeum. Er wurde später Stadtkanzlist. Der achtjährige Johann Baptist besuchte wie seine beiden Schwestern Maria Anna, sechs Jahre, und Maria Antonia, fünf Jahre alt, die Normalschule. Johann Baptist v. Loob erstellte im Jahr 1800 als Geometer im Auftrag des Magistrats den ersten exakt vermessenen, maßstabgetreuen Plan der Stadt Konstanz und ihrer Umgebung[24]. Für die standesgemäße Ausbildung der Kinder reichten die Finanzmittel noch aus.

Als »Profession« Johann v. Loobs nannte der Stadtbeamte Bollinger „resignierter Rathsherr“, was die Vermutung vom Rückzug aus dem aktiven Erwerbsleben stützt. Zwei seiner drei Häuser hatte v. Loob 1774 an Militärangehörige vermietet, einen Artilleriebüchsenmeister und einen Obristen des fürstenbergischen Infanterieregiments. Von den beiden Mägden war nur noch Elisabetha, dem Lebensalter nach dieselbe Brunnin, im Haushalt geblieben.

Zwischen 1774 und 1778 starb Johann v. Loob. Der 1778 erstellte Hausbesitzkataster veranschlagte seine Witwe, nicht die Kinder, als steuerpflichtige Besitzerin der drei Häuser in bester Wohnlage: Zwei davon, mit einer Scheune und einer Stallung, standen in der Rosgartenstraße, eines in der St. Paulsgasse, heute Hussenstraße, in unmittelbarer Nachbarschaft zum Amtssitz des Stadthauptmanns und zum Zunfthaus Thurgau. Zusammen wurden diese drei Wohngebäude, die Scheuer und der Stall auf 4900 Gulden Wert geschätzt.

1786 bis 1790 lebte die Witwe v. Loob in einem der beiden Häuser in der Rosgartenstraße, wo die Familie seit 1768 und vermutlich schon lange vorher gewohnt hatte. Das andere nebenan stand leer; es gehörte laut Quartierrodel den v. Loobischen Erben, also wohl ihr und den Kindern. Zwischen 1791 und 1793 zog Elisabetha, verwitwete v. Loob, in das vorher leerstehende Nebenhaus um, wo sie bis zu ihrem Tod wohnen blieb. Im anderen, verkauft oder vermietet, wohnte nun der Glasschneider Martin Thoma. Das Haus in der St. Paulsgasse dürfte 1786 nicht mehr im Besitz der Familie gewesen sein, da es der Kanzlist Josef v. Loob sonst sicher genutzt hätte. Der wohnte jedoch 1790 in der Nachbarschaft seiner Mutter, im Haus der Witwe Schwarzmännin. Ansonsten führen die Quartierlisten bis 1793 keinen weiteren v. Loobischen Haushalt; die Kinder werden, sofern sie überhaupt in Konstanz lebten, bei der Mutter gewohnt haben.

1793 stand Elisabeth v. Loob in der Liste der wöchentlichen Almosenempfänger mit anderthalb Gulden vom Spitalamt verzeichnet. 1797/98 betrieb sie mit Sohn Josef in ihrem Haus ein Spielkasino mit Alkoholausschank, in dem sich vor allem emigrierte französische Offiziere amüsierten[25].

Im April 1805 starb die siebzigjährige Kaufmannswitwe Maria Elisabetha v. Loob, geborene Hammerin. Auf die Aufnahme eines Nachlaßinventars wurde wegen Mangels verzichtet: Ihr Vermögen „bestehe einzig in ihren Kleidern, und einigen Mobillien“.

[24]) Abbildung mit Text: Burkhardt in Stadtgeschichte III, S. 436f.

[25]) Ebd., S. 420.

9.1.3 c) Wirtschaftlicher Verfall der Familie v. Nagengast

Auch die Deklassierung der Familie v. Nagengast kann mit den ausgewerteten seriellen Quellen nachgezeichnet werden[26].

1768 wohnte der Postdirektor Konrad Nagengast mit Ehefrau Katharina, geborenen v. Speth, und drei Töchtern in der exquisiten Wohngegend St. Paulsgasse; die Nachbarhäuser waren links das Zunfthaus Thurgau, rechts ein Gebäude, das dem Kaufmann Johann v. Loob gehörte und das eine Frau v. Fleckenstein, 1774 der Oberst des fürstenbergischen Infanterieregiments bewohnte. Die fünfköpfige Familie beschäftigte zwei Mägde, Anna Maria Berckhin und Franziska Haasin.

1774 war der Haushalt aus dem teuren Haus an der alten Reichsstraße ausgezogen, Postverwalter Nagengast hatte ein vermutlich billigeres nördlich des inneren Paradieser Tores gekauft. Von den beiden Mägden war noch Anna Maria Berckhin geblieben. Mit ihrer Miete finanzierten zwei weitere Haushalte das neue Haus mit: ein sechsundzwanzigjähriger Herr „Controlor" lebte alleine und die verwitwete Baronin v. Fleckenstein, geborene v. Landsee, mit einer Zofe, einem Kammerdiener und einer Köchin.

1778 stand der Name Nagengast nicht in der Liste der Konstanzer Hausbesitzer verzeichnet. Dennoch wohnte die Familie bis 1788 im selben Haus zwischen Paradieser Tor und Franziskanerkloster, als dessen Eigentümerin 1790 die Witwe des Hofrats v. Ziegler in die Quartierliste eingetragen wurde. 1790 hatten die Nagengasts wieder die Wohnung gewechselt, waren in ein Haus in der Rosgartenstraße gezogen, wo die vier Jahre zuvor erst der Knopfmacher Anton Käck, dann ein Cölestin Walz ohne Professionsangabe gewohnt hatten.

Dort starb Konrad Nagengast, „gewester Postamtsverwalter", mit 64 Jahren im Februar 1791 an einem „Schleimschlägel". Er hinterließ der Witwe Katharina „von Spethin" und den mittlerweile nur noch zwei Töchtern eine zerrüttete Hauswirtschaft mit 1043 Gulden Schulden nach Abzug aller Habe. Der Kanzlist notierte im Sterbeprotokoll: „Es äußerte sich aber die Wittib, daß ihr seliger Mann kein Vermögen in die Ehe gebracht, und daß das wenige, was noch vorhanden, ihr Eigenthum, welches sie nicht beschreiben lasse, seÿe. Die Magd legete aber, der Frauen Worte ausser der leztern Gegenwart, so aus: daß sie sich nemlich geschammt habe zu sagen, daß sie nicht nur allein schon alle Mobilien und Kleider sondern sogar alle Better verkauft, und also mit ihren Töchtern genöthiget seÿe auf alten Perüken und Fezen die Nachtruhe zu nehmen etc.".

Nach dem Tod ihres Mannes wechselte Witwe Nagengastin mit den zwei Töchtern und der bemerkenswerterweise noch immer in Dienst behaltenen Magd erneut den Wohnsitz. Die Familie mietete sich nun bei Schustermeister Fidel Heilig in der Sammlungsgasse, heutigen Münzgasse, ein.

1793 führte die Liste der wöchentlichen Almosenempfänger auch Frau Nagengastin mit 40 Kreuzern vom Raiteamt. Ihre prekäre finanzielle Lage besserte sich keineswegs. Am 2. März 1797 referierte Regierungsrat Christoph Josef v. Metz vor der Regierung und Kammer

[26]) StAKN, A V 1-2, Seelenbeschriebe 1768 und 1774, Häuser 159, 238; StAKN I III, Sterbepr. + Nachlaßinv., Datum 28. Feb. 1792; StAKN A V 3-7, Quartierrodel 1786-90 Haus 159, Rodel 1790 Haus 502, Rodel 1793 Haus 584; GLA 209/1306, »Hausbesitzerbeschrieb« um 1755, (Besitzerin Nr. 335); GLA 209/1221, dito 1778 (keine Nennung Nagengast); GLA 209/1147, Wochenzahlungen der milden Stiftungen, Haus 584.

in Konstanz: „Die verwittibte Postverwalterin Nagengast gebohrne v. Speth dahier bittet den hiesigen Magistrat zu vermögen, daß sie 1) bei etwa künftigen Schuldfoderungsklagen mit unnöthigen Gerichtsköstin verschonet, und 2) der ihr aus den milden Stiftungen wöchentlich zufließende Betrag pr. 40 xr bis zur gänzlichen Befreÿung ihrer Pension vermehret werden möchte." Zumindest die zweite Bitte erfüllten ihr weder Magistrat noch Landesregierung, obwohl drei Erwachsene zu dieser Zeit mit 40 Kreuzern in der Woche, das sind zwei Kreuzer je Person und Tag, unmöglich auskommen konnten. Im August begründete sie ihr erneutes Ansuchen um Aufstockung der Almosenzahlung für sich und ihre beiden Töchter damit, daß die geringe Pension ganz für den Schuldendienst verbraucht würde.[27)]

9.1.3 d) Drei Söhne des Stadtschlossers Graz

Das Ehepaar Magdalena Harrerin und Benedikt Graz, Schlossermeister und zeitweise Verwalter des städtischen Zeughauses, hatte drei Jungen und drei Mädchen. 1774 arbeitete der älteste Sohn Benedikt auswärts als Schlosser, während der dreizehnjährige Josef Anton und der elfjährige Xaver am josefinischen Lyzeum »studierten«. Stadtschlosser Graz blieb, nachgewiesen seit 1768 bis zu seinem Tod im November 1793 im Alter von 78 Jahren, in dem Haus nahe der Patrizierzunft „zur Katz". Vermutlich übernahm der Älteste Haus und Betrieb.

Josef Anton gründete erst zwischen 1791 und 1793 einen eigenen Hausstand beim Fischmarkt und trat als Akzessist in die Stadtkanzlei ein.

Xaver verdiente den Lebensunterhalt als Musikant. Er wohnte 1786 bis 1790 in der Niederburg beim Kloster St. Peter, in einem Haus mit dem Bader Ludwig Tobias. Musikant Graz übernahm bis 1793 die Schenke zum „Schäpfle", das Haus neben der Gastwirtschaft zum „Lamm" in der Niederburg, nahe dem Mainauer Hof. Am Rande bemerkt, war Xaver Graz seit 1786 der vierte Bewohner und vermutlich Betreiber der Trinkstube zum „Schäpfle"[28)].

9.1.3 e) Vom Schneiderssohn zum Bürgermeister: Leonhard Lehry

Den faßbaren Fakten nach liefen die Lebenslinien des Leonhard Lehry einerseits, seiner Familie andererseits ohne Berührung nebeneinander her.

1768, 1774 und 1778 lebten der Schneidermeister Anton Löhri, auch Lehry geschrieben, und seine Tochter Maria Anna zu zweit im südlichen Teil des ersten Quartiers, gegen die Kreuzlinger Vorstadt. Das eigene Haus wurde 1778 auf 150 Gulden taxiert. 1786 war der Vater gestorben und Maria Anna blieb dort alleine wohnen. Im August 1792 starb sie im 53. Lebensjahr am Zehrfieber „wegen Gliederschmerzen". Das Haus war mittlerweile auf 33 Gulden Wert heruntergekommen; ihre wenigen Mobilien hatte Maria Anna Lehrin kurz vor ihrem Tod ihrer „Abwärterin" geschenkt. So hinterließ sie 120 Gulden Schulden. Nach ihr zog dort ein gewisser Alois Benzle ein.

27) GLA 209/1286, Sitzungsprotokoll Reg. & Kamm. 2. März 1797; Nagengastin am 14. Aug. 1797 an Regierungspräsidenten v. Summeraw. Zur Kaufkraft von 40 xr im Jahr 1797 siehe Kap. 5.

28) StAKN, A V 1, Seelenbeschrieb 1768, Haus Nr. 262; A V 2, dito für 1774, selbes Haus Nr. 295; GLA 209/1221, »Hausbesitzerbeschrieb« 1778, selbes Haus Nr. 289; StAKN, A V 3-9, Quartierrodel 1786-1793, Häuser Nr. 27, 66 (Schäpfle), 122 (Stammhaus), 608; StAKN I III, Sterbeprotokolle und Nachlaßinventare, Datum 11. Nov. 1793 (Benedikt) und 28. Okt. 1795 (Maria Barbara, Ehefrau Josef Antons).

Bruder Leonhard hielt sich 1768 bis mindestens 1778 außerhalb Konstanz' auf. 1774 wirkte der promovierte Jurist als Interessenvertreter, genannt „Agent", der Stadt Konstanz bei der Landesregierung in Freiburg. 1786 wählten die 24 „bürgerlichen Repräsentanten" den „gelehrten" Schneiderssohn Leonhard Lehry zum Bürgermeister. Er bezog darauf ein stadteigenes Amtshaus in der St. Paulsgasse, zwischen dem Dienstsitz des Stadthauptmanns und dem Zunfthaus Thurgau gelegen, und bewohnte es mit Frau und Töchtern bis zu seinem Tod im März 1800 [29)].

9.1.3 f) Die Flexibilität des Johannes Handel

Der gebürtige Württemberger Johannes Handel wechselte auf der Suche nach einem Broterwerb binnen zwölf Jahren sechs Mal den Wohnort. Geboren um 1750, konvertierte er 1779 in Konstanz. 1780 lebte er ein Jahr in Oberkirch. Etwa Ende 1781 heiratete er die gebürtige Frauenfelderin Katharina Rossin in deren Heimatort. „Hernach", also 1782 und 1783, versuchte Handel zwei Jahre lang, die eben gegründete Familie im Dorf Gündelhart nordöstlich von Frauenfeld als Schulmeister zu ernähren. Weil „ihme solches allerdings nichts ertragen", arbeitete die Familie die folgenden sieben Jahre bis Ende September 1790 im Taglohn auf einem „Lehengütlein" im Aargau. Aus nicht genannten Gründen zog die Familie nach dem Ende der Erntezeit nach Konstanz; für Johannes Handel war es das zweite Mal. Er, seine Ehefrau Katharina Rossin und die drei Kinder kamen in der Neugasse unter, wo jetzt noch einige der kleinen, etwas schiefen, heutzutage »malerisch« genannten Häuser aus dieser Zeit anzuschauen sind. Offenbar zog ihn die Verdienstmöglichkeit in einem Unternehmen der Genfer Kolonie an. Handel erhielt auch eine Anstellung als Weber beim Baumwollfabrikanten Reichardt; die täglich acht Kreuzer Verdienst reichten jedoch zum Leben nicht hin.

Johannes Handel starb, als er auf der Suche nach einer besseren Verdienstmöglichkeit den siebten Wohnortwechsel vorbereitete, am 17. Dezember 1790 vor dem Kreuzlinger Tor der Stadt Konstanz. Er steht für die in dieser Untersuchung als »arm« klassifizierten, da er der Witwe und den Kindern nichts als die Kleider auf dem Leib und einen Gulden hinterließ[30)].

9.1.3 g) Witwe Naglin und ihre Kinder

Wie Johannes Handel belegt auch das folgende Beispiel die Anziehungskraft der Erwerbsmöglichkeiten in Konstanz. Ohne Rechtsgrundlage Gelegenheitsarbeit Suchende und mangels anderer Unterhaltsmöglichkeiten Bettelnde stellten im späten 18. Jahrhundert einen nicht geringen Anteil an der Konstanzer Bevölkerung[31)]. Zufälle oder besondere Ereignisse brachten den Lebensweg solcher Leute in die Akten; doch verbürgen Quartierlisten und der-

29) Seelenbeschriebe 1768 / 1774, Haus 122 / 129; »Hausbesitzerbeschrieb« 1778, Haus 138; Quartierrodel 1786-93, Häuser 441 und 464; Sterbeprotokolle und Nachlaßinventare, Datum 20. Aug. 1792 und 14. Mai 1800 (Aufnahme verzögert vermutlich wegen der französischen Besetzung); zu Wahl und Tod Leonhards: Burkhardt in Stadtgeschichte III, S. 378 und 447.

30) StAKN I III, Sterbeprotokolle und Nachlaßinventare, Johannes Handel unter dem 17. Dez. 1790; Burkhardt in Stadtgeschichte III, S. 404-406.

31) Siehe StAKN A V, „Fremdenrodel" von 1802. Hier und allem Anschein nach im »Seelenbeschrieb« 1774 scheinen die in der Regel kurzzeitigen Einwohner ohne rechtliche Aufenthaltsgrundlage einigermaßen vollständig enthalten.

gleichen kanzleioffizielle Unterlagen nicht immer ihre lückenlose Zahl, da bei Entdeckung ihres Aufenthalts in Konstanz die Abschiebung drohte.

Matthias Stoß, gebürtig aus der Grafschaft Heiligenberg, arbeitete als Taglöhner in Konstanz. Laut Aussage seiner Witwe hatte er acht Jahre beim domkapitularischen Postmeister Martial Böttle und drei Jahre bei dessen vorländischem Pendant, dem Adlerwirt und Posthalter Ferdinand Mayer, als Knecht gedient.

Er heiratete die gebürtige Singenerin Katharina Naglin. Wie sie im Dezember 1804 angab, war die Ehe „vor 9 Jahren“ geschlossen worden; nach den Recherchen des Konstanzer Magistrats fand die Trauung „zur Zeit der französischen Invasion“ statt, also zwischen dem 2. August und 6. Oktober 1796, und zwar außerhalb des besetzten Gebiets, damit der Magistrat nichts davon erführe. Demnach war die neunjährige Tochter, in Konstanz geboren, am Heiratstag schon einige Monate auf der Welt.

Nach Konstanz zurückgekehrt oder, in den Worten der Räte, „nach der Hand wieder in die Stadt geschlichen“, hielt die Familie ihre Ehe zunächst geheim. Der Magistrat erfuhr davon, ließ sie „mehrmalen“ ausweisen mit der Begründung, die Naglin sei wiederholt beim Betteln ertappt worden. Dieses Vorgehen folgte dem Geist der Vorrede und dem einschlägigen Paragraphen aus der Polizeiordnung von 1792 [32].

Doch wie auch an der illegalen Einwanderung verarmter französischer Emigranten zwischen 1796 und 1799 [33] deutlich wird, konnten die Behörden mit dem Aufenthaltsverbot nicht verhindern, daß Familie Stoß immer wieder nach Konstanz zurückkehrte. Der Mann verdingte sich im Taglohn, die Frau „arbeitete in der Fabrike“. Katharina Naglin brachte 1799 und Anfang 1804 in der Stadt zwei Kinder zur Welt, die im Dezember 1804 noch lebten; vermutlich waren weitere bereits gestorben.

Im Frühjahr 1804 wurde Matthias Stoß von der „Gemüthskrankheit befallen“, was wohl den Zusammenbruch des mangelhaft ernährten Alkoholikers freundlich umschreibt, denn er starb daran im Oktober desselben Jahres. Das Konstanzer Spital nahm den Kranken zunächst auf. Seine Frau und die drei Kinder wurden zu diesem Anlaß sofort aus der Stadt entfernt; acht Tage später schob die Spitalverwaltung auch Stoß in seine Heimat Heiligenberg ab. Dort konnte Katharina Naglin sich und die Kinder wieder nur mit Betteln enähren.

Nach Matthias Stoß' Tod, so die Witwe, „entschloß ich mich wieder nach Konstanz zu gehen, daselbst den Wohllöbl. Magistrat bittlich anzugehen, daß meine 2 kleine Kinder in das Spithal aufgenommen werden wollen, und mich sohin wieder in der Fabrike zu verwenden. Allein? ich wurde mit meinen verwaisten Kindern auf die unbarmherzigste Art mit der Pollizei aus der Stadt geschafft und muß nun im äusersten Elende herumirren.“ Sie diktierte dann einem Schreiber die nun an die Landesregierung gerichtete Bitte, ihre beiden jüngeren Kinder in das Konstanzer Spital abgeben zu dürfen, derweil sie für sich und die älteste Tochter um eine Aufenthaltserlaubnis nachsuchte, um ihr „Brod und Unterhalt in der Fabrik daselbst verdienen zu können“. Die Neunjährige habe bereits „in der Fabrik“ gearbeitet.

32) GLA 209/1149, § 3 Absatz VII; StAKN A V, „Fremdenrodel“ 1802, Haus Nr. 64: Tagwerker Mathias Stoß, seine Frau und zwei Kinder waren „schon einmal aus der Stadt geschaft worden“.
33) Burkhardt in Stadtgeschichte III, S. 423.

Die Landesregierung reichte die Bittschrift wie üblich zur Stellungnahme an Magistrat und Stadthauptmann weiter. Der Magistrat verwies darauf, daß er den Aufenthalt der Familie Stoß nie geduldet habe, daß sie mehrfach ausgewiesen und von der neuen Polizeitruppe über die Grenze des Stadtbanns abgeschoben worden war, daß Stoß den „ohnehin kärglichen Verdienst" der Familie „grossentheils" vertrunken und seine Frau damit zum Betteln „vielleicht auch gezwungen" habe.

Stadthauptmann Franz v. Blanc stützte die Ablehnung des Magistrats mit dem generellen Bedenken: „Wenn man in einem Orte, wo Fabriken sind, alljene Wittwen und Waisen behalten, und versorgen müßte, deren Ehemänner und Väter oder Mütter in den Fabriken, welchen oft so viel liederliches Volk zuläuft, gearbeitet haben, welche Armenanstalt würde wohl hinreichen, diese Last zu ertragen, und wie unfehlbar würde nicht endlich der Zeitpunkt eintreffen, daß die verarmten Bürger und Bürgerinnen von der für sie würklich gestifteten christlichen Wohlthätigkeit durch fremdes Gesindel verdrungen würden."

Kurz nach ihrem Bittschreiben traf auch Katharina Naglin mit den Kindern zum wiederholten Mal in Konstanz ein. Der Magistrat ließ ihr drei Gulden Almosen auszahlen und reichte die vier nach Heiligenberg weiter, wo sich die Oberamtsverwaltung auf Anfrage des Konstanzer Magistrats unterdes bereiterklärt hatte, die Witwe samt Kindern aufzunehmen.

Die schwäbisch-österreichische Landesstelle lehnte schließlich am 22. Januar 1805 die Bitte um Aufnahme der zwei jüngeren Kinder in das Konstanzer Spital ab. Sie erlaubte der Naglin und ihrer neunjährigen Tochter jedoch, sich und die ihren in Konstanz mit Fabrikarbeit zu ernähren[34].

9.1.4 Ein Beispiel aus dem preußischen Halle: Magister Laukhard[35]

Der Magister, preußische Soldat, Sansculotte und einiges mehr Friedrich Christian Laukhard langte am 27. Oktober 1795 aus Frankreich in Halle an. Von diesem Zeitpunkt an bis zum August 1802, wo seine Autobiographie endet, lebte er in mindestens sieben verschiedenen Wohnungen zu Halle; »Wohnung« bedeutete für ihn als Ledigen eine „Stube" und zwei „Stuben" nach seiner Heirat.

Zunächst wohnte Laukhard bei seinem Freund und Verleger Franz Heinrich Bispink. Er zog aus, weil er Bispinks Vorhaltungen nicht mehr ertrug und seine ausgedehnten Sauftouren nicht regelmäßig registriert wissen wollte[36].

Aus dem Zimmer beim pensionierten Feldwebel Gruneberg, wo er bereits vor dem Feldzug gewohnt hatte, zog Laukhard in eine geräumigere „Stube", da er heiraten wollte. „Die Stube behielt ich nachher, aber aus dem Verehelichen ward nichts"[37].

Als Laukhard im September 1797 tatsächlich heiratete, zogen er und „Hannchen" zu

[34]) GLA 209/1293: Naglin via Schreiber an die Landesstelle, 18. Dez. 1804; Schreiben des Magistrats an Blanc, 8. Jan. 1805; Stellungnahme Blancs an die Landesregierung, 14. Jan. 1805; Kopie eines Schreibens des O/As Heiligenberg an den Konstanzer Magistrat, 23. Juni 1804; Sitzungsprotokoll schwäbisch-österr. Landesstelle ddo. Günzburg 22. Jan. 1805.

[35]) Friedrich Christian Laukhard, Leben und Schicksale, von ihm selbst beschrieben. Fünf Teile in sechs Bänden, 1. und 2. Teil Halle 1792, 3. Teil Leipzig 1796, 4. Teil Leipzig 1797, 5. Teil Leipzig 1802. Vollständiger faksimilierter Nachdruck Frankfurt am Main 1987.

[36]) Ebd., 4. Teil 2. Abteilung, S. 265-282.

[37]) Ebd., S. 282, 289.

einem Schneider Baum. Das Jahr zuvor hatte Baum die zur Gasse hin gelegenen Zimmer an einen gewissen Gebhard vermietet, der darin eine Trinkstube einrichtete. Da Gebhard nur in der Stadt gebrautes, kein Importbier ausschenken durfte, mußte er seiner Wirtschaft Zulauf sichern, indem er sie zu einem Spielkasino umwandelte: „vor früh vier oder fünf Uhr ward es da nie Feyerabend, auch fielen mehrere grobe Exzeße in diesem Spielhause vor". Nach einem Streit warf Baum den Gebhard hinaus, der sein Spiellokal woanders einrichtete. Baum gab das Schneidern vollends auf und führte die Kneipe in seinem Haus weiter[38)].

Wegen häufigen Zanks mit Baum und der ferner im Haus von ihrem Mann getrennt lebenden „Madam Unruh" verließen Laukhard, „Hannchen" und ihr erstgeborener Junge, „welcher [1802] noch lebt", die Wohnung. Sie bezogen im Sommer 1798 „zwey ziemlich artige Stuben" bei einem Schneider Hubert, die allerdings im „Suterrän" lagen, so daß alle Neugierigen von der Gasse hereinschauen konnten[39)].

Als der brave Lutheraner Hubert von dritter Seite über Laukhards „Irreligion" unterrichtet worden war, tatsächlich ein bemerkenswert radikaler Deismus mit Ansätzen zum Atheismus, legte er ihm höflich nahe, die Souterrainwohnung zu räumen[40)]. So zog die Familie im Sommer 1799 ins Haus eines ehemaligen Soldaten und Bekannten Laukhards. Da sich seine Frau mit Frau Harrin zerstritt, mieteten sich Laukhards im Herbst 1799 bei einem Schuhmacher und Unteroffizier mit Portepee namens Schäfer ein.

Dieser, so Laukhard, besuchte, anstatt zu arbeiten, ausschließlich Wirtshäuser in der Stadt und den umliegenden Dörfern. Er „trillte" seine Mieter und prellte dazu zahlreiche Leute um Geld. Als Laukhard im Winter um Reparatur des viel verfeuernden, aber schlecht heizenden Ofens nachsuchte, richtete Schäfer das Gerät nicht nur nicht her, sondern setzte Ziegel für die Eisenplatten ein, welche er verkaufte.

„Ohngefähr vierzehn Tage vor Ostern" wollte Laukhard deshalb zum siebten Mal seit 1795 umziehen. Ob er es tat, bleibt unklar, da Vermieter Schäfer kurz nach diesem Beschluß aus Halle floh und sich in Erfurt zur kaiserlichen Armee werben ließ. Er hinterließ seine schwangere Frau und hohe Schulden[41)].

Dieses aus einer anderen Stadt und aus einer ganz anderen Quellengattung entnommene Beispiel bestätigt das Faktum Umzugshäufigkeit an sich. Es erbringt jedoch vielschichtige Umzugsgründe von höchstens zweitrangig materieller Art, die sowohl aus den Konstanzer seriellen Quellen nicht zu gewinnen sind, als auch den daraus gewonnenen Ursachen des Wohnungswechsels ganz andere entgegenstellen.

Es ist schwer zu beurteilen, ob die von Laukhard berichteten Umzugsgründe die tatsächlichen waren und inwieweit er sie womöglich zum Zwecke der Lebenslüge eingefärbt hat. Die Miete jedenfalls schien er immer bezahlt haben zu können[42)]; erwarb er doch in dieser Zeit mit dem Veröffentlichen diverser Schriften und mit Privatunterricht in einigen lebenden und alten Sprachen, in Dogmatik und Rechtswissenschaft genug für den Unterhalt seiner Familie, nach eigener Einschätzung sogar mehr „als mancher Perückenmacher, Schneider, Schuster"[43)].

[38)] Ebd., 5. Teil, S. 12, 17-21.
[39)] Ebd., S. 24, 42f, 114.
[40)] Ebd. S. 154. Hubert „befürchtete, ich mögte Unsegen auf sein Haus bringen".
[41)] Ebd., S. 154f, 227-232, 241-246.
[42)] Ebd., S. 18: Miete für ½ Jahr im voraus bezahlt.
[43)] Ebd. Teil 4.2, S. 290ff, Zitat 325; Teil 5, S. 73, 77, 158, 294ff.

9.2 Hausbesitzerwechsel

9.2.1 Fluktuation in der Konstanzer Oberschicht

In Konstanz fiel der stetige Austausch der Oberschicht während der Frühneuzeit, besonders während des 18. Jahrhunderts, schon aufmerksamen Zeitgenossen auf. Der städtische Archivregistrator Franz Xaver Leiner quantifizierte 1791 den Abgang der ratsfähigen Geschlechter in einer „Designation der seit Anno 1738 außgestorbenen bürgerl. Famillen, welche im klein- od. grossen Rath gestanden". Sie umfaßte 26 Familiennamen[44]. Die 20 Bürgermeister und Stadtvögte von 1690 bis 1805 kamen aus 17 Familien. Nur die Beutter, Harder, Hüetlin und Labhart hielten ihre Stellung in der Konstanzer Ehrbarkeit von der zweiten Hälfte des 16. bis zum Ende des 18. Jahrhunderts[45].

Umgekehrt ließen sich in dieser Zeit, verstärkt ab etwa 1750, ständig Kaufherren von außerhalb in Konstanz nieder, meist aus der Schweiz. Sie wurden rasch in den Kreis der Honoratioren aufgenommen und in deren Gremien gewählt[46].

Die Konstanzer Oberschicht stellte in der zweiten Hälfte des 18. Jahrhunderts mitnichten eine verkrustete Oligarchie dar[47]. Vielmahr war sie ständigem Wechsel und Auffrischung von außen, manchmal auch von innen, unterworfen. Leohnhard Lehry und Dominik Friederich, die beiden ersten „gelehrten" Bürgermeister von Konstanz nach der Ratsreform 1786, nutzten als exponierte Beispiele das „Universitätsstudium als Mobilitätskanal"[48].

Dominik Friederich, Bürgermeister von 1803 bis zu seinem Tod an der Lungentuberkulose im Januar 1805, lebte 1768 noch nicht in Konstanz. 1774 wohnte der vierundzwanzigjährige studierte Jurist mit Josef Riedlinger, Kutscher beim Dompropst v. Rothberg, und seiner Hauswirtin Maria Ursula Harrerin in deren Haus im Block zwischen der heutigen Hussenstaße, Paradiesstraße und alten Stadtmauer. Am 20. Mai 1775 erwarb er für 106 Gulden und sieben Kreuzer Gebühr einschließlich Feuerwehrabgabe das Bürgerrecht. Bis 1778 hatte er das auf 800 Gulden geschätzte Haus der Witwe Harrerin gekauft. Dort lebte Friederich als Prokurator und Ratssekretär, heiratete Rosa Achert und wurde im April 1803 zum ordentlichen Nachfolger Leonhard Lehrys in das Bürgermeisteramt gewählt. Friederich hinterließ nach seinem Tod ein Vermögen von 9246 Gulden[49].

9.2.2 Die »Hausbesitzerbeschriebe« von 1755 und 1778

Der Konstanzer »Hausbesitzerbeschrieb« aus dem Jahr 1755 besteht aus 31½ nicht nu-

[44]) StAKN A I 28a, Leiner/Bickel, S. 283.

[45]) O. Leiner, Ratsmitglieder, S. 148-160; Maurer, Stadtgeschichte im Überblick, S. 90; Burkhardt in Stadtgeschichte III, S. 314.

[46]) Siehe „Zuzug von Geschäftsleuten" in ebd., S. 344-346.

[47]) Siehe oben, Kap. 2.1; Vierhaus, Zeitalter des Absolutismus, S. 71f für Ffm.; Wehler, Gesellschaftsgeschichte I, S. 185ff.

[48]) Ebd., S. 188.

[49]) StAKN, A V 2, Seelenbeschrieb 1774, Haus Nr. 225; ebd., Quartierrodel 1786-93, Haus Nr. 225 [der einzige Fall, in dem das Haus demselben Quartier zugezählt blieb und dieselbe Nummer behielt]; StAKN I III, Sterbeprot. u. Nachlaßinv., unter dem 19. Jan. 1805; GLA 209/1221, »Hausbesitzerbeschrieb« 1778, selbes Haus Nr. 234; StAKN A IV 20, Bürgerbuch 1727-1778, angegebenes Datum; Wahl 1803: GLA 209/438, siehe oben Ende von Kap. 4.5.

merierten Seiten, undatiert, ohne Überschrift, ohne Angabe eines Schreibers oder Auftraggebers und ohne Einteilung in Quartiere oder Pfarreien[50]. Anhand verschiedener Funktionsträger, vor allem der Mitglieder des inneren Rats, des Bürgermeisters und des Scharfrichters, konnte die Liste auf 1755, möglicherweise 1756, datiert werden. Strenggenommen handelt es sich um eine Aufstellung Konstanzer Immobilienbesitzer, die außer Häusern noch Wiesen-, Acker-, Weinberg- und Gartenbesitz, darin die Paradieser Krautgartenfelder, in Jauchert enthält. Nur natürliche, weltliche Personen sind genannt; fast allen ist ihre „Qualität", ihr Rechtsstatus als Bürger oder Beisasse, zugeordnet. Bei Männern steht häufig ein Amt oder eine Profession vermerkt. Die Anordnung folgt nicht Häusern, sondern, undurchsichtig gemischt, Besitzern. Im Unterschied zum »Hausbesitzerbeschrieb« 1778 ist jeder Personenname einmal vertreten, dahinter der gesamte Immobilienbesitz innerhalb des Stadtbanns in Zahl und Jauchert, aber ohne Wertangabe genannt.

Die Vergleichbarkeit der beiden Listen erscheint möglich. 496 weltlichen Personen mit 583 Wohnhäusern 1755 stehen 519 Laien mit 610 Wohnhäusern für 1778 gegenüber. Die Differenz beträgt 23 Besitzer und 27 Häuser; die Lücke bleibt mit rund 4½ Prozent gerade noch im erträglichen Rahmen.

Der »Hausbesitzerbeschrieb« von 1778 bildete einen Teil der Tätigkeit der Kommission Hauk, die zwecks Einführung der sogenannten „Peräquationssteuer" das Vermögen aller Konstanzer einschätzte[51]. Seine Vollständigkeit darf daher als gesichert gelten.

Der Abgleich der beiden »Hausbesitzerbeschreibungen« erfolgte unter der Fragestellung, wieviele Wohnhauskomplexe im Jahr 1778 Privatpersonen gehörten, deren Familiennamen nicht unter den Hausbesitzern von 1755 auftaucht. Die neuen Namen verweisen auf Personen, die in diesem Zeitraum von 23 Jahren von auswärts nach Konstanz gezogen sind oder sich, sofern sie bereits ansässig waren, in den Konstanzer Hausbesitz eingekauft haben. Das Kriterium der Familiennamen schließt Erbschaften, einschließlich solche an Töchter, Übergaben und dergleichen nicht ganz, aber weitgehend aus.

Erkenntnisziel war, den stetigen Bevölkerungsaustausch und die bereits festgestellte Häufigkeit des Wohnungswechsels in der zweiten Hälfte des 18. Jahrhunderts in Konstanz aus einer weiteren Perspektive zu belegen. Wenn schon die Hausbesitzer in 23 Jahren deutlich fluktuierten, so erst recht der ungebundene Teil der Gesamtbevölkerung. Diese Überlegung setzt freilich Hausbesitzer- und Hausbewohnerwechsel gleich, ignoriert also die Möglichkeit des Hauserwerbs zu dem Zweck, Mietzinsen einzunehmen. Doch schien diese Art des Gelderwerbs in Konstanz kaum üblich. In den Akten fand der Autor nur einen Fall, in dem ein - zugezogener - Geschäftsmann Häuser aufkaufte, renovierte und vermietete[52]. Der hohe Anteil von Eigenbesitzern ihrer Wohnungen[53] und die Beispiele Rosenlächer, v. Loob und Nagengast im vorigen Abschnitt belegen, daß Häuser und Hausteile in Konstanz gekauft wurden, um darin zu wohnen.

[50]) GLA 209/1306, das Faszikel »Statistik«.
[51]) Siehe Kap. 3.2.2 a).
[52]) GLA 209/518, Schreiben des Johann Georg Krößer vom 6. Nov. 1789, der 7 Jahre zuvor das Bürgerrecht erworben hatte.
[53]) Oben Kap. 6.5.1, Tabelle 61.

Der folgende Terminus »Neukonstanzer Hausbesitzer« bezeichnet Personen, die 1778 private Eigentümer mindestens eines Wohnhauskomplexes im Stadtbann waren und deren Familienname 1755 noch nicht in der Reihe der Konstanzer Immobilienbesitzer erschienen war. Wohnhaus-Komplexe konnten auch Scheunen und Stallungen einschließen und aus mehreren Wohnhäusern nebeneinander bestehen. Den verschiedenen geistlichen und städtischen Institutionen eigene Hauskomplexe bleiben hier unberücksichtigt.

Tabelle 137: Wechsel des Hausbesitzes zwischen 1755 und 1778

Im 1. Quartier gehörten	**26** Prozent,	
Im 2. Quartier gehörten	**31** Prozent,	
Im 3. Quartier gehörten	**29** Prozent,	
Im 4. Quartier gehörten	**43** Prozent,	
Im Paradies gehörten	**2** Prozent,	
In Petershausen gehörten	**31** Prozent	aller Wohnhauskomplexe Neukonstanzer Hausbesitzern[54].
1778 gehörten in Konstanz insgesamt 183 von 620, das sind	**29,5** Prozent	aller privaten Wohnhauskomplexe Neukonstanzer Hausbesitzern.

Abgesehen vom bodenständigen Hausbesitz im Paradies hatte der geringste Austausch im seit jeher vom Handwerk und vom Patriziat geprägten ersten Quartier um die und südlich der Marktstätte stattgefunden. Die intensivste Fluktuation von Hausbesitzern, also den stärksten Zuzug Auswärtiger, erlebte das vierte Quartier, die Kreuzlinger Vorstadt, wo die Häuser auch am wohlfeilsten zu erwerben waren[55].

Insgesamt kauften »Fremde« in einem Zeitraum von 23 Jahren zwischen einem Viertel und einem Drittel des Konstanzer Wohnhausbestands.

Im Unterschied zu diesen knapp 30 Prozent Hausbesitzes in neuen Händen waren - im Vergleich mit der Liste von 1755 - fast die Hälfte der 1778 genannten 328 Hausbesitzer-Familiennamen neu hinzugekommen[56]. Die Differenz erklärt sich damit, daß die alteingesessenen Konstanzer Familien häufig weit verzweigt waren und auch etliche Hausbesitzer aufwiesen, wogegen die Neukonstanzer Hausbesitzer in der Regel mit einem Haushaltsvorstand vertreten waren, der ein Haus gekauft hatte.

Exponierte Beispiele unter diesen Neukonstanzer Hausbesitzern sind einmal mindestens zehn Kaufleute: Bernhard Karl Bell, Franz Josef und Ludwig Mandel, die aus Savoyen eingewanderten Franz Dujourdhu, Peter Delisle und Rudolf Michon[57], der Weinimporteur Simon Volterauer, der Spediteur Josef Hugard, der Stahlhändler David Bachmann, dem das auf 6000 Gulden Wert veranschlagte und damit teuerste Privathaus gehörte, wie auch der Buchhändler und spätere königlich kaiserliche Hofbuchdrucker Martin Wagner. Weitere finanzkräftige Neubürger standen 1778 unter anderen Berufsbezeichnungen in der Hausbesitzerliste, wie

[54]) Basismenge ist jeweils die Zahl der Wohnhauskomplexe im Beschrieb von 1778. Absolute Zahlen: 1. Qu.: 35 von 137; 2. Qu.: 48 von 155; 3. Qu.: 46 von 158; 4. Qu. = Kreuzlinger Vorstadt: 49 von 113; Paradies 1 von 44; Vorstadt Petershausen 4 von 13.

[55]) Siehe Tab. 65: Durchschnittswert der Gebäudekomplexe in der Kernstadt 567 fl, in der Kreuzlinger Vorstadt 261 fl.

[56]) Von 328 Familiennamen im Jahr 1778 waren 154 = 47 % im Jahr 1755 noch nicht in der Hausbesitzerliste von 1755 vertreten.

[57]) Siehe oben, Kap. 3.3.5.

etwa der Ratsherr Christoph Güllmann, Christoph Flatt, der 1787 das ehemalige Jesuitengymnasium erwarb und 1789 mit Gewinn weiterverkaufte, der dompropsteiische Oberamtmann und Unternehmer Simpert Lauber, der dieses Jesuitengymnasium zusammen mit dem Baumwollfabrikanten Reichardt zum Theater umbauen ließ[58], der Buchdrucker Gerhard Lüdolf, der Hofrat und Rentier v. Ziegler und einige mehr. Unter den in der Administration tätigen neuen Hausbesitzern ragen der spätere Bürgermeister Dominik Friederich, der bischöfliche Kanzleiverwalter Josef Anton Rahn und der bischöfliche Stadtammann Meßmer hervor. Hausbesitz in Konstanz erwarben zwischen 1755 und 1778 neben vielen anderen noch Rheinmühlemeister Gebhard Raitebuch und Stadtwerkmeister Michael Springhardt, der 1770 die Rheinmühle instand setzte und umbaute[59].

Diesen Zugängen standen erheblich geringere Abgänge gegenüber. An Kaufleuten verschwanden zwischen 1755 und 1778 nur Josef Gentill und der Buchhändler und - freilich etwas unseriös erscheinende - Unternehmer Friderich Bez[60] aus der Hausbesitzerliste. Das Bezische „Bücherhandlungshaus" hatte Martin Wagner übernommen[61]. Die Ratsfamilien v. Streng, Metzger, Jäger, v. Eichenlaub und der ehemalige Konstanzer Stadtsyndikus, nach einem Skandal[62] für die Reichsritterschaft tätige Friderich v. Speth, alle als Hausbesitzer 1755 genannt, tauchen 1778 in der entsprechenden Reihe nicht mehr auf. Jakob Dobler wurde 1755 noch als hausbesitzender Paradieser Bürger geführt, er bewohnte 23 Jahre später als Totengräber eine Dienstwohnung beim Schottenfriedhof. Das Fehlen weiterer hervorragender Familien oder Personen fiel nicht auf.

Unter umgekehrter Perspektive, also vom »Hausbesitzerbeschrieb« 1755 aus betrachtet, waren 23 Jahre später noch 110 von 516 Wohnkomplexen im Besitz derselben Person; das entspricht einer Quote von 21 Prozent. Diese Schnittmenge liegt eher zu hoch als in der Realität, da lediglich nach der Übereinstimmung des Namens identifiziert wurde; bei häufig vertretenen Familiennamen wie Lehry, Einhard, Schreiber, Harder und anderen konnte derselbe Vorname 1755 eine andere Person bezeichnen als 1778. Diese Fehlerquelle wurde nur bei offensichtlicher Nicht-Übereinstimmung der Person umgangen.

Dazu kam 49 Mal der Verweis auf die Witwe, die Kinder oder Erben der 1755 als Besitzer genannten Person. Diese Zahl dürfte in der Realität erheblich höher anzusetzen sein. Die Differenz zwischen dem knappen Drittel der Privathäuser, die nachgewiesenermaßen im Besitz derselben Person oder ihrer direkten Erben blieb und dem knappen Drittel des Hausbestandes, das ausgewiesenermaßen einen neuen Besitzer erhielt, dürfte durch verwickeltere Erbgänge und durch Verkäufe an eingesessene Hausbesitzer ausgefüllt worden sein.

42 Prozent der Hausbesitzer-Familiennamen von 1755 tauchen in der Aufstellung aus dem Jahr 1778 nicht mehr auf[63].

58) Lauber wurde Bürger am 21. März 1778: StAKN A IV 20, Bürgerbuch 1727-78. Zu Jesuitengymnasium und Stadttheater: Burkhardt in Stadtgeschichte III, S. 399.
59) Springhardt: ebd., S. 361.
60) Ebd. S. 327f.
61) StAKN A V 2, Seelenbeschrieb 1774, Haus Nr. 269.
62) Burkhardt in Stadtgeschichte III, S. 321-326.
63) Absolut: 125 von 299 Namen.

Um diese kompliziert anmutenden Rechenexempel anschaulicher, dafür gröber gerastert auszudrücken, ergibt sich hinsichtlich der Gesamteinwohnerschaft folgendes Bild: Ungefähr die Hälfte der Konstanzer Haushalte bildete den festen Stamm eingesessener Bevölkerung, bei der anderen Hälfte herrschte stetiger Durchlauf. Die Grenzen beider Gruppen fransten gegeneinander aus.

9.3 Zusammenfassung

Tabelle 138: Wohnungswechsel in Großstädten 1885 und 1905 [64] verglichen mit Konstanz 1786 bis 1793

	„Bezugsdauer in Prozent der bewohnten Wohnungen"						
	Berlin		München		Leipzig		Konstanz
Zeitraum	1885	1905	1885	1905	1885	1905	1786-1793
0 - 1 Jahr	32	29	30	27	22	25	20
0 - 2 Jahre	50	46	45	42	37	42	30-33
0 - 5 Jahre	76	70	68	67	62	64	46-47
Wohnungen in Tausend	304	523	64	131	32	115	1

Die Umzugshäufigkeit in Städten um 1900 nahm offenbar mit der Zahl ihrer Bewohner zu. Insofern fügen sich die für ein Jahrhundert davor ermittelten Werte der 4000-Einwohner-Stadt am Bodensee bruchlos ein.

Die Einwohnerschaft von Konstanz bildete in der zweiten Hälfte des 18. Jahrhunderts keine statische Menge. Das Wohnen war in einem Maße, das dem des 19. und 20. Jahrhunderts nahe- oder gar gleichkommt, vom Umziehen, Wegziehen, Zuziehen, auch vom Wechsel des Wohnungsbesitzes bestimmt. Dabei blieb der biologisch determinierte Anteil an dieser Fluktuation allem Anschein nach deutlich hinter dem gesellschaftlich bedingten zurück.

Der häufige Wechsel des Wohnraumes ist offenbar genausowenig ein Produkt der Industrialisierung wie die Zweigenerationen-Kleinfamilie. Zum Komplex des »ganzen Hauses« müßte auch ein dauerhafter Wohnsitz gehört haben; umgekehrt konnten kleine Familiengemeinschaften und Einpersonenhaushalte mit beschränktem materiellem Besitz ihren Wohnraum der jeweils gegebenen wirtschaftlichen Situation unkompliziert anpassen.

Die häufig „unvollständigen", von Frauen geführten Haushalte stellten einen überproportionalen Anteil am Wohnungswechsel. Wiederum verweist eine statistische Bestandsaufnahme darauf, daß die Bedeutung der - in Konstanz - 25 bis 30 Prozent Frauenhaushalte für das gesamte Sozialgefüge einer Stadt im 18. Jahrhundert nicht unterschätzt werden darf.

[64]) Hubbard, Familiengeschichte, Tabelle 3.50, S. 149. Die Zahlen Hubbards für Berlin, München und Leipzig sind gerundet und mußten anders zusammengestellt werden, um einen direkten Vergleich überhaupt zu ermöglichen. Auch muß man sie strenggenommen unter Vorbehalt neben die Konstanzer Ergebnisse stellen, da für Konstanz keine exakte Bezugsdauer festgestellt werden konnte, sondern lediglich die Anwesenheit eines anderen Haushalts nach einem bestimmten Zeitabschnitt registriert wurde. Diese methodischen Einwände stoßen jedoch die Aussagekraft der Tabelle keineswegs um; so wenig wie der Umstand, daß Hubbards Prozentzahlen in der Summe dreimal 3-4 % von 100 entfernt liegen, so daß die Differenz nicht mit dem Abrunden erklärt werden kann.

Konstanz war in der zweiten Hälfte des 18. Jahrhunderts eine Einwanderungsstadt. Dieser Befund entspricht dem festgestellten Sterbefallüberschuß bei gleichzeitigem Ansteigen der Gesamtbevölkerung[65]. Eine bemerkenswerte Zuwanderung fand bereits vor der Immigration aus Genf und der Flüchtlingswelle aus Frankreich statt.

Der Verlust eingesessener ratsfähiger Geschlechter wurde durch den Einwanderungsüberschuß finanzkräftiger Kaufleute nicht nur aufgefangen, sondern sogar überkompensiert. Der rasant anmutende Austausch in der Konstanzer Oberschicht seit dem Beginn der theresianischen Ansiedlungspolitik um 1750 bedeutete wirtschaftlichen Gewinn für die Stadt, noch bevor Genfer Entrepreneurs und französische Emigranten Erwerbsmöglichkeiten und Geld in die Stadt brachten.

Bei der Umzugshäufigkeit und Bewohnerfluktuation im 18. Jahrhundert dürften sich die Verhältnisse in der Stadt erheblich von denen auf dem Land unterschieden haben, wie es die jeweiligen Ergebnisse für die Konstanzer Ackerbürgervorstadt Paradies nahelegen. Das Paradies war deutlich weniger vom Wohnungswechsel betroffen als die anderen Stadtviertel, seine Häuser blieben fast ausnahmslos im Besitz derselben Familien.

Die Gründe des Wohnungswechsels sind hier erst mit einigen Beispielen angeschnitten. Die Palette erscheint nach dem ersten unsystematischen Sichten überaus bunt: Sie reicht von der regelmäßig genannten Heirat über ökonomisches Abrutschen bis hin zum schlecht heizenden Ofen und Gesinnungsdifferenzen zwischen Hausbesitzer und Mieter.

Es eröffnet sich die interessante Aufgabe, eingehendere Untersuchungen gezielt auf das Ausmaß und die Ursachen der Umzugshäufigkeit im 18. Jahrhundert zu richten.

[65]) Oben, Kapitel 3.3 und 4.3.

Kapitel 10: Erwerbstätigkeit

Die vorgenommene Trennung in Erwerbsklassen und Branchen ist strenggenommen ein zu Analysezwecken geschaffenes wissenschaftliches Kunstprodukt. In der Realität waren viele Konstanzer gezwungen, findig jede Erwerbsmöglichkeit zu nutzen. 118 Haushaltsvorständen, das entspricht einem Fünftel der in Frage kommenden etwa 580 Haushalte in Handwerk, Dienstleistung, subalternem öffentlichem Dienst und Landwirtschaft, wies Ratsprokurator Bollinger im Seelenbeschrieb 1774 mehr als eine Erwerbstätigkeit zu. Wahrscheinlich reicht diese Quote nicht annähernd an die tatsächlichen Zustände heran: Erinnert sei an Xaver Conradi, der gleichzeitig im Sold des Spitalamts Küferdienste versah, auf eigene Rechnung das Küferhandwerk betrieb, einen kleinen Weinhandel laufen hatte und im Taglohn Wein abfüllen half[1]. Stadtkanzlist Josef v. Loob unterhielt mit seiner Mutter einen Spielsalon[2]. Ein Doktor der Theologie und Kanoniker bei St. Johann „führet durch einen Provisor", Friderich Merckher, die Apotheke „zum Thiergarthen"[3].

Auch der Wechsel von Haupterwerbstätigkeiten schien nicht eben selten vorgekommen zu sein, wie die Beispiele Johannes Handel und Franz Anton Rosenlächer zeigen[4]. Der Emigrant Jurquet aus Bordeaux geriet mit seiner 1794 im Haus der Fischerzunft eingerichteten Bandfabrikation nach einigen Monaten ins Schleudern und sattelte um auf die Herstellung und den Verkauf von Lichtern[5].

Die Beispiele legen es nahe, der einzelnen in den Quellen beschriebenen Profession „keinerlei Anspruch auf Ausschließlichkeit"[6] oder Dauer beizumessen.

Je größer die Datenbestände, um so mehr nivellieren sich solche Brüche. Diese Erwägungen sind einschränkend vorausgeschickt, um dem Eindruck vorzubeugen, dieser oder jener exakte Prozentanteil der Bevölkerung hätte sich auschließlich und sein Leben lang aus einem Handwerk, vom Spezereienhandel oder dergleichen ernährt.

Alles deutet darauf hin, daß auch in Konstanz die Erwerbsarbeit, soweit möglich, lebenslang währte[7]. Bildhaft ausgedrückt, schien der Tod auf dem Schusterschemel oder am Waschbrett üblich gewesen zu sein.

Eine genauere Untersuchung mittels Quellen, die speziell diese Frage klären könnten, stünde noch aus. Die verarbeiteten lassen vermuten, die sozialen Regelmechanismen Betriebsübergabe zu Lebzeiten und Altenteil[8] seien in Konstanz nicht angewandt worden.

Sofern die Konstanzerinnen und Konstanzer zwischen 1786 und 1805 außerhalb der Spitalkrankenstube starben, lassen die Kanzlistenformeln zur Erwerbstätigkeit selten ein »quieszierendes« Dasein nach vollbrachter Lebensarbeit erkennen. In den Seelenbeschrieben

[1]) GLA 209/1266; siehe Kap. 5.2.

[2]) Kap. 9.1.3 b).

[3]) StAKN A V 2, Seelenbeschrieb 1774, Haus Nr. 516.

[4]) Siehe Kap. 8.1.3 a) und f).

[5]) Moser, Emigrantenkolonie, S. 42, 44.

[6]) Mathis, Bevölkerungsstruktur, S. 51. Ebd., S. 58: Bäcker und Schuster verdienten 1630 in Innsbruck im „Nebenberuf" als Wächter hinzu.

[7]) Borscheid, Geschichte des Alters, S. 449f.

[8]) Vgl. dazu Adler, Demographie und Familiengeschichte, Kap. 5.3; in Tab. 4, S. 52 wird deutlich, daß selbst in ländlichen Anerbengebieten in 20 bis 40 % aller möglichen Fälle *keine* Übergabe an den Ältesten stattfand.

versah Johann Peter Bollinger nur sehr wenige Erwerbsangaben mit einem Zusatz wie „treibet die Profession ein wenig“ oder „treibet die Profession nicht mehr“; letzteres betraf im übrigen den 39jährigen Weißbäcker Josef Beer und den 38jährigen Rotgerber Anton Bauknecht[9]. Der 71jährige Schreinermeister Georg Kern hingegen „treibet die Profession“, der 70jährige Sattler Wenzel Trasschanzgi „ernähret sich durch die Profession“ genau so wie diverse weitere in ähnlichem Lebensalter[10].

10.1 Klassifizierung der Professionen

Der Begriff „Profession“ „heisset im gemeinen Leben das Gewerb, Thun, die Handthierung; ingleichen der Stand, Beruf, die Lebensart und Nahrung. Daher heißt Profeßion von einem Dinge machen, sich auf ein Ding legen, und dasselbige treiben, sich damit zu ernähren.“[11] Trotz dieser großzügigen Definition umfaßte der Begriff in den Konstanzer Quellen des späten 18. Jahrhunderts im strengen Sinne nur das Handwerk und den Handel, wurde allenfalls noch ausgeweitet auf Kaufleute, Apotheker, Ärzte, Bader und dergleichen. „Beruf“ enthält, auf das 18. Jahrhundert bezogen, zu viel Bedeutungshintergrund aus der „Berufung“, fordert zumindest die freie Auswahl unter verschiedenen Möglichkeiten, was in Konstanz zu der Zeit nur in äußerst eingeschränktem Maße gegeben war. Deshalb ist in dieser Arbeit meist der Begriff Erwerbstätigkeit verwendet.

Sofern nicht anders angegeben, folgen alle Unterteilungen nach Erwerbsbereichen in dieser Arbeit der Art der Tätigkeit, nicht der Branche oder dem Dienstherrn; zum Beispiel wird der Spitalküfermeister als Küfer und damit als Handwerker gewertet. In einzelnen Fällen wird man sich sicher gelehrt darüber streiten können, inwieweit die eine oder andere Zuordnung gerechtfertigt ist; da aber eine die historische Vielfalt exakt wiedergebende und gleichzeitig praktikable Einteilung unmöglich aufzustellen ist, sei hier redlicherweise wenigstens der Maßstab offengelegt, dem so manche Tabelle dieser Untersuchung zugrundeliegt.

Die Erwerbszweige umfassen folgende einzelnen Tätigkeiten, die, um nicht den Rahmen zu sprengen, exemplarisch aufgereiht sind:

I. Handwerk und Produktion

Meister aller Art einschließlich der Nahrungsmittelgewerbe Bäcker, Metzger und dergleichen, Kuttler, Hafermuser, Fischer, Uhrmacher, Seiler, Buchbinder, Büchsenmacher, Graveur, Lohestampfer und ähnliche. Gesellen, Lehrjungen, Beisassen mit Handwerkertätigkeit; dabei auch, wiewohl eine Trennung zur Gruppe »Dienstleistung« schwer möglich ist, ein paar Frauen als Strumpfweberin, Spinnerin und ähnliche.

II. Dienstleistung, Einzelhandel, Freiberufe

Im Unterschied zum Handwerk, das seine Produkte verarbeitete und weiterverkaufte, enthält diese Gruppe Personen, die eine Dienstleistung, das hieß recht häufig: ihre Arbeitskraft, ver-

9) StAKN, A V 2, Seelenbeschrieb 1774, Haus 370 sowie Beer in Nr. 389, Bauknecht in Nr. 603.
10) Ebd., Beispiele Haus Nr. 255 und 82.
11) Zedler, Universal-Lexicon Band 29 (1741), Sp. 764.

kauften oder eine Ware, die sie selbst nicht hergestellt hatten. Zweifelsfall ist hier der Apotheker, der jedoch eher als Händler denn als Produzent eingeschätzt ist[12].

Arzt, Apotheker, Advokat, Müller, Wirt, Einzelhändler, Wettekarrer [kleiner Transportunternehmer], Musiker, Maler, Hebamme und ähnliche. Magd, Knecht, Kammerdiener, Koch, Gärtner, Hauserin, Taglöhner, Näherin, Wäscherin, Dammtrögel [Träger am Hafen], Pflasterer und ähnliche.

III. Spital- und Privatpfrund

Neben den Pfründerinnen und Pfründern sind darunter auch sonstige überwiegend von Almosen oder Bettel Lebende gefaßt.

IV. Landwirtschaft

Paradieser Ackerbürger, Rebleute, je ein Feldknecht und Kuhhirt.

V. Verwaltung, öffentlicher Dienst

Ungeachtet dessen, ob es sich um die Anstellung bei einer städtischen, staatlichen oder kirchlichen Institution handelte:
Stiftspfleger, Registrator, Spitalmeister, Kanzleiverwalter, Syndikus, Ratsprokurator, ab 1786 Magistratsrat, bischöflicher Ammann, Professor am k.k. Lyzeum, und ähnliche. Postverwalter, Polizist, Nachtwächter, Turmbläser, Totengräber, Scharfrichter, Kanzlist, Schreiber, Normallehrer, Mesner, Luckenmann [= Lotse], Bettelvogt, k.k. Uhrenstempler, Krankenmutter und ähnliche.

VI. Geistlichkeit

Ab dem Laienbruder in der Hierarchie aufwärts. Darunter auch Exjesuiten, pensionierte Pfarrer und ähnliche.

VII. Militär

Darunter auch pensionierte Soldaten. Offiziere, Unteroffiziere, Mannschaften, auch Feldmusici und ähnliche.

VIII. Wirtschaftsbürger, vor 1785: Großhandel, Banken

Vor dem Zuzug der Genfer Kolonie auf Kaufleute, Großhändler und Bankiers beschränkt. Nach 1785 ist die Gruppe um Teilhaber an einer Kompanie oder Fabrik und selbständige Entrepreneurs sowie um unselbständige Protoindustriearbeiter und -arbeiterinnen, darunter auch verlegte Heimarbeiter und einen Handlungslehrjungen erweitert.

IX. Rentiers

Alle, die von ihrem Vermögen, aus Kapital- oder Grundrenten oder vom Ersparten ohne Arbeit und ohne Almosen lebten.

[12]) Anders Mathis, Bevölkerungsstruktur, S. 56, Anm. 100.

10.2 Der Stellenwert der einzelnen Erwerbszweige

Tabelle 139: Ökonomische Einbindung der Gesamtbevölkerung in Erwerbszweige 1774 [13] (geordnet nach ihrem Bevölkerungsanteil)

Erwerbstätigkeit des Haushaltsvorstands	Haushalte	Personen	Personen je Haushalt	Anteil an der Konstanzer Bevölkerung
Handwerk:	247	1207	4,9	31,0 %
Dienstleistung, Einzelhandel, Freiberufe:	200	706	3,5	18,1 %
Verwaltung, öffentlicher Dienst:	102	444	4,4	11,4 %
Geistlichkeit:	69	380	[14] 3,4	9,8 %
Ohne Angabe, ohne Profession:	207	377	1,8	9,7 %
Landwirtschaft:	71	375	5,3	9,6 %
Spital-, Privatpfrund:	9	181	[15] 1,3	4,6 %
Großhandel, Banken:	13	87	6,7	2,2 %
Rentiers:	19	85	4,5	2,2 %
Militär:	18	45	2,5	1,2 %
Auswärts, Sonstige[16]:	3	9	3,0	0,2 %
Gesamtzahl ... ohne Spital und Klöster:	950	3558	3,74	91,3 %
mit Spital und Klöstern:	958	3896		100 %

Die Handwerkerhaushalte ent- und unterhielten mit einem knappen Drittel den größten Bevölkerungsanteil.

In den Haushalten des öffentlichen Dienstes, der Landwirtschaft und der Geistlichkeit lebten jeweils etwa zehn Prozent der Gesamteinwohnerschaft; zusammen erreichten die Haushalte dieser drei Tätigkeitsgruppen gerade eben die Handwerksbevölkerung.

Die Haushalte, deren Unterhalt im Erwerbszweig Dienstleistung/Einzelhandel/Freiberufe erworben wurde, stellten den zweitgrößten Einwohneranteil; dies um so deutlicher, als etwa die Hälfte der Haushalte ohne Erwerbsangabe ebenfalls hier zuzuordnen ist.

Die übrigen Haushalte mit unbekannter Herkunft des Unterhalts lebten vornehmlich als Rentiers und von Almosen oder anderen Unterstützungsleistungen[17]. Der Bevölkerungsanteil, der sich in der Pfrund und vom Almosen unterhielt, erreichte demnach zwischen fünf und zehn Prozent.

Die Rentiers und Kaufleute bildeten einen großen Teil der begüterten Konstanzer Minderheit.

Ein in der Tendenz übereinstimmendes Resultat erbringt die Erwerbsverteilung nach dem Seelenbeschrieb von 1768: Hier stellten die in einem Handwerkerhaushalt lebenden Konstanzer 38 Prozent der erfaßten Bevölkerung; die Haushalte, deren Vorstand in Dienstlei-

[13]) Grundlage: StAKN A V 2, Seelenbeschrieb 1774. Alle Angaben, sofern nicht anders angemerkt, inklusive Spital und Klöstern.

[14]) Personendurchschnitt je Haushalt ohne Klöster.

[15]) Personendurchschnitt je Haushalt ohne Spital und Seelhaus.

[16]) 1. der 1769 geschaßte, vordem Stadtvogt und Interimsbürgermeister Kajetan Zimmerman, hielt sich in Freiburg auf; 2. ein vermutlich reisender Händler; 3. ein schon seit 10 Jahren „flüchtig"er Bürger.

[17]) Siehe Kap. 10.3.

stung, Einzelhandel oder einem Freiberuf tätig war, sowie die ohne Professionsangabe - welche letzteren zum Großteil der Dienstleistung zugerechnet gehören - erreichten 1768 zusammen 35,4 Prozent der Einwohnerschaft, etwas weniger also als das Handwerk.

Aus der Perspektive der Haushalte und ihrer Angehörigen betrachtet, führte das Handwerk die Erwerbsstruktur an, dicht gefolgt von den Haushalten der Transportarbeiter, Mehlhändlerinnen, Barbierer, Wäscherinnen und dergleichen.

Tabelle 140: Erwerbsstruktur 1774 in den Quartieren, einschließlich Spital und Klöstern Die Angaben zu jedem Quartier sind gegliedert in: Zahl der Haushalte, Zahl der zugehörigen Personen, Anteil der Bewohner des betreffenden Quartiers in Prozent.

Quartier	Handwerk	Dienstl. Einzelh. Freib.	Öffentlicher Dienst	Geistlichkeit	Landwirtschaft	Pfrund	Großhandel +Rent.	Andere [18]	Summe
1 Hh.-e	57	41	11	2	-	1	13	29	154
Pers.	274	174	38	37	-	166	69	61	819
Anteil:	**33 %**	**21 %**	**5 %**	**5 %**	-	**20 %**	**8 %**	**7 %**	**100**
2 Hh.-e	69	48	43	37	12	5	11	65	290
Pers.	346	171	195	122	44	7	72	126	1083
Anteil:	**32 %**	**16 %**	**18 %**	**11 %**	**4 %**	**1 %**	**7 %**	**12 %**	**100**
3 Hh.-e	75	52	30	28	1	1	7	71	265
Pers.	392	175	135	169	2	2	28	131	1034
Anteil:	**38 %**	**17 %**	**13 %**	**16 %**	-	-	**3 %**	**13 %**	**100**
4 Hh.-e	36	49	14	-	8	1	1	38	147
Pers.	155	156	53	-	46	6	3	70	489
Anteil:	**32 %**	**32 %**	**11 %**	-	**9 %**	**1 %**	**1 %**	**14 %**	**100**
[5] Hh.-e	1	-	2	-	43	1	-	4	51
Pers.	5	-	15	-	250	0	-	12	282
Anteil:	**2 %**	-	**5 %**	-	**89 %**	-	-	**4 %**	**100**
[6] Hh.-e	9	10	2	2	7	-	-	21	51
Pers.	35	30	8	52	33	-	-	31	189
Anteil:	**19 %**	**16 %**	**4 %**	**28 %**	**17 %**	-	-	**16 %**	**100**
Stadt in %	**31 %**	**18 %**	**11 %**	**10 %**	**10 %**	**5 %**	**4 %**	**11 %**	**100**

Wenn auch nicht gerade Ghettos auszumachen sind, so treten doch in dieser Zuordnung der Erwerbsklassen zu den sechs Wohnvierteln interessante Verteilungen hervor[19].

Ackerbürger, Geistliche und Kaufleute, die Spital- und Seelhausbewohner selbstredend, waren an bestimmte Häuser oder Wohnviertel gebunden. Handwerk, Einzelhandel und Dienstleistung und die Haushalte der Professionslosen lebten ungebunden gleichmäßig in der ganzen Stadt, vom Paradies abgesehen, verstreut.

[18]) Ohne Angabe einer Erwerbstätigkeit, Militär, Auswärts/Sonstige mit: 207/377, 18/45, 3/9 Haushalten/Haushaltsangehörigen.

[19]) Ebenso Mathis, Bevölkerungsstruktur, der zwar unterschiedlich gute Wohnlagen in Innsbruck ermittelte (S. 64-71, v.a. 64), jedoch bezüglich sozialer Strukturen der 5 Stadtteile feststellte: „Es gab weder *ausschließlich* arme noch *ausschließlich* reiche Stadtviertel“ (S. 133, kursiv authentisch).

Im ersten Quartier „zum Rosgarten“ waren die Erwerbsbereiche Landwirtschaft, Geistlichkeit und höhere Verwaltung, gemessen an ihrem Anteil an der Gesamtzahl der Haushalte, unterrepräsentiert. Dagegen prägte das städtische Spital an der Marktstätte die Einwohnerstruktur im ersten Quartier. Die Pfründer, Kranken und Angestellten des Spitals bildeten ein Fünftel der Bewohnerschaft des ersten Quartiers um die Marktstätte. Mit dem Zuwachs auf 212 Spitaliten bis zum Jahr 1783 [20] erhöhte sich deren Anteil in diesem Quartier auf ein Viertel. Überproportional vertreten waren auch Rentiers, Großkaufleute, Betriebe der Buch- und Papierproduktion und die Gastwirtschaft. Die Kaufherrenhaushalte konzentrierten sich auf die Häuserzeile nördlich der Marktstätte, wobei sicher die Nähe des Stadthafens eine Rolle spielte, und auf die Augustinergasse, heute Rosgartenstraße. Eine ähnliche, wenngleich nicht ganz so ausgeprägte Vorliebe für das Wohnen im ersten Quartier zeigten die Rentiers, deren adliger Teil allerdings das zweite Quartier, vor allem die heutige Hussenstraße, präferierte.

Das erste Quartier hatte also das Gesicht einer „Bürgerstadt“, das im Mittelalter noch nicht sonderlich ausgeprägt war, bis ins 18. Jahrhundert hinein entwickelt[21].

Im zweiten Quartier „zum Fischerhaus“ waren der Nahrungsmittelsektor, der Einzelhandel und das Gastgewerbe unterrepräsentiert. Dagegen konzentrierten sich hier die Geistlichkeit, die - insgesamt nur neun - Lehrkräfte sowie die Hälfte der in der ganzen Stadt ansässigen höheren Stadt-, Kirchen- und Staatsdiener. Die weltlichen höheren Amtsträger wohnten um die Stadtkanzlei und in der St. Paulsgasse, heute Hussenstraße; die Beamten der Geistlichkeit residierten rund um den Domplatz und die Stiftskirche St. Stephan.

Das zweite Quartier teilte sich also in eine nördliche »St.Stephansstadt« und eine südliche »Verwaltungsstadt«.

Im dritten Quartier waren die Landwirtschaft und die Branchen Transport und Verkehr, Buch- und Papierherstellung, Gastwirtschaft unterdurchschnittlich schwach vertreten. Starke Präsenz zeigten auch hier Geistlichkeit, höhere Amtsträger und Lehrkräfte - sowohl die städtische Lateinschule[22] als auch das Jesuitengymnasium, nach Aufhebung des Ordens josefinische Lyzeum lagen im dritten Quartier - sowie der Einzelhandel und die Metallverarbeitung in der Niederburg.

Die unterschiedlichen wirtschaftlichen Traditionen im Kern der ehemaligen Bischofsstadt und in der Niederburg prägten also die Erwerbsstruktur des dritten Quartiers.

Die Augustiner- und Kapuzinerbrüder repräsentierten den Klerus im ersten Quartier. Ansonsten saß die Konstanzer Geistlichkeit gehäuft in ihren Pfründhäusern um die Domkirche und die beiden Stiftskirchen St. Stephan und St. Johann im zweiten Quartier, zu dem auch - geographisch unbestritten - das Kloster der Franziskanerminoriten gehörte, und im dritten Quartier, in dem die beiden Frauenkonvente St. Peter und Zoffingen sowie die Dominikanerinsel lagen. In der Vorstadt Petershausen sorgten die Bewohner des Reichsstifts für die geistliche Dominanz.

[20]) StAKN A I 28a, Leiner/Bickel, S. 264.
[21]) Vgl. Maurer, Stadtgeschichte I, S. 112f, 120, 126, 154; dito Bd. II, Grundriß S. 49; illustriert bei Seigel, Entstehung einer Stadt, S. 74f.
[22]) Warndorf, Schulen, S. 54f.

Die höheren Verwaltungskräfte insgesamt, nicht nur die kirchlichen, schienen die Wohnnähe der Stiftsgeistlichkeit ebenso zu suchen wie die Lehrkräfte, die ja zur Hälfte Geistliche waren[23].

Das bescheidene Konstanzer Luxusgewerbe orientierte sich auffällig an den Wohnvierteln der höheren Geistlichkeit und Beamtenschaft:

Die drei Goldschmiede, der Goldarbeiter, die drei Uhrmacher, die zwei Pastetenbäcker, der Orgelmacher, zwei der drei Seidenweber, der Stukkateur, wohnten und wirtschafteten im zweiten und dritten Quartier; desgleichen die drei Buchhändler. Die Buch- und Papier*produktion* fand klar ersichtlich in der „Bürgerstadt", der Buch*handel* dagegen in unmittelbarer räumlicher Nähe der besten Kunden statt. Auch das von Martin Wagner vor 1768 erworbene und als solches nicht mehr genutzte „Bezische Bücherhandlungshaus" stand in unmittelbarer Nachbarschaft der Stifts- und Pfarrkirche St. Stephan[24].

Im vierten Quartier, der aus dem Dorf Stadelhofen erwachsenen Kreuzlinger Vorstadt, war der Klerus überhaupt nicht, Rentiers nur schwach vertreten; die Professionisten aus dem Bereich Körperpflege und Heilwesen vertrat nur eine Ausnahme im vierten Quartier, das Gros wohnte bei seiner besseren Kundschaft in der Kernstadt. Unter- oder gar nicht repräsentiert waren weiter die gesamte Buch- und Papierbranche, Lehrkräfte, die Gastwirtschaft. Dagegen versammelte sich beinahe das gesamte Gerberhandwerk um den gleichnamigen Bach in der Kreuzlinger oder auch „Gerber-Vorstadt"[25]. Gehäuft saß dort auch, wohl wegen der Möglichkeiten zur Pferdehaltung, das Transportgewerbe der „Wettekarrer". Überdurchschnittlich viele Handwerker der offenbar notorisch minder bemittelten und in Konstanz vor dem »Bauboom« ab 1785 tatsächlich schlecht gestellten Baubranche[26] und zahlreiche im Taglohn aller Arten Beschäftigte runden das Bild von der »Taglöhnervorstadt« ab - trotzdem auch nicht wenige Angehörige der Stadtverwaltung die südliche Vorstadt, speziell ein Haus an der Kreuzlinger Straße zwischen Schnetz- und Kreuzlinger Tor, zum Wohnort gewählt hatten.

Die Grenzen der Ackerbürgervorstadt Paradies fransten, was die Erwerbstätigkeit der Bewohner anlangt, ins zweite und vor allem ins vierte Quartier aus, wo 1774 zusammen fünf der 47 „Paradieser" ihre Wohnung hatten. Dies mag vielleicht auf einen gewissen Bevölkerungsdruck verweisen, der von der Realteilung des Bodens und von dessen Überschuldung herrührte und der manchen Gemüsebauern aus kinderreicher Familie aus dem Paradies vertrieb[27].

Die Rebleute, aus der Sicht eines Tübingers die Konstanzer Gôgen, lebten vornehmlich in der Vorstadt Petershausen und im zweiten Quartier, südlich der alten Reichsstraße; einzelne hatten sich auch in der Kreuzlinger Vorstadt angesiedelt. In der Vorstadt Petershausen begründete wohl der Durchreise- und insbesondere der Schiffsverkehr etwa mit der Verbindung von Meersburg nach Staad die starke Präsenz des Gastgewerbes: drei der sieben im Jahr 1774 genannten Konstanzer Gastwirtschaften lagen nördlich des Rheins.

[23]) Quarthal, Behördenorganisation, S. 445-449; Burkhardt in Stadtgeschichte III, S. 366f.

[24]) StAKN A V 1, Seelenbeschrieb 1768, Haus Nr. 253, ebd. A V 2, 1774, Haus Nr. 269.

[25]) Johann Speth 1733 nach Feger, Spiegel der Zeiten, S. 107.

[26]) Mathis, Bevölkerungsstruktur, S. 76f, 262; Bauboom: Burkhardt in Stadtgeschichte III, S. 390, 392.

[27]) Siehe Kap. 6.6.

Die überwiegend dem Taglöhner- und ärmeren Rentiersspektrum zuzurechnenden Menschen ohne Angabe eines Erwerbs hausten im Grunde überall abseits der beiden Hauptverkehrsachsen, die in nordsüdlicher Richtung vom Kreuzlinger Tor über St. Stephan und den Dom zur Rheinbrücke und in ostwestlicher Richtung vom Kaufhaus an der Stadtkanzlei vorbei durch das gleichnamige Tor ins Paradies führten.

Auch innerhalb einzelner Erwerbszweige konnten sich längs von Tradition und sozialem Gefälle verlaufende Scheidelinien in der Wohngegend ausdrücken. Im Nahrungsmittelsektor zum Beispiel besaßen 13 der 14 Metzger ein Haus in der Kernstadt, sechs davon im ersten Quartier, wo auf der Marktstätte seit dem 14. Jahrhundert die Metzigbänke standen[28)], fünf im dritten Quartier; fünf der sechs Konstanzer „Hafermuser" hingegen lebten in der Kreuzlinger Vorstadt.

Die Erwerbsstruktur in Konstanz vor der Immigration aus Genf und Frankreich wies folgende Besonderheiten auf:

Den außenwirtschaftlich bedeutsamsten Erwerbszweig stellte wohl die Landwirtschaft dar. Vom Umsatzvolumen in etwa gleichauf gelegen haben dürften die Produkte Gemüse und Wein. Dabei könnte freilich ein großer Teil des Konstanzer Weins, anders als das Gemüse, in der Stadt selbst konsumiert worden sein: Das Umgeld brachte bereits zur Jahrhundertmitte jährlich 1200 bis 1300 Gulden ein, wozu auch die „fast tägliche Besuchung der Trink- und Zechhäuser von denen Magistratspersohnen" ihr Teil beigetragen haben mag[29)].

Von der Weinwirtschaft erhielten sich neben 22 Reebleuten elf Küfer, drei „Weinzieher" genannte Lade- Trage- und Abfüllkräfte und je ein Weinkarrer, Faßmaler und Großhändler[30)] explizit, dazu saisonabhängig gewiß weitere Taglöhner und Karrer, partiell auch Gastwirte und Schmiede. Ferner betrieben die knapp 20 Prozent Weinbesitzer unter der Bevölkerung, darunter der Rheinmühlemeister und seine Hausfrau[31)] zumindest in kleinem Ausmaß Weinhandel als Nebengeschäft; kaum die Hälfte von ihnen konnte die in ihrem Besitz befindlichen Mengen selbst trinken. Aus dem Weinausschank zogen einige zur Saison geöffnete Besenwirtschaften in der Vorstadt Paradies Nebeneinnahmen[32)].

Am Absatz der Krautgartengewächse partizipierte das Transportwesen, nahmen vor allem die kleinen Schiffstransportunternehmer teil[33)].

Binnenwirtschaftlich hatten die ansässigen Grund- und Kapitalrentiers sowie die Amtsträger als Konsumenten große Bedeutung.

Die Geistlichkeit war in Konstanz relativ zu anderen Städten wohl stark vertreten. Dies schlug sich in der Stadtgeschichtsschreibung des 19. Jahrhunderts in Form eines Josef II.

[28)] Maurer, Stadtgeschichte I, S. 243.

[29)] GLA 209/363, „Provisionale des bevollmächtigten Comissarii" Freiherrn v. Summeraw ddo. Konstanz, 10. April 1751.

[30)] Diese und alle weiteren Erwerbsangaben in der Zusammenfassung aus: StAKN, A V 2, Seelenbeschrieb 1774.

[31)] Weinbesitz Kap. 6.9.2; Rheinmühlemeister Kap. 5.3.5.

[32)] StAKN I III, Nachlaßakten der Christina Einhardin unter dem 25. Dez. 1788, Kanzlist Rosenlächer: „Vorigen Sonntag (...) als der unterzeichnete Kommissär ein Glaß Wein in dem Paradieß in eben dem Hauß, wo die Verstorbene krank lage, tranke (...)"; Heinrich Sander 1781 in Feger, Spiegel der Zeiten, S. 133f; A. Ruppert, Verfassung und Verwaltung, S. 95: „Jeder Bürger durfte seinen selbsterzeugten Wein ohne besondere Konzession frei ausschenken." Erforderlich war lediglich die Anmeldung beim Säckelamt, wegen des Umgeldes.

[33)] Sander 1781, Lexikon von Schwaben 1800 in Feger, Spiegel der Zeiten, S. 133, 189.

zugeschriebenen Verdikts nieder, wonach der Kaiser Konstanz als „Pfaffennest“ charakterisiert habe[34]. Domkapitel und Nebenstifter, das Reichsstift Petershausen und die Nähe des Klosters Kreuzlingen und der Komturei Mainau banden im Gefolge kirchliche Beamte an die Stadt.

Stets verzehrte eine gewisse Zahl adliger und bürgerlicher, in der Regel wohlversorgter Rentiers ihre Einkünfte in Konstanz[35]. Häufig handelte es sich um Angehörige von Domherren und von vorderösterreichischen Provinzialbeamten.

Die Landesregierung bestallte in dem einer Oberamtsstadt gleichgestellten Konstanz einige Staatsdiener; immer wieder beherbergte die »Ersatzhauptstadt« der Vorlande für längere Zeit Teile der oder die ganze Provinzialverwaltung[36].

Die Zahl der Verwaltungsstellen bei einem halben Dutzend wohltätiger Stiftungen übertraf fast die bei den städtischen Ämtern.

VERWALTUNG UND EXEKUTIVE, HÖHER, 1774: 41 Haushalte

18 städtische Amtsträger:
- 6 Vorsteher eines städtischen bzw. Stiftungsamtes:
  Taschen-, Haken-,
  Steuer-, Waisen-,
  Raite-, Tannen-
- 2 Spitalpfleger
- 1 Amtsbürgermeister
- 1 Stadtvogt
- 1 Kanzleiverwalter
- 1 Syndikus
- 1 Stadtbauherr
- 1 Steuerschreiber und Spitalpfleger
- 1 Oberhausherr
- 1 Ammann zu Altnau
- 1 „Seelvatter“
- 1 „Hofstattvatter“

17 von der Kirche bestellte Amtsträger[37]:
- 3 Advocati curiae
- 2 hochfürstliche Kanzleiverwalter (einer pensioniert)
- 2 Stiftspfleger
- 2 Procuratores curiae
- 2 Oberamtleute, der Klöster Kreuzlingen und Petershausen
- 1 Stadtammann

[34]) Laible, Geschichte, S. 143.
[35]) Z.B. GLA 209/1306, „Verzeichnus derer dahier sich derzeit befindlichen Adelichen“ aus der Stadtkanzlei, 20. Jan. 1804, wies neben Sthm. v.Blanc fünf Freiherren, sechs verwitwete Freifrauen, eine verwitwete Gräfin und drei „Fräulein“ aus.
[36]) Quarthal, Behördenorganisation, S. 76; 52ff, 131ff, 157.
[37]) Der Pfleger des domkapitularischen Spitäleamts verwaltete das Almosenwesen, der „Fabrik“-Pfleger war für kirchenbauliche Maßnahmen zuständig.

1 Oberamtmann der Dompropstei
1 Pfalzvogt
1 domkapitularischer Fabrikpfleger
1 Syndikus
1 Oberpfleger des Domkapitels

6 landesherrschaftliche Amtsträger:
1 Stadthauptmann
1 Stadtkommandant
1 Vizestadthauptmann
1 k.k. Rentmeister
1 k.k. Lottodirektor
1 fürstenbergischer Controlor

Die zahlreichen kommunalen, kirchlichen und landesherrschaftlichen Behörden beschäftigten auch die entsprechende Menge subalterner Verwaltungsangestellter.

VERWALTUNG UND EXEKUTIVE, SUBALTERN, 1774: 45 Haushalte

(nicht nach Dienstherrn unterschieden)

10 Schreiber	1 Ratsdiener
6 Mesner	1 „Controlor“
5 Wächter	1 Turmbläser
4 Ratsprokuratoren	1 Spitalhofmeister
4 Registratoren	1 Spitalsenn
2 Kanzlisten	1 Seelhausknecht
2 Pedellen	1 Bettelvogt
1 Unterhausherr	1 Brunnenmeister
1 Aberhakenknecht	1 Scharfrichter
1 Kanzleiakzessist	

Die Rentiers, Beamten und die geistlichen und weltlichen Kirchendiener banden ihrerseits zahlreichen »Gesindeadel« an die Stadt, qualifizierte Bedienstete in finanziell wohl abgesicherten Positionen. Gerade diese Bevölkerungsgruppe paßte sich weder in das rechtliche Schema vom »Ganzen Haus« ein, noch deckte sie die übliche soziale Zuweisung der Dienstbotenschaft zur Unterschicht ab: 13 gehobene Bedienstete führten 1774 einen eigenen Haushalt. Einzelne, bei entsprechend begüterter Herrschaft im Dienst gestandene Mägde, erst recht Kutscher, Zofen, Hofmeister und dergleichen hinterließen, in den Nachlaßinventaren zwischen 1786 und 1805 dokumentiert, mehr Besitz als ein Drittel der subalternen städtischen Angestellten, Einzelhändler und Handwerker - was gewiß auch darin gründete, daß sie in der Regel keine Familie zu ernähren hatten.

Die genannten zivilen und klerikalen Grund- und Kapitalrentner und die Inhaber eines höheren Staats- oder Kirchenamts mitsamt ihrem Anhang trugen als Konsumenten zu einem recht spezialisierten Handwerk einschließlich eines bescheidenen Luxusgewerbes in Konstanz bei[38].

[38]) Siehe Kap. 10.4.

Dem Luxusgewerbe im weiteren Sinn zuzurechnen sind auch die bemerkenswert zahlreich vertretenen Haushalte, die ihren Unterhalt in der Branche Körperpflege und Heilwesen fanden.

KÖRPERPFLEGE UND GESUNDHEITSWESEN 1774: 20/21 Haushalte

13 „Chyrurgi", Wundärzte, Bader, Barbierer
3 Medicinae Doctores
2/3 Apotheker[39]
2 Hebammen

Ebenso wie vorhandene prägten auch fehlende oder mangelhaft vertretene Bevölkerungsgruppen die Konstanzer Erwerbsstruktur.

Trotz jahrelanger steter Bemühungen gelang es der Konstanzer Stadtverwaltung nicht, ständige Garnison in der Stadt zu erhalten. Die Landesregierung dachte nicht daran, den gemeinen Soldaten solch günstige Dersertionsmöglichkeiten, wie Konstanz sie bot, auf Dauer einzuräumen.

Heinrich Sander lieferte einen Augenzeugenbericht aus dem Jahr 1781: „Vor dem Kreuzlinger Tor (...) fängt gleich das schweizerische Gebiet an; das fördert sehr das Ausreißen der österreichischen Soldaten, wenn sie von ihren Offizieren streng gehalten werden, wie sich der Fall ereignete, als ich eben nicht weit vom Tor war und durch den Lärm aufmerksam wurde. Der Deserteur [vom Regiment Bender] lief vom Posten in das schweizerische Gebiet, man schoß nach ihm, traf ihn aber nicht, und er war frei. Zwei Offiziere gingen noch zu ihm. Sie konnten ihn aber nicht wieder zurückbringen."[40] 1791 hielt der Stadtchronist Franz Xaver Leiner fest: „Den 3ten April sind 340 Mann vom K.K. Infanterieregiment Neugebaur allhier eingerukt, und am 7ten 9bre [November] wieder nach Freÿburg abmarschirt. — Innert dieser Zeit sind 91 Mann davon desertirt."[41]

Nicht eben zahlreich versammelt war in Konstanz vor 1785 ein exportorientierter Großhandel.

GROSZHANDEL, BANKEN 1774: 13 Haushalte

6 Kauf- und Handelsherren
2 Handels- und Wechselherren
2 Kaufleute und Juwelenhändler
1 Spediteur
1 Wachsgroßhändler
1 Weingroßhändler

[39]) Apotheke zum Tiergarten vom Kanoniker Pfiffer mittels eines Provisors betrieben, siehe den Anfang dieses Kapitels.
[40]) Zit.n. Feger, Spiegel der Zeiten, S. 135.
[41]) StAKN A I 28a, Leiner/Bickel, S. 283; weitere Belege für die Bemühungen um Garnison und die Desertion in GLA 209/1112: Schreiben vom 11. Mai und 21. Juni 1787, 10. und 2. Mai 1791: Bitte Majors v. Luth vom Inf.-reg. Neugebauer an den Landvogt zu Frauenfeld, dieser möge die den Deserteuren abgenommenen Gewehre zurückschicken; Baier, Wirtschaftsgeschichte, S. 542f.

Dies wurde bereits im 18. Jahrhundert als Problem erkannt und nährte ein unter den gebildeten Einwohnern allgegenwärtiges Niedergangsbewußtsein; eine überzogen pessimistische Haltung, die sich am Glanz vergangener Epochen entzündete und der ein nüchterner Vergleich mit der allgemeinen wirtschaftlichen Lage in Süddeutschland völlig abging[42]. Entsprechend fiel die Einschätzung des Kommerzialrats Grafen v. Zinzendorf 1764, „Gegenwärtig führet die Stadt keine Gattung des Handels“[43], gemeint ist der Groß- und Fernhandel, zu hart aus.

Das Absorptionspotential für Wirtschaftsbürger in Konstanz ermöglichte den zwischen der Jahrhundertmitte und 1785 zuziehenden Geschäftsleuten - darunter einer sieben Haushalte starken kleinen »Savoyer Kaufleutekolonie« -, dann den Entrepreneurs der Genfer Kolonie und den Lyoner Protoindustriellen sowohl das wirtschaftliche Auskommen, als auch die reibungslose soziale Integration in die eingesessene Konstanzer Kaufmannschaft[44].

Der Kolonist und Baumwollverleger Johann Ludwig Reichardt und der Konstanzer Bürger und dompropsteiische Oberamtmann Simpert Lauber vereinigten ihre geschäftlichen Interessen, indem sie 1789 das Gebäude des ehemaligen Jesuitengymnasiums erwarben und bis 1792 in ein „Kommedienhaus“ umwandelten[45].

1789 erscheint der Architekt des Domkapitels Ferdinand Bickel mit dem Kolonisten Jean Benoit und der Genfer Unternehmerfamilie L'Hoste als Teilhaber der „Bickel L'Hoste Benoit Comp.“ Die Zifferblatt- oder Emaillefabrik produzierte in Nebengebäuden des aufgehobenen Jesuitenkonvents und beschäftigte 1795 um 16 Arbeiter und sechs Arbeiterinnen[46].

Am 24. März 1788 fand in Konstanz eine Doppelhochzeit statt. Pfarrer Riedlinger von St. Paul traute „Aimed ceu Amadeus Roux Principal Fabricae horologiorum et praenobilis Donicella Euphemia de Damiani“ und „Aimé ceu amatus Roux jurium Doctor et Colonista et praenobilis Donicella Waldburga de Damiani“. Der Vater der Bräute, Stadthauptmann Franz Karl von Damiani, war im Oktober des verflossenen Jahres 1787 gestorben. Von kirchlichen Einwänden gegen diese interkonfessionellen Eheschließungen an der Spitze der Konstanzer Gesellschaft ist nichts bekannt[47].

[42]) Burkhardt in Stadtgeschichte III, S. 313-315. Auch in Innsbruck, Hall und Salzburg waren im 17. Jh., zumal nach dem 30jährigen Krieg, gemessen an den Einwohnerzahlen keineswegs mehr Kaufleute ansässig: Mathis, Bevölkerungsstruktur, S. 38, 140, 190, 195.

[43]) Deutsch (Hg.), Bericht des Grafen Karl von Zinzendorf, S. 198.

[44]) Savoyarden: Kap. 3.3.5. Akzeptanz: Burkhardt in Stadtgeschichte III, S. 345f, 389f, 418-420.

[45]) Das heutige Stadttheater. GLA 209/519, Schreiben vom 25. und 30. März, 6. April, 2. Mai, 15. und 22. Juni 1789; Burkhardt in Stadtgeschichte III, S. 399; Lauber Bürger am 21. März 1778: StAKN A IV 20, Bürgerbuch 1727-1778.

[46]) GLA 209/519, Schreiben von Melly, Roman & Roux an die Regierung und Kammer vom 19. Juni 1789; ebd. „Notte de membres de la Colonie qui sont encore ici“ „Le 18 Aoust 1785“, korrekt: 1795. Belegschaft Fa. L'Hoste: nicht klar unterschieden zwischen Arbeitern und Angehörigen; mindestens 14 Arbeiter und 3 -innen, evtl. 16 Arbeiter und 8 -innen, dazu 7 Angehörige der Familie L'Hoste. Bickel: z.B. StAKN A V 3, Quartierrodel 1786, exemptes Haus zw. Nr. 112 und 113, Schwiegersohn des Archivregistrators Franz Xaver Leiner, kopierte dessen „Geschichtliche Miszellen“ und führte sie ab 1799 fort.

[47]) StAKN, Mikrofilm, Trauungsbuch St. Paul S. 277, „haec est Rel. Cath. ille vero Calvin.“ bzw. „it[em] mixto Rlgionis“ Zeugen: François Roman und Ami Melly. StAKN I III, fragmentarische Nachlaßakten Damianis unter dem 10. Okt. 1787.

10.3 Die Erwerbstätigkeit aller Einzelpersonen

Im »Seelenbeschrieb« 1774 blieben immerhin 207 von 950 Haushalten ohne Zuordnung zu einer Profession oder anderen Erwerbstätigkeit. Die Überlegung, daß die betroffenen 377 Personen von irgend etwas gelebt haben mußten, führte zum Interesse, diese Gruppe nach einem möglichen Erwerb hin aufzulösen.

Ohne einen positiven Beleg dafür zu haben, sind unter diesen 207 Haushaltsvorständen wohl viele zu finden, die Unterstützungszahlungen von einer milden Stiftung erhielten.

Zunächst einmal waren 177 oder 86 Prozent der Haushaltsvorstände in dieser Gruppe ohne Erwerbsangabe Frauen. 28 oder 14 Prozent dieser Haushalte wurden von Männern geführt, dazu kamen zwei Waisenhaushalte.

Zur weiteren Analyse wurden die betreffenden Haushaltsvorstände anhand folgender Kriterien unterteilt: Der Familienname ließ gewisse Schlüsse zu, sofern er in Konstanz häufiger vorkam; so konnte etwa eine eventuelle Zugehörigkeit zur Ehrbarkeit vermutet beziehungsweise ausgeschlossen werden.

Wohnort und Familienbande waren wichtig, zum Beispiel wird die Witwe des vorigen und Mutter des aktuellen, wohlhabenden Adlerwirts Mayer eine Art Altenteilerin gewesen sein[48].

Das Hauseigentum schied Mieter von Wohnungsbesitzern.

Die Wohnsituation, als Sozialindikator verwendet, zeigte, welcher Haushalt ein Haus alleine bewohnte oder es mit anderen Parteien teilen mußte.

Aufschlüsse ergaben die Kinderzahl, deren Aufenthaltsorte und Tätigkeiten.

Dienstbotenhaltung ließ einen Rentiershaushalt annehmen.

Der Rechtsstatus Beisasse verwies eher als das Bürgerrecht auf eine Taglohntätigkeit.

Ein Lebensalter von über 60 oder 65 Jahren ließ eine weitgehende Abhängigkeit von Almosen vermuten; unter 50jährige werden seltener von der städtischen Armenfürsorge unterstützt worden und auch noch eher fähig gewesen sein, den Unterhalt selbst zu erwirtschaften.

Aufschlußreich konnten aus dem Seelenbeschriebsschema fallende sonstige Bemerkungen sein, eine als „armes Mensch" bezeichnete Frau zum Beispiel wird vom Almosen gelebt haben.

Daraus resultiert bei den 207 Haushaltsvorständen, denen der Seelen beschreibende Johann Peter Bollinger weder Profession noch Tätigkeit zuschrieb, folgende wahrscheinliche Stellung im Erwerbsleben, die trotz aller gebotenen Vorsicht die Verhältnisse recht treffend wiedergeben dürfte:

108 = **52 %** arbeiteten im weiteren Sinne im Taglohn, wobei die Frauen wohl die geschlechtsspezifischen Tätigkeiten aus dem Spektrum Waschen, Nähen, Stricken und dergleichen ausübten; auch die teilweise Abhängigkeit von städtischen Unterstützungsleistungen oder privaten Almosen ist in dieser Gruppe zu vermuten.

[48]) StAKN A V 2, Seelenbeschrieb 1774, Haus Nr. 38.

51 = **25 %**	lebten als männliche und weibliche Rentiers, von ihrem Vermögen, von während des Erwerbslebens Erspartem, von Erbschaften und dergleichen.
6 = **3 %**	waren praktisch von den Rentiers kaum zu unterscheidende Altenteiler und Altenteilerinnen, die vermutlich von ihren Kindern oder wem immer unterhalten wurden, wie etwa die Witwe Maria Margaretha Bezin, geborene Kaltin, die 1768 und 1774 noch im „Bezischen Bücherhandlungshaus“ wohnte, das unterdessen in den Besitz des Buchhändlers Martin Wagner übergegangen war[49].
16 = **8 %**	erhielten ihren Unterhalt als Almosen.
2 = **1 %**	waren ein Kaufmanns- und ein Paradieser Waisenkinderhaushalt.
Bei 14 = **7 %**	vermutlich nicht taglöhnenden, aber dennoch Erwerbstätigen fehlt einfach eine Professionsangabe, wie zum Beispiel beim 24-jährigen späteren Ratsprokurator, dann Bürgermeister Dominik Friederich.
Bei 10 = **5 %**	Personen konnte eine Erwerbsgrundlage aufgrund mangelnder Angaben und zweifelhafter Indizien überhaupt nicht erschlossen werden.
207 = 100	Prozent der Haushaltsvorstände ohne Professions- oder Tätigkeitsangabe.

Ein solch erheblicher Bevölkerungsanteil, der aufgrund seiner irregulären, unterbrochenen und verschiedenartigen Erwerbstätigkeit in kein Professionsschema paßte, bildete weder ein spezifisch Konstanzisches Phänomen, noch ein bestimmtes Merkmal des späten 18. Jahrhunderts. In Innsbruck ließen die seriellen Akten vom Anfang des 17. Jahrhunderts bei einem Drittel der zur Miete wohnenden Haushalte und bei einem Viertel der Hausbesitzer offen, womit diese ihren Unterhalt bestritten. Ihre Steuerleistung legte dann klar, daß die Innsbrukker Schreiber mit Erwerbstätigen „ohne Bezeichnung“ „vorwiegend“ Taglöhner und „Gelegenheitsarbeiter“ bezeichneten, „die keiner regelmäßigen Beschäftigung nachgingen“ und teilweise von privaten Almosen oder städtischen Wohlfahrtseinrichtungen lebten, darunter viele „Witwen und alleinstehende Frauen, die sich wie in anderen Städten größtenteils als Näherinnen, Wäscherinnen, Mägde etc. im Taglohn ihr Brot verdienten“[50].

Nachdem die »professionslosen« Haushalte weitgehend zugeordnet sind, kann die individuelle Erwerbstätigkeit in Konstanz im Jahr 1774 aufgeschlüsselt werden. Gesinde und Dienstpersonal sind nicht, wie in Tabelle 139 zur wirtschaftlichen Einbindung der Bevölkerung, der Profession des Haushaltsvorstandes, und damit dem Handwerk, Klerus und so weiter zugeordnet, sondern stehen unter ihrer eigenen Erwerbstätigkeit, der Dienstleistung.

Ehefrauen, Kinder ab zwölf Jahren und die wenigen im Haushalt lebenden Geschwister oder sonstigen Angehörigen sind in denjenigen Professionen, in denen dies üblich war, also vor allem im Handwerk, Handel und in der Gast- und Landwirtschaft, als »mitarbeitende Familienangehörige« gewertet[51]. Die im Spital angestellten 15 Handwerker und 32 „Ehehalten“[52] fallen hier unter Handwerk beziehungsweise Dienstleistung.

[49]) Ebd., Haus Nr. 269.
[50]) Mathis, Bevölkerungsstruktur österreichischer Städte, S. 58 (dort weitere Belege), S. 120-122.
[51]) Ebd., S. 73: „Außerdem bestand zu einer Zeit, da die Gehilfen im Haus des Arbeitgebers wohnten, zwischen eigenen und fremden Arbeitskräften kein für die Arbeit relevanter Unterschied.“
[52]) StAKN, A V 2, Seelenbeschrieb 1774, Haus Nr. 40.

Alle Vorsicht in Ehren, dürfte die Fehlerquote doch durch die vielen eindeutigen Angaben in der Quelle, die auch das Identifizieren der Haushalte ohne Angabe einer Erwerbstätigkeit meist leicht gestatteten, sehr gering liegen und damit für die geschichtswissenschaftliche Aussagefähigkeit unbedeutend bleiben.

Tabelle 141: Klassifizierung der Erwerbstätigkeit 1774, bezogen auf Einzelpersonen in Konstanz[53)]

a) ERWERBSTÄTIGE					
Erwerbsbereich	Personen Zahl	in Prozent der Erwerbstätigen		in Prozent der Gesamteinwohnerschaft	
Dienstleistung, Einzelhandel, Freiberufe:	1115		48,2		28,6
(Davon Taglohn[54)]:)	*(244)*	*(10,6)*		*(6,3)*	
(Davon Gesinde[55]:)	*(582)*	*(25,2)*		*(14,9)*	
Handwerk:	849		36,7		21,8
Landwirtschaft:	230		9,9		5,9
Öffentlicher Dienst:	104		4,5		2,7
Großhandel, Banken:	14		0,6		0,4
Erwerbstätige gesamt:	2312		100		59,3

b) NICHT ERWERBSTÄTIGE					
... MIT EIGENEM EINKOMMEN Bereich		in Prozent der nicht Erwerbstätigen		in Prozent der Gesamteinwohnerschaft	
Geistlichkeit:	205		13,1		5,3
Pfrund und Almosen:	155		9,9		4,0
Rentiers:	78		5,0		2,0
Militär:	18		1,2		0,5
... OHNE EIGENES EINKOMMEN					
Elementar- und höhere Schule:	171		11,0		4,4
Familienangehörige:	911		58,4		23,4
(Davon Kinder):	*(662)*	*(42,4)*		*(17,0)*	
Sonstige Mitbewohner:	22		1,4		0,6
Nicht Erwerbstätige	1560		100		40,0

c) NICHT ZU ERMITTELN:			
	24	—	0,6
SUMME DER EINWOHNERSCHAFT KONSTANZ 1774:	3896	—	100

Die Ermittlung des Anteils Erwerbstätiger an der Gesamtbevölkerung hängt wohl am Bewertungsmaßstab. Dieser hier gründet auf der Überlegung, eine strikte Trennung in Haus-

[53)] Grundlage: StAKN A V 2, Seelenbeschrieb 1774.

[54)] Männer, Frauen und Kinder ohne feste Anstellung oder eigenen Betrieb mit nennenswerten Produktionsmitteln: Hilfskräfte aller Art, bei Männern Träger, Holzlader, Tagwerker, u.dgl., bei Frauen das übliche Waschen, Nähen, Stricken, Sticken u.dgl., Kinder entsprechend mithelfend.

[55)] Mägde, Knechte, Dienstboten (vom Roßknecht bis zum Jäger) Adliger und Geistlicher, Ehehalten im Spital.

und Betriebsarbeit in der vorindustriellen Zeit ist schwer möglich, wie etwa das zahlreiche Gesinde im Nahrungsmittelgewerbe zeigt[56)], daher sei die zumindest teilweise gewerbliche Mitarbeit von Ehefrauen und älteren Kindern in Haushalten des Handwerks, Handels, der Dienstleistung und Landwirtschaft anerkannt - selbstverständlich nur, sofern keine andere Angabe dem explizit entgegensteht. Der folgende Abschnitt 10.4 stützt die potentiell ebenso betriebs- wie hausorientierte Arbeit von Frauen und Mädchen.

Unter dieser Prämisse betrug der Anteil der Erwerbstätigen an der Gesamtbevölkerung in Konstanz nicht 45, sondern 60 Prozent[57)]. Zählt man noch die Sparten Geistlichkeit, Militär und einen Teil der Rentiers - die nicht allesamt Rentner waren - hinzu, dann verdienten zwei Drittel der Gesamtbevölkerung ihren Unterhalt im heutigen Sinne »berufstätig« und »überwiegend mithelfend«.

Nach Abzug der als mitarbeitend angenommenen Ehefrauen betrüge die Erwerbsquote in Konstanz 1774 noch knapp über 50 Prozent, nach weiterem Abzug der als mitarbeitend angenommenen Mädchen ab zwölf Jahren hätte sie schließlich 45 Prozent erreicht.

Insgesamt ernährten Dienstleistung und Handel in der Kleinstadt Konstanz im 18. Jahrhundert mehr Menschen als die Güterproduktion. Die Gründe liegen nahe: Kleinhandel und Dienstleistung stellten die naheliegende Erwerbsmöglichkeit für Mittellose dar, die außer ihrer Arbeitskraft nichts zu investieren hatten, die keine Produktionsmittel anschaffen konnten, denen der soziale und wirtschaftliche Hintergrund für das Durchlaufen eines zünftigen Ausbildungsgangs fehlte.

So überrascht nicht allzu sehr, daß 377 Mägde, 45 Knechte und das gehobene Dienstpersonal die Zahl der selbständigen Handwerksmeister in Konstanz im Verhältnis von fast 2½ zu 1 übertrafen. Die relativ hohe Gesindedichte von 15 Prozent der Bewohnerschaft belegt abermals, daß Konstanz, im Ganzen gesehen und verglichen mit anderen Orten, keineswegs eine arme Stadt war[58)].

Dienstleistung und Handel überwogen auch in der 13 000-Einwohner-Stadt Salzburg im 17. Jahrhundert. Bezeichnenderweise fußt die „berufliche Gliederung“ der Haushalte für 1692 auf einem Seelenbeschrieb. Sie erreicht damit eine Vollständigkeit, die einen Vergleich mit der Konstanzer Erwerbsstruktur 82 Jahre später ohne Einschränkungen, die den Erkenntniswert sogleich abwerten würden, erst ermöglicht[59)].

56) Siehe Kap. 10.4; Mathis, Bevölkerungsstruktur, S. 72f.

57) Wehler, Gesellschaftsgeschichte I, S. 90: in Deutschland 45 %.

58) Ebd., S. 195: Dienstbotendichte im »reichen« London 1796: 22 % der Bevölkerung, in Hamburg 1791: 18-22 %, Berlin 1798: 15 %, Göttingen 1794: 14,5 %, in Bielefeld 1804 und Nürnberg 1806 je 12 %, Bamberg 10 %.

59) Mathis, Bevölkerungsstruktur, S. 189: „(...) immer zu bedenken, daß nur die Seelenbeschreibung von 1692 als annähernd vollständig angesehen werden kann.“ Ein Abgleich mit der „beruflichen Gliederung“ Innsbrucks im 17. Jh. (ebd. S. 33-50, Tab. S. 36-40) ist guten Gewissens unmöglich: Schon die bloße Zahl der Innsbrucker Haushalte ist nicht zu fassen (S. 23: 790 „Angegebene Haushalte“, 1307 „Errechnete Haushalte“; S. 65: 1196 Haushaltsvorstände „1605 und 1647“ [!?]). Jedenfalls stellt die Zahl der fehlenden Haushalte in der „beruflichen Gliederung“ 1605/1647/1678 gegenüber den 464/417/385 ausgewerteten die größere Hälfte (S. 40; zu den beruflich nicht gegliederten Haushalten einige Erläuterungen S. 35, 40). Dasselbe Problem bzgl. der Erwerbsstruktur in Hall, ebd. S. 137f.- Der Gerechtigkeit halber sei angemerkt, daß Mathis mit seinen Steuerverzeichnissen, der Visitations- und der Liste wehrfähiger Männer aus einer mühsameren und auch unbefriedigenderen Quellenlage heraus forschen mußte. Vor diesem Hintergrund ungenauer, bruchstückhafter und widersprüchlicher Angaben leuchtet der Konstanzer Seelenbeschrieb 1774 geradezu als Musterstück moderner statistischer Verläßlichkeit.

Die aufgezählten „Salzburger Berufstätigen" vom Jahr 1692 lassen sich auf das in dieser Arbeit angelegte Schema von Erwerbstätigkeit zuschneiden. Daraus resultiert

Tabelle 142: Erwerbstätigkeit der Haushaltsvorstände in Salzburg 1692 [60)]

Erwerbsklasse	Haushaltsvorstände in Prozent
Dienstleistung/Einzelhandel/Freiberufe:	27,5
Handwerk:	23,5
Ohne Angabe:	22,5
Militär:	13,0
Öffentlicher Dienst:	9,0
Geistlichkeit:	2,5
Landwirtschaft:	2,0
Gesamt:	2394 Haushalte = 100

In Salzburg überwog, anders als in Konstanz, bereits bei den Haushaltsvorständen der Erwerbsbereich Dienstleistung/Einzelhandel/ Freiberufe. Verstärkt werden dürfte diese Verteilung weiter von den haushaltsangehörigen Mägden, Knechten, Dienern und dergleichen sowie aus der Gruppe ohne Angabe einer Erwerbstätigkeit.

Im 18. Jahrhundert arbeiteten in den mitteleuropäischen Städten nicht einmal die Hälfte der Erwerbstätigen in einem der beiden Nahrungsmittel und Güter produzierenden Wirtschaftsbereiche, dagegen über die Hälfte im sogenannten tertiären Bereich. Dieses Verhältnis verschob sich erst mit der Industrialisierung über einen langen Zeitraum hinweg in Richtung sekundären Bereich, der seinen höchsten Stellenwert in Deutschland erst in den 1960er und 1970er Jahren erreichte[61)].

Der geographische Konstanzer Stadtbezirk enthielt gegen Ende des 18. Jahrhunderts im Verhältnis zur Einwohnerschaft rund zweieinhalb Mal so viele geistliche Haushalte wie Salzburg ein Jahrhundert zuvor. Dies belegt eine trotz des Abzugs der bischöflichen Residenz nach Meersburg noch immer vergleichsweise klare klerikale Prägung.

Die oben ausgebreiteten Tabellen zur Verteilung der Erwerbstätigkeit resultieren aus einem gleichsam zeitlich punktuellen Griff ins volle Leben. Einen interessanten Vergleich dazu bietet die Verteilung unter dem Aspekt: Erwerb am jeweiligen Lebensende. Die Aufstellung bezieht sich ebenfalls auf Individuen, deckt jedoch den späteren Zeitraum 1786 bis 1805 ab.

[60)] Mathis, Bevölkerungsstruktur, Tab. 46 S. 192-197, Bev. S. 177. In der Spalte für 1692 fehlen mindestens rund 90 Tagwerker: vgl. deren Zahl im Jahr 1647 und S. 197 Anm. 19. Für die Tab. sind hier 90 Tagwerker der Gruppe »ohne Angabe« abgezogen und der Dienstleistung zugeschlagen.
[61)] Hubbard, Familiengeschichte, Tab. 3.51 a), S. 150.

Tabelle 143: Unterteilung in Erwerbsklassen nach den Sterbeprotokollen und Nachlaßinventaren 1786-1805 [62)]

Erwerbsklasse	Pers. Zahl	Pers. in Prozent
Handwerk:	260	20,8 %
Ohne Erwerbstätigkeit, ohne Angabe:	251	20,1 %
Dienstleistung, Einzelhandel, Freiberufe:	225	18,0 %
Spital- und Privatpfrund; Bettel[63)]:	126	10,1 %
Verwaltung, öffentlicher Dienst:	115	9,2 %
Landwirtschaft:	82	6,6 %
Geistlichkeit[64)]:	73	5,8 %
Wirtschaftsbürger, »Protoproletariat«[65)]:	67	5,4 %
Militär:	22	1,8 %
Rentiers, Adlige:	19	1,5 %
Sonstige[66)]:	8	0,6 %
Gesamt:	1248	100 %

Die Übereinstimmungen mit der Erwerbsverteilung, wie sie sich aus dem Seelenbeschrieb für 1774 ergibt, erstrecken sich auf den Bereich Handwerk; auf den Bereich Dienstleistung/Einzelhandel/Freiberufe, sofern man diesem Sektor einen großen Teil der Verstorbenen ohne Angabe eines Erwerbs überläßt; auf den Bereich Landwirtschaft; auf die Geistlichkeit, wo die emigrierten französichen Priester offenbar den fehlenden Stiftsklerus ausgeglichen haben; auf die Rentiers.

Die Übereinstimmungen enden mit dem Bereich Almosen/Pfrund: An ihrem Lebensende wurden doppelt so viele Menschen von der institutionalisierten Sozialhilfe erhalten wie mitten im Leben. Das starke Gewicht, das dem öffentlichen Dienst in Tabelle 143 zukommt, ist nur schwer erklärlich; vielleicht wurde bei Doppeltätigkeiten wie zum Beispiel Schuster und Torwächter im Sterbeprotokoll bevorzugt letzteres angegeben. In der Erwerbsgruppe der alten und neuen Wirtschaftsbürger verschoben Genfer und Lyoner Entrepreneurs und die teils mit diesen zusammen immigrierte, teils aus der Schweiz und aus Schwaben zugewanderte, zu einem kleinen Teil auch eingesessene Proto-Industriearbelterschaft ab 1785 dic Proportionen. Der leichte Überhang von gestorbenen Militärangehörigen rührt daher, daß in Konstanz zeitweise ein oder zwei Kompanien des fürstenbergischen Infanterieregiments oder der kaiserlichen Regimenter Bender und Neugebauer in Garnison lagen[67)], die stationierten Soldaten in den Seelenbeschrieben aber nicht als Einwohner gezählt sind.

62) StAKN, I III. Frauen wie in Kap. 6.3.3 e) einsortiert. Die Personenzahlen differieren, da hier auch alle ohne Inventar im Sinne von Schaubild 50 enthalten sind.

63) Eine »fremde« Bettlerin.

64) Bettelordensgeistlichkeit und Pfarrer wenigstens im Sterbeprotokoll erfaßt; die Stiftsgeistlichkeit und selbstverständlich die Petershausener Mönche fehlen ganz.

65) 42 Kaufleute und Entrepreneurs bzw. deren Ehefrauen, 17 Protoindustrie-Arbeiterinnen, acht -Arbeiter.

66) 5 Studenten, 2 Durchreisende, 1 Zigeunerin.

67) StAKN A V 2, Seelenbeschrieb 1774, Häuser Nr. 108, 119, 217 „als quasi Caserne mit Militari belegt"; StAKN A I 28a, Leiner/Bickel, S. 227, 231, 254, 256, 268, 278, 280, 283; GLA 209/1112 passim.

Die Konstanzer Erwerbsstruktur wird auch von einem hohen Grad an Selbständigkeit bestimmt.

Unter »Selbständige« fallen die Handwerks-, Kleinhandels- und Landwirtschaftsbetriebe, auch Transportunternehmer und Taglöhner, sofern sie nicht in der Stadt- oder Spitalbesoldung standen, desgleichen die Wäscherinnen, Näherinnen und Abwärterinnen; weiter alle Rentiers, Kaufleute und Fabrikanten; Geistliche ab dem Prior und Pfarrer in der Hierarchie aufwärts, Angestellte im öffentlichen Dienst ab dem Amtsleiter oder mindestens 350 bis 400 Gulden Jahresbesoldung aufwärts, schließlich die Offiziere.

Als »unselbständig« gewertet sind alle einigermaßen fest Angestellten, deren Dienstherr ihre Arbeit regelmäßig mit Lohn oder Besoldung in Geld oder Naturalien vergütete. Darunter sind also Gesellen und Stadthandwerker - auch mit eigenem Haushalt -, Lehrjungen, Mägde, Knechte und gehobenes Dienstpersonal zu verstehen; ferner alle Pfründer, »Protoproletarier«, gemeinen Soldaten und Unteroffiziere sowie der niedere Klerus einschließlich der emigrierten französischen Priester.

Bei den aus Tabelle 141, der Erwerbstätigkeit von Individuen gewonnenen Anteilen zählen die mitarbeitenden Ehefrauen zu den »Selbständigen«, da sie, wie Beispiele zeigen, beim Tod des Ehemannes in dessen Erwerbsposition überwechseln konnten; die mithelfenden Kinder hingegen sind unter die »Unselbständigen« eingeordnet.

Die ohne Angabe einer Erwerbstätigkeit bleiben jeweils unberücksichtigt. Aufgrund gewisser Unschärfen bei dieser wenig differenzierten Trennung in zwei polare Gruppen - zu denken wäre dabei an verschiedene gleichzeitig ausgeübte Erwerbstätigkeiten oder an die Ungewißheit, ob zum Beispiel ein im Zimmerhandwerk tätiger Beisasse frei oder „im Stadtwerk" arbeitete - sind die folgenden Ergebnisse grob abgerundet.

Tabelle 144: Im Erwerb Un-/Selbständige[68)]

Personenfundus	N	Selbständig	Unselbständig
Haushaltsvorstände 1768:	444	ca. 85 %	ca. 15 %
Haushaltsvorstände 1774:	683	ca. 75 %	ca. 25 %
Erwerbstätige Individuen 1774:	2768	ca. 40 %	ca. 60 %
1786-1805 Verstorbene:	997	ca. 60 %	ca. 40 %

Drei Viertel aller Konstanzer Haushaltsvorstände und rund die Hälfte der gesamten erwerbstätigen Einwohnerschaft erwirtschafteten ihren Unterhalt selbständig.

Eine Anstellung bringt, wenn auch vielfach auf niedrigem Niveau, materielle Sicherheit; der selbständige Erwerb des Lebensunterhalts ist dagegen dem harten Arbeitsmarkt und den Schwankungen der Lebenshaltungskosten voll ausgesetzt. Darin liegt auch der Grund, warum die materiellen Grenzen quer zu den sozialen Schichtmodellen verliefen: Ein beim Dompropst angestellter Kammerdiener unterschied sich in seinen Lebensverhältnissen so weit von einem freiberuflichen Lastenträger am Konstanzer Hafen, daß man beide im Grunde gar nicht derselben »Unterschicht« zurechnen darf - was die in Kapitel 6 praktizierte Schichtzuweisung nach dem hinterlassenen Vermögen abermals rechtfertigt.

[68)] StAKN A V 1 und 2, Seelenbeschriebe; ebd. I III, Sterbeprotokolle und Nachlaßinventare. Individuen einschließlich Nichterwerbstätiger mit eigenem Einkommen.

10.4 Die Erwerbstätigkeit von Frauen

Erwerbstätige Frauen stellten in Konstanz im 18. Jahrhundert einen Regelfall dar. Diese Aussage bezieht sich nicht nur auf Frauen, die an der Seite eines Ehemannes im Betrieb mithalfen, sondern explizit auf eine große Zahl von Ledigen und Witwen, die für ihren Unterhalt eigenständig aufkamen.

Weibliche Haushaltsvorstände hielten in Konstanz im letzten Drittel des 18. Jahrhunderts einen Anteil zwischen einem Viertel und einem Drittel:

Tabelle 145: Anteil der Frauenhaushalte in Konstanz 1768-1793[69)]

Quelle	Anteil der weiblichen Haushaltsvorstände in Prozent
Seelenbeschrieb 1768:	24,4
Seelenbeschrieb 1774:	28,2
Quartierrodel 1786-1793:	im Mittel 28,4

Die wesentliche Funktion des Vorstands besteht in der Verantwortung für das wirtschaftliche Auskommen des Haushalts, umfasse der Haushalt auch nur eine Person. Aus dem weiblichen Haushaltsvorstand kann daher weibliche Erwerbstätigkeit oder wenigstens eigenes Einkommen abgeleitet werden.

Tabelle 146: Erwerbstätigkeit weiblicher Haushaltsvorstände 1774[70)]

Erwerbsklasse	Frauen als Haushalts-vorstand	Anteil an den Haushalten der Erwerbsklasse	Hhs.-stärke Personen im Mittel
Ohne Erwerbsangabe[71)]:	177	86 %	1,7
Rentiers:	13	68 %	3,5
Privatpfrund:	5	63 %	1,0
Dienstleistung/Einzelhandel/Freiberufe:	56	28 %	2,4
Landwirtschaft:	7	10 %	4,1
Handwerk:	10	4 %	3,8
Öffentlicher Dienst, Geistlichkeit, Großhandel, Militär ohne Frauenhaushalte.			
Gesamt:	268	28 %	2,0

Ein Viertel bis ein Drittel der Konstanzer Frauenhaushalte bezog Almosen oder anderweitige Unterstützungen oder lebte vom vorhandenen Vermögen. Mehr als die Hälfte unterhielt sich, oft auch Angehörige, im Erwerbszweig Dienstleistung und Einzelhandel. Zum Beispiel konkurrierten 1774 elf Haushalte, deren Vorstand unter „Näherin" firmierte, mit 18 Schneidermeisterbetrieben aus dem Erwerbszweig Handwerk. 28 von 100 Haushalten, deren Unterhalt positiv auf einer Dienstleistung, einem Kleinhandel oder Freiberuf basierte, stand eine Frau vor.

[69)] StAKN A V 1 und 2, Seelenbeschriebe; StAKN A V 3-9, Quartierrodel, nach einzelnen Jahren aufgeschlüsselt in Kap. 9.1.2, Tab. 135.- Da Hausbesitz überwiegend zur Deckung eigenen Wohnraumbedarfs diente, sei ergänzend der »Hausbesitzerbeschrieb« von 1778 (GLA 209/1221) genannt, nach dem Hausbesitzerinnen einen Anteil von 21,6 % bzw. 22,6 % stellten (je nachdem, ob „Kinder" und „Erben" prozentual mitberücksichtigt sind oder nicht).

[70)] StAKN A V 2. Basis: 950 Nicht-Kollektivhaushalte.

Unter den 71 Konstanzer Krautgärtner- und Weinbauernhaushalten hielten 1774 die von Frauen geführten nur einen geringen Anteil von einem Zehntel, der aber immerhin belegt, daß Witwen den Betrieb weiterzuführen imstande waren und nicht an einen Sohn oder Bruder abgeben mußten. Witwenbetriebe im zünftigen Handwerk sind als ausnahmsweise Reaktion auf eine eventuell entstandene Lücke zwischen einem verstorbenen Meister und dem noch nicht meistergeprüften Sohn einzuschätzen[72)].

Die durchschnittliche Personalstärke je Frauenhaushalt ist in den einzelnen Erwerbszweigen nicht oder nicht viel mehr als um den fehlenden Ehemann reduziert. Die betreffenden Frauen füllten demnach ihre Funktion als Ernährerinnen einer „unvollständigen Familie“[73)] durchaus aus, sei es durch ihre Erwerbstätigkeit, sei es durch ihr Einkommen.

Der »Branchenbeschrieb« von 1778 berücksichtigt, worauf schon der Titel „Professionisten, Handtwerckhsleith, Kauffleithe, Apotecker etc.etc.“ verweist[74)], neben dem zünftigen Handwerk nur Klein- und Großhandel, Kleinspeditionsgewerbe wie Fuhrleute und „Schifmaistere“ sowie Körperpflege und Heilwesen; Anna Maria Schwarzmännin wurde als einzige Konstanzer Zahnärztin geführt. Das ganze Taglöhnerspektrum indes fehlt.

Tabelle 147: Professionisten 1778, nach Geschlechtern

Geschlecht	Handwerk		Handel, Dienstleistung	
	Zahl	Prozent	Zahl	Prozent
Männer:	194	95 %	96	80 %
Frauen:	10	5 %	24	20 %

Rund 5 Prozent Witwenbetriebe im Handwerk - um solche handelte es sich auch 1778 - stellten offenbar eine stabile, in Konstanz übliche Quote dar.

Über den Tod von 736 Frauen wurde zwischen 1786 und 1805 in Konstanz ein Sterbeprotokoll aufgenommen. Jeder fünften von ihnen schrieb der Kanzlist eine eigene Erwerbstätigkeit beziehungsweise ein eigenes Einkommen zu. Zwölf Prozent waren ins Spital oder bei einem Bürger verpfründet. 39 Prozent dieser Frauen wurden über die Profession ihrer teilweise verstorbenen Ehemänner klassifiziert. 29 Prozent blieben ohne Angabe einer Erwerbstätigkeit[75)].

Unter den Frauen, die vor ihrem Tod ein eigenständiges Erwerbsleben geführt hatten, befanden sich 16 unter Gelübde stehende oder pensionierte Nonnen[76)] und vier Adlige; die anderen hatten ihren Unterhalt auf dem freien Arbeitsmarkt suchen müssen.

Die meisten hatten sich als Dienstmägde, Köchin oder dergleichen bei allen möglichen Herrschaften verdingt, bei Handwerkern und Kaufleuten, im Kapuzinerkloster und bei Stadt-

[71]) Nach der Aufschlüsselung oben etwa die Hälfte Taglöhnerinnen, ein starkes Viertel Rentiers und Altenteilerinnen, ein Zehntel lebte überwiegend von Almosen.
[72]) Siehe Kap. 10.5.2.
[73]) Mitterauer, Strukturwandel der Familie, S. 58.
[74]) GLA 209/1221, o. Dat. [1778], o. Verf. [Raiteamt].
[75]) StAKN I III, Sterbeprotokolle und Nachlaßinventare. Absolute Zahlen: Eigene Erwerbsangabe 144, Pfrund 91, Profession des Mannes 284, ohne Angabe 217.
[76]) Des aufgehobenen Konvents St. Peter, siehe Schmid, Säkularisation (1978), S. 90-93.

hauptmann v. Damiani. Viele leisteten Dienste im Taglohn, zum Beispiel als Wäscherin und Krankenwärterin, als „Lohnwascherin", als „arme Wäscherin und Näherin"[77]. Zum Erwerb der mit 64 Jahren verstorbenen Anna Maria Weltin, ihres 73jährigen Witwers und ihrer beiden erwachsenen Töchter war zu erfahren, daß „diese Leuthe sich lediglich von dem Allmosen und ihrer Handarbeit nähren."[78]

Manche hatten mit Spielzeug, Mehl, Kräutern oder Butter und Fetten gehandelt; die „Ladenwaaren" der 82jährigen Witwe Marianna Natterin im Wert von fast 2000 Gulden wies sie als nach wie vor geschäftstüchtige Stoffhändlerin en gros aus[79].

Marte l'Hoste arbeitete ausgewiesenermaßen bei ihrem Mann Jean Pierre, dem Genfer „Fabrikant der Uhrenmacher Zifferblätter"[80].

Im März 1803 starb die ledige Elisabetha Waldherrin, „Trukarbeiterin" im Lohn des Indiennefabrikanten Jacques Louis Macaire, im Alter von 23 Jahren an Auszehrung[81].

Frauen stellten einen großen Anteil der Konstanzer Protoindustrie-Arbeiterschaft.

Eine Belegschaftsliste der Indiennedruckerei Macaire aus dem Jahr 1788 [82] wies mindestens 50 Arbeitskräfte aus, 24 Männer, zehn Frauen und 16 „enfants, soit garçons ou filles". Ohne die Kinder arbeiteten also 29 Prozent Frauen bei Jacques Louis Macaire und seinem Kompagnon Schlumberger. Vier Arbeiterinnen erwarben ihren Lohn als „imprimeuses" neben zwölf „imprimeurs" und sechs als „peinceleuses", für welche Tätigkeit es keine männlichen Kollegen in der Textilfabrik gab. Zählte man noch die in der Liste genannten Frauen und Kinder der Arbeiter als Beschäftigte hinzu, - wofür einiges spricht[83] - so käme man auf eine Zahl von 70 »Protoproletariern«, davon 30 bis 32, annähernd die Hälfte, weibliche.

Eine offensichtlich auf die Genfer Uhrenindustrie in Konstanz gerichtete, daher bezüglich der Textilarbeiterschaft unvollständige Liste „de membres de la Colonie qui sont encore ici" vom August 1795 [84] führt 53 in der Uhrenfabrikation Arbeitende, darunter zehn oder ein Fünftel Frauen. Da der Mehrzahl der Arbeiter Frau und Kinder beigeordnet sind, die vermutlich auch im Lohn der Uhrengesellschaft Roman, Melly & Roux standen, wird der tatsächliche Frauenanteil an der Uhrenarbeiterschaft wenigstens ein Drittel erreicht haben.

[77]) StAKN I III, Sterbeprotokoll Agatha Spargin unter dem 23. März 1805; Anna Maria Moserin geb. Bezin, 6. Dez. 1786. Reiter, Armenfürsorge, S. 281: Bei 89 von 136 in Ravensburg 1826/27 um öffentliche Unterstützung einkommenden Frauen wurde eine Erwerbstätigkeit aus dem Spektrum (Woll-)Spinnen, Waschen, Nähen, Stricken, Dienen, Kleinhandel vermerkt, in der Regel mehrere Angaben kombiniert.

[78]) Ebd. unter dem 6. Mai 1788.

[79]) Ebd., Sterbeprotokoll und Inventar unter dem 24. Jan. 1805.

[80]) Ebd. unter dem 13. Okt. 1787.

[81]) Ebd. unter dem 15. März 1803.

[82]) GLA 209/518, auf französisch abgefaßtes Personenverzeichnis vom 20. Okt. 1788, vom K.K. Notar Dr. Josef Hauser zu einem Lokaltermin durch Augenschein und Unterschrift bestätigt.

[83]) Arbeit der Fabrikantengattin Marthe l'Hoste; StAKN A V, Fremdenrodel 1802: Viele Frauen und Kinder der genannten Protoindustriearbeiter „gehen in die Fabrique".

[84]) GLA 209/519: im Original fälschlich: „Le 18 Aoust 1785". Der aufgeführte reformierte „pasteur" J.J. Tissot amtierte 1792-96; die Liste wurde sehr wahrscheinlich kurz nach der Auflösungsanzeige der Uhren-Aktiengesellschaft Roman, Melly & Roux (Juli 1795) aufgenommen und im Zusammenhang mit dem Streit um die Ausweisung der Genfer Uhrmacher verwendet.- In der Liste fehlen offensichtlich auch alle Pendler aus dem Thurgau.

Nebenbei bemerkt begann der nicht ganz unbedeutende, aus Vorarlberg stammende Maler Wendelin Moosbrugger seine Konstanzer Laufbahn als angestellter „peintre en miniature“ im Lohn der Uhrenfabrik[85].

Das »Protoproletariat« unter den 1802 registrierten, in Konstanz wohnenden „Fremden“, überwiegend in den drei Betrieben der Prinzipale Schlumberger, Hirn & Vogel und Macaire beschäftigt, verteilte sich auf 70 Männer, nur 13 Frauen und acht Kinder[86].

Ein klares Übergewicht von 17 Frauen zu acht Männern kennzeichnete dagegen die zwischen 1786 und 1805 in der Stadt gestorbene Protoindustrie-Arbeiterschaft[87].

Diese unterschiedlichen und unterschiedlich gewichtigen Zahlen sind nicht leicht zu bilanzieren. Jedenfalls erreichte die eigenständige Frauenerwerbstätigkeit in den frühen Konstanzer Industriebetrieben - nicht vom Ausmaß her, aber prozentual - mindestens den Anteil der Bereiche Dienstleistung und Handel; sie übertraf damit die allgemeine Frauenerwerbsquote in der Stadt erheblich. Die beginnende Industrialisierung eröffnete alleinstehenden mittellosen Frauen, denen die altständische Gewerbeordnung allenfalls ein unregelmäßiges Einkommen als Wäscherinnen, Näherinnen, Almosenempfängerinnen und ähnliches angeboten hatte, neuartige Unterhaltsmöglichkeiten.

10.5 Betriebsstrukturen im Handwerk 1774 [88]

Für diesen Abschnitt 10.5 werden zusätzlich zehn Nebenerwerbs- und 16 bei der Stadt angestellte Handwerker samt ihren Haushalten berücksichtigt. Als »Selbständige« definiert sind hier alle Handwerker, überwiegend Meister, die einen eigenen Haushalt führten. Die neun Gesellen mit eigenem Haushalt - zwei Buchdrucker, die anderen im Bauhandwerk tätig - schienen in keinem festen Anstellungsverhältnis gestanden zu haben, allenfalls bei der Stadt oder einem Stiftungsamt. Die Wirkung der Zunftverfassung hatte sich schon so weit aufgelöst[89], daß die soziale Stellung eines Gesellen mit eigenem Haushalt eher der eines Einzelmeisters glich als der eines in den Meisterhaushalt integrierten Gesellen.

Die dargestellten Prozent- und Durchschnittswerte unterscheiden sich von den Ergebnissen für die 226 ausschließlich selbständigen und »hauptberuflichen« Meister allenfalls in der Stelle nach dem Komma, wie eine parallel angefertigte Tabellenreihe ergab.

[85]) Ebd.; Laible 1896, S. 283: M. wurde später württ. Hofmaler.

[86]) StAKN A V, Fremdenrodel vom Jan. 1802. Ausführlicher dazu Kap. 4.9. Boelcke, Sozialgeschichte, S. 89: Relation in den badischen Baumwollfabriken 1844: 38 % Männer, 33 % Frauen, 28 % Kinder.

[87]) StAKN I III, Sterbeprotokolle.

[88]) Datengrundlage: StAKN A V 2, Seelenbeschrieb 1774.

[89]) Vgl. Wehler, Gesellschaftsgeschichte I, S. 93f.

10.5.1 Betriebsgrößen

Tabelle 148 a): Gesellen und Lehrjungen je Handwerkerhaushalt 1774

160 mal	keiner	=	0	»fremde« Gehilfen,
55 mal	einer	=	55,	
30 mal	zwei	=	60,	
9 mal	drei	=	27,	
4 mal	vier	=	16,	
2 mal	fünf	=	10,	
1 mal	sieben	=	7	»fremde« Gehilfen.
Gesamt: 261	Haushalte mit 175 Gehilfen, die nicht Kernfamilienmitglieder waren.			

39 % der Betriebe wirtschafteten mit »fremden« Gehilfen.
Im Durchschnitt beschäftigte jeder Handwerker, darunter 226 selbständige Meister, 0,67 »fremde« Gehilfen.

Alle männlichen Kinder ab 12 Jahren sind, sofern keine anders lautende Angabe vorlag, in der folgenden Tabelle als mitarbeitend eingestuft; in den meisten Fällen beschrieb sie auch Ratsprokurator Bollinger explizit so.

Am Rande bemerkt sei ein so häufig beobachtetes Phänomen, daß es einer Regel gleichkommt: Der älteste Sohn von Handwerksmeistern, die keine »fremden« Gehilfen hielten, arbeitete im Betrieb mit; die Söhne von Handwerksmeistern, welche einen Gesellen und vielleicht noch einen Lehrjungen beschäftigten, »studierten«, in der Regel am josefinischen Lyzeum. Darin deutet sich eine bemerkenswerte Bereitschaft an, den sozialen „Mobilitätskanal"[90] höherer Bildung zu nutzen, möglicherweise als Reaktion auf die den Zeitgenossen sehr wohl bewußte zunehmende Überbesetzung im Handwerk.

Als „Söhne" mitgezählt sind drei als mitarbeitend beschriebene Mädchen einer „Bratesmetzgerin", die Tochter einer Nebenerwerbssäcklerin, die im Zweipersonenhaushalt lebenden zwei Schwestern je eines Strickers und eines Strümpfwebers sowie ein Fischerknecht und die sieben und vier Knechte des Rheinmüllers und Stadtzieglers als Gesellen.

Tabelle 148 b) Gesellen, Lehrjungen und mitarbeitende Kinder ab zwölf Jahren je Handwerkerhaushalt 1774

127 Einzelmeister	=	0	Gehilfen
82 mal ein Gehilfe	=	82	Gehilfen
28 mal zwei Gehilfen	=	56	Gehilfen
12 mal drei Gehilfen	=	36	Gehilfen
9 mal vier Gehilfen	=	36	Gehilfen
2 mal fünf Gehilfen	=	10	Gehilfen
1 mal sieben Gehilfen	=	7	Gehilfen

Zusammen 261 Haushalte mit 227 Gehilfen, und zwar 144 Gesellen, 31 Lehrjungen, 52 mitarbeitenden Kindern. Die durchschnittliche Betriebsgröße umfaßte 1,87 Personen. 51 Prozent der Konstanzer Handwerksbetriebe produzierten 1774 mit wenigstens einem Gehilfen;

[90]) Ebd., S. 188.

umgekehrt gesehen wirtschafteten 49 Prozent als Einzelmeister. Kinder und Lehrjungen außer Betracht gelassen, beschäftigten 35 Prozent der Meister einen oder mehrere Gesellen.

Tabelle 149 a) Betriebsgrößen im Handwerk 1774, nach Branchen
Jeder selbständige Handwerker, wie oben nach dem Kriterium des eigenen Haushalts definiert, entspreche einem »Betrieb«.

Branche	Selbständige Zahl	Gesellen	Lehrjungen	Söhne	Summe Gehilfen	Betriebsgröße im Schnitt	Anteil am Handwerk
Metall	32	23	5	7	35	2,1	14 %
Holz	30	24	2	5	31	2,0	12 %
Buch & Papier	12	7	1	4	12	2,0	5 %
Textil, Leder	101	50	18	21	89	1,9	39 %
Nahrung	50	26	3	13	42	1,8	19 %
Bau/Steine[91)]	31	13	2	2	17	1,6	10 %
Sonstige[92)]	5	1	0	0	1	1,2	1 %
Gesamt	261	144	31	52	227	1,9	100 %

Völlig übereinstimmend mit den überregionalen Verhältnissen arbeiteten zwei Drittel des Konstanzer Handwerks für den „dreifachen Grundbedarf an Kleidung, Nahrung und Wohnung“[93)]. Zwei von fünf im Handwerk Beschäftigten ernährten sich im Bekleidungsgewerbe.

Die Zeile der Branche Buch und Papier belegt, daß in Konstanz ein entsprechender Markt vorhanden gewesen sein muß. Immerhin trug die Erwerbslage neben zwei gehilfenlosen Buchdruckergesellen zwei Meister mit zusammen sieben Gehilfen; außerdem fünf Buchbinder, eine Buchbinderin im Haupt- und eine Buchbinderin im Nebenerwerb mit insgesamt fünf Gehilfen.

Im Konstanzer Vergleich sind die zwei Buchdruckereien mit vier beziehungsweise fünf Erwerbstätigen als Großbetriebe zu bezeichnen. Zusammen mit den drei Buchhändlern bediente Konstanz den Bedarf der ganzen Region an Druckerzeugnissen.

Zwölf der 31 »Betriebe« in der Branche Bau, Steine, Erden wirtschafteten nicht auf dem freien Markt von Angebot und Nachfrage, sondern im Auftrag und Lohn von Stadt oder Spital. Da sie dem »freien« Handwerk jedoch ungeschmälerte Konkurrenz bereiteten, sind die Handwerksbetriebe im öffentlichen Dienst - wie auch die Nebenerwerbshandwerker - in die Tabellen oben aufgenommen worden.

Auffällig ist der überdurchschnittlich hohe Anteil von Knechten und Mägden in der Nahrungsbranche. Dieser Befund stützt die Vermutung, daß Knechte und auch Mägde im Nahrungsmittelhandwerk zu den Arbeitskräften im Betrieb gezählt werden können. Hier erweist sich wieder die Schwierigkeit, eine komplexe Wirklichkeit in Zahlenreihen erschöpfend ausdrücken zu können, in diesem konkreten Fall zu entscheiden, inwiefern Gesinde überwiegend als „Produktionsgehilfen“ oder als „Beförderer häuslicher Bequemlichkeit“ gebraucht wur-

91) Der Stadtwerkmeister mit 5 Gehilfen und der Stadtziegler mit vieren erhöhen den Durchschnitt erheblich. Ohne sie läge die Zahl der Gehilfen bei sieben, die durchschnittliche Betriebsgröße betrüge 1,28.

92) Je ein Edelsteinschleifer, Kartenmacher, Lohestampfer, Orgelmacher, Geigenbauer.

93) Wehler, Gesellschaftsgeschichte I, S. 91.

de[94]. Rechnet man jeweils das Gesinde zu den Betriebsgrößen dazu, so verschiebt sich die Reihenfolge:

Tabelle 149 b) Betriebsgrößen im Handwerk 1774, einschließlich der Knechte und Mägde, nach Branchen

Branche	Knechte + Mägde	Betriebsgröße (incl. Gehilfen)
Nahrung	43	2,7
Metall	14	2,6
Holz	10	2,4
Buch,Papier	4	2,4
Textil	32	2,2
Bau,Steine	4	1,7
Sonstige	1	1,4

Eine weitere Differenzierung ergibt

Tabelle 150: Betriebsgrößen im Handwerk 1774, nach einzelnen Professionen (Definition von »Selbständigen« und »Betrieb« wie vor Tab. 149 a)

Profession	Selbständige Zahl	Gesellen	Lehrjungen	Söhne	Betriebsgröße im Schnitt	Selbständige mit Gehilfen
Schlossermstr.	5	8	1	1	3,0	100 %
Buchdrucker	4	5	1	1	2,8	50 %
Sattlermeister	4	1	2	2	2,3	75 %
Perückenmacher	5	1	3	2	2,2	80 %
Schreinermstr.	10	10	1	1	2,2	60 %
(div.-)Weber	12	8	2	4	2,2	75 %
(div.-)Schmied	17	13	0	6	2,1	59 %
Schustermeister	28	24	4	2	2,1	54 %
Seilermeister	3	0	0	3	2,0	67 %
(div.-)Metzger	14	8	0	6	2,0	57 %
Küfermeister	11	8	1	2	2,0	36 %
Zimmermann	10	6	1	1	1,8	30 %
(div.-)Bäcker	19	7	3	5	1,8	63 %
Säcklermeister	4	1	1	1	1,8	50 %
Buchbinder	7	2	0	3	1,7	71 %
(div.-)Gerber	10	7	0	0	1,7	50 %
Glasermeister	3	1	0	1	1,7	67 %
Uhrmacher	3	0	2	0	1,7	67 %
Schneidermstr.	18	7	3	2	1,7	50 %
Steinhauer	3	1	1	0	1,7	33 %
Hutmacher	3	0	0	1	1,3	33 %
Kürschner	3	0	0	1	1,3	33 %
Fischermeister	7	1	0	1	1,3	29 %
Hafnermeister	4	1	0	0	1,3	25 %
Schmälzler	4	0	0	1	1,3	25 %
Maurer	8	0	0	0	1,0	0 %
Kuttler	3	0	0	0	1,0	0 %
Sonstige[95])	39	24	5	5	1,9	49 %
Gesamt	261	144	31	52	1,87	51,3 %

[94]) Mathis, Bevölkerungsstruktur, S. 72f.

[95]) Je 2 Büchsenmacher, Drechsler, Färber, Gürtler, Knopfmacher, Küblermeister, Schiffbauer, Stricker. Je 1 Bierbrauer, Edelsteinschleifer, Fadenmacher, Faßmaler, Geigenbauer, Glockengießer, Arbeit. b. Glockengießer, Goldarbeiter, Kartenmacher, Kragenmacher, Leistenschneider, Lohestampfer, Müllerknecht, Nadler, Orgelmacher, Pergamentmacher, Posamenter, Rheinmühlemeister, Stadtziegler, Stukkateur, Wagner, Ziegelhüttenarbeiter, Zinngießer.

Die Betriebsgrößen der Schlosser lagen auch in Innsbruck, Hall und Salzburg verglichen mit anderen Professionen im obersten Fünftel. Mathis erklärt diesen Befund damit, die Schlosser hätten neben anderen „traditionellen“ Gewerben wie den Schmieden einen „breiten Kundenkreis“ bedient[96)].

Die erstaunliche Gesellen- und Gehilfenzahl der Weber weist auf ein im Ganzen offenbar florierendes Textilhandwerk in Konstanz hin. Auch arbeitete nur jeder zweite Schneidermeister alleine. Das Auskommen der zahlreichen Spinnerinnen und Näherinnen wird hier ebenso als plausibel belegt wie die späteren Marktchancen für die Genfer Textilfabrikanten bereits ersichtlich sind.

Die Konstanzer Sattler erhielten sich recht wohl mit den Aufträgen der ansässigen Landwirtschaft und der Pferdehalter: Um 1774 standen allein in den nicht eximierten Konstanzer Ställen rund 100 Pferde, die Domherren hielten schätzungsweise weitere zwei bis drei Dutzend[97)].

Das ebenfalls gehilfenreiche Gewerbe der Konstanzer „Peruquiers“ verdankte seinem Verdienst dem Bedarf der Stiftsgeistlichkeit, der adligen Rentiers, den „Honeratiores“, unter welcher Bezeichnung die höheren herrschaftlichen und städtischen Beamten in den Seelenbeschreibungstabellen seit 1789 standen, und vermutlich auch dem traditionellen zeremoniösformalen Auftreten des Stadtrats vor der josefinischen Ratsreform. „Der neüe Rath 1786“, so hatte Archivregistrator Leiner festgehalten, „ist den 2^{t} 7bre [September] das erstemal gesessen welche[r] aber nicht mehr in schwarzer Kleidung, Mantel und Degen wie bishero üblich, erscheinet“[98)]. Zum »bisher üblichen« Erscheinungsbild im Rat der vormals reichsunmittelbaren Stadt dürfte auch die Perücke gehört haben.

Angesichts der kargen Möblierung der weltlichen Konstanzer Haushalte verwundert die hohe Gesellenzahl der Schreiner etwas, die auf einen florierenden Erwerbszweig verweist.

Dagegen lag die Baubranche deutlich darnieder. Abgesehen vom Stadtwerkmeister - der hier unter die Zimmerleute gerechnet ist, was dem Aufgabenprofil am ehesten entsprach - mit seinen fünf Gehilfen beschäftigten die 24 Zimmerleute, Maurer, Steinhauer und Hafner - welche vornehmlich Kachelöfen setzten und instand hielten - lediglich drei Gesellen, zwei Lehrjungen und einen Sohn. Zwanzig dieser 24 Bauhandwerker arbeiteten alleine, obwohl nur fünf von ihnen, allesamt Maurer, Gesellen geblieben waren.

[96)] Mathis, Bevölkerungsstruktur, S. 79, Tab. S. 77f, 152, 214f.

[97)] GLA 209/1306, Seelenbeschreibungstabelle 1773: 107 Pferde; ebd., gedrucktes Formular „Viehe = Beschreibung“, demnach 1774: 115 Pferde, „pro anno“ 1775: 120 Pferde gezählt; StAKN A V 2, Seelenbeschrieb 1774: 81 Pferde weltlicher Besitzer.

[98)] StAKN A I 28b, Leiner, Miszellen, S. 220.

10.5.2 Witwenbetriebe im Handwerk

Tabelle 151: Witwenbetriebe im Konstanzer Handwerk 1774

Profession	Gesellen	Lehrjungen	Söhne [99]	Summe Gehilfen	Knechte + Mägde	Betriebsgröße
Bratesmetzgerin	0	0	4	4	0	5
Weißbäckerin	0	0	0	0	2	(1) / 3
Buchbinderin	1	0	0	1	0	2
Buchbinderin	1	0	0	1	1	2
Glaserin	1	0	0	1	0	2
Küblerin	1	0	0	1	0	2
Goldschmiedin	0	0	1	1	0	2
Hutmacherin	0	0	1	1	0	2
Kürschnerin	0	0	1	1	0	2
Säcklerin	0	0	1	1	0	2
Schwarzbäckerin	0	0	1	1	0	2
Pastetenbäckerin	0	0	0	0	1	(1) / 2
12 Witwenbetriebe	4	0	9	13	4	Im Mittel (2,1) / 2,3

Den neun Kindern und nur vier Gesellen nach zu urteilen, erfüllten diese Witwenbetriebe vornehmlich die Funktion, die Werkstatt des verstorbenen Mannes so lange aufrecht zu erhalten, bis der Sohn, etwa nach einer Heirat, der Erfüllung von Zunftvorschriften und dergleichen, als ordentlicher Meister einrücken konnte.

Zwei Mägde und ein Knecht in den Bäcker-Witwenbetrieben belegen wieder die Vermutung, im Nahrungsmittelsektor habe das Gesinde mitproduziert.

10.5.3 Der Grad der Professionsteilung in Konstanz

Die „Funktionsdifferenzierung" im Handwerk nahm von den Gewerbezentren zur Peripherie, von der Stadt zum Land ab[100]. Die Vielfalt der Professionen kann also als Gradmesser für den wirtschaftlichen Stellenwert einer Stadt in Deutschland herangezogen werden.

In Berlin mit seinen 173 000 Einwohnern existierten zirka 120, im „Gewerbezentrum" Nürnberg um 140 verschiedene Handwerksberufe[101]). Demnach kann Konstanz mit seinen 72 unterschiedlichen Handwerksprofessionen als respektables regionales Gewerbezentrum gelten. Die 17 Schmiede zum Beispiel fächerten sich in acht spezialisierte Tätigkeitsfelder auf: 1774 fanden in Konstanz vier Nagelschmiede, je drei Grobschmiede und Goldschmiede, zwei Huf- und Waffenschmiede, zwei Kupferschmiede und je ein Zirkelschmied, Messerschmied und „Klamperer" genannter Blechschmied ihr Auskommen nicht zuletzt dadurch, daß ihre Fertigkeiten die der umwohnenden Dorfhandwerker übertrafen.

[99]) Bratesmetzgerin mit drei Töchtern und einem Sohn, als mitarbeitend ausgewiesen; Säcklerin mit einer Tochter desgleichen.
[100]) Wehler, Gesellschaftsgeschichte I, S. 92.
[101]) Ebd. S. 180.

10.5.4 Die Konstanzer Handwerksstruktur im Vergleich

Die „Handwerksdichte“, worunter die Zahl der im Handwerk Beschäftigten auf 1000 Einwohner zu verstehen ist, betrug um das Jahr 1800 in Süddeutschland rund 50, mitarbeitende Kinder nicht berücksichtigt. Etwa die Hälfte der Handwerker produzierte als Einzelmeister, ein Drittel mit Gesellen[102].

Tabelle 152: Entwicklung der Handwerksdichte in Konstanz[103]

Stadt	Jahr	Handwerksmeister	Gesellen	Lehrjungen	Söhne[104]	Gehilfen gesamt	Betriebsgröße	Einzelmstr. in %	**Handwerksdichte**
Innsbruck	1647	240	123	49	19	191	1,8	53,4	**78**
Hall	1647	167	76	0	11	87	1,5	56,9	**94**
Salzburg	1647	463	247	161	77	485	2,0	49,9	**95**
Konstanz	1774	261	144	31	52	227	1,9	48,7	**125**
Konstanz[105]	1774	235	124	30	50	204	1,9	46,8	**113**
Konstanz	1811	566	220	?	?	220 ?	1,4	?	**183**
Konstanz	1811	566	220	(47)	(79)	(346)	1,6	?	**213**

Betriebsgrößen lassen zweischneidige Interpretationen zu. Lagen sie hoch, so kann man widersprüchlich folgern: Das Handwerk florierte und: Das Handwerk lag nieder, der Einsatz aller verfügbaren Arbeitkräfte war verlangt, um einen ausreichenden Verdienst zu erwirtschaften, unter diesen Umständen mit geringem Produktivitätsgrad.

Die Gehilfenzahl ist also differenziert zu betrachten. Viele Gesellen weisen wegen der vergleichsweise hohen Gesellenlöhne und der zusätzlich gestellten Kost und Logis eher auf auskömmliches Gewerbe hin, ein hoher Kinderanteil unter den Gehilfen hingegen eher auf eine angespannte Erwerbslage.

Die Zahl der mitarbeitenden Kinder lag in Konstanz 1774 überproportional hoch, bei rund 23 bis 25 Prozent der Gehilfen gegenüber zehn bis 16 Prozent in den beiden Tiroler Städten und Salzburg 1647. Daher rührt auch der vergleichsweise geringe Anteil Konstanzer Einzelmeister, der ohne Kinder bei 60 Prozent läge. Dasselbe gilt für die Betriebsgröße, die in Konstanz 1774 ohne Kinder im Mittel 1,66 Personen betrug.

102) Ebd. S. 90f.

103) Mathis, Bevölkerungsstruktur, Tab. S. 77f, Betriebsgrößen in Handel und Gewerbe in Innsbruck 1647, Abzug des Bereichs »Handel«: Wirte, Fuhrmänner, Barbiere, Handelsmänner, Melbler, Spezereihändler, Lädler, Krämer, Frätschler & Tschänderer, Getreidehändler => 431 im Handwerk Beschäftigte. Gesamtbevölkerung im 17. Jh.: 5000-6000 (S. 32), Handwerksquote somit 86-72. Ebd. Tab. 33, S. 152, dass. in Hall 1647; ohne Dienstleistung + Kleinhandel zus. 254 im Handwerk; Bevölkerung ca. 2700 (S.136). Ebd. Tab. 49, S. 214f, dito Salzburg 1647; ohne Dienstleistung + Kleinhandel bleiben 948 im Handwerk; Einwohnerzahl um 1647 = 10 000 (S. 176). Konstanz 1811: Krümmer, Wirtschafts- und Sozialstruktur, S. 50f, Dienstleistung und Kleinhandel abgezogen, bleiben 566 Handwerksmeister, 220 Gesellen und eine unbekannte Zahl von Lehrjungen und mitarbeitenden Söhnen; Einwohnerzahl = 4288 (S. 18). Die fehlenden Angaben zu KN 1811 sind von mir in der zweiten Zeile auf Grundlage des Seelenbeschriebs 1774 geschätzt.

104) In Konstanz 1774 incl. vier Töchtern und zwei Schwestern.

105) Zweite Zeile KN 1774: ohne öfftl. Angestellte und Nebenerwerb.

Die Handwerksdichte in Konstanz lag 1774 um einiges höher als in den drei Vergleichsstädten 130 Jahre zuvor. Die Beschäftigtenzahlen im Handwerk standen in Konstanz 1774 und in Innsbruck 1647 in der gleichen Größenordnung, doch lebten in Innsbruck um 1600 Einwohner mehr.

Man kann davon ausgehen, daß Konstanz im 18. Jahrhundert kein ausgeprägteres Exportgewerbe unterhielt als Innsbruck, Hall und Salzburg in der Mitte des 17. Jahrhunderts; eher traf, zumindest für die beiden Tiroler Städte, aufgrund ihrer geographischen Lage das Gegenteil zu. Das Luxus- und Baugewerbe, das, wie in den beiden Residenzstädten nachgewiesen[106)], die Ansprüche der Höfe und ihrer Adepten bediente, dürfte in Konstanz entsprechend weniger ins Gewicht gefallen sein. Somit belegt Tabelle 152 die zunehmende Überbesetzung des Handwerks im deutschsprachigen Raum.

Die erhöhte Nachfrage nach Gewerbeprodukten, die sich aus der rapiden Bevölkerungsvermehrung 1785 bis 1799 in Konstanz ergab, wird die Gründung und Ansiedlung von Handwerksbetrieben über die übliche Progression hinaus forciert haben. Die Konstanzer Handwerksdichte verdoppelte sich nahezu zwischen 1774 und 1811; die Erwerbslage entwickelte sich innerhalb dieser 37 Jahre von der Überbesetzung hin zum blanken Pauperismus.

10.6 Das »Konstanzer Wirtschaftswunder« 1785 bis 1799

Der Zuzug der Genfer Kolonisten, der französischen Emigranten und der Beamten der Provinzialverwaltung stellte merkantilistisch gesehen einen einzigartigen Glücksfall für Konstanz dar. Er bewirkte ein 14 Jahre währendes städtisches »Wirtschaftswunder«. Der Begriff trifft insofern, als die Entwicklung vielen Wohlstand brachte, unerwartet einsetzte, von außen in die Stadt getragen, von den Einheimischen rasch erkannt und genutzt wurde und in rasantem Tempo voranschritt.

Trotz zahlreicher Konflikte um kleingewerbetreibende Genfer und Franzosen, deren Konkurrenz das eingesessene Konstanzer Handwerk ständig - und erfolgreich - einzudämmen trachtete[107)] steht fest, daß die Stadt mit den Zuwanderern erheblich mehr Konsumenten als Produzenten gewann. Die Menge der - von ihrer für Konstanz relevanten wirtschaftlichen Funktion her definiert - Verbraucher stieg um zeitweise 50 Prozent, während die Zahl der Kleinproduzenten und -händler sich nur unwesentlich erhöhte. Die Entrepreneurs aus Genf und Lyon produzierten überwiegend für den überlokalen Absatz. Alleine die 90 Haushalte der Landesregierung schossen von Ende Oktober 1792 bis März 1799 mit einer kurzen Unterbrechung 1796 potentiell mindestens 40 000 Gulden Besoldungen im Jahr in den Konstanzer Markt ein[108)].

[106)] Mathis, Bevölkerungsstruktur, S. 41, 199, 202f.

[107)] Burkhardt in Stadtgeschichte III, S. 388-390, 417, 418-420.

[108)] StAKN A I 28a, Leiner/Bickel, S. 287; Quarthal, Behördenorganisation, S. 58f, 65, 85. Vorsichtig gerechnet, ist eine durchschnittliche Jahresbesoldung von 400-500 fl angenommen: Bereits 1759 erhielt das Regierungspersonal in Freiburg ohne Präsident und Räte im Mittel 316 fl, ohne den Präsidenten im Mittel 487 fl. Die Bedeutung einer Provinzialbehörde als Wirtschaftsfaktor wird auch bei Deutsch (Hg.), Bericht des Grafen Karl v. Zinzendorf, S. 198, deutlich: „[Konstanz] hat durch Versetzung der Kay. König. Repräsentation nach Freyburg noch vollends alle Nahrung verloren."

Die steil ansteigenden Mieteinnahmen wurden bereits am Schluß von Kapitel 3.3.6 vorgestellt. Mit dem »Renovierungsboom« nach 1785 sei ein ähnlicher Aspekt des wirtschaftlichen Aufschwungs exemplarisch dargelegt.

Im Oktober 1785 beschwerte sich der Genfer Kolonieälteste Ami Melly, Regierung und Stadtverwaltung machten keinerlei Anstalten, das Ihre zur Melioration des verwahrlosten und verfallenen, kurz: unzulänglichen Wohnungsbestandes in Konstanz beizutragen. Die immigrationswilligen Fabrikanten hätten bereits hohe Summen für das Herrichten von Wohnraum aufgewandt. Ein „menschenwürdiges Unterkommen der Genfer" sei trotzdem noch nicht gewährleistet[109)].

Die Konstanzer Haus- und Wohnungsbesitzer schätzten nach kurzer Zeit die Verdienstmöglichkeiten angemessen ein, die in Gestalt der Genfer in ihre Stadt Einzug gehalten hatten. Der erste Reflex von außen auf den ökonomischen Auftrieb formulierte der Schaffhausener Johannes v. Müller 1787: Das verarmte und entvölkerte Konstanz „erhebt sich"[110)]. Stadthauptmann v. Vicari meldete der Landesregierung im Januar 1788: „Die nahe Aussicht, und Hofnung von dem Etablissement eines neüen Comptoirs dahier hat schon einige Bürger auf den Entschluss gebracht, ihre Häuser theils auszubauen, theils sonsten selben zu Miethwohnungen die nötige Bequemlichkeit zu verschafen"[111)]. Der Kaufmann Johann Georg Krößer hatte sich weitsichtig bereits 1782 in Konstanz „bürgerlich eingekauft und ein ansehnliches Vermögen dahin gebracht." Bis 1789 hatte dieser Bauunternehmer sieben Häuser gekauft und renovieren, teilweise abreißen und neu errichten lassen[112)].

Bei seinem zweiten Besuch in Konstanz 1788 fielen dem Göttinger Christoph Meiners sowohl die aktuelle, wie auch die Spuren jüngst stattgefundener Bau- und Renovierungstätigkeit ins Auge. Der französische Abbé Lambert, der die Gegebenheiten vor 1794 freilich nur vom Hörensagen kennen konnte, lobte 1795, die vormals finsteren alten Konstanzer Häuser hätten nach der Ankunft der Genfer „un aspect riant et gracieux" erhalten[113)].

Der Bauboom hielt offenbar über die Immigrationszeit hin an. Auf der Suche nach Erwerbsmöglichkeiten umherziehende Bauhandwerker schienen in Konstanz auch zu Beginn des 19. Jahrhunderts leicht eine vorübergehende Anstellung zu finden: Am 25. Oktober 1803 stürzte der Maurer Johann Georg Kugler, der „beÿ dem Maurermeister Gagg in Arbeit gestanden" war, während dieser Arbeit vom Dach eines Hauses in der Niederburg zu Tode. Kugler „habe kein domicilium fixum gehabt, und habe sich als Maurer bald da, bald dort aufgehalten." Seine Frau lebte „dermalen in St. Gallen, auch ein Sohn von ihne arbeite in einer der dortigen Fabriken". Kuglers Habe bestand aus den Kleidern, die er trug, und fünf Gulden 34 Kreuzern in einem Lederbeutel[114)].

1790 zog Seifensieder Josef Steinle aus Waldkirch bei Freiburg nach Konstanz und nahm sein Gewerbe auf. Zuvor hatte der lokale Handel die Seife aus München bezogen[115)].

[109)] Seeholzer, Genfer Kolonie, S. 212f.
[110)] Zit. n. Feger, Spiegel der Zeiten, S. 153.
[111)] GLA 209/518, Vicari am 27. Jan. 1788.
[112)] Ebd., Beschwerde Krößers vom 6. Nov. 1789 wegen zu hoher Taxen für die „Feuerbeschau".
[113)] Meiners 1788 in Feger, Spiegel der Zeiten, S. 140. Lambert, Mémoires, S. 191f.
[114)] StAKN I III, Kommissionalprotokoll Kugler, 25. Okt. 1803.
[115)] Ph. Ruppert, Beiträge Heft 2, S. 48.

1787 begann „der Jehle", nach einem Arbeitsunfall entlassener Leibkutscher des Domherren v. Hornstein, eine konkurrenzlose Lohnkutscherei in Konstanz. Das Geschäft blühte derartig, daß im Jahr darauf Gabriel Dummel, der 40 Jahre als Knecht bei Kaufmann Martial Schneider gedient hatte, den zweiten Lohnkutschenbetrieb eröffnete. Bis zum Ende des Jahrhunderts betrieben Angehörige der Genfer Kolonie zwei weitere Lohnkutschereien[116].

Zwischen 1760 und 1770 hatten sich in Konstanz vier „Botenfuhr"-Betriebe etabliert, die anfangs Post, bald auch Personen und Waren beförderten und die erst zu Beginn der badischen Zeit eingingen. Mit jeweils vier bis sechs Pferden unterhielten sie die Verbindung nach Zürich, Basel, Freiburg im Breisgau und Augsburg. 1790 eröffneten Goldarbeiter Ignaz Castell und Sattlermeister Enz eine zweimal in der Woche abgehende Botenfahrt nach St. Gallen. Über mehrere Jahre hin lohnte sich auch die Fahrt mit der Landkutsche nach Genf, welche der Bürger Jakob Schmid einmal monatlich unternahm[117].

Das Gastgewerbe profitierte unmittelbar von den zahlreichen Fremden. Im Mai 1794 übernahm Georg Nikolaus Barxel, Angehöriger einer der wohlhabendsten Familien der Stadt, den Gasthof zum „Goldenen Lamm" an der Ecke von Rheingasse und Niederburggasse. Im 17. Jahrhundert eher als Absteige zu bewerten, entwickelte sich das Goldene Lamm nun rasch zum zweiten Haus am Platze, nach dem „Goldenen Adler" an der Marktstätte.

Konstanz konnte, wie in Kapitel 3.3.6 dargelegt, alle Kolonisten, Franzosen und die Provinzialregierung aufnehmen, ohne »überfüllt« zu werden. Überfüllt waren freilich häufig die Gasthöfe, etwa während des Aufenthalts des zum Corps Condé gehörenden Regiments Royal Etranger vom 7. September bis 16. Dezember 1795. Der britische Sold erlaubte es seinen französischen Offizieren, in Maßen wohl auch den überwiegend Schweizer Mannschaften, gut zu hausen und zu verzehren[118]. Weitere Nachrichten zur Konjunktur im Konstanzer Gastgewerbe zwischen 1785 und 1799 ließen sich mit gezielter Suche leicht finden.

Zwei Außenstehende völlig unterschiedlicher Provenienz, der kaiserliche Rittmeister Hertlieb und der französische Platzkommandant im besetzten Konstanz, Jolit, befanden 1796 beziehungsweise 1800, die Konstanzer Einwohner hätten aus den politischen Ereignissen der vergangenen Jahre wirtschaftlich enorm profitiert[119].

Ohne die wirtschaftliche Blütezeit zwischen 1785 und 1799 hätten die Kosten der Kriege die Stadt restlos ruiniert. Der Freiherr von Eggers faßte die Lage der Stadt 1799 zusammen, Konstanz habe durch den Aufenthalt der vielen Emigranten Vorteile erlangt, noch „während des Krieges wurden Handel und Schiffahrt auf dem Bodensee lebhafter. Allein seitdem die Franzosen sie besetzten, hat sie sehr gelitten. Man sieht in der Stadt (...) viele Spuren der Verwüstung durch die letzten Angriffe." 1813 prognostizierte der Freiburger Archivrat Kolb im „Lexikon von dem Großherzogtum Baden", der Wohlstand, „den diese Gegend vor dem letzten so kostspieligen Kriege reichlich genossen hatte", werde in Konstanz bald wieder erreicht werden[120].

[116]) Ebd., S. 40.
[117]) Ebd., S. 10f. Zum Stellenwert des Speditionsgewerbes: Boelcke, Sozialgeschichte, S. 107.
[118]) Ruppert, Beiträge Heft 4, S. 53, 62, 65. Familie Barxel siehe Kap. 6.3.4, v.a. Tab. 57.
[119]) Wörtl. zit. in Burkhardt in Stadtgeschichte III, S. 415, 438.
[120]) Zitiert nach Feger, Spiegel der Zeiten, S. 182 und 194.

10.7 Zusammenfassung

Zumindest in den Städten hielt das produzierende Gewerbe vor der Industrialisierung nicht den hohen Stellenwert, der ihm gemeinhin zugerechnet wird. Lediglich ein starkes Drittel der Erwerbstätigen erarbeitete den Lebensunterhalt in einer Handwerksprofession[121].

Ein starker Bevölkerungsanteil lebte von vermutlich unregelmäßigen, jedenfalls mageren Einkünften aus einer nicht »ordentlichen« Profession, also aus einer Erwerbstätigkeit, die im weitesten Sinne unter Taglohn gefaßt werden kann. Der Frauenanteil in dieser Erwerbsgruppe lag sehr hoch, bei etwa der Hälfte. Dieser Bevölkerungsteil bildete das Reservoir für das - erst aus der rückwärts gerichteten Perspektive erkennbare - entstehende Industrieproletariat.

Das halbe Konstanzer Handwerk wirtschaftete als Einzelmeister. Betriebe, in denen vier bis fünf Personen arbeiteten, können im Ortsvergleich als Großbetriebe bezeichnet werden.

Der ökonomische Erfolg fiel im Einzelnen sehr unterschiedlich aus; im Ganzen wirtschaftete das Handwerk in Konstanz am Rande eines labilen Auskommens, wie für den Raum und die Zeit gewöhnlich[122]. Im Vergleich zu kapitalkräftigen und wirtschaftlich kompetenten Kaufleuten und auswärtigen Entrepreneurs besaßen eingesessene Handwerksmeister die schlechtesten Startchancen, im 19. Jahrhundert womöglich einen Übergang zum Industriebetrieb erfolgreich zu bewältigen[123]. Die wirtschaftlichen Verhältnisse in der vorindustriellen Gesellschaft legten den Grund dafür, daß Handwerker wahrscheinlicher in die Industriearbeiterschaft »abstiegen«; wobei »Abstieg« vielleicht eine Angstvorstellung, jedenfalls keine gesellschaftliche Realität war: Handwerksmeister stellten die gesuchten und gut bezahlten Fachkräfte der Protoindustriebetriebe in Konstanz ab 1785, und ökonomisch ging es einem solchen Werkmeister gewiß besser als manchem seiner Zeitgenossen, einem verarmten Einzelmeister, der zuletzt vom Almosen lebte und im Spital starb[124].

[121]) Wehler, Gesellschaftsgeschichte I, S. 119: „(...) daß die zünftigen und unzünftigen Handwerker keineswegs die Mehrheit der Stadtbewohner stellten". Vgl. Boelcke, Sozialgeschichte, S. 65 unten für die 1. Hälfte des 19. Jhs.

[122]) Wehler, Gesellschaftsgeschichte I, S. 91: unterschiedliche Einschätzung je nach längerfristiger oder kürzerer Perspektive.

[123]) Ebd. S. 108 und 110f; S. 206: bürgerliche Unternehmer waren nach der Mitte des 18. Jhs. häufig zugewanderte Fremde bzw. Ausländer.

[124]) Desgleichen für die 1. Hälfte des 19. Jhs. in Württemberg und Baden: Boelcke, Sozialgeschichte, S. 66; Verhältnis Meister zu Gehilfen Württ. 1835 = 1 : 0,28, Baden 1843 = 1 : 0,38.

Quellen- und Literaturverzeichnis

A) Ungedruckte Quellen:

Stadtarchiv Konstanz (StAKN):

A I Franz Xaver Leiner, Geschichtliche Miszellen der Stadt Konstanz, Kopie (Original im Besitz der Familie Leiner, Konstanz);
dasselbe, abgeschrieben von Ferdinand Bickel und ab 1798 fortgesetzt von Bickel und anderen, Kopie (Original im Stadtarchiv Freiburg, Hs. 229);
Otto Leiner, Die Mitglieder des Konstanzer Rates vom Ende des 15. bis zum Ende des 18. Jahrhunderts und deren Wappen, 1899.

A IV Bürgerbücher 1727-1819.

A V Seelenbeschriebe 1768 und 1774, Quartierrodel 1786 bis 1793, Fremdenrodel 1802.

B I Ratsbücher.

I III (lies: großes i römisch drei): Sterbeprotokolle und Nachlaßinventare.

Mikrofilme der Konstanzer Kirchenbücher (Originale im Diözesanarchiv Freiburg).

Generallandesarchiv Karlsruhe (GLAK):

(Die Angaben hinter den Faszikelnummern geben kurz an, welche Themen für diese Arbeit aus den Aktenheften gezogen wurden; sie stellen keine Titelaufnahme dar.)

65/ 305 „Chroniken der Stadt Constanz des Bistums u. Conciliums. Von Melch. Zündelin, und Georg Vögelin [... und anderen Schreibern. Bis 1833 geführt und im Besitz der Familie Beutter, dann an Registrator David Rosenlächer übergeben. Vermutlich identisch mit der Quellenangabe „Rosenlächerische Chronik" bei Friedrich Eiselein 1898 in SVGB 27, S. 5].

200/ 614 Augustiner, 1786-89.

209/ 50 Brandversicherung, 1789-92.
209/ 139 Besetzung Baumeisterstelle, 1788/89.
209/ 363 „Gravamina cta. Magistratum", 1746-1772.
209/ 386 Kommission Chotek, 1747/48.
209/ 437 Abwesenheit Blancs, Differenzen mit dem Magistrat, Suspension Lehrys, neue Ratswahlen, 1796-98.
209/ 438 Besetzung Bürgermeisterstelle, 1800-03.
209/ 441 „...Fragen und deren Beantwortung...", Februar 1806.
209/ 465 Ökonomie- und Steuerrechnungen, 1790-99; Spengler.
209/ 517 Baumwollweb- und Spinnerei Reichardt et Comp., 1785.
209/ 518 Einrichtung verschiedener Fabriken, 1785-89.
209/ 519 Einrichtung verschiedener Fabriken, 1789-98.
209/ 561 Konskription, Numerierung der Häuser, 1786.
209/ 562 Numerierung des Exjesuitenkollegs, 1786.
209/ 815 Steuerpflichtige Häuser der Geistlichkeit, bis 1778.

209/ 875 Reichsunmittelbarkeit Dom & Nebenstifter, 1782-84.
209/1025 Entschädigungsgesuche wg. Franzosen, 1795-1802.
209/1032 Gesuch Blancs, fliehen zu dürfen, 1805.
209/1028 Ereignisse während der Okkupation, 1799 [unergiebig].
209/1029 Blancs Abwesenheit und Rückkehr, 1799-1801.
209/1030 Rekrutierung in Konstanz, 1799-1804.
209/1083 Sanitäts- und ärztliche Polizeigegenstände, 1804/05.
209/1112 Militaria, 1770-1803.
209/1147 Neue Polizeiordnung, Almosenliste, 1785-1800.
209/1151 Emigrantensachen, 1792-98.
209/1152 Emigrantensachen, 1793-1804.
209/1219 Fortifikations- oder Türkensteuer, 1775-1802.
209/1220 Erbsteuer, 1777-92.
209/1221 Steuerwesen, Peräquation, Ko. Hauk, »Extract«, 1778.
209/1222 Steuerwesen, Peräquation, 1782-86.
209/1266 Spitalstiftung, v.a. Xaver Conradi, 1755-69.
209/1272 Verpflegung der Armenpfründer, 1787.
209/1276 Bitte der Unterpfründer um Geldzuwendung, 1788.
209/1286 Spital: Pfründe, Almosen, Verpflegung, 1790-97.
209/1293 Spital: Kinder der Katharina Naglin, 1804/05.
209/1304 Zur Spethschen Chronik, 1733-63.
209/1305 Ausführliches Exzerpt aus der Leinerchronik.
209/1306 Seelenbeschriebe, 1769-1805.
209/1350 Klöster, Statuten, lsfsl. Verordnungen, 1770-1805.

217/ 167 Pfullendorf: Staatserwerb, Statistik, 1802.
217/ 226 Pfullendorf: Spital, Vermögensstand, 1784.
217/ 230 Pfullendorf: Populationstabelle, 1809.
239/2130 Jagdbezirk, 1763.

313/2809 Bevölkerungstabellen, 1801-08.

Repertorium Urkunden: Specialia Konstanz Stadt 1533-1803.

HfK Hd 47 rot Geometer Johann Baptist v. Loobs „Plan von der Großherzoglich Badischen Stadt Constanz an dem Bodensee 1807", „vermessen und gezeichnet im Jahr 1800", mit ausführlicher „Ausweißung".

Stadtarchiv Tübingen (StATÜ):

Bestand A 30, Faszikel S 586: Bericht vermutlich des Oberamts über den Fortgang der Spital-Spinnanstalt, 14. Feb. 1776.

Signatur K 13, Friedrich August Koehler, Versuch einer historisch-statistischen und topographischen Beschreibung der Universitaet und Stadt Tübingen mit ihrer Gegend und ihrem Oberamte, Handschrift, datiert Tübingen 1791.

(Nach Mitteilung von Herbert Aderbauer, Rottenburg.)

B) Gedruckte Quellen:

Deutsch, Otto Erich (Hg.), Bericht des Grafen Karl von Zinzendorf über seine handelspolitische Studienreise durch die Schweiz 1764, in: ZGO Band 30, Heidelberg 1915.

Eberlin, Philipp, Versuch einer pragmatischen Geschichte der Stadt Konstanz am Bodensee, Konstanz 1788 [mit im Anhang abgedruckten Quellen].

Katalog der Bibliothek des Grossh. Lyceums zu Konstanz. Constanz 1865.

Lambert, P. T., Mémoires de famille de l'abbé Lambert sur la Révolution et l'Emigration 1791-1799, ed. G. de Beauséjour, Paris 1894.

Laukhard, Friedrich Christian, Leben und Schicksale, von ihm selbst beschrieben. Fünf Teile in sechs Bänden, 1. und 2. Teil Halle 1792, 3. Teil Leipzig 1796, 4. Teil Leipzig 1797, 5. Teil Leipzig 1802. Vollständiger faksimilierter Nachdruck Frankfurt/Main 1987.

Löser, I. (Bearb.), Tabellen zur Umrechnung der im Großherzogthum Baden bestandenen Feldmaaße in das Metermaaß, Karlsruhe 1871.

Lüdolf siehe Neue Kronik.

Neue Kronik der Kais. Kön. V.Oestr. Stadt Konstanz am Bodensee. Zweyte vermehrte Auflage. Konstanz, zu haben bey Joh. Gerard Lüdolf, Stadtbuchdrucker 1798. [ist de facto die zweite Auflage von Philipp Eberlins „Versuch einer pragmatischen Geschichte der Stadt Konstanz" mit einem achtzigseitigen „Anhang zur neuen Kronik der Stadt Konstanz 1798".]

Petzek, Joseph (Hg.), Systematisch-chronologische Sammlung aller jener Gesetze, und allerhöchsten Verordnungen, die von ältesten Zeiten her, bis auf 1792 [es steht das jeweilige Erscheinungsjahr] für die vord. östr. Lande erlassen worden sind, und itzt noch bestehen. 8 Bände, Freiburg i.Br. 1792 bis 1796.

Sammlung aller k.k. Verordnungen und Gesetze vom Jahre 1740 bis 1780, die unter der Regierung des Kaisers Joseph II., theils noch ganz bestehen, theils zum Theile abgeändert sind, als ein Hilfs- und Ergänzungsbuch zu dem Handbuche aller unter der Regierung des Kaisers Joseph des II. für die k.k. Erbländer ergangenen Verordnungen und Gesetze in einer chronologischen Ordnung. Acht Bände: Band 1-4 zweite, verbesserte Auflage Wien 1787; Band 5-7 Wien 1786; Band 8 Wien 1787.

Speth, Johann Friderich, Constantini M triarcus triumphalis typus ter insignis Acronianae metropolis Constantiae. Das ist: Der in der Constantinisch – Dreybogigen Ehren=Pforte Constantzisch= mit dreyfachem Ruhm prangend= Glor= Sieg= und Ehr=reiche Creutz= Schild. Oder Dreytheilige Beschreibung der (...) Stadt Constantz [... und so weiter mit der spätbarocken Lust an der verbalen Rocaille], Constantz 1733.

Tabellen zur Verwandlung der alten Maase und Gewichte des Großherzogthums Baden in die neuen allgemeinen Badischen, 2 Bände, Karlsruhe 1812.

Topographische Nachrichten über die Stadt Constanz mit einem derselben neuerlich verliehenen Großherzoglich Badischen Privilegium, Carlsruhe 1813.

Verzeichniß der ständigen Einwohner der Stadt Konstanz. Nebst einem Anhange, enthaltend das Verzeichniß der Gebäude. Konstanz 1872.

Württembergische Jahrbücher für Statistik und Landeskunde, hier: Jahrgang 1872, Stuttgart 1874.

Zinzendorf siehe Deutsch.

C) Nachschlagewerke:

Allgemeine Deutsche Biographie, hg. durch die historische Commission bei der Königlichen Akademie der Wissenschaften, einschließlich vierer Nachtragsbände 49 Bde., Leipzig 1875-1904.

Ersch, J.S. / **Gruber**, J.G., Allgemeine Encyclopädie der Wissenschaften und Künste in alphabetischer Folge, hier: 6. Teil, Leipzig 1821.

Grimm, Jacob und Wilhelm, Deutsches Wörterbuch, Leipzig 1854ff.

Höfler, Max, Deutsches Krankheitsnamen-Buch, München 1899, reprografischer Nachdruck Hildesheim / New York 1970.

[**Röder**, Philipp,] Geographisches Statistisch-Topographisches Lexikon von Schwaben [...] 1. Band, 2. Auflage Ulm 1800.

Statistisches Amt der europäischen Gemeinschaften (Hg.), eurostat. Statistische Grundzahlen der Gemeinschaft. Vergleich mit verschiedenen europäischen Ländern, Kanada, den USA, Japan und der UdSSR, 22. Ausgabe, Brüssel / Luxemburg 1985.

Statistisches Bundesamt (Hg.), Statistisches Jahrbuch 1991 für das vereinigte Deutschland, Wiesbaden 1991.

Dass. (Hg.), Statistisches Jahrbuch 1992 für die Bundesrepublik Deutschland, Wiesbaden 1992.

Zedler, Johann Heinrich, Grosses vollständiges Universal Lexicon aller Wissenschafften und Künste, welche bißhero durch menschlichen Verstand und Witz erfunden und verbessert worden (...), 64 Bände und 4 Supplementbände, Leipzig und Halle 1732-1752.

D) Literatur:

Abel, Wilhelm, Massenarmut und Hungerkrisen im vorindustriellen Europa, Hamburg und Berlin 1974.

Aderbauer, Herbert, Das Tübinger Spital am Ende des 18. Jahrhunderts. Insassen, Alltag, Funktion. Ein Beitrag zur Sozialgeschichte der württembergischen Spitäler, Magisterarbeit Tübingen 1986.

Adler, Renate Caroline, Demographie und Familiengeschichte der beiden Schwarzwalddörfer Aach und Schönmünzach im Kreis Freudenstadt. Rückwirkungen der beginnenden Industrialisierung auf die ländliche Sozialstruktur, St. Katharinen 1991 (Dissertation Tübingen 1990).

Ambrosius siehe Hubbard.

Anderson, Perry, Die Entstehung des absolutistischen Staates, Frankfurt/Main 1979. Originalausgabe: Lineages of the Absolutist State, London 1974.

Anonym, Souvenirs de voyages, Fribourg o.J. [ab 1832] [erhältlich z.B. in der Dienstbibliothek des GLA Karlsruhe, Sign. Cw 9462].

Badisches Landesmuseum Karlsruhe (Hg.) Ausstellungskatalog 1000 Jahre Petershausen. Beiträge zu Kunst und Geschichte der Benediktinerabtei Petershausen in Konstanz, Konstanz 1983.

Baier, Hermann, Zur Wirtschaftsgeschichte der Stadt Konstanz im 18. Jahrhundert, in: Historische und Antiquarische Gesellschaft zu Basel (Hg.), Basler Zeitschrift für Geschichte und Altertumskunde, 35. Band, Basel 1936.

Baulant, Micheline, Typologie des inventaires après décès, in: Ad van der Woude und Anton Schuurman (Hg.) Probate Inventories, Wageningen 1980, S. 33-42.

Blankenhorn, Erich, Führer durch das Historische Museum Schloß Rastatt Band 2, Rastatt 1961.

Boelcke, Willi A., Sozialgeschichte Baden-Württembergs 1800-1989. Politik, Gesellschaft, Wirtschaft. Stuttgart 1989.

Borscheid, Peter, Familie - Wirtschaft - Gesellschaft. Materialien zu einer Sozialgeschichte der Familie in Deutschland, in: Ad van der Woude und Anton Schuurman (Hg.) Probate Inventories, Wageningen 1980, S. 83-95.

Ders., Geschichte des Alters. Vom Spätmittelalter zum 18. Jahrhundert, München 1989, Erstausgabe Münster 1987.

Braudel, Fernand, Sozialgeschichte des 15.- 18. Jahrhunderts. 1. Teil: Der Alltag, München 1985. Französische Originalausgabe: Civilisation matérielle, économie et capitalisme, XVe-XVIIIe siècle. Les structures du quotitien: Le possible et l'impossible, Paris 1979.

Brunner, Otto, Das »ganze Haus« und die alteuropäische „Ökonomik", in: ders., Neue Wege der Sozialgeschichte, Göttingen 1956, S. 33-61 (erstmals erschienen in: Zeitschrift für Nationalökonomie 13 (1950), S. 114ff).

Buchegger, Karl, Die Verfassung und Verwaltung der Stadt Konstanz im 18. Jahrhundert unter Berücksichtigung der Tätigkeit des Stadthauptmanns Franz von Blanc, Berlin 1912.

Bull, Karl-Otto, Die erste „Volkszählung" des deutschen Südwestens - Die Bevölkerung des Bistums Speyer um 1530, in: ZGO Band 133, 1985, S. 337-362.

Burkhardt, Hermann (Hg.), Eglosheim. Ein Ort im Wandel der Jahrhunderte, Ludwigsburg 1991.

Burkhardt, Martin und **Walter**, Kirsten, Konstanz im 18. Jahrhundert. Lebensbedingungen einer städtischen Bevölkerung in der Zeit des aufgeklärten Absolutismus, mschr., Tübingen 1988 [erhältlich im Landeskundeinstitut der Universität].

Ders., Konstanz im 18. Jahrhundert, in: ders., Wolfgang Dobras, Wolfgang Zimmermann, Konstanz in der frühen Neuzeit. Reformation, Verlust der Reichsfreiheit, Österreichische Zeit, Konstanz 1991, S. 313-449 (= Geschichte der Stadt Konstanz Band III).

Cramer, Julia, Konstanz in Reisebeschreibungen des 18. und frühen 19. Jahrhunderts, Magisterarbeit mschr., Tübingen 1991 [erhältlich im Landeskundeinstitut der Universität].

Derks, Hans, Über die Faszination des „Ganzen Hauses", in: Geschichte und Gesellschaft 22, Göttingen 1996, S. 221-242.

Diezinger, Sabine, Französische Emigranten und Flüchtlinge in der Markgrafschaft Baden 1789-1800, in: Volker Rödel (Hg.), Die Französische Revolution und die Oberrheinlande (1789-1798) (= Oberrheinische Studien Bd. 9), Sigmaringen 1991, S. 275-284.

Dobras, Wolfgang, Konstanz zur Zeit der Reformation, in: ders. / Martin Burkhardt / Wolfgang Zimmermann, Konstanz in der frühen Neuzeit. Reformation, Verlust der Reichsfreiheit, Österreichische Zeit, Konstanz 1991, S. 11-146.

Durdik, Christel, Bevölkerungs- und Sozialstatistik in Österreich im 18. und 19. Jahrhundert, in: Heimold Helczmanovszki (Hg.), Beiträge zur Bevölkerungs- und Sozialgeschichte Österreichs, München 1973, S. 225-266.

Eiselein, Friedrich, Die Gefechte bei Schlatt, Andelfingen und Dießenhofen und die Erstürmung der Stadt Konstanz durch die Franzosen am 7. Oktober 1799, in: SVG Bodensee 27, 1898, S. 132-147.

Eiselein, Josua, Geschichte und Beschreibung der Stadt Konstanz und ihrer nächsten Umgebung, Konstanz 1851.

Elsas, Moritz John, Umrisse einer Geschichte der Preise und Löhne in Deutschland vom ausgehenden Mittelalter bis zum Beginn des Neunzehnten Jahrhunderts, 2 Bände, Leiden 1936 und 1949, hier Band 1.

Engelsing, Rolf, Analphabetentum und Lektüre. Zur Sozialgeschichte des Lesens in Deutschland zwischen feudaler und industrieller Gesellschaft, Stuttgart 1973.

Faber, Johannes A., Inhabitants of Amsterdam and their Posessions, 1701-1710, in: Ad van der Woude und Anton Schuurman (Hg.) Probate Inventories, Wageningen 1980, S. 149-155.

Faix, Gerhard, Inventuren und Teilungen im Stadtarchiv Tübingen. Ein Arbeitsbericht, mschr. Tübingen 1986 [im Landeskundeinstitut der Universität erhältlich].

Feger, Otto, Konstanz. Aus der Vergangenheit einer alten Stadt. Konstanz o.J. (1947).

Ders., (Hg.), Konstanz im Spiegel der Zeiten, Konstanz 1952.

Ders., Kleine Geschichte der Stadt Konstanz, Konstanz 1957.

Ders., Konstanz als österreichische Stadt, in: Friedrich Metz (Hg.), Vorderösterreich. Eine geschichtliche Landeskunde, 2., erweiterte und verbesserte Auflage, Freiburg i.Br. 1967, S. 637-646. 1. Auflage 1959.

Feldmann, Josef, Die Genfer Emigranten von 1782/83. Ihre Koloniegründungen und ihre politischen und wirtschaftlichen Leistungen während der Revolutionsepoche, Dissertation Zürich 1952.

Feldmann, Ursula, u.a., Handbuch der örtlichen Sozialplanung, Frankfurt/Main 1986 (= Schriften des deutschen Vereins für öffentliche und private Fürsorge, Band 265).

Fiebing, Hermann, Konstanzer Druck- und Verlagswesen früherer Jahrhunderte, Konstanz 1974.

Fischer, Wolfram, Das Verhältnis von Staat und Wirtschaft in Deutschland am Beginn der Industrialisierung, in: Rudolf Braun, W. Fischer, Helmut Großkreutz, Heinrich Volkmann (Hg.), Industrielle Revolution. Wirtschaftliche Aspekte, Köln 1976, S. 287-304.

Fleischmann, Philipp J., Sozialtopographie einer Residenzstadt. Die Münchener Sozial- und Wohnstruktur am Vorabend des Dreißigjährigen Krieges, in: Historischer Verein von Oberbayern (Hg.), Oberbayerisches Archiv Band 117/118, München 1993/94, S. 261-288.

Franzen, Hans-Joachim, Die Entstehung der bürgerlichen Gesellschaft und industriekapitalistische Modernisierung im europäischen Vergleich - ein Weg oder viele?, in: Helga Grebing, Der »deutsche Sonderweg« in Europa 1806-1945. Eine Kritik. Stuttgart / Berlin / Köln / Mainz 1986, S. 23-75.

Gaßner, Gertraud und **Schwarz-Gaßner**, Rainald, RadReiseBuch. Rund um den Bodensee. Von Lindau nach Konstanz, München 1990.

Grab, Walter, Ein Volk muß seine Freiheit selbst erobern. Zur Geschichte der deutschen Jakobiner, Frankfurt/Main / Olten / Wien 1984.

Grieben, Reiseführer Wien und Umgebung, München ^{9}1981.

Gröber, Conrad, Geschichte des Jesuitenkollegs und -gymnasiums zu Konstanz, Konstanz 1904.

Gröner siehe Steinki.

Grünberg, Karl, Franz Anton von Blanc. Ein Sozialpolitiker der theresianisch-josefinischen Zeit, in: Gustav Schmoller (Hg.), Jahrbuch für Gesetzgebung, Verwaltung und Volkswirtschaft im Deutschen Reich, Band 35, Leipzig 1911, S. 1155-1238.

Henning, Friedrich-Wilhelm, Das vorindustrielle Deutschland 800 bis 1800, Paderborn / München / Wien / Zürich [4]1985.

Hippel, Wolfgang von, Wirtschafts- und Sozialgeschichte 1800 bis 1918, in: Hansmartin Schwarzmaier (Hg.), Handbuch der Baden-Württembergischen Geschichte. Dritter Band, Vom Ende des Alten Reiches bis zum Ende der Monarchien, Stuttgart 1992.

Hochstrasser, Olivia, Ein Haus und seine Menschen 1549-1989. Ein Versuch zum Verhältnis von Mikroforschung und Sozialgeschichte, Tübingen 1993.

Hoffmann, J., [über Konstanzer Schulordnungen], in: Heinrich Heyd (Hg. im Auftrag des Allgemeinen Badischen Volksschullehrervereins), Geschichte der Entwicklung des Volksschulwesens, Bühl/Baden 1894, Band 2 ebd. 1899, Band 3 ebd. 1902, hier Band 2, S. 1251-1259.

Hofmann, Albert von, Historische Stadtbilder. I. Die Stadt Konstanz, Stuttgart / Berlin 1922.

Hofmann, Erich und **Hofmann**, Herbert, Konstanz. Alte Stadt in alten Bildern, Konstanz 1977.

Hubbard, William H., Familiengeschichte. Materialien zur deutschen Familie seit dem Ende des 18. Jahrhunderts, München 1983.

Ders. und **Ambrosius**, Gerold, Sozial- und Wirtschaftsgeschichte Europas im 20. Jahrhundert, München 1986.

Humpert, Theodor, Der Konstanzer „Seelenbeschrieb" von 1774, in: Heimatkundliche Mitteilungen des Bodenseegeschichtsvereins 19, Konstanz 1955, S. 15-23.

Imhof, Arthur Erwin (Hg.), Historische Demographie als Sozialgeschichte. Gießen und Umgebung vom 17. zum 19. Jahrhundert, Teil 1 Darmstadt und Marburg 1975.

Ders., Die gewonnenen Jahre. Von der Zunahme unserer Lebensspanne seit dreihundert Jahren ODER von der Notwendigkeit einer neuen Einstellung zu Leben und Sterben, München 1981.

Johansen, Erna M., Betrogene Kinder. Eine Sozialgeschichte der Kindheit, Frankfurt/Main 1978.

Kageneck, Alfred Graf von, Das Ende der vorderösterreichischen Herrschaft im Breisgau, Freiburg i.Br. 1981.

Klein, Alexander, Armenfürsorge und Bettelbekämpfung in Vorderösterreich 1753-1806. Unter besonderer Berücksichtigung der Städte Freiburg und Konstanz, Freiburg / München 1994 (= Forschungen zur Oberrheinischen Landesgeschichte Band XXXVIII).

Ders., Die vorderösterreichische Kinder- und Waisenfürsorge in der zweiten Hälfte des 18. Jahrhunderts, in: ZGO 142, 1994, S. 183-197.

Kommission für Geschichtliche Landeskunde in Baden Württemberg (Hg.), Historischer Atlas von Baden-Württemberg, Stuttgart 1972-1988.

Kramer, Kurt und **Kramer**, Rudi, Die Konstanzer Glockengießer, Konstanz (Rosgartenmuseum) o.J.

Krämer, Walter, So lügt man mit Statistik, Frankfurt/Main / New York [4]1992 [ein ungeachtet des reißerischen Titels ebenso wissenschaftlich fundiertes wie hilfreiches Werk].
Kranz, Horst, Die Kölner Rheinmühlen in der Zeit des Siebenjährigen Krieges, in: VSWG, 81. Band, 1994, Heft 2, S. 205-223.
Krümmer, Heinz, Die Wirtschafts- und Sozialstruktur von Konstanz in der Zeit von 1806 bis 1850, Sigmaringen 1973.
Kühne, Karsten, Das Kriminalverfahren und der Strafvollzug in der Stadt Konstanz im 18. Jahrhundert, Sigmaringen 1979.
Kunisch, Johannes, Absolutismus. Europäische Geschichte vom Westfälischen Frieden bis zur Krise des Ancien Régime, Göttingen 1986.
Laible, Joseph, Geschichte der Stadt Konstanz, Konstanz 1896.
Leiner, Bruno, Aus dem Kulturleben der Stadt, in: Stadtrat Konstanz (Hg.), Unser Konstanz. Ein Heimatbuch, bearbeitet von Werner Schenkendorf, Konstanz o.J. [1950], S. 39-47.
Leiner, Otto, Die Mitglieder des Konstanzer Rates von 1550 bis 1800, in: SVG Bodensee 27, 1898, S. 148-160.
Lender, Franz Xaver, Beiträge zur Geschichte der Studien und des wissenschaftlichen Unterrichts in hiesiger Stadt (...), Constanz 1834.
Lepper, Gisbert, Literarische Öffentlichkeit - Literarische Zentren, in: Ralph-Rainer Wuthenow (Hg.), Zwischen Absolutismus und Aufklärung: Rationalismus, Empfindsamkeit, Sturm und Drang, S. 72-91.
Liebel, Helen, Der aufgeklärte Absolutismus und die Gesellschaftskrise in Deutschland im 18. Jahrhundert, in: W. Hubatsch (Hg.), Absolutismus, Darmstadt 1973, S. 488-544.
Lüthy, Herbert, Nochmals: »Calvinismus und Kapitalismus«. Über die Irrwege einer sozialhistorischen Diskussion, in: Rudolf Braun u.a. (Hg.), Gesellschaft in der industriellen Revolution, Köln 1973, S. 18-36.
Marmor, Johann, Geschichtliche Topographie der Stadt Konstanz und ihrer nächsten Umgebung, mit besonderer Berücksichtigung der Sitten- und Kulturgeschichte derselben, Konstanz 1860.
Ders., Die genfer Kolonie in Konstanz, in: SVG Bodensee, Heft 1, 1869, S. 108-118.
Ders., Das Schulwesen in Konstanz vom 15. Jahrhundert bis in die neueste Zeit, insbesondere das Volksschulwesen, Konstanz 1872.
Martens, Wolfgang, Geschichte der Stadt Konstanz, Konstanz 1911.
Marzahn, Christian und **Ritz**, Hans-Günther (Hg.), Zähmen und Bewahren. Die Anfänge bürgerlicher Sozialpolitik, Bielefeld 1984.
Maschke, Erich, Die Familie in der deutschen Stadt des späten Mittelalters, Heidelberg 1980.
Mathis, Franz, Zur Bevölkerungsstruktur österreichischer Städte im 17. Jahrh., Wien 1977.
Maurer, Helmut, Konstanzer Stadtgeschichte im Überblick, Sigmaringen 1979.
Ders., Konstanz als vorderösterreichische Stadt, in: Hans Maier und Volker Press (Hg.), Vorderösterreich in der frühen Neuzeit, Sigmaringen 1989, S. 243-262.
Ders., Konstanz im Mittelalter II. Vom Konzil bis zum Beginn des 16. Jahrhunderts, Konstanz 1989 (= Geschichte der Stadt Konstanz Band II).
Mayer, Karl, Geschichte des Roßwälder Stabs. Roßwälden, Weiler, Sulpach. Kirchheim/Teck 1939, faksimilierter Neudruck Ebersbach an der Fils 1979.

Meiners, Uwe / **Mohrmann**, Ruth-E. / **Roth**, Klaus, Inventare als Quellen im Projekt »Diffusion städtisch-bürgerlicher Kultur vom 17. bis zum 20. Jahrhundert«, in: Ad van der Woude und Anton Schuurman (Hg.) Probate Inventories, Wageningen 1980, S. 97-114.
Mitterauer, Michael, Zur Familienstruktur in ländlichen Gebieten Österreichs im 17. Jahrhundert, in: Heimold Helczmanovszki (Hg.), Beiträge zur Bevölkerungs- und Sozialgeschichte Österreichs. Nebst einem Überblick über die Entwicklung der Bevölkerungs- und Sozialstatistik, München 1973, S. 167-222.
Ders., Vorindustrielle Familienformen. Zur Funktionsentlastung des »ganzen Hauses« im 17. und 18. Jahrhundert, in: Friedrich Engel-Janosi, Grete Klingenstein, Heinrich Lutz (Hg.), Wiener Beiträge zur Geschichte der Neuzeit Band 2, München 1975, S. 123-185.
Ders. und **Sieder**, Reinhard, Vom Patriarchat zur Partnerschaft. Zum Strukturwandel der Familie, München [2]1980.
Ders., Ledige Mütter. Zur Geschichte illegitimer Geburten in Europa, München 1983.
Mohrmann siehe Meiners.
Mono, Jakob Friedrich, Evangelische Kirche in Konstanz 1518-1970, Konstanz 1970.
Moser, Arnulf, Die französische Emigrantenkolonie in Konstanz während der Revolution (1792-1799), Sigmaringen 1975.
Motz, Paul, Konstanz in der österreichischen Zeit. Seine Bedeutung als Kulturzentrum des Bodenseeraumes, in: Konstanzer Almanach 1962, S. 17-32.
Ohler, Norbert, Quantitative Methoden für Historiker. Eine Einführung, München 1980.
Peukert, Detlev J. K., Die Weimarer Republik. Krisenjahre der klassischen Moderne, Frankfurt am Main 1987.
Poinsignon, Heinrich, Kurze Münzgeschichte von Constanz in Verbindung mit der der benachbarten Städte, Gebiete und Länder, Konstanz 1870.
Pristl siehe Steinki.
Quarthal, Franz, Zur Geschichte der Verwaltung der österreichischen Vorlande und Personalteil, in: ders. und Georg Wieland, Die Behördenorganisation Vorderösterreichs von 1753 bis 1805 und die Beamten in Verwaltung, Justiz und Unterrichtswesen, Bühl/Baden 1977.
Ders., Die Verfassungsänderungen in den Städten Vorderösterreichs im Rahmen der Staatsreformen Maria Theresias, in: ders. und Wilfried Setzler (Hg.), Stadtverfassung. Verfassungsstaat. Pressepolitik. Festschrift für Eberhard Naujoks zum 65. Geburtstag, Sigmaringen 1980.
Ders., Zur Wirtschaftsgeschichte der österreichischen Städte am oberen Neckar, in: ders. (Hg.), Zwischen Schwarzwald und Schwäbischer Alb. Das Land am oberen Neckar, Sigmaringen 1984.
Ders., Öffentliche Armut, Akademikerschwemme und Massenarbeitslosigkeit im Zeitalter des Barock, in: Volker Press, Eugen Reinhard, Hansmartin Schwarzmaier (Hg.), Barock am Oberrhein (=Oberrheinische Studien Band 6), Karlsruhe 1985, S. 153-188.
Ders., Zur Geschichte der habsburgischen Besitzungen in Südwestdeutschland, in: Rainer Rinker und Wilfried Setzler (Hg.), Die Geschichte Baden-Württembergs, Stuttgart 1986, S. 76-87.
Ders., Leseverhalten und Lesefähigkeit in Schwaben vom 16. bis zum 19. Jahrhundert. Zur Auswertungsmöglichkeit von Inventuren und Teilungen, in: Die alte Stadt 2-3, 1989, S. 339-350.

Rechter, Gerhard, Bevölkerungsstatistische Quellen Frankens. Bestand und Probleme, dargestellt am Beispiel des Fürstentums Brandenburg-Ansbach-Kulmbach, in: Kurt Andermann und Hermann Ehmer (Hg.), Bevölkerungsstatistik an der Wende vom Mittelalter zur Neuzeit. Quellen und methodische Probleme im überregionalen Vergleich (= Oberrheinische Studien Band 8), Sigmaringen 1990, S. 65-78.

Reiter, Ralf, Städtische Armenfürsorge im Übergang vom 18. zum 19. Jahrhundert. Sozial-, wirtschafts- und verwaltungsgeschichtliche Untersuchungen zur Sozialpolitik der Stadt Ravensburg und ihrer Einrichtungen 1755-1845, Dissertation Konstanz 1989.

Ritz siehe Marzahn.

Rödel, Walter G.,»Statistik« in vorstatistischer Zeit. Möglichkeiten und Probleme der Erforschung frühneuzeitlicher Populationen, in: Kurt Andermann und Hermann Ehmer (Hg.), Bevölkerungsstatistik an der Wende vom Mittelalter zur Neuzeit. Quellen und methodische Probleme im überregionalen Vergleich (= Oberrheinische Studien Band 8), Sigmaringen 1990, S. 9-25.

Roller, Otto Konrad, Die Einwohnerschaft der Stadt Durlach im 18. Jahrhundert in ihren wirtschaftlichen und kulturgeschichtlichen Verhältnissen dargestellt aus ihren Stammtafeln, Karlsruhe 1907.

Roth, Klaus, Zur Auswertung von Nachlaßinventaren, in: Ad van der Woude und Anton Schuurman (Hg.) Probate Inventories, Wageningen 1980, S. 43-51.

Ders. siehe Meiners.

Ruppert, Armin, Die Verfassung und Verwaltung der Stadt Konstanz im 19. Jahrhundert beim Übergang von der österreichischen zur badischen Herrschaft, jur. Dissertation, Freiburg i.Br. 1960.

Ruppert, Philipp R., Konstanzer Geschichtliche Beiträge. Zweites Heft Konstanz 1890, Drittes Heft Konstanz 1892, Viertes Heft Konstanz 1895.

Ruppert, Wolfgang, Bürgerlicher Wandel. Die Geburt der modernen deutschen Gesellschaft im 18. Jahrhundert, Frankfurt/Main 1984.

Rürup, Reinhard, Deutschland im 19. Jahrhundert 1815-1871, Göttingen 1984 (= Kleine Vandenhoeck-Reihe Deutsche Geschichte Band 8).

Sannwald, Wolfgang, Spital und Wirtschaft. Untersuchungen zur Wirtschafts- und Sozialgeschichte des Dreißigjährigen Krieges in Südwestdeutschland, Dissertation Tübingen 1991. 1993 im Selbstverlag Gomaringen erschienen unter dem Titel „Spitäler in Pest und Krieg".

Schad, Petra, Dissertation in Bearbeitung zu Buchbesitz, Büchervertrieb und Leseverhalten in Wildberg (Württemberg) 1740-1799, wird voraussichtlich 1994/95 in Stuttgart erscheinen.

Schenda, Rudolf, Volk ohne Buch. Studien zur Sozialgeschichte der populären Lesestoffe 1770-1910, Frankfurt/Main 1970.

Schenkendorf, Werner, 2000 Jahre Konstanzer Geschichte, in: Stadtrat Konstanz (Hg.), Unser Konstanz. Ein Heimatbuch, bearbeitet von dems., Konstanz o.J. [1950], S. 16-24.

Ders., Regsam und strebsam. Ein Streifzug durch das Konstanzer Wirtschaftsleben, in: ebd., S. 71-73.

Schmid, Hermann, Die Säkularisation der Klöster in Konstanz und Umgebung 1782-1832, in: SVG Bodensee 96, 1978, S. 69-124.

Ders., Die Säkularisation der Klöster in Baden 1802-1811, Überlingen 1980.

Schmidt, Peter, Buchmarkt, Verlagswesen und Zeitschriften, in: Ralph-Rainer Wuthenow (Hg.), Zwischen Absolutismus und Aufklärung: Rationalismus, Empfindsamkeit, Sturm und Drang, Reinbek 1980. (= Deutsche Literatur. Eine Sozialgeschichte, hg. von Horst Albert Glaser, Band 4.)

Schulte, F.J. und **Spranger**, J., Lehrbuch der Kinderheilkunde, 27. Auflage Stuttgart / Jena / New York 1992.

Schuurman, Anton, Probate Inventories: Research Issues, Problems and Results, in: Ad van der Woude und ders. (Hg.), Probate Inventories, Wageningen 1980, S. 19ff.

Seeholzer, Ernst, Die Genfer Kolonie in Konstanz, in: SVG Bodensee 53, 1924, S. 175-300.

Seigel, Rudolf, Die Entstehung einer Stadt: Konstanz, in: Hermann Burkhardt, Alfred Jung, Gerd Noetzel, ders., Damals und heute. Ausgabe G, 7. Schuljahr, Stuttgart 1984, S. 74-76.

Sieder siehe Mitterauer.

Spranger siehe Schulte.

Steinki, Paul / **Pristl**, Karl / **Gröner**, Gerhard, Die Säuglingssterblichkeit in Baden-Württemberg, in: Statistisches Landesamt Baden-Württemberg (Hg.), Jahrbücher für Statistik und Landeskunde, 34. Jahrgang 1989, Stuttgart 1990, S. 5-64.

Trapp, Wolfgang, Kleines Handbuch der Maße, Zahlen, Gewichte und der Zeitrechnung, Stuttgart 1992.

Ungvary, Judit, Wandertruppen in Konstanz, Konstanz 1980.

Vetter, Roland, Eberbach vor 200 Jahren, in: Eberbach und sein Archiv, o.O. [Eberbach], o.J. [1994].

Vierhaus, Rudolf, Politisches Bewußtsein in Deutschland vor 1789, in: Helmut Bending, Hans-Peter Ullmann (Hg.), Deutschland zwischen Revolution und Restauration, Königstein/ Ts. / Düsseldorf 1981, S. 161-183; zuerst ersch. in: Der Staat, Band 6, 1967, S. 175-196.

Ders., Deutschland im Zeitalter des Absolutismus, Göttingen ^{2}1984 (= Kleine Vandenhoek-Reihe Deutsche Geschichte Band 6).

Vögele, Jörg, Umsätze und Preise als Indikatoren für die Entwicklung des Überlinger Getreidemarktes im 19. Jahrhundert, in: ZGO Bd. 139, 1991, S. 239-267.

Ders., Sanitäre Reformen und der Sterblichkeitsrückgang in deutschen Städten, 1877-1913, in VSWG, 80. Band, 1993, Heft 3, S. 345-365.

Voß, Werner, Statistische Methoden und PC-Einsatz, Opladen 1988.

Walter, Kirsten, siehe Burkhardt.

Warndorf, Thomas, Schulen in Konstanz. Ihre Entstehung und Entwicklung im Wandel der Stadtgeschichte, Konstanz 1986.

Wehler, Hans-Ulrich, Geschichtswissenschaft heute, in: Jürgen Habermas (Hg.), Stichworte zur »geistigen Situation der Zeit«, Band 2, Frankfurt/Main 1979, S. 709-753.

Ders., Deutsche Gesellschaftsgeschichte Band 1. Vom Feudalismus des Alten Reiches bis zur Defensiven Modernisierung der Reformära 1700-1815, München 1987.

Zimmermann, Wolfgang, Konstanz in den Jahren von 1548-1733, in: ders. / Martin Burkhardt / Wolfgang Dobras, Konstanz in der frühen Neuzeit. Reformation, Verlust der Reichsfreiheit, Österreichische Zeit, Konstanz 1991, S. 147-312 (= Geschichte der Stadt Konstanz Band III).

Zur Trankription

Ortographie und Interpunktion der Quellen sind unverändert übernommen, mit folgenden Ausnahmen:
Die Groß- und Kleinschreibung richtet sich nach heutigem Gebrauch, da in den bearbeiteten handschriftlichen Texten häufig nicht eindeutig zwischen Groß- und Kleinbuchstaben zu unterscheiden war. Substantiv- und Adjektivkomposita sind, sofern keine Gründe für die Übernahme der Originalorthographie vorliegen, zusammengefügt; zum Beispiel schreibt sich das authentische »Fischer Maister« in dieser Arbeit „Fischermaister", die »vor gesetzten Häubter« heißen hier die „vorgesetzten Häubter". Vornamen sind standardisiert und eingedeuscht; »Josepha« ist „Josefa", »Jacob« ist „Jakob", »Pabtist« ist „Baptist" und so weiter. Nachnamen sind standardisiert nach der in den Quellen am häufigsten verwendeten Schreibweise; zum Beispiel wurde die eingesessene Familie Beutter auch »Beütter«, »Beiter«, »Beitter« und »Beuter« buchstabiert.
Ergänzungen des Autors innerhalb von Zitaten sind in eckige Klammern [ ] gesetzt, Auslassungen im fortlaufenden Text wie üblich mit (...) gekennzeichnet.

Verzeichnis der Abkürzungen und Symbole

Anfg.	Anfang
Anm.	Anmerkung
A°	Anno, im Jahre
AOPz	Augsburger Ordinari Postzeitung
Aufl.	Auflage
Aug.	Augustiner, je nach Kontext auch: August
bad.	badisch
Ba.-Wü.	Baden-Württemberg
Bd.	Band
Bearb.	Bearbeiter
Bev.	Bevölkerung
Bgm.	Bürgermeister
Bsp.	Beispiel
bzw.	beziehungsweise
ca.	circa, ungefähr
cm^2	Quadratzentimeter
d.Ä.	der Ältere
Dat.	Datum
dass.	dasselbe
ders.	derselbe
ddo.	de dato (es folgt Ort; Tag, Monat, Jahr)
Diss.	Dissertation
Dom.	Dominikaner
domkapitul.	domkapitularisch
Dr.	Doktor
E.	Einwohner
ebd.	ebenda
ed.	edité, herausgegeben
Emigr.	Emigranten
f	und folgende Seite oder Spalte
f.	für
Fa.	Firma
ff	und folgende Seiten oder Spalten
Ffm.	Frankfurt am Main
Fig.	Figur, Schaubild
FR	Freiburg
Fr.	Frauen, gemäß Kontext auch einmal: Francs
Frh.	Freiherr
frz.	französisch
fl	Gulden
g	Gramm

gesch.	geschieden
GLA	Generallandesarchiv Karlsruhe
H.	Herr
hg.	herausgegeben
Hg.	Herausgeber
Hh.	Haushalt, je nach Kontext auch: Herren
Hs.	Handschrift
i.A.	im Auftrag
i.Br.	im Breisgau
i.d.R.	in der Regel
incl.	inclusive, einschließlich
Inf.-reg.	Infanterieregiment
IP	Indexpunkte
J.	Jahr oder Jahre
Jbb.	Jahrbücher
Jcht	Jauchert (Flächenmaß)
jew.	jeweils
Jg.	Jahrgang
Jh.	Jahrhundert
Jhs.	Jahrhunderts
jrl.	jährlich
jur.	juristisch
Kamm.	Kammer
Kap.	Kapitel, je nach Kontext auch: Kapuziner
kath.	katholisch
Kaÿ. König.	Kaiserlich Königlich
K.K.	Kaiserlich Königlich
KN	Konstanz
Ko.	Kommission
lawi.	landwirtschaftlich
lt.	laut
ltr	Liter
lsfsl.	landesfürstlich
m	männlich, je nach Kontext auch: Meter
Mä.	Männer
Min.	Minoriten, Franziskaner
Mme	Madame
mschr.	maschinenschriftlich, Typoskript
m^2	Quadratmeter
N	statistische Basismenge, Anzahl der Fälle insgesamt
n.	nach
o.	ohne
O/A...	Oberamt

o.ä.	oder ähnlich
o.Dat.	ohne Datum
o.J.	ohne Jahr
o.O.	ohne Ort
o.Verf.	ohne Verfasser
p.a.	per annum, im Jahr
pens.	pensioniert
Pers.	Person oder Personen
pf	Pfennig oder Pfennige
PO	Polizeiordnung
Qu.	Quartier
qFuß	Quadratfuß
qKl	Quadratklafter
qRt	Quadratrute
Ref.	Referent
Reg.	Regierung
S.	Seite
s.	siehe
S[a]	summa (lat.): Summe
Schaub.	Schaubild
Seelenb.	Seelenbeschrieb, Seelenbeschreibung
Sign.	Signatur
SJ	Societas Jesu, Jesuitenorden
s.o.	siehe oben
Sp.	Spalte
St.	Sankt
StAKN	Stadtarchiv Konstanz
StATÜ	Stadtarchiv Tübingen
Sthm.	Stadthauptmann
s.u.	siehe unten
s.v.	salva venia (lat.): mit Verlaub
SVG	Schriften des Vereins für die Geschichte des Bodensees und seiner Umgebung
Tab.	Tabelle
Ts.	Taunus
TU	Todesursache
u.	und
u.a.	und andere
u.dgl.	und dergleichen
u.U.	unter Umständen
v.	von
v.a.	vor allem
Verf.	Verfasser

verh.	verheiratet
verw.	verwitwet
vgl.	vergleiche
vö.	vorderösterreichisch
VSWG	Vierteljahresschrift für Sozial- und Wirtschaftsgeschichte
Vtl.	Viertel (Maßeinheit)
w	weiblich
wg.	wegen
württ.	württembergisch
x	Kreuzer
xr	Kreuzer
z.B.	zum Beispiel
ZGO	Zeitschrift für die Geschichte des Oberrheins
zit.	zitiert
Zl.	Zeile
ZuLa	Zulassungsarbeit für das höhere Lehramt an Gymnasien
zus.	zusammen

+	plus
=	ist gleich
%	Prozent
&	und
§	Paragraph, verdoppelt: Paragraphen
=>	daraus folgt
<	kleiner bzw. bei Lebensalter: unter
>	größer bzw. bei Lebensalter: über
|: :|	Klammern ( ) in Zitaten, wie original handschriftlich

Monatsnamen mit mehr als vier Buchstaben sind mit ihren ersten drei Buchstaben abgekürzt; aus Gründen der Gewohnheit ausgenommen der „Sept.“-ember.

Verzeichnis der Tabellen und Schaubilder

Der besseren Übersicht halber und da sie sich lediglich in der Form, nicht vom Gehalt her unterscheiden, sind die Tabellen und Schaubilder durchlaufend numeriert.

Personenindex

(Nicht aufgenommen sind Autoren von Forschungsliteratur.)

Ortsindex

(Nicht aufgenommen sind die Schlagworte Konstanz [dieses untergliedert], Europa in allen Variationen, Deutschland in allen Variationen, Österreich, Vorderösterreich, Bodensee, Rhein.)

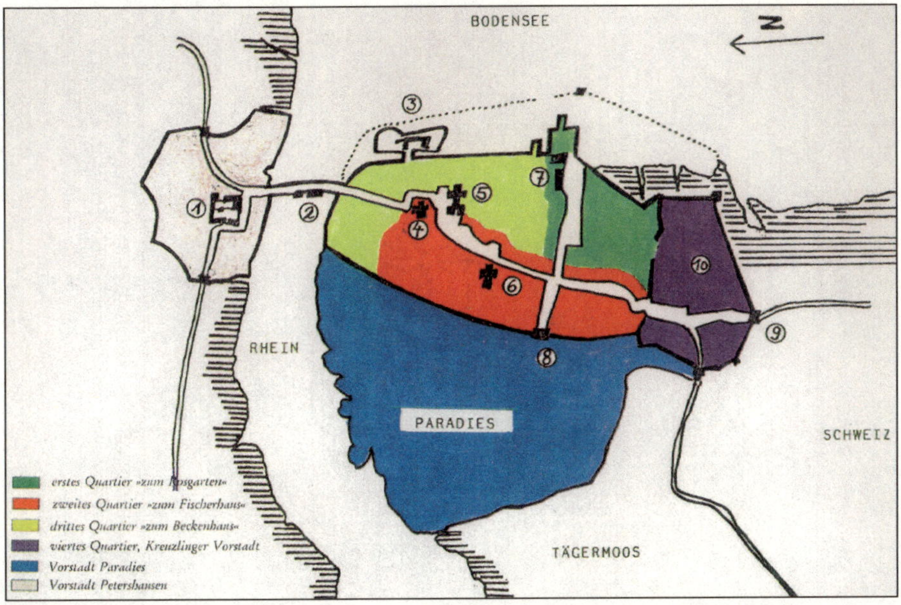

Einteilung in »Quartiere« genannte Stadtviertel, 1549-1786. Diese alte Quartiereinteilung richtete sich nach der mittelalterlichen Tradition einer dreigeteilten Kernstadt mit drei Vorstädten. 1 Reichsabtei Petershausen, 2 Rheinbrücke, 3 Dominikanerinsel, ab 1785 Macairesche Indiennefabrik, 4 St. Johann, 5 Domkirche, 5 St. Stephan, 7 Kaufhaus u. Spital, 8 Inneres Paradieser Tor, 9 Kreuzlinger Tor, 10 Kreuzlinger Vorstadt.

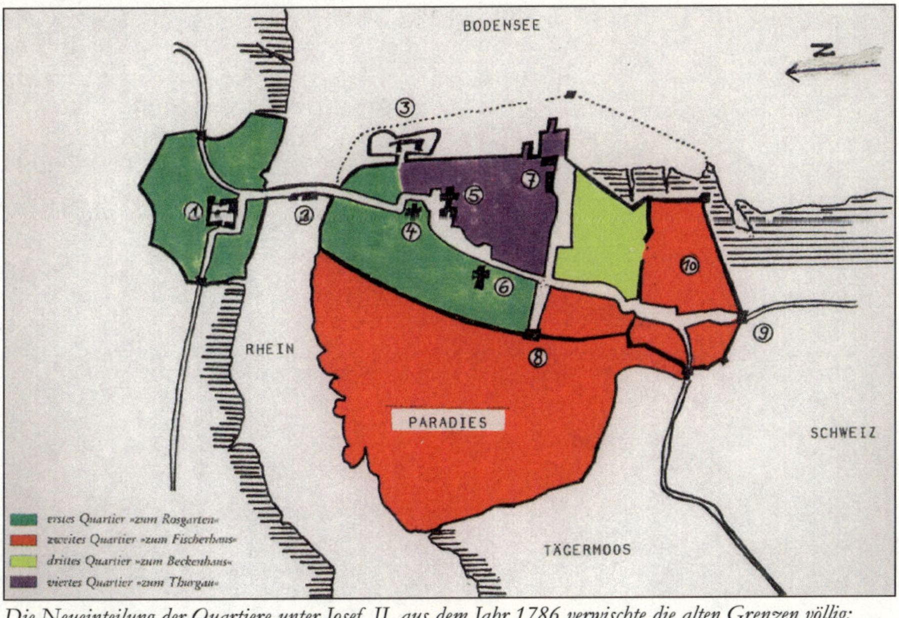

Die Neueinteilung der Quartiere unter Josef II. aus dem Jahr 1786 verwischte die alten Grenzen völlig; sie orientierte sich vielmehr an einer ungefähr gleich hohen Bewohnerzahl.